SPSS-Programmierung

Felix Brosius

SPSS-Programmierung

Effizientes Datenmanagement und Automatisierung mit SPSS-Syntax

Bibliografische Information der Deutschen Nationalbibliothek
Die Deutsche Nationalbibliothek verzeichnet diese Publikation in der
Deutschen Nationalbibliografie. Detaillierte bibliografische Daten sind
im Internet über http://dnb.d-nb.de abrufbar.

ISBN 978-3-8266-5909-6
2. Auflage 2008

Alle Rechte, auch die der Übersetzung, vorbehalten. Kein Teil des Werkes darf in irgendeiner Form (Druck, Fotokopie, Mikrofilm oder einem anderen Verfahren) ohne schriftliche Genehmigung des Verlages reproduziert oder unter Verwendung elektronischer Systeme verarbeitet, vervielfältigt oder verbreitet werden. Der Verlag übernimmt keine Gewähr für die Funktion einzelner Programme oder von Teilen derselben. Insbesondere übernimmt er keinerlei Haftung für eventuelle aus dem Gebrauch resultierende Folgeschäden.

Die Wiedergabe von Gebrauchsnamen, Handelsnamen, Warenbezeichnungen usw. in diesem Werk berechtigt auch ohne besondere Kennzeichnung nicht zu der Annahme, dass solche Namen im Sinne der Warenzeichen- und Markenschutz-Gesetzgebung als frei zu betrachten wären und daher von jedermann benutzt werden dürften.

Printed in Austria
© Copyright 2008 by REDLINE GMBH, Heidelberg
www.mitp.de

Lektorat: Katja Schrey
Korrektorat: Tanja A. Wegberg
Satz: III-satz, Husby, www.drei-satz.de

Inhaltsverzeichnis

1	**Einleitung und Überblick**	15
1.1	Arbeiten mit der SPSS-Befehlssprache	15
1.2	Zum Aufbau dieses Buches	16
1.3	Zum schnellen Einstieg: Ein erstes Programm schreiben und ausführen	20
2	**Grundlagen für die Arbeit mit SPSS-Befehlssyntax**	25
2.1	Grundlagen zur Bedienung von SPSS	25
	2.1.1 SPSS starten und beenden	25
	2.1.2 Die Oberfläche von SPSS	27
2.2	Syntaxeditor	32
	2.2.1 Syntaxdateien verwalten	32
	2.2.2 Funktionen des Syntaxeditors	34
	2.2.3 Syntaxbefehle ausführen	35
2.3	Allgemeine Regeln der SPSS-Syntax	36
	2.3.1 Aufbau eines Syntaxbefehls	36
	2.3.2 Grammatikregeln	38
	2.3.3 Kommentare	40
2.4	Hilfen beim Formulieren von Syntaxbefehlen	41
	2.4.1 Dialogfelder ausfüllen und in Syntax übersetzen lassen	42
	2.4.2 Syntaxdiagramm zu einem Befehl anfordern	42
	2.4.3 Liste aller Befehle und Syntaxdiagramme	42
	2.4.4 Befehle aus der Ausgabedatei übernehmen	42
	2.4.5 Syntaxdiagramme lesen	43
3	**Background für effizientes Programmieren**	47
3.1	Aufbau und Ablauf eines Programms	48
	3.1.1 Anforderungen an die Befehlsreihenfolge in einem Programm	48
	3.1.2 Reihenfolge der Ausführung von Befehlen durch SPSS	49
	3.1.3 Ausführen offener Transformationen mit »execute«	51
3.2	Temporäre Variablen	55
3.3	Temporäre Transformationen	58
3.4	Fehler im Syntaxcode identifizieren	60

4		**Handhabung von Datendateien**	65
4.1		Überblick	65
4.2		SPSS-Datendateien öffnen	67
	4.2.1	Basics	67
	4.2.2	Variablen auswählen mit »keep« und »drop«	69
	4.2.3	Variablen umbenennen mit »rename«	72
	4.2.4	Variablenübersicht erstellen	73
4.3		Umgang mit mehreren gleichzeitig geöffneten Datendateien	74
	4.3.1	Basics	74
	4.3.2	Einem DatenSet einen Namen zuweisen	77
	4.3.3	Ein DatenSet aktivieren	79
	4.3.4	Ein DatenSet schließen	80
	4.3.5	Kopie eines DatenSets erstellen	81
	4.3.6	Ein leeres DatenSet für eine künftige Befüllung anlegen	83
4.4		Datendatei speichern	84
	4.4.1	Grundlagen	84
	4.4.2	Optionen und Unterbefehle	85
4.5		Datendatei löschen	89
5		**Daten über Syntax eingeben und berechnen**	91
5.1		Überblick	91
5.2		Daten über die Syntax eingeben	92
	5.2.1	Basics	92
	5.2.2	Daten als Werteliste mit festen Spaltenbreiten eingeben	92
	5.2.3	Vereinfachte Definition einer Folge von Variablen	94
	5.2.4	Daten in freiem Format mit Trennzeichen eingeben	95
	5.2.5	Daten aus externer Textdatei einlesen	96
5.3		Datendatei mit berechneten Daten erstellen	97
	5.3.1	Basics	97
	5.3.2	Die Grundstruktur eines Eingabeprogramms	98
	5.3.3	Eingabeprogramm mit einfacher Schleifen-Konstruktion	99
	5.3.4	Eingabeprogramm mit Schleifen- und Repeat-Konstruktion	101
6		**Daten aus Dateien im Fremdformat einlesen**	103
6.1		Textdateien einlesen	105
	6.1.1	Überblick	105
	6.1.2	Einlesen einer Textdatei mit Trennzeichen	106
	6.1.3	Einlesen einer Textdatei mit fester Spaltenbreite	110

6.2	Excel-Dateien lesen	113
	6.2.1 Basics	113
	6.2.2 Optionen	113
	6.2.3 Zuweisung von Variablentypen	115
6.3	Alte Excel-, Lotus-, SYLK- und dBASE-Dateien	115
	6.3.1 Basics	115
	6.3.2 Basics für Excel-, Lotus 1-2-3- und SYLK-Dateien	116
	6.3.3 Basics für dBASE-Dateien	118
	6.3.4 Unterbefehle	119
6.4	SAS-Dateien lesen	122
6.5	Stata-Dateien lesen	123
7	**Daten aus ODBC-Datenquellen importieren**	**125**
7.1	Abfrage formulieren	126
	7.1.1 Basics: Befehl »get data« mit SQL-Abfrage	126
7.2	ODBC-Datenquellen hinzufügen	129
7.3	Das SQL-Statement	130
	7.3.1 Beispieldatenbank	130
	7.3.2 Allgemeine Form einer SQL-Abfrage	131
	7.3.3 Ausgewählte oder sämtliche Variablen auslesen	133
	7.3.4 Nur ausgewählte Fälle auslesen	135
	7.3.5 Daten aus zwei Tabellen: kartesisches Produkt mit Filter	137
	7.3.6 Daten aus zwei Tabellen mit Aliasnamen	139
	7.3.7 Daten aus zwei Tabellen über einen Join zusammenführen	140
	7.3.8 Zwei Tabellen verknüpfen mit Inner Join	141
	7.3.9 Zwei Tabellen verknüpfen mit Left Outer Join	142
	7.3.10 Drei Tabellen verknüpfen mit Left Join	143
	7.3.11 Daten beim Einlesen gruppieren und verdichten	145
	7.3.12 Join aus Tabelle und Unterabfrage mit gruppierten Daten	147
	7.3.13 Gruppierte Daten filtern mit »having«	149
7.4	Assistent zur Formulierung der Abfrage	150
8	**Variablen definieren**	**155**
8.1	Aufbau einer SPSS-Datendatei	156
	8.1.1 Vom Fragebogen zur Datendatei	156
	8.1.2 Variablen, Fälle und Ausprägungen	157

	8.1.3	Mehrfachantworten kodieren	159
	8.1.4	Fehlende Werte	160
	8.1.5	Strenge Struktur einer SPSS-Datendatei	161
8.2	Variablen erstellen		162
	8.2.1	Eigenschaften einer Variablen	162
	8.2.2	Wie kommen die Variablen in die Datendatei?	163
	8.2.3	Neue Variablen explizit erstellen mit »numeric« und »string«	165
	8.2.4	Namenskonventionen für Variablen	172
8.3	Eigenschaften bestehender Variablen ändern		173
	8.3.1	Variablen umbenennen	173
	8.3.2	Variablenformat ändern	175
	8.3.3	Darstellungsformat einer numerischen Variablen ändern	179
	8.3.4	Fehlende Werte definieren	180
	8.3.5	Variablenlabels definieren	183
	8.3.6	Wertelabels definieren	185
	8.3.7	Darstellungsoptionen für Variablen festlegen	188
	8.3.8	Skalenniveau angeben	190
8.4	Variablen löschen, sortieren und kopieren		190
	8.4.1	Variablen löschen	190
	8.4.2	Variablen sortieren	192
	8.4.3	Variablen kopieren	195
8.5	Tipps zur automatischen Definition einer Folge von Variablen		196
	8.5.1	200 Variablen mit einem Befehl erstellen	196
	8.5.2	Makro zur Definition von Variablen mit angepassten Labels	197
	8.5.3	Variablennamen aus Variablenwerten übernehmen	198
9	**Variablen berechnen – der Alleskönner »compute«**		**201**
9.1	Überblick		201
9.2	Basics des Befehls »compute«		203
	9.2.1	Befehlssyntax	203
	9.2.2	Anwendungsmöglichkeiten	204
	9.2.3	Hinweise zur Wirkung des Befehls	205
9.3	Arithmetische Ausdrücke formulieren		206
	9.3.1	Mit »plus«, »minus« und »mal« rechnen	206

	9.3.2	Dummy-Variablen berechnen	208
9.4		Funktionen	209
	9.4.1	Funktionsargumente	209
	9.4.2	Die wichtigsten Funktionen im Überblick	211
9.5		Bezug auf Fallnummer und Werte früherer oder späterer Fälle	215
	9.5.1	Bezug auf vorhergehende Fälle	215
	9.5.2	Bezug auf nachfolgende Fälle	216
	9.5.3	Bezug auf die Fallnummer	216
9.6		Textvariablen auswerten	217
	9.6.1	Funktionen zur Auswertung von Textvariablen	217
	9.6.2	Beispiele zur Auswertung von Textvariablen	219
9.7		Mit Datums- und Zeitvariablen rechnen	227
	9.7.1	Datums- und Zeitformate bei SPSS	227
	9.7.2	Numerischer Wert von Datums- und Zeitangaben	228
	9.7.3	Funktionen zum Auswerten von Datums- und Zeitangaben	230
	9.7.4	Beispiele zum Rechnen mit Datums- und Zeitvariablen	232
9.8		Fehlende Werte	243
	9.8.1	Fehlende Werte in Formeln und Funktionen	243
	9.8.2	Funktionen zur Auswertung fehlender Werte	245
10		**Variablen berechnen – Bedingte Berechnungen und andere spezielle Verfahren**	**249**
10.1		Überblick	249
10.2		Bedingte Berechnungen mit »if«	250
	10.2.1	Syntax des »if«-Befehls	250
	10.2.2	Bedingungen formulieren	252
	10.2.3	Auswertungsreihenfolge bei logischen Ausdrücken	255
10.3		Kumulierte Werte berechnen	256
10.4		Zufallszahlen berechnen	262
10.5		Variablen umkodieren mit »recode«	265
	10.5.1	Allgemeine Vorgehensweise	265
	10.5.2	Umkodierungsregeln festlegen	267
	10.5.3	Umkodieren von Textwerten	272
10.6		Variablen automatisch umkodieren mit »autorecode«	274
10.7		Häufigkeiten zählen mit »count«	278
10.8		Zeitreihen transformieren	280
10.9		Fehlende Werte ersetzen	283

Inhaltsverzeichnis

11	**Fälle sortieren, filtern und gewichten**	285
11.1	Überblick	285
11.2	Fälle sortieren	286
11.3	Fälle auswählen und filtern	288
	11.3.1 Fälle filtern mit »filter«	289
	11.3.2 Fälle selektieren mit »select if«	292
	11.3.3 Zufallsstichprobe ziehen mit »sample«	294
	11.3.4 Analyse auf die ersten n Fälle beschränken	296
11.4	Fälle gewichten	299
11.5	Dubletten identifizieren	301
	11.5.1 Überblick	301
	11.5.2 Komfortabel Deduplizieren mit »match files«	303
	11.5.3 Differenziertes Deduplizieren »mit der Hand«	305

12	**Fälle gruppieren und aggregieren**	311
12.1	Überblick	311
12.2	Fälle in Gruppen unterteilen	311
12.3	Fälle aggregieren	315

13	**Datendateien zusammenführen und umstrukturieren**	321
13.1	Datendateien transponieren	322
13.2	Dateien verschmelzen: Fälle zusammenführen	324
13.3	Dateien verschmelzen: Variablen zusammenführen	329
13.4	Dateien aktualisieren	335
13.5	Umstrukturieren von Datendateien	340
	13.5.1 Überblick	340
	13.5.2 Variablen zusammenfassen – Fälle aufteilen	342
	13.5.3 Fälle zusammenfassen – Variablen aufteilen	345

14	**Bedingungen, Wiederholungen und Schleifen**	349
14.1	»do if«: Bedingte Berechnungen	350
	14.1.1 Basics	350
	14.1.2 Anwendung	352
14.2	»vector«: Variablen-Sets definieren	355
	14.2.1 Basics	355
	14.2.2 Anwendung von Vektoren	357
14.3	»do repeat«: Gleichartige Transformationen für mehrere Variablen	360
14.4	»loop«: Schleifen konstruieren	363
	14.4.1 Basics	363

14.4.2	Anzahl der Iterationen festlegen		365
14.4.3	Beispiele		369

15 Daten exportieren ... 377
15.1	Excel-Dateien erstellen	378
15.2	SAS-Dateien erstellen	379
15.3	Stata-Dateien erstellen	380
15.4	Daten über ODBC exportieren	382
15.5	Tab-getrennte Textdatei erstellen	384
15.6	Freie Textdatei erstellen	385

16 Statistische Prozeduren ... 391
16.1	Deskriptive Statistiken		392
	16.1.1	Häufigkeitstabellen	392
	16.1.2	Deskriptive Maßzahlen	393
	16.1.3	Kreuztabellen und Chi-Quadrat-Test	393
16.2	Mittelwertvergleiche		394
	16.2.1	T-Test	394
	16.2.2	Varianzanalyse	396
16.3	Korrelation und Regression		397
	16.3.1	Korrelationen	397
	16.3.2	Regression	398
16.4	Clusteranalyse		399
16.5	Diskriminanzanalyse		400
16.6	Faktorenanalyse		402
16.7	Grafiken		403

17 Makros ... 405
17.1	Basics		405
	17.1.1	Was ist ein Makro?	405
	17.1.2	Einfaches Beispiel: Makro zum Einfügen einer Variablenliste	406
	17.1.3	Allgemeine Regeln für Makros	407
	17.1.4	Beispiel: Makroinhalt mit vollständiger Befehlsfolge	409
17.2	Parameter zur Steuerung des Makroinhalts		409
	17.2.1	Basics	409
	17.2.2	Übergabe von Parametern beim Makroaufruf	411
	17.2.3	Positionsparameter	414
	17.2.4	Voreingestellte Werte für Parameter definieren	415
17.3	Makrovariablen innerhalb eines Makros definieren		415

17.4	Makrofunktionen zur Textbearbeitung	416
17.4.1	Basics	416
17.4.2	Verschachtelte Funktionen	417
17.4.3	Übersicht aller in Makros verfügbarer Textfunktionen	418
17.5	Bedingte Anweisungen innerhalb eines Makros	421
17.5.1	Basics	421
17.5.2	Beispiele	422
17.6	Makroschleifen	424
17.6.1	Indexschleifen	425
17.6.2	Schleife zum Abarbeiten einer Liste	427
17.7	SPSS-Makro-Umgebung steuern	428
17.7.1	Makroexpansion steuern	428
17.7.2	Höchstzahl an Iterationen und Verschachtelungen	430
17.7.3	Dokumentation in der Ausgabedatei steuern	430
18	**Beispiele für Makrolösungen**	**433**
18.1	Überblick	433
18.2	Klassische Aufgaben für Makros	434
18.2.1	Makro ohne Parameter mit Befehlen zur Datenaufbereitung	434
18.2.2	Makro mit Parametern zur Steuerung von Stichprobengröße und Fallauswahl	435
18.2.3	Makro mit Parameter zum Ein- und Ausschalten von Programmabschnitten	436
18.2.4	Makro mit der Funktion eines Parameters	438
18.3	Makros zur Vereinfachung von Pfad- und Dateiangaben	439
18.3.1	Standardpfad als Makro ablegen	439
18.3.2	Standardpfad vorgeben, aber variabel halten	440
18.4	Werte aus dem DatenSet als Parameter übernehmen	441
18.4.1	Einen aggregierten Wert auslesen	441
18.4.2	Aggregierte Gruppenwerte in unbekannter Zahl auslesen	444
19	**Automatisierung von Programmabläufen**	**451**
19.1	Feste Programmbausteine auslagern und einbinden mit »insert«	452
19.2	Programm mit Schaltfläche verknüpfen	456
19.3	Programme als Produktionsjobs automatisch ausführen lassen	458
19.3.1	Produktionsjob anlegen	459
19.3.2	Eingabeaufforderung für Parameterabfrage	461

	19.3.3	Produktionsjob außerhalb von SPSS aufrufen	464
19.4		Prozedurergebnisse in eine Datendatei schreiben	467
	19.4.1	Basics.	467
	19.4.2	Deskriptive Statistiken in SPSS-Datendatei schreiben	468
	19.4.3	Spezifikationen des »oms«-Befehls	470
	19.4.4	Tabellen aus mehreren Prozeduren in verschiedene Zieldateien schreiben.	472
20		**Grundeinstellungen für die Arbeit mit SPSS festlegen**	475
20.1		Überblick	475
20.2		Daten- und Variablenformate.	476
	20.2.1	Voreingestelltes Variablenformat	476
	20.2.2	Benutzerdefinierte Variablenformate.	476
	20.2.3	Wert für leere Felder in numerischen Variablen.	477
	20.2.4	100-Jahres-Zeitspanne festlegen.	477
20.3		Darstellung von Ergebnissen im Output.	478
	20.3.1	Anzeige von Werten oder Wertelabels in den Ergebnissen	478
	20.3.2	Exponentialschreibweise für kleine Werte im Output	479
	20.3.3	Spaltenbreite der Ergebnistabellen	479
	20.3.4	Keinen Output erzeugen	480
	20.3.5	Alle Befehle im Output dokumentieren.	480
20.4		Berechnungen und Makros	481
	20.4.1	Startwert für die Berechnung von Zufallszahlen	481
	20.4.2	Höchstzahl an Iterationen in Schleifen	482
	20.4.3	Steuerung der Umgebung für Makros.	482
		Stichwortverzeichnis	483

Kapitel 1

Einleitung und Überblick

1.1 Arbeiten mit der SPSS-Befehlssprache

SPSS ist ein umfassendes Programmpaket für die statistische Datenanalyse, das den gesamten Analyseprozess von der Dateneingabe über die Datenaufbereitung bis hin zur Ausführung der statistischen Verfahren und dem Erstellen von Grafiken ermöglicht. Alle diese Schritte lassen sich bei SPSS wahlweise über die Dialogfelder der grafischen Benutzeroberfläche oder über Programmcode in einer SPSS-eigenen Befehlssprache ausführen. Beide Wege haben ihre spezifischen Vor- und Nachteile, und die effizienteste Arbeitsweise besteht zumeist darin, sie sinnvoll miteinander zu kombinieren.

Dies ist bei SPSS besonders einfach, weil man jederzeit zwischen der Verwendung von Dialogfeldern und dem Schreiben und Ausführen von Programmcode wechseln und damit sehr bequem einzelne Schritte über die grafische Oberfläche und dann wieder weitere Schritte über die Befehlssyntax ausführen kann. Ferner bietet SPSS die äußerst hilfreiche Möglichkeit, Befehle mithilfe der Dialogfelder zu spezifizieren und diese Einstellungen anschließend in Programmsyntax übersetzen zu lassen. Dies macht insbesondere den Einsteig in die Arbeit mit der Programmsyntax besonders einfach. So wird man auch ohne tiefe Kenntnis der SPSS-Befehlssprache und ohne einschlägige Erfahrungen mit anderen Programmiersprachen sehr schnell in die Lage versetzt, Befehlscode zu erstellen und die Vorteile des Programmierens zu nutzen.

Der typische Ablauf einer Datenanalyse mit SPSS umfasst drei Schritte, die jeder für sich mehr oder weniger umfangreich sein können: Im ersten Schritt müssen die benötigten Daten aus der oder den Datenquellen eingelesen, in das SPSS-Format überführt und als DatenSet für die laufende SPSS-Sitzung bereitgestellt werden. Im zweiten Schritt sind die Daten für die anstehende Analyse aufzubereiten, indem beispielsweise fehlende Werte speziell markiert, neue Variablen berechnet oder bestehende Variablen kategorisiert werden. Erst danach kann im dritten Schritt die eigentliche Datenanalyse erfolgen, indem auf Basis der Daten statistische Kennzahlen berechnet oder aufwendigere Analyseverfahren wie eine Regressions- oder Clusteranalyse durchgeführt werden. Dabei kann wohl jeder Analyst aus seiner praktischen Arbeit von der leidvollen Erfahrung berichten, dass gerade die ersten beiden Schritte einen hohen Arbeitsaufwand erfordern, bevor man mit den eigentlich interessierenden Analyseverfahren beginnen kann. Deshalb ist es gerade für diese vorbereitenden Arbeitsschritte besonders hilfreich, wiederkehrende Abläufe in der Programmiersprache von SPSS aufzuschreiben, um sie fortan mit geringem Aufwand wiederholt ausführen zu können.

SPSS ermöglicht es dabei nicht nur, umfassende Analyseprozesse vom Einlesen der Daten über die Datenaufbereitung bis zur Anwendung der statistischen Verfahren in der Befehlssprache zu formulieren und als Programm abzuspeichern, so dass der gesamte Prozess jederzeit in identischer Form wiederholt werden kann. Mit verschiedenen Automatisierungstechniken trägt SPSS darüber hinaus dem Umstand Rechnung, dass sich bestimmte Aufgaben zwar regelmäßig wiederholen, dabei aber immer wieder leichte Modifikationen auftreten, so dass beispielsweise verschiedene Datenquellen, abweichende Filterkriterien oder unterschiedliche Stichprobengrößen zur Anwendung kommen sollen. Derartige Variationen lassen sich in dem Automatisierungsprozess berücksichtigen, indem zu Beginn des Programms entsprechende Parameter wie die Datenquelle oder die gewünschte Stichprobengröße abgefragt und anschließend in dem Programm verarbeitet werden.

Die möglichen Automatisierungen verschiedener Art kann man so weit optimieren, dass die selbst erstellten Programme auch von Anwendern ausgeführt werden können, die keinerlei Erfahrung im Umgang mit SPSS haben. So lassen sich derartige Programme beispielsweise mit einem Symbol auf dem Desktop von Windows verknüpfen und entsprechend durch Doppelklick auf das Symbol starten, ohne dass zuvor SPSS gestartet wurde. Das Programm fragt dann automatisch zu Beginn die notwendigen Parameter ab, führt im Hintergrund die entsprechenden Befehle aus und schreibt die Ergebnisse in eine zuvor festgelegte Datei, wobei SPSS während des gesamten Ablaufs praktisch nicht in Erscheinung tritt.

1.2 Zum Aufbau dieses Buches

In den folgenden Kapiteln dieses Buches wird die Verwendung der Befehlssprache für ein effizientes Datenmanagement mit SPSS erläutert. Der Befehlsumfang der Programmiersprache von SPSS hat sich in der Vergangenheit von einer SPSS-Version zur nächsten nur in sehr geringem Maße verändert. Die Darstellungen basieren auf der Version von SPSS 16, gelten aber in weiten Teilen ebenso für frühere und mutmaßlich auch für spätere Programmversionen. Die folgende Übersicht skizziert den Aufbau dieses Buches und damit zugleich das Leistungsspektrum der Befehlssprache von SPSS. Für einen schnellen Einstieg in die Nutzung der Befehlssprache finden Sie im nächsten Abschnitt 1.3 ab Seite 20 ein einführendes Beispiel, das Sie ohne Vorkenntnisse über die SPSS-Syntax direkt am PC nacharbeiten können.

Beispiele in diesem Buch

Auch in den weiteren Kapiteln werden zahlreiche Beispiele zur Erläuterung der Befehlssprache verwendet. Jedes dieser Beispiele finden Sie als Syntaxdatei auf der beiliegenden CD-ROM in dem Verzeichnis *Listings*, so dass Sie den Programmcode aus dem Buch nicht abtippen müssen, wenn Sie ein Beispiel ausprobieren, übernehmen oder abwandeln möchten. Ferner finden Sie in dem Verzeichnis *Daten* sämtliche Datendateien, die in den folgenden Beispielen verwendet werden. In jenen Beispielen, die explizit auf eine bestimmte Datendatei zugreifen, wird zumeist unterstellt, diese befände sich im Verzeichnis *C:\Daten*; wenn Sie ein solches Beispiel auf Ihrem Rechner ausführen möchten, sollten Sie daher entweder dieses Verzeichnis einrichten und dort die betreffenden Datendateien ablegen oder den Dateibezug im Programmcode entsprechend anpassen.

Grundlagen für die Arbeit mit SPSS

In Kapitel 2 werden die Grundlagen zur Bedienung von SPSS und für die Arbeit mit der Befehlssprache dargestellt. Dies umfasst die Verwaltung von Syntaxdateien und die Arbeit mit dem Syntaxeditor, der nicht nur zum Schreiben, sondern auch zum Ausführen des Befehlscodes dient. Ferner lernen Sie hier die allgemeinen Syntaxregeln der SPSS-Programmiersprache und erfahren, welche Hilfestellungen SPSS beim Erstellen von Syntaxprogrammen bietet. Jene Anwender, die im Umgang mit SPSS bereits geübt sind und über erste Erfahrungen mit der Befehlssprache verfügen, können dieses Kapitel überspringen.

Kapitel 3 geht näher darauf ein, wie SPSS bei der Ausführung einzelner Befehle und längerer Befehlsfolgen verfährt. Diese Kenntnisse sind notwendig, um die Befehlssprache effizient verwenden zu können und unerwartete Fehler beim Ausführen von Syntaxbefehlen zu vermeiden. Anschließend werden weitere Techniken für effizientes Programmieren wie die Verwendung temporärer Variablen und temporärer Transformationen sowie typische Fehlerquellen bei der Arbeit mit der SPSS-Syntax vorgestellt. Für ein effizientes Arbeiten mit der Befehlssprache ist die Kenntnis der in diesem Kapitel zusammengestellten Techniken unverzichtbar; wenn Sie jedoch gerade erst mit dem Erlernen der Programmiertechniken bei SPSS beginnen, sollten Sie sich hier zunächst nur einen Überblick über die Möglichkeiten und damit ein Problembewusstsein verschaffen, um später bei Bedarf wieder gezielt nachschlagen zu können.

Daten einlesen und Datendateien verwalten

Alle Daten, die mit SPSS analysiert werden sollen, müssen zunächst in ein fest vorgegebenes Schema überführt und als aktives DatenSet in der jeweiligen SPSS-Sitzung bereitgestellt werden. Hierzu gibt es bei SPSS ein eigenes Dateiformat für Datendateien, in denen gemeinsam mit den reinen Daten auch Meta-Informationen wie Variablen- und Wertelabels oder die Definition fehlender Werte gespeichert werden. Kapitel 4 beschreibt die Handhabung dieser Datendateien und zeigt, wie sie mit der Befehlssprache von SPSS geöffnet, gespeichert und gelöscht werden können. Hier werden auch die Techniken und Befehle zur Handhabung mehrerer gleichzeitig geöffneter Datendateien vorgestellt. In Kapitel 5 wird beschrieben, wie sich neue Datendateien mithilfe der Befehlssprache erstellen und Daten über die Syntax »eingeben« oder berechnen lassen.

Befinden sich die zu analysierenden Daten noch nicht in einer SPSS-Datendatei, sondern in einer externen Datenquelle, können sie nach SPSS importiert werden. Dabei unterstützt SPSS nahezu alle wichtigen Dateiformate wie Excel-, SAS- und einfache Textdateien. Das Vorgehen zum Einlesen von Daten aus solchen Fremddateien wird in Kapitel 6 erläutert. Ferner können Daten aus jeder ODBC-fähigen Datenquelle eingelesen werden; die Vorgehensweise hierzu finden Sie in Kapitel 7 dargestellt.

Variablen definieren

Die Datendateien bei SPSS folgen stets einer klar vorgegebenen Struktur, deren zentrales Merkmal ein festes Raster aus Variablen und Fällen (Datensätzen) ist. Diese Struktur und die sinnvolle Anordnung der Daten in einer Datendatei werden in Kapitel 8 erläutert. Anschließend werden hier die Techniken zur Handhabung der Variablen in einer Datendatei beschrieben. Dies umfasst das Erstellen, Löschen, Kopieren und Sortieren von Variablen sowie das Ändern der Variableneigenschaften wie die Definitionen über Werte- und Variablenlabels, Zahlenformate und fehlende Werte.

Variablen berechnen

Ein großes Thema bei der Arbeit mit SPSS ist die Berechnung von Variablen. Dies beschränkt sich nicht nur auf numerische Variablen, mit denen tatsächlich »gerechnet« werden kann, sondern gilt auch für Textvariablen, die Sie ebenfalls den unterschiedlichsten Transformationen unterwerfen können. So lassen sich über die »Berechnung von Variablen« bestehende Variablen umkodieren, die Werte aus verschiedenen Variablen in unterschiedlicher Weise zusammenfassen, Textwerte aufbereiten, verknüpfen oder zerlegen, Datumswerte verarbeiten oder Zufallszahlen generieren. Hier bietet SPSS ein sehr breites Spektrum an möglichen Transformationen, für die zahlreiche Funktionen zur Verfügung stehen. So gibt es einen Befehl, compute, mit dem sich nahezu alle denkbaren Berechnungen und Transformationen durchführen lassen; diesem Befehl ist das gesamte Kapitel 9 gewidmet. Das nachfolgende Kapitel 10 beschreibt dann einige spezifischere Befehle, mit denen Sie bedingte Berechnungen für ausgewählte Datensätze durchführen und andere spezielle Variablentransformationen veranlassen können.

Fälle aufbereiten

Kapitel 11 erläutert die Techniken zum Sortieren, Filtern und Gewichten der Fälle in einer Datendatei. Ferner werden hier verschiedene Wege zur Identifizierung von Dubletten unter den Fällen der Datendatei beschrieben. In Kapitel 12 finden Sie Techniken zum Gruppieren und Aggregieren eines DatenSets.

Datendateien zusammenführen und umstrukturieren

SPSS stellt strenge Anforderungen an die Anordnung der Daten innerhalb einer Datendatei. Zu diesen Anforderungen gehört unter anderem, dass eine Variable jeweils einer Spalte entspricht, während jede Zeile einen Fall repräsentiert. Ferner müssen sämtliche Daten, die gemeinsam analysiert werden sollen, auch gemeinsam in einem DatenSet vorliegen; sind die Daten bisher in verschiedenen Dateien gespeichert, müssen sie daher vor der Analyse in einem DatenSet zusammengeführt werden. Die Techniken hierzu sowie zum Transponieren und Umstrukturieren von Datendateien werden in Kapitel 13 vorgestellt.

Bedingungen, Wiederholungen und Schleifen

Zu den fortgeschritteneren Programmiertechniken bei SPSS gehört die Formulierung von Bedingungen, Wiederholungen und Schleifen. Diese Techniken werden in Kapitel 14 behandelt und ermöglichen es, Transformationen auf bestimmte Fälle der Datendatei zu beschränken, iterative Berechnungen durchzuführen und gleichartige Berechnungen in effizienter Weise auf mehrere Variablen anzuwenden.

Daten exportieren

Die Daten aus einem geöffneten DatenSet können nicht nur jederzeit als SPSS-Datendatei gespeichert, sondern auch in Dateien mit Fremdformat exportiert werden. So lassen sich die Daten als Excel- oder SAS-Datei oder auch in einfachem Textformat speichern oder via ODBC in eine Datenbank schreiben. Die Techniken hierzu werden in Kapitel 15 erläutert.

Statistische Prozeduren

Auch wenn die zentrale Leistung von SPSS in der Ausführung statistischer Verfahren wie der Berechnung von Chi-Quadrat- und T-Tests oder der Durchführung von Regressions- und Clusteranalysen besteht, nehmen die statistischen Prozeduren in diesem Buch nur einen sehr geringen Platz ein. In Kapitel 16 wird die Vorgehensweise zur Durchführung statistischer und grafischer Prozeduren an wenigen Beispielen grob skizziert, ohne dass das breite Spektrum der zur Verfügung stehenden Verfahren auch nur annähernd abgedeckt wird. Durch die Möglichkeit, statistische Prozeduren mithilfe der Dialogfelder zu spezifizieren und in Syntax übersetzen zu lassen, ist es aber sehr einfach, die Programmiertechniken auf alle weiteren statistischen Verfahren zu übertragen.

Makros

Um die Möglichkeiten der SPSS-Syntax wirklich ausnutzen zu können, ist der Einsatz von Makros unverzichtbar. Ein Makro ist so etwas wie eine benutzerdefinierte Funktion, die als »intelligenter Textbaustein« fungiert. Mithilfe von Makros können Routineaufgaben als Baustein gespeichert und in einfacher Weise in eine Befehlsfolge eingebunden werden. Ferner ermöglichen es Makros, die Ausführung einzelner Programmschritte von vorgegebenen Bedingungen abhängig zu machen und ausgewählte Befehlsfolgen in einer Schleife wiederholt ausführen zu lassen. Die Erstellung und Verwendung von Makros wird in Kapitel 17 erläutert. Eine Reihe von praktischen Anwendungsbeispielen für Makros finden Sie in Kapitel 18.

Automatisierungstechniken

Kapitel 19 stellt verschiedene Automatisierungstechniken vor. Damit können Sie feste Programmbausteine in externe Dateien auslagern und in eine Befehlsfolge einbinden. Mithilfe des »Produktionsmodus« von SPSS können Programme automatisiert ablaufen, ohne dass SPSS explizit gestartet wird. Ferner ist es möglich, Syntaxprogramme in SPSS mit einer Schaltfläche zu verknüpfen und damit den Aufruf häufig benötigter Programme zu vereinfachen. Die Ergebnisse statistischer Prozeduren können nicht nur als Tabellen in eine Ausgabedatei geschrieben, sondern auch in eine Datendatei umgelenkt werden. Dadurch lassen sich die Ergebnisse auf einfache Weise für weitere Berechnungen verwenden.

Grundeinstellungen

Zahlreiche Grundeinstellungen von SPSS steuern dessen Verhaltensweise bei der Ausführung von Syntaxbefehlen. Diese Grundeinstellungen lassen sich sowohl über den Menübefehl *Bearbeiten / Optionen* als auch über Syntaxbefehle ändern. Die Vorgehensweise zum Ändern dieser Einstellungen über die Syntax ist für die wichtigsten Grundeinstellungen in Kapitel 20 beschrieben.

1.3 Zum schnellen Einstieg: Ein erstes Programm schreiben und ausführen

Im Folgenden werden an einem einfachen Beispiel die Schritte aufgezeigt, die notwendig sind, um ein Syntaxprogramm zu schreiben und auszuführen. Hierzu soll die Befehlsfolge aus Listing 1.1 ausgeführt werden. Da die Befehlsnamen in SPSS zum überwiegenden Teil sprechend sind, lässt sich auch ohne Kenntnis der Syntaxsprache erkennen, dass das Programm aus Listing 1.1 einen vollständigen einfachen Analyseprozess abbildet – beginnend mit dem Einlesen der Daten über einfache Schritte zur Datenaufbereitung bis zur Erstellung einer ersten Statistik, in diesem Fall einer Häufigkeitstabelle.

```
GET FILE ='C:\Daten\alter.sav' .
DATASET NAME altersdaten .

RECODE alter
   (18 THRU 35=1) (36 THRU 50=2) (50 THRU HIGHEST=3)
   (MISSING = -1) (ELSE =0)
  INTO alterkat .

VARIABLE LABELS alterkat 'Alterskategorie' .

VALUE LABELS alterkat  -1   'Unbekannt'
                        0   'Kids'
                        1   'Jung'
                        2   'Mittel'
                        3   'Alt' .

FREQUENCIES
   VARIABLES=alterkat .
```

Listing 1.1: Befehlsfolge zum Einlesen, Aufbereiten und Analysieren von Daten

Um das Programm aus Listing 1.1 zu erstellen und auszuführen, gehen Sie folgendermaßen vor:

- *Vorbereitungen.* Starten Sie SPSS und stellen Sie sicher, dass der Dateneditor im aktiven DatenSet keine Daten enthält, die Sie noch benötigen und die noch nicht gespeichert sind. Stellen Sie ferner sicher, dass die Datendatei *alter.sav* von der beiliegenden CD-ROM entweder auf der Festplatte oder im CD-Laufwerk verfügbar ist, so dass sie im Folgenden in SPSS eingelesen werden kann.

- *Syntaxdatei öffnen.* Öffnen Sie eine leere Syntaxdatei, zum Beispiel mit dem Befehl *Datei / Neu / Syntax*.

- *Programm schreiben.* Geben Sie in die Syntaxdatei die Befehlsfolge aus Listing 1.1 ein. Wenn Sie die Befehle nicht abtippen möchten, können Sie auch die Datei *MeinErstesProgramm.sps* von der beiliegenden CD-ROM öffnen (Befehl *Datei / Öffnen / Syntax*).

- *Programm anpassen.* Ersetzen Sie in dem Programmcode in der ersten Zeile die Pfadangabe *C:\Daten\alter.sav* durch den Speicherort, an dem sich die Datei *alter.sav* auf Ihrem Rechner befindet.

- *Programm starten.* Markieren Sie wie in Abbildung 1.1 die gesamte Befehlsfolge in der Syntaxdatei und wählen Sie anschließend den Befehl *Ausführen / Alles* oder klicken Sie in der Symbolleiste auf die Schaltfläche mit dem Pfeil. Dadurch werden die insgesamt fünf Befehle aus Listing 1.1 ausgeführt.

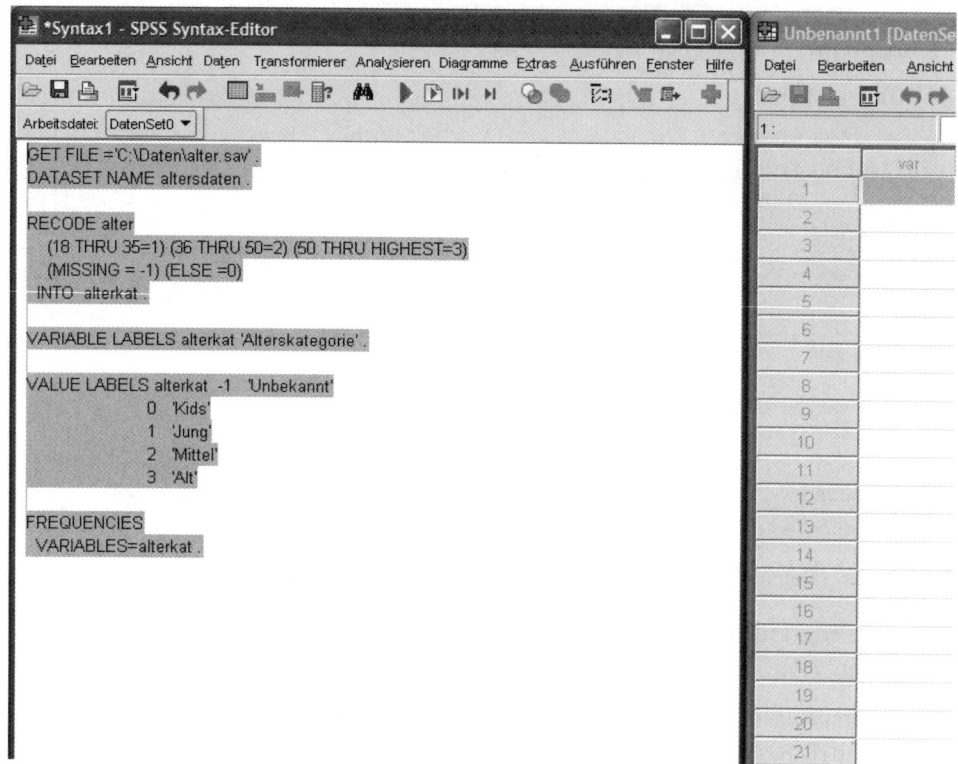

Abb. 1.1: Grafische Oberfläche von SPSS mit Syntaxdatei und leerem Dateneditor

Wenn Sie das Programm wie oben beschrieben starten, werden die einzelnen Befehle von SPSS abgearbeitet und damit folgende Analyseschritte ausgeführt:

- Der Befehl `get file` liest die SPSS-Datendatei *alter.sav* in den Dateneditor ein, so dass sie anschließend als aktives DatenSet zur Verfügung steht. Diesem DatenSet wird für die laufende SPSS-Sitzung mit dem Befehl `dataset name` der Name *altersdaten* zugewiesen; unter diesem Namen kann das DatenSet nun jederzeit angesprochen werden, auch wenn weitere DatenSets geöffnet sind und *altersdaten* nicht mehr das aktive DatenSet bildet.

- Der Befehl `recode` kodiert die Werte der Variablen `alter` um und schreibt die resultierenden Werte in die Variable `alterkat`. Diese Variable wird hierbei automatisch neu erstellt; sollte jedoch eine gleichnamige Variable in der Datendatei bereits vorhanden sein, würde diese ohne einen Hinweis überschrieben werden. Beim Umkodieren werden fehlende Werte in den Wert -1 überführt, alle Werte zwischen 18 und 35 in 1 etc.

- Durch den Befehl `variable labels` erhält die Variable `alterkat` das Variablenlabel `Alterskategorie`.

- Entsprechend werden mit dem Befehl `value labels` die fünf angeführten Wertelabels für die Variable `alterkat` definiert.

- Der Befehl `frequencies` erstellt schließlich eine Häufigkeitstabelle für die Variable `alterkat`. Die Tabelle wird in die aktuelle Ausgabedatei geschrieben, vgl. Abbildung 1.2. Wenn noch keine Ausgabedatei geöffnet ist, wird von SPSS automatisch eine neue Ausgabedatei angelegt.

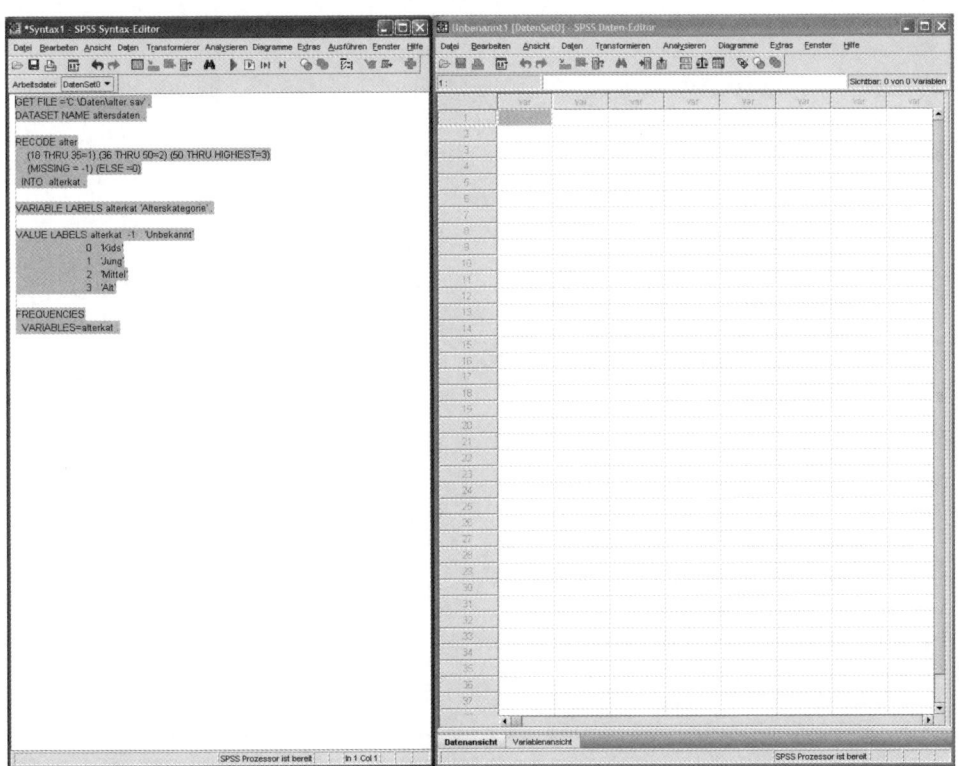

Abb. 1.2: Ergebnis des `frequencies`-Befehls aus Listing 1.1 in der Ausgabedatei

Kapitel 2

Grundlagen für die Arbeit mit SPSS-Befehlssyntax

2.1 Grundlagen zur Bedienung von SPSS

2.1.1 SPSS starten und beenden

SPSS starten

Wie bei nahezu jeder Anwendung gibt es auch bei SPSS verschiedene Möglichkeiten, das Programm zu starten. Sie können den entsprechenden Eintrag aus dem Startmenü von Windows auswählen oder das SPSS-Symbol verwenden, sofern dieses auf dem Desktop oder direkt auf der Taskleiste von Windows abgelegt ist. Auch wenn Sie eine SPSS zugeordnete Datei (Daten-, Ausgabe-, Syntax- oder Grafikdatei) aus dem Explorer heraus öffnen, wird automatisch das Programm SPSS gestartet. Sie können eine Datei aus dem Explorer heraus öffnen, indem Sie auf den Dateinamen doppelklicken. Alternativ können Sie die Datei durch einfaches Anklicken markieren und anschließend den Befehl *Datei / Öffnen* wählen oder die Taste `Enter` drücken.

Wenn Sie SPSS starten, erscheint per Voreinstellung zunächst das Dialogfeld aus Abbildung 2.1. Dieses Dialogfeld wird jedoch nicht angezeigt, wenn Sie gleichzeitig mit dem Start von SPSS eine Datei geöffnet oder in einer früheren SPSS-Sitzung festgelegt haben, dass das Dialogfeld nicht mehr erscheinen soll (siehe unten). In diesem Dialogfeld können Sie zwischen den folgenden Optionen wählen:

- *Das Lernprogramm starten.* Es wird ein Programm aufgerufen, das die grundlegende Arbeitsweise mit SPSS erläutert. Dieses Programm können Sie auch während einer laufenden SPSS-Sitzung jederzeit mit dem Befehl *Hilfe / Lernprogramm* aufrufen.

- *Daten eingeben.* SPSS wird mit einem leeren DatenSet geöffnet.

- *Eine vorhandene Abfrage ausführen.* Abfragen dienen dazu, Daten aus anderen Anwendungen in eine SPSS-Datendatei einzulesen. Wenn Sie derartige Abfragen zu einem früheren Zeitpunkt erstellt und gespeichert haben, können Sie mit dieser Option eine der gespeicherten Abfragen ausführen.

- *Neue Abfrage mit Datenbank-Assistent anlegen.* Es wird ein Assistent aufgerufen, mit dem Sie in mehreren Schritten eine neue Abfrage zum Einlesen von Daten erstellen können.

- *Vorhandene Datenquelle öffnen.* Mit dieser Option lesen Sie eine bereits bestehende Datendatei als aktives DatenSet in SPSS ein. In dem Listenfeld werden die zuletzt mit SPSS bearbeiteten Datendateien aufgeführt. Mit dem obersten Eintrag *Weitere Dateien* rufen Sie das Dialogfeld zum Öffnen von Dateien auf.

- *Anderen Dateityp öffnen.* In dieser Liste werden die zuletzt mit SPSS bearbeiteten Dateien aufgeführt, bei denen es sich nicht um Datendateien handelt; hier finden Sie auch die zuletzt bearbeiteten Syntaxdateien. Auch hier können Sie mit dem Eintrag *Weitere Dateien* ein Dialogfeld zum Öffnen von Dateien aufrufen.

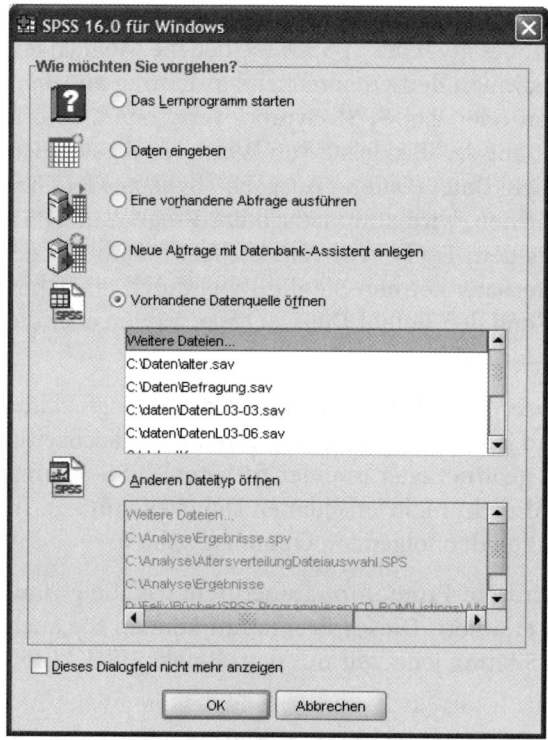

Abb. 2.1: Auswahldialogfeld beim Start von SPSS

Soll dieses Dialogfeld beim Starten von SPSS künftig nicht mehr eingeblendet werden, kreuzen Sie die Option *Dieses Dialogfeld nicht mehr anzeigen* an. SPSS wird dann in Zukunft automatisch mit einem leeren DatenSet gestartet.

2.1 Grundlagen zur Bedienung von SPSS

SPSS beenden

Wenn das Programm SPSS geöffnet ist, ist auch immer der Dateneditor in mindestens einem Fenster geöffnet. Das Schließen des letzten Fensters des Dateneditors ist daher gleichbedeutend mit dem Beenden von SPSS. Dies unterscheidet den Dateneditor von anderen SPSS-Fenstern. So können Sie jederzeit sämtliche Syntax- und Ausgabedateien schließen, ohne SPSS zu beenden. Vor diesem Hintergrund gibt es verschiedene Möglichkeiten, um SPSS zu beenden:

- Wählen Sie in einem beliebigen SPSS-Fenster den Befehl *Datei / Beenden*.
- Schließen Sie alle Fenster des Dateneditors, indem Sie aus seinem Systemmenü den Befehl *Schließen* wählen. Diesen Befehl können Sie auch über die Tastenkombination [Alt]+[F4] aufrufen. Ebenso können Sie die Schaltfläche mit dem Kreuz in der rechten oberen Fensterecke zum Schließen verwenden oder den Menübefehl *Datei / Schließen* aufrufen, der allerdings inaktiv ist, wenn nur noch ein Dateneditor-Fenster geöffnet ist (verwenden Sie in diesem Fall den Befehl *Datei / Beenden*).

Beim Beenden von SPSS werden sämtliche zu SPSS gehörenden Fenster geschlossen. Sind dabei noch Dateien geöffnet, die seit dem letzten Speichern bearbeitet wurden, werden Sie von SPSS gefragt, ob die Änderungen nun gespeichert werden sollen. Sie können dies bejahen, verneinen oder den Vorgang des Beendens von SPSS abbrechen. Wenn Sie die Frage verneinen, werden alle Änderungen seit dem letzten Speichern verworfen und die betreffenden Dateien liegen anschließend in der Form vor, in der sie zuletzt gespeichert wurden.

2.1.2 Die Oberfläche von SPSS

DatenSets im Dateneditor

Wenn das Programm SPSS geöffnet ist, ist auch immer mindestens ein Fenster des Dateneditors von SPSS geöffnet. Dieser Dateneditor zeigt die zur Bearbeitung und Auswertung geöffneten Datendateien an. Während einer SPSS-Sitzung können (seit der Programmversion von SPSS 14) beliebig viele Datendateien gleichzeitig geöffnet sein. Jede geöffnete Datendatei wird bei SPSS als DatenSet bezeichnet; ein DatenSet kann sowohl eine Datendatei sein, die bereits als solche gespeichert und wieder geöffnet wurde, als auch eine Datendatei, die bisher nur als temporäre Arbeitsdatei vorliegt und noch nicht gespeichert wurde (und möglicherweise auch nie gespeichert werden soll).

Ist keine Datendatei geöffnet (steht also kein DatenSet zur Verfügung), wird trotzdem der Dateneditor angezeigt, der in dem Fall eine leere Tabelle enthält, in die Daten eingegeben oder eingelesen werden können. Sind dagegen mehrere DatenSets gleichzeitig geöffnet, bildet genau eines dieser DatenSets das »aktive DatenSet«, auf das alle Befehle zur Transformation oder Auswertung der Daten angewandt werden. Per Voreinstellung ist stets das zuletzt geöffnete DatenSet aktiv. Möchten Sie erreichen, dass Syntaxbefehle zur Bearbeitung oder Auswertung der Daten ein anderes als das derzeit aktive DatenSet verwenden, müssen Sie dazu das gewünschte DatenSet zunächst zum aktiven DatenSet ernennen. Hierzu sowie generell zum Handling der DatenSets stehen mehrere Syntaxbfehle zur Verfügung, die im Einzelnen in Kapitel 4, Abschnitt 4.3 beschrieben werden und für die Erstellung von Syntaxprogrammen von zentraler Bedeutung sind!

Neben den Syntaxbefehlen können Sie auch die Menübefehle und Symbolleisten zur Bestimmung des aktiven DatenSets verwenden. Abbildung 2.2 zeigt das Fenster einer Syntaxdatei, in der Programmcode erstellt und ausgeführt werden kann. In diesem Fenster wird in den Symbolleisten eine Dropdown-Liste mit dem Namen *Arbeitsdatei* angezeigt. Wenn Sie diese Liste aufschlagen, werden sämtliche derzeit geöffneten DatenSets aufgeführt, und Sie können das DatenSet auswählen, das Sie zum aktiven DatenSet ernennen möchten. Dieses DatenSet bleibt dann so lange aktiv, bis ein anderes DatenSet aktiviert wird, was sowohl wieder über diese Dropdown-Liste als auch über einen Syntaxbefehl oder durch Aktivierung des Fensters eines DatenSets über die unter Windows üblichen Techniken geschehen kann.

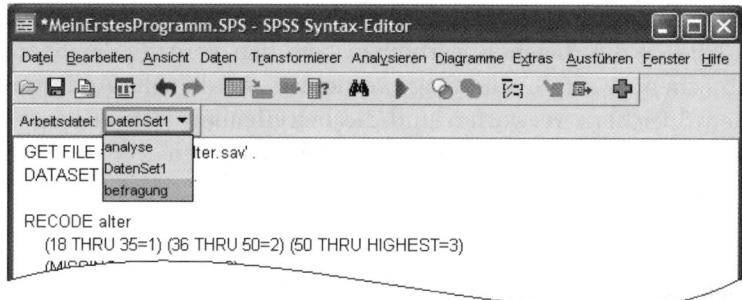

Abb. 2.2: Auswahl des aktiven DatenSets aus allen aktuell geöffneten DatenSets

> **Wichtig**
>
> Seit SPSS 16 können Sie in den Grundeinstellungen von SPSS wählen, ob mehrere DatenSets gleichzeitig geöffnet sein dürfen oder beim Öffnen einer neuen Datendatei automatisch das bisher geöffnete DatenSet geschlossen werden soll (Menübefehl *Bearbeiten / Optionen*, Register *Allgemein*, Option *Jeweils nur ein Datenblatt öffnen*). Diese Einstellung wirkt sich jedoch ausschließlich auf die Arbeit mit den Menübefehlen und Dialogfeldern aus und hat keinen Einfluss auf die Wirkung der Syntaxbefehle. Auch wenn Sie in den Grundeinstellungen festgelegt haben, dass immer nur jeweils ein DatenSet geöffnet sein soll, führt das Öffnen einer Datendatei oder Erstellen eines DatenSets auf anderem Wege über die Syntax daher nicht dazu, dass das oder die bisher geöffneten DatenSet(s) geschlossen werden.

Alle Änderungen, die an einem DatenSet vorgenommen werden, gelten zunächst nur für die Arbeitsversion des DatenSets und werden nicht automatisch in einer Datei gespeichert. Sollen diese Änderungen erhalten bleiben, muss die Speicherung daher explizit veranlasst werden. Geschieht dies nicht, gehen die Änderungen beim Schließen des DatenSets oder auch beim Überschreiben der Daten unwiederbringlich verloren. Dabei zeigt SPSS in Abhängigkeit davon, ob die Maßnahmen über einen Menübefehl oder ein Syntaxprogramm veranlasst wurden, ein leicht unterschiedliches Verhalten:

- Bei der Arbeit mit Maus und Menübefehlen legt auch SPSS die bei dialogfeldgesteuerten Programmen inzwischen übliche Vorsicht an den Tag und fragt, bevor ein Dateneditor-Fenster geschlossen wird, explizit nach, ob die letzten Änderungen an dem DatenSet gespeichert werden sollen. Sie haben dann die Möglichkeit, das bisher versäumte Speichern nachzuholen, die Daten ohne vorheriges Speichern zu verwerfen oder den gesamten Vorgang abzubrechen. Lediglich wenn keine noch nicht gespeicherten Änderungen an den Inhalten des Dateneditors vorgenommen wurden, erscheint diese Rückfrage von SPSS nicht.

- Bei der Arbeit mit der Programmsyntax legt SPSS diese Fürsorge nicht an den Tag. Kommt ein Syntaxbefehl zur Ausführung, der den aktuellen Inhalt des Dateneditors durch explizite Anweisung oder implizit überschreibt oder ein DatenSet schließt, geht SPSS davon aus, dass dieser Befehl wohldurchdacht und damit in aller Konsequenz so beabsichtigt ist. Es erfolgt also keine Rückfrage oder Warnung, dass ggf. Daten verloren gehen könnten. Vielmehr muss jede Änderung an den Daten explizit gespeichert werden, wenn sie erhalten bleiben soll.

Vorsicht

In früheren Programmversionen (bis zu SPSS 13) ist bei der Arbeit mit SPSS stets genau ein DatenSet geöffnet. Daher wird bei diesen älteren Programmversionen beim Öffnen einer neuen Datei das bis dahin geöffnete DatenSet automatisch geschlossen. Auch dabei gehen alle noch nicht gespeicherten Änderungen an diesem DatenSet dauerhaft verloren, und auch hierbei gilt: Beim Öffnen einer Datendatei über die Menüs fragt SPSS von sich aus, ob offene Änderungen an dem bisherigen DatenSet gespeichert werden sollen, während bei der Verwendung der Syntax keine Warnung oder Abfrage erfolgt.

Übersicht der Dateitypen in SPSS

Neben dem Dateneditor zur Anzeige und Bearbeitung von Datendateien kennt SPSS noch verschiedene weitere Dateitypen. Von zentraler Bedeutung sind dabei Ausgabedateien, in die sämtliche mit SPSS generierten Ergebnisse wie Tabellen und Grafiken geschrieben werden, und natürlich Syntaxdateien, die zum Schreiben, Verwalten und Ausführen von Programmcode dienen. Für jeden Dateityp

Kapitel 2
Grundlagen für die Arbeit mit SPSS-Befehlssyntax

hält SPSS auch einen eigenen Editor bereit, der jeweils spezielle Funktionen für den jeweiligen Dateityp bietet. So enthält der Editor für Syntaxdateien sämtliche Funktionen zum Ausführen des Programmcodes, während im Editor für Ausgabedateien Funktionen zur Organisation und Gliederung der unterschiedlichen Ergebnisse vorgesehen sind.

Abbildung 2.3 zeigt die Oberfläche von SPSS mit drei nebeneinander angeordneten Dateien. Auf der linken Seite ist eine Syntaxdatei angezeigt, die eine Folge von Syntaxbefehlen enthält. Oben auf der rechten Seite ist der Dateneditor zu sehen, darunter befindet sich eine Ausgabedatei, in der eine Häufigkeitstabelle wiedergegeben wird.

- *Datendateien: *.sav*. In Datendateien werden die zu analysierenden Daten gespeichert. Die Dateien haben einen tabellenförmigen Aufbau und ähneln den Tabellen in einer Tabellenkalkulation. Alle Daten, die mithilfe von SPSS-Prozeduren untersucht und ausgewertet werden sollen, müssen zuvor in eine Datendatei im SPSS-Format eingefügt und als aktives DatenSet im Dateneditor bereitgestellt werden. Dabei ist es auch möglich, Daten aus einer bereits bestehenden Datei mit fremdem Dateiformat wie beispielsweise einer Excel-Tabelle, einer Access-Datenbank oder einer einfachen Textdatei in den Dateneditor einzulesen.

- *Syntaxdateien: *.sps*. In Syntaxdateien können einzelne Befehle und vollständige Programme in der Programmiersprache von SPSS geschrieben, gespeichert und ausgeführt werden. Die Syntaxdateien haben das Format einfacher Textdateien. Daher ist es auch möglich, beliebige Dateien, die im einfachen Textformat gespeichert sind, in SPSS als Syntaxdatei zu öffnen. Syntaxdateien werden bei SPSS mit dem Syntaxeditor bearbeitet (siehe unten), aus dem heraus die einzelnen Befehle oder vollständigen Programme auch gestartet und damit ausgeführt werden. Bei der Arbeit mit SPSS können beliebig viele Syntaxdateien gleichzeitig geöffnet sein.

- *Ausgabedateien*: **.spv*. Nahezu alle von SPSS generierten Ergebnisse werden in Ausgabedateien geschrieben. Dort können die Ergebnisse nicht nur betrachtet, sondern auch bearbeitet, gelöscht oder kopiert werden. Ebenso wie Syntaxdateien können auch mehrere Ausgabedateien gleichzeitig geöffnet sein. Umgekehrt ist es auch möglich, ohne geöffnete Ausgabedatei mit SPSS zu arbeiten. Sobald Ergebnisse entstehen, die in eine Ausgabedatei geschrieben werden, legt SPSS gegebenenfalls automatisch eine neue Ausgabedatei an. Beachten Sie, dass Ausgabedateien in früheren Programmversionen die Namenserweiterung *.spo* hatten.

- *Skriptdateien: *.sbs*. Auch in Skriptdateien werden Programme geschrieben, die gespeichert und jederzeit ausgeführt werden können. Anders als bei Syntaxdateien werden diese Programme jedoch nicht in der Syntaxsprache von SPSS, sondern in Visual Basic oder Python formuliert.

2.1 Grundlagen zur Bedienung von SPSS

- *Produktionsjob-Dateien: *.spj*. Mithilfe von Produktionsjobs lassen sich Syntaxprogramme automatisiert und auch ohne vorherigen Start von SPSS ausführen. Die Beschreibung eines solchen Jobs wird als Datei mit der Namenserweiterung *.spj* (in früheren Programmversionen *.spp*) gespeichert.

Tipp

Bei den angegebenen Namenserweiterungen (*.sav*, *.spv*, *.sps*, sbs und *.spj*) handelt es sich um die voreingestellten Extensionen, von denen Sie grundsätzlich beliebig abweichen können. Im Allgemeinen ist es jedoch sinnvoll, die von SPSS per Voreinstellung vergebenen Endungen beizubehalten, da hierdurch die Dateien automatisch als SPSS-Dateien erkannt werden. Dies erleichtert die Dateiverwaltung, da SPSS zum Beispiel beim Öffnen einer Datendatei zunächst automatisch alle Dateien mit der Namenserweiterung .sav anbietet. Auch das Öffnen einer Datei aus dem Windows-Explorer heraus ist nur möglich, wenn dieser an der Namenserweiterung erkennt, welchem Programm die Datei zugeordnet ist.

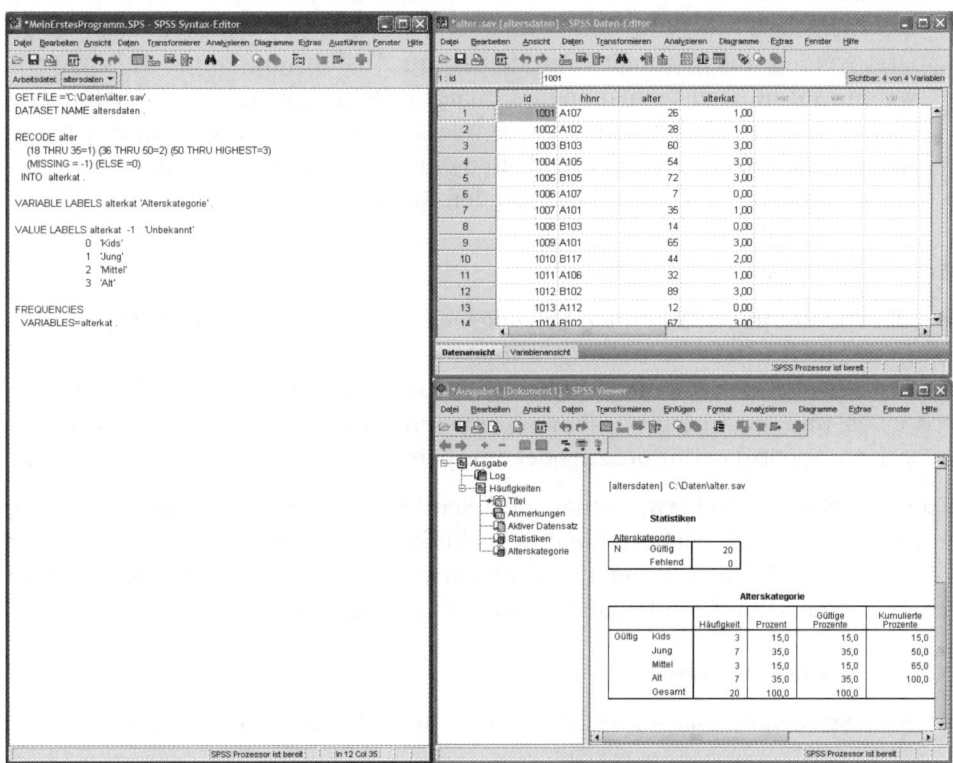

Abb. 2.3: Oberfläche von SPSS mit Syntax-, Daten- und Ausgabedatei

2.2 Syntaxeditor

Die gesamte Arbeit mit der Programmsyntax wie das Erstellen, Bearbeiten und Ausführen von Programmcode erfolgt im Syntaxeditor. Um einen Syntaxbefehl oder längeren Programmcode auszuführen, sind lediglich die folgenden Schritte erforderlich:

- Öffnen Sie eine Syntaxdatei mit dem Befehl *Datei / Neu / Syntax,* siehe hierzu Abschnitt 2.2.1.

- Schreiben Sie den gewünschten Befehl in die Syntaxdatei. Die Syntaxdatei ist eine einfache Textdatei und kann mit den in Texteditoren üblichen Methoden bearbeitet werden, siehe Abschnitt 2.2.2, Seite 34. Beim Formulieren des Befehls können Sie von SPSS unterschiedliche Formen der Unterstützung und Hilfe erhalten, die den Umgang mit der Syntaxsprache erheblich erleichtern, siehe hierzu Abschnitt 2.4, Seite 41.

- Markieren Sie den auszuführenden Programmcode und wählen Sie den Befehl *Ausführen / Auswahl.* Daneben gibt es noch weitere Möglichkeiten zum Ausführen von Befehlen, siehe hierzu Abschnitt 2.2.3, Seite 35. Hierbei ist zu beachten, dass Datentransformationen, die mithilfe von Syntaxbefehlen veranlasst werden, nicht immer unmittelbar zur Ausführung kommen. Vielmehr werden solche Transformationen oftmals zurückgehalten, bis die Ausführung explizit mit dem Befehl `execute` veranlasst oder aufgrund von Dateioperationen wie dem Speichern oder Schließen einer Datei notwendig wird. Diese spezielle Logik von SPSS wird im folgenden Kapitel 3 erläutert.

2.2.1 Syntaxdateien verwalten

Bei der Arbeit mit SPSS können beliebig viele Syntaxdateien gleichzeitig geöffnet sein, unmittelbar nach dem Programmstart ist per Voreinstellung jedoch keine Syntaxdatei geöffnet, und der Syntaxeditor wird nicht angezeigt. Um Programme schreiben und ausführen zu können, müssen Sie daher entweder explizit eine neue, leere Syntaxdatei anfordern oder eine bereits bestehende Syntaxdatei öffnen.

Zum Erstellen, Speichern, Öffnen und Schließen einer Syntaxdatei stehen die unter Windows üblichen Befehle und Techniken zur Verfügung. Darüber hinaus können Sie in SPSS festlegen, dass bei jedem Programmstart automatisch eine leere oder auch eine bestehende Syntaxdatei aufgerufen wird.

Neue Syntaxdatei anlegen

- *Neue Syntaxdatei anlegen.* Wählen Sie den Befehl *Datei / Neu / Syntax.*

- *Automatisch beim Programmstart von SPSS neue Syntaxdatei anlegen.* Per Voreinstellung wird beim Programmstart von SPSS keine Syntaxdatei geöffnet. Um dies zu ändern, wählen Sie den Menübefehl *Bearbeiten / Optionen*, schlagen Sie im Dialogfeld *Optionen* das Register *Allgemein* auf und kreuzen Sie die Option *Syntax-Fenster beim Start öffnen* an.

Bestehende Syntaxdatei öffnen

- *Öffnen einer bereits bestehenden Syntaxdatei.* Verwenden Sie hierzu den Befehl *Datei / Öffnen / Syntax*. Dieser Befehl öffnet ein Dialogfeld, in dem Sie die gewünschte Syntaxdatei mit den üblichen Techniken auswählen können. Hierbei ist es hilfreich zu wissen, dass Syntaxdateien standardmäßig die Namenserweiterung *.sps* tragen.

Syntaxdatei speichern

- *Neue Syntaxdatei erstmalig speichern.* Wählen Sie den Befehl *Datei / Speichern* ([Strg]+[S]) oder *Datei / Speichern unter*. Beide Befehle öffnen bei einer bisher noch nicht gespeicherten Syntaxdatei das Dialogfeld *Syntax speichern unter*, in dem Sie das Zielverzeichnis sowie einen Namen für die Syntaxdatei angeben können.

- *Änderungen an einer bestehenden Datei speichern.* Soll eine bestehende Datei in veränderter Form gespeichert und dabei die zuletzt gespeicherte Version überschrieben werden, wählen Sie den Befehl *Datei / Speichern* ([Strg]+[S]).

- *Bestehende Datei unter neuem Namen speichern.* Wenn Sie eine bereits bestehende Datei unter einem neuen Namen oder in einem anderen Verzeichnis speichern, bleibt zusätzlich die zuletzt gespeicherte Version unter dem alten Namen erhalten. Wählen Sie hierzu den Befehl *Datei / Speichern unter*. Geben Sie in dem damit geöffneten Dialogfeld den neuen Namen und/oder den neuen Speicherort ein.

Syntaxdatei schließen

- *Syntaxdatei schließen.* Zum Schließen einer Syntaxdatei wählen Sie den Befehl *Datei / Schließen* oder klicken Sie auf die Schaltfläche mit dem Kreuz in der rechten oberen Ecke des Dateifensters. Wurde die Datei seit ihrer letzten Sicherung verändert, werden Sie vor dem Schließen der Datei gefragt, ob diese Änderungen gespeichert werden sollen.

- Sind beim Beenden von SPSS noch Syntaxdateien geöffnet, werden diese ebenso wie alle übrigen SPSS-Dateien automatisch geschlossen. Auch hierbei werden Sie gegebenenfalls zuvor gefragt, ob Änderungen an der Syntaxdatei gespeichert werden sollen.

Hauptfenster bestimmen

Während einer SPSS-Sitzung können beliebig viele Syntaxdateien gleichzeitig geöffnet sein. Falls jedoch mehrere Syntaxdateien geöffnet sind, muss eine von ihnen als Hauptfenster deklariert werden. Für die meisten Operationen mit Syntaxdateien wie insbesondere das Schreiben und Ausführen der Befehle ist es allerdings unerheblich, welche der Dateien das Hauptfenster bildet. Lediglich für zwei Operationen hat das Hauptfenster eine Bedeutung:

- *Dialogfelder in Syntax übersetzen.* Wenn Sie die in einem Dialogfeld vorgenommenen Einstellungen mit der Schaltfläche *Einfügen* in die Syntaxsprache übersetzen lassen (siehe Seite 42), wird der Befehlscode stets in das Hauptfenster geschrieben.

- *Variablennamen einfügen.* Auch Variablennamen, die mithilfe des Dialogfeldes *Variablen* (Menübefehl *Extras / Variablen*) ausgewählt und direkt in die Syntaxdatei übertragen werden, fügt SPSS in das Hauptfenster ein.

Als Voreinstellung bildet stets die zuletzt geöffnete Syntaxdatei das Hauptfenster. Um eine andere Syntaxdatei zum Hauptfenster zu erklären, aktivieren Sie das betreffende Fenster und wählen Sie den Menübefehl *Extras / Hauptfenster*, oder klicken Sie auf die entsprechende Schaltfläche mit dem grünen Pluszeichen.

2.2.2 Funktionen des Syntaxeditors

Alle Syntaxdateien werden bei SPSS im Syntaxeditor bearbeitet. Im Syntaxeditor kann neuer Programmcode geschrieben und bereits bestehender Programmcode beliebig verändert werden. Daneben dient der Syntaxeditor dazu, den geschriebenen Programmcode auszuführen (siehe folgenden Abschnitt).

Beim Syntaxeditor von SPSS handelt es sich um einen sehr einfachen Texteditor, der leider nur wenig Unterstützung beim Erstellen von Programmcode bietet. So gibt es weder eine Farbcodierung zur Kennzeichnung der unterschiedlichen und von SPSS erkannten Schlüsselwörter noch andere intelligente Hilfestellungen wie das automatische Vervollständigen von Schlüsselwörtern oder die Kontextanzeige der erwarteten Parameter und Funktionen. Die einzige Unterstützung besteht neben der allgemeinen Online-Hilfe und Dokumentation von SPSS darin, dass zu jedem Syntaxbefehl das Syntaxdiagramm mit allen notwendigen und optionalen Unterbefehlen aufgerufen werden kann, siehe hierzu Seite 42.

Der Syntaxeditor wird stets als eigenes Fenster angezeigt (vgl. Abbildung 2.3, Seite 31), wobei für jede geöffnete Syntaxdatei ein neues Fenster geöffnet wird. Die Syntaxdateien haben das Format einfacher Textdateien, und dementsprechend wird der Programmcode als einfacher Text ohne spezielle Formatierungen oder eine besondere Kennzeichnung von Deklarationsteilen oder Ähnlichem eingegeben. Zur Bearbeitung des Programmcodes stehen die in einfachen Texteditoren üblichen Techniken zur Verfügung. Mit dem Befehl *Bearbeiten / Suchen* kann gezielt nach einem bestimmten Ausdruck gesucht werden, mit *Bearbeiten / Ersetzen* können Sie automatische Ersetzungen von Textteilen vornehmen.

> **Tipp**
>
> Da die Syntaxdateien ein einfaches Textformat haben, können sie auch mit jedem anderen Texteditor erstellt werden. Wichtig ist dabei lediglich, dass die Dateien in einem Textformat ohne spezielle Formatierungen gespeichert werden. Insbesondere wenn man sehr viel mit der Programmsyntax arbeitet, können fortgeschrittenere Editoren wie etwa UltraEdit einem das Leben durchaus erleichtern. Um den Programmcode auszuführen, ohne die Textdatei jedes Mal in dem externen Editor schließen und mit SPSS öffnen zu müssen, kann der Code entweder in den Syntaxeditor von SPSS kopiert werden oder die mit dem externen Editor erstellte Textdatei wird über einen `insert`-Befehl in eine zweite Syntaxdatei, die im Syntaxeditor geöffnet ist, eingebunden, siehe hierzu Kapitel 19.

2.2.3 Syntaxbefehle ausführen

Eine Syntaxdatei kann beliebig viele Syntaxbefehle enthalten, die sowohl einzeln ausgeführt als auch alle auf einmal von oben nach unten abgearbeitet werden können. Es ist daher generell möglich, wenn auch im Allgemeinen nicht sinnvoll, Syntaxbefehle aus den unterschiedlichsten Anwendungsgebieten gemeinsam in einer Datei zu speichern und je nach Bedarf selektiv aufzurufen. Ebenso kann eine Syntaxdatei aber auch eine Folge von Befehlen enthalten, die wie im einführenden Beispiel aus Kapitel 1 gemeinsam ein Programm bilden und sich nur zusammen sinnvoll ausführen lassen.

- *Einzelnen Befehl ausführen.* Soll ein einzelner Befehl ausgeführt werden, positionieren Sie den Cursor an beliebiger Stelle innerhalb des Befehls und wählen Sie anschließend den Menübefehl AUSFÜHREN / AKTUELLEN BEFEHL oder tippen Sie die Tastenkombination [Strg]+[R].

- *Mehrere aufeinander folgende Befehle ausführen.* Sollen mehrere Befehle ausgeführt werden, die in der Syntaxdatei unmittelbar hintereinander stehen, markieren Sie den gesamten Bereich, so dass von jedem auszuführenden Befehl mindestens ein Zeichen des Befehlstextes markiert ist, und wählen Sie anschließend den Menübefehl *Ausführen / Auswahl*.

- *Alle Befehle bis zum Ende der Syntaxdatei ausführen.* Wenn Sie den Cursor an einer beliebigen Stelle innerhalb eines Syntaxbefehls positionieren und anschließend den Befehl *Ausführen / Bis Ende* wählen, werden der markierte Befehl sowie alle weiteren Befehle bis zum Ende der Syntaxdatei der Reihe nach ausgeführt.

Kapitel 2
Grundlagen für die Arbeit mit SPSS-Befehlssyntax

- *Alle Befehle der Syntaxdatei ausführen.* Um alle in der Syntaxdatei enthaltenen Befehle von oben nach unten abzuarbeiten, wählen Sie den Menübefehl *Ausführen / Alle*.

Die Befehle zum Ausführen von Programmcode können Sie auch über die Schaltflächen der Symbolleiste aufrufen, siehe Abbildung 2.4. Per Voreinstellung ist jedoch nur die oberste der vier aufgeführten Schaltflächen in der Symbolleiste enthalten. Um die übrigen Schaltflächen hinzuzufügen, klicken Sie mit der rechten Maustaste auf die Symbolleiste des Syntaxfensters und wählen Sie in dem damit geöffneten Kontextmenü den Befehl *Anpassen*. Markieren Sie in dem damit geöffneten Dialogfeld in der Liste *Symbolleisten* den Eintrag *Syntax-Editor* und klicken Sie anschließend auf die Schaltfläche *Bearbeiten*. Damit öffnen Sie ein weiteres Dialogfeld, in dem Sie die auf der Symbolleiste darzustellenden Schaltflächen auswählen können. Wählen Sie dort in der Liste *Kategorien* den Eintrag *Ausführen* und ziehen Sie anschließend die gewünschten Schaltflächen aus der Liste *Aktionen* auf die Symbolleiste.

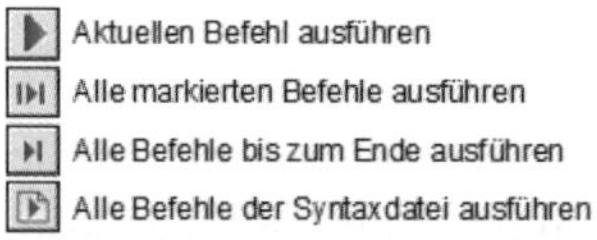

Aktuellen Befehl ausführen
Alle markierten Befehle ausführen
Alle Befehle bis zum Ende ausführen
Alle Befehle der Syntaxdatei ausführen

Abb. 2.4: Schaltflächen zum Ausführen von Befehlen in der Syntaxdatei

> **Tipp**
>
> Neben den hier beschriebenen Methoden zum Ausführen von Syntaxbefehlen können Sie auch vollständige Programme im Hintergrund ausführen lassen, ohne SPSS explizit zu öffnen. Außerdem besteht die Möglichkeit, ein Syntaxprogramm mit einer eigenen Schaltfläche in einer der Symbolleisten zu verknüpfen, so dass das Programm durch einfaches Anklicken der Schaltfläche gestartet wird. Zu beiden Möglichkeiten siehe Kapitel 19.

2.3 Allgemeine Regeln der SPSS-Syntax

2.3.1 Aufbau eines Syntaxbefehls

Ein Syntaxbefehl setzt sich in der Regel aus mehreren Elementen wie dem Befehlsnamen, notwendigen und optionalen Unterbefehlen und ergänzenden Angaben wie etwa Datei- und Variablennamen zusammen. Sehr hilfreich beim Erlernen der Syntaxsprache ist dabei der Umstand, dass alle Befehle folgende einheitliche Struktur aufweisen:

- *Befehlsname.* Zu Beginn eines Befehls steht immer der Befehlsname; dieser besteht in der Regel aus einem, in einigen Fälle aber auch aus zwei oder drei Schlüsselwörtern.

  Da die Befehlsnamen sprechend sind, lässt sich an ihnen auch ohne genaue Kenntnis der Befehlssyntax häufig die Bedeutung des Befehls ablesen. So lautet etwa der Befehl zum Berechnen einer Variablen in der Datendatei compute, der Befehl zum Erstellen deskriptiver Maßzahlen descriptives.

- *Notwendige Unterbefehle.* Die meisten Befehle erfordern neben dem Befehlsnamen weitere Angaben, die mithilfe von Unterbefehlen vorgenommen werden. So muss zum Beispiel für den Befehl descriptives stets angegeben werden, für welche Variablen die deskriptiven Maßzahlen zu berechnen sind. Dies geschieht mit dem Unterbefehl variables; sollen Maßzahlen für die Variablen alter und gewicht berechnet werden, lautet der Befehl daher:

```
DESCRIPTIVES VARIABLES = alter gewicht .
```

- *Optionale Unterbefehle.* Neben notwendigen Unterbefehlen können häufig ergänzende, optionale Unterbefehle eingefügt werden. Auch diese dienen der Präzisierung des jeweiligen Befehls. Beispielsweise lässt sich für den Befehl descriptives mithilfe des Unterbefehls statistics festlegen, welche deskriptiven Maßzahlen SPSS berechnen soll. Um etwa den Mittelwert, die Schiefe und die Varianz zu berechnen, lautet der gesamte Befehl:

```
DESCRIPTIVES
   VARIABLES = alter gewicht
   /STATISTICS = MEAN VARIANCE SKEWNESS.
```

  Werden optionale Unterbefehle nicht angegeben, verwendet SPSS entsprechende Voreinstellungen. So berechnet der Befehl descriptives per Voreinstellung den Mittelwert, die Standardabweichung, das Minimum und das Maximum, sofern nicht mit dem Unterbefehl statistics explizit andere Maßzahlen angefordert werden.

- *Schrägstrich vor Unterbefehl.* Vor einem Unterbefehl wird ein Schrägstrich zur Abgrenzung vom vorhergehenden (Unter-)Befehl geschrieben. Dieser Schrägstrich kann jedoch beim ersten Unterbefehl auch weggelassen werden.

- *Reihenfolge von Unterbefehlen.* Enthält ein Befehl mehrere Unterbefehle, können diese in den meisten Fällen in beliebiger Reihenfolge aufgeführt werden. Von dieser allgemeinen Regel gibt es jedoch einige unsystematische Ausnahmen. Mit Sicherheit zulässig ist immer jene Reihenfolge, die in den Dokumentationen von SPSS und in sämtlichen Darstellungen dieses Buches verwendet wird.

2.3.2 Grammatikregeln

Wie jede Programmiersprache hat auch die SPSS-Syntax bestimmte grammatikalische Regeln, die zum Beispiel festlegen, an welcher Stelle Leerzeichen und Zeilenumbrüche zulässig sind.

Allgemeine Regeln

- *Punkt am Ende.* Jeder Befehl wird am Ende durch einen Punkt abgeschlossen.

- *Groß- und Kleinschreiben.* Es wird nicht zwischen Groß- und Kleinschreibung unterschieden. In den Beispielen dieses Buches werden Schlüsselwörter von SPSS wie Befehls- oder Funktionsnamen in Großbuchstaben und vom Benutzer vergebene Bezeichnungen wie Variablennamen oder die Wertelabels in Kleinbuchstaben geschrieben. Dies dient jedoch nur dem besseren Verständnis der Syntax und wird nicht von SPSS verlangt.

- *Befehlsnamen abkürzen.* Befehlsnamen können auf die ersten Zeichen reduziert werden. Es genügt, von einem Befehlsnamen so viele Zeichen anzugeben, dass sich aus der Zeichenfolge eindeutig auf einen bestimmten Befehl schließen lässt. Dabei müssen jedoch mindestens die ersten drei Zeichen des Befehls angeführt werden. Eine Ausnahme bildet der Befehl `end data`, der stets auszuschreiben ist.

  Beispiel. Für den Befehl `descriptives` genügt es, die drei Zeichen `des` anzugeben, da es keinen weiteren Syntaxbefehl gibt, der mit dieser Zeichenfolge beginnt. Für den Befehl `display` müssen dagegen mindestens die ersten vier Zeichen `disp` geschrieben werden, da er andernfalls mit dem Befehl `discriminant` verwechselt werden könnte.

  Wie weit sich ein Befehl abkürzen lässt, können Sie am einfachsten der Syntax-Referenz von SPSS entnehmen. Um diese zu öffnen, wählen Sie den Befehl *Hilfe / Command Syntax-Reference.*

- *Leerzeichen.* Zwischen einzelnen Wörtern und Zeichen (wie etwa /, +, (,) oder =) können Sie eine beliebige Anzahl von Leerzeichen einfügen. Ebenso ist es (in den meisten Fällen) zulässig, dort einen Zeilenwechsel (häufig jedoch nur einen) vorzunehmen. Zwischen zwei Wörtern muss mindestens ein Leerzeichen stehen.

- *Leerzeichen am Zeilenanfang.* Auch am Anfang einer Zeile können Sie grundsätzlich beliebig viele Leerzeichen einfügen, allerdings mit folgenden Ausnahmen:

  - Der Befehl `end data` muss direkt am Zeilenanfang stehen.
  - Wird ein Programm über den `include`-Befehl (oder den `insert`-Befehl in Verbindung mit dem Batch-Format) in eine Syntaxdatei eingebunden, muss jeder Befehl direkt am Zeilenanfang beginnen, während jede Fortsetzungs-

zeile innerhalb eines Befehls, der sich über mehrere Zeilen erstreckt, mit mindestens einem Leerzeichen eingerückt werden muss, siehe hierzu die Beispiele in Kapitel 19.

Text- und Zahlenwerte im Programmcode

Für die Angabe von Text- und Zahlenwerten im Programmcode gelten die folgenden Regeln:

- *Text*. Textangaben wie zum Beispiel der Text eines Variablenlabels müssen zwischen Anführungszeichen gesetzt werden und dürfen sich nicht über mehrere Zeilen erstrecken. Dabei können Sie sowohl doppelte als auch einfache Anführungszeichen verwenden.

> **Tipp**
>
> In einigen Fällen wie beispielsweise bei der Formulierung von SQL-Abfragen kann es erforderlich sein, innerhalb eines Textausdrucks wiederum einen Teil des Textes gesondert zwischen Anführungszeichen zu setzen. Um in einem solchen Fall die richtige Interpretation des Ausdrucks zu gewährleisten, muss der Gesamttext zwischen doppelte und der innere Text zwischen einfache Anführungszeichen gesetzt werden, beispielsweise in der Form
>
> `"where name = 'Paul' and alter = 23"`

- *Zahlen*. Zahlenwerte werden nicht zwischen Anführungszeichen geschrieben, sondern »direkt« angegeben. (Beachten Sie aber, dass auch Ziffern Textwerte darstellen können, wenn sie Daten einer Textvariablen sind.) Eine Zahl darf beliebig viele vorausgehende Nullen aufweisen. Als Dezimaltrennzeichen ist stets ein Punkt zu verwenden. Auch die Exponentialschreibweise ist zulässig. So können Sie die Zahl 80 wahlweise in der Form 80 oder 00080 oder 80.000 oder 8E1 angeben.

- *Listen aus Text- und Zahlenwerten*. In einer Liste von Text- oder Zahlenwerten sind die einzelnen Werte durch Kommata zu trennen.
  Beispiel: 3, 4, 5.2, 7 bzw. `"ja", "nein", "vielleicht"`

Angabe von Variablen

Viele Syntaxbefehle erfordern zur näheren Spezifizierung unter anderem die Angabe von Variablennamen, beispielsweise um festzulegen, welche Daten mit einer statistischen Prozedur ausgewertet werden sollen. Dabei ist es sehr oft möglich, mehrere Variablen gleichzeitig anzugeben. Hierzu stehen die folgenden Schreibweisen zur Verfügung:

- *Liste einzelner Variablen.* Die Variablennamen können einfach durch Leerzeichen getrennt hintereinander geschrieben werden:

  ```
  DESCREPTIVES /VARIABLES = alter gewicht groesse .
  ```

- *Alle Variablen der Datendatei.* Mit dem Schlüsselwort `all` werden sämtliche Variablen einer Datendatei benannt:

  ```
  DESCREPTIVES /VARIABLES = all .
  ```

- *Folge benachbarter Variablen.* Soll eine Reihe von Variablen bezeichnet werden, die in dem DatenSet direkt nebeneinander stehen, so genügt es, die erste und die letzte dieser Variablen anzugeben und mit dem Schlüsselwort `to` zu verbinden:

  ```
  DESCREPTIVES /VARIABLES = alter TO groesse .
  ```

Wichtig

Das Schlüsselwort `to` hat bei der Bezeichnung von Variablen je nach Kontext eine unterschiedliche Bedeutung. Werden bereits bestehende Variablen aus einem DatenSet bezeichnet, dient `to` wie beschrieben dazu, eine Folge benachbarter Variablen anzugeben. Werden hingegen noch nicht bestehende, neu zu erstellende Variablen benannt, erzeugt `to` eine Folge von Variablen mit fortlaufender Nummer. Dabei muss der Variablenname mit einer Zahl enden. So erzeugt beispielsweise der Befehl

```
NUMERIC test1 TO test10 .
```

insgesamt zehn numerische Variablen mit den Namen `test1`, `test2`, ..., `test10`.

2.3.3 Kommentare

Je komplexer und ausgefeilter ein Syntaxprogramm ist, desto schwieriger ist es später für Dritte und auch für einen selbst, die Wirkung und Abfolge der Befehle nachzuvollziehen. Es ist daher äußerst hilfreich, in den Programmcode erläuternde Kommentare einzufügen, in denen man die inhaltliche Wirkung der einzelnen Befehle und die zugrunde liegenden Überlegungen festhalten kann. Dies ist bei SPSS ohne Weiteres möglich, allerdings müssen alle Kommentare ausdrücklich als solche gekennzeichnet werden, damit SPSS nicht versucht, den Kommentar als Programmcode zu interpretieren.

Kommentar innerhalb einer Programmzeile

Um einen Kommentar innerhalb eines Befehls einzufügen, schließen Sie den Kommentartext mit /* und */ ein:

```
FREQUENCIES /*Häufigkeitstabelle*/ VARIABLES=alterkat .
```

Ein solcher Kommentar darf generell überall dort eingefügt werden, wo auch ein Leerzeichen zulässig ist, allerdings nicht innerhalb von Textausdrücken oder Datenzeilen. Ferner darf sich ein solcher Kommentar nicht über mehrere Zeilen erstrecken.

Ganze Zeilen als Kommentar markieren

Die abschließende Zeichenfolge */ kann weggelassen werden, wenn sich der Kommentar am Ende einer Zeile befindet:

```
FREQUENCIES   /*Häufigkeitstabelle
  VARIABLES=alterkat .
```

Auf diese Weise können auch vollständige Zeilen als Kommentar markiert werden:

```
FREQUENCIES
/*Berechnet eine Häufigkeitstabelle
  VARIABLES=alterkat .
```

Mehrzeiliger Kommentar

Ein mehrzeiliger Kommentar ist lediglich zwischen zwei Befehlen zulässig. Ein solcher Kommentar wird mit dem Schlüsselwort comment oder alternativ mit einem Sternchen * eingeleitet und mit einem Punkt abgeschlossen:

```
/*Quelldaten einlesen
GET FILE = 'C:\Daten\alter.sav' .
COMMENT Umkodieren der Variablen alter in Kategorien;
      Neue Variable = alterkat .
RECODE alter
  (MISSING=-1) (18 THRU 25=1) (26 THRU 35=2)
  (36 THRU 45=3) (46 THRU 55=4) (56 THRU 65=5)
  (66 THRU HIGHEST=6) (ELSE=0)
INTO  alterkat .
```

2.4 Hilfen beim Formulieren von Syntaxbefehlen

Für das Formulieren von Syntaxbefehlen bietet SPSS eine Reihe von Hilfestellungen an, durch die nicht nur die laufende Arbeit, sondern auch das Erlernen der Befehlssprache erheblich erleichtert wird.

2.4.1 Dialogfelder ausfüllen und in Syntax übersetzen lassen

Für Befehle, die sowohl mithilfe der Menütechnik als auch durch einen Syntaxbefehl ausgeführt werden können, besteht die Möglichkeit, zunächst in den Dialogfeldern die gewünschten Einstellungen vorzunehmen und diese anschließend in die Syntaxsprache übersetzen zu lassen. Hierzu müssen Sie lediglich nach dem Ausfüllen der Dialogfelder statt der Schaltfläche *OK* die Schaltfläche *Einfügen* wählen. Daraufhin wird das Dialogfeld geschlossen und die entsprechende Befehlssyntax in die Syntaxdatei geschrieben. Dabei wird der Befehl stets an das Ende des bisherigen Dateiinhalts angehängt. Sind mehrere Syntaxdateien geöffnet, wird der Befehl in das Hauptfenster (siehe Seite 34) geschrieben. Falls keine Syntaxdatei geöffnet ist, wird von SPSS automatisch eine neue Datei erstellt.

2.4.2 Syntaxdiagramm zu einem Befehl anfordern

Mit der Schaltfläche *Hilfe zur Syntax,* auf der zwei Paare eckiger Klammern abgebildet sind, können Sie aus einer Syntaxdatei heraus zu jedem Befehl das zugehörige Syntaxdiagramm anfordern. Hierzu muss der Befehlsname bzw. eine eindeutige Abkürzung des Namens in der Syntaxdatei stehen. Positionieren Sie den Cursor an einer beliebigen Stelle innerhalb des Befehlsnamens und klicken Sie anschließend auf die Schaltfläche *Hilfe zur Syntax*. Daraufhin wird das Syntaxdiagramm mit einigen ergänzenden Erläuterungen in einem eigenen Fenster der Online-Hilfe eingeblendet. Zum Lesen von Syntaxdiagrammen siehe Abschnitt 2.4.5.

2.4.3 Liste aller Befehle und Syntaxdiagramme

Mit dem Befehl *Hilfe / Command Syntax Reference* öffnen Sie ein PDF-Dokument mit Erläuterungen zum grundlegenden Umgang mit der Syntaxsprache sowie mit einer Liste aller verfügbaren Syntaxbefehle mit den zugehörigen Syntaxdiagrammen und einer kurzen Beschreibung der notwendigen und optionalen Angaben.

Das Dokument ist im PDF-Format gespeichert und wird mit dem Acrobat Reader geöffnet, der auch auf der Installations-CD von SPSS zu finden ist und bei Bedarf von dort installiert werden kann. Wurde das PDF-Dokument zur Syntaxsprache bei der Installation von SPSS nicht auf die Festplatte kopiert, muss sich die Installations-CD von SPSS im Laufwerk befinden, damit die Befehlsliste geöffnet werden kann.

2.4.4 Befehle aus der Ausgabedatei übernehmen

In den Grundeinstellungen von SPSS können Sie veranlassen, dass jedes Mal, wenn SPSS einen Befehl ausführt, dieser in Syntaxsprache in die Ausgabedatei geschrieben wird, und zwar unabhängig davon, ob der Befehl als Syntaxbefehl gestartet oder über einen Menübefehl aufgerufen wurde. Die Befehlssyntax können Sie anschließend aus der Ausgabedatei in eine Syntaxdatei kopieren und dort bearbeiten, speichern und erneut ausführen.

Um die Dokumentation der von SPSS ausgeführten Befehle in der Ausgabedatei einzuschalten, führen Sie den Befehl aus Listing 2.1 aus. Damit setzen Sie den Parameter `printback` in den Grundeinstellungen von SPSS auf den Wert `listing`.

```
SET PRINTBACK = LISTING .
```

Listing 2.1: Ändern der Grundeinstellung zum Einschalten der Dokumentation aller von SPSS ausgeführten Befehle in der Ausgabedatei

Um die Dokumentation wieder auszuschalten, weisen Sie `printback` den Wert `none` zu. Sie können den aktuellen Wert von `printback` auch abfragen. Führen Sie dazu den Befehl aus Listing 2.2 aus. SPSS schreibt dann die aktuelle Einstellung für `printback` in die Ausgabedatei.

```
SHOW PRINTBACK .
```

Listing 2.2: Abfrage des aktuellen Wertes des Parameters `printback` aus den Grundeinstellungen

2.4.5 Syntaxdiagramme lesen

Die Struktur eines Befehls sowie alle notwendigen und optionalen Unterbefehle einschließlich der möglichen ergänzenden Angaben zur Spezifizierung werden in der Dokumentation und Online-Hilfe von SPSS in einem sogenannten *Syntaxdiagramm* dargestellt. Die Syntaxdiagramme verwenden bestimmte Symbole sowie unterschiedliche Schreibweisen zur Kennzeichnung der verschiedenen Elemente eines Befehls, die sich in vereinfachter Form auch in diesem Buch wiederfinden. Im Folgenden wird erläutert, wie ein Syntaxdiagramm zu interpretieren ist.

Beispiel: Syntaxdiagramm des Befehls »descriptives«

Der Syntaxbefehl `descriptives` dient der Berechnung deskriptiver Maßzahlen für eine oder mehrere Variablen aus dem aktiven DatenSet. Mithilfe verschiedener Optionen bzw. Unterbefehle lässt sich dabei unter anderem steuern, welche Maßzahlen im Einzelnen ermittelt und in welcher Reihenfolge die Ergebnisse präsentiert werden sollen. Alle Unterbefehle und optionalen Angaben des Befehls sind in Form eines Syntaxdiagramms in Listing 2.3 aufgeführt.

```
DESCRIPTIVES [VARIABLES=] varname[(zname)] [varname...]
  [/MISSING={VARIABLE**}  [INCLUDE]]
           {LISTWISE  }
  [/SAVE]
```

```
            [/STATISTICS=[DEFAULT**][MEAN**][MIN**][SKEWNESS]]
                        [STDDEV** ][SEMEAN][MAX**][KURTOSIS]
                        [VARIANCE ][SUM    ][RANGE][ALL]
[/SORT=[{MEAN     }] [{(A)}]]
        {SMEAN    }   {(D) }
        {STDDEV   }
        {VARIANCE}
        {KURTOSIS}
        {SKEWNESS}
        {RANGE    }
        {MIN      }
        {MAX      }
        {SUM      }
        {NAME     }
```

Listing 2.3: Syntaxdiagramm des Befehls descriptives

Dieses Syntaxdiagramm mag zunächst recht umfangreich erscheinen, tatsächlich kommt der Befehl descriptives aber mit sehr wenigen Angaben aus. Sollen etwa die »Standardmaßzahlen« Mittelwert, Standardabweichung, Minimum und Maximum für die Variable alter berechnet werden, so lautet der vollständige Befehl:

```
DESCRIPTIVES alter .
```

Alle weiteren Spezifikationen, die in dem Syntaxdiagramm aufgeführt werden, sind optional und werden gegebenenfalls durch Voreinstellungen ersetzt. Dies geht unmittelbar aus dem Syntaxdiagramm hervor, dessen Symbole und Schreibweisen die im Folgenden beschriebene Bedeutung haben.

Bedeutung der Symbole

- *Großbuchstaben.* In Großbuchstaben geschriebene Wörter stellen Schlüsselwörter wie Befehls- oder Funktionsnamen dar. In dem Syntaxdiagramm des Befehls descriptives aus Listing 2.3 werden damit außer zur Angabe der Variablen ausschließlich Schlüsselwörter aufgeführt.

- *Normale Schrift.* Bezeichnungen in normaler Schrift fungieren als Platzhalter für solche Angaben, die in Abhängigkeit vom konkreten Anwendungsfall vom Benutzer vorzunehmen sind. So steht im obigen Syntaxdiagramm die Bezeichnung varname als Platzhalter für Variablennamen, die vom Benutzer einzufügen sind.

2.4 Hilfen beim Formulieren von Syntaxbefehlen

- *Eckige Klammern.* Alle Angaben, die zwischen eckigen Klammern stehen, sind optional. Soweit es sich dabei um Einstellungen für spezielle Berechnungsweisen, Formatierungen oder ähnliche Optionen handelt, werden diese häufig durch Voreinstellungen ersetzt, wenn die Angaben im Befehl ausgelassen werden.

  In Listing 2.3 sind damit außer dem Befehls- und mindestens einem Variablennamen alle weiteren Angaben optional, da sie zwischen eckigen Klammern stehen. (Zwar stehen in dem Syntaxdiagramm nach dem Unterbefehl `sort` die Bezeichnungen für die Maßzahlen wie `smean`, `stddev`, `variance` etc. nicht direkt zwischen eckigen Klammern, sie »erben« jedoch die eckigen Klammern der obersten Maßzahl `mean`, siehe hierzu den folgenden Punkt.)

- *Geschweifte Klammern.* Angaben, die untereinander stehen und jeweils von geschweiften Klammern umschlossen werden, sind alternativ; es darf höchstens eine dieser Angaben in den Befehl aufgenommen werden. Steht die oberste Alternative zwischen eckigen Klammern, so ist keine Angabe notwendig, andernfalls muss genau eine der Alternativen im Befehl genannt werden.

  Bei dem Befehl `descriptives` können die Ergebnisse mit dem Unterbefehl `sort` nach einer der aufgeführten Maßzahlen sortiert werden. Die Angabe einer Maßzahl zur Sortierung ist optional, wenn aber die Sortierung nach einer speziellen Maßzahl durchgeführt werden soll, so ist genau eines der elf Schlüsselwörter aus der untereinander stehenden Liste anzugeben.

- *Sternchen.* Sieht ein Syntaxdiagramm optionale Angaben vor, sind häufig einige davon mit zwei Sternchen gekennzeichnet. Diese Angaben entsprechen den Voreinstellungen, die zur Anwendung kommen, wenn von den optionalen Spezifikationen kein Gebrauch gemacht wird. Allerdings ist zu beachten, dass nicht bei allen optionalen Angaben die Voreinstellungen auf diese Weise gekennzeichnet sind.

  Werden in dem Befehl `descriptives` die zu berechnenden Statistiken nicht explizit genannt, so berechnet SPSS per Voreinstellung Mittelwert, Minimum, Maximum und Standardabweichung.

- *Varname, Varlist.* Der Ausdruck `varname` steht als Platzhalter für einen Variablennamen, der Ausdruck `varlist` als Platzhalter für eine Liste von Variablennamen. Dabei kann eine Variablenliste auch aus einem einzigen Namen bestehen.

  In dem Syntaxdiagramm des Befehls `descriptives` folgt auf den Unterbefehl `variables` das Schlüsselwort `varname`; da dieses nicht zwischen eckigen Klammern steht, muss für den Befehl `descriptives` ein Variablenname angegeben werden. Optional können auch noch weitere Variablen angeführt werden, da das Schlüsselwort `varname` auch noch einmal in eckigen Klammern genannt wird, siehe auch den folgenden Punkt.

- *Punkte.* Drei aufeinanderfolgende Punkte dienen auch in einem Syntaxdiagramm als Fortsetzungszeichen. Die Bedeutung dieser Punkte hängt vom jeweiligen Kontext ab und lässt sich allgemein nur so interpretieren, dass das betreffende Element des Befehls in analoger Weise mehrfach wiederholt werden kann.

  Das Syntaxdiagramm in Listing 2.3 enthält hinter dem zweiten Schlüsselwort `varname` drei Punkte, die anzeigen, dass nicht nur ein zweiter, sondern beliebig viele weitere Variablennamen angegeben werden können. Der Grund dafür, dass an dieser Stelle nicht einfach das Schlüsselwort `varlist` verwendet wird, besteht darin, dass nicht nur weitere Variablennamen, sondern für jede Variable optional auch weitere `znames` (Namen für zu speichernde standardisierte Variablen) angegeben werden können.

- *Verschachtelte Klammern.* Häufig werden die einzelnen Symbole wie insbesondere Klammern in den Syntaxdiagrammen auch verkettet und ineinander verschachtelt. Dabei gelten die in der Mathematik üblichen Regeln für den Umgang mit Klammerausdrücken, so dass komplexe Verkettungen von innen nach außen gelesen werden.

  In dem Syntaxdiagramm für den Befehl `descriptives` ist eine Verschachtelung von Klammern in folgendem Term enthalten:

```
[/SORT = [{MEAN  }] [{(A)}]]
         {SMEAN }    {(D)}
```

Dieser Ausdruck besagt, dass zunächst die Angabe des Unterbefehls `sort` *optional* ist; wird dieser Befehl verwendet, kann wiederum optional eine von mehreren Maßzahlen angegeben werden, nach der die Sortierung erfolgen soll.

Ebenfalls optional ist die Angabe einer Sortierreihenfolge durch den Ausdruck (A) oder (D), wobei diese Angabe unabhängig davon vorgenommen werden kann, ob eine Maßzahl genannt wird. Der `sort`-Befehl kann also unter anderem mit den folgenden Ausprägungen in den `descriptives`-Befehl aufgenommen werden (das Gleichheitszeichen, das im Syntaxdiagramm nicht als optional gekennzeichnet ist, kann in der ersten und der dritten Variante auch mit angegeben werden, ist aber tatsächlich überflüssig):

```
/SORT
/SORT = MEAN
/SORT = MEAN (D)
/SORT (D)
```

- *Abschließender Punkt.* Beachten Sie, dass jeder Befehl mit einem Punkt abgeschlossen werden muss, auch wenn in den Syntaxdiagrammen kein abschließender Punkt aufgeführt wird.

Kapitel 3

Background für effizientes Programmieren

Der Einstieg in die Programmierung mit SPSS-Syntax ist durch die Möglichkeit, zunächst über die Menübefehle Dialogfelder auszufüllen und diese anschließend in Syntaxcode übersetzen zu lassen, erfreulich einfach. Für das Erstellen umfangreicher Programme, die über eine einfache Abfolge von Prozeduren hinausgehen, ist jedoch nicht nur eine gewisse Kenntnis der Syntaxbefehle erforderlich, sondern man muss für effizientes und fehlerfreies Programmieren auch verstehen, wie SPSS bei der Ausführung der Befehle vorgeht:

- *Befehlsreihenfolge.* Wird eine aus mehreren Einzelbefehlen zusammengesetzte Befehlsfolge ausgeführt, so arbeitet SPSS die Befehle grundsätzlich der Reihe nach ab. Allerdings gibt es dabei zwei Besonderheiten: Transformationsbefehle werden nicht sofort ausgeführt, sondern zunächst im Hintergrund gespeichert und erst später gebündelt von SPSS umgesetzt. Da einige andere Befehle jedoch sofort zur Ausführung kommen, können zum Teil unerwartete Effekte auftreten, die es erforderlich machen, SPSS mit einem `execute`-Befehl ausdrücklich anzuweisen, alle offenen Transformationsbefehle auszuführen, siehe hierzu Abschnitt 3.1.

- *Temporäre Variablen.* SPSS bietet die Möglichkeit, temporäre Variablen zu erstellen, die nicht in einem DatenSet gespeichert werden. Temporäre Variablen stehen vorübergehend für Berechnungen und Transformationen zur Verfügung und werden von SPSS nach ihrer Verwendung automatisch wieder gelöscht. Daher sind temporäre Variablen sehr hilfreich, wenn eine Variable nur als Zwischenschritt in einer Folge von Transformationen benötigt wird, siehe hierzu Abschnitt 3.2, Seite 55.

- *Temporäre Transformationen.* Bestimmte Transformationen der Daten im aktiven DatenSet wie eine Gewichtung der Fälle oder eine Unterteilung in getrennte Fallgruppen können in ihrer Wirkung von vornherein auf eine einzige Prozedur beschränkt werden. Nach Ausführung der Prozedur verliert die Transformation automatisch ihre Wirkung, so dass kein zusätzlicher Befehl zum Aufheben der Transformation erforderlich ist. Siehe hierzu Abschnitt 3.3, Seite 58.

- *Typische Fehler in Syntaxprogrammen.* Beim Ausarbeiten neuer Syntaxprogramme lässt sich das Auftreten von formalen und inhaltlichen Fehlern kaum vermeiden.

Umso wichtiger ist es, Fehler schnell identifizieren und korrigieren zu können. Einige Hinweise hierzu sind in Abschnitt 3.4, Seite 60, zusammengestellt.

> **Tipp**
>
> Das genaue Verhalten von SPSS bei der Ausführung von Programmbefehlen lässt sich in vielen Details über verschiedene Grundeinstellungen steuern. So legen die Grundeinstellungen von SPSS unter anderem fest, welche Formate für Variablen per Voreinstellung zur Anwendung kommen, wie Ergebnistabellen in der Ausgabedatei gestaltet werden und in welchem Umfang SPSS die ausgeführten Befehle dokumentiert. Alle diese Grundeinstellungen lassen sich mit dem Befehl `set` ändern. Die wichtigsten Grundeinstellungen und deren mögliche Ausprägungen werden in Kapitel 20 beschrieben.

3.1 Aufbau und Ablauf eines Programms

3.1.1 Anforderungen an die Befehlsreihenfolge in einem Programm

Typischerweise bestehen Syntaxprogramme aus einer Folge mehrerer Einzelbefehle, die gemeinsam ausgeführt werden sollen, sobald das Programm gestartet wird. Je nach Art der in einem Programm enthaltenen Befehle kann deren Reihenfolge dabei von entscheidender Bedeutung sein. Dabei ist es glücklicherweise generell so, dass die intuitiv gewählte Anordnung der Befehle auch die richtige ist und das gewünschte Ergebnis liefert.

Wenn Sie beispielsweise eine bereits bestehende Datendatei verwenden möchten, um auf Basis der darin enthaltenen Daten eine neue Variable zu berechnen und die Verteilung der neu berechneten Werte in einer Grafik darzustellen, erfordert dies drei Arbeitsschritte in der folgenden, intuitiv verständlichen Reihenfolge:

1. Einlesen der Daten aus der bestehenden Datendatei in den Dateneditor mit dem Befehl `get file`.
2. Berechnen der neuen Variablen, zum Beispiel mit `compute`, `recode` oder `if`.
3. Erstellen der Grafik mit dem Befehl `graph`.

In diesem Fall ist genau die dargestellte Reihenfolge zwingend erforderlich. Es ist nicht möglich, eine Variable zu berechnen, ohne dass zuvor die dazu benötigten Daten eingelesen wurden, oder eine Grafik für eine Variable zu erstellen, die noch gar nicht erzeugt wurde. Generell gilt:

- Bevor Daten mit SPSS verändert oder ausgewertet werden können, müssen diese Daten explizit als aktives DatenSet im Dateneditor bereitgestellt werden, beispielsweise indem die benötigte SPSS-Datendatei mit dem Befehl `get file` eingelesen wird oder Daten aus einer externen Quelle wie einer Textdatei oder einer Datenbank importiert werden. Erst danach lassen sich Änderungen beispielsweise an den Definitionen fehlender Werte oder den Labels vornehmen und Prozeduren zur Auswertung der Daten mithilfe statischer Verfahren durchführen.

- Auch wenn innerhalb eines DatenSets mit Befehlen wie `compute`, `recode` oder `count` neue Variablen erstellt werden, muss dieser Schritt erfolgen, bevor für diese neuen Variablen fehlende Werte oder Labels definiert oder die Variablen in Prozeduren einbezogen werden können.

3.1.2 Reihenfolge der Ausführung von Befehlen durch SPSS

Während die beschriebenen Anforderungen an die Reihenfolge der Befehle unmittelbar verständlich erscheinen, sind der Zeitpunkt und die Reihenfolge, in der SPSS die Befehle ausführt, mitunter kontraintuitiv, da sie zum Teil von der Abfolge der Befehle in einem Programm abweichen. Um überraschende und fehlerhafte Ergebnisse zu vermeiden, ist es wichtig zu verstehen, dass SPSS zwischen drei Gruppen von Befehlen unterscheidet, die bei der Abarbeitung eines Programms unterschiedlich behandelt werden:

1. *Transformationsbefehle zur Berechnung von Daten.* Trifft SPSS bei der Abarbeitung eines Programms auf Transformationsbefehle, die Veränderungen an den Daten vornehmen, wie beispielsweise `compute`, `recode` oder `count`, werden diese Befehle von SPSS zwar sofort ausgewertet, aber nicht unmittelbar umgesetzt. Vielmehr merkt sich SPSS alle angeforderten Transformationen im Hintergrund, um sie erst zu einem späteren Zeitpunkt auszuführen. Die auf diese Weise angesammelten offenen Transformationen werden genau dann gemeinsam ausgeführt, wenn dies entweder explizit angefordert wird (hierzu dient der Befehl `execute`, siehe auch Abschnitt 3.1.3) oder aus Sicht von SPSS notwendig ist, weil die (transformierten) Daten des DatenSets gespeichert oder in einer statistischen Prozedur ausgewertet werden sollen. Diese Vorgehensweise dient dazu, den Rechenaufwand zu verringern, indem wiederholte Zugriffe auf die Daten vermieden werden.

2. *Befehle, die das Lesen der Daten erforderlich machen.* Dies sind alle statistischen und grafischen Prozeduren, sämtliche Befehle zum Lesen oder Erstellen von Datendateien, der Befehl `dataset activate`, der ein bestimmtes DatenSet zum aktiven DatenSet erklärt, sowie der Befehl `dataset copy` und die Befehle `autorecode`, `sort` und `execute`. Diese Befehle werden sofort umgesetzt und bewirken auch, dass alle in Punkt 1 genannten Transformationsbefehle, die noch nicht abgearbeitet wurden, nun zur Ausführung kommen.

3. *Befehle zum Ändern der Variablen- und Dateieigenschaften.* Diese Befehle, mit denen zum Beispiel fehlende Werte oder Labels definiert, Variablenformate geändert oder die Fälle der Datei gewichtet werden, kommen unabhängig von

ihrer Position innerhalb einer Befehlsfolge sofort zur Ausführung. Anders als die unter 2 genannten Befehle bewirken sie aber nicht, dass auch alle offenen Transformationen ausgeführt werden. Alle Befehle dieser Kategorie sind in Tabelle 3.1 aufgeführt.

add document	drop documents	string
add value labels	extension	value labels
apply dictionary	file label	variable alignment
datafile attribute	formats	variable attribute
dataset close	missing values	variable labels
dataset declare	mrsets	varaible level
dataset display	n of cases	variable width
dataset name	numeric	weight
delete variables	print formats	write formats
document	rename variables	

Tabelle 3.1: Transformationsbefehle, die sofort zur Ausführung kommen

Beispiel: Ausführung einer Folge von Befehlen durch SPSS

An der Befehlsfolge in Listing 3.1 lässt sich die Vorgehensweise von SPSS bei der Abarbeitung von Syntaxbefehlen verdeutlichen:

- Das Programm beginnt mit dem Befehl `get file`, mit dem eine bestehende SPSS-Datendatei geöffnet und als aktives DatenSet bereitgestellt wird. Dieser Befehl, der explizit das Lesen der Daten anfordert, fällt in der obigen Aufzählung in die Kategorie 2 und wird damit sofort ausgeführt.

- Der Befehl `dataset name` weist dem aktiven DatenSet den Namen `altersdaten` zu. Dieser Befehl wird unmittelbar ausgeführt, bewirkt aber nicht, dass offene Transformationen (die in diesem Beispiel ohnehin nicht vorliegen können, weil nach dem Befehl `get file` keine neuen Transformationen angefordert wurden) abgearbeitet werden.

- Der `compute`-Befehl berechnet eine neue Variable mit dem Namen `alter`, indem die Werte der bereits bestehenden Variablen `agedays` durch 365 geteilt werden. Dieser Transformationsbefehl wird von SPSS nicht unmittelbar ausgeführt, sondern im Hintergrund für eine spätere Ausführung gespeichert.

- Auch der Befehl `recode` nimmt eine Transformation der Daten im aktiven DatenSet vor. Der Befehl teilt die Werte der Variablen `alter` in Klassen ein und schreibt die entsprechenden kategorialen Werte in die Variable `alterkat`. Auch dieser Befehl kommt nicht sofort zur Ausführung, sondern wird ebenfalls im Hintergrund gespeichert. Damit merkt sich SPSS an dieser Stelle bereits zwei Transformationen, die noch auszuführen sind.

- Der Befehl `frequencies` fordert eine Häufigkeitstabelle für die Variable `alterkat` an und gehört damit zu den Befehlen, die nicht nur sofort ausgeführt werden, sondern auch die Ausführung aller offenen Transformationen auslösen. Wenn SPSS diesen Befehl bei der Abarbeitung des Programms erreicht, werden daher zunächst die offenen Transformationen und damit in diesem Fall erst der `compute`- und dann der `recode`-Befehl ausgeführt, und anschließend wird die angeforderte Häufigkeitstabelle erzeugt.

> **Tipp**
>
> Wenn Sie Transformationen wie den `compute`- oder den `recode`-Befehl anfordern, ohne anschließend eine statistische Prozedur auszuführen, bleiben diese Transformationen weiterhin offen. SPSS zeigt dies in der Statusleiste dann mit dem Hinweis *Offene Transformationen* an. Sollen die Befehle ausgeführt werden, können Sie dies explizit anfordern, indem Sie den Befehl `execute` ausführen, siehe hierzu auch Abschnitt 3.1.3 .

```
GET FILE ='C:\Daten\alter2.sav' .
DATASET NAME altersdaten .
COMPUTE alter = agedays / 365 .
RECODE alter
   (MISSING = -1) (18 THRU 25 = 1) (26 THRU 35 = 2)
   (36 THRU 45 = 3) (46 THRU 55 = 4) (56 THRU 65 = 5)
   (66 THRU HIGHEST = 6) (ELSE = 0)
   INTO alterkat .
FREQUENCIES
   VARIABLES=alterkat .
```

Listing 3.1: Befehlsfolge mit Transformationen, die erst verzögert ausgeführt werden

3.1.3 Ausführen offener Transformationen mit »execute«

Die zeitlich verzögerte Ausführung von Transformationsbefehlen, die über die Programmsyntax abgesetzt wurden, erfordert insbesondere von Anwendern, die viel mit den Menübefehlen arbeiten, ein Umlernen: Führt man nämlich einen Transformationsbefehl mithilfe der Dialogfelder aus, so wird dieser unmittelbar nach dem Schließen des Dialogfeldes mit der Schaltfläche *OK* umgesetzt. Um etwa über den Menübefehl *Transformieren / Variable berechnen* eine neue Variable zu erstellen, genügt es, in dem zugehörigen Dialogfeld die gewünschten Einstellungen vorzunehmen und mit *OK* zu bestätigen; unmittelbar danach wird die Variable berechnet und steht im aktiven DatenSet zur Verfügung. Wird hingegen der entsprechende `compute`-Befehl in der Syntaxsprache formuliert und aus einem Syntaxfenster heraus ausgeführt, so scheint zunächst gar nichts zu passieren. Tatsächlich arbeitet SPSS den Programmcode wie beschrieben ab und prüft dabei unter anderem dessen Gültigkeit, führt die Transformationen jedoch zunächst nicht durch. Vielmehr wird in der Statusleiste auf die »offenen Transformationen« hingewiesen, die erst dann zur Ausführung kommen, wenn das nächste Mal Daten gelesen werden, beispielsweise durch das Speichern des DatenSets als Datei.

Möchten Sie erreichen, dass alle offenen Transformationen ausgeführt werden, ohne dass ein Befehl zum Lesen der Daten wie `save` oder `get file` abgesetzt werden muss, können Sie in den Programmcode den Befehl `execute` einfügen. Dessen einzige Funktion besteht darin, das Abarbeiten der bereits aufgerufenen, aber noch nicht umgesetzten Befehle (der »offenen Transformationen«) zu veranlassen; die Wirkung dieses Befehls entspricht dem Menübefehl *Transformieren / Offene Transformationen ausführen*. In einigen Fällen ist ein `execute`-Befehl auch innerhalb einer Befehlsfolge notwendig, um das gewünschte Ergebnis zu erreichen, siehe die folgenden Beispiele.

Beispiel: »execute« stellt richtige Befehlsfolge sicher

In Listing 3.2 führt die unterschiedliche Behandlung der verschiedenen Befehle durch SPSS zu unerwarteten Ergebnissen, die sich durch Einfügen eines `execute`-Befehls »korrigieren« lassen:

- Der `compute`-Befehl wird als Transformationsbefehl nicht sofort ausgeführt, sondern im Hintergrund für eine spätere Ausführung gespeichert.

- Der Befehl `missing values` definiert einen fehlenden Wert für die Variable `absatz` und ändert damit die Eigenschaften im aktiven DatenSet. Dieser Befehl fällt somit in der obigen Aufzählung in die dritte Befehlsgruppe und wird sofort ausgeführt, ohne dabei die Ausführung der offenen Transformationen zu veranlassen.

- Mit dem Befehl `graph` wird hier ein Histogramm für die Variable `umsatz` erzeugt. Damit kommt dieser Befehl nicht nur unmittelbar zur Ausführung, sondern bewirkt auch die Ausführung aller offenen Transformationen. Im vorliegenden Beispiel wird damit zunächst der `compute`-Befehl ausgeführt und anschließend das Histogramm erstellt.

Damit gilt nun Folgendes: In dem Zeitpunkt, in dem der `compute`-Befehl ausgeführt wird, ist der Befehl `missing values` bereits umgesetzt. Bei der Berechnung der Variablen `umsatz` ist der Wert -1 in der Variablen `absatz` damit schon als fehlender Wert definiert, so dass die Zielvariable `umsatz` in den betroffenen Fällen einen systemdefinierten fehlenden Wert (und nicht den Wert -1 · `preis`) zugewiesen bekommt. Soll dies vermieden werden und die Definition der fehlenden Werte der Befehlsreihenfolge entsprechend erst nach der Berechnung der Variablen umsatz erfolgen, muss zwischen den Befehlen compute und missing values der Befehl execute eingefügt werden, damit SPSS zunächst die offenen Transformationen (hier den compute-Befehl) ausführt und erst anschließend die nachfolgenden Befehle weiter abarbeitet.

```
COMPUTE umsatz = absatz * preis .
MISSING VALUES absatz (-1) .
GRAPH HISTOGRAM = umsatz .
```

Listing 3.2: Die fehlenden Werte sind bereits definiert, wenn der compute-Befehl ausgeführt wird

Beispiel: »execute« korrigiert Fehler durch zeilenweises Vorgehen

Die Vorgehensweise von SPSS, Transformationsbefehle zunächst zurückzustellen und sie erst gemeinsam auszuführen, wenn die Umsetzung notwendig wird, dient dazu, ein wiederholtes Lesen und Schreiben des DatenSets zu verhindern und damit den Gesamtprozess zu beschleunigen. Daher setzt SPSS die offenen Transformationen, wenn sie dann zur Ausführung kommen, auch nicht sukzessive eine nach der anderen um, denn damit wäre der Aufwand effektiv nicht reduziert worden, sondern geht das DatenSet zeilenweise von oben nach unten durch und führt dabei für jede Zeile jeweils alle offenen Transformationen aus. Dies bedeutet beispielsweise für die Befehlsfolge aus Listing 3.3 Folgendes:

- Der erste compute-Befehl erstellt eine Variable mit dem Namen var02, deren Werte sich als Differenz zwischen dem Wert der Variablen var01 in der jeweiligen Datenzeile und dem Wert von var01 in der jeweils vorhergehenden Zeile ergeben. Der zweite compute-Befehl erzeugt eine weitere Variable mit dem Namen var03; dort werden die absoluten Beträge der zuvor berechneten Werte aus var02 eingefügt.

- Bei Ausführung der Befehle besteht nun die erste Rechenoperation darin, für die oberste Zeile im DatenSet den Wert für var02 zu berechnen. Da es für diese erste Zeile keine vorhergehende Zeile gibt, ist der Wert lag(var01) nicht definiert, so dass var02 in der ersten Zeile noch keinen gültigen Wert erhält.

- Als zweite Rechenoperation wird die zweite Transformation für die erste Zeile des DatenSets ausgeführt. Es wird also der Wert von var03 für die erste Zeile berechnet. Da var02 zuvor keinen gültigen Wert erhalten hat, kann auch für var03 kein gültiger Wert ermittelt werden.

- Nachdem beide Transformationen für die erste Zeile ausgeführt wurden, nimmt SPSS die gleichen Berechnungen für die zweite Zeile vor. Damit wird zunächst der Wert von var02 berechnet, der anschließend in die Berechnung für den Wert von var03 einfließt. Für beide Variablen lassen sich nun gültige Werte ermitteln. Analog werden die weiteren Fälle im DatenSet abgearbeitet,

Kapitel 3
Background für effizientes Programmieren

indem für jede Zeile zunächst der erste und anschließend der zweite `compute`-Befehl ausgeführt wird, vgl. zum Ergebnis Abbildung 3.1.

```
COMPUTE var02 = var01 - LAG(var01) .
COMPUTE var03 = ABS(var02) .
EXECUTE .
```

Listing 3.3: Beide `compute`-Befehle werden gemeinsam Zeile für Zeile ausgeführt

	var01
1	5
2	8
3	7
4	12
5	10
6	13
7	14

	var01	var02	var03
1	5		
2	8	3,00	3,00
3	7	-1,00	1,00
4	12	5,00	5,00
5	10	-2,00	2,00
6	13	3,00	3,00
7	14	1,00	1,00

Abb. 3.1: Berechnung zweier Variablen durch die Befehle aus Listing 3.3

Dieses zeilenweise Vorgehen bei der Ausführung von Transformationsbefehlen bräuchte einen bei der Erstellung von Syntaxprogrammen nicht zu interessieren, wenn es nicht in einigen Fällen zu unerwünschten Ergebnissen führte, die sich nur durch eine zusätzliche `execute`-Anweisung innerhalb der Befehlsfolge vermeiden lassen. Ein solcher Fall ist in Listing 3.4 beschrieben:

- Wie im vorhergehenden Beispiel lässt sich die Berechnung von `var02` für den ersten Fall des DatenSets nicht durchführen, so dass `var02` hier keinen gültigen, sondern einen systemdefinierten fehlenden Wert erhält.

- Der `select`-Befehl prüft nun, ob `var02` einen positiven Wert hat. Nur wenn diese Bedingung erfüllt ist, verbleibt der Fall im DatenSet, andernfalls wird er gelöscht. Im ersten Fall ist die Bedingung `var02 > 0` nicht erfüllt, da `var02` nicht berechnet werden konnte und daher einen systemdefinierten fehlenden Wert enthält. Der erste Fall wird also aus dem aktiven DatenSet entfernt.

- Anschließend nimmt SPSS die Berechnungen für den nächsten Fall vor. Dieser ehemals zweite Fall des DatenSets bildet, nachdem der vorhergehende Fall gerade entfernt wurde, nun den ersten Fall. Damit lässt sich wieder kein gültiger Wert für `var02` ermitteln, da die Funktion `lag(var01)` kein Ergebnis liefert. `var02` erhält also wieder einen systemdefinierten fehlenden Wert. Dies hat aber auch zur Konsequenz, dass die Bedingung `var02 > 0` des `select`-Befehls erneut nicht erfüllt ist und daher auch dieser Fall aus dem DatenSet entfernt wird etc. Im Ergebnis werden damit durch die Befehle aus Listing 3.4 alle Fälle aus dem aktiven DatenSet gelöscht, so dass anschließend nur noch ein leeres DatenSet mit den beiden Variablen `var01` und `var02` vorliegt.

- Dieses fehlerhafte Ergebnis durch die zeilenweise Ausführung der Transformationsbefehle lässt sich vermeiden, indem vor den `select`-Befehl ein `execute`-Befehl eingefügt wird. Der `execute`-Befehl stellt sicher, dass alle zuvor aufgeführten Transformationen (hier nur der `compute`-Befehl) erst umgesetzt werden, bevor anschließend mit `select` die Fallauswahl erfolgt. Damit werden in diesem Beispiel zunächst alle Werte der Variablen `var02` berechnet; erst danach werden diese Ergebnisse verwendet, um nur die Fälle mit einem positiven Wert in `var02` auszuwählen.

```
COMPUTE var02 = var01 - lag(var01) .
SELECT IF var02 > 0 .
EXECUTE .
```

Listing 3.4: Fehlerhafte Ergebnisse durch gemeinsame zeilenweise Ausführung beider Befehle

3.2 Temporäre Variablen

Werden mit den Daten im aktiven DatenSet umfangreiche Berechnungen durchgeführt, erfordert dies häufig mehrere Zwischenschritte, um schließlich zu dem gewünschten Ergebnis zu kommen. Auf dem Weg dorthin werden dabei oftmals Variablen erzeugt, die lediglich vorübergehend benötigt werden, um mit den Werten dieser Variablen weiterzurechnen; nach Abschluss aller Berechnungen sind diese Variablen überflüssig und können wieder aus dem DatenSet gelöscht werden. Genau für solche Fälle stehen bei SPSS temporäre Variablen (sogenannte Scratch-Variablen) zur Verfügung, die von vornherein nicht im aktiven DatenSet gespeichert, sondern von SPSS im Hintergrund angelegt und automatisch wieder gelöscht werden.

Um statt einer permanenten eine temporäre Variable zu erzeugen, wählen Sie einen Variablennamen, der mit dem Ziffernsymbol (#) beginnt. So erzeugt beispielsweise der Befehl

```
COMPUTE #id = $CASENUM .
```

eine temporäre Variable mit dem Namen `#id`, die nicht im aktiven DatenSet erscheint, aber dennoch für weitere Berechnungen zur Verfügung steht.

Beispiel

Listing 3.5 enthält eine Befehlsfolge, in der eine temporäre Variable als Zwischenergebnis erstellt und in weiteren Berechnungen verwendet wird. Die temporäre Variable mit dem Namen `#summe` wird durch den ersten `compute`-Befehl als Summe der drei Variablen `punkte1`, `punkte2` und `punkte3` erzeugt. In allen weiteren `compute`-Befehlen wird diese Variable verwendet. So erstellt der zweite compute-Befehl eine 0/1-Variable mit dem Namen bestwert, die alle Fälle kennzeichnet, in denen die Summe der drei punkte-Variablen *300* beträgt. In den weiteren compute-Befehlen werden die Anteile der einzelnen Punktwerte an der Punktsumme ermittelt. Nach Abschluss aller Berechnungen enthält das DatenSet die vier neuen Variablen bestwert, anteil1, anteil2 und anteil3, nicht aber die Variable #summe.

```
COMPUTE #summe = sum(punkte1, punkte2, punkte3) .
COMPUTE bestwert = (#summe = 300) .
COMPUTE anteil1 = punkte1 / #summe .
COMPUTE anteil2 = punkte2 / #summe .
COMPUTE anteil3 = punkte3 / #summe .
EXECUTE .
```

Listing 3.5: Nutzung einer temporären Variablen in mehreren Berechnungen

Besonderheiten von temporären Variablen

Bei der Arbeit mit temporären Variablen gelten einige Besonderheiten:

- Temporäre Variablen können nicht in Prozeduren wie statistischen Verfahren oder einem Befehl zum Erstellen von Grafiken verwendet werden.

- Ebenso ist es nicht möglich, temporäre Variablen beim Speichern eines DatenSets als Datendatei mit zu speichern.

- Auch fehlende Werte oder Labels können für eine temporäre Variable nicht definiert werden.

- Wenn eine Prozedur zur Durchführung statistischer Analysen oder zum Erstellen von Grafiken ausgeführt wird, werden sämtliche temporären Variablen gelöscht und stehen anschließend nicht mehr zur Verfügung. Auch der Befehl temporary (siehe unten) bewirkt, dass alle bisherigen temporären Variablen gelöscht werden.

- In dem Befehl weight, mit dem die Fälle eines DatenSets gewichtet werden, sind temporäre Variablen als Gewichtungsvariablen nicht zulässig.

- Numerische temporäre Variablen werden mit dem Wert 0 (und nicht wie andere numerische Variablen mit einem systemdefinierten fehlenden Wert) initialisiert. Textvariablen erhalten auch als temporäre Variablen Leerzeichen zur Initialisierung.

- Wenn SPSS Transformationsbefehle ausführt und dabei das aktive DatenSet Zeile für Zeile abarbeitet, werden »normale« Variablen für jeden Fall neu initialisiert; bei temporären Variablen erfolgt eine solche Initialisierung nicht.

Beispiel zur veränderten Initialisierung temporärer Variablen

Die Bedeutung der beiden letztgenannten Punkte erschließt sich einem möglicherweise nicht sofort, wird aber an dem Beispiel aus Listing 3.6 deutlich. Mit den drei Befehlen werden die beiden Variablen umsatz1 und umsatz2 berechnet, die eigentlich die gleichen Werte erhalten sollten. Abbildung 3.2 zeigt, dass dies jedoch nicht der Fall ist, was sich wie folgt erklärt.

Numerische Variablen haben bei SPSS per Voreinstellung einen systemdefinierten fehlenden Wert, den sie so lange behalten, bis ihnen explizit ein gültiger Wert zugewiesen wird. Daher geht SPSS bei der Berechnung der Variablen umsatz1 folgendermaßen vor:

- SPSS beginnt die Berechnung in dem ersten Fall des DatenSets. Hier erhält umsatz1 als Initialisierung einen systemdefinierten fehlenden Wert zugewiesen. Anschließend prüft SPSS durch den if-Befehl, ob die Variable absatz einen Wert über 0 aufweist. Ist dies der Fall, wird das Produkt aus absatz und preis ermittelt und in die Variable umsatz1 geschrieben. Da jedoch im ersten Fall des DatenSets die Variable absatz den Wert 0 hat, wird die Berechnung hier nicht ausgeführt, und umsatz1 behält den systemdefinierten fehlenden Wert, der im Dateneditor durch einen Punkt angezeigt wird.

- Wenn SPSS mit den Berechnungen für den zweiten Fall beginnt, wird der Variablen umsatz1 wieder zur Initialisierung ein systemdefinierter fehlender Wert zugewiesen. Anschließend erfolgt die Prüfung, ob absatz einen Wert über 0 hat. Da dies zutrifft, wird die Berechnung von preis * absatz vorgenommen, die hier den Wert 65,40 liefert. Dieser Wert wird in die Variable umsatz1 eingetragen.

- Analog erfolgt die Berechnung für den dritten und vierten Fall, während im fünften Fall wieder kein Wert berechnet wird, so dass umsatz1 hier wie im ersten Fall den systemdefinierten fehlenden Wert behält etc.

Die Berechnung der temporären Variablen unterscheidet sich von dieser Vorgehensweise in zwei Punkten: Zum einen werden numerische temporäre Variablen nicht mit einem systemdefinierten fehlenden Wert, sondern mit dem Wert 0 initialisiert, und zum anderen erfolgt diese Initialisierung nur zu Beginn der Berechnungen und nicht für jeden Fall des DatenSets neu:

- Vor der Berechnung von #umsatz für den ersten Fall im DatenSet erhält die Variable zunächst den Wert 0 zur Initialisierung. Anschließend wird geprüft, ob absatz einen Wert über 0 hat. Da dies nicht zutrifft, wird die Berechnung von preis * absatz nicht durchgeführt. Damit behält #umsatz den Wert 0, der dementsprechend mit dem nachfolgenden compute-Befehl auch in die permanente Variable umsatz2 übertragen wird.

- Bei der Berechung von #umsatz für den zweiten Fall erfolgt keine Initialisierung der Variablen; damit behält #umsatz zunächst seinen bisherigen Wert und damit in diesem Fall den Wert 0. Da im zweiten Fall die Bedingung absatz > 0 erfüllt ist, berechnet SPSS das Produkt aus preis und absatz und weist das Ergebnis von 65,40 der Variablen #umsatz zu, wodurch deren bisheriger Wert von 0 überschrieben wird. Der neue Wert von #umsatz wird mit dem nachfolgenden compute-Befehl wieder in die Variable umsatz2 übertragen.

- Analog werden die Werte für die Fälle 3 und 4 berechnet, während im fünften Fall wieder keine Berechnung vorgenommen wird: Wenn SPSS mit den Berechnungen für den fünften Fall beginnt, hat #umsatz noch den Wert 175 aus dem vorhergehenden Fall. Da absatz den Wert 0 hat, wird die Berechnung von preis * absatz nicht ausgeführt, und #umsatz nimmt keinen neuen Wert an. Dies führt im Ergebnis dazu, dass die Variable umsatz2 im fünften Fall noch einmal den Wert aus dem vierten Fall zugewiesen bekommt.

```
IF (absatz>0) umsatz1 = preis * absatz .
IF (absatz>0) #umsatz = preis * absatz .
COMPUTE umsatz2 = #umsatz .
EXECUTE .
```

Listing 3.6: Zwei Wege zur Berechnung des Umsatzes mit unterschiedlichem Ergebnis

	preis	absatz
1	2,23	0
2	5,45	12
3	9,90	26
4	25,00	7
5	12,00	0
6	14,95	105
7	2,45	253

	preis	absatz	umsatz1	umsatz2
1	2,23	0	.	0,00
2	5,45	12	65,40	65,40
3	9,90	26	257,40	257,40
4	25,00	7	175,00	175,00
5	12,00	0	.	175,00
6	14,95	105	1569,75	1569,75
7	2,45	253	619,85	619,85

Abb. 3.2: Unterschiedliche Ergebnisse für die beiden Umsatzvariablen aus Listing 3.6

3.3 Temporäre Transformationen

Mit dem Befehl `temporary` lassen sich Transformationen des aktiven DatenSets zeitlich beschränken. Wenn Sie in eine Abfolge von Befehlen den Befehl `temporary` einfügen, ist die Wirkung aller nachfolgenden Transformationsbefehle bis zur ersten nachfolgenden Prozedur (statistischen Prozedur oder Befehle zum Erstellen von Grafiken) auf diese Prozedur beschränkt. Nach Ausführung der Prozedur hat das DatenSet wieder den Zustand, den es vor dem `temporary`-Befehl hatte. Auch Variablen, die zwischen einem `temporary`-Befehl und der nachfolgenden Prozedur erstellt werden, stehen nach der Prozedur nicht mehr zur Verfügung, sondern werden automatisch als temporäre Variablen erstellt.

3.3 Temporäre Transformationen

Beispiel

In Listing 3.7 wird der `temporary`-Befehl verwendet, um eine vorübergehende Gewichtung des aktiven DatenSets herbeizuführen:

- Der Befehl `get file` öffnet die Datendatei `befragung.sav` und stellt sie als aktives DatenSet bereit.

- Mit dem Befehl `dataset name` wird dem gerade bereitgestellten DatenSet der Name `befragung` zugewiesen.

- Der `compute`-Befehl berechnet die Variable `urteil` als Mittelwert der drei Variablen `frage1`, `frage2`, `frage3`. Die Variable `urteil` wird als »normale« Variable in das DatenSet geschrieben.

- Anschließend signalisiert der Befehl `temporary`, dass die nachfolgenden Transformationen in ihrer Wirkung auf die erste nachfolgende Prozedur beschränkt sein sollen. Diese Beschränkung kommt in diesem Beispiel nur für den `weight`-Befehl zur Anwendung, der die Fälle im aktiven DatenSet mit den Werten aus der Variablen `gewicht` gewichtet.

- Auf den `weight`-Befehl folgt eine statistische Prozedur: Der Befehl `frequencies` weist SPSS an, eine Häufigkeitstabelle für die Variable `urteil` zu erstellen. Dieser Befehl wird hier zweimal in identischer Form aufgeführt, die resultierenden Häufigkeitstabellen unterscheiden sich jedoch in diesem speziellen Fall. Bei der Ausführung des ersten `frequencies`-Befehls ist noch die Gewichtung der Fälle aktiv, so dass die erste Häufigkeitstabelle für gewichtete Daten berechnet wird. Durch den `temporary`-Befehl ist diese Gewichtung jedoch auf die eine Prozedur beschränkt und verliert danach ihre Wirkung. Bei Ausführung der zweiten `frequencies`-Prozedur sind die Daten daher wieder ungewichtet.

> **Tipp**
>
> Für weitere Beispiele zur Verwendung von `temporary` siehe auch die Beschreibung der Befehle zum Auswählen, Gewichten und Sortieren der Fälle in Kapitel 11.

```
GET FILE ="C:\Daten\Befragung.sav" .
DATASET NAME befragung .
COMPUTE urteil = MEAN(frage1,frage2,frage3) .
TEMPORARY .
WEIGHT BY gewicht .
FREQUENCIES VAR = urteil .
FREQUENCIES VAR = urteil .
```

Listing 3.7: Anwendung einer Gewichtung auf eine einzelne Prozedur

Regeln für die Verwendung von »temporary«

Der `temporary`-Befehl beschränkt die Wirkung der nachfolgenden Transformationen auf den nächsten Befehl, der die Daten aus dem aktiven DatenSet liest (siehe hierzu Abschnitt 3.1.2 Seite 49). Der Befehl lässt sich auf die folgenden Transformationen anwenden:

- Berechnung von Variablen durch `compute`, `recode`, `if` und `count`.
- Definition von Variablen mit `numeric`, `string` und `vector`.
- Konstruktionen mit `do repeat`, `do if` und `loop`.
- Formatierung von Variablen mit `formats`, `print formats`, `write formats`, `variable labels`, `value labels` und `missing values`.
- Auswählen und Gewichten mit `select if`, `sample`, `filter` und `weight`.
- Unterteilung des DatenSets in Fallgruppen mit `split file`.
- Speichern des DatenSets mit `xsave`.

Darüber hinaus gelten für die Verwendung von `temporary` folgende Regeln:

- Alle temporären Variablen, die vor einem `temporary`-Befehl erstellt wurden, werden durch den `temporary`-Befehl gelöscht und stehen damit anschließend nicht mehr zur Verfügung.
- Der `temporary`-Befehl darf nicht innerhalb einer `do if` ... `end if`- oder einer `loop` ... `end loop`-Konstruktion verwendet werden. (Umgekehrt sind jedoch `do if`- und `loop`-Konstruktionen nach einem `temporary`-Befehl zulässig, siehe oben).
- Die Befehle `sort cases`, `match files`, `add files` sowie ein `compute`-Befehl mit `lag`-Funktion sind nach einem `temporary`-Befehl nicht zulässig. Diese Befehle dürfen erst wieder verwendet werden, wenn die Wirkung von `temporary` durch eine Prozedur aufgehoben wurde.

3.4 Fehler im Syntaxcode identifizieren

Beim Schreiben von Programmcode lässt es sich nicht vermeiden, dass sich immer wieder kleinere oder auch größere Fehler in die selbst geschriebenen Programme einschleichen. Daher erfolgt die Entwicklung neuer Programme selten vollkommen geradlinig, sondern ist oftmals eher ein »Trial-and-Error-Prozess«, der erst über viele Versuche schließlich zu dem gewünschten Ergebnis führt. Auf diesem Weg können zwei unterschiedliche Arten von Fehlern auftreten:

1. Formale Fehler verletzen die Syntaxregeln, so dass sich SPSS weigert, die entsprechenden Befehle auszuführen. Trifft SPSS in einer Befehlsfolge auf

einen formalen Fehler, bricht SPSS die Ausführung des betreffenden Befehls ab. Nachfolgende Befehle werden dennoch ausgeführt, soweit dies formal möglich ist. Häufig verursacht jedoch ein formaler Fehler Folgefehler, die dazu führen, dass SPSS auch die nachfolgenden Befehle nicht ausführen kann und im Ergebnis die Programmausführung vollständig abbricht. Für jeden formalen Fehler schreibt SPSS eine Fehlermeldung in die Ausgabedatei, aus der im besten Fall die Position und die Art des Fehlers hervorgehen, siehe unten.

1. Inhaltliche Fehler resultieren aus einem formal zulässigen Programmcode, der von SPSS ohne Fehlermeldung ausgeführt wird, dabei aber nicht das gewünschte Ergebnis liefert. Diese Fehler kann nur der Anwender selbst entdecken, indem er die Resultate stets sorgfältig überprüft.

Fehlermeldung bei formalen Fehlern

Tritt ein Fehler auf, ist es nicht immer ganz einfach, die Ursache des Fehlers zu identifizieren. Zum Teil helfen bei formalen Fehlern die Fehlermeldungen von SPSS. Eine solche Fehlermeldung ist in Listing 3.8 wiedergegeben; daraus geht Folgendes hervor:

- Der Fehler ist in Spalte 43 (beim 43. Zeichen der entsprechenden Befehlszeile) festgestellt worden. An dieser Position befindet sich ein Punkt (Text: .). Dieser Hinweise besagt weder, dass der Punkt die Ursache des Fehlers ist, noch dass sich der Fehler tatsächlich an der genannten Position befindet. Die Meldung zeigt lediglich an, dass SPSS hier einen formalen Verstoß festgestellt hat. Die Ursache kann auch weiter oben im Programmcode liegen und dergestalt sein, dass sie von SPSS erst an der Stelle des durch den Punkt markierten Befehlsabschlusses festgestellt wurde.

- Der Text gibt einen Hinweis auf die mögliche Art des Fehlers. SPSS schlägt vor, zu überprüfen, ob alle Klammern, Operatoren und Textwerte korrekt verwendet wurden.

- Abschließend weist SPSS darauf hin, dass der betreffende Befehl nicht ausgeführt wurde.

```
Error # 4007 in column 43. Text: .
Der Ausdruck ist nicht vollständig. Prüfen Sie, ob
fehlende Operanden, ungültige Operatoren, unpaarige Klammern oder zu lange
Strings vorliegen.
This command not executed.
```

Listing 3.8:   Fehlermeldung für einen unvollständigen compute-Befehl

Warnmeldungen von SPSS

Neben Fehlermeldungen gibt SPSS in einigen Fällen auch Warnmeldungen aus. Fehlermeldungen werden mit dem Wort `error`, Warnmeldungen mit dem Wort `warning` eingeleitet. Während einer Fehlermeldung stets ein formaler Verstoß gegen die Syntaxregeln zugrunde liegt, haben Warnmeldungen wesentlich »weichere« Ursachen und werden ausgegeben, wenn ein Vorgang zwar formal zulässig ist, SPSS aber vermutet, dass möglicherweise ein unerwünschter Effekt erzielt wird. Dies ist beispielsweise der Fall, wenn ein Makro unter einem Namen definiert wird, der in der aktuellen Sitzung bereits als Makroname vergeben wurde. Ein solcher Vorgang ist durchaus zulässig und führt dazu, dass die bisherige Definition durch die neue überschrieben wird. SPSS vermutet jedoch, dass die bisherige Makrodefinition möglicherweise unbeabsichtigt überschrieben wurde, und gibt daher eine entsprechende Warnung aus, setzt die betreffenden Befehle aber dennoch um.

Fehler aufspüren: Top 10 der häufigsten Fehler

Zum Aufspüren von Fehlern im Programmcode gibt es keinen direkten Weg. Vielmehr müssen Fehler, wenn sie nicht offensichtlich sind, sukzessive eingekreist werden. Hierzu empfiehlt es sich, insbesondere bei umfangreichem Programmcode, die Befehlsfolgen in Abschnitte zu unterteilen und die einzelnen Abschnitte getrennt auszuführen. Auf diese Weise lassen sich auf der einen Seite die fehlerfreien Programmabschnitte identifizieren, die genau das tun, was sie tun sollen, und auf der anderen Seite die fehlerhaften Programmzeilen isolieren, um diese näher in Augenschein zu nehmen. Hierbei kann möglicherweise die folgende Liste typischer Fehler in SPSS-Syntaxprogrammen helfen:

- *Fehlender Punkt am Ende des Befehls.* Jeder Befehl muss mit einem Punkt abgeschlossen werden. Fehlt der Punkt, kann SPSS dies in einigen Fällen selbst korrigieren und den Befehl dennoch ausführen, während es in anderen Fällen zu einem Abbruch des Programms kommt.

- *Komma statt Punkt als Dezimaltrennzeichen.* Während in Datendateien je nach den Einstellungen des Betriebssystems in Deutschland üblicherweise das Komma als Dezimaltrennzeichen verwendet wird, ist in der Syntax von SPSS ausschließlich der Punkt als Dezimaltrennzeichen zulässig.

- *Fehlender Schrägstrich vor Unterbefehl.* Nahezu jeder Unterbefehl innerhalb eines Befehls wird durch einen Schrägstrich eingeleitet. In einigen Fällen, insbesondere beim ersten Unterbefehl innerhalb eines Befehls, kann dieser Schrägstrich auch weggelassen werden, während in anderem Kontext ein fehlender Schrägstrich einen formalen Fehler darstellt.

- *Nicht geschlossener Kommentar.* Es gibt verschiedene Möglichkeiten, Kommentare in den Programmcode einzufügen. Wird ein Kommentar allerdings nicht korrekt als solcher gekennzeichnet oder das Ende eines Kommentars nicht richtig markiert, tritt leicht ein Fehler auf, der zum Abbruch des Programms führt. Zur korrekten Syntax von Kommentaren siehe Kapitel 2.

- *Nicht geschlossene Klammern.* Jede inkorrekte Verwendung mathematischer Symbole – wie einzelne fehlende Klammern oder unzulässig angeordnete Operatoren – stellt auch bei SPSS einen formalen Fehler dar und muss zwangsläufig zum Abbruch der Berechnungen führen.

- *Falsche Anzahl an Argumenten in einer Funktion.* In SPSS stehen zahlreiche Funktionen für Datentransformationen zur Verfügung. Mit diesen Funktionen lassen sich beispielsweise Summen, Mittelwerte, Textausdrücke oder Zufallszahlen berechnen. Fast jede Funktion erfordert dabei die Übergabe von Parametern, wobei in den meisten Fällen sowohl die Anzahl als auch die Reihenfolge der Parameter fest vorgegeben ist. Bei einem Verstoß gegen diese Vorgaben lässt sich die betreffende Funktion häufig nicht mehr sinnvoll anwenden, und es kommt zu einem Abbruch mit entsprechender Fehlermeldung.

- *Fehlende Kennzeichnung von Text.* Wird in einem Programm Text angeführt, beispielsweise um Werte- oder Variablenlabels zu definieren, muss dieser Text stets zwischen Anführungszeichen stehen. Wenn diese Kennzeichnung des Textes fehlt, kann SPSS die Angaben nicht auswerten und bricht das Programm ab. Ebenso stellt es einen formalen Fehler dar, wenn an einer Stelle, an der SPSS einen numerischen Wert erwartet, tatsächlich ein Textwert angegeben ist. Dies ist auch dann nicht zulässig, wenn der Textwert ausschließlich aus Ziffern besteht und damit grundsätzlich als Zahl interpretiert werden könnte.

- *Versuch der impliziten Definition einer Textvariablen.* Numerische Variablen lassen sich erstellen, ohne explizit definiert werden zu müssen. So können Sie mit einem Transformationsbefehl Werte für eine noch nicht vorhandene Variable berechnen; SPSS erstellt dann automatisch eine numerische Variable in dem aktiven DatenSet und fügt dort die berechneten Werte ein. Dies ist für Textvariablen nicht möglich; jede Textvariable muss explizit mit dem Befehl string definiert werden, bevor Werte in die Variable geschrieben werden können.

- *Versehentliches Überschreiben von Daten.* Änderungen an den Daten in einem DatenSet lassen sich nicht ohne Weiteres rückgängig machen. Wenn Sie Werte aus einem DatenSet gelöscht oder überschrieben haben, können Sie diese nicht wieder »zurückholen«, sofern Sie den Inhalt des DatenSets nicht zuvor explizit in einer Datendatei gespeichert haben. Aber auch beim Speichern eines DatenSets ist Aufmerksamkeit geboten: Wenn Sie als Zieldatei den Namen einer bereits bestehenden Datei angeben, wird diese mit dem aktuellen Inhalt des aktiven DatenSets überschrieben. Der bisherige Inhalt der Datendatei geht dabei dauerhaft verloren. Anders als bei der Arbeit mit den Menübefehlen gibt SPSS an dieser Stelle auch keinen Warnhinweis aus.

- *Fehlender execute-Befehl.* Transformationsbefehle werden häufig erst dann ausgeführt, wenn dies explizit durch einen **execute**-Befehl veranlasst wird. Ohne einen solchen **execute**-Befehl kann es sein, dass Sie eine Folge von Transformationsbefehlen abschicken und SPSS scheinbar gar nicht reagiert, weil es noch auf die Anweisung zum Ausführen der Befehle wartet, siehe hierzu Abschnitt 3.1.3, Seite 51. Dort ist auch beschrieben, dass in manchen Fällen ein zusätzlicher **execute**-Befehl innerhalb einer Befehlsfolge erforderlich ist, um sicherzustellen, dass bestimmte Befehle bereits ausgeführt sind, bevor die nächsten Befehle zur Ausführung kommen.

Kapitel 4

Handhabung von Datendateien

4.1 Überblick

Datendateien bilden stets ein zentrales Element bei der Arbeit mit SPSS. In ihnen werden die Werte eingegeben und bearbeitet, die mithilfe von SPSS analysiert werden sollen. Wenn Sie mit SPSS arbeiten, ist stets mindestens eine Datendatei geöffnet. Es ist also nicht möglich, das Programm SPSS geöffnet zu haben, ohne dass gleichzeitig eine Datendatei geöffnet ist – und sei es eine vollkommen leere. So wird bereits beim Start von SPSS automatisch eine leere Datendatei erstellt, sofern nicht festgelegt wurde, dass statt einer leeren automatisch eine bereits bestehende Datendatei zu öffnen ist.

Jede geöffnete Datendatei (bei SPSS als DatenSet bezeichnet) wird bei der Arbeit mit der SPSS-Oberfläche im sogenannten Dateneditor angezeigt und bildet jeweils ein eigenes Fenster. In früheren SPSS-Versionen (bis zur Programmversion 13) konnte immer nur jeweils eine Datendatei geöffnet sein. Diese Restriktion ist seit SPSS 14 überwunden, es ist aber nach wie vor nicht ohne Weiteres möglich, auf zwei oder mehr Datendateien verteilte Daten gemeinsam zu analysieren. Wenn Sie Daten aus verschiedenen Dateien gemeinsam auswerten möchten, müssen Sie diese daher zuvor in einer Datei zusammenfassen.

Unabhängig davon, wie viele Datendateien geöffnet sind, bildet stets genau eine der geöffneten Datendateien das aktive DatenSet. Nur die Daten des aktiven DatenSets können jeweils mit den SPSS-Prozeduren aufbereitet, analysiert und verändert werden. Möchten Sie Daten untersuchen, die in einer bestimmten Datei gespeichert sind, müssen Sie daher zunächst sicherstellen, dass die betreffende Datei geöffnet ist und diese Datei auch das aktive DatenSet bildet. Werden die Daten im aktiven DatenSet verändert, müssen diese Änderungen ausdrücklich gespeichert werden, wenn sie nicht beim Schließen des DatenSets oder beim Beenden von SPSS verloren gehen sollen. Daher bilden die Verwaltung und das Handling der Datendateien regelmäßig einen wesentlichen Bestandteil der Arbeit mit SPSS. Die grundlegenden Befehle hierzu werden in den folgenden Abschnitten beschrieben:

- *Datei öffnen (Abschnitt 4.2, Seite 67).* Mit dem »Öffnen einer Datendatei« wird das Aufrufen einer bereits bestehenden, im aktuellen SPSS-Format gespeicherten Datendatei bezeichnet. Durch das Öffnen der Datei werden die Daten in den SPSS-Dateneditor eingelesen und stehen anschließend als aktives DatenSet für Analysen und Auswertungen zur Verfügung. Ferner können die Daten im aktiven DatenSet verändert, ergänzt oder gelöscht werden. Von derartigen Änderungen an den Daten bleibt die ursprüngliche Quelldatei, aus der die Daten eingelesen wurden, zunächst unberührt. Erst wenn das veränderte DatenSet explizit gespeichert wird, werden die Daten wieder aus dem Arbeitsspeicher in eine »richtige«, über die aktuelle SPSS-Sitzung hinaus bestehende Datendatei geschrieben.

- *Mehrere DatenSets verwalten (Abschnitt 4.3, Seite 74).* Sobald mehr als eine Datendatei geöffnet ist, wird das Handling der verschiedenen DatenSets etwas aufwändiger, denn nun muss festgelegt werden, auf welches der geöffneten DatenSets die Prozeduren zur Datentransformation und Analyse angewandt werden sollen. Hierzu wird jedem geöffneten DatenSet ein eigener Name gegeben, über den sich das DatenSet während der aktuellen SPSS-Sitzung gezielt ansprechen lässt. Sobald ein DatenSet einen Namen hat, kann es jederzeit zum aktiven DatenSet ernannt werden; ebenso lassen sich einzelne DatenSets kopieren oder auch schließen, ohne SPSS zu beenden.

- *Datei speichern (Abschnitt 4.4, Seite 84).* Der Inhalt des aktiven DatenSets kann jederzeit als SPSS-Datendatei gespeichert werden. Dabei ist es auch möglich, nur ausgewählte Variablen zu speichern; über verschiedene Optionen lassen sich zudem bestimmte Formateinstellungen vornehmen. Die Zieldatei ist frei wählbar, so dass sowohl eine bereits bestehende Datendatei überschrieben bzw. aktualisiert als auch eine neue Datendatei erstellt werden kann.

- *Datei löschen (Abschnitt 4.5, Seite 89).* Mit der Syntax von SPSS können Dateien dauerhaft gelöscht werden; dies gilt nicht nur für SPSS-Dateien, sondern für jede Datei, unabhängig vom Format und der zugehörigen Anwendung.

- *Daten eingeben und berechnen (Kapitel 5).* Mit der Syntax von SPSS lassen sich auch Daten direkt in eine Datendatei eingegeben. So können Sie zum einen Daten als Werteliste in einen Syntaxbefehl einbetten (als sogenannte *inline data*), der die Daten dann in eine neue Datendatei schreibt. Zum anderen kann die Syntax aber auch dazu verwendet werden, künstliche Wertefolgen wie eine Reihe von Zufallszahlen oder Simulationsergebnisse zu berechnen und die so berechneten Daten in eine Datendatei zu schreiben.

4.2 SPSS-Datendateien öffnen

4.2.1 Basics

Datei öffnen mit »get file«

Um eine bestehende Datendatei, die bereits im aktuellen SPSS-Format vorliegt, zu öffnen und damit die Daten in den Dateneditor einzulesen, verwenden Sie den Befehl `get file`. In der einfachsten Form benötigt dieser Befehl lediglich die Angabe von Ort und Namen der zu öffnenden Datei:

```
GET FILE = 'c:\daten\europa.sav' .
```
Listing 4.1: Öffnen einer SPSS-Datendatei mit `get file`

Die neu geöffnete Datendatei wird automatisch zum aktiven DatenSet, unabhängig davon, wie viele andere Datendateien bereits geöffnet sind. Stehen für das bisher aktive DatenSet noch offene Datentransformationen aus, werden diese durch das Öffnen der neuen Datendatei automatisch ausgeführt, siehe hierzu auch die Erläuterungen zum Umgang mit mehreren gleichzeitig geöffneten DatenSets im folgenden Abschnitt 4.3, Seite 74.

> **Vorsicht**
>
> In früheren Programmversionen von SPSS (bis zu SPSS 13) ist bei der Arbeit mit SPSS stets genau eine Datendatei geöffnet. Daher wird bei diesen älteren Programmversionen beim Öffnen einer neuen Datei die bis dahin geöffnete Datendatei automatisch geschlossen. Dabei gehen alle noch nicht gespeicherten Änderungen an dieser Datei dauerhaft verloren. Anders als beim Öffnen einer Datendatei über die Menüs erfolgt bei der Verwendung der Syntax auch keine Warnung oder Abfrage, ob die Änderungen zuvor gesichert werden sollen.

> **Wichtig**
>
> Seit der Programmversion von SPSS 16 können Sie in den Grundeinstellungen von SPSS festlegen, ob mehrere Datendateien gleichzeitig geöffnet sein dürfen oder ob beim Öffnen einer Datendatei automatisch die bisher geöffnete Datendatei geschlossen werden soll. Diese Einstellung wirkt sich jedoch ausschließlich auf die Arbeit mit den Menübefehlen und Dialogfeldern aus und hat keinen Einfluss auf die Wirkung der Syntaxbefehle. Auch wenn Sie in den Grundeinstellungen festgelegt haben, dass immer nur jeweils eine Datendatei geöffnet sein soll, führt das Öffnen einer Datendatei über die Syntax daher nicht dazu, dass die bisherigen Datendateien geschlossen werden.

Kapitel 4
Handhabung von Datendateien

Syntaxdiagramm mit Unterbefehlen

Einige optionale Unterbefehle von `get file` ermöglichen es, gleich beim Öffnen der Datei einzelne Variablen umzubenennen oder nur ausgewählte Variablen einzulesen. Die folgenden Unterbefehle stehen zur Verfügung.

Unterbefehl	Wirkung	Erläuterung
keep	Ausgewählte Variablen einlesen und Reihenfolge der Variablen festlegen	Seite 68
drop	Ausgewählte Variablen ausschließen	Seite 68
rename	Variablen beim Einlesen umbenennen	Seite 72
map	Variablenübersicht in die Ausgabedatei schreiben	Seite 73

Tabelle 4.1: Unterbefehle von `get file`

Das folgende Syntaxdiagramm beschreibt die Anordnung der Unterbefehle sowie die zugehörigen ergänzenden Angaben.

```
GET FILE=Dateiname
   [/KEEP={ALL     }]
          {Variablen}
   [/DROP=Variablen]
   [/RENAME=(AlteVariablen=NeueVariablen)...]
   [/MAP]
```

Listing 4.2: Syntaxdiagramm des Befehles `get file`

Arbeitsverzeichnis festlegen

Sie können beim Öffnen einer Datei die Angabe des Verzeichnisses weglassen, wenn sich die Datei in dem aktuellen Arbeitsverzeichnis befindet. Dies ist insbesondere seit der Version 13 von SPSS sehr hilfreich, da es nun auch einen Befehl gibt, mit dem auf einfache Weise das Arbeitsverzeichnis definiert werden kann. Der Befehl `cd` hat die allgemeine Form aus Listing 4.3 So wird mit den beiden Befehlen aus Listing 4.3 zunächst das Verzeichnis *c:\daten* als Arbeitsverzeichnis festgelegt und anschließend die Datei *europa.sav* aus diesem Verzeichnis geöffnet.

```
KCD 'c:\daten' .
GET FILE = 'europa.sav' .
```

Listing 4.3: Öffnen einer Datei aus dem zuvor festgelegten Arbeitsverzeichnis

Vereinfachung der Syntax mit »file handle«

Da ein Dateibezug häufig sehr lang und umständlich ist, wird ein Programm mit vielen Dateibezügen schnell unübersichtlich. Ändert sich dann ein Dateibezug, weil die Quelldatei verschoben oder umbenannt wurde oder ein bestehendes Programm nun auf eine andere Datei angewandt werden soll, müssen entsprechende Anpassungen innerhalb des Programmcodes vorgenommen werden. Dies kann insbesondere bei längeren und komplexen Programmen mühsam und fehleranfällig sein. In solchen Fällen ist es oftmals hilfreich, Dateibezüge in einer Art »Deklarationsteil« vor dem eigentlichen Syntaxprogramm zu definieren und mit einem Kurznamen zu belegen, so dass im eigentlichen Programmcode nicht mehr der vollständige Dateibezug, sondern nur noch der Kurzname angegeben werden muss. Genau dies ist bei SPSS mit dem Befehl file handle möglich. Dieser Befehl weist einem Dateibezug einen frei wählbaren Namen zu. Nachdem die Zuordnung vorgenommen wurde, kann der Dateibezug in der Programmsyntax durch den entsprechenden Namen ersetzt werden.

Die Syntax des Befehls wird in dem Beispiel aus Listing 4.4 deutlich. Der Befehl erfordert neben dem Befehlsnamen file handle zwei zusätzliche Angaben: Unmittelbar nach dem Befehlsnamen wird der frei wählbare Kurzname geschrieben, der als Platzhalter für den Dateibezug dienen soll. Danach folgt der Unterbefehl name = 'Dateibezug'. So wird in Listing 4.4 der Datei *c:\daten\europa.sav* der Name quelle1 zugewiesen. In einem späteren get file-Befehl kann der lange Dateibezug dann durch die einfache Angabe des Platzhalters quelle1, der nicht als Text zwischen Anführungszeichen geschrieben wird, ersetzt werden.

```
FILE HANDLE quelle1 /NAME = 'c:\daten\europa.sav' .
...
GET FILE = quelle1 .
```

Listing 4.4: Namen für Dateibezüge zur Vereinfachung der Syntax

4.2.2 Variablen auswählen mit »keep« und »drop«

Benötigt man nur einige ausgewählte Variablen aus einer Datendatei, so kann es sinnvoll sein, bereits beim Öffnen der Datei nur diese Variablen in den Dateneditor einzulesen. Dies bietet sich insbesondere beim Arbeiten mit sehr umfangreichen Dateien an, bei denen die Reduzierung des Datenvolumens eine deutliche Steigerung der Performance bewirken kann. In einigen Fällen ist es geradezu notwendig, nicht benötigte Variablen auszuschließen, etwa wenn die Datendatei umstrukturiert oder transponiert werden soll und dazu beispielsweise keine Textvariablen enthalten darf. Zur gezielten Auswahl der beim Öffnen einer Datei einzulesenden Variablen dienen die Unterbefehle keep und drop, mit denen Sie explizit angeben können, welche Variablen einzulesen bzw. auszuschließen sind.

> **Vorsicht**
>
> Die Verwendung der Unterbefehle keep und drop bewirkt stets, dass nicht die gesamte Quelldatei geöffnet, sondern nur bestimmte Variablen daraus eingelesen werden. Diese Variablen liest SPSS in ein neues DatenSet im Dateneditor ein, das zunächst nicht als Datendatei gespeichert wird und auch nicht automatisch einen Namen erhält.

Ausgewählte Variablen einlesen

Verwenden Sie den Unterbefehl keep, um explizit anzugeben, welche Variablen eingelesen werden sollen. So erzeugen Sie mit dem Befehl aus Listing 4.5 ein DatenSet, das lediglich aus den drei Variablen land, energie und bip aus der Datei *Europa.sav* besteht, unabhängig davon, ob *Europa.sav* noch weitere Variablen enthält.

```
GET FILE = 'C:\Daten\Europa.sav'
 /KEEP = land energie bip .
```

Listing 4.5: Einlesen ausgewählter Variablen mit dem Unterbefehl keep

Reihenfolge der Variablen festlegen

Der Unterbefehl keep beeinflusst zugleich die Reihenfolge, in der die Variablen in dem DatenSet angeordnet sind. So erzeugt der vorhergehende Befehl ein DatenSet, in dem die Variablen land, energie und bip in genau dieser Reihenfolge aufgeführt werden, unabhängig davon, ob dies auch der Reihenfolge der Variablen in der Quelldatei *Europa.sav* entspricht. Daher kann der Unterbefehl keep in einigen Fällen auch dann hilfreich sein, wenn sämtliche Variablen der Quelldatei einzulesen sind, diese anschließend aber in einer bestimmten Reihenfolge vorliegen sollen.

Explizit alle Variablen einlesen

Aus dem Syntaxdiagramm in Listing 4.2 geht hervor, dass der Unterbefehl keep statt einer Variablenliste auch das Schlüsselwort all zulässt. Damit werden »alle Variablen« bzw. alle nicht ohnehin explizit genannten Variablen bezeichnet. Der Unterbefehl keep = all legt damit fest, dass sämtliche Variablen der Quelldatei eingelesen werden sollen, was ohnehin passieren würde, wenn auf jeglichen Unterbefehl verzichtet würde.

Der folgende Befehl verwendet den Unterbefehl keep, um sicherzustellen, dass die Variablen land und bip am Anfang des DatenSets stehen; daneben sollen auch alle übrigen Variablen der Quelldatei *Europa.sav* eingelesen werden, deren Reihenfolge soll aber unverändert bleiben, so dass diese Variablen nicht einzeln aufgeführt werden müssen, sondern durch das Schlüsselwort all zusammengefasst werden können.

```
GET FILE = 'C:\Daten\Europa.sav'
  /KEEP = land bip ALL.
```

Listing 4.6: Unterbefehl keep mit dem Schlüsselwort all

Ausschluss einzelner Variablen

Mit dem Unterbefehl drop können Sie Variablen der Quelldatei benennen, die nicht in das DatenSet eingelesen werden sollen. So fordert der folgende Befehl die Datei *Europa.sav* ohne die Variable land an.

```
GET FILE = 'C:\Daten\Europa.sav'
  /DROP = land .
```

Listing 4.7: Ausschluss einer Variablen mit dem Unterbefehl drop

Wie bei dem Unterbefehl keep können Sie auch bei drop sowohl eine einzelne als auch mehrere Variablen anführen. So bewirkt der folgende Befehl, dass beim Lesen der Datei *Europa.sav* sowohl alle Variablen von energie bis bip (in der Reihenfolge, in der die Variablen in der Quelldatei aufgeführt sind) als auch die Variable zeitung ausgeschlossen werden.

```
GET FILE = 'C:\Daten\Europa.sav'
  /DROP = energie TO bip zeitung .
```

Listing 4.8: Ausschluss mehrerer Variablen mit dem Unterbefehl drop

Kombination von »keep« und »drop«

Sie können innerhalb eines get file-Befehls die Unterbefehle keep und drop mehrfach verwenden und auch beliebig miteinander kombinieren. So liest der folgende Befehl die Datei *Europa.sav* ohne die Variable land ein und stellt zugleich sicher, dass die Variablen bip und energie als Erstes in dem DatenSet aufgeführt werden.

```
GET FILE = 'C:\Daten\Europa.sav'
  /DROP = land
  /KEEP = bip energie ALL .
```

Listing 4.9: Gemeinsame Verwendung von keep und drop

Beachten Sie bei der Verwendung mehrfacher keep- und drop-Unterbefehle, dass diese sukzessive abgearbeitet werden. So würde der Befehl in Listing 4.10 zu einer Fehlermeldung führen, da nach dem Unterbefehl keep die Variable land bereits nicht mehr in der Datei enthalten ist, so dass der drop-Unterbefehl ins Leere läuft.

```
GET FILE = 'C:\Daten\Europa.sav'
  /KEEP = bip energie
  /DROP = land .
```

Listing 4.10: Fehlerhafter Befehl: Variable land wird zweifach ausgeschlossen

4.2.3 Variablen umbenennen mit »rename«

Einzelne oder mehrere Variablen umbenennen

Der Unterbefehl rename ermöglicht es, Variablen beim Einlesen der Daten umzubenennen. Der Befehl in Listing 4.11 öffnet die Datei *Europa.sav* und ändert dabei zugleich den Namen der Variablen land in state.

```
GET FILE = 'C:\Daten\Europa.sav'
  /RENAME land = state .
```

Listing 4.11: Umbenennen einer Variablen mit dem Unterbefehl rename

Sollen mehrere Variablen umbenannt werden, werden alle Variablenpaare wie im Befehl aus Listing 4.12 nacheinander angeführt. Die Reihenfolge ist dabei unerheblich. Weder muss sie der Reihenfolge der Variablen in der Quelldatei entsprechen, noch hat sie Einfluss auf die Anordnung der Variablen im DatenSet.

```
GET FILE = 'C:\Daten\Europa.sav'
  /RENAME land=state energie=energy lebenerw=lifeexp
         ksterbl=childmor bip=gdp telefone=phone
         analphab=illit zeitung=nwspaper .
```

Listing 4.12: Umbenennen mehrerer Variablen mit rename

»rename« in Verbindung mit »keep« und »drop«

Wenn Sie den Unterbefehl rename in Verbindung mit keep oder drop verwenden, ist wieder zu beachten, dass die Unterbefehle sukzessive abgearbeitet werden. Der folgende Befehl bewirkt zunächst, dass lediglich die drei Variablen land, energie und lebenerw in das DatenSet aufgenommen werden, und benennt diese drei Variablen anschließend um. Beim Abarbeiten des rename-Befehls stehen auch nur noch diese drei Variablen zur Verfügung, so dass es nicht zulässig wäre, hier Variablen anzuführen, die zwar in der Quelldatei *Europa.sav* enthalten, aber nicht hinter dem keep-Befehl aufgeführt sind.

```
GET FILE = 'C:\Daten\Europa.sav'
   /KEEP = land energie lebenerw
   /RENAME land=state energie=energy lebenerw=lifeexp .
```

Listing 4.13: Gemeinsame Verwendung von keep und rename

Werden die Unterbefehle hingegen in ihrer Reihenfolge vertauscht, haben die Variablen nach Ausführung des `rename`-Befehls bereits einen neuen Namen. Der `keep`-Befehl muss sich daher auf diese neuen Namen beziehen, vgl. Listing 4.14.

```
GET FILE = 'C:\Daten\Europa.sav'
   /RENAME land=state energie=energy lebenerw=lifeexp
   /KEEP = state energy lifeexp .
```

Listing 4.14: Nach rename gelten die neuen Variablennamen.

4.2.4 Variablenübersicht erstellen

Mit dem Unterbefehl map fordern Sie eine Übersicht der eingelesenen Variablen an, die in das Ausgabefenster geschrieben wird.

```
GET FILE = 'C:\Daten\Europa.sav'
   /RENAME land=state energie=energy lebenerw=lifeexp
   /KEEP = state energy lifeexp bip
   /MAP .
```

Listing 4.15: get file mit Unterbefehl map zum Anfordern einer Variablenübersicht

Die durch map erstellte Übersicht führt alle eingelesenen Variablen auf, wobei für jede Variable sowohl deren Name in der Quelldatei als auch der Name im Daten-Set angegeben werden, vgl. Listing 4.16.

```
FILE MAP

Result    Input1
------    ------
STATE     LAND
ENERGY    ENERGIE
LIFEEXP   LEBENERW
BIP       BIP
```

Listing 4.16: Durch den Unterbefehl map erstellte Variablenübersicht

Sie können den Unterbefehl map auch mehrfach innerhalb eines get file-Befehls verwenden, um entsprechend mehrere Variablenübersichten anzufordern. So gibt der Befehl in Listing 4.17 drei Variablenübersichten aus, aus denen hervorgeht, welche Variablen in der Quelldatei *Europa.sav* enthalten waren, wie diese Variablen nach der Umbenennung hießen und welche Variablen schließlich in das DatenSet eingelesen wurden.

```
GET FILE = 'C:\Daten\Europa.sav'
 /MAP
 /RENAME land=state energie=energy lebenerw=lifeexp
 /MAP
 /KEEP = state energy lifeexp bip
 /MAP.
```

Listing 4.17: Mehrfache Verwendung von map erzeugt Variablenübersichten auf verschiedenen Stufen

4.3 Umgang mit mehreren gleichzeitig geöffneten Datendateien

4.3.1 Basics

Mit mehreren DatenSets gleichzeitig arbeiten

Während einer SPSS-Sitzung können (seit der Programmversion SPSS 14) beliebig viele Datendateien gleichzeitig geöffnet sein. Jede geöffnete Datendatei wird bei SPSS als DatenSet bezeichnet; ein DatenSet kann sowohl eine Datendatei sein, die bereits als solche gespeichert und gerade neu geöffnet wurde, als auch eine Datendatei, die bisher nur als temporäre Arbeitsdatei vorliegt und noch nicht gespeichert wurde (und möglicherweise auch nie gespeichert werden soll).

Die Möglichkeit, mit mehreren DatenSets gleichzeitig zu arbeiten, stellt gegenüber früheren Programmversionen von SPSS, bei denen immer nur jeweils eine Datendatei geöffnet sein konnte, einen erheblichen Fortschritt dar. Zwar ergeben sich dadurch keine neuartigen Analysemöglichkeiten, die vorher nicht zur Verfügung gestanden hätten, in vielen Fällen lassen sich nun aber die Arbeitsabläufe erheblich vereinfachen. So können Sie mehrere DatenSets abwechselnd bearbeiten und auswerten, ohne die gerade nicht benötigten Dateien zwischendurch immer wieder zu schließen und dabei ggf. Änderungen zu speichern, die Sie möglicherweise gar nicht dauerhaft erhalten möchten, sondern lediglich während der laufenden SPSS-Sitzung weiter benötigen. Ebenso lassen sich nun sehr einfach Daten aus verschiedenen Quelldateien, die jetzt gleichzeitig geöffnet sein können, in einem gemeinsamen DatenSet zusammenführen.

Diesen Erleichterungen bei der Arbeit mit mehreren Datendateien steht jedoch auch ein etwas erhöhter Steuerungsaufwand gegenüber. So muss, sobald mehr als eine Datendatei geöffnet ist, geregelt werden, auf welches der verfügbaren Daten-Sets die nachfolgenden Transformations- und Analysebefehle angewandt werden sollen. Hierzu sieht SPSS vor, dass stets genau eines der DatenSets das aktive DatenSet bildet. Per Voreinstellung ist dies immer die zuletzt geöffnete Datendatei, die so lange aktiv bleibt, bis explizit eine andere Datei zum aktiven DatenSet ernannt wird. Immer wenn Sie eine neue Datendatei öffnen, wird diese Datendatei somit automatisch zum aktiven DatenSet, so dass alle nachfolgenden Befehle zum Bearbeiten und Auswerten von Daten auf dieses DatenSet angewandt werden. Möchten Sie die Daten eines anderen verfügbaren DatenSets bearbeiten oder auswerten, müssen Sie dieses zunächst zum aktiven DatenSet ernennen. Dadurch verliert das bisher aktive DatenSet automatisch diesen Status, es bleibt aber weiterhin geöffnet und kann jederzeit wieder aktiviert werden.

Um ein nicht aktives DatenSet (also eine geöffnete Datendatei, die derzeit nicht das aktive DatenSet bildet) zu aktivieren, muss dieses angesprochen werden können, und dazu braucht es einen eindeutigen Namen. Einen solchen Namen bekommt ein DatenSet bei SPSS nicht automatisch, sondern er muss ihm explizit zugewiesen werden. Es empfiehlt sich dringend, dies jedes Mal, wenn eine Datendatei geöffnet wird, unmittelbar im Anschluss daran quasi routinemäßig zu tun, denn in diesem Moment ist sichergestellt, dass die gerade neu geöffnete Datei das aktive DatenSet bildet, dem Sie einen Namen zuweisen können. Verliert ein DatenSet den Status des aktiven DatenSets (indem ein anderes DatenSet aktiviert wird), ohne dass ihm zuvor ein Name zugewiesen wurde, lässt sich dieses DatenSet nicht mehr über die Befehlssyntax ansprechen.

Befehle zur Steuerung mehrerer DatenSets

Für die Steuerung und Handhabung mehrerer gleichzeitig geöffneter DatenSets steht eine eigene Gruppe von insgesamt sechs Befehlen zur Verfügung, die alle mit dem Schlüsselwort `dataset` beginnen, siehe für eine vollständige Liste der Befehle Tabelle 4.2. Die genaue Wirkung der Befehle wird in den folgenden Abschnitten näher erläutert.

Befehl	Wirkung
dataset name	Weist dem jeweils aktiven DatenSet einen DatenSet-Namen zu
dataset activate	Macht ein ausgewähltes DatenSet zum aktiven DatenSet
dataset close	Schließt ein nicht aktives DatenSet oder hebt den Namen für das aktive DatenSet auf
dataset copy	Erstellt ein neues DatenSet als Kopie eines bestehenden DatenSets

Tabelle 4.2: dataset-Befehle zur Steuerung von mehreren gleichzeitig geöffneten Datendateien

Befehl	Wirkung
`dataset declare`	Definiert einen Namen für ein noch nicht bestehendes DatenSet
`dataset display`	Erstellt eine Liste aller aktuell verfügbaren DatenSets

Tabelle 4.2: dataset-Befehle zur Steuerung von mehreren gleichzeitig geöffneten Datendateien (Forts.)

Beispiel für einen Programmablauf mit mehreren DatenSets

Listing 4.18 zeigt einen Programmablauf, bei dem zwei Datendateien gleichzeitig geöffnet sind und abwechselnd ausgewertet werden. Der wechselnde Zugriff auf die DatenSets wird mithilfe der `dataset`-Befehle gesteuert:

- Zunächst wird mit dem Befehl `get file` die Datei *alter.sav* geöffnet. Unabhängig davon, ob zu diesem Zeitpunkt bereits andere Datendateien geöffnet sind, wird diese Datei dabei automatisch zum aktiven DatenSet.

- Der Befehl `dataset name` weist dem aktiven DatenSet den Namen `alter` zu. Da dieser Befehl unmittelbar nach dem Öffnen der Datei *alter.sav* ausgeführt wird, ist sichergestellt, dass diese Datei das aktive DatenSet bildet und damit den Namen `alter` zugewiesen bekommt.

- Mit dem Befehl `frequencies` wird eine Häufigkeitstabelle für die Variable `alter` erstellt. Dieser Befehl wird auf das zu dem Zeitpunkt aktive DatenSet `alter` angewandt.

- Im nächsten Schritt wird eine zweite Datendatei mit dem Namen *europa.sav* geöffnet. Dabei wird diese Datei automatisch zum aktiven DatenSet. Ihm wird mit dem nachfolgenden `dataset name`-Befehl der Name `eu` zugewiesen.

- Der Befehl `dataset display` schreibt in die Ausgabedatei eine Liste aller derzeit geöffneten DatenSets. Dies sind an dieser Stelle mindestens die beiden DatenSets `alter` und `eu`. Dabei bildet das DatenSet `eu` das aktive DatenSet und wird in der Liste in der Ausgabedatei als solches gekennzeichnet.

- Der folgende Befehl `descriptives` berechnet für die Variable `bip` aus der Datei *europa.sav* (die an dieser Stelle das aktive DatenSet bildet) einige deskriptive Kennzahlen.

- Der Befehl `dataset activate` ernennt anschließend das DatenSet `alter` zum aktiven DatenSet. Dadurch wird der nachfolgende `descriptives`-Befehl auf dieses DatenSet angewandt und errechnet deskriptive Kennzahlen für die Variable `alter` aus der gleichnamigen Datei.

- Abschließend wird mit dem Befehl `dataset close` das DatenSet `eu` und damit die Datendatei *europa.sav* geschlossen. Diese Datei bildet zu dem Zeitpunkt nicht das aktive DatenSet, was für die Wirkung des Befehls `dataset close` entscheidend ist; wird der `dataset close`-Befehl auf das aktive DatenSet angewandt, wird lediglich der DatenSet-Name gelöscht, ohne dass die Datei geschlossen wird, siehe hierzu auch Abschnitt 4.3.4.

```
GET FILE ='C:\Daten\alter.sav' .
DATASET NAME alter .
FREQUENCIES VARIABLES=alter .
GET FILE ='C:\Daten\europa.sav' .
DATASET NAME eu .
DATASET DISPLAY .
DESCRIPTIVES VARIABLES=bip .
DATASET ACTIVATE alter .
DESCRIPTIVES VARIABLES=alter .
DATASET CLOSE eu .
```

Listing 4.18: Programmablauf mit zwei gleichzeitig geöffneten DatenSets

4.3.2 Einem DatenSet einen Namen zuweisen

Der Befehl »dataset name«

Mit dem Befehl `dataset name` weisen Sie dem jeweils aktiven DatenSet einen Namen zu. In der einfachsten Form kommt dieser Befehl mit den in Listing 4.19 dargestellten Spezifikationen aus; der Befehl in Listing 4.19 weist dem aktiven DatenSet den Namen `quelldaten1` zu.

```
DATASET NAME quelldaten1 .
```

Listing 4.19: dataset name weist dem aktiven DataSet einen Namen zu

Der Befehl wird unmittelbar ausgeführt und benötigt keinen `execute`-Befehl. Umgekehrt führt dieser Befehl auch nicht dazu, dass offene Transformationen abgearbeitet werden.

Der Befehl wird stets auf das aktive DatenSet angewandt. Es ist also wichtig, dass vor Ausführung dieses Befehls das richtige DatenSet aktiviert ist. Daher bietet es sich an, den `dataset name`-Befehl wie in Listing 4.18 unmittelbar im Anschluss an das Öffnen einer neuen Datendatei auszuführen, da in diesem Moment sichergestellt ist, dass die gerade geöffnete Datendatei das aktive DatenSet bildet. Ein geöffnetes DatenSet, das nicht aktiv ist und keinen DatenSet-Namen zugewiesen bekommen hat, lässt sich in der laufenden SPSS-Sitzung nicht mehr über die SPSS-Syntax ansprechen.

Regeln für DatenSet-Namen

Für die Namen eines DatenSets gelten die folgenden Regeln:

- Für ein DatenSet ist jeder Name zulässig, der auch als Variablenname in einer Datendatei verwendet werden kann. Zu den allgemeinen Regeln für Variablennamen siehe Kapitel 8.

- Jedes DatenSet kann nur einen Namen haben. Wenn Sie einem DatenSet, das bereits einen Namen hat, einen neuen Namen zuweisen, wird der bisherige Name dieses DatenSets automatisch aufgehoben.

- Jeder DatenSet-Name muss innerhalb der aktuellen SPSS-Sitzung eindeutig sein. Es können also nicht zwei DatenSets den gleichen Namen haben. Wenn Sie einem DatenSet einen Namen zuweisen, der bereits einem anderen DatenSet zugewiesen ist, wird dadurch die bisherige Zuordnung dieses Namens aufgehoben. Das DatenSet, dem dieser Name bisher zugeordnet war, hat somit anschließend keinen Namen mehr und lässt sich in der laufenden SPSS-Sitzung nicht mehr über die Befehlssyntax ansprechen.

- DatenSet-Namen gelten nur während der laufenden SPSS-Sitzung. Wird ein DatenSet geschlossen, verliert es auch seinen Namen. Es gibt auch keine Möglichkeit, einen DatenSet-Namen dauerhaft mit einer Datendatei zu verknüpfen und gemeinsam mit dieser zu speichern.

- Sobald einem DatenSet ein Name zugewiesen ist, kann dieser Name in fast allen Syntaxbefehlen, die einen Bezug auf eine Datendatei erwarten, statt des Dateinamens verwendet werden.

Optionen des Befehls »dataset name«

Das vollständige Syntaxdiagramm des `dataset name`-Befehls ist in Listing 4.20 wiedergeben. Mit der Option `window` können Sie die Anzeige des Fensters für das betreffende DatenSet steuern:

- Fügen Sie die Option `window=front` ein, um sicherzustellen, dass das Fenster des Dateneditors mit dem DatenSet, dem Sie gerade einen Namen zuweisen, zum aktiven Fenster wird. Damit wird dieses Dateneditor-Fenster (und damit dieses DatenSet) auch das voreingestellte DatenSet für Befehle, die über die Dialogfelder von SPSS ausgeführt werden.

- Die Option `window=asis` (»asis« für »as is«) nimmt keine Änderungen an der Aktivierung der Fenster vor. Diese Option ist voreingestellt und kommt damit auch zur Anwendung, wenn Sie den Befehl ohne `window`-Option ausführen.

```
DATASET NAME Name
  [WINDOW={ASIS }]
         {FRONT}
```

Listing 4.20: Syntaxdiagramm des Befehles dataset name

4.3.3 Ein DatenSet aktivieren

Der Befehl »dataset activate«

Um ein bestimmtes DatenSet zum aktiven DatenSet zu machen, verwenden Sie den Befehl `dataset activate`. In der einfachsten Form besteht dieser Befehl wie in Listing 4.21 nur aus dem Befehlsnamen und dem Namen des zu aktivierenden DatenSets.

```
DATASET ACTIVATE quelldaten1 .
```

Listing 4.21: dataset activate macht ein ausgewähltes DatenSet zum aktiven DatenSet

Die Wirkung von »dataset activate«

Für den Befehl `dataset activate` gelten die folgenden Regeln:

- Es lassen sich nur solche DatenSets ansprechen und damit auch aktivieren, denen zuvor ein Name zugewiesen wurde (siehe hierzu Abschnitt 4.3.2).

- Indem ein bestimmtes DatenSet aktiviert wird, verliert das bisher aktive DatenSet den Status des aktiven DatenSets; wenn diesem DatenSet zuvor kein Name zugewiesen wurde, lässt es sich im Folgenden nicht mehr über die Befehlssyntax ansprechen.

- Wenn ein DatenSet den Status des aktiven DatenSets verliert, werden zuvor automatisch alle offenen Transformationen dieses DatenSets ausgeführt.

- Der Befehl `dataset activate` kann nicht innerhalb von Transformationsprozeduren wie `do if`, `do repeat` oder `loop` verwendet werden.

> **Vorsicht**
>
> Ein DatenSet kann nicht nur über die Befehlssyntax, sondern auch über die Fenstersteuerung von Windows aktiviert werden. Wenn Sie einen Dateneditor zum Beispiel durch Anklicken des Fensters mit der Maus zum aktiven Fenster machen, wird das darin wiedergegebene DatenSet automatisch zum aktiven DatenSet. Dadurch kann auch eine zuvor über die Befehlssyntax ausgeführte Aktivierung aufgehoben werden. Auf diese Weise lassen sich auch nicht aktive DatenSets, die keinen DatenSet-Namen haben, wieder aktivieren, soweit sie noch als Fenster im Dateneditor angezeigt werden.

Optionen für »dataset activate«

Listing 4.22 zeigt das vollständige Syntaxdiagramm für den Befehl `dataset activate`. Die einzige Option `window` dient dazu, die Anzeige und Aktivierung des Dateneditor-Fensters für das betreffende DatenSet zu steuern, siehe hierzu auch die Erläuterungen zum Befehl `dataset name`.

```
DATASET ACTIVATE DatenSet-Name
 [WINDOW={ASIS }]
        {FRONT}
```

Listing 4.22: Syntaxdiagramm des Befehles `dataset activate`

4.3.4 Ein DatenSet schließen

Mit dem Befehl `dataset close` können Sie ein DatenSet schließen. Damit wird zugleich das Fenster des Dateneditors für dieses DatenSet geschlossen. Das Syntaxdiagramm für diesen Befehl ist in Listing 4.23 wiedergegeben.

```
DATASET CLOSE {DatenSet-Name}
              {*            }
              {ALL          }
```

Listing 4.23: Syntaxdiagramm des Befehles `dataset close`

Sie können den Befehl sowohl auf das aktive als auch auf ein nicht aktives DatenSet anwenden, allerdings hat der Befehl in beiden Fällen eine unterschiedliche Wirkung:

- Wenn Sie den Befehl `dataset close` in der Form

  `dataset close datenset1` .

  auf ein nicht aktives DatenSet anwenden, wird dieses DatenSet und damit auch das zugehörige Dateneditor-Fenster geschlossen. Wenn das DatenSet zuvor noch nicht gespeichert wurde oder nicht gespeicherte Änderungen enthält, gehen diese verloren. Um dies zu vermeiden, müssen Sie das DatenSet zuvor explizit speichern.

- Der Befehl kann auch auf das aktive DatenSet angewandt werden, indem er entweder mit dessen Namen oder mit einem Sternchen (*) als Symbol für das jeweils aktive DatenSet ausgeführt wird. In diesem Fall bewirkt `dataset close` jedoch lediglich, dass das DatenSet seinen DatenSet-Namen verliert. Es bleibt weiterhin geöffnet und bildet auch weiterhin das aktive DatenSet, besitzt nur anschließend keinen Namen mehr.

  Diese Wirkung des Befehls mag zunächst überraschend sein, sie hat aber durchaus einen gewissen Sinn: Auf diese Weise will SPSS den Anwender

»zwingen«, explizit festzulegen, welches DatenSet im Weiteren aktiv sein soll. Um das aktive DatenSet tatsächlich zu schließen, aktivieren Sie also zunächst ein anderes DatenSet und führen Sie anschließend den Befehl `dataset close` mit dem Namen des bisher aktiven und nun zu schließenden DatenSets aus.

- Mit dem Schlüsselwort `all` wird der Befehl auf sämtliche geöffneten DatenSets angewandt. Dadurch werden alle nicht aktiven DatenSets ohne vorheriges Speichern geschlossen, während das aktive DatenSet lediglich seinen Namen verliert, aber weiterhin als einziges (und damit automatisch auch als das aktive) DatenSet geöffnet bleibt.

4.3.5 Kopie eines DatenSets erstellen

Der Befehl »dataset copy«

Manchmal ist es hilfreich, von einem DatenSet eine Kopie zu erstellen, zum Beispiel um die Daten in dem kopierten DatenSet zu bearbeiten und dennoch die unveränderten Daten in dem Ursprungs-DatenSet zu erhalten. Eine solche Kopie erstellen Sie mit dem Befehl `dataset copy`. Dieser Befehl kommt mit den in Listing 4.24 dargestellten Spezifikationen aus. Er erstellt ein neues DatenSet als Kopie des jeweils aktiven DatenSets und weist dem neu erstellten DatenSet den im Befehl angegebenen Namen zu.

```
DATASET COPY Kopiename .
```

Listing 4.24: `dataset copy` erstellt eine Kopie des aktiven DatenSets

Bei der Anwendung dieses Befehls ist es wichtig, die genaue Wirkungsweise zu beachten, da andernfalls leicht ein DatenSet überschrieben oder Folgebefehle auf das falsche DatenSet angewandt werden können:

- Mit `dataset copy` erstellen Sie stets eine Kopie des aktiven DatenSets. Es ist nicht möglich, den Befehl auf ein nicht aktives DatenSet anzuwenden.

- Der Befehl bewirkt automatisch, dass alle offenen Transformationen für das aktive DatenSet ausgeführt werden. Die Ausführung der offenen Transformationen erfolgt, bevor die Kopie erstellt wird, so dass die Daten auch in die Kopie in dem Zustand nach Ausführung der Transformationen geschrieben werden.

- Das bisher aktive DatenSet bleibt auch nach Erstellung der Kopie weiterhin aktiv. Das neu erstellte DatenSet ist damit zunächst nicht aktiv, sondern muss explizit aktiviert werden, damit es bearbeitet oder ausgewertet werden kann.

- Die einzige notwendige Spezifikation für den Befehl `dataset copy` ist die Angabe eines Namens für das neue DatenSet. Beachten Sie hierbei aber folgende Wirkungsweise:

Kapitel 4
Handhabung von Datendateien

- Wenn Sie als Namen für das neue DatenSet den bisherigen Namen des aktiven DatenSets angeben, verliert das aktive DatenSet seinen Namen. Das aktive DatenSet bleibt dabei auch weiterhin aktiv, hat aber anschließend keinen Namen mehr; der Name wird dem neuen DatenSet zugewiesen.

- Geben Sie als Namen für das neue DatenSet den Namen eines anderen, derzeit nicht aktiven DatenSets an, wird dieses DatenSet durch den `dataset copy`-Befehl überschrieben. Die bisherigen Daten dieses DatenSets stehen anschließend nicht mehr zur Verfügung und sind, soweit sie nicht zuvor gespeichert wurden, unwiederbringlich verloren!

Beispiel für einen Programmablauf mit »dataset copy«

Listing 4.25 zeigt einen Programmablauf, in dem zunächst ein DatenSet mit `dataset copy` kopiert und anschließend die Kopie bearbeitet wird:

- Zunächst wird mit dem Befehl `get file` die Datendatei *rohdaten.sav* geöffnet. Diese Datei bildet anschließend automatisch das aktive DatenSet.

- Der Befehl `dataset name` weist dem aktiven DatenSet (und damit hier dem DatenSet der Datei *rohdaten.sav*) den DatenSet-Namen `basisdaten` zu.

- Mit dem Befehl `dataset copy` wird eine Kopie des aktiven DatenSets (also des DatenSets `basisdaten` mit den Daten aus *rohdaten.sav*) erstellt. Das damit neu erstellte DatenSet erhält den Namen `maenner`.

- Da auch nach dem Erstellen der Kopie unverändert das DatenSet `basisdaten` aktiv ist, muss das neu erstellte DatenSet zunächst aktiviert werden, bevor es bearbeitet werden kann. Dies geschieht mit dem Befehl `dataset activate`.

- Der Befehl `select if gender = 'm'` löscht alle Datensätze, die in der Variablen `gender` nicht den Wert m enthalten. Es verbleiben also nur die Datensätze von Männern (gekennzeichnet durch m in `gender`) in dem DatenSet.

- Der `execute`-Befehl stellt sicher, dass der vorhergehende `select if`-Befehl unmittelbar ausgeführt wird.

```
GET FILE='C:\Daten\Rohdaten.sav' .
DATASET NAME basisdaten .
DATASET COPY maenner .
DATASET ACTIVATE maenner .
SELECT IF gender = 'm' .
EXECUTE .
```

Listing 4.25: Beispiel für einen Programmablauf mit `dataset copy`-Befehl zum Kopieren eines DatenSets

4.3.6 Ein leeres DatenSet für eine künftige Befüllung anlegen

Der Befehl `dataset declare` vergibt einen Namen für ein DatenSet, das es noch gar nicht gibt. Man könnte sich fragen, wozu das gut sein soll, es gibt aber tatsächlich einige Situationen, in denen dieser Befehl extrem hilfreich ist. Sein Nutzen besteht darin, dass man das nicht existierende DatenSet, das trotz fehlender Existenz bereits einen Namen besitzt, unter diesem Namen ansprechen kann. Das Beispiel in Listing 4.26 macht die Anwendungsfälle für derartige »virtuelle DatenSets« deutlich:

- Zunächst öffnet der Befehl `get file` die Datendatei *testpersonen.sav*. Diese Datei bildet anschließend automatisch das aktive DatenSet und bekommt mit dem nachfolgenden Befehl `dataset name` den Namen `testdaten` zugewiesen.

- Der Befehl `dataset declare` legt anschließend den DatenSet-Namen `zusammenfassung` an, ohne diesen Namen einem bestehenden DatenSet zuzuweisen. Der Befehl lässt sich so interpretieren, dass er eine leere Hülse für ein künftig zu erstellendes DatenSet mit dem Namen `zusammenfassung` erzeugt. Diese »DatenSet-Hülse« wird von dem folgenden Befehl verwendet. Das DatenSet `testdaten` bildet unverändert das aktive DatenSet; hierauf hat der `dataset declare`-Befehl keinen Einfluss.

- Der Befehl `aggregate` berechnet für das aktive DatenSet (hier das DatenSet `testdaten`) aggregierte Werte und schreibt diese Wert in eine neue Datendatei. Die Zieldatei, in die die aggregierten Werte geschrieben werden sollen, wird durch den Unterbefehl `outfile` festgelegt. Als Zieldatei könnte unter anderem ein bereits bestehendes DatenSet verwendet werden, dessen Inhalte dann mit den Ergebnissen des `aggregate`-Befehls überschrieben würden. In diesem Fall wird als Zieldatei der zuvor angelegte Name des noch nicht bestehenden DatenSets `zusammenfassung` angegeben. Dadurch schreibt SPSS die Ergebnisse der `aggregate`-Prozedur in ein neues DatenSet, dem dabei automatisch der zuvor bereits angelegte DatenSet-Name `zusammenfassung` zugewiesen wird. Dieses DatenSet ist nach der Ausführung der `aggregate`-Prozedur nicht aktiv, kann aber über seinen Namen `zusammenfassung` angesprochen und aktiviert werden. Dies macht deutlich, warum es hier sinnvoll ist, zunächst einen DatenSet-Namen für ein »virtuelles DatenSet« zu vergeben, das erst später tatsächlich angelegt und mit Daten befüllt wird.

```
GET FILE ='C:\Daten\testpersonen.sav' .
DATASET NAME testdaten .
DATASET DECLARE zusammenfassung .
AGGREGATE
  /OUTFILE='zusammenfassung'
```

```
/BREAK=modell
/punktschnitt = MEAN(punkte) .
```

Listing 4.26: Deklaration eines DatenSet-Namens für ein später anzulegendes DatenSet

4.4 Datendatei speichern

4.4.1 Grundlagen

Einfacher »save«-Befehl

Jedes DatenSet und damit der aktuelle Inhalt jedes Dateneditors ist bei SPSS zunächst eine reine Arbeitsdatei, die als Basis für anstehende Berechnungen, Transformationen und Analysen zur Verfügung steht. Anders als dies beispielsweise bei Datenbankanwendungen üblich ist, werden Änderungen an den Inhalten des Dateneditors daher nicht automatisch gespeichert, sondern gehen vollständig verloren, sobald ein DatenSet geschlossen, sein Inhalt überschrieben oder die SPSS-Sitzung vollständig beendet wird. Um dies zu vermeiden, müssen die Daten explizit mit einem entsprechenden Syntaxbefehl gesichert werden.

Der Befehl `save` speichert den aktuellen Zustand des aktiven DatenSets (also den aktuellen Inhalt des Dateneditors für das aktive DatenSet) als Datendatei im SPSS-Format. Der Befehl bietet über einige Unterbefehle verschiedene Gestaltungsoptionen, begnügt sich aber in der Grundvariante mit der sehr einfachen Syntax aus Listing 4.27.

```
SAVE OUTFILE='C:\Daten\Umfrage.sav' .
```

Listing 4.27: Einfacher save-Befehl speichert das aktive DatenSet unter dem Namen *Umfrage.sav*

Wirkung von »save«

Für den `save`-Befehl gelten folgende Regeln:

- Die einzige notwendige Angabe ist der Unterbefehl `outfile`, mit dem Speicherort und Name der zu erstellenden SPSS-Datendatei festgelegt werden. In dem Beispiel aus Listing 4.27 wird die Datei *Umfrage.sav* im Verzeichnis *C:\Daten* erstellt.

- Der Name für die zu erstellende Datendatei muss stets explizit angegeben werden. Anders als bei den Menübefehlen gibt es in der Syntax keine Unterscheidung zwischen zwei Befehlen der Art *Speichern* und *Speichern unter*. Auch wenn der Inhalt des aktiven DatenSets einer bereits bestehenden SPSS-Datendatei entstammt, so dass deren Name auch im Titel des Dateneditors angezeigt wird, können Sie die Datei nicht einfach unter ihrem bisherigen Namen speichern, ohne diesen noch einmal explizit anzuführen.

- Wenn Sie als Zieldatei den Namen einer (in dem jeweiligen Verzeichnis) bereits bestehenden Datei angeben, wird diese durch den `save`-Befehl überschrieben. Dabei erfolgt auch keine Warnung oder Rückfrage, ob die vorhandene Datei tatsächlich ersetzt werden soll. Eine leichte Unvorsichtigkeit kann daher schnell zu dauerhaftem Datenverlust führen!

- Nach dem Speichern der Daten bleiben diese weiterhin unverändert als aktives DatenSet im Dateneditor erhalten. Nachfolgende Änderungen an den Daten wirken sich dabei nicht unmittelbar auf die zuletzt gespeicherte Datendatei aus, sondern wieder nur auf das DatenSet im Dateneditor. Sollen auch diese Änderungen, gegebenenfalls in einer neuen Datei, gespeichert werden, muss dies wieder explizit mit einem `save`-Befehl veranlasst werden.

> **Tipp**
>
> Das Zielverzeichnis für die zu speichernde Datei kann weggelassen werden, wenn sich die Datei im aktuellen Arbeitsverzeichnis befindet. Um das Arbeitsverzeichnis festzulegen, verwenden Sie den Befehl `cd`, siehe hierzu Seite 68.

»save« und »xsave«

Neben dem Befehl `save` gibt es einen zweiten Befehl zum Erstellen von SPSS-Datendateien: `xsave`. Beide Befehle unterscheiden sich nicht in ihrer Wirkung, sondern nur in dem Zeitpunkt, in dem sie zur Ausführung kommen. Während der Befehl `save` unmittelbar ausgeführt wird, kommt der Befehl `xsave` erst dann zur Ausführung, wenn der nächste `execute`-Befehl ausgeführt wird oder durch einen anderen Befehl (wie zum Beispiel `get data` zum Öffnen einer Datendatei) Daten gelesen werden. Der `xsave`-Befehl kann daher unter Umständen Performancevorteile bringen, wenn damit zwei Datenzugriffe zusammengeführt werden. Die Syntax beider Befehle ist abgesehen vom Befehlsnamen identisch.

4.4.2 Optionen und Unterbefehle

Allgemeine Syntax von »save«

Der `save`-Befehl bietet über optionale Unterbefehle die Möglichkeit, nur ausgewählte Variablen zu speichern, einzelne Variablen beim Speichern umzubenennen und Speicherformate festzulegen. Die allgemeine Syntax von `save` mit den wichtigsten optionalen Unterbefehlen ist in Listing 4.28 dargestellt. Beachten Sie, dass der Inhalt des Dateneditors und damit das aktive DatenSet von der Spezifizierung des `save`-Befehls vollkommen unberührt bleiben. Wenn Sie beispielsweise nur ausgewählte Variablen speichern oder Variablen umbenennen, so enthält das aktive DatenSet anschließend dennoch weiterhin alle bisher vorhandenen Variablen mit ihren bisherigen Namen.

```
SAVE OUTFILE='Dateiname'
  [/VERSION={3}]
           {2}
  [/UNSELECTED={RETAIN}]
              {DELETE}
  [/KEEP={ALL     }]
         {Variablen}
  [/DROP=Variablen]
  [/RENAME=(AlteVarialen=NeueVariablen)...]
  [/MAP]
  [/{COMPRESSED}]
    {UNCOMPRESSED}
```

Listing 4.28: Syntaxdiagramm des Befehls get file

SPSS-Version festlegen

Das Format von SPSS-Datendateien hat sich im Verlauf der verschiedenen SPSS-Versionen zweimal grundlegend verändert. Das aktuelle Format wird von SPSS als »Version 3« bezeichnet und von allen aktuellen Programmversionen seit der Version SPSS 7.5 verwendet. Ältere Programmversionen wie beispielsweise SPSS 6 können diese Dateien jedoch nicht lesen. Möchten Sie eine Datendatei erstellen, die von alten SPSS-Programmen gelesen werden kann, können Sie die Datei explizit in der vorhergehenden »Version 2« erstellen. Fügen Sie hierzu den entsprechenden Unterbefehl wie in Listing 4.29 dargestellt ein. Wenn Sie auf den Unterbefehl verzichten, kommt als Voreinstellung »Version 3« zur Anwendung.

```
SAVE OUTFILE='C:\Daten\Umfrage.sav'
  /VERSION=2 .
```

Listing 4.29: Einfacher save-Befehl speichert das aktive DatenSet unter dem Namen *Umfrage.sav* im alten Dateiformat

Komprimierung festlegen

Sie können wahlweise einen der beiden Unterbefehle compressed oder uncompressed in den save-Befehl einfügen, um explizit festzulegen, dass die Datendatei in komprimierter bzw. unkomprimierter Form gespeichert werden soll. Die Befehle erfordern keine weiteren Spezifizierungen. Wenn Sie keinen der beiden Unterbefehle verwenden, werden Datendateien üblicherweise in komprimierter Form gespeichert, dies ist jedoch nicht immer sichergestellt.

Komprimierte und unkomprimierte Dateien unterscheiden sich in folgender Hinsicht:

- In komprimierten Dateien werden kleine Integerzahlen (von −99 bis 155) als ein Byte (statt acht Byte in unkomprimierten Dateien) gespeichert.

- Komprimierte Dateien nehmen weniger Speicherplatz in Anspruch, das Öffnen komprimierter Dateien kann jedoch etwas länger dauern.

- Beim Zugriff auf eine SPSS-Datendatei (etwa mit dem Befehl `get data`) muss nicht angegeben werden, ob die Datei komprimiert ist. Nach dem Speichern einer Datei müssen Sie sich daher in aller Regel nicht zwingend merken, ob die Datei mit oder ohne Komprimierung gespeichert wurde.

Nur ausgewählte Variablen speichern

Mit den beiden Unterbefehlen `keep` und `drop` können Sie festlegen, dass nur ausgewählte Variablen aus dem Dateneditor in der SPSS-Datendatei gespeichert werden. Verwenden Sie den Unterbefehl `keep`, um explizit die zu speichernden Variablen aufzulisten; mit `drop` benennen Sie hingegen jene Variablen aus dem DatenSet, die nicht in die zu erstellende Datendatei übernommen werden sollen. Sie können die beiden Unterbefehle auch beliebig miteinander kombinieren, siehe zu der Wirkung im Einzelnen Abschnitt 4.2.2 auf Seite 69, wo beide Unterbefehle in Verbindung mit dem Öffnen von SPSS-Datendateien erläutert werden.

Listing 4.30 zeigt einen Befehl, mit dem ausgewählte Variablen des aktiven DatenSets in einer SPSS-Datendatei mit dem Namen *EU25_eco.sav* gespeichert werden. In diese Datei werden nur die drei Variablen `land`, `bip` und `telefone` geschrieben, unabhängig davon, welche Variablen darüber hinaus in dem aktiven DatenSet enthalten sind.

```
SAVE OUTFILE='C:\Daten\EU25_eco.sav'
  /KEEP=land bip telefone .
```

Listing 4.30: Speichern einer SPSS-Datendatei mit ausgewählten Variablen

Beachten Sie bei der Verwendung der Unterbefehle `keep` und `drop` folgende Besonderheiten:

- Wenn Sie nur ausgewählte Variablen speichern, hat dies keinen Einfluss auf den Inhalt des aktiven DatenSets im Dateneditor.

- Werden mit den Unterbefehlen `keep` oder `drop` Variablen angeführt, die gar nicht im aktiven DatenSet enthalten sind, führt dies zu einer Fehlermeldung, und der Speicherbefehl wird nicht ausgeführt.

- Bei der Arbeit mit früheren SPSS-Versionen (vor SPSS 16) kann es unter bestimmten Konstellationen passieren, dass SPSSS sich weigert, die Datei zu speichern: Wenn der Inhalt des Dateneditors einer bereits bestehenden SPSS-Datendatei entstammt, so dass deren Name auch im Titel des Dateneditors angezeigt wird (und Sie die Datei mit dem Menübefehl *Datei / Speichern* unter ihrem bisherigen Namen speichern könnten), ist es nicht möglich, nur ausgewählte Variablen unter diesem Namen zu speichern und damit die bisherige Datendatei zu überschreiben. In diesem Fall muss daher ein anderer Dateiname gewählt werden.

Variablen beim Speichern umbenennen

Mit dem Unterbefehl `rename` ist es möglich, ausgewählte Variablen beim Speichern umzubenennen. So werden mit dem Befehl in Listing 4.31 die Variable `land` in `state` und die Variable `bip` in `gdp` umbenannt. Alle übrigen Variablen aus dem aktiven DatenSet werden dabei ebenfalls gespeichert, aber unter ihren bisherigen Namen. Sie können den Unterbefehl `rename` auch mit einer Variablenauswahl durch `keep` oder `drop` kombinieren, hierbei kann jedoch die Reihenfolge der Befehle wichtig sein, siehe hierzu im Einzelnen Abschnitt 4.2.3, Seite 72; dort wird die Wirkung der Unterbefehle beim Öffnen einer Datendatei beschrieben, die in gleicher Weise für das Speichern einer Datei gilt.

```
SAVE OUTFILE='C:\Daten\EU25_eco.sav'
  /RENAME = land=state bip=gdp .
```

Listing 4.31: Speichern einer SPSS-Datendatei und Umbenennen ausgewählter Variablen

> **Tipp**
>
> Mit dem Unterbefehl `map` können Sie zur Dokumentation eine Übersicht der gespeicherten und umbenannten Variablen in die Ausgabedatei schreiben lassen, siehe hierzu auch die Erläuterungen in Abschnitt 4.2.4, Seite 73.

Filterwirkung steuern

Wenn die Fälle im aktiven DatenSet gefiltert wurden (mit einem der Befehle `filter` oder `use`), so dass nur einige der im Dateneditor enthaltenen Fälle in die Analysen einbezogen werden, können Sie wählen, wie mit den ausgeschlossenen Fällen in der zu speichernden Datendatei verfahren werden soll. Per Voreinstellung werden alle Fälle unabhängig von ihrem Filterstatuts in die Datendatei geschrieben. Dabei wird der Filterstatus nicht mit gespeichert, wohl aber die dem Filter zugrunde liegenden Variablen, sofern Sie diese nicht explizit ausschließen. Wenn Sie die gespeicherte Datendatei das nächste Mal öffnen, sind damit sämtliche Fälle verfügbar und werden aktiv in Analysen einbezogen. Um die Filterwirkung wiederherzustellen, müssen Sie den Filter wieder explizit mit dem Befehl `filter` oder `use` aktivieren.

Sie können von dieser Voreinstellung abweichen und festlegen, dass deaktivierte Fälle nicht mit gespeichert werden sollen. Die betreffenden Fälle werden dann vollkommen aus der Datendatei ausgeschlossen und können in dieser Datei auch nicht durch Änderung der Filtereinstellungen reaktiviert werden.

Um die Filterwirkung zu steuern, fügen Sie den Unterbefehl `unselected` ein. Mit `unselected = delete` werden herausgefilterte Fälle nicht mit gespeichert, vgl. den Befehl in Listing 4.32. Dieser Befehl speichert ausgewählte Variablen in einer komprimierten Datendatei, benennt dabei einige der Variablen um und stellt sicher, dass herausgefilterte Fälle nicht mit gespeichert werden. Der Unterbefehl `unselected = retain` würde lediglich die Voreinstellung bestätigen und damit explizit festlegen, dass sämtliche Fälle des aktiven DatenSets in der Datendatei zu speichern sind.

```
SAVE OUTFILE='C:\Daten\EU25_eco.sav'
  /KEEP=land bip telefone
  /RENAME = land=state bip=gdp
  /UNSELECTED = DELETE
  /COMPRESSED .
```

Listing 4.32: Speichern aktiver Fälle und ausgewählter Variablen in komprimierter Datendatei

Tipp

Wenn Sie den Unterbefehl `unselected` verwenden, obwohl im aktiven DatenSet kein Filter eingeschaltet ist, bleibt der Befehl ohne Wirkung; es wird keine Fehlermeldung ausgegeben. Auf den Inhalt des DatenSets im Dateneditor wirkt sich der Unterbefehl `unselected` in keinem Fall aus. Jegliche Filtereinstellungen im aktiven DatenSet bleiben davon unberührt.

4.5 Datendatei löschen

SPSS bietet die Möglichkeit, mithilfe der Befehlssyntax Dateien von der Festplatte zu löschen. Hierzu dient der Befehl `erase`, der nicht auf SPSS-Datendateien beschränkt ist, sondern auf jede beliebige Datei angewandt werden kann. Der Befehl erfordert als einzige zusätzliche Angabe den Speicherort und Namen der zu löschenden Datei in der in Listing 4.33 dargestellten Form. Die zu löschende Datei ist dabei stets mit voller Namenserweiterung anzugeben. Beachten Sie auch, dass es nicht möglich ist, mit einem `erase`-Befehl mehrere Dateien gleichzeitig zu löschen; hierzu müssen entsprechend mehrere `erase`-Befehle formuliert werden.

```
ERASE FILE = 'C:\Daten\dummy.sav' .
```

Listing 4.33: Löschen einer Datei von der Festplatte mit erase

Vorsicht

Es ist wichtig zu wissen, dass der Befehl erase die angegebene Datei ohne weitere Rückfrage dauerhaft löscht. Es gibt keine Möglichkeit, eine mit erase gelöschte Datei anschließend wiederherzustellen. Insbesondere wird die Datei auch nicht in den Papierkorb des Betriebssystems verschoben.

Kapitel 5

Daten über Syntax eingeben und berechnen

5.1 Überblick

SPSS zeichnet sich nicht gerade durch besonderen Komfort bei der direkten Dateneingabe in eine SPSS-Datei aus. Üblicherweise liegen die mit SPSS zu analysierenden Daten daher bereits in irgendeiner Form als Datei vor, zum Beispiel weil sie mit einer anderen Anwendung eingegeben wurden, so dass sie im einfachsten Fall wie im vorhergehenden Kapitel beschrieben als SPSS-Datendatei aufgerufen oder wie im folgenden Kapitel dargestellt aus externen Datenquellen eingelesen werden können. Dennoch besteht in beschränktem Umfang auch die Möglichkeit, Daten direkt mithilfe von SPSS einzugeben oder auch – ausgehend von einer vollkommen leeren Datendatei – »künstliche Daten« wie etwa bestimmte Wertefolgen oder Reihen von Zufallszahlen zu berechnen:

- Daten lassen sich direkt über die Syntax eingeben, indem entsprechende Datenlisten in ein Syntaxprogramm eingebettet werden (häufig als *inline data* bezeichnet). Die entsprechende Befehlskonstruktion wird im folgenden Abschnitt 5.2 beschrieben. Diese Konstruktion lässt sich grundsätzlich so erweitern, dass damit auch Daten aus einfachen Textdateien importiert werden können. Diese Möglichkeit wird im Folgenden nur kurz skizziert, denn zum Einlesen von Daten aus externen Datenquellen sind andere Befehle sehr viel besser geeignet, siehe hierzu die beiden folgenden Kapitel 6 und 7.

- Sollen nicht empirisch ermittelte, sondern berechnete Daten wie Simulationsergebnisse oder bestimmte »künstliche« Zahlenfolgen untersucht werden, können diese Daten mit der Syntax von SPSS berechnet und zugleich in eine Datendatei geschrieben werden, siehe hierzu Abschnitt 5.3, Seite 97.

5.2 Daten über die Syntax eingeben

5.2.1 Basics

Die direkte Dateneingabe in eine neue Datendatei erfordert üblicherweise zwei Schritte:

1. Im ersten Schritt wird die neue Datendatei angelegt und ihre Struktur beschrieben. Dabei werden zugleich die Variablen mit Namen und Formaten definiert. Dies geschieht mit dem Befehl `data list`.

2. Im zweiten Schritt werden die Daten als einfache Liste innerhalb der Syntax übergeben. Die Datenliste muss dabei der zuvor definierten Dateistruktur entsprechen. Für die Datenliste können Sie zwischen zwei verschiedenen Formaten (feste Spaltenbreiten oder einheitliche Trennzeichen) wählen. Die Datenliste wird mit dem Befehl `begin data ... end data` übergeben.

Obwohl diese beiden Schritte nicht nur gedanklich voneinander getrennt werden können, sondern auch formal zwei verschiedene Syntaxbefehle erfordern, werden sie üblicherweise gemeinsam, unmittelbar hintereinander ausgeführt. Dies ist insbesondere deshalb von Bedeutung, weil das Format, in dem die Daten im zweiten Schritt übergeben werden, bereits im ersten Schritt mit dem Befehl `data list` festgelegt wird. Daher kann die Übergabe der Daten mit dem Befehl `begin data ... end data` auch nur in einem bestimmten Kontext wie unmittelbar nach einem `data list`-Befehl erfolgen.

Die Vorgehensweise zur Dateneingabe mithilfe der Syntax wird im Folgenden anhand verschiedener Beispiele skizziert:

- Daten als Werteliste mit festen Spaltenbreiten eingeben, Seite 92
- Vereinfachte Definition einer Folge von Variablen, Seite 94
- Daten in freiem Format mit Trennzeichen eingeben, Seite 95
- Daten aus externer Textdatei einlesen, Seite 96

5.2.2 Daten als Werteliste mit festen Spaltenbreiten eingeben

Die Befehlsfolge in Listing 5.1 dient dazu, Daten in eine Datendatei (ein DatenSet) zu schreiben. Dabei wird zunächst die neue Datendatei definiert, bevor anschließend die Daten in diese Datei eingefügt werden. Beachten Sie, dass durch das Definieren einer neuen Datendatei ein neues DatenSet entsteht, das dabei automatisch zum aktiven DatenSet wird.

5.2 Daten über die Syntax eingeben

> **Vorsicht**
>
> Wenn Sie mit SPSS 13 oder einer noch älteren Programmversion arbeiten, werden beim Anlegen der neuen Datendatei die bisherigen Inhalte des Dateneditors überschrieben. Wurden diese Inhalte nicht gespeichert, gehen sie gegebenenfalls unwiederbringlich verloren.

Das Ergebnis von Listing 5.1 können Sie in Abbildung 5.1 sehen; die Befehlsfolge ist wie folgt zu interpretieren:

- *Datendatei anlegen.* Im ersten Schritt legt der Befehl `data list` eine neue Datendatei an und definiert für diese Datei die drei Variablen `id`, `punkte` und `name`. Bei der Variablendefinition werden zugleich zwei Formateinstellungen vorgenommen, die auch den Aufbau der nachfolgenden Werteliste beschreiben:
    - Für die Variable `id` wird angegeben, dass die Werte dieser Variablen in der nachfolgenden Werteliste in den Spalten 1-4 zu finden sind. Damit wird zugleich die Spaltenbreite der Variablen mit vier festgelegt. In Klammern dahinter wird der Variablentyp definiert, in diesem Fall der Typ A (Textvariable).
    - Für die Variable `punkte` ist kein Variablentyp angegeben; damit wird die Variable implizit als numerische Variable definiert. Die Werte für diese Variable stehen in der nachfolgenden Werteliste in den Spalten 6-8, womit die Variable eine Spaltenbreite von drei erhält.
    - Die dritte Variable `name` wird wieder als Textvariable mit einer Breite von 20 Zeichen definiert, deren Werte in den Spalten 10-29 der nachfolgenden Werteliste stehen.
- *Daten übergeben.* Im zweiten Schritt werden die Daten übergeben. Dieser Schritt wird mit dem Stichwort `begin data` eingeleitet. Anschließend folgen, in einer neuen Zeile beginnend, die Daten; abgeschlossen wird der Befehl mit `end data`. Innerhalb des Datenblocks beschreibt jede Zeile einen Fall, wobei die einzelnen Datenzeilen nicht mit einem Punkt abgeschlossen werden. Die Anordnung der Werte muss dem im ersten Schritt beschriebenen Format entsprechen. Hierzu werden die Zwischenräume zwischen den einzelnen Werten gegebenenfalls mit so vielen Leerzeichen aufgefüllt, dass alle Werte einer Variablen in dem vorgegebenen Spaltenbereich untereinander stehen.

```
DATA LIST
  /ID 1-4 (A) punkte 6-8 name 10-29 (A) .
BEGIN DATA
0001 73  Engelhoff
0002 100 Clay
```

```
0003 89  Müller-Reisig
0004 54
0005 68  Roth
END DATA .
```

Listing 5.1: Syntax zur Eingabe von Daten als Werteliste mit festen Spaltenbreiten

	ID	punkte	name
1	0001	73	Engelhoff
2	0002	100	Clay
3	0003	89	Müller-Reisig
4	0004	54	
5	0005	68	Roth

Abb. 5.1: Ergebnis der Dateneingabe über die Syntax aus Listing 5.1

5.2.3 Vereinfachte Definition einer Folge von Variablen

Die Befehlsfolge in Listing 5.2 ist vollkommen analog zu jener aus Listing 5.1 aufgebaut, sie verwendet lediglich eine Vereinfachung bei der Definition der Variablen. So werden durch den Ausdruck punkte1 to punkte5 insgesamt fünf Variablen mit den Namen punkte1, punkte2, punkte3, punkte4 und punkte5 definiert. Die Werte für diese fünf Variablen stehen in der nachfolgenden Werteliste in den Spalten 8-22. Diesen Wertebereich ordnet SPSS automatisch gleichmäßig den fünf Variablen zu, so dass die Werte für die Variable punkte1 in den Spalten 8-10, für punkte2 in den Spalten 11-13 etc. erwartet werden. In dieser Form werden die Werte auch in der anschließenden Werteliste zwischen begin data und end data übergeben, um so das in Abbildung 5.2 dargestellte DatenSet zu erzeugen.

```
DATA LIST
  /ID 1-4 (A) gender 6 (A) punkte1 TO punkte5 8-22 .
BEGIN DATA
0001 m 12 23 85 99 17
0002 m  8 24  9 14 75
0003 w 25 63 85 47 95
0004 m 57    35 14 25
0005 w 25 74 14 14 52
END DATA .
```

Listing 5.2: Eingabe von Daten mit vereinfachter Definition einer Variablenfolge

	ID	gender	punkte1	punkte2	punkte3	punkte4	punkte5
1	0001	m	12	23	85	99	17
2	0002	m	8	24	9	14	75
3	0003	w	25	63	85	47	95
4	0004	m	57	.	35	14	25
5	0005	w	25	74	14	14	52

Abb. 5.2: Ergebnis der Dateneingabe über die Syntax aus Listing 5.2 und Listing 5.3

5.2.4 Daten in freiem Format mit Trennzeichen eingeben

Bei einer Dateneingabe über die Syntax müssen die Daten nicht in dem Format fester Spaltenbreiten übergeben werden. Vielmehr ist es auch möglich, statt fester Spaltenbreiten einheitliche Trennzeichen zwischen den Variablen zu definieren. Diese Möglichkeit nutzt die Befehlsfolge aus Listing 5.3, die das gleiche Ergebnis liefert wie die Befehle aus Listing 5.2, beim Einlesen der Daten allerdings Trennzeichen statt fester Spaltenbreiten verwendet. Die Verwendung von Trennzeichen erfordert folgende Änderungen in der Syntax:

- *Trennzeichen festlegen.* Der Befehlsname `data list` ist um den Unterbefehl `free` zu ergänzen. Hinter dem Schlüsselwort `free` werden in Klammern die Trennzeichen definiert. Sie können mehrere Trennzeichen verwenden. Jedes Trennzeichen ist als Text zwischen den Klammern aufzuführen; wenn Sie mehrere Trennzeichen definieren, sind diese durch Kommata zu trennen. So werden in Listing 5.3 das Semikolon und der Doppelpunkt als Trennzeichen definiert.

- *Variablen definieren.* Bei der Definition der Variablen ist nun die Angabe der Spaltenpositionen für die Werte in der Werteliste nicht nur überflüssig, sondern gar nicht mehr zulässig und entfällt daher. Damit kann SPSS aber auch nicht mehr aus den Spaltenpositionen die notwendige Variablenbreite ablesen, so dass diese insbesondere für Textvariablen bei der Definition des Variablentyps mit vorgegeben werden muss. So wird die Variable `id` als Textvariable mit einer Breite von vier Zeichen definiert (A4) und die Variable `gender` als Textvariable mit einer Breite von einem Zeichen (A1).

- *Werteliste.* Die Werteliste wird wie bei festen Spaltenbreiten innerhalb des Befehls `begin data ... end data` angeführt. Die verschiedenen Variablenwerte innerhalb einer Zeile werden nun durch die zuvor definierten Trennzeichen voneinander abgegrenzt. Beachten Sie dabei, dass auch vor und nach einem fehlenden Wert ein Trennzeichen angeführt werden muss, so dass gegebenenfalls zwei Trennzeichen unmittelbar aufeinander folgen. So weist im vorliegenden Beispiel die Variable `punkte2` im vierten Fall einen fehlenden Wert auf.

Kapitel 5
Daten über Syntax eingeben und berechnen

```
DATA LIST FREE (";", ":")
  /ID (A4) gender (A1) punkte1 to punkte5 .
BEGIN DATA
0001;m;12:23:85:99:17
0002;m;8:24:9:14:75
0003;w;25:63:85:47:95
0004;m;57::35:14:25
0005;w;25:74:14:14:52
END DATA .
```

Listing 5.3: Eingabe von Daten über die Syntax als Werteliste mit einheitlichen Trennzeichen

5.2.5 Daten aus externer Textdatei einlesen

Anstatt die Daten direkt innerhalb der Syntax als Werteliste zwischen `begin data` und `end data` aufzuführen, können Sie diese auch aus einer einfachen Textdatei einlesen, sofern die Daten dort in genau dem Format vorliegen, in dem sie auch innerhalb der Syntax angeführt werden müssten. In diesem Fall können Sie vollständig auf den Befehl `begin data ... end data` verzichten und stattdessen die Textdatei als Datenquelle angeben. Fügen Sie hierzu wie in Listing 5.4 unmittelbar nach dem Befehlsnamen `data list` den Unterbefehl `file` ein und geben Sie anschließend das Verzeichnis und den Namen der Quelldatei als Text zwischen Anführungszeichen an. Der Befehl in Listing 5.4 liefert wie die beiden vorhergehenden Syntaxbefehle das in Abbildung 5.2 dargestellte Ergebnis, sofern die Datei *rohdaten.txt* die einzulesenden Werte wie in Abbildung 5.3 dargestellt im Format fester Spaltenbreiten enthält.

```
DATA LIST FILE = 'C:\Daten\rohdaten.txt'
  /ID 1-4 (A) gender 6 (A) punkte1 TO punkte5 8-22 .
```

Listing 5.4: Eingabe von Daten über die Syntax mit Textdatei als externer Datenquelle

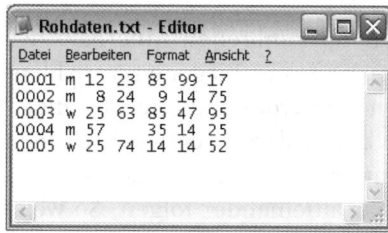

Abb. 5.3: Textdatei mit einzulesenden Rohdaten im Format fester Spaltenbreiten

> **Tipp**
>
> SPSS bietet noch weiter gehende und komfortablere Möglichkeiten, Daten aus externen Datenquellen wie Textdateien einzulesen. Dabei kann SPSS auch mit anderen Datenanordnungen umgehen und beispielsweise Quelldateien lesen, in denen nicht jede Zeile genau einem Fall der zu erstellenden Datendatei entspricht. Dies ist grundsätzlich auch über den hier beschriebenen `data list`-Befehl möglich, wesentlich besser geeignet ist jedoch der Befehl `get data`, der speziell dem Einlesen von Daten aus externen Datenquellen dient, siehe hierzu das folgende Kapitel 6.

5.3 Datendatei mit berechneten Daten erstellen

5.3.1 Basics

Nicht immer besteht die Datengrundlage einer Analyse aus empirisch ermittelten Daten, die im Rahmen von Messungen oder Befragungen gewonnen und anschließend zum Zweck der Auswertung in eine Computerdatei übertragen werden. Vielmehr werden in einigen Fällen »synthetische« Daten benötigt, die mithilfe mehr oder weniger komplexer mathematischer Operationen künstlich generiert werden. Dies können einfache Zahlenfolgen wie eine Reihe von Jahreszahlen, die Logarithmen der ersten 10.000 ganzzahligen Werte, Zufallszahlen, die einer bestimmten Verteilung folgen, oder auch aufwendig ermittelte Simulationsergebnisse sein. Sollen solche künstlich erzeugten Zahlen mit SPSS untersucht werden, müssen auch diese zunächst in dem von SPSS stets verlangten Tabellenformat mit klarer Variablen- und Fallstruktur aufbereitet und als DatenSet im Dateneditor bereitgestellt werden. Auch hierzu besteht wieder die Möglichkeit, die gewünschten Daten außerhalb von SPSS mit einem beliebigen Programm wie zum Beispiel Excel oder Mathematica zu erzeugen und anschließend in den SPSS-Dateneditor einzulesen. Sie können aber auch die Syntax von SPSS verwenden, um die synthetischen Daten zu berechnen und diese zugleich in ein dabei neu erstelltes DatenSet zu schreiben. Hierzu stehen zum einen die zahlreichen Funktionen von SPSS zur Verfügung, und zum anderen lassen sich Programmierschleifen konstruieren, mit denen Sie auch umfangreiche Zahlenfolgen sehr effizient berechnen können. Auf diese Art lässt sich zum Beispiel mit wenigen Programmzeilen ein DatenSet erzeugen, das 100 zufallsverteilte Variablen mit 10.000 Fällen enthält.

Um in dieser Weise Datendateien mit berechneten Werten zu erzeugen, wird mit dem Befehlspaar `input program ... end input program` ein Eingabeprogramm erstellt. Die beiden Befehle bilden eine Klammer, innerhalb derer die Werte für die Datendatei berechnet werden. Die Grundstruktur ist dabei sehr einfach; die große Leistungsfähigkeit von Eingabeprogrammen erwächst aus der Kombination von Formeln zur Berechnung von Variablenwerten, Schleifenkonstruktionen und automatisierten Wiederholungen. Diese Elemente werden im Folgenden anhand von drei Beispielen erläutert, die sich beliebig erweitern und auf andere Anwendungsfälle übertragen lassen.

> **Wichtig**
>
> Beachten Sie, dass mit einem Eingabeprogramm in den meisten Fällen automatisch ein neues DatenSet generiert wird, dem Sie anschließend einen Namen zuweisen sollten, um es im weiteren Verlauf der SPSS-Sitzung gezielt ansprechen zu können. Das bisher aktive DatenSet ist anschließend nicht mehr aktiv; stellen Sie daher ggf. sicher, dass auch dieses DatenSet einen Namen hat, über den Sie es später wieder ansprechen können. Leider ist auch nicht sichergestellt, dass das Eingabeprogramm in jedem Fall ein neues DatenSet anlegt; es gibt auch Konstellationen, unter denen mit dem Eingabeprogramm der bisherige Inhalt des aktiven DatenSets überschrieben wird. Es empfiehlt sich daher, unmittelbar vor dem Eingabeprogramm mit dem Befehl `new file` ausdrücklich ein neues, leeres DatenSet anzufordern. Beachten Sie auch hier wieder, dass Sie gegebenenfalls zuvor dem bisherigen DatenSet einen Namen geben, um es später wieder aktivieren zu können.

5.3.2 Die Grundstruktur eines Eingabeprogramms

Listing 5.5 zeigt ein sehr einfaches Eingabeprogramm, das die Konstruktion und Struktur derartiger Programme verdeutlicht:

- Das Eingabeprogramm wird mit dem Befehl `input program` eingeleitet und mit dem Befehl `end input program` abgeschlossen. Der Befehl `input program` teilt SPSS mit, dass alle nachfolgenden Befehle bis zum Befehl `end input program` dazu dienen, ein DatenSet einschließlich der darin enthaltenen Werte zu erstellen.

- Innerhalb der »Klammer« `input program ... end input program` werden sukzessive die einzelnen Fälle des DatenSets beschrieben bzw. berechnet. Hierzu werden den verschiedenen (zu erstellenden) Variablen einzeln Werte zugewiesen bzw. es wird für jede Variable ein Wert berechnet. Die Berechnung von Variablenwerten erfolgt wie auch in Listing 5.5 üblicherweise mit dem Befehl `compute`.

- Ist ein Fall vollständig beschrieben, wird er mit dem Befehl `end case` abgeschlossen. Dieser Befehl zeigt SPSS an, dass sich alle nachfolgenden Angaben auf den nächsten Fall beziehen.

- Wurden auf diese Weise alle gewünschten Fälle berechnet, so dass das zu erstellende DatenSet vollständig beschrieben ist, wird dies durch den Befehl `end file` dokumentiert.

- Der `execute`-Befehl bewirkt, dass die Berechnungen zum Erstellen der neuen Variablen unmittelbar ausgeführt werden. Der Befehl `dataset name` weist dem gerade neu erstellten und in diesem Moment aktiven DatenSet den Namen `berechnet` zu.

Auf diese Weise erstellt Listing 5.5 ein neues DatenSet mit zwei Variablen und zwei Fällen; das Ergebnis ist in Abbildung 5.4 wiedergegeben. Für den ersten Fall wird nur ein Variablenwert berechnet, so dass die hier nicht berücksichtigte Variable `var2` automatisch einen fehlenden Wert zugewiesen bekommt.

> **Tipp**
>
> Der Befehl `compute` kommt hier in einer sehr simplen Form zur Anwendung, er ermöglicht aber insbesondere in Verbindung mit den zahlreichen Funktionen von SPSS auch sehr viel komplexere Berechnungen. Hierzu sowie zu weiteren hilfreichen Befehlen für die Berechnung von Variablenwerten siehe im Einzelnen die Kapitel 9 und 10.

```
NEW FILE .
INPUT PROGRAM .
   COMPUTE var1=1 .
   END CASE .
   COMPUTE var1=2 .
   COMPUTE var2=3 .
   END CASE .
END FILE .
END INPUT PROGRAM .
EXECUTE .
DATASET NAME berechnet .
```

Listing 5.5: Einfaches Eingabeprogramm zur Berechnung von Werten für eine neue Datendatei

	var1	var2
1	1,00	
2	2,00	3,00

Abb. 5.4: Berechnete Datendatei als Ergebnis des Eingabeprogramms aus Listing 5.5

5.3.3 Eingabeprogramm mit einfacher Schleifen-Konstruktion

Auch das Eingabeprogramm in Listing 5.6 folgt der zuvor beschriebenen Struktur, verwendet dabei aber eine Schleifenkonstruktion, um automatisiert eine Wertefolge zu berechnen und damit insgesamt 50 Fälle zu erstellen, vgl. das Ergebnis in Abbildung 5.5. Das Programm ist wie folgt zu interpretieren (für eine systematische Darstellung des loop-Befehls zur Bildung von Schleifen siehe Kapitel 14):

- Innerhalb des Eingabeprogramms wird durch das Befehlspaar `loop ... end loop` eine Schleife erzeugt. Alle Befehle innerhalb dieser Schleife werden insgesamt 50 Mal ausgeführt, wobei die Zählvariable `zaehler` bei der ersten Ausführung der Schleife den Wert 1 hat, beim zweiten Durchlauf den Wert 2 etc.

- Die beiden Befehle innerhalb der Schleifenkonstruktion bewirken, dass bei jedem Schleifendurchlauf genau ein Fall erstellt wird. So wird im ersten Durchlauf der Variablen `wurzel` der Wert `sqrt(1)` (Quadratwurzel von 1) zugewiesen; anschließend wird der erste Fall mit `end case` abgeschlossen. Im zweiten Durchlauf erhält die Variable `wurzel` den Wert `sqrt(2)` etc.

- Die Schleife ist hier so formuliert, dass sie selbst eine Variable mit dem Namen `zaehler` erstellt und dieser in jedem Durchlauf einen neuen Wert zuweist. Auch diese Werte werden in das DatenSet geschrieben, da die Zuweisung der Werte zu der Variablen `zaehler` innerhalb des Eingabeprogramms erfolgt. Möchten Sie vermeiden, dass die Zählvariable in das DatenSet geschrieben wird, können Sie eine sogenannte Scratch-Variable als Zählvariable verwenden, siehe hierzu das folgende Beispiel.

```
NEW FILE .
INPUT PROGRAM .
  LOOP zaehler=1 TO 50 .
    COMPUTE wurzel = sqrt(zaehler) .
    END CASE .
  END LOOP .
END FILE .
END INPUT PROGRAM .
EXECUTE .
DATASET NAME wurzel .
```

Listing 5.6: Eingabeprogramm mit einer Schleife zur Berechnung von Wertefolgen

	zaehler	wurzel
1	1,00	1,00
2	2,00	1,41
3	3,00	1,73
4	4,00	2,00
5	5,00	2,24
	6,00	2,45

Abb. 5.5: Ergebnis des Eingabeprogramms mit Schleife aus Listing 5.6

5.3.4 Eingabeprogramm mit Schleifen- und Repeat-Konstruktion

Im Folgenden wird ein Eingabeprogramm mit noch einem weiteren Automatisierungselement erstellt: Neben der automatisierten Berechnung einer Wertefolge durch eine Schleifenkonstruktion sollen außerdem mehrere gleichartige Variablen erstellt werden, ohne entsprechend viele compute-Befehle zu formulieren. Hierzu nutzt das Eingabeprogramm in Listing 5.7 eine do repeat ... end repeat-Konstruktion; das Ergebnis des Programms ist in Abbildung 5.6 wiedergegeben:

- Auch hier wird innerhalb des Eingabeprogramms eine Schleife formuliert, die insgesamt 50 Mal durchlaufen wird. Bei jeder Schleifenwiederholung nimmt die Zählvariable #i einen höheren Wert an und durchläuft so die Werte von 1 bis 50. Indem der Name der Zählvariablen mit dem Zeichen # beginnt, ist sie als sogenannte Scratch-Variable definiert (siehe hierzu im Einzelnen Abschnitt 3.2). Damit steht die Variable ausschließlich innerhalb der Syntax für Berechnungen zur Verfügung und wird nicht als Variable in das DatenSet geschrieben.

- Innerhalb der Schleife ist eine do repeat ... end repeat-Konstruktion formuliert. Diese bewirkt, dass der innerhalb dieser Konstruktion enthaltene compute-Befehl insgesamt zehnmal ausgeführt wird, wobei der Platzhalter zufall bei der ersten Ausführung durch den Ausdruck z1, bei der zweiten Ausführung durch z2 etc. ersetzt wird (zur Wirkung derartiger repeat-Konstruktionen siehe im Einzelnen Kapitel 14). Die repeat-Konstruktion ist damit keine Schleife, sondern lediglich eine Abkürzung, durch die Programmcode gespart wird. Die drei Zeilen der repeat-Konstruktion sind gleichbedeutend mit folgenden zehn Programmzeilen:

```
COMPUTE z1 = NORMAL(1) .
COMPUTE z2 = NORMAL(1) .
...
COMPUTE z10 = NORMAL(1) .
```

- Im Ergebnis weist die repeat-Konstruktion bei jedem Schleifendurchlauf den zehn Variablen z1 bis z10 jeweils einen Wert zu, der sich als Zufallswert aus einer Standardnormalverteilung ergibt. Zusätzlich wird in jedem Schleifendurchlauf eine elfte Variable als Summe der zehn Zufallsvariablen berechnet. Nach Berechnung dieser insgesamt elf Variablenwerte wird ein Fall mit end case abgeschlossen. Danach ist auch der Schleifendurchlauf beendet und es wird im nächsten Schleifendurchlauf der nachfolgende Fall erzeugt, bis #i den Wert 50 erreicht hat und damit 50 Fälle erstellt wurden.

```
NEW FILE .
INPUT PROGRAM.
  LOOP #i = 1 TO 50 .
    DO REPEAT zufall = z1 TO z10 .
```

Kapitel 5
Daten über Syntax eingeben und berechnen

```
        COMPUTE zufall = NORMAL(1) .
      END REPEAT.
      COMPUTE summe = SUM(z1 TO z10) .
      END CASE.
    END LOOP.
  END FILE.
  END INPUT PROGRAM .
  EXECUTE .
  DATASET NAME zufall .
```

Listing 5.7: Eingabeprogramm zur Berechnung von Wertefolgen für n Variablen

	z1	z2	z3	z4	z5	z6	z7	z8	z9	z10	summe
1	-0,91	-0,04	-0,28	-0,36	-1,86	-1,77	-0,32	1,63	-0,19	-0,32	-4,39
2	-0,34	-1,16	1,43	-0,87	-0,45	-1,79	-1,52	1,01	0,74	0,58	-2,37
3	0,01	-0,88	1,52	-0,27	-0,01	1,36	-0,21	-0,32	0,70	-0,98	0,92
4	-0,00	1,06	-1,38	-0,28	-0,78	-0,31	-1,14	1,15	1,35	-1,22	-1,56
5	-0,03	0,40	0,03	0,41	0,13	-0,32	0,83	0,07	0,06	0,31	1,87
6	-1,19	-2,39	0,79	1,08	0,41	-0,97	-0,45	2,35	-0,67	-0,49	-1,54
7	1,06	0,97	-1,11	1,76	0,48	-0,66	-0,11	1,14	1,04	-2,13	2,43
					0,99	1,40	0,87	-0,48	-0,90	-1,99	0,76	

Abb. 5.6: Ergebnis des Eingabeprogramms mit loop und do repeat aus Listing 5.7

Kapitel 6

Daten aus Dateien im Fremdformat einlesen

SPSS bietet die Möglichkeit, Daten aus Dateien, die mit anderen Anwendungen erstellt und damit in einem fremden Format wie etwa als Textdatei oder als Excel-Tabelle gespeichert wurden, in den SPSS-Dateneditor einzulesen. Beim Einlesen überführt SPSS die Daten stets in das Format einer SPSS-Datendatei. Dies bedeutet insbesondere, dass die Daten streng in Fälle und Variablen unterteilt werden und jede Variable einen Namen und ein Datenformat erhält. Dies hat auch zur Folge, dass eine Variable anschließend nur solche Daten enthalten kann, die ihrem Format entsprechen. Während beispielsweise eine Excel-Tabelle innerhalb einer Spalte ohne Einschränkungen sowohl Zahlen als auch Textwerte zulässt, ist dies bei SPSS ausgeschlossen. Beim Einlesen solcher Daten wäre daher zu entscheiden, ob eine Textvariable erstellt und damit auch sämtliche Zahlen der Spalte als Text interpretiert werden sollen oder umgekehrt eine numerische Variable erzeugt werden soll, was dann zur Folge hätte, dass alle Textwerte unterdrückt und den entsprechenden Feldern fehlende Werte zugewiesen würden.

Damit SPSS die Daten bei der Überführung in das SPSS-Format richtig interpretiert, muss die Struktur der Quelldatei in dem Syntaxbefehl zum Einlesen der Daten detailliert beschrieben werden. Die zur Beschreibung notwendigen Angaben hängen dabei wesentlich von der Art der Quelldatei ab. So erfordert eine Textdatei vollkommen andere Angaben zur Beschreibung als eine Excel-Datei, in der zumindest die Tabellenstruktur bereits vorgegeben ist, oder eine Datenbank, die sogar eindeutige Variablendefinitionen aufweist. Dementsprechend hält SPSS unterschiedliche Befehle und Spezifizierungen für die verschiedenen Arten von Datenquellen bereit:

- *Textdateien.* Einfache Textdateien werden mit dem Befehl `get data` eingelesen. Dabei kann SPSS sowohl Dateien mit festen Spaltenbreiten als auch Dateien mit einheitlichen Trennzeichen zwischen den Variablen verarbeiten, siehe hierzu Abschnitt 6.1.

- *Excel-Dateien.* Daten aus Excel-Dateien in einem aktuellen Format (seit der Version 5) können ebenfalls mit dem Befehl `get data` eingelesen werden, siehe hierzu Abschnitt 6.2, Seite 113. Dabei lassen sich jedoch immer nur die Daten eines Tabellenblattes einlesen; möchten Sie die Daten aus mehreren Tabellenblättern zusammenführen und gemeinsam in ein SPSS-DatenSet einlesen, können Sie auf die Excel-Tabelle als ODBC-Datenquelle zugreifen (siehe hierzu Kapitel 7).

- *Alte Tabellen- und Datenbankdateien.* Zum Einlesen alter Tabellen- und Datenbankdateien, die mit Excel 4 oder früher, Lotus 1-2-3, Symphony, Multiplan oder dBASE erstellt wurden, hat SPSS mit `get translate` einen eigenen Befehl vorgesehen, siehe hierzu Abschnitt 6.3, Seite 115.

- *SAS-Dateien.* SPSS kann seit der Version 11 sowohl SAS-Datendateien als auch SAS-Transportdateien einlesen. Mit früheren SPSS-Versionen ist nur der Zugriff auf SAS-Transportdateien möglich. Der Zugriff auf SAS-Dateien erfolgt in beiden Fällen über den Befehl `get sas`, siehe hierzu Abschnitt 6.4, Seite 122.

- *Stata-Dateien.* Seit der Version 14 ist SPSS auch in der Lage, Stata-Dateien einzulesen. Hierzu gibt es einen eigenen Syntaxbefehl `get stata`, der in Abschnitt 6.5, S. 123 beschrieben ist.

- *ODBC-Datenquellen.* Nahezu unverzichtbar in der heutigen Datenlandschaft ist der Zugriff auf ODBC-Datenquellen. Auch SPSS unterstützt diesen Standard seit vielen Jahren. Auf diese Weise können Daten aus allen ODBC-fähigen Datenquellen, für die der notwendige Treiber vorliegt, gelesen werden. So ist unter anderem ein Zugriff auf Access-Datenbanken, Excel-Tabellen und nahezu alle anderen modernen Datenbanksysteme möglich. Zum Auslesen der Daten aus einer ODBC-Datenquelle wird eine SQL-Abfrage formuliert und in einen `get data`-Befehl eingebettet. Die Vorgehensweise hierzu wird im folgenden Kapitel 7 beschrieben; dort werden auch die Grundzüge der Abfragesprache SQL erläutert, deren Kenntnis für einen Zugriff auf ODBC-Datenquellen unverzichtbar ist.

> **Vorsicht**
>
> Unabhängig von der Datenquelle werden die eingelesenen Daten stets in ein neues DatenSet geschrieben, das dabei automatisch zum aktiven DatenSet wird. Denken Sie daher zum einen daran, dem neuen DatenSet unmittelbar nach dem Einlesen der Daten einen Namen zuzuweisen, um es im weiteren Verlauf der SPSS-Sitzung gezielt ansprechen zu können. Zudem sollten Sie sicherstellen, dass das bisher aktive DatenSet einen Namen hat, über den Sie es wieder ansprechen können. Andernfalls kann dieses DatenSet dauerhaft verloren gehen, so dass es unter Umständen auch nicht mehr als Dateneditor-Fenster unter Windows angezeigt wird. Enthält das DatenSet Daten oder Änderungen, die noch nicht gespeichert wurden, gehen diese ebenfalls verloren.

6.1 Textdateien einlesen

6.1.1 Überblick

Sie können mit SPSS Daten, die in einer einfachen Textdatei vorliegen, in den SPSS-Dateneditor einlesen. Hierzu dient der Befehl `get data` mit dem Unterbefehl `type = txt`. Damit SPSS die Daten korrekt interpretiert und die Variablen und Fälle richtig erkennt, muss der Aufbau der Textdatei einem der beiden folgenden Formate entsprechen:

- Textdatei mit einheitlichem Trennzeichen zwischen den Spalten (Variablen), beispielsweise eine Leerzeichen-, Komma-, Semikolon- oder Tabulator-getrennte Textdatei. Zulässig ist dabei grundsätzlich jedes einheitlich verwendete Trennzeichen sowie auch eine gleichzeitige Verwendung mehrerer Trennzeichen. Typischerweise fungieren Leerzeichen, Tabulatoren oder Semikolons als Trennzeichen, vgl. auch die beiden oberen Skizzen in Abbildung 6.1.

- Textdateien mit festen Spaltenbreiten, in denen die Werte einer Variablen durch ihre Position innerhalb einer Zeile zugeordnet werden können, vgl. die untere Skizze in Abbildung 6.1.

```
id·ort·name·alter
A0001·Hamburg·Maier·47
A0002·Berlin·Müller·25
A0003·Dresden·Piepenbrinck·106
```
Textdatei mit Leerzeichen als Trennzeichen

```
id   → ort    → name  → alter
A0001→Hamburg→Maier →47
A0002→Berlin →Müller→25
A0003→Dresden→Piepenbrinck→106
```
Textdatei mit Tabulatoren als Trennzeichen

```
id···ort·····name············alter
A0001Hamburg··Maier·········47
A0002Berlin···Müller········25
A0003Dresden··Piepenbrinck···106
```
Textdatei mit festen Spaltenbreiten

Abb. 6.1: Typische Formate für Textdateien mit Daten; Punkte kennzeichnen Leerzeichen, Pfeile kennzeichnen Tabulatoren

Textdateien, die einem dieser Formate entsprechen, lassen sich mit dem Befehl `get data` einlesen. Dieser Befehl erfordert einige weitere Angaben, die den Aufbau der Textdatei im Detail beschreiben. Die dazu notwendigen Angaben variieren jedoch erheblich in Abhängigkeit davon, ob es sich um eine Textdatei mit Trennzeichen oder um eine Datei mit fester Spaltenbreite handelt. Je nach vorliegendem Dateiformat lesen Sie daher für Dateien mit Trennzeichen im folgenden Abschnitt 6.1.2 oder für Dateien mit fester Spaltenbreite im Abschnitt 6.1.3, Seite 110, weiter.

Tipp

Mit dem Menübefehl *Datei / Textdaten lesen* starten Sie einen Assistenten, der mithilfe von Dialogfeldern durch die einzelnen Schritte zur Beschreibung der Textdatei führt und dabei wesentliche Angaben selbst erkennt. Dieser Assistent ermöglicht es im letzten Schritt, die vorgenommenen Angaben in einen `get data`-Befehl in SPSS-Syntax übersetzen zu lassen. Der Assistent kann sehr hilfreich sein, wenn es darum geht, »quick and dirty« Daten aus einer Textdatei zu importieren.

6.1.2 Einlesen einer Textdatei mit Trennzeichen

Basics

Listing 6.1 zeigt die allgemeine Syntax des `get data`-Befehls zum Einlesen der Daten aus einer Textdatei, in der die Variablen durch einheitliche Trennzeichen abgegrenzt werden. Neben dem Befehlsnamen mit dem Unterbefehl `type = txt` müssen der Dateiname, das in der Datei verwendete Trennzeichen und die Namen und Formate der einzulesenden Variablen angeführt werden. Alle übrigen Angaben sind optional; die Bedeutung der einzelnen Unterbefehle wird im Folgenden erläutert.

Listing 6.2 zeigt ein Beispiel für die Anwendung des Befehls. Die dort eingelesene Datei `EU15_Economics_sem.txt` verwendet ein Semikolon als Trennzeichen und befindet sich auch auf der beiliegenden CD-ROM. Der Aufbau der Quelldatei und deren Überführung ins SPSS-Format ist Abbildung 6.2 skizziert.

```
GET DATA
   /TYPE = TXT
   /FILE = 'Dateiname'
  [/ARRANGEMENT = DELIMITED    ]
  [/FIRSTCASE = n              ]
  [/DELCASE = {LINE      }     ]
              {VARIABLES n}
```

```
[/IMPORTCASE = {ALL     }  ]
              {FIRST n  }
              {PERCENT n}
/DELIMITERS = "Trennzeichen"
[/QUALIFIER = "Kennzeichen"  ]
/VARIABLES = Variablenname {Format}
```

Listing 6.1: Allgemeine Syntax von get data zum Lesen von Textdateien mit Trennzeichen

Unterbefehle

- *Basisangaben.* Der Befehl get data mit dem Unterbefehl type = txt teilt SPSS mit, dass Daten aus einer Textdatei eingelesen werden sollen. Mit dem Unterbefehl file geben Sie die Quelldatei an, vgl. auch Listing 6.2.

- *Dateiaufbau.* Der Unterbefehl arrangement = delimited gibt an, dass die Textdatei Trennzeichen und nicht feste Spaltenbreiten verwendet. Da dies ohnehin die Voreinstellung ist, kann der Unterbefehl hier auch ausgelassen werden.

- *Erste Datenzeile.* Beginnen die Daten nicht in der ersten Zeile, beispielsweise weil diese Variablennamen enthält, geben Sie mit dem Unterbefehl firstcase die Nummer der ersten Datenzeile an.

- *Kennzeichnung eines neuen Datensatzes.* Beim Einlesen von Textdateien, die Trennzeichen zwischen den Variablen verwenden, gibt es zwei Merkmale, an denen SPSS das Ende eines Datensatzes (Falles) und damit den Übergang zum nächsten Datensatz erkennen kann:
  - Entspricht ein Datensatz jeweils einer Zeile in der Textdatei, geben Sie dies durch den Unterbefehl delcase = line an. Dies ist zugleich die Voreinstellung, so dass der Unterbefehl in diesem Fall auch ausgelassen werden kann.
  - Besteht keine Übereinstimmung zwischen Textzeile und Datensatz, müssen Sie SPSS mitteilen, wie viele Variablen jeweils einen Datensatz bilden. Fügen Sie hierzu den Unterbefehl delcase = variables n ein, wobei n die Anzahl der Variablen je Datensatz angibt. Enthält ein Datensatz beispielsweise elf Variablen, lautet der Unterbefehl somit delcase = variables 11.

- *Fälle auswählen.* Mit dem Unterbefehl importcase legen Sie fest, ob aus der Quelldatei alle Datensätze, nur die ersten n Datensätze oder ein bestimmter Anteil der Datensätze eingelesen werden sollen. Wenn Sie den Unterbefehl nicht verwenden, werden alle Datensätze eingelesen. Um nur die ersten 100 Datensätze zu lesen, schreiben Sie importcase = first 100. Mit dem Unterbefehl importcase = percent 30 werden hingegen (ungefähr) die ersten 30 % der Datensätze importiert.

- *Trennzeichen angeben.* Mit dem Unterbefehl `delimiters` sind die Trennzeichen, die den Wechsel zwischen zwei Variablenwerten kennzeichnen, in der Form `delimiters = ";"` anzugeben. Dabei gelten folgende Regeln:
  - Trennzeichen werden in dem Unterbefehl `delimiters` zwischen Anführungszeichen geschrieben.
  - Als Trennzeichen sind nur einzelne Zeichen wie Kommata, Semikolons, Leerzeichen, Tabulatoren, Backslashs etc. zulässig. Nicht zulässig sind hingegen Zeichenfolgen wie *xyz*.
  - Sie können mehrere Trennzeichen verwenden. Jedes Auftreten eines Trennzeichens in der Quelldatei wird dann als Anfang eines neuen Variablenwertes interpretiert. In dem Unterbefehl `delimiters` werden alle Trennzeichen direkt hintereinander ohne Leerzeichen aufgeführt. Ein Leerzeichen darf dort nur vorkommen, wenn es auch in der Quelldatei als Trennzeichen verwendet wird. Wenn Kommata, Semikolons und Leerzeichen als Trennzeichen fungieren, geben Sie dies in der Form `delimiters = " ,;"` an.
  - Wenn Sie einen Tabulator als Trennzeichen verwenden, geben Sie dies in dem Unterbefehl `delimiters` durch die Zeichenfolge \t an: `delimiters = "\t"`. Enthält die Quelldatei neben einem Tabulator auch andere Trennzeichen, muss der Tabulator in dem Unterbefehl `delimiters` an erster Stelle genannt werden: `delimiters = "\t; ,"`.
  - Enthält die Quelldatei einen Backslash als Trennzeichen, geben Sie dies in dem Unterbefehl `delimiters` durch einen doppelten Backslash an. Diese müssen an erster Stelle (bei gleichzeitiger Angabe eines Tabulators unmittelbar hinter dem Tabulator) angeführt werden. Mit dem folgenden Unterbefehl werden Tabulatoren, Backslashes, Leerzeichen und Semikolons als Trennzeichen festgelegt: `delimiters = "\t\\ ;"`.

- *Texterkennungszeichen.* Enthalten einzelne Datenwerte das Zeichen, das in der Textdatei als Trennzeichen fungiert, kann die Datei nicht mehr korrekt gelesen werden. Daher muss grundsätzlich ausgeschlossen sein, dass das Trennzeichen auch innerhalb einzelner Datenwerte vorkommt. Dies ist nur dann zulässig, wenn alle Werte, die das Trennzeichen enthalten, explizit als solche kenntlich gemacht werden. Der übliche Weg hierzu ist, diese Werte durch spezielle Zeichen wie etwa Hochkommata oder Anführungszeichen einzuschließen. Ist das in der vorliegenden Datei der Fall, geben Sie das hierzu verwendete Zeichen mit dem Unterbefehl `qualifier = 'Z'` als Texterkennungszeichen an. Z ist hier der Platzhalter für das jeweilige Zeichen. Wurden in der Quelldatei zum Beispiel doppelte Anführungszeichen als Texterkennungszeichen verwendet, lautet der entsprechende Unterbefehl `qualifier = '"'`.

- *Variablen.* Mit dem Unterbefehl `variables` werden alle in der Quelldatei enthaltenen Variablen in der Reihenfolge ihres Auftretens mit dem gewünschten Namen und Variablentyp aufgeführt, vgl. Listing 6.2.

Beispiel

Listing 6.2 zeigt eine Anwendung des `get data`-Befehls zum Einlesen einer Semikolon-getrennten Textdatei. Die Quelldatei ist Abbildung 6.2 auf der linken Seite dargestellt; das Resultat des Einlesens sehen Sie auf der rechten Seite dieser Abbildung. Der Syntaxbefehl Listing 6.2 beschreibt die Quelldatei wie folgt:

- Es handelt sich um eine Textdatei (`type = txt`), die ein Trennzeichen zwischen den Variablen verwendet (`arrangement = delimited`).
- Die Daten beginnen erst in Zeile 2 (`firstcase = 2`), denn die erste Zeile enthält Variablennamen.
- Jede Zeile entspricht genau einem Datensatz (`delcase = line`).
- Als Trennzeichen wurde ein Semikolon verwendet (`delimiters = ";"`).
- Es sollen alle Datensätze eingelesen werden (`importcase = all`).
- Die erste Variable soll den Namen `land` und das Format A3 (Textvariable mit einer Breite von drei Zeichen) erhalten. Die zweite Variable erhält den Namen `energie` und das Format F5.2 (numerische Variable mit insgesamt fünf Zeichen und zwei Dezimalstellen) etc.

```
GET DATA  /TYPE = TXT
  /FILE = 'C:\Daten\EU15_Economics_sem.txt'
  /ARRANGEMENT = DELIMITED
  /FIRSTCASE = 2
  /DELCASE = LINE
  /DELIMITERS = ";"
  /IMPORTCASE = ALL
  /VARIABLES = land A3
               energie F5.2
               lebenerw F4.2
               ksterbl F2.1
               bip F5.2
               telefone F4.2
               analphab F4.2
               zeitung F3.2
               aids F3.2 .
DATASET NAME eudaten .
```

Listing 6.2: Einlesen der Semikolon-getrennten Textdatei *EU15_Economics_sem.txt*

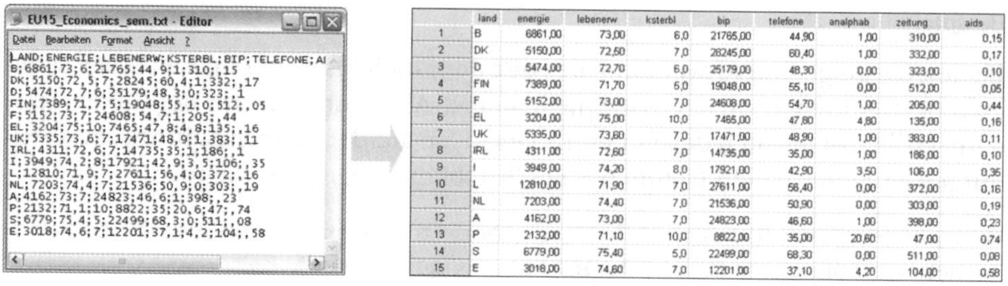

Kapitel 6
Daten aus Dateien im Fremdformat einlesen

Abb. 6.2: Überführung einer Semikolon-getrennten Textdatei in ein SPSS-DatenSet

6.1.3 Einlesen einer Textdatei mit fester Spaltenbreite

Basics

In Listing 6.3 ist die allgemeine Syntax des `get data`-Befehls zum Einlesen einer Textdatei mit fester Spaltenbreite dargestellt. Neben dem Befehlsnamen mit dem Unterbefehl `type = txt` und dem Dateiformat (`arrangement = fixed`) müssen der Dateiname und die Namen, Positionen und Formate der einzulesenden Variablen angeführt werden. Alle übrigen Angaben sind optional; die Bedeutung der einzelnen Unterbefehle wird im Folgenden beschrieben.

Ein Beispiel für die Anwendung des Befehls ist in Listing 6.4 dargestellt. Dort wird die Datei *EU15_Economics_fix.txt* eingelesen. Diese Textdatei mit festen Spaltenbreiten ist auch auf der beiliegenden CD-ROM enthalten. Der Aufbau der Textdatei und das Ergebnis des `get data`-Befehls sind in Abbildung 6.3 skizziert.

```
GET DATA
    /TYPE = TXT
    /FILE = 'Dateiname'
    /ARRANGEMENT = FIXED
    [/FIRSTCASE = n           ]
    [/FIXCASE = n             ]
    [/IMPORTCASE = {ALL     } ]
                  {FIRST n  }
                  {PERCENT n}
    /VARIABLES = Variablenname Start - Ende Format
```

Listing 6.3: Allgemeine Syntax von `get data` zum Lesen von Textdateien mit fester Spaltenbreite

Unterbefehle

- *Basisangaben.* Der Befehl `get data` mit dem Unterbefehl `type = txt` teilt SPSS mit, dass Daten aus einer Textdatei eingelesen werden sollen. Mit dem Unterbefehl `file` geben Sie die Quelldatei an, vgl. auch Listing 6.4.

- *Dateiaufbau.* Der Unterbefehl `arrangement = fixed` gibt an, dass die Textdatei feste Spaltenbreiten und nicht einheitliche Trennzeichen zwischen den Variablen verwendet.

- *Erste Datenzeile.* Beginnen die Daten nicht in der ersten Zeile, beispielsweise weil diese Variablennamen enthält, geben Sie mit dem Unterbefehl `firstcase` die Nummer der ersten Datenzeile an.

- *Kennzeichnung des neuen Datensatzes.* In Dateien mit fester Spaltenbreite muss ein Datensatz (ein Fall) stets einer vollen Anzahl an Zeilen in der Textdatei entsprechen. Die Voreinstellung ist, dass jede Zeile der Textdatei einen Datensatz beschreibt. Zulässig ist aber auch, dass sich ein Datensatz über mehrere Zeilen erstreckt, sofern jeder Datensatz mit einer neuen Zeile beginnt. Die Anzahl der Zeilen je Datensatz geben Sie mit dem Unterbefehl `fixcase = n` an; erstreckt sich ein Datensatz immer über zwei Zeilen, schreiben Sie also `fixcase = 2`.

- *Fälle auswählen.* Mit dem Unterbefehl `importcase` legen Sie fest, ob aus der Quelldatei alle Datensätze, nur die ersten n Datensätze oder ein bestimmter Anteil der Datensätze eingelesen werden sollen. Wenn Sie den Unterbefehl nicht anführen, werden alle Datensätze eingelesen. Um nur die ersten 100 Datensätze zu lesen, schreiben Sie `importcase = first 100`. Mit dem Unterbefehl `importcase = percent 30` werden hingegen (ungefähr) die ersten 30 % der Datensätze importiert.

- *Variablen.* Mit dem Unterbefehl `variables` werden alle in der Quelldatei enthaltenen Variablen in der Reihenfolge ihres Auftretens aufgeführt. Für jede Variable sind dabei der gewünschte Name im SPSS-Dateneditor, die Position der Variablen innerhalb der Textdatei durch Angabe von erster und letzter Spalte in der Form 12-15 und der Variablentyp im SPSS-Format anzugeben. Dabei hat die erste Spalte in der Textdatei die Nummer 0! Eine Variable, die in der ersten Spalte der Textdatei beginnt, insgesamt drei Zeichen umfasst, im SPSS-Dateneditor den Namen `land` und den Variablentyp A3 (Textvariable mit einer Breite von drei Zeichen) erhalten soll, wird damit durch die Angabe `land 0-2 A3` beschrieben, vgl. Listing 6.4.

  Erstreckt sich ein Datensatz (Fall) in der Textdatei über mehrere Zeilen, ist dies bei der Beschreibung der Variablen zu berücksichtigen, indem an der Position des Zeilenwechsels die Nummer der Zeile in der Form /n angegeben wird:

  ```
  /variables = /1 var1 0-3 A4 var2 4-8 F5.2 var3 9-12 F4.1
               /2 var4 0-15 A16  /3 var5 0-3 F4.1 var6 4-5 A2
  ```

Kapitel 6
Daten aus Dateien im Fremdformat einlesen

Beispiel

Der Befehl in Listing 6.4 liest die Textdatei *EU15_Economics_fix.txt* mit festen Spaltenbreiten ein. Diese Datei ist in Abbildung 6.3 auf der linken Seite dargestellt; das Resultat des Einlesens sehen Sie auf der rechten Seite der Abbildung. Der Syntaxbefehl in Listing 6.4 enthält folgende Informationen über das Format der Datei:

- Es handelt sich um eine Textdatei (`type = txt`), deren Variablen eine feste Spaltenbreite aufweisen (`arrangement = fixed`).

- Ein Datensatz (Fall) entspricht jeweils einer Zeile der Textdatei (`fixcase = 1`).

- Die Daten beginnen erst in Zeile 2 (`firstcase = 2`), denn die erste Zeile enthält Variablennamen.

- Es wird implizit festgelegt, dass alle Datensätze eingelesen werden sollen, da der optionale Unterbefehl `importcase` nicht verwendet wurde.

- Die erste Variable soll den Namen `land` und das Format A3 (Textvariable mit einer Breite von drei Zeichen) erhalten; die Werte dieser Variablen stehen in der Quelldatei in den ersten drei Spalten (bezeichnet als Spalten 0-2). Die zweite Variable erhält den Namen `energie` und das Format F6.2 (numerische Variable mit insgesamt sechs Zeichen und zwei Dezimalstellen); die Werte dieser Variablen stehen in den Spalten mit der Nummer 3-8 etc.

```
GET DATA /TYPE = TXT
    /FILE = 'C:\Daten\EU15_Economics_fix.txt'
    /ARRANGEMENT = FIXED
    /FIXCASE = 1
    /FIRSTCASE = 2
    /VARIABLES = land 0-2 A3     energie     3-8 F6.2
        lebenerw  9-13 F5.2      ksterbl    14-16 F3.2
        bip      17-22 F6.2      telefone  23-27 F5.2
        analphab 28-32 F5.2      zeitung   33-36 F4.2
        aids     37-40 F4.2 .
```

Listing 6.4: Einlesen der Textdatei *EU15_Economics_fix.txt* mit fester Spaltenbreite

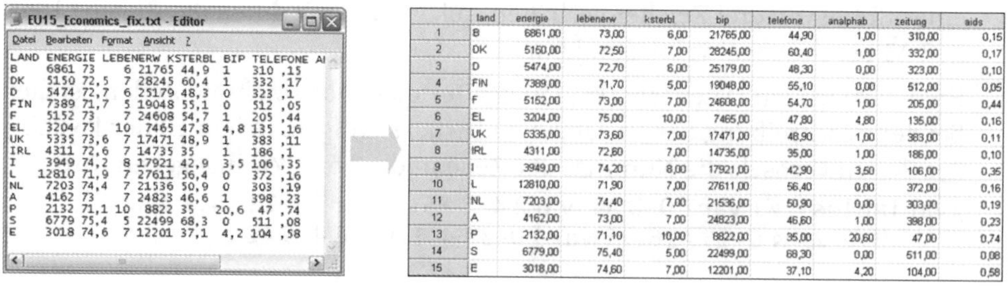

Abb. 6.3: Überführung einer Textdatei mit fester Spaltenbreite in ein SPSS-DatenSet

6.2 Excel-Dateien lesen

6.2.1 Basics

Excel-Dateien, die mit Microsoft Excel in der Version 5 oder höher erstellt wurden, können mehrere Tabellenblätter enthalten. Um aus solchen Excel-Dateien Daten in SPSS einzulesen, verwenden Sie den Befehl get data mit der in Listing 6.5 dargestellten allgemeinen Syntax. Enthält die Quelldatei mehrere Tabellenblätter, müssen Sie festlegen, aus welchem der Blätter die Daten gelesen werden sollen. Es ist nicht möglich, mit einem get data-Befehl gleichzeitig Daten aus mehreren Blättern einer Excel-Tabelle auszulesen.

> **Tipp**
>
> Alternativ zu der hier beschriebenen Vorgehensweise können Sie auch die ODBC-Schnittstelle verwenden, um Daten aus einer Excel-Datei zu lesen. Der entsprechende Befehl hat eine etwas aufwendigere Syntax, ermöglicht es aber, die verschiedenen Tabellenblätter einer Excel-Datei miteinander zu verbinden und in einem Schritt Daten aus mehreren Blättern auszulesen. Siehe hierzu im Einzelnen Kapitel 7.

```
GET DATA
    /TYPE = {XLS }
            {XLSX}
            {XLSM}
    /FILE = 'Dateiname'
    [/SHEET = {INDEX Blattnummer} ]
             {NAME  'Blattname'}
    [/CELLRANGE = {RANGE 'Anfang:Ende'} ]
                 {FULL                 }
    [/READNAME = {ON } ]
                {OFF}
```

Listing 6.5: Allgemeine Syntax von get data zum Lesen von Excel-Dateien

6.2.2 Optionen

Das Syntaxdiagramm aus Listing 6.5 ist wie folgt zu interpretieren (für ein Beispiel mit einer Quelldatei im Format von Excel 2003 siehe Listing 6.6):

- *Befehl und Typ.* Der Befehlsname get data mit dem Unterbefehl type = xls, type = xlsx oder type = xlsm teilt SPSS mit, dass Daten aus einer Excel-Datei gelesen werden sollen. Für Excel-Dateien, die im Format von Excel 5 bis Excel 2003 vorliegen, verwenden Sie den Typ xls. Um Dateien des aktuellen Formates von Excel 2007 zu lesen, verwenden Sie für einfache Tabellendateien den Typ xlsx und für Tabellendateien mit inkludierten Makros den Typ xlsm; dabei werden die Makros in XLSM-Dateien von SPSS ignoriert. Excel-Dateien in binärem Format (XLSB-Dateien) können von SPSS nicht eingelesen werden.

- *File*. Mit dem Unterbefehl file wird der Name der Quelldatei angegeben. Der Name ist als Text anzugeben und, sofern die Datei nicht im aktuellen Arbeitsverzeichnis liegt, mit vollständiger Beschreibung des Speicherortes. So wird mit dem Befehl aus Listing 6.6 die Datei *EU25_Life.xls* aus dem Verzeichnis *C:\Daten* gelesen. Diese Datei finden Sie auch auf der beiliegenden CD-ROM.

- *Sheet*. Mit dem Unterbefehl sheet legen Sie das Tabellenblatt fest, aus dem die Daten gelesen werden sollen. Dieser Unterbefehl ist optional; wenn Sie ihn weglassen, werden die Daten aus dem ersten Tabellenblatt der Excel-Datei gelesen. Für die Bezeichnung des Tabellenblattes können Sie zwischen zwei Varianten wählen:

  - *Name*. Sie können den Namen des Blattes wie in Listing 6.6 in der Form sheet = name 'Tabellenblattname' angeben. Der Befehl aus Listing 6.6 liest damit Daten aus dem Tabellenblatt mit dem Namen Daten.

  - *Index*. Statt des Namens können Sie auch die Nummer des Tabellenblattes nennen. Die Nummer entspricht der Position des Blattes innerhalb der Excel-Datei. Um Daten aus dem zweiten Blatt zu lesen, geben Sie den Unterbefehl sheet = index 2 an, oder verwenden Sie die Kurzform sheet = 2.

- *Cellrange*. Per Voreinstellung werden alle Daten aus dem angegebenen Tabellenblatt in den SPSS-Dateneditor eingelesen. Bilden die Daten kein vollständig ausgefülltes Rechteck, werden die »Lücken« entsprechend zu fehlenden Werten. Soll dagegen nur ein bestimmter Zellbereich aus dem Tabellenblatt gelesen werden, können Sie diesen mit dem optionalen Unterbefehl cellrange angeben. So werden mit dem Befehl aus Listing 6.6 nur die Daten aus dem Zellbereich A1:E26 gelesen.

  Die Voreinstellung, nach der sämtliche Daten aus dem Tabellenblatt übernommen werden, können Sie auch explizit anfordern mit dem Unterbefehl cellrange = full.

- *Readnames*. Per Voreinstellung geht SPSS davon aus, die erste Zeile des zu lesenden Datenbereichs enthalte keine Werte, sondern Spaltenüberschriften. Daher übernimmt SPSS diese Spaltenüberschriften soweit möglich als Variablennamen in den SPSS-Dateneditor. Um dies zu unterdrücken, fügen Sie den optionalen Unterbefehl readnames = off ein. SPSS vergibt dann selbst Namen der Form *v1, v2* etc.

  In Listing 6.6 wird mit dem Unterbefehl readnames = on die Voreinstellung ausdrücklich bestätigt, so dass die Einträge aus der ersten Zeile des Tabellenblattes als Variablennamen übernommen werden. Erfüllt ein solcher Eintrag nicht die Namenskonventionen von SPSS, wird die Bezeichnung entsprechend gekürzt (bei SPSS bis zur Version 11 auf acht Zeichen), oder SPSS vergibt selbst einen Namen für die betreffende Variable.

```
GET DATA
 /TYPE = XLS
 /FILE = 'C:\Daten\EU25_Life.xls'
 /SHEET = NAME 'Daten'
 /CELLRANGE = RANGE 'A1:E26'
 /READNAMES = ON .
```

Listing 6.6: Einlesen von Daten aus der Excel-Datei *EU25_Life.xls*

6.2.3 Zuweisung von Variablentypen

Für jede Variable, die aus den eingelesenen Daten gebildet wird, bestimmt SPSS automatisch anhand der in der betreffenden Spalte enthaltenen Werte einen geeigneten Datentyp. Dabei unterscheidet SPSS nicht nur zwischen Text und numerischen Daten, sondern ist auch in der Lage, spezielle Formatierungen wie Datumsformate oder Zahlen in wissenschaftlicher Notation (1,30E+17) zu erkennen. Beim Festlegen des Variablentyps wählt SPSS in aller Regel den »kleinsten gemeinsamen Nenner« der Daten. Enthält eine Variable sowohl numerische als auch alphanumerische Werte, weist SPSS ihr den Variablentyp String zu, da nur für diesen beide Arten von Werten zulässig sind. Die Länge der Variablen (Anzahl der zulässigen Zeichen) richtet sich dann nach dem längsten in der Variablen auftretenden Wert.

6.3 Alte Excel-, Lotus-, SYLK- und dBASE-Dateien

6.3.1 Basics

Die Daten aus Dateien, die mit Excel 4 oder früher, Lotus 1-2-3, Symphony, Multiplan oder dBASE erstellt wurden, können mit dem Befehl get translate ausgelesen und in den SPSS-Datenditor geschrieben werden. Der Befehl get translate hat die in Listing 6.7 dargestellte allgemeine Syntax. Die genaue Spezifizierung und Wirkung des Befehls hängt unter anderem von dem Typ der Quelldatei ab. Je nachdem, aus welcher Datei Sie Daten einlesen möchten, können Sie daher unter den folgenden Punkten weiterlesen:

- Daten aus Excel-, Lotus- und SYLK-Dateien lesen, Seite 116.

- Daten aus dBASE-Dateien lesen, Seite 118.

- Erläuterungen zu den einzelnen Unterbefehlen, Seite 119 bis Seite 122.

Kapitel 6
Daten aus Dateien im Fremdformat einlesen

```
GET TRANSLATE FILE = 'Dateiname'
  [/TYPE = Dateityp]
  [/FIELDNAMES]
  [/RANGE = Zellbereich]
  [/KEEP = Variablen]
  [/DROP = Variablen]
  [/MAP]
```

Listing 6.7: Allgemeine Syntax von get translate zum Einlesen von Daten aus Fremddateien

> **Tipp**
>
> Wenn Sie die Menübefehle zum Einlesen der Daten verwenden möchten, rufen Sie den Befehl *Datei / Öffnen / Daten* auf. Geben Sie in dem damit geöffneten Dialogfeld in der Dropdown-Liste *Dateityp* die Art der Quelldatei an, und wählen Sie die Datei in dem Dialogfeld aus. Mit der Schaltfläche *Einfügen* können Sie die Angaben anschließend in einen Syntaxbefehl übersetzen lassen, wobei je nach Dateityp zuvor gegebenenfalls noch weitere Informationen abgefragt werden.

6.3.2 Basics für Excel-, Lotus 1-2-3- und SYLK-Dateien

Mit dem Befehl in Listing 6.8 werden Daten aus einer Lotus-1-2-3-Datei eingelesen. In dem Befehl werden folgende Angaben vorgenommen:

- *Dateiname.* Es werden Daten aus der Datei *EU25_LIFE.wk1* im Verzeichnis *C:\Daten* eingelesen. Diese Datei finden Sie auch auf der beiliegenden CD-ROM.

- *Dateityp.* Mit dem Unterbefehl `type` wird der Dateityp mitgeteilt; das Schlüsselwort WK steht für eine Lotus-1-2-3-Datei, vgl. Tabelle 6.1. Der Unterbefehl wäre in diesem Fall sogar überflüssig, weil der Dateityp eindeutig aus der Namenserweiterung des Dateinamens hervorgeht, siehe unten.

- *Variablennamen.* Der Unterbefehl `fieldnames` legt fest, dass die Variablennamen aus der Quelldatei übernommen werden sollen. Diese Variablennamen müssen in der ersten Zeile des Datenbereichs stehen.

- *Zellbereich.* Es werden nur Daten aus dem Zellbereich A1 bis E26 gelesen (Unterbefehl `range`).

- *Variablenauswahl.* Die Variable mit dem Namen BIP (Groß- und Kleinschreibung ist hier relevant) wird ausgeschlossen.

```
GET TRANSLATE  FILE='C:\Daten\EU25_Life.wk1'
  /TYPE=WK
  /FIELDNAMES
```

```
/RANGE=A1..E26
/DROP='BIP'.
```

Listing 6.8: Einlesen von Daten aus einer Lotus-1-2-3-Datei

Das Einlesen von alten Excel- und SYLK-Dateien erfolgt vollkommen analog. Beachten Sie dabei die folgenden Eigenarten von SPSS:

- *Variablennamen übernehmen.* Übernehmen Sie die Variablennamen nur dann aus der Quelldatei, wenn für jede Spalte ein zulässiger Variablenname vorhanden ist. Enthält eine Spalte in der ersten Zeile eine leere Zelle oder einen Eintrag, der bei SPSS keinen zulässigen Variablennamen bildet (zum Beispiel einen numerischen Wert oder ein Sonderzeichen), wird die gesamte Spalte nicht in das SPSS-DatenSet übernommen. Dies führt auch dazu, dass gar keine Daten eingelesen werden, wenn Sie den Unterbefehl fieldnames verwenden, obwohl die erste Zeile der Quelldatei keine Variablennamen, sondern numerische Werte enthält.

- *Variablennamen von SPSS vergeben lassen.* Wenn Sie keine Variablennamen einlesen, bildet die erste Zeile der Quelldatei auch die erste Datenzeile im SPSS-DatenSet. Die Variablen werden dann bei SPSS nach den Spaltennamen der Quelldatei benannt. So erhalten die Spalten aus einer Excel-Datei in SPSS Variablennamen der Art A, B, C etc.

- *Variablentyp.* SPSS bestimmt den Variablentyp für jede Variable ausschließlich anhand des in der ersten Datenzeile enthaltenen Wertes! Dabei unterscheidet SPSS nicht nur zwischen Text- und numerischen Daten, sondern ist auch in der Lage, spezielle Formatierungen wie Datumsformate oder Zahlen in wissenschaftlicher Notation (1,30E+17) zu erkennen. Die alleinige Betrachtung der ersten Datenzeile ist nicht unproblematisch. Enthält die Datendatei beispielsweise eine Textvariable, die sowohl numerische als auch alphanumerische Werte beinhaltet, wird der Variablen von SPSS ein numerisches Format zugewiesen, wenn in der ersten Zelle zufällig eine Zahl enthalten ist. Dies führt dazu, dass SPSS die alphanumerischen Werte dieser Variablen nicht übernimmt und den entsprechenden Feldern einen fehlenden Wert zuweist. Problematischer noch ist die Tatsache, dass SPSS auch die Spaltenbreite anhand des Wertes in der ersten Datenzeile festlegt (wobei die von SPSS gewählte Spaltenbreite nicht exakt mit der Zeichenzahl des ersten Wertes übereinstimmt). Weist SPSS auf diese Weise einer Textvariablen zum Beispiel eine Spaltenbreite von *10* zu, werden alle in dieser Variablen enthaltenen Werte, die mehr als zehn Zeichen umfassen, abgeschnitten.

- *Leere Felder/fehlende Werte.* Enthält eine numerische Variable (gemeint ist hier eine Variable, die in der ersten Datenzeile eine Zahl enthält und daher von SPSS ein numerisches Format zugewiesen bekommt) leere Felder oder Werte, die nicht dem numerischen Variablentyp entsprechen (insbesondere Textwerte), werden diese von SPSS automatisch in systemdefinierte fehlende Werte umgewandelt. Enthält eine Textvariable leere Felder, werden diese von SPSS auch als leere Felder übernommen. Überraschend ist hingegen die Behandlung von numerischen Werten in Textvariablen; diese werden nicht übernommen, sondern in leere Felder umgewandelt. Enthält eine Textvariable beispielsweise die Zahl 4, wird diese nicht als Textwert eingelesen, sondern ignoriert, obwohl Ziffern sowie Ziffernfolgen zulässige Werte für eine Textvariable darstellen können (sie würden lediglich nicht als Zahl, sondern als Text interpretiert).

6.3.3 Basics für dBASE-Dateien

Listing 6.9 zeigt einen Befehl zum Einlesen der dBASE-Datei *EU25_Life.dbf* aus dem Verzeichnis *C:\Daten;* diese Datei finden Sie auch auf der beiliegenden CD-ROM. Der Befehl enthält zwei optionale Unterbefehle: `type` gibt das Format der Quelldatei an; in diesem Fall muss der `type`-Unterbefehl nicht zwingend aufgeführt werden, da das Format der Quelldatei eindeutig aus der Namenserweiterung *.dbf* hervorgeht.

Der Unterbefehl `keep` nimmt eine Auswahl der Variablen vor und legt fest, dass ausschließlich die drei Variablen LAND, LEBENERW und BIP eingelesen werden sollen. Wichtig ist dabei, dass bei den Variablennamen zwischen Groß- und Kleinschreibung unterschieden wird.

```
GET TRANSLATE   FILE='C:\Daten\EU25_Life.dbf'
    /TYPE=DBF
    /KEEP='LAND', 'LEBENERW', 'BIP' .
```

Listing 6.9: Einlesen von Daten aus einer dBASE-Datei mit Auswahl der Variablen

Beide Unterbefehle in Listing 6.9 sind optional. Wird auf den Unterbefehl `type` verzichtet und sollen alle Variablen ohne Einschränkung eingelesen werden, vereinfacht sich der Befehl daher auf die einfache Programmzeile aus Listing 6.10. Die im Syntaxdiagramm aus Listing 6.7 dargestellten Unterbefehle `fieldnames` und `range` sind auf dBASE-Dateien generell nicht anwendbar.

```
GET TRANSLATE   FILE='C:\Daten\EU25_Life.dbf' .
```

Listing 6.10: Einlesen sämtlicher Daten aus einer dBASE-Datei

Beim Einlesen von dBASE-Dateien übernimmt SPSS folgende Informationen aus der Quelldatei:

- *Variablennamen.* Die Feldnamen der dBASE-Datei werden automatisch als Variablennamen in die SPSS-Datendatei übernommen. Stimmen zwei oder mehr Feldnamen überein, wird der Name lediglich für eine der betreffenden

Variablen verwendet, während er in den übrigen Variablen leicht verändert wird. Enthält ein Feldname in der dBASE-Datei einen Doppelpunkt, wird dieser in einen Unterstrich umgewandelt.

- *Variablentyp.* Der Variablentyp in SPSS wird anhand des Feldtyps aus der dBASE-Datei festgelegt.

- *Zum Löschen markierte Datensätze.* Enthält die dBASE-Datei Datensätze, die bereits als gelöscht gekennzeichnet, aber noch nicht aus der Datei entfernt wurden, werden auch diese in die SPSS-Datendatei eingelesen. Dabei erstellt SPSS automatisch eine zusätzliche Variable mit dem Namen d_r, die der Kennzeichnung der »gelöschten« Datensätze dient. Diese Variable ist vom Typ String mit der Spaltenbreite 1 und enthält in jedem als gelöscht markierten Fall ein Sternchen (*), während die Felder der übrigen Fälle leer sind.

Tipp

Möchten Sie alle Fälle, die in der dBASE-Datei als gelöscht gekennzeichnet waren, auch im SPSS-DatenSet endgültig löschen oder vorübergehend herausfiltern, können Sie hierzu die Befehle filter bzw. select if verwenden, siehe im Einzelnen Kapitel 11.

6.3.4 Unterbefehle

Dateityp angeben mit dem Unterbefehl »type«

Mit dem Unterbefehl type geben Sie den Dateityp der Quelldatei an. Um beispielsweise eine dBASE-Datei einzulesen, schreiben Sie

```
/type = DBF
```

Der Unterbefehl type ist optional. Sie können ihn weglassen, wenn die Namenserweiterung der einzulesenden Datei der Voreinstellung für Dateien des jeweiligen Formats entspricht. Lesen Sie beispielsweise eine mit Lotus 1-2-3 in der Version 1A erstellte Datei mit dem Namen *umsatz.wks* oder eine Excel-Datei mit dem Namen *daten.xls* ein, muss der Dateityp nicht zusätzlich durch den Unterbefehl type bestätigt werden.

Schlüsselwort	Dateityp
WK	Beliebige Lotus-1-2-3- oder Symphony-Datei
WK1	Lotus 1-2-3, Version 2.0
WKS	Lotus 1-2-3, Version 1A

Tabelle 6.1: Zulässige Dateitypen für den Befehl get translate

Schlüsselwort	Dateityp
WR1	Symphony, Version 2.0
WRK	Symphony, Version 1.0
SLK	SYLK-Datei, erstellt mit Microsoft Excel oder Multiplan
XLS	Microsoft Excel in der Version 4 oder früher
DBF	dBASE-Datei
TAB	ASCII-Datei (Textdatei) mit Tabulator als Trennzeichen
SYS	Systat-Datendatei

Tabelle 6.1: Zulässige Dateitypen für den Befehl get translate (Forts.)

Variablennamen übernehmen mit dem Unterbefehl »fieldnames«

Fügen Sie den Unterbefehl fieldnames ein, wenn die erste Zeile der Quelldaten Spaltenüberschriften enthält, die als Variablennamen in SPSS übernommen werden sollen. Beim Einlesen von dBASE-Dateien hat dieser Unterbefehl keine Bedeutung, da in dBASE-Dateien explizit Variablennamen definiert sind, die von SPSS automatisch übernommen werden.

Zellbereich angeben mit dem Unterbefehl »range«

Verwenden Sie den Unterbefehl range, wenn nicht die gesamte Datei, sondern nur ein bestimmter Zellbereich eingelesen werden soll. Beim Einlesen von dBASE-Dateien kann dieser Unterbefehl nicht verwendet werden.

Die Form, in der der Zellbereich angegeben wird, hängt von dem Format der einzulesenden Datei ab:

- *Excel-Datei.* Geben Sie den Zellbereich in der Form A1:E26 an.
- *Multiplan-Datei.* Der Zellbereich wird in der Form R1C1:R26C5 angegeben.
- *Lotus 1-2-3 und Symphony.* Die Angabe des Zellbereichs hat die Form A1..E26.

Haben Sie dem gewünschten Zellbereich in einer Multiplan-, Lotus-1-2-3- oder Symphony-Datei einen Namen zugewiesen, können Sie auch diesen Namen als Zellbereich angeben.

Beachten Sie bei der Auswahl des Zellbereichs, dass dieser auch die Spaltenüberschriften in der ersten Zeile mit einschließen muss, sofern Sie gleichzeitig den Unterbefehl fieldnames verwenden, um die Variablennamen aus der Quelldatei zu übernehmen.

Beispiel. In Listing 6.11 werden Daten aus einer mit Lotus 1-2-3 in der Version 1A erstellten Tabelle gelesen. Dabei werden nur die Daten aus dem Zellbereich *A1* bis *E26* übernommen. Dieser Zellbereich enthält in der ersten Zeile Spaltenüberschriften, die als Variablennamen in SPSS eingelesen werden.

```
GET TRANSLATE FILE='Data.wks' /FIELDNAMES /RANGE=A1..E26.
```

Listing 6.11: Daten einlesen aus einem bestimmten Zellbereich einer Lotus-1-2-3-Datei

Variablen auswählen mit den Unterbefehlen »keep« und »drop«

Mit den beiden Unterbefehlen keep und drop können Sie erreichen, dass nur ausgewählte Variablen aus der Quelldatei in den SPSS-Dateneditor eingelesen werden. Verwenden Sie den Unterbefehl keep, um explizit die einzulesenden Variablen aufzulisten; mit drop benennen Sie hingegen jene Variablen aus der Quelldatei, die nicht in das SPSS-DatenSet übernommen werden sollen. Sie können die beiden Unterbefehle auch beliebig miteinander kombinieren, siehe zu der Wirkung im Einzelnen Kapitel 4, wo beide Unterbefehle in Verbindung mit dem Öffnen von SPSS-Datendateien erläutert werden.

Beispiel. Der Befehl in Listing 6.12 liest Daten aus einer Excel-Datei im Format von Excel 3.0 ein; die Quelldatei *EU25_Life_X3.xls* finden Sie auch auf der beiliegenden CD-ROM. Es werden nur die Daten aus dem Zellbereich A1:E26 eingelesen, wobei die erste Zeile in diesem Bereich Spaltenüberschriften enthält, die als Variablennamen in SPSS übernommen werden. Eine dieser Spalten (Spalte *E*) hat die Überschrift TELEFONE (beachten Sie, dass Groß- und Kleinschreibung hier relevant ist); diese Spalte wird durch den drop-Unterbefehl ausgeschlossen und damit nicht eingelesen.

```
GET TRANSLATE    FILE='C:\Daten\EU25_Life_X3.xls'
  /TYPE=XLS
  /FIELDNAMES
  /RANGE=A1:E26
  /DROP='TELEFONE' .
```

Listing 6.12: Daten einlesen aus alter Excel-Datei mit Auswahl von Zellbereich und Variablen

Enthalten die Quelldaten keine Spaltenüberschriften, werden die Variablen mit den Spaltennamen aus der Quelldatei bezeichnet. Diese Spaltennamen werden dann aber nicht als Text angegeben. So werden mit dem Befehl in Listing 6.13 dieselben Daten ausgelesen wie mit dem Befehl aus Listing 6.12, allerdings ohne die Spaltenüberschriften aus der ersten Zeile zu übernehmen.

```
GET TRANSLATE    FILE='C:\Daten\EU25_Life_X3.xls'
  /TYPE=XLS
  /RANGE=A2:E26
  /DROP=E .
```

Listing 6.13: Daten einlesen aus alter Excel-Datei mit Variablenauswahl ohne Variablennamen

Variablenübersicht erstellen mit dem Unterbefehl »map«

Mit dem Unterbefehl map fordern Sie eine Übersicht der eingelesenen Variablen an, die in das Ausgabefenster geschrieben wird. Diese Übersicht führt alle eingelesenen Variablen mit den Namen in der Quelldatei und den zugehörigen Namen im SPSS-DatenSet auf.

6.4 SAS-Dateien lesen

SPSS kann Daten aus SAS-Datendateien sowie aus SAS-Transportdateien einlesen. Dabei ist SPSS auch in der Lage, Meta-Informationen wie Variablenlabels zu übernehmen:

- *SAS-Datendateien.* Sie können mit SPSS seit der Version 11 direkt Daten aus originären SAS-Datendateien lesen. Dabei weist SAS die Besonderheit auf, dass Meta-Informationen für Formate wie Labels nicht in der Datendatei, sondern in einer zweiten »Begleitdatei« gespeichert werden. Eine solche Begleitdatei wird bei SAS mit dem Befehl `proc format` erstellt und kann von SPSS mit eingelesen werden.

- *SAS-Transportdateien.* Dies ist ein Dateiformat, das speziell für den Datenaustausch entwickelt wurde. Sie können mit SAS zwei Arten von Transportdateien erstellen, solche im XPORT-Format und solche im CPORT-Format. SPSS kann nur Transportdateien im XPORT-Format einlesen. Diese werden bei SAS mit der XPORT-Engine erstellt, die Sie dort sowohl über einen `data`-step als auch mit `proc copy` aufrufen können. In der SAS-Version 5 werden die Dateien mit dem Befehl `proc xcopy` erstellt. SAS-Transportdateien haben die Besonderheit, dass sie mehrere Datenbestände *(Datasets)* enthalten können. Wenn Sie eine SAS-Transportdatei mit SPSS einlesen, müssen Sie daher neben dem Dateinamen auch das zu lesende Dataset angeben. »Begleitdateien« mit Meta-Informationen über Formate gibt es bei SAS-Transportdateien nicht.

Beide Arten von SAS-Dateien werden mit dem Befehl `get sas` gelesen, vgl. die allgemeine Syntax in Listing 6.14.

```
GET SAS DATA='Dateiname' [DSET(Datasetname)]
    [/FORMATS ='Dateiname']
```

Listing 6.14: Allgemeine Syntax von get sas zum Einlesen von SAS-Dateien

Der Befehl `get sas` ist wie folgt zu spezifizieren:

- *Dateiname.* Die einzige notwendige Angabe ist der Name der zu lesenden SAS-Datei mit dem Unterbefehl `data`. In der einfachsten Form lautet der Befehl zum Lesen einer SAS-Datei daher:

```
GET SAS DATA = 'C:\Daten\rohdat.sas7bdat' .
```

- *Dataset angeben.* Wenn Sie Daten aus einer Transportdatei mit mehreren Datasets lesen, können Sie mit dem Schlüsselwort `dset` festlegen, aus welchem Dataset die Daten gelesen werden sollen. Diese Angabe ist optional; wenn Sie keine Angabe vornehmen, werden die Daten des ersten Datasets gelesen. Mit dem folgenden Befehl werden Daten aus der Datei *rohdat.xpt* und darin aus dem Dataset `umfrage1` gelesen.

```
GET SAS DATA = 'C:\Daten\rohdat.xpt' dset(umfrage1) .
```

- *Formate einlesen.* Wenn Sie eine SAS-Datendatei einlesen und in SAS mit dem Befehl `proc format` eine Formatdatei mit Label-Informationen erstellt haben, können Sie diese mit dem Unterbefehl `formats` in SPSS mit übernehmen:

```
GET SAS DATA = 'C:\Daten\rohdat.sas7bdat'
  /FORMATS = 'C:\Daten\rohform.sas7bdat' .
```

Die Formate werden von SPSS in Wertelabels überführt, wobei folgende Abweichungen auftreten können:

- Lange Wertelabels mit mehr als 60 Zeichen können gekürzt werden.
- Labels für Textwerte wie auch für numerische Werte mit Dezimalstellen können unterdrückt werden.
- Labels, die sich auf mehrere Werte oder einen Wertebereich beziehen, können ebenfalls unterdrückt werden.
- Alle in SAS definierten fehlenden Werte werden in systemdefinierte fehlende Werte umgewandelt.

Übersetzung des Variablentyps

Beim Einlesen der Daten aus SAS-Dateien werden Variablenformate wie folgt übernommen:

- Alle numerischen Variablen mit Ausnahme von Datumsvariablen werden in einfache numerische Variablen mit der voreingestellten Zeichen- und Dezimalstellenanzahl umgewandelt.
- Zeit- und Datumsvariablen werden in die entsprechenden Zeit- und Datumsformate von SPSS übersetzt. Allerdings können hier bei einigen Datumsformaten Schwierigkeiten auftreten. Für Datumsvariablen empfiehlt sich, ein zehnstelliges Format wie etwa *19/03/1975* zu verwenden.
- Textvariablen werden in Variablen des Typs `String` mit gleicher Länge überführt.

6.5 Stata-Dateien lesen

Seit der Programmversion 14 ist SPSS auch in der Lage, Stata-Dateien einzulesen. Der Befehl lautet `get stata` und ist denkbar einfach; Listing 6.15 gibt bereits das vollständige Syntaxdiagramm von `get stata` wieder.

Kapitel 6
Daten aus Dateien im Fremdformat einlesen

```
GET STATA FILE='Dateiname'
```
Listing 6.15: Allgemeine Syntax von `get stata` zum Einlesen von Stata-Dateien

Die einzige Spezifikation des Befehls besteht also in der Angabe des Namens der einzulesenden Datei. Ein vollständiger `get stata`-Befehl sieht daher wie in Listing 6.16 dargestellt aus.

```
GET STATA FILE='C:\Daten\rohdat.dta'
```
Listing 6.16: Einlesen einer Stata-Datei mit dem Befehl `get stata`

Beim Einlesen werden die Daten aus der Stata-Datei nach folgenden Regeln in das SPSS-DatenSet überführt:

- *Variablennamen.* SPSS übernimmt die Variablennamen aus der Stata-Datei. Dabei kann es allerdings zu Konflikten kommen, da Stata zwischen Groß- und Kleinschreibung unterscheidet, während SPSS zwei Variablennamen, die bis auf Unterschiede in der Groß- und Kleinschreibung übereinstimmen, als identisch ansieht. Daher übernimmt SPSS in solchen Fällen nur den ersten dieser Namen; alle weiteren Variablen, die (aus Sicht von SPSS) den gleichen Namen haben, erhalten von SPSS neue Namen in der Form _A, _B, _C etc. zugewiesen.

- *Variablenlabels.* Variablenlabels werden ohne Einschränkung von SPSS übernommen.

- *Wertelabels.* Auch Wertelabels werden von SPSS übernommen. Die einzige Ausnahme bilden hier Wertelabels, die bei Stata den »erweiterten fehlenden Werten« (»extended missing values«) zugewiesen wurden; diese Labels werden von SPSS nicht übernommen.

- *Fehlende Werte.* Die »erweiterten fehlenden Werten« (»extended missing values«) von Stata werden bei SPSS in systemdefinierte fehlende Werte umgewandelt. Damit geht auch die Differenzierung zwischen unterschiedlichen fehlenden Werten verloren.

- *Datumsvariablen.* Datumsvariablen, deren Werte tatsächlich ein genaues Datum beschreiben, werden auch bei SPSS als Datumsvariablen eingelesen. Datumsvariablen, die lediglich Wochen, Monate oder Quartale beschreiben, werden dagegen in numerische Variablen überführt. Diese numerischen Variablen erhalten ganzzahlige Werte, die für den jeweiligen Ursprungswert aus der Stata-Datei jeweils angeben, wie viele Wochen bzw. Monate oder Quartale etc. dieser von dem 1.1.1960 entfernt liegt.

Kapitel 7

Daten aus ODBC-Datenquellen importieren

SPSS verfügt seit der Version 6 über eine ODBC-Schnittstelle. ODBC (*Open Database Connectivity*) ist eine offene Sammlung von Treibern, die einen vergleichsweise einfachen und standardisierten Datenaustausch zwischen allen Anwendungen ermöglicht, die ODBC unterstützen. So können Sie mittels ODBC Daten aus einer Datenbank beliebigen Formats bzw. aus jeder ODBC-fähigen Datenquelle einlesen; dies können neben Datenbanken wie Access-Tabellen auch Excel-Tabellen, Textdateien u.v.m. sein. Dabei können Daten auch aus mehreren miteinander verknüpften Tabellen zusammengeführt, gefiltert und verdichtet werden. Voraussetzung hierfür ist lediglich, dass der entsprechende ODBC-Treiber auf Ihrem Computer installiert ist. Jedes Dateiformat erfordert einen speziellen, eigens auf dieses Format ausgelegten Treiber. Die entsprechenden Treiber werden standardmäßig mit den jeweiligen ODBC-fähigen Anwendungen geliefert, können aber auch unabhängig davon installiert werden (siehe unten).

Um mit SPSS Daten über ODBC einzulesen, wird eine entsprechende Datenabfrage in der Abfragesprache *SQL* formuliert, die über den Befehl `get data` aufgerufen wird. Die Syntaxstruktur ist sehr einfach. Wer sich bereits mit SQL auskennt, kann im folgenden Abschnitt 7.1 die Syntax zur Einbettung der SQL-Abfrage in die SPSS-Befehlssprache nachlesen und damit sofort die bekannten SQL-Abfragen umsetzen. Wenn Sie noch nicht mit SQL gearbeitet haben, finden Sie in Abschnitt 7.3 mehrere Beispiele für typische Anwendungsfälle einer SQL-Abfrage. Diese Beispiele verdeutlichen den Aufbau einer SQL-Abfrage und sollten sich leicht auf Ihre konkreten Anwendungsfälle übertragen lassen.

Wie fast alle Befehle lassen sich auch ODBC-Abfragen bei SPSS über Dialogfelder ausführen. Hierzu steht ein Assistent bereit, der über mehrere Schritte die notwendigen Angaben erfragt. Zum Abschluss kann die ODBC-Abfrage wahlweise direkt ausgeführt oder in SPSS-Syntax übersetzt werden. Dadurch ist dieser Assistent auch beim Programmieren mitunter sehr hilfreich, da er nicht nur Vorlagen für den SQL-Code liefert, sondern zugleich die korrekte Bezeichnung der Datenquellen einfügt, die oft kaum anders ermittelt werden kann. Der Umgang mit diesem Assistenten ist denkbar einfach und wird in Abschnitt 7.4 kurz skizziert.

7.1 Abfrage formulieren

7.1.1 Basics: Befehl »get data« mit SQL-Abfrage

Das Importieren von Daten aus ODBC-Datenquellen erfolgt bei SPSS mithilfe einer Abfrage, die in der speziellen Abfragesprache SQL formuliert werden muss. Diese Abfrage wird dann mit dem Befehl `get data` aufgerufen. Die allgemeine Syntax dazu ist in Listing 7.1 wiedergegeben, ein Beispiel für einen einfachen ausformulierten Befehl sehen Sie in Listing 7.2.

```
GET DATA
  /TYPE=ODBC
  /CONNECT='Datenquelle'
  /SQL='SQL-Abfrage' .
```

Listing 7.1: Allgemeine Syntax zum Lesen von Daten aus ODBC-Datenquellen

- `get data`. Die beiden ersten Zeilen teilen SPSS mit, dass Daten aus einer ODBC-Datenquelle gelesen werden sollen: Der Befehl `get data` dient generell dazu, Daten aus externen Quellen zu lesen, und der Unterbefehl `type=odbc` nennt die Art der Datenquelle. Beide Angaben müssen stets zu Beginn eines Befehls zum Lesen von Daten via ODBC angeführt werden.

- `connect`. Mit dem Unterbefehl `connect` wird die Datenquelle beschrieben. Dies ist in aller Regel eine Datei wie zum Beispiel eine Access-Datenbank oder eine Excel-Tabelle, der die Daten entstammen. Die notwendigen Angaben sowie deren genaue Formulierung hängen wesentlich von der Art der Datenquelle ab. In Listing 7.2 ist ein typisches Beispiel wiedergegeben, mit dem Daten aus einer Excel-Tabelle gelesen werden:

  - Zur Beschreibung der Datenquelle sind hier zwei Angaben erforderlich: Der DSN (Data Source Name) teilt SPSS die Art der Datenquelle mit; in diesem Fall handelt es sich um eine Excel-Datei. Aus dieser Information erkennt SPSS, welcher ODBC-Treiber zum Lesen der Daten herangezogen werden muss.

  - Die zweite Angabe ist der DBQ (Database Qualifier), mit dem die Datenquelle durch Angabe von Speicherort und Dateiname genau bezeichnet wird. In diesem Beispiel ist die Datenquelle eine Excel-Datei mit dem Namen *Transaktionen.xls* aus dem Verzeichnis *C:\Daten*.

  Die gesamte Beschreibung der Datenquelle, die sich in diesem Beispiel aus den beiden Komponenten DSN und DBQ zusammensetzt, wird in dem SPSS-Befehl als ein zusammenhängender Text angegeben. Der gesamte Unterbefehl `connect` lautet daher:

  ```
  /CONNECT='DSN=Excel-Dateien;DBQ=C:\Daten\Transaktionen.xls;'
  ```

In Listing 7.2 erstreckt sich dieser Unterbefehl aufgrund seiner Länge über zwei Zeilen. Da die SPSS-Syntax es aber formal nicht zulässt, dass sich eine Textangabe über zwei Zeilen erstreckt, ist der Text in jeder Zeile von Anführungszeichen einzuschließen.

- *sql*. Die letzte Angabe des Befehls ist der Unterbefehl `sql`, gefolgt von einer SQL-Abfrage. Diese Abfrage beschreibt im Detail, welche Daten aus der zuvor angegebenen Datenquelle gelesen werden sollen. In Listing 7.2 werden aus der Excel-Datei *Transaktionen.xls* die drei Variablen `KundenNr`, `BestellNr` und `Preis` aus dem Tabellenblatt `Bestellungen$` (das Dollarzeichen wird nur hier angeführt und ist in der Quelltabelle nicht enthalten) gelesen. Die gesamte SQL-Abfrage wird zwischen Anführungszeichen geschrieben (wenn sich die Abfrage wie hier über mehrere Zeilen erstreckt, ist der Text in jeder Zeile von Anführungszeichen einzuschließen). Zusätzlich muss hier der Tabellenname `Bestellungen$` noch einmal separat zwischen Anführungszeichen gesetzt werden; dies ist nicht immer erforderlich, sondern nur bei Namen, die wie hier Sonderzeichen oder Leerzeichen enthalten.

```
GET DATA
  /TYPE=ODBC
  /CONNECT='DSN=Excel-Dateien;'
           'DBQ=C:\Daten\Transaktionen.xls;'
  /SQL = 'SELECT KundenNr, Bestellnr, Preis '
         'FROM "Bestellungen$" ' .
DATASET NAME kundendaten .
EXECUTE .
```

Listing 7.2: ODBC-Abfrage zum Lesen von Daten aus einer Excel-Tabelle

Tipp

Wenn Sie mit älteren Programmversionen von SPSS arbeiten, müssen zusätzlich innerhalb der SQL-Abfrage alle Textangaben, die keine Schlüsselwörter darstellen, also zum Beispiel alle Variablen- oder Tabellennamen, separat zwischen Anführungszeichen gesetzt werden. Der Programmcode aus Listing 7.2 sieht in älteren Programmversionen daher korrekt wie folgt aus:

```
GET DATA
  /TYPE=ODBC
  /CONNECT="DSN=Excel-Dateien;"
           "DBQ=C:\Daten\Transaktionen.xls;"
  /SQL = "SELECT 'KundenNr', 'Bestellnr', 'Preis'"
         "FROM 'Bestellungen$' " .
```

Zum Lesen von Daten aus ODBC-Datenquellen sind damit neben dem Befehlsnamen im Wesentlichen zwei Angaben erforderlich: zum einen die formal korrekte Beschreibung der Datenquelle mit dem Unterbefehl connect (siehe hierzu den folgenden Abschnitt) und zum anderen das SQL-Statement. Als SQL-Statement ist jede SQL-Abfrage zulässig, die auch von der Quelldatenbank verarbeitet werden kann. Sie können damit innerhalb des SQL-Statements wie im folgenden Abschnitt skizziert auf sehr einfache Weise Tabellen »joinen«, Fälle filtern, Variablen auswählen und Weiteres mehr, siehe hierzu im Einzelnen Abschnitt 7.3, Seite 130.

> **Wichtig**
>
> Wenn Sie mit get data Daten aus einer ODBC-Datenquelle einlesen, werden die eingelesenen Daten in ein neues DatenSet geschrieben, das dabei automatisch zum aktiven DatenSet wird. Denken Sie daher zum einen daran, dem neuen DatenSet unmittelbar nach dem Einlesen der Daten einen Namen zuzuweisen, um es im weiteren Verlauf der SPSS-Sitzung gezielt ansprechen zu können. Zudem sollten Sie sicherstellen, dass das bisher aktive DatenSet einen Namen hat, über den Sie es wieder ansprechen können. Andernfalls kann dieses DatenSet dauerhaft verloren gehen, so dass es unter Umständen auch nicht mehr als Dateneditor-Fenster unter Windows angezeigt wird. Enthält das DatenSet Daten oder Änderungen, die noch nicht gespeichert wurden, gehen diese damit ebenfalls verloren.

Unterbefehl »connect«: Datenquelle angeben

Die Art der Datenquelle muss dem Betriebssystem als ODBC-Datenquelle bekannt sein. Typische ODBC-Datenquellen sind etwa Excel-Dateien, Access-Datenbanken oder dBASE-Dateien. Auf diese Datenquellen kann jedoch nur dann über ODBC zugegriffen werden, wenn sie auf Betriebssystemebene als ODBC-Datenquellen angemeldet und die notwendigen ODBC-Treiber installiert sind. Ferner müssen Sie die genaue Bezeichnung (DSN) kennen, um die Datenquelle in dem get data-Befehl korrekt benennen zu können. Da die formal korrekten Bezeichnungen jedoch häufig nicht bekannt sind oder Unsicherheiten bestehen, sind die beiden folgenden Tools sehr hilfreich:

- *SPSS-Abfrage-Assistent.* Wenn Sie den Assistenten zur Formulierung einer ODBC-Abfrage verwenden, werden unter anderem in einem Dialogfeld sämtliche auf dem System verfügbaren ODBC-Datenquellen mit den korrekten Bezeichnungen aufgeführt. Sie können den Assistenten daher verwenden, um den korrekten Namen (DSN) nachzusehen. Ebenso können Sie natürlich den Assistenten bis zum Ende ausführen und die Abfrage in SPSS-Syntax übersetzen lassen, so dass gleich ein vollständiger Befehl erstellt wird. Diesen Befehl können Sie dann, sofern er nicht bereits die gewünschte Form hat, nutzen, um die Formulierung des Unterbefehls connect »abzuschreiben«. Zur Verwendung des Assistenten siehe Abschnitt 7.4, Seite 150.

- *ODBC-Datenquellen-Administrator.* Die ODBC-Datenquellen werden auf Ebene des Betriebssystems verwaltet. Hierzu stellt das Betriebssystem eine entsprechende Anwendung zur Verfügung. Unter Windows ist dies der *ODBC-Datenquellen-Administrator*, den Sie in der *Systemsteuerung* in der Rubrik *Verwaltung* finden. In diesem Administrator können Sie zunächst überprüfen, welche Datenquellen derzeit angemeldet sind und wie diese korrekt bezeichnet werden. Ferner können Sie den Administrator verwenden, um vorhandene Datenquellen zu löschen oder zu verändern und neue Datenquellen hinzuzufügen. Dabei ist es übrigens auch möglich, eine bestimmte Datei als systemweit bekannte, eigenständige Datenquelle zu definieren, so dass zur Angabe der Datenquelle in dem Unterbefehl connect die Nennung des Dateinamens genügt und nicht zweistufig zunächst die Art der Quelle (DSN) und anschließend die genaue Datei (DBQ) angeführt werden müssen.

7.2 ODBC-Datenquellen hinzufügen

Wird die Datenquelle, auf die Sie zugreifen möchten, im SPSS-Abfrage-Assistenten bzw. im ODBC-Datenquellen-Administrator nicht in der Liste der verfügbaren Quellen aufgeführt, ist der notwendige Treiber für dieses Datenbankformat nicht verfügbar und muss somit zunächst installiert werden. Typischerweise wird der erforderliche Treiber jeweils mit der entsprechenden Datenbankanwendung ausgeliefert.

Einige häufig benötigte Treiber für Datenbanken finden Sie jedoch auch auf der Installations-CD von SPSS. Das *SPSS Data Access Pack* enthält verschiedene Datenbanktreiber, unter anderem für Oracle, Btrieve, DB2, Informix und Paradox sowie auch für Textdateien. Um Treiber aus diesem Paket zu installieren, wählen Sie den Link *SPSS Data Access Pack installieren* aus dem Menüfenster, das unmittelbar nach dem Einlegen der CD-ROM eingeblendet wird. Im Verlauf des Installationsprozesses können Sie wählen, welche der Treiber installiert werden sollen. Beachten Sie, dass die Installation dieser Treiber gegebenenfalls einen oder mehrere Neustarts des Computers erfordert; Sie sollten daher zuvor alle laufenden Anwendungen schließen.

Benötigen Sie einen Treiber, der in diesen Paketen nicht enthalten ist, haben Sie im Internet gute Chancen. Sowohl die Hersteller von Datenbankanwendungen als auch Microsoft halten auf ihren Internetseiten ODBC-Treiber zum Download bereit.

7.3 Das SQL-Statement

7.3.1 Beispieldatenbank

Im Folgenden sollen typische Varianten eines SQL-Statements erläutert und dabei das Leistungsspektrum von SQL-Abfragen skizziert werden. Hierzu werden in mehreren Beispielen mit unterschiedlichen Abfragen Daten aus einer Access-Datenbank ausgelesen. Die Datenbank hat den Namen *kunden.mdb* und befindet sich auf der beiliegenden CD-ROM, so dass Sie alle Beispiele unmittelbar nacharbeiten können.

Die Datei *kunden.mdb* enthält nur wenige Fälle und Variablen mit fiktiven Daten, weist aber mit mehreren Tabellen, zwischen denen sich Beziehungen herstellen lassen, die typischen Merkmale einer Datenbank auf. Die Tabellenstruktur ist in Abbildung 7.1 skizziert. Die Datenbank enthält die drei Tabellen Kundenstamm, KdInteressen und ProdGrp und lässt sich als vereinfachtes Abbild der Kundendatenbank eines Unternehmens interpretieren:

- Die Tabelle Kundenstamm enthält Kundeninformationen wie eine Kundennummer, Namensangaben, Geburtsdatum und Laufzeitumsatz, wobei jeder Fall der Tabelle einen Kunden beschreibt.

- Die Tabelle ProdGrp enthält lediglich eine Liste von Produktgruppen, für die jeweils eine Produktgruppennummer (ProdGrpNr) sowie ein erläuternder Text (ProdGrpTxt) vorliegen. Jede Produktgruppe bildet hier eine Zeile.

- Die Tabelle KdInteressen gibt Auskunft über die bisherigen Käufe der Kunden aus unterschiedlichen Produktgruppen. Dort sind für jeden Kunden die Produktgruppen aufgeführt, aus denen er bisher Produkte gekauft hat. Jede bisher aufgetretene Kunden-Produktgruppen-Kombination bildet hier eine Zeile, in der die Kundennummer, die Produktgruppennummer und der Umsatz des jeweiligen Kunden in der betreffenden Produktgruppe aufgeführt sind.

Zwischen den Tabellen lassen sich Beziehungen herstellen, wie sie in Abbildung 7.1 durch die Verbindungslinien eingezeichnet sind. Ist nun ein Marketing-Manager an einer Namensliste der Kunden interessiert, die in einer beliebigen Produktgruppe bereits Umsätze von über 50 Euro getätigt haben, lässt sich eine solche Liste erstellen, indem aus der Tabelle KdInteressen alle Fälle mit GrpUmsatz > 50 ausgewählt und über die zugehörige Kundennummer die Namensangaben aus der Tabelle Kundenstamm zugespielt werden. Ebenso lässt sich über die Produktgruppennummer aus der Tabelle ProdGrp der sprechende Name der Produktgruppe ermitteln. Eine solche Zusammenführung der Daten aus mehreren Tabellen, zwischen denen sich eine entsprechende Beziehung herstellen lässt, kann innerhalb einer einzigen SQL-Abfrage erfolgen, so dass aus der Quelltabelle nur die tatsächlich gewünschten Daten ausgelesen und in den SPSS-Dateneditor geschrieben werden.

Abb. 7.1: Tabellenstruktur der Access-Datenbank *kunden.mdb*

Anhand dieser Datenbank werden in den folgenden Beispielen die Struktur und das Leistungsspektrum von SQL-Abfragen skizziert. Die Beispiele bauen sich wie folgt auf:

- Allgemeine Form einer SQL-Abfrage, Seite 131
- Einzelne Variablen aus einer Tabelle auslesen, Seite 133
- Sämtliche Variablen aus einer Tabelle auslesen, Seite 134
- Einzelne Variablen auslesen und umbenennen , Seite 135
- Nur ausgewählte Fälle auslesen, Seite 135
- Daten aus zwei Tabellen: kartesisches Produkt mit Filter, Seite 137
- Daten aus zwei Tabellen mit Aliasnamen, Seite 139
- Daten aus zwei Tabellen über einen Join zusammenführen, Seite 140
- Zwei Tabellen verknüpfen mit Inner Join, Seite 141
- Zwei Tabellen verknüpfen mit Left Outer Join, Seite 142
- Drei Tabellen verknüpfen mit Left Join, Seite 143
- Daten beim Einlesen gruppieren und verdichten, Seite 145
- Join aus Tabelle und Unterabfrage mit gruppierten Daten , Seite 147
- Gruppierte Daten filtern mit »having«, Seite 149

7.3.2 Allgemeine Form einer SQL-Abfrage

Eine SQL-Abfrage hat die in Listing 7.3 wiedergegebene allgemeine Syntax. Dieses Syntaxdiagramm ist nicht erschöpfend, deckt also nicht alle mit SQL realisierbaren Möglichkeiten ab, sondern skizziert lediglich die Grundform der häufigsten Ausprägungen einer SQL-Abfrage:

- Notwendige Angaben jeder SQL-Abfrage sind die Variablen, die aus der Quelltabelle ausgelesen werden sollen, und der Name der Tabelle, in der sich die Variablen befinden. Diese Angaben werden mit den Schlüsselwörtern `select` und `from` eingeleitet. Bei der hier anzugebenden Quelltabelle handelt es sich nicht um den Namen der Datenbank (dies wäre zum Beispiel der Name einer Access- oder einer Excel-Datei), sondern um den Namen einer einzelnen Tabelle innerhalb der Datenbank. Im Fall einer Excel-Tabelle ist dies beispielsweise ein Tabellenblatt, im Fall einer Access-Datenbank eine Tabelle oder auch eine Abfrage.

Sowohl für die Variablen hinter der select-Anweisung als auch für die Tabelle hinter der from-Anweisung können Sie statt einzelner Variablen- bzw. Tabellennamen auch längere Ausdrücke wie Berechnungsformeln oder eine Verknüpfung von Tabellen angeben, die im Ergebnis eine Variable bzw. eine Tabelle liefern, siehe hierzu auch die unten folgenden Beispiele.

- Neben den notwendigen Angaben der auszulesenden Variablen und der Quelltabelle können Sie einige optionale Angaben vornehmen:
    - Mit einer where-Anweisung formulieren Sie eine Filterbedingung, um nur ausgewählte Fälle aus der Quelltabelle auszulesen, für ein Beispiel siehe Seite 136.
    - Mit der Anweisung group by können Sie die Fälle gruppieren und statt der Rohdaten verdichtete Werte für die Fallgruppen auslesen, siehe das Beispiel auf Seite 146.
    - Wenn Sie die Fälle bereits beim Einlesen sortieren möchten, können Sie hierzu die Anweisung order by verwenden.

```
SELECT Variablen
  FROM Tabelle
 [WHERE (Bedingung)]
 [GROUP BY Variablen]
 [ORDER BY Variablen]
```

Listing 7.3: Allgemeine Syntax einer SQL-Abfrage

> **Tipp**
>
> SQL bietet vielfältige Möglichkeiten zur Auswahl, Berechnung und Zusammenführung von Daten aus verschiedenen Tabellen, die hier nur in ihren Grundzügen skizziert werden können und die zudem zwischen den unterschiedlichen Datenbanken leicht variieren. In einer SQL-Abfrage mit SPSS sind dabei stets all jene Funktionen zulässig, die von der jeweiligen Quelldatenbank verarbeitet werden können.

7.3.3 Ausgewählte oder sämtliche Variablen auslesen

Einzelne Variablen aus einer Tabelle auslesen

Listing 7.4 zeigt eine ODBC-Abfrage, mit der Daten aus der Access-Datenbank *kunden.mdb* gelesen werden. Für diese Datei ist hier angenommen, sie befinde sich in dem Verzeichnis *C:\Daten*. Aus dieser Datenbank werden die drei Variablen KundenNr, gebdat und lfzums aus der Tabelle Kundenstamm ausgelesen, vgl. zum Aufbau der Datenbank Abbildung 7.1. Inhaltlich ist die SQL-Abfrage selbsterklärend. Bei der Formulierung der Abfrage sind jedoch einige Syntaxregeln zu beachten, die zum Teil von der SPSS-Syntax abweichen:

- *Gesamte Abfrage zwischen Anführungszeichen.* Die gesamte Abfrage ist als ein Text zwischen Anführungszeichen zu schreiben. Ist die Abfrage wie auch hier so lang, dass sie sich über mehrere Zeilen erstreckt, ist der Text innerhalb jeder Zeile von Anführungszeichen einzuschließen. Der Zeilenumbruch kann dabei grundsätzlich an beliebiger Stelle erfolgen, vermeiden Sie es jedoch, den Zeilenwechsel innerhalb eines Wortes vorzunehmen oder ein zusammengesetztes Schlüsselwort (wie group by) über zwei Zeilen zu schreiben.

- *Leerzeichen bei mehrzeiligem Text nicht vergessen.* Erstreckt sich die Abfrage über mehrere Zeilen, dann achten Sie darauf, beim Übergang zwischen den Zeilen notwendige Leerzeichen nicht zu vergessen. So würde die folgende Abfrage zu einer Fehlermeldung führen, da weder hinter lfzums noch vor from innerhalb der Anführungszeichen ein Leerzeichen berücksichtigt ist, so dass SPSS die beiden Wörter als ein Wort lfzumsfrom lesen würde.

```
/SQL='SELECT KundenNr, gebdat, lfzums'
     'FROM Kundenstamm'
```

- *Variablenlisten werden mit Kommata getrennt.* Werden in einer SQL-Abfrage mehrere Texte wie Variablen- oder Tabellennamen als Aufzählung hintereinander angeführt, sind diese durch Kommata zu trennen. So enthält Listing 7.4 eine Variablenliste mit drei Variablennamen, die entsprechend durch Kommata getrennt sind. Innerhalb einer SQL-Abfrage gilt damit eine andere Syntax als in einfachen SPSS-Befehlen.

```
GET DATA
  /TYPE=ODBC
  /CONNECT='DSN=Microsoft Access-Datenbank;'
           'DBQ=C:\Daten\Kunden.mdb;'
  /SQL='SELECT KundenNr, gebdat, lfzums '
       'FROM Kundenstamm' .
EXECUTE.
```

Listing 7.4: SQL-Abfrage: Auslesen einzelner Variablen aus einer Tabelle

> **Tipp**
>
> In älteren SPSS-Versionen gilt: Nicht nur die gesamte Abfrage muss zwischen Anführungszeichen stehen, sondern auch jeder einzelne Text innerhalb der Abfrage, sofern es sich nicht um ein Schlüsselwort handelt. Damit musste zum Beispiel jeder Variablen- und Tabellennamen separat zwischen Anführungszeichen gesetzt werden, siehe hierzu auch das Beispiel auf Seite 127. In SPSS 16 ist dies nun nicht mehr erforderlich, dennoch ist auch SPSS 16 in der Lage, Abfragen, die den alten Anforderungen entsprechen, zu verarbeiten. Es ist also auch bei SPSS 16 zulässig, Textausdrücke innerhalb der SQL-Abfrage einzeln mit Anführungszeichen zu umschließen.

Das Ergebnis der Abfrage aus Listing 7.4 ist in Abbildung 7.2 zu sehen. Sie erkennen dort auch, dass SPSS automatisch einige Variablenformate aus der Quelltabelle übernommen hat. So wurde die Variable kundennr als Textvariable erstellt, obwohl sie ausschließlich numerisch interpretierbare Werte enthält. Der Grund ist, dass diese Variable auch in der Quelltabelle eine Textvariable ist. Auch die Textbreite orientiert sich an der Quelltabelle, so dass SPSS der Variablen kundennr eine Breite von 50 Zeichen zugewiesen hat; dies ist von Bedeutung, wenn die Textwerte ausgewertet werden sollen, die damit entsprechend viele Leerzeichen aufweisen. Analog wurde die Variable gebdat automatisch als Datumsvariable formatiert (in diesem Fall mit einem etwas unglücklichen Format, das auch eine Uhrzeitangabe vorsieht), während die Variable lfzums der Quelltabelle entsprechend ein einfaches numerisches Format mit zwei Dezimalstellen erhalten hat.

	KundenNr	gebdat	lfzums
1	00257	17-May-1965 00:00:00	241,55
2	00258	21-Mar-1938 00:00:00	355,00
3	00259	5-Nov-1956 00:00:00	-1,50
4	00260	5-May-1981 00:00:00	12,35
5	00261	24-May-1975 00:00:00	98,56
6	00262	31-Jul-1960 00:00:00	154,23
7	00263	22-Aug-1980 00:00:00	0,00
8	00264	7-Oct-1969 00:00:00	25,25
9	00265	20-Dec-1978 00:00:00	198,30
10	00266	1-Jan-1950 00:00:00	68,05

Abb. 7.2: Ergebnis der einfachen ODBC-Abfrage aus Listing 7.4

Sämtliche Variablen aus einer Tabelle auslesen

Möchten Sie sämtliche Variablen einer Tabelle auslesen, müssen Sie diese nicht alle namentlich aufführen. Stattdessen können Sie an der Stelle der Variablennamen ein Sternchen (*) als Platzhalter anführen, vgl. Listing 7.5. In diesem Beispiel würden damit die fünf Variablen KundenNr, vorname, nachname, gebdat und lfzums aus der Tabelle Kundenstamm abgerufen werden.

```
GET DATA
  /TYPE=ODBC
  /CONNECT= 'DSN=Microsoft Access-Datenbank;'
            'DBQ=C:\Daten\kunden.mdb; '
  /SQL = 'SELECT * FROM Kundenstamm ' .
EXECUTE .
```

Listing 7.5: SQL-Abfrage: Auslesen sämtlicher Daten einer Tabelle

Einzelne Variablen auslesen und umbenennen

Es ist möglich und zum Teil erforderlich, den aus der Quelltabelle ausgelesenen Variablen einen neuen Namen zu geben. Dies ist unter anderem dann sehr hilfreich, wenn die Variablennamen in der Quelltabelle nicht den Namenskonventionen von SPSS entsprechen; wird solchen Variablen beim Einlesen nicht explizit ein neuer Name zugewiesen, gibt SPSS den betreffenden Variablen automatisch einen neuen Namen.

Die Syntax zum Umbenennen von Variablen entnehmen Sie Listing 7.6. Dort wird die Variable kundennr in id und die Variable lfzums in umsatz umbenannt. Hierzu werden hinter den Namen der Quellvariablen das Schlüsselwort as und der neue Variablenname angefügt.

```
GET DATA
  /TYPE=ODBC
  /CONNECT= 'DSN=Microsoft Access-Datenbank;'
            'DBQ=C:\Daten\kunden.mdb;'
  /SQL = 'SELECT kundennr AS id, gebdat, '
         'lfzums AS umsatz '
         'FROM Kundenstamm ' .
EXECUTE .
```

Listing 7.6: SQL-Abfrage: Auslesen und Umbenennen einzelner Variablen

7.3.4 Nur ausgewählte Fälle auslesen

Mit einer where-Anweisung im SQL-Statement ist es möglich, bereits beim Einlesen der Daten aus einer ODBC-Quelle einen Filter anzuwenden, so dass nur ausgewählte Fälle, die bestimmte Merkmale erfüllen, in den SPSS-Dateneditor übernommen werden, vgl. Listing 7.7.

Zum Filtern der Fälle wird eine where-Anweisung mit anschließender Bedingung in die SQL-Abfrage eingefügt. Die where-Anweisung folgt auf die Angabe der Quelltabelle. Auf das Schlüsselwort where folgt eine Bedingung, die genau von den auszulesenden Fällen erfüllt wird. Die Bedingung muss nicht notwendigerweise zwischen Klammern angeführt werden, die Verwendung von Klammern trägt jedoch häufig zur Klarheit bei. In Listing 7.7 legt die where-Anweisung fest, dass nur solche Fälle aus der Quelltabelle ausgelesen werden sollen, die in der Variablen lfzums einen Wert über 50 aufweisen.

```
GET DATA
  /TYPE=ODBC
  /CONNECT= 'DSN=Microsoft Access-Datenbank;'
           'DBQ=C:\Daten\kunden.mdb;'
  /SQL= 'SELECT  kundennr , gebdat, lfzums '
        'FROM    Kundenstamm '
        'WHERE  (lfzums > 50) ' .
EXECUTE .
```

Listing 7.7: SQL-Abfrage: Nur ausgewählte Fälle einlesen

Die Bedingung zur Auswahl der Fälle kann beliebig komplex sein. Zur Formulierung der Bedingung stehen die folgenden Operatoren und Schlüsselwörter zur Verfügung:

- *Vergleichsoperatoren.* Mit den Vergleichsoperatoren <>, <, >, <= und >= kann eine (Un-)Gleichung formuliert werden. Es werden nur die Datensätze ausgewählt, für die diese (Un-)Gleichung erfüllt ist.
  Beispiel: WHERE (Stadt = 'berlin')

- *Wertebereich.* Mit den Schlüsselwörtern between ... and ... lässt sich ein Wertebereich angeben:

```
WHERE (alter BETWEEN 18 AND 25)
```

- *Ist Element von.* Mit dem Schlüsselwort in lässt sich eine Bedingung formulieren, die fordert, dass ein Wert Element einer Wertemenge ist:

```
WHERE (stadt IN ('Hamburg','Berlin','München','Muenchen'))
```

- *Mustervergleich.* Sie können einen Textwert mit einer Zeichenkette vergleichen und bei der Beschreibung der Zeichenkette die Platzhalterzeichen % (Platzhalter für eine beliebige Anzahl an Zeichen) und _ (Platzhalter für genau ein Zeichen) verwenden. Hierzu dient das Schlüsselwort like; so wählt die folgende

Bedingung alle Datensätze aus, in denen in der Variablen `titel` die Zeichenfolge `steuer` enthalten ist.

```
WHERE (titel LIKE '%steuer%')
```

- *Nullwert.* Mit dem Ausdruck `is null` können Sie prüfen, ob ein Nullwert vorliegt.

```
WHERE (alter IS NULL)
```

- *Bedingung invertieren.* Sie können eine Bedingung invertieren, indem Sie ihr das Schlüsselwort `not` voranstellen. Das Schlüsselwort kann vor einer mit Vergleichsoperatoren formulierten Bedingung und vor den Schlüsselwörtern `between`, `in`, `like` und `null` eingefügt werden.

```
WHERE (NOT stadt = 'Berlin')
WHERE (alter NOT BETWEEN 18 AND 25)
WHERE (stadt NOT IN ('Hamburg', 'Berlin', 'München'))
WHERE (titel NOT LIKE '%steuer%')
WHERE (alter IS NOT NULL)
```

- *Bedingungen verknüpfen.* Mit den Schlüsselwörtern `and` und `or` verknüpfen Sie mehrere Bedingungen zu einer Gesamtbedingung.

```
WHERE (name = 'Pieper' AND stadt = 'Hamburg')
```

7.3.5 Daten aus zwei Tabellen: kartesisches Produkt mit Filter

Die Datenbank *kunden.mdb* enthält mehrere Tabellen, zwischen denen sich Beziehungen herstellen lassen, vgl. Abbildung 7.1. Im Folgenden sollen die Daten aus den beiden Tabellen `Kundenstamm` und `KdInteressen` zusammengeführt und gemeinsam in den SPSS-Dateneditor eingelesen werden. Die Ergebnistabelle soll für jeden Kunden jeweils eine Zeile pro Produktgruppe aufweisen, aus der der Kunde bereits gekauft hat. Jede Zeile der linken Tabelle soll also mit jeder »passenden« Zeile der rechten Tabelle kombiniert werden, wobei zwei Zeilen genau dann als »passend« angesehen werden, wenn sie die gleiche Kundennummer enthalten. Um dieses Ergebnis mit einer SQL-Abfrage zu erreichen, gibt es grundsätzlich zwei Möglichkeiten: Eine wenig elegante, aber sehr einfache Möglichkeit ist in Listing 7.8 beschrieben, der elegantere Weg ist das »Joinen« der beiden Tabellen, siehe hierzu die Beispiele ab Seite 140.

Listing 7.8 beim Zusammenführen der jeweils passenden Datensätze aus den beiden Tabellen einen Umweg, der Abbildung 7.3 skizziert ist; das Ergebnis der Abfrage ist Abbildung 7.4 wiedergegeben:

- *Schritt 1: Kartesisches Produkt.* Hinter der from-Anweisung werden hier statt einer Tabelle die beiden Quelltabellen Kundenstamm und KdInteressen aufgeführt. Da beide Tabellennamen ohne Verknüpfungsanweisung nebeneinanderstehen, wird implizit das kartesische Produkt aus beiden Tabellen angefordert. Das kartesische Produkt ergibt sich, indem jede Zeile der linken Tabelle mit jeder Zeile der rechten Tabelle kombiniert wird. Werden auf diese Weise wie in Abbildung 7.3 skizziert zwei Tabellen mit jeweils drei Datensätzen kombiniert, weist das kartesische Produkt neun Datensätze auf. Für die beiden Beispieltabellen aus Listing 7.8 ergeben sich entsprechend 10 × 17 = 170 Datensätze für das kartesische Produkt.

- *Schritt 2: Passende Fälle auswählen.* Das kartesische Produkt enthält zahlreiche unsinnige Kombinationen. In den SPSS-Dateneditor sollen daraus nur jene Datensätze übernommen werden, bei denen sich alle Angaben auf denselben Kunden beziehen. Dies wird durch die where-Klausel erreicht, die einen Filter über das kartesische Produkt der beiden Quelltabellen legt und nur jene Fälle zulässt, in denen die Variable kundennr aus der Tabelle Kundenstamm den gleichen Wert aufweist wie die Variable kundennr aus der Tabelle KdInteressen.

```
GET DATA
  /TYPE=ODBC
  /CONNECT= 'DSN=Microsoft Access-Datenbank;'
            'DBQ=C:\Daten\kunden.mdb;'
  /SQL= 'SELECT * '
        'FROM Kundenstamm, KdInteressen'
        ' WHERE Kundenstamm.kundennr = '
            'KdInteressen.kundennr' .
EXECUTE .
```

Listing 7.8: SQL-Abfrage: Daten aus zwei Tabellen als kartesisches Produkt mit Filter

Abb. 7.3: »Joinen« zweier Tabellen durch kartesisches Produkt mit anschließendem Filter

Einige Besonderheiten ergeben sich, wenn die beiden Quelltabellen wie auch in diesem Beispiel Variablen mit übereinstimmenden Namen aufweisen:

- *In der SQL-Abfrage.* In der SQL-Abfrage müssen die Variablen nun mit vorangestelltem Tabellennamen angesprochen werden, da ansonsten unklar bliebe, welche Variable jeweils gemeint ist. In Listing 7.8 ist dies in der where-Bedingung relevant.

- *Im Dateneditor.* Im SPSS-Dateneditor sind zwei Variablen mit übereinstimmendem Namen nicht zulässig. SPSS benennt daher automatisch Variablen mit doppeltem Namen um, indem es Ihnen einen Zusatz der Art _A, _B etc. anhängt, vgl. das Ergebnis in Abbildung 7.4. Wenn Sie dies vermeiden möchten, können Sie die Variablen auch explizit in der SQL-Abfrage umbenennen, siehe hierzu das Beispiel auf Seite 135.

	KundenNr	vorname	nachname	gebdat	lfzums	KundenNr_A	ProdGrpNr	GrpUmsatz
1	00257	Frank	Landmann	17-May-1965 00:00:00	241,55	00257	4	135,55
2	00257	Frank	Landmann	17-May-1965 00:00:00	241,55	00257	7	49,90
3	00257	Frank	Landmann	17-May-1965 00:00:00	241,55	00257	10	25,95
4	00258	Maria	Lindemann	21-Mar-1938 00:00:00	355,00	00258	2	49,50
5	00258	Maria	Lindemann	21-Mar-1938 00:00:00	355,00	00258	6	150,50
6	00258	Maria	Lindemann	21-Mar-1938 00:00:00	355,00	00258	10	155,00
7	00260	Tim	Meyer	5-May-1981 00:00:00	12,35	00260	10	9,90
8	00261	Tom	Müller	24-May-1975 00:00:00	98,56	00261	1	98,56
9	00262	James	Nagel	31-Jul-1960 00:00:00	154,23	00262	1	25,00
10	00262	James	Nagel	31-Jul-1960 00:00:00	154,23	00262	7	115,00
11	00264	Linda	Pfeiffer	7-Oct-1969 00:00:00	25,25	00264	8	10,00
12	00264	Linda	Pfeiffer	7-Oct-1969 00:00:00	25,25	00264	9	15,00
13	00265	Clara	Pollmann	20-Dec-1978 00:00:00	198,30	00265	5	99,00
14	00265	Clara	Pollmann	20-Dec-1978 00:00:00	198,30	00265	6	98,00
15	00266	Blanca	Richard	1-Jan-1950 00:00:00	68,05	00266	4	35,25
16	00266	Blanca	Richard	1-Jan-1950 00:00:00	68,05	00266	5	10,00
17	00266	Blanca	Richard	1-Jan-1950 00:00:00	68,05	00266	9	10,00

Abb. 7.4: Ergebnis der ODBC-Abfrage aus Listing 7.8 und Listing 7.11

7.3.6 Daten aus zwei Tabellen mit Aliasnamen

Die Abfrage in Listing 7.9 ist in ihrer Struktur weitgehend mit der vorherigen aus Listing 7.8 identisch: Beide Abfragen verknüpfen die Tabellen Kundenstamm und KdInteressen zu einem kartesischen Produkt und lesen mit einer where-Bedingung genau jene Kombinationen aus, in denen sich alle Angaben jeweils auf denselben Kunden beziehen. Hierbei verwendet Listing 7.9 allerdings Aliasnamen für die Quelltabellen. Die Quelltabellen werden wie üblich im from-Statement aufgeführt, dabei werden ihnen aber zugleich Aliasnamen zugewiesen. So weist der Ausdruck

```
FROM Kundenstamm AS Q1
```

der Tabelle Kundenstamm den Aliasnamen Q1 zu. Dieses Alias ist ausschließlich innerhalb der SQL-Abfrage von Bedeutung und bewirkt, dass die Tabelle Kundenstamm innerhalb der SQL-Abfrage über die Bezeichnung Q1 angesprochen werden kann. Die Verwendung solcher Aliasnamen dient der Vereinfachung und besseren Lesbarkeit der SQL-Abfrage. Deutlich wird dies zum Beispiel in der where-Bedingung, in der statt der ursprünglichen Tabellennamen die Aliasnamen Q1 und Q2 verwendet werden. Auch die select-Anweisung verwendet Aliasnamen bei der Auswahl der Variablen und legt damit fest, dass alle Variablen aus der Tabelle Kundenstamm (Q1) und nur die Variable prodgrpnr aus der Tabelle KdInteressen (Q2) übernommen werden sollen.

```
GET DATA
  /TYPE=ODBC
  /CONNECT= 'DSN=Microsoft Access-Datenbank;'
           'DBQ=C:\Daten\kunden.mdb;'
  /SQL= 'SELECT Q1.*, Q2.prodgrpnr '
        'FROM Kundenstamm  AS Q1, '
             'KdInteressen AS Q2 '
        'WHERE Q1.kundennr = Q2.kundennr ' .
EXECUTE .
```

Listing 7.9: SQL-Abfrage: Aliasnamen für Tabellen verwenden

7.3.7 Daten aus zwei Tabellen über einen Join zusammenführen

Ähnlich wie die beiden vorhergehenden Abfragen dient auch ein Join dazu, Datensätze aus zwei Quelltabellen nach bestimmten Regeln zusammenzuführen und gemeinsam in eine Zieltabelle auszulesen. Die beiden vorhergehenden Abfragen haben hierzu das kartesische Produkt der beiden Quelltabellen als virtuelle Tabelle im Hintergrund gebildet und daraus mittels einer where-Bedingung bestimmte Datensätze selektiert. Auch ein Join verknüpft die Quelltabellen miteinander und fasst diese in einer virtuellen Tabelle im Hintergrund zusammen. Allerdings wird die virtuelle Tabelle dabei nicht einfach als kartesisches Produkt der Einzeltabellen gebildet, sondern es werden die Zeilen der Einzeltabellen auf inhaltlich sinnvolle Weise zusammengeführt, so dass unsinnige Zeilenverbindungen von vornherein ausgeschlossen werden. Die Regel, nach der die Zeilen der Einzeltabellen dabei zu verknüpfen sind, wird von dem Benutzer festgelegt. Dabei sind zwei »Grundtypen« eines Join zu unterscheiden:

- *Inner Join.* Die mit einem Inner Join erzeugte virtuelle Tabelle beschreibt stets eine Teilmenge des kartesischen Produkts der Einzeltabellen. Im häufigsten Fall werden jeweils die Zeilen aus den beiden Einzeltabellen miteinander verknüpft, die in den Werten ausgewählter Verknüpfungsvariablen (wie hier der Kundennummer) übereinstimmen. Enthalten die Quelltabellen Datensätze, für die es kein Pendant in der jeweils anderen Tabelle gibt, werden diese Einträge nicht in die Zieltabelle übernommen.

- *Outer Join.* Ein *Outer Join* berücksichtigt den Umstand, dass es für einzelne Datensätze der einen zu verknüpfenden Tabelle möglicherweise keine Pendants in der anderen zu verknüpfenden Tabelle gibt, aber auch solche Datensätze in manchen Fällen von Interesse sein können. Im vorliegenden Beispiel ist etwa denkbar, dass die Kundendatenbank einen Kunden aufweist, für den es keinen Eintrag in der Interessendatenbank gibt, aber auch oder gerade diese Kunden ebenfalls in die Zieltabelle übernommen werden sollen. Mit einem *Outer Join* lassen sich dann alle Datensätze der Kundentabelle mit den passenden Datensätzen der Interessentabelle verknüpfen und zusätzlich all jene Datensätze der Kundentabelle auslesen, für die keine Verknüpfung zustande kommt, so dass in jedem Fall sämtliche Datensätze aus der Kundentabelle ausgegeben werden.

7.3.8 Zwei Tabellen verknüpfen mit Inner Join

Eine einfache SQL-Abfrage mit Bildung eines Inner Join hat die in Listing 7.10 dargestellte allgemeine Syntax.

```
SELECT Variablen
FROM Tabelle1 INNER JOIN Tabelle2
    ON Verknüpfungsbedingung .
```

Listing 7.10: SQL-Abfrage: Allgemeine Syntax eines Inner Join

Als Verknüpfungsbedingung ist jede Bedingung zulässig, die eine Zuordnung zwischen den Datensätzen der Quelltabellen vornimmt. Eine typische Verknüpfungsbedingung hat folgende Form:

```
ON tabelle1.id1 = tabelle2.id2
```

Dabei kann eine Verknüpfung auch über mehrere Variablen hergestellt werden, etwa in der Form:

```
ON tabelle1.name = tabelle2.nachname
AND tabelle1.plz = tabelle2.zipcode
```

Die Abfrage in Listing 7.11 verwendet einen *Inner Join* und liest damit die gleichen Daten aus wie die Abfrage aus Listing 7.8, vgl. auch die Ergebnistabelle in Abbildung 7.4, Seite 139. Der Join führt die beiden Tabellen `Kundenstamm` und `KdInteressen` zusammen, wobei jeweils die Datensätze miteinander verknüpft werden, die in beiden Quelltabellen in der Variablen `kundennr` den gleichen Wert aufweisen. Den Quelltabellen werden dabei Aliasnamen zugewiesen, die in der Verknüpfungsbedingung verwendet werden. Aus der resultierenden Verknüpfungstabelle werden mit `select *` sämtliche Variablen ausgelesen; damit wird die Variable kundennr zweifach in die Zieltabelle geschrieben, wobei SPSS eine der beiden Variablen kundennr automatisch umbenennt, vgl. Abbildung 7.4, Seite 139.

```
GET DATA
  /TYPE=ODBC
  /CONNECT= 'DSN=Microsoft Access-Datenbank;'
           'DBQ=C:\Daten\kunden.mdb;'
  /SQL= 'SELECT * '
        'FROM Kundenstamm AS Q1 '
          'INNER JOIN KdInteressen AS Q2 '
          'ON Q1.kundennr = Q2.kundennr ' .
EXECUTE .
```

Listing 7.11: SQL-Abfrage: Verknüpfung zweier Tabellen mit Inner Join

7.3.9 Zwei Tabellen verknüpfen mit Left Outer Join

Listing 7.12 verknüpft ebenfalls zwei Tabellen miteinander, verwendet dabei aber einen Outer Join – und zwar genauer gesagt einen Left Outer Join. Ein Outer Join legt generell fest, dass auch solche Datensätze aus den Quelltabellen übernommen werden sollen, für die kein Pendant in der jeweils anderen Tabelle vorhanden ist. Mit einem Left Outer Join wird diese Anforderung insofern wieder eingeschränkt, als damit nur aus der »linken Tabelle« Datensätze ohne Pendant in der »rechten Tabelle« übernommen werden. Weist umgekehrt die »rechte Tabelle« Datensätze auf, für die es kein Pendant in der »linken Tabelle« gibt, werden diese auch weiterhin unterdrückt und damit nicht in die Zieltabelle übernommen. Die »linke Tabelle« ist dabei jene, die links von (vor) dem Schlüsselwort left join steht, in diesem Fall also die Tabelle Kundenstamm.

Das Ergebnis der Abfrage ist in Abbildung 7.5 wiedergegeben. Dort ist zu erkennen, dass die Tabelle in den Zeilen 7 und 12 zwei Kunden enthält, für die keine Produktgruppendaten vorliegen. Entsprechend enthalten die drei Variablen KundenNr_A, ProdGrpNr und GrpUmsatz (die Variablennamen werden in älteren Programmversionen von SPSS ggf. automatisch geändert, so dass sie nicht mehr als acht Zeichen umfassen) in diesen beiden Fällen fehlende Werte.

```
GET DATA
  /TYPE=ODBC
  /CONNECT= 'DSN=Microsoft Access-Datenbank;'
           'DBQ=C:\Daten\kunden.mdb;'
  /SQL = 'SELECT * '
         'FROM  Kundenstamm AS Q1 '
```

```
        'LEFT JOIN KdInteressen AS Q2 '
        'ON Q1.kundennr = Q2.kundennr ' .
EXECUTE .
```

Listing 7.12:   SQL-Abfrage: Zwei Tabellen mit Left Outer Join verknüpfen

	KundenNr	vorname	nachname	gebdat	lfzums	KundenNr_A	ProdGrpNr	GrpUmsatz
1	00257	Frank	Landmann	17-May-1965 00:00:00	241,55	00257	4	135,55
2	00257	Frank	Landmann	17-May-1965 00:00:00	241,55	00257	7	49,90
3	00257	Frank	Landmann	17-May-1965 00:00:00	241,55	00257	10	25,95
4	00258	Maria	Lindemann	21-Mar-1938 00:00:00	355,00	00258	2	49,50
5	00258	Maria	Lindemann	21-Mar-1938 00:00:00	355,00	00258	6	150,50
6	00258	Maria	Lindemann	21-Mar-1938 00:00:00	355,00	00258	10	155,00
7	00259	Luise	Maier	5-Nov-1956 00:00:00	-1,50	...	.	.
8	00260	Tim	Meyer	5-May-1981 00:00:00	12,35	00260	10	9,90
9	00261	Tom	Müller	24-May-1975 00:00:00	98,56	00261	1	98,56
10	00262	James	Nagel	31-Jul-1960 00:00:00	154,23	00262	1	25,00
11	00262	James	Nagel	31-Jul-1960 00:00:00	154,23	00262	7	115,00
12	00263	E.T.	Neumann	22-Aug-1980 00:00:00	0,00	...	.	.
13	00264	Linda	Pfeiffer	7-Oct-1969 00:00:00	25,25	00264	8	10,00
14	00264	Linda	Pfeiffer	7-Oct-1969 00:00:00	25,25	00264	9	15,00
15	00265	Clara	Pollmann	20-Dec-1978 00:00:00	198,30	00265	5	99,00
16	00265	Clara	Pollmann	20-Dec-1978 00:00:00	198,30	00265	6	98,00
17	00266	Blanca	Richard	1-Jan-1950 00:00:00	68,05	00266	4	35,25
18	00266	Blanca	Richard	1-Jan-1950 00:00:00	68,05	00266	5	10,00
19	00266	Blanca	Richard	1-Jan-1950 00:00:00	68,05	00266	9	10,00

Abb. 7.5:   Ergebnis der ODBC-Abfrage mit Left Outer Join aus Listing 7.12

Tipp

Ebenso wie einen Left Outer Join gibt es auch einen Right Outer Join, der alle Datensätze der »rechten Tabelle« ausliest. Sollen aus beiden Quelltabellen sämtliche Datensätze übernommen werden, können Sie einen Full Outer Join (häufig einfach als Outer Join geschrieben) verwenden, dieser wird aber von vielen ODBC-Datenquellen nicht unterstützt.

7.3.10 Drei Tabellen verknüpfen mit Left Join

Ein Join lässt sich nicht nur über zwei, sondern grundsätzlich über beliebig viele Tabellen durchführen. So weist die Datenbank *kunden.mdb* drei Tabellen auf, die alle in Beziehung zueinander stehen, vgl. Abbildung 7.1, Seite 131. Im Folgenden sollen alle Daten aus der Tabelle Kundenstamm ausgelesen und zugleich die Produktgruppenumsätze aus der Tabelle KdInteressen (Variable GrpUmsatz) und die sprechenden Namen der Produktgruppen aus der Tabelle ProdGrp (Variable ProdGrpTxt) zugespielt werden.

Die notwendige Verknüpfung der drei Quelltabellen erfolgt in der Abfrage aus Listing 7.13; das Ergebnis ist in Abbildung 7.6 wiedergegeben. In der Abfrage werden zunächst die beiden Tabellen Kundenstamm und KdInteressen über einen Left

Join miteinander verknüpft. Die Syntax einschließlich der Verknüpfungsbedingung ist insoweit vollkommen identisch mit der vorhergehenden Abfrage aus Listing 7.12. Das Ergebnis dieser Verknüpfung wird jedoch anschließend noch einmal über einen Left Join mit der dritten Tabelle ProdGrp verknüpft; die Verknüpfungsbedingung fordert dabei, dass die Produktgruppennummer (ProdGrpNr) in den Tabellen KdInteressen und ProdGrp übereinstimmen. Aus der so gebildeten virtuellen Tabelle, die alle drei Quelltabellen zusammenführt, werden anschließend über die select-Anweisung alle Variablen aus der Quelltabelle Kundenstamm sowie die Variable GrpUmsatz (aus der Tabelle KdInteressen) und die Variable ProdGrpTxt (aus der Tabelle ProdGrp) ausgelesen.

```
GET DATA
  /TYPE=ODBC
  /CONNECT= 'DSN=Microsoft Access-Datenbank;'
            'DBQ=C:\Daten\kunden.mdb;'
  /SQL = 'SELECT Q1.*, '
         'Q2.GrpUmsatz, '
         'Q3.ProdGrpTxt '
    'FROM (Kundenstamm AS Q1 '
      'LEFT JOIN KdInteressen AS Q2 '
        'ON Q1.kundennr = Q2.kundennr) '
      'LEFT JOIN ProdGrp AS Q3 '
        'ON Q2.ProdGrpNr = Q3.ProdGrpNr' .
EXECUTE .
```

Listing 7.13: SQL-Abfrage: Drei Tabellen mit Left Join verknüpfen

	KundenNr	vorname	nachname	gebdat	lfzums	GrpUmsatz	ProdGrpTxt
1	00257	Frank	Landmann	17-May-1965 00:00:00	241,55	135,55	Hifi
2	00257	Frank	Landmann	17-May-1965 00:00:00	241,55	49,90	DVD
3	00257	Frank	Landmann	17-May-1965 00:00:00	241,55	25,95	Auto
4	00258	Maria	Lindemann	21-Mar-1938 00:00:00	355,00	49,50	Spielwaren
5	00258	Maria	Lindemann	21-Mar-1938 00:00:00	355,00	150,50	Musik
6	00258	Maria	Lindemann	21-Mar-1938 00:00:00	355,00	155,00	Auto
7	00259	Luise	Maier	5-Nov-1956 00:00:00	-1,50		...
8	00260	Tim	Meyer	5-May-1981 00:00:00	12,35	9,90	Auto
9	00261	Tom	Müller	24-May-1975 00:00:00	98,56	98,56	Mode
10	00262	James	Nagel	31-Jul-1960 00:00:00	154,23	25,00	Mode
11	00262	James	Nagel	31-Jul-1960 00:00:00	154,23	115,00	DVD
12	00263	E.T.	Neumann	22-Aug-1980 00:00:00	0,00		...
13	00264	Linda	Pfeiffer	7-Oct-1969 00:00:00	25,25	10,00	Kinder
14	00264	Linda	Pfeiffer	7-Oct-1969 00:00:00	25,25	15,00	Home
15	00265	Clara	Pollmann	20-Dec-1978 00:00:00	198,30	99,00	Buch
16	00265	Clara	Pollmann	20-Dec-1978 00:00:00	198,30	98,00	Musik
17	00266	Blanca	Richard	1-Jan-1950 00:00:00	68,05	35,25	Hifi
18	00266	Blanca	Richard	1-Jan-1950 00:00:00	68,05	10,00	Buch
19	00266	Blanca	Richard	1-Jan-1950 00:00:00	68,05	10,00	Home

Abb. 7.6: Ergebnis der ODBC-Abfrage mit Left Join über drei Tabellen aus Listing 7.13

7.3.11 Daten beim Einlesen gruppieren und verdichten

Die Abfragesprache SQL ermöglicht es, direkt beim Einlesen der Daten einfache Berechnungen und Gruppierungen vorzunehmen, so dass nicht die Originaldaten der Quelltabelle, sondern verdichtete Daten in den SPSS-Dateneditor eingelesen werden. Das Gruppieren der Daten bewirkt, dass die Datensätze der Quelltabelle nach einem vorgegebenen Kriterium zu Gruppen zusammengefasst werden. Für diese Fallgruppen können dabei Aggregatfunktionen berechnet und als Ergebnis der Abfrage ausgegeben werden. Die Ergebnistabelle einer gruppierten Abfrage enthält damit nicht mehr für jeden ausgelesenen Datensatz eine eigene Zeile, sondern nur noch eine Zeile je »Datensatzgruppe«.

Eine solche Gruppierung wird in Listing 7.14 vorgenommen. Die SQL-Abfrage greift dort nur auf die eine Tabelle `KdInteressen` zu. Diese Tabelle enthält Informationen über die Umsätze eines Kunden je Produktgruppe. Jede vertretene Kunden-Produktgruppen-Kombination bildet dabei eine Zeile, so dass sowohl jeder Kunde als auch jede Produktgruppe mehrfach in der Tabelle enthalten sein kann. Die Gruppierung der Abfrage erfolgt durch die Klausel `group by`, die nach der `from`-Klausel eingefügt wird. In diesem Beispiel legt die Anweisung `group by kundennr` fest, dass die Daten auf Kundennummern-Ebene verdichtet werden sollen. Die Ergebnistabelle wird damit nur eine Zeile je Kundennummer aufweisen.

> **Tipp**
>
> Die Gruppierung kann auch über mehrere Variablen vorgenommen werden. Hierzu werden einfach alle Gruppierungsvariablen hinter der Anweisung `group by` als Liste, durch Kommata getrennt, aufgeführt. Um eine Gruppierung über die Variablen `id1` und `id2` vorzunehmen, schreiben Sie daher
>
> `GROUP BY id1, id2`
>
> Damit würden jeweils alle Datensätze, die sowohl in `id1` als auch in `id2` die gleichen Werte enthalten, zu einer Gruppe zusammengefasst.

Die je Fallgruppe (und damit je Kunde bzw. formal je Kundennummer) auszugebenden Variablen werden wie üblich hinter der `select`-Anweisung aufgeführt. Dabei ist nun aber zu beachten, dass nur Daten für die gesamten Fallgruppen ausgegeben werden können. Würde hier beispielsweise die Variable `grpumsatz` angefordert werden, wäre die Gruppierung nicht mehr möglich, da diese Variable innerhalb einer Fallgruppe unterschiedliche Ausprägungen aufweist und daher nicht klar wäre, welcher Wert für eine Fallgruppe auszugeben ist. Daher können hier im Wesentlichen zwei Arten von Informationen angefordert werden, vgl. auch das Ergebnis in Abbildung 7.7:

1. *Werte der Gruppierungsvariablen.* Die Gruppierungsvariablen (hier die Variable `kundennr`) haben innerhalb einer Fallgruppe stets einen eindeutigen Wert und

können daher wie gewohnt ausgelesen werden. So wird auch hier die Variable kundennr ausgelesen, wobei ihr zugleich der neue Name ID zugewiesen wird.

2. *Aggregierte Werte.* Es können aggregierte Werte für die Fallgruppen berechnet werden. Hierzu stehen verschiedene Aggregierungsfunktionen zur Verfügung (siehe Tabelle 7.1). In diesem Beispiel wird die Summe über die Werte der Variablen grpumsatz berechnet und als Variable mit dem Namen summe ausgegeben. Die Funktion count(*) ermittelt die Anzahl der Fälle, die in einer Fallgruppe enthalten sind; diese Fallzahl wird hier als Variable anzahl ausgegeben.

```
GET DATA
    /TYPE=ODBC
    /CONNECT= 'DSN=Microsoft Access-Datenbank;'
              'DBQ=C:\Daten\kunden.mdb;'
    /SQL = 'SELECT kundennr AS ID, '
           'SUM(grpumsatz) AS summe, '
           'COUNT(*) AS anzahl '
        'FROM KdInteressen '
        'GROUP BY kundennr' .
EXECUTE .
```

Listing 7.14: SQL-Abfrage: Daten beim Einlesen gruppieren und aggregierte Werte berechnen

	ID	summe	anzahl
1	00257	211,40	3
2	00258	355,00	3
3	00260	9,90	1
4	00261	98,56	1
5	00262	140,00	2
6	00264	25,00	2
7	00265	197,00	2
8	00266	55,25	3

Abb. 7.7: Ergebnis der ODBC-Abfrage mit Gruppierung aus Listing 7.14

Funktion	Wirkung
COUNT(*)	Zählt die Anzahl der in einer Gruppe zusammengefassten Datensätze. Dabei werden auch Dubletten und Datensätze mit Nullwerten berücksichtigt
COUNT(Variable)	Zählt die Anzahl der Datensätze in einer Fallgruppe, die in der angegebenen Variablen einen gültigen Wert (ein Wert ungleich dem Nullwert) aufweisen

Tabelle 7.1: Typische Aggregatfunktionen für eine SQL-Abfrage mit gruppierten Daten

Funktion	Wirkung
SUM(Variable)	Berechnet die Summe der Werte in der angegebenen Variablen für die jeweilige Fallgruppe
AVG(Variable)	Berechnet den Mittelwert für die angegebene Variable in der jeweiligen Fallgruppe
MAX(Variable)	Ermittelt den höchsten Wert der Variablen in der Fallgruppe
MIN(Variable)	Ermittelt den niedrigsten Wert der Variablen in der Fallgruppe

Tabelle 7.1: Typische Aggregatfunktionen für eine SQL-Abfrage mit gruppierten Daten (Forts.)

> **Tipp**
>
> Zum Berechnen der Variablen können Sie auch arithmetische Operationen verwenden und mehrere Aggregatfunktionen verknüpfen. So können Sie beispielsweise die Wertespanne einer Variablen innerhalb einer Fallgruppe ausrechnen, indem Sie die Differenz zwischen max() und min() ermitteln:
>
> ```
> MAX(grpumsatz)-MIN(grpumsatz) AS spanne
> ```

7.3.12 Join aus Tabelle und Unterabfrage mit gruppierten Daten

Die vorhergehende Abfrage aus Listing 7.14 liefert Daten, die auf Ebene der Kundennummern gruppiert sind, so dass sich jeder Fall der Ergebnistabelle auf einen Kunden bezieht. Es drängt sich daher die Frage auf, wie diese Daten mit den Kundenstammdaten der Tabelle Kundenstamm zusammengeführt werden können. Die Antwort darauf findet sich in Listing 7.15. Dort wird ein Join zwischen der Tabelle Kundenstamm und einer *Unterabfrage* durchgeführt. Diese Unterabfrage nutzt folgenden »Trick«: Ein Join hat wie bekannt die allgemeine Form

```
Tabelle1 LEFT JOIN Tabelle2 ON (Verknüpfungsbedingung)
```

Links und rechts des Schlüsselwortes left join wird somit die Angabe einer Tabelle erwartet, und der Join hat die Funktion, die beiden angeführten Tabellen miteinander zu verknüpfen. Überall dort, wo in einer SQL-Abfrage eine Tabelle erwartet wird, kann aber statt des Namens einer bestehenden Tabelle auch ein Ausdruck angegeben werden, der im Ergebnis eine Tabelle liefert. Ein solcher Ausdruck ist typischerweise wiederum eine eigene Abfrage, die damit zu einer Unterabfrage innerhalb der Gesamtabfrage wird. So hat der Join in Listing 7.15 vereinfacht die folgende Form:

```
Tabelle1
LEFT JOIN
```

> (*Unterabfrage mit einer Tabelle als Ergebnis*)
> ON (*Verknüpfungsbedingung*)

Die Unterabfrage ist dabei eine vollständige SQL-Abfrage mit `select`- und `from`-Statement und enthält in diesem Fall zusätzlich eine Gruppierungsanweisung. Die Unterabfrage liefert als Ergebnis eine Tabelle mit den drei Variablen kundennr, grp_ums und grp_anz, wobei jede Zeile der Tabelle einen Kunden beschreibt. Dieser Tabelle wird der Aliasname Q2 zugewiesen, über den die Tabelle in der Verknüpfungsbedingung und im `select`-Statement der Gesamtabfrage angesprochen wird. Die Verknüpfung erfolgt über die sowohl in der Tabelle Kundenstamm als auch in der Unterabfrage enthaltene Variable kundennr.

Aus den derart verknüpften Tabellen werden die drei Variablen kundennr, nachname, lfzums aus der Tabelle Kundenstamm und die beiden Variablen grp_ums und grp_anz aus der gruppierten Unterabfrage ausgelesen, vgl. das Ergebnis in Abbildung 7.8. Dort ist nun zum Beispiel zu erkennen, dass die Summe der Produktgruppenumsätze (grp_ums) in vielen Fällen nicht mit dem Laufzeitumsatz (lfzums) übereinstimmt, was je nach inhaltlichem Hintergrund möglicherweise auf Inkonsistenzen in den Daten hindeuten könnte.

```
GET DATA
  /TYPE=ODBC
  /CONNECT= 'DSN=Microsoft Access-Datenbank;'
           'DBQ=C:\Daten\kunden.mdb;'
  /SQL = 'SELECT Q1.kundennr AS id, '
         'Q1.nachname AS name, '
         'Q1.lfzums, '
         'Q2.grp_ums, Q2.grp_anz '
    'FROM Kundenstamm AS Q1 '
      'LEFT JOIN '
         '(SELECT kundennr, '
             'SUM(grpumsatz) AS grp_ums, '
             'COUNT(*) AS grp_anz '
          'FROM KdInteressen '
          'GROUP BY kundennr) AS Q2 '
       'ON Q1.kundennr = Q2.kundennr ' .
EXECUTE .
```

Listing 7.15: SQL-Abfrage: Join einer Tabelle mit gruppierten Daten einer zweiten Tabelle

	id	name	lfzums	grp_ums	grp_anz
1	00257	Landmann	241,55	211,40	3
2	00258	Lindemann	355,00	355,00	3
3	00259	Maier	-1,50	.	.
4	00260	Meyer	12,35	9,90	1
5	00261	Müller	98,56	98,56	1
6	00262	Nagel	154,23	140,00	2
7	00263	Neumann	0,00	.	.
8	00264	Pfeiffer	25,25	25,00	2
9	00265	Pollmann	198,30	197,00	2
10	00266	Richard	68,05	55,25	3

Abb. 7.8: Ergebnis der ODBC-Abfrage mit Unterabfrage aus Listing 7.15

7.3.13 Gruppierte Daten filtern mit »having«

Wenn Sie gruppierte Daten auslesen, können Sie die Datensätze auf zwei unterschiedlichen Ebenen filtern:

- *Filter auf Ebene der einzelnen Datensätze.* Sie können zunächst einen Filter auf die Datensätze der Quelltabelle anwenden. Nur jene Datensätze, die dieser Filter durchlässt, werden anschließend gruppiert. Ein solcher Filter wird in der bekannten Weise über eine where-Bedingung formuliert (siehe oben). Die SQL-Abfrage mit einem solchen Filter hat folgende allgemeine Syntax:

SELECT Variablen
FROM Quelltabelle
WHERE Filterbdedinung
GROUP BY Gruppierungsvariable

- *Filter auf Ebene der gruppierten Daten.* Ebenso kann ein Filter auf Ebene der gruppierten Daten angewandt werden. In diesem Fall bezieht sich die Filterbedingung nicht auf die einzelnen Datensätze der Quelltabelle, sondern auf die aus der Gruppierung resultierenden Fallgruppen. Ein solcher Filter wird durch das Schlüsselwort having eingeleitet und nach dem group by-Statement angeführt.

SELECT Variablen
FROM Quelltabelle
GROUP BY Gruppierungsvariable
HAVING Filterbedingung auf Gruppenebene

Listing 7.16 zeigt ein Beispiel für einen Filter auf der Ebene gruppierter Daten. Die Abfrage ist weitgehend identisch mit der einfachen Abfrage gruppierter Daten aus Listing 7.14. Der einzige Unterschied ist das zusätzliche having-Statement. Damit wird hier ein Filter erstellt, der nur solche Fallgruppen zulässt, in denen die Summe aller Werte aus der Variablen grpumsatz größer als 50 ist. Das Ergebnis der Abfrage ist Abbildung 7.9 wiedergegeben. Dort ist die Wirkung des Filters unmittelbar zu erkennen, da nur Fälle mit einem Wert von über 50 in der Variablen summe ausgegeben wurden.

```
GET DATA
  /TYPE=ODBC
  /CONNECT= 'DSN=Microsoft Access-Datenbank;'
            'DBQ=C:\Daten\kunden.mdb;'
  /SQL = 'SELECT  kundennr AS ID, '
         'SUM(grpumsatz) AS summe, '
         'COUNT(*) AS anzahl '
         'FROM KdInteressen AS Q1 '
         'GROUP BY kundennr '
         'HAVING SUM(grpumsatz)>50' .
EXECUTE .
```

Listing 7.16: SQL-Abfrage: Gruppierte Daten auslesen und filtern mit having

	ID	summe	anzahl
1	00257	211,40	3
2	00258	355,00	3
3	00261	98,56	1
4	00262	140,00	2
5	00265	197,00	2
6	00266	55,25	3

Abb. 7.9: Ergebnis der Abfrage gruppierter und gefilterter Daten aus Listing 7.16

7.4 Assistent zur Formulierung der Abfrage

SPSS bietet einen Assistenten an, mit dessen Hilfe Sie ODBC-Abfragen formulieren können. Dieser Assistent dient primär dazu, eine ODBC-Abfrage über Dialogfelder durchzuführen, er kann aber auch bei der Arbeit mit SPSS-Syntax sehr hilfreich sein, da er die Möglichkeit bietet, die »zusammengeklickte« Abfrage in einen get data-Befehl zu übersetzen. Dies ist vor allem deshalb sehr hilfreich, weil bestimmte notwendige Angaben wie insbesondere die korrekte Bezeichnung der Quelldatenbank mit dem Unterbefehl connect häufig unbekannt sind. Sie können den Assistenten also nutzen, um die korrekten Bezeichnungen und Syntaxkonstruktionen abzufragen und anschließend den Befehl manuell anzupassen.

Um den Assistenten zu starten, wählen Sie den Menübefehl *Datei / Datenbank öffnen / Neue Abfrage*. Der damit gestartete Assistent führt Sie schrittweise durch den Prozess zum Formulieren der Abfrage. Der Vorgang umfasst insgesamt sechs Schritte, die insbesondere bei Kenntnis der grundlegenden Zusammenhänge einer SQL-Abfrage weitgehend selbsterklärend sind und im Folgenden nur kurz skizziert werden.

Schritt 1: Datenquelle auswählen

Geben Sie im ersten Schritt die Art der Datenquelle (Excel-Datei, Access-Datenbank, Paradox-Datenbank, Textdatei etc.) an. Die infrage kommenden Datenquellen werden in einer Liste aufgeführt, aus der Sie den gewünschten Dateityp auswählen können.

Wenn Sie die Datenquelle ausgewählt haben und auf die Schaltfläche *Weiter* klicken, werden Sie aufgefordert, die konkrete Datenbank (Quelldatei) anzugeben. Wählen Sie diese aus, und bestätigen Sie das Dialogfeld mit *OK*. Haben Sie hier eine Quelle ausgewählt, die durch ein Passwort geschützt ist, werden Sie um die Angabe dieses Passwortes gebeten.

Die Angaben, die Sie in diesem Schritt vornehmen, entsprechen dem Unterbefehl `connect` des Befehls `get data`.

> **Tipp**
>
> Wird die Datenquelle, auf die Sie zugreifen möchten, nicht in der Liste der verfügbaren Quellen aufgeführt, ist der notwendige Treiber für dieses Datenbankformat nicht verfügbar und muss zunächst installiert werden. Einige häufig benötigte Treiber für Datenbanken sowie für verschiedene Microsoft-Programme finden Sie auf der Installations-CD von SPSS, siehe hierzu die Hinweise auf Seite 129.

Schritt 2: Tabellen und Felder auswählen

Nach der Angabe der Quelldatei werden alle in dieser Datei enthaltenen Tabellen sowie die darin enthaltenen Felder (Variablen) aufgeführt. Wählen Sie aus dieser Liste die zu importierenden Tabellen oder auch einzelne Felder aus, indem Sie sie aus der linken Liste *Verfügbare Tabellen* in die rechte Liste *Felder in dieser Reihenfolge einlesen* verschieben. Einzelne Felder, die Sie nicht einlesen möchten, können Sie aus der Auswahl wieder entfernen, indem Sie sie in die linke Liste zurückschieben. Dieser Schritt entspricht damit weitgehend dem `select`-Statement der SQL-Abfrage.

Schritt 3: Beziehungen zwischen den Tabellen erstellen

Wenn Sie mehr als eine Tabelle zum Einlesen ausgewählt haben, müssen Sie eine Beziehung (Relation) zwischen den Tabellen herstellen. Eine solche Beziehung gibt an, in welcher Weise die Tabellen miteinander zusammenhängen, und legt damit fest, wie die Datensätze der verschiedenen Tabellen zu einheitlichen Datensätzen zusammengefasst werden. Die Angaben, die in diesem Schritt vorgenommen werden, entsprechen damit dem from-Statement der SQL-Abfrage.

Beispiel: In der Datenbank *kunden.mdb* besteht eine Beziehung zwischen den Tabellen Kundenstamm und KdInteressen, vgl. Abbildung 7.1, Seite 131. Sollen nun für jeden Kunden alle vorliegenden Informationen aus der Tabelle Kundenstamm eingelesen und zusätzlich Informationen über Produktgruppenumsätze aus der Tabelle KdInteressen zugespielt werden, müssen die Tabellen in der Abfrage miteinander verknüpft werden. Die Verknüpfung erfolgt dabei über die in beiden Tabellen enthaltene Variable KundenNr. Um diese Verknüpfung herzustellen, können Sie das Feld KundenNr aus der Kundenstamm-Tabelle mit der Maus über das Feld KundenNr in der Tabelle KdInteressen ziehen. Die damit erstellte Beziehung zwischen den Tabellen wird durch eine entsprechende Verbindungslinie zwischen den beiden miteinander verknüpften Feldern angezeigt. Um eine vorhandene Verbindung wieder zu entfernen, markieren Sie die entsprechende Verbindungslinie durch einfaches Anklicken und tippen Sie auf die Taste [Entf].

Tipp

Wenn SPSS selbst eine sinnvolle Verknüpfung der Tabellen gefunden zu haben glaubt, stellt SPSS diese Verknüpfung auch automatisch her. Um eine solche Verknüpfung zu ändern, müssen Sie dann zunächst die Option *Tabellen automatisch verbinden* deaktivieren. Anschließend können Sie die Tabellen wie oben beschrieben manuell miteinander verknüpfen.

Wenn eine Verknüpfung zwischen den Tabellen hergestellt ist, können Sie zusätzlich noch die Art der Verbindung (des Join) festlegen können. Wählen Sie hierzu die gewünschte Verknüpfungsart in der Dropdown-Liste *Verbindungstyp* aus. SPSS bietet hier einen Inner Join, einen Left Outer Join und einen Right Outer Join an; ein Full Outer Join steht nicht zur Verfügung. Zur Bedeutung der unterschiedlichen Join-Typen siehe auch Seite 140.

Schritt 4: Fälle auswählen

Sie können Kriterien festlegen, die als Filter für die zu importierenden Fälle wirken. Es werden dann nur solche Fälle eingelesen, die alle vorgegebenen Kriterien erfüllen. So könnten Sie etwa beim Einlesen einer Personen-Tabelle vorgeben, dass nur männliche Personen oder nur Personen mit einem Alter unter 35 Jahren übernommen werden sollen. Die Angaben dieses Schrittes entsprechen der where-Bedingung des SQL-Statements. Der Assistent bietet hier die folgenden Möglichkeiten:

- *Bedingung formulieren.* In jede Zeile der Tabelle in dem Dialogfeld können Sie eine Bedingung eingeben. In der ersten Spalte *Verbindung* legen Sie fest, ob die Bedingung der betreffenden Zeile zusätzlich (AND) zu den vorhergehenden Bedingungen erfüllt sein muss oder ob es genügt, wenn eine der Bedingungen erfüllt ist (OR = logisches Oder). In der ersten Zeile und damit für die erste Bedingung bleibt die Spalte *Verbindung* leer, da es noch keine vorhergehenden Bedingungen gibt. Zum Formulieren der Bedingung fügen Sie in die Spalten *Ausdruck 1* und *Ausdruck 2* jeweils einen Ausdruck ein und wählen in der Spalte *Relation* aus der Dropdown-Liste einen Vergleichsoperator (=, >, <= etc.). In der Liste *Funktionen* werden alle zum Formulieren eines Ausdrucks zur Verfügung stehenden Funktionen aufgezählt. Wenn Sie auf einen Eintrag dieser Liste doppelklicken, wird die betreffende Funktion in das aktuell markierte oder das nächste zu bearbeitende *Ausdruck*-Feld eingefügt. Auf die gleiche Weise können Sie Felder aus der Quelldatei in einen Ausdruck einfügen; diese Felder können Sie auch aus der Dropdown-Liste wählen, die zur Verfügung steht, sobald ein *Ausdruck*-Feld markiert ist.

Beispiel. Möchten Sie für die Datenbank *kunden.mdb* erreichen, dass ausschließlich Kunden mit einem Laufzeitumsatz von über 25 Euro übernommen werden, füllen Sie die Felder wie folgt aus:

Ausdruck 1: Kundenstamm: lfzums   Relation: >   Ausdruck 2: 25

- *Zufallsstichprobe.* Des Weiteren können Sie im vierten Schritt des Assistenten festlegen, dass lediglich eine Zufallsstichprobe aller Datensätze, die sich für die Ergebnistabelle qualifiziert haben, eingelesen werden soll. Das Ziehen einer solchen Zufallsstichprobe ist jedoch keine Leistung der SQL-Abfrage, sondern erfolgt erst nach dem Einlesen der Daten über einen `sample`-Befehl, den Sie auch unabhängig von einer SQL-Abfrage manuell formulieren können, siehe hierzu im Detail Kapitel 8.

Schritt 5: Variablen definieren

Im fünften Schritt wird ein Dialogfeld angezeigt, in dem alle aus der Datenquelle zu lesenden Felder aufgeführt werden. Jedes dieser Felder bildet in der SPSS-Datendatei eine Variable, für die jeweils der von SPSS automatisch ermittelte Name und Datentyp (Numerisch oder Text (`String`)) angegeben werden. Die Variablennamen lassen sich hier überschreiben.

> **Tipp**
>
> Die Voreinstellung des Assistenten sieht vor, jeder Variablen die ursprünglichen Feldnamen aus der Quelltabelle als Variablenlabel zuzuweisen. Für Textvariablen steht zusätzlich die Option *Als numerisch umkodieren* zur Verfügung; kreuzen Sie diese an, um die Variable automatisch in eine numerische Variable umzuwandeln. Für die numerischen Kodierungen werden dann die Textwerte als Wertelabels definiert. Wenn Sie diese Einstellungen anschließend in SPSS-Syntax übersetzen, werden Sie feststellen, dass alle Variablenformatierungen nicht im Rahmen der SQL-Abfrage vorgenommen werden, sondern nach dem Einlesen der Daten durch gesonderte SPSS-Befehle erfolgen.

Schritt 6: Daten einlesen oder Abfrage speichern

Im letzten Schritt können Sie wählen, ob die Daten unmittelbar in ein SPSS-DatenSet eingelesen oder die im Assistenten vorgenommenen Einstellungen als Syntaxbefehl in eine Syntaxdatei eingefügt werden sollen. Wenn Sie die Einstellungen in SPSS-Syntax und damit in einen `get data`-Befehl übersetzen, werden Sie feststellen, dass SPSS die Abfrage sehr »wortreich« formuliert. Dies liegt daran, dass SPSS beim Erzeugen des Codes viele Angaben vornimmt, die nicht notwendig sind. So werden zum Beispiel Variablennamen einzeln aufgeführt, auch wenn sie sich durch Platzhalterzeichen ersetzen ließen, und stets vollqualifiziert mit vorangestelltem Tabellennamen angesprochen, obwohl dies häufig nicht erforderlich ist. Dennoch werden Sie schnell die bekannte SQL-Abfragestruktur erkennen und können gegebenenfalls überflüssige Informationen entfernen, wenn Sie auf eine übersichtliche Programmstruktur Wert legen.

Kapitel 8

Variablen definieren

Die Datendateien bei SPSS folgen stets einer klar vorgegebenen Struktur, deren zentrales Merkmal ein festes Raster aus Variablen und Fällen (Datensätzen) ist. Anders als beispielsweise bei einer Excel-Tabelle können die Werte in einer SPSS-Datendatei daher nicht frei über ein Tabellenblatt verteilt werden (dies macht auch bei Excel in aller Regel keinen Sinn, ist aber ohne Weiteres möglich), sondern jeder Wert wird stets genau einer Variablen und einem Datensatz zugeordnet. Auch wenn die zu untersuchenden Daten nicht mit SPSS eingegeben oder generiert, sondern aus externen Datenquellen importiert werden, überführt SPSS die Daten immer in dieses Format. Das Verständnis dieser Datenstruktur ist entscheidend, um die Funktionen von SPSS und die vielfältigen Möglichkeiten des Datenmanagements effizient nutzen zu können.

- Im ersten Abschnitt 8.1 wird die Grundstruktur einer SPSS-Datendatei erläutert und die Überführung von Rohdaten, wie sie etwa aus einer Befragung hervorgehen, in eine Datendatei skizziert. Erfahrene Anwender, die bereits mit SPSS gearbeitet haben, werden die hier vorgestellten Konzepte bereits kennen.

- Abschnitt 8.2, Seite 162, beschreibt die Vorgehensweise zum Erstellen von Variablen in einer SPSS-Datendatei mithilfe der Befehlssyntax. Variablen können auf verschiedene Weise angelegt werden; so erzeugt SPSS automatisch neue Variablen, wenn Daten aus externen Quellen importiert oder neue Variablen im Rahmen von statistischen Prozeduren berechnet werden. Es gibt aber auch die Möglichkeit, explizit eine neue Variable zu erzeugen, die dann zunächst noch keine Daten enthält, sondern nur eine »Hülle« darstellt, in die anschließend Daten eingefügt werden können. In diesem Abschnitt wird auch erläutert, welche Namenskonventionen für Variablen gelten und welche zentralen Eigenschaften eine Variable besitzt.

- Zahlreiche Eigenschaften einer Variablen wie Label und die Definition fehlender Werte werden erst festgelegt, nachdem die Variable erstellt wurde; einige zentrale Eigenschaften wie der Name und das Werteformat werden gleich zu Beginn definiert, können aber nachträglich geändert werden. Die Vorgehensweise zum Ändern der Eigenschaften wird in Abschnitt 8.3, Seite 173, beschrieben.

- Nachdem Variablen erstellt wurden, lassen sie sich auch wieder löschen, umsortieren oder auch kopieren, siehe hierzu Abschnitt 8.4, Seite 190.

- Soll eine große Anzahl an Variablen mit ähnlichen Eigenschaften erstellt werden, lässt sich der Vorgang häufig durch Schleifen und Automatisierungen erheblich abkürzen. Die zentralen Techniken wie etwa Makros oder Indexschleifen werden in späteren Kapiteln erläutert, Abschnitt 8.5, Seite 196, gibt jedoch bereits einen groben Ausblick, welche Instrumente für eine vereinfachte Erstellung einer großen Anzahl von Variablen zur Verfügung stehen.

8.1 Aufbau einer SPSS-Datendatei

8.1.1 Vom Fragebogen zur Datendatei

Abbildung 8.1 zeigt einen Ausschnitt aus einem fiktiven Fragebogen, wie er etwa bei sozialwissenschaftlichen Erhebungen oder Konsumentenbefragungen zum Einsatz kommt. Die ersten drei Fragen beziehen sich auf demografische Angaben zur Person, Frage 4 stellt mit der Erkundigung nach Haustieren auf die Lebensgewohnheiten der befragten Person ab; typischerweise würden sich je nach Hintergrund der Erhebung weitere Fragen anschließen, die hier nicht dargestellt sind, denn die vier Fragen genügen bereits, um die Mechanik zum Überführen eines Fragebogens in eine SPSS-Datendatei zu illustrieren. Neben den eigentlichen Fragen wird auf dem Fragebogen zusätzlich eine Identifikationsnummer notiert, die vor allem bei der späteren Arbeit mit den erhobenen Daten hilfreich sein kann, wenn beispielsweise zu einem bereits auf dem Computer gespeicherten Datensatz der zugehörige Fragebogen ermittelt werden soll.

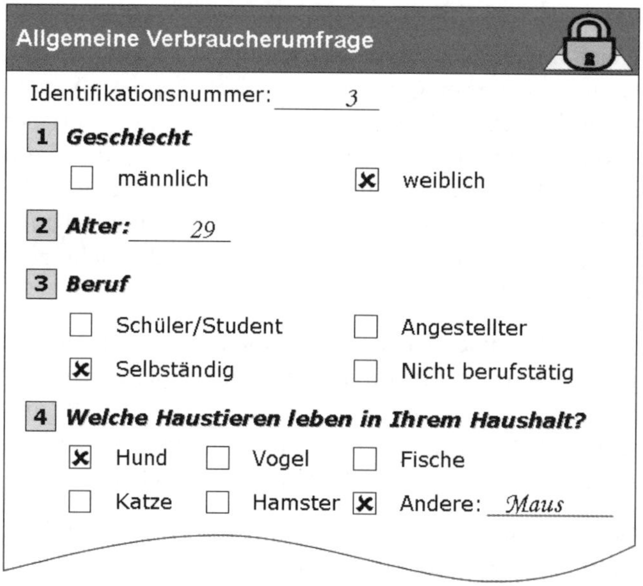

Abb. 8.1: Ausschnitt aus einem fiktiven Fragebogen

Der Fragebogen aus Abbildung 8.1 trägt die Identifikationsnummer 3 und enthält somit die Antworten der dritten befragten Person. Sollen die Ergebnisse der Befragung nun aus einem Stapel von Fragebögen in eine Datendatei übertragen werden, ist es üblich – und in SPSS weitgehend erforderlich –, die Werte in der Datendatei so anzuordnen, dass alle Antworten der verschiedenen Personen auf dieselbe Frage in einer Spalte untereinander stehen, während alle Antworten derselben Person in einer Zeile aufgeführt werden. Dies hat zur Folge, dass jede Spalte genau einer Frage und jede Zeile einem Fragebogen bzw. einem Befragten entspricht. Abbildung 8.2 zeigt einen Ausschnitt aus einer SPSS-Datendatei, in der die Antworten auf die ersten vier Fragen für fünf Fragebögen mit den ID-Nummern 1 bis 5 in dieser Weise eingetragen sind.

	id	gender	alter	beruf	hund	vogel	fische	katze	hamster	andere	tierart
1	1	m	41	4	1	0	0	0	0	0	
2	2	m		2	0	0	0	1	0	0	
3	3	w	29	3	1	0	0	0	0	1	Maus
4	4	m	52	2	0	0	0	0	0	1	Schlange
5	5	w	23	1	0	1	0	0	1	0	

Abb. 8.2: Datendatei mit den Daten aus fünf Fragebögen

Kodierung der Daten

Die dritte Zeile mit der ID-Nummer 3 enthält die Antworten des Fragebogens aus Abbildung 8.1. In die Tabelle wurden – mit wenigen Ausnahmen – nicht die Texte der Antworten, sondern lediglich entsprechende Kodierungen eingetragen. So enthält die Spalte *Beruf* statt des Textes *Selbständig* den Wert 3 als Kodierung für die dritte von insgesamt vier Antwortmöglichkeiten. Die Verwendung derartiger Kodierungen ist für die Arbeit mit SPSS nicht zwingend erforderlich, kann jedoch die statistische Analyse erheblich vereinfachen und hilft zudem, mögliche Fehler bei der Übertragung der Antworten aus den Fragebögen in eine Datendatei zu verringern. Wenn Sie in SPSS Kodierungen statt der verbalen Antworten verwenden – eine Vorgehensweise, die dringend zu empfehlen ist –, können Sie in der Datendatei für jede Kodierung deren inhaltliche Bedeutung hinterlegen. Diese häufig als *Label* oder auch *Etiketten* bezeichneten Beschreibungen lassen sich dann auch in dem von SPSS erstellten Output anzeigen, so dass die Ergebnisse der statistischen Analyse auch für Dritte ohne ein spezielles Kodierungsschema oder ergänzende Erläuterungen verständlich sind.

8.1.2 Variablen, Fälle und Ausprägungen

Die in der Datendatei aus Abbildung 8.2 dargestellte Anordnung der Werte beschreibt den typischen Aufbau einer SPSS-Datendatei mit Befragungsergebnissen, in dem jede Spalte genau einer Frage und jede Zeile einem Fragebogen bzw. einer befragten Person entspricht. Dieser eher formalen Konvention über die

Zuordnung von Fragen und Personen zu Spalten und Zeilen liegt eine zentrale inhaltliche Bedeutung zugrunde, nämlich die Unterscheidung zwischen Variablen und Fällen, den beiden entscheidenden Dimensionen einer Datentabelle.

Eine *Variable* ist allgemein eine veränderliche Größe, die verschiedene Werte annehmen kann. Bei der Erhebung von Daten wird beobachtet, welche Werte eine Variable an verschiedenen Stellen wie beispielsweise an verschiedenen geografischen Orten, zu verschiedenen Zeitpunkten, unter verschiedenen Umweltbedingungen oder bei verschiedenen Personen tatsächlich annimmt. Die Gesamtheit der Werte, die die verschiedenen beobachteten Variablen an derselben Stelle angenommen haben, bildet einen *Fall*. Die einzelnen beobachteten Werte werden häufig als *Ausprägungen* bezeichnet. Als Synonym für den Begriff Variable findet man auch die Bezeichnung *Merkmal* sowie in bestimmten Zusammenhängen den Begriff *Item*.

In dem betrachteten Beispiel bildet jede Frage des Fragebogens eine Variable, deren Ausprägungen bei den einzelnen Personen beobachtet werden. Die Gesamtheit der Antworten, die von einer Person abgegeben werden, bildet einen Fall. Nur scheinbar eine Ausnahme von diesem Schema bildet dabei die vierte Frage, für die nicht eine, sondern insgesamt sieben Variablen angelegt wurden, da sie implizit sieben Fragen stellt, siehe hierzu unten die Erläuterungen zu *Mehrfachantworten*.

Häufig gibt es nicht nur eine, sondern mehrere sinnvolle Möglichkeiten, die Daten in Variablen und Fälle zu untergliedern. Die für eine konkrete Fragestellung zweckmäßige Anordnung der Daten lässt sich ausschließlich anhand inhaltlicher Kriterien bestimmen. Wurden mithilfe eines Fragebogens Daten für verschiedene Personen ermittelt, wird in den meisten Fällen die oben dargestellte Anordnung sinnvoll sein, bei der jeder Fragebogen bzw. jede Person einen Fall und jede Frage eine Variable bildet. Manchmal ist die zweckmäßigste Anordnung der Daten jedoch weniger offensichtlich. Wurden beispielsweise die Absatzzahlen verschiedener Produkte in unterschiedlichen Filialen einer Ladenkette erhoben, so sind in Abhängigkeit von der zu untersuchenden Fragestellung mindestens zwei sinnvolle Datenstrukturen denkbar: Sollen die verschiedene Produkte hinsichtlich ihres Markterfolges miteinander verglichen werden, so kann jedes Produkt eine Variable bilden, während jede Filiale einen Fall beschreibt; eine solche Anordnung wird auch von SPSS vorausgesetzt, wenn zum Beispiel die durchschnittlichen Absätze zweier Produkte mit einem T-Test miteinander verglichen werden sollen. Zielt die Untersuchung hingegen darauf ab, die Filialen hinsichtlich ihrer Entwicklung oder Absatzstärke zu untersuchen, bietet es sich eher an, für jede Filiale eine Variable zu bilden und für jedes Produkt einen Fall anzulegen.

> **Tipp**
>
> Auch nachdem die Daten in eine SPSS-Datendatei eingetragen wurden, ist die Datenstruktur nicht festgeschrieben, sondern lässt sich sehr einfach an veränderte Fragestellungen anpassen. Unter anderem bietet der Befehl `flip` die Möglichkeit, das Datentableau zu »kippen« und damit Fälle und Variablen auszutauschen, siehe hierzu Kapitel 13.

8.1.3 Mehrfachantworten kodieren

In der Datendatei aus Abbildung 8.2 wird die oben genannte Regel, derzufolge jede Variable einer Frage entsprechen sollte, offenkundig durchbrochen, da sich die sieben letzten Variablen der Tabelle alle auf die eine Frage nach den Haustieren beziehen. Dies liegt in einer Besonderheit dieser Frage begründet, da sie nicht nur eine, sondern mehrere Antworten gleichzeitig zulässt. So wurden auch in dem Fragebogen in Abbildung 8.1 die zwei Optionen *Hund* und *Andere* angekreuzt. Ein anderer Befragter hat möglicherweise gar keine Haustiere, während ein Dritter seinen Haushalt mit Hund, Katze und Hamster teilt. Somit gilt für diese Frage nicht nur, dass sie mehrere Antworten gleichzeitig zulässt, sondern auch, dass die Anzahl der Antworten, die von einem Befragten abgegeben werden, ungewiss ist. Jeder Befragte kann zwischen null und sechs Antworten auf diese eine Frage abgeben; wählt ein Befragter die Antwortoption *Andere*, ist zusätzlich die Bezeichnung der anderen Tierart vorgesehen. Um die variierende Zahl von Antworten dennoch sinnvoll in eine Datendatei übertragen zu können, bedient man sich des Tricks, jede der sechs Optionen und die freie Angabe einer weiteren Tierart als eigenständige Frage zu interpretieren. Entsprechend ließe sich Frage 4 in einer ausführlichen Form so schreiben, wie in Abbildung 8.3 dargestellt.

4	Welche Haustieren leben in Ihrem Haushalt?			
	Hund	☒ Ja	☐ Nein	
	Vogel	☐ Ja	☒ Nein	
	Fische	☐ Ja	☒ Nein	
	Katze	☐ Ja	☒ Nein	
	Hamster	☐ Ja	☒ Nein	
	Andere	☒ Ja	☐ Nein	→ Tierart: *Maus*

Abb. 8.3: Alternative Formulierung der vierten Frage aus Abbildung 8.1

Durch die neue Formulierung der Frage in Abbildung 8.3 wird deutlich, dass die Anzahl der Antworten bei allen Befragten identisch ist, denn nun gibt jeder Befragte zwangsläufig sieben Antworten – und sei es siebenmal die Antwort *Nein* (bzw. *keine* oder *trifft nicht zu* bei der Frage nach der weiteren Tierart), die ein Befragter implizit wählt, wenn er eine Option der Frage 4 aus dem oben dargestellten Fragebogen nicht ankreuzt. Nachdem die Frage nun in sieben Einzelfragen unterteilt wurde, ist es nur folgerichtig, wie in Abbildung 8.2 für jede der sieben Einzelfragen eine eigene Variable in der Datendatei vorzusehen.

8.1.4 Fehlende Werte

Bei der praktischen Arbeit mit empirischen Daten kommt es häufig vor, dass nicht für jede Variable die Werte in sämtlichen Fällen bekannt sind. Werden die Daten wie im vorliegenden Beispiel im Rahmen einer Umfrage erhoben, ist es beinahe sicher, dass einige Personen einzelne Fragen unbeantwortet lassen, weil sie die Antwort nicht kennen oder weil sie diese nicht preisgeben möchten. Werden die Daten nicht durch Befragung, sondern durch Messung im Rahmen eines Experiments gewonnen, gehen möglicherweise einige Werte aufgrund technischer Mängel verloren oder werden nicht zuverlässig erfasst. Bei der Untersuchung weit zurückreichender Zeitreihen muss man sich häufig damit abfinden, dass die benötigten Daten für einige Jahre nicht zur Verfügung stehen, etwa weil sie während eines Krieges nicht erfasst oder bewusst verfälscht wurden und damit unbrauchbar sind.

Fehlende Daten erfordern bei der statistischen Auswertung häufig besondere Aufmerksamkeit, so dass es hilfreich ist, sie von vornherein in besonderer Weise zu kennzeichnen. Bei SPSS – und im Grunde auch bei allen anderen Anwendungen zur statistischen Datenanalyse – gilt folgende Regel: Ist der Wert einer Variablen für einen Fall nicht bekannt, erhält diese Variable an der betreffenden Stelle einen fehlenden Wert. Dabei hat der Ausdruck *fehlender Wert* in diesem Zusammenhang eine technische Bedeutung. Weist eine Variable an einer Stelle einen fehlenden Wert auf, bedeutet dies nicht, dass sie dort gar keinen Wert besitzt; vielmehr weist die Variable an der Stelle einen speziellen Wert auf, der explizit oder implizit als fehlender Wert definiert wurde. Zur konkreten Umsetzung dieser Regel gibt es in SPSS-Datendateien grundsätzlich zwei verschiedene Möglichkeiten:

- *Felder leer lassen*. Sie können die Felder der Variablen, für die der Wert nicht bekannt ist, leer lassen. In diesem Fall weist SPSS dem Feld automatisch einen fehlenden Wert zu. Dies wird im Dateneditor dadurch angezeigt, dass in dem Feld ein Punkt als Symbol für einen sogenannten *systemdefinierten fehlenden Wert* dargestellt wird. (In früheren SPSS-Versionen wird statt des Punktes häufig ein Komma angezeigt, da ältere Programmversionen stets das in der Windows-Systemsteuerung als Dezimaltrennzeichen definierte Zeichen als Platzhalter für fehlende Werte verwendet haben.) Entscheidend ist dabei, dass das Feld, obwohl Sie keinen Wert eingegeben haben, nicht leer bleibt, sondern einen als fehlenden Wert definierten Eintrag erhält. Die Datendatei in Abbildung 8.2, Seite 157, enthält in der Variablen `alter` im zweiten Fall einen solchen systemdefinierten fehlenden Wert. Diese Vorgehensweise ist allerdings nur bei numerischen Variablen und nicht bei Textvariablen möglich.

- *Manuell Werte als fehlende Werte definieren.* In allen Fällen, in denen der Wert einer Variablen nicht bekannt ist, wird ein spezieller Wert eingegeben, der ausdrücklich als fehlender Wert definiert wird. Solche Werte werden auch als *benutzerdefinierte fehlende Werte* bezeichnet. Wichtig ist, dass Sie zur Kodierung fehlender Daten ausschließlich solche Werte verwenden, die in der betreffenden Variablen nicht vorkommen und damit nicht gleichzeitig einen gültigen Wert darstellen können. So würde sich für die Altersvariable aus Abbildung 8.2 der Wert -1 oder auch der Wert 999 als Kodierung für fehlende Angaben anbieten.

In SPSS besteht die Möglichkeit, für jede Variable bis zu drei einzelne Werte oder einen beliebig großen (zusammenhängenden) Wertebereich als fehlende Werte zu kennzeichnen. Dies hat den Vorteil, dass so auch eine Differenzierung zwischen verschiedenen Arten von Datenlücken wie insbesondere zwischen verschiedenen Ursachen für deren Entstehung möglich ist. So ist es bei den Daten aus einer Personenbefragung häufig nützlich, zwischen drei Ursachen für fehlende Werte der Art *Befragter hat die Antwort verweigert*, *Befragter wusste die Antwort nicht* und *Diese Frage traf auf den Befragten nicht zu* zu unterscheiden.

8.1.5 Strenge Struktur einer SPSS-Datendatei

Die oben beschriebenen Anforderungen an Struktur und Aufbereitung der zu untersuchenden Daten wird von SPSS zum Teil erzwungen. So weist jede Datendatei im SPSS-Format stets die folgenden Eigenschaften auf:

- Jede Datendatei untergliedert sich klar in Variablen und Fälle. Im Dateneditor werden Variablen als Spalten und Fälle als Zeilen angezeigt. Die klare Zuordnung der Daten zu Variablen und Fällen wird von SPSS bei der Durchführung statistischer Prozeduren vorausgesetzt, und es ist in SPSS-Datendateien nicht möglich, von dieser Struktur abzuweichen.

- Jede Variable in einer Datendatei weist einen eindeutigen Namen und verschiedene Eigenschaften wie Informationen über die Art der Daten (numerische Daten, Textwerte, Datumsangaben etc.) auf.

- Die Daten bilden in der Datendatei stets ein rechteckiges Datentableau, dessen Breite der Variablenanzahl und dessen Länge der Fallzahl entspricht. Werden einzelne Felder innerhalb dieses rechteckigen Bereiches nicht ausgefüllt, fügt SPSS in die betreffenden Felder automatisch einen systemdefinierten fehlenden Wert ein. Dies gilt gegebenenfalls auch für ganze Zeilen oder Spalten. Eine Ausnahme bilden Textvariablen, in denen auch leere Felder gültige Werte darstellen.

- Bleibt ein Feld in einer Textvariablen leer, füllt SPSS dieses automatisch mit Leerzeichen aus, so dass formal kein leeres Feld und damit auch kein systemdefinierter fehlender Wert vorliegt. Bei Textvariablen kennt SPSS keine systemdefinierten, sondern nur benutzerdefinierte fehlende Werte.

8.2 Variablen erstellen

8.2.1 Eigenschaften einer Variablen

Die Variablen in einer SPSS-Datendatei können auf unterschiedlichen Wegen erstellt werden, entweder explizit als zunächst leere Variablen, in die später Daten eingefügt werden, oder implizit beim Einlesen von Daten aus externen Quellen bzw. bei der Dateneingabe direkt im Dateneditor. In jedem Fall besitzt aber jede Variable einer SPSS-Datendatei verschiedene Eigenschaften wie einen Namen, bestimmte Formatierungen und möglicherweise Meta-Informationen über den Inhalt der Variablen. Zwei Eigenschaften sind dabei von zentraler Bedeutung: der Name und das Variablenformat (der Datentyp). Beide Eigenschaften sind für eine Variable unverzichtbar und werden daher zwingend beim Erstellen einer Variablen festgelegt. Alle Variableneigenschaften können aber auch jederzeit wieder geändert werden.

Für jede Variable lassen sich die folgenden Eigenschaften festlegen; mit Ausnahme des Namens und des Formats werden die meisten Eigenschaften typischerweise nicht direkt beim Erstellen der Variablen definiert, sondern durch spezielle Syntaxbefehle nachträglich ergänzt:

- *Variablenname.* Jede Variable muss zwingend einen Namen besitzen. Wenn Sie eine Variable erstellen, ohne ihr einen Namen zu geben, vergibt SPSS automatisch einen. Der Name muss gewissen Konventionen folgen (siehe hierzu Abschnitt 8.2.4, Seite 172) und kann wie alle übrigen Eigenschaften jederzeit geändert werden (siehe hierzu Abschnitt 8.3.1, Seite 173).

- *Variablenformat.* Mit dem Variablenformat (Datentyp) legen Sie fest, ob eine Variable numerische Werte oder Textwerte enthalten soll. Für numerische Variablen können Sie zwischen verschiedenen Darstellungsformaten wie Datumsformaten, Währungsangaben etc. wählen. Per Voreinstellung unterstellt SPSS für jede Variable einen numerischen Datentyp. Sie können in eine solche Variable keine Textwerte eingeben, bevor Sie nicht den Variablentyp entsprechend geändert haben. Umgekehrt können in eine Textvariable zwar Ziffernfolgen eingefügt werden, SPSS interpretiert diese dann jedoch nicht als Zahlen, sondern als Textwerte.

- *Fehlende Werte.* Sie können für jede Variable bis zu drei einzelne Werte oder einen zusammenhängenden Wertebereich als fehlende Werte definieren.

- *Label.* Für jede Variable kann ein Label (eine ausführliche Beschreibung der Variablen) angegeben werden. Entsprechende Labels lassen sich auch den in einer Variablen enthaltenen Werten zuweisen.

- *Darstellungsoptionen.* Die Darstellung der Variablen im Dateneditor kann über einige Formatierungen wie die Spaltenbreite und die Ausrichtung der Werte gesteuert werden.

- *Skalenniveau.* Sie können für eine Variable das Skalenniveau der darin enthaltenen Daten angeben. Dabei unterscheidet SPSS zwischen metrischer, ordinaler und nominaler Skala. Die Angabe des Skalenniveaus für eine Variable hat im Wesentlichen Informationscharakter und bildet insbesondere keine Beschränkung für die Daten, die die Variable aufnehmen kann.

8.2.2 Wie kommen die Variablen in die Datendatei?

Eine neue Datendatei, wie sie etwa mit dem Befehl new file angefordert oder auch von SPSS nach dem Programmstart per Voreinstellung automatisch im Dateneditor bereitgestellt wird, besteht zunächst aus einer leeren Tabelle, vgl. Abbildung 8.4. Im Dateneditor weisen alle Spaltenköpfe einer leeren Datendatei den abgeblendet (grau) dargestellten Eintrag var auf. Dieser Eintrag zeigt an, dass die betreffende Spalte bisher vollkommen ungenutzt ist und nicht nur keine Daten enthält, sondern auch keine Variablendefinition aufweist. Sollen nun in eine solche leere Tabelle Daten eingefügt werden, müssen zunächst die dafür benötigten Variablen definiert werden. Es ist nicht möglich, Daten in eine SPSS-Datendatei einzufügen (ganz gleich auf welchem Wege), ohne zuvor bzw. dabei die entsprechenden Variablen zu erstellen. Dabei genügt es, die unmittelbar benötigten Variablen anzulegen, da Sie zu jedem späteren Zeitpunkt beliebig Variablen hinzufügen können. Ebenso lassen sich jederzeit die Eigenschaften bereits bestehender Variablen ändern oder auch vorhandene Variablen vollständig löschen.

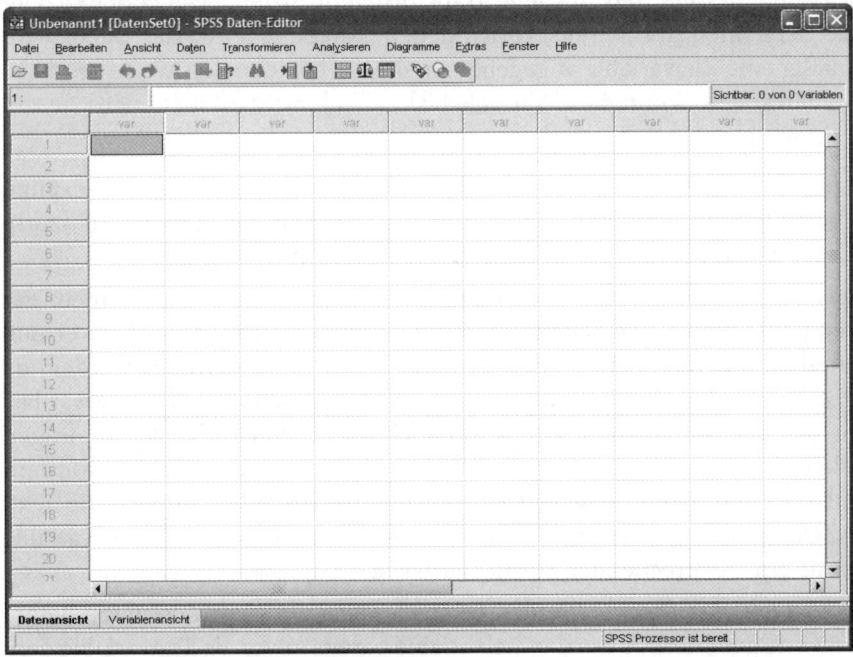

Abb. 8.4: Leere Datendatei im Dateneditor

Um eine neue Variable zu erstellen, kann diese explizit durch einen entsprechenden Befehl (je nach Variablenformat mit dem Befehl `numeric` oder `string`) definiert werden. So weist der Befehl `numeric alter` SPSS an, eine neue Variable mit dem Namen `alter` anzulegen, die für numerische Daten geeignet ist (siehe ausführlicher unten). Nach Ausführung des Befehls enthält die Variable noch keine Werte, steht aber bereit, um neue Daten aufzunehmen. Im Dateneditor ist dies daran zu erkennen, dass nun eine der Spalten den Variablennamen `alter` im Spaltenkopf anzeigt. Daneben gibt es verschiedene Ereignisse, bei denen SPSS automatisch neue Variablen erstellt bzw. der Benutzer implizit neue Variablen definiert. Tatsächlich ist es in der praktischen Arbeit häufig sogar eher die Ausnahme, dass explizit eine neue, zunächst leere Variable definiert wird. Insbesondere bei den folgenden Ereignissen werden neue Variablen erzeugt, ohne explizit definiert zu werden:

- *Einlesen von Daten.* Immer wenn Daten in ein DatenSet eingelesen werden, erzeugt SPSS automatisch die dafür benötigten Variablen. Dies gilt unabhängig davon, ob die Daten als sogenannte *inline data* direkt über die Syntax eingegeben oder aus externen Datenquellen wie einer Excel-Datei oder einer Access-Datenbank importiert werden.

- *Manuelle Dateneingabe.* Bei der Arbeit mit der grafischen Oberfläche von SPSS ist es möglich, Daten direkt »mit der Hand« in den Dateneditor einzugeben. Sobald dabei neue Daten in eine bisher nicht genutzte Spalte der Datendatei geschrieben werden, wird zugleich eine entsprechende Variable definiert.

- *Transformationsbefehle.* Verschiedene Transformationsbefehle wie `compute` oder `recode` berechnen aus bereits vorhandenen Daten neue Werte. Dabei wird regelmäßig eine Zielvariable angegeben, in die die berechneten Werte geschrieben werden sollen. Wenn diese Variable bisher noch nicht existiert, wird sie von SPSS automatisch erstellt.

- *Explizit definieren.* Die Befehle `numeric` und `string` ermöglichen es, explizit neue Variablen zu definieren, ohne zugleich Daten in die Variablen einzufügen. Dies kann insbesondere in folgenden Fällen hilfreich sein:

  - *Vorbereitung zum Einlesen von Daten.* In die Variablen sollen auf einem der oben genannten Wege Daten eingefügt werden, man möchte aber vermeiden, dass die Variablen dabei automatisch von SPSS definiert werden, da SPSS hierbei häufig nicht die gewünschten Eigenschaften wählt. Zwar lassen sich alle Variableneigenschaften auch nachträglich ändern, in einigen Fällen kann es aber wichtig sein, dass das Variablenformat bereits vor dem Einfügen der Daten festgelegt ist. So interpretiert SPSS importierte Text- und Datumswerte in einigen Fällen nur dann korrekt, wenn die Zielvariable bereits ein entsprechendes Format aufweist.

  - *Textvariable »berechnen«.* Werden beispielsweise mit einem `compute`-Befehl Textwerte generiert, muss die Zielvariable bereits zuvor als Textvariable definiert worden sein. Ist die Zielvariable eines `compute`-Befehls noch nicht definiert, erstellt SPSS automatisch eine numerische Variable, in die dann keine Textwerte geschrieben werden können.

- *Datentransformationen.* Einige fortgeschrittene Verfahren zur Transformation und Aufbereitung der Daten erfordern eine explizite Definition von Variablen. So ist es zum Beispiel möglich, mithilfe von Schleifen oder Makros mit wenigen Befehlen mehrere hundert gleichartige Variablen zu definieren, die anschließend für Simulationen und Ähnliches genutzt werden können.

8.2.3 Neue Variablen explizit erstellen mit »numeric« und »string«

Beim Erstellen einer neuen Variablen werden ein Name und das Variablenformat (der Datentyp) festgelegt. Entscheidend für die Wahl des Variablenformats sind die Werte, die in die Variable eingegeben werden sollen. So können Sie einer Variablen, die Datumsangaben aufnehmen soll, ein passendes Datumsformat zuweisen, oder Sie können für eine Variable, in die Geldbeträge eingetragen werden, ein Währungsformat auswählen. Die meisten Variablenformate sind dabei sehr ähnlich und unterscheiden sich lediglich in der Form, in der die Werte in der Datendatei und den Ergebnistabellen statistischer Analysen dargestellt werden. Ein grundlegender Unterschied besteht jedoch zwischen numerischen Variablen einerseits und Textvariablen andererseits.

Numerische Variablen definieren

Numerische Variablen beinhalten ausschließlich Zahlenwerte wie 0,03, 17 oder 10.698. Mit diesen Werten können arithmetische Operationen wie die Berechnung einer Summe oder des Mittelwertes durchgeführt werden.

Mit Ausnahme des Formats `String` bildet jedes bei SPSS zur Verfügung stehende Variablenformat eine numerische Variable. Beispielsweise können Sie für eine Variable durch ein Datumsformat festlegen, dass diese ausschließlich Monatsangaben wie *Januar, Februar, März* ... enthält. Dies bewirkt, dass in der Datendatei und den Ergebnissen statistischer Prozeduren die Monatsangaben als Text in ausgeschriebener Form wiedergegeben werden. Dennoch interpretiert SPSS die Einträge als numerische Werte. So entspricht der Wert *Januar* der Zahl *1*, der Wert *Februar* der Zahl *2* etc. Dementsprechend können Sie SPSS veranlassen, arithmetische Operationen für diese Variable durchzuführen und etwa die Differenz zwischen *Juni* und *April* (ergibt 2) zu berechnen.

Numerische Variablen werden mit dem Befehl `numeric` mit der allgemeinen Syntax aus Listing 8.1 definiert. Neben dem Befehlsnamen ist ein Name für die neu zu erstellende Variable anzugeben; der Name muss gewissen Konventionen folgen, vgl. die Hinweise in Abschnitt 8.2.4, Seite 172. Zusätzlich können Sie der Variablen mit dem Befehl `numeric` ein spezifisches numerisches Variablenformat zuweisen. Wenn Sie die optionalen Formatangaben weglassen, wählt SPSS per Voreinstellung ein einfaches numerisches Format mit zwei Dezimalstellen (F8.2).

```
NUMERIC Variablenname [(Format)]
    [/Variablenname...] .
```

Listing 8.1: Allgemeine Syntax zum Definieren einer neuen numerischen Variablen

Listing 8.2 zeigt einen ausformulierten `numeric`-Befehl. Der Befehl erstellt eine Variable mit dem Namen `alter` und dem Format *F6*. Das Format *F6* ist ein einfaches numerisches Format für bis zu sechsstellige Ziffern ohne Dezimalstellen, vgl. die Übersicht der numerischen Formate Tabelle 8.1. Bei der Ausführung des `numeric`-Befehls gelten folgende Regeln:

- Die neue Variable (hier `alter`) wird an das Ende des DatenSets angefügt.

- Enthält die Datendatei bereits Datensätze (Fälle), weist die Variable `alter` als numerische Variable zunächst in jedem Fall systemdefinierte fehlende Werte auf. Um der Variablen gültige Werte zuzuweisen, kann zum Beispiel einer der Befehle `compute`, `recode` oder `count` verwendet werden.

- Sollte in dem DatenSet bereits eine Variable mit dem im `numeric`-Befehl angeführten Namen (hier `alter`) vorhanden sein, verweigert SPSS die Ausführung des Befehls, um nicht die bereits vorhandene Variable zu überschreiben.

```
NUMERIC alter (F6) .
```

Listing 8.2: Definition einer numerischen Variablen mit `numeric`

Mit einem `numeric`-Befehl lassen sich auch mehrere Variablen gleichzeitig definieren. Alle Variablen, die das gleiche Format erhalten sollen, können als Variablenliste unmittelbar hintereinander aufgeführt werden. Das gewünschte Format wird im Anschluss an die Variablenliste zwischen Klammern angegeben. Um Variablen mit unterschiedlichen Formaten zu definieren, wird jede neue Variable(nliste) wie ein Unterbefehl durch einen Schrägstrich von der vorhergehenden Definition abgegrenzt. So erstellt der Befehl in Listing 8.3 die beiden Variablen `umsatz` und `absatz` mit dem Format *F8.2* und die Variable `datum` mit dem Format `edate10` (dd.mm.yyyy).

```
NUMERIC umsatz absatz (F8.2)
    /datum (EDATE10) .
```

Listing 8.3: Definition mehrerer numerischer Variablen mit `numeric`

> **Tipp**
>
> Das Variablenformat, das automatisch zur Anwendung kommt, wenn nicht explizit ein anderes Format gefordert wird, können Sie in den Grundeinstellungen von SPSS mit dem Befehl `set` festlegen, siehe hierzu Kapitel 20.

Numerische Formate

Tabelle 8.1 zeigt die wichtigsten Zahlenformate, die für eine numerische Variable zur Verfügung stehen. Zusätzlich können besondere Formate für Datums- und Zeitwerte verwendet werden, vgl. die Übersicht Tabelle 8.2.

- Alle numerischen Formate stellen lediglich Formatierungen dar. Sie ändern damit das Erscheinungsbild eines Wertes, nicht aber den Wert selbst. Unabhängig von der Darstellung lässt sich damit jeder numerische Wert auf eine einfache Zahl zurückführen. Dies gilt auch für Datums- und Zeitwerte sowie auch für das Prozentformat PCT; dieses stellt den Wert mit einem Prozentzeichen dar, ohne dass er von SPSS als Prozentwert interpretiert wird. Der Wert 0,5 wird daher im Prozentformat als 0,5 % und nicht etwa als 50 % dargestellt.

- Jeder Datums- und Zeitwert entspricht einer seriellen Zahl. Das Datum 19.3.2009 entspricht beispielsweise der seriellen Zahl 13.456.800.000. Dieser Zusammenhang ist entscheidend, wenn mit Datumswerten gerechnet werden soll, siehe hierzu ausführlich Kapitel 9, Abschnitt 9.7.

- Weist eine Variable ein bestimmtes Format auf, ist dies bei der Eingabe neuer Werte zu berücksichtigen. So wird von einer Variablen im comma-Format nur der Punkt und von einer Variablen im dot-Format nur das Komma als Dezimaltrennzeichen interpretiert.

- Bei der Festlegung des Formates können in fast allen Fällen Angaben für die insgesamt zulässige Zeichenzahl des Wertes (w) und die Anzahl der zulässigen Dezimalstellen (d) vorgenommen werden. Diese Angaben beeinflussen jedoch lediglich die Darstellung der Werte. Unabhängig von der vorgegebenen Breite kann eine numerische Variable stets Werte mit einer Länge von bis zu 40 Zeichen aufnehmen. Diese Werte werden auch dann vollständig gespeichert, wenn für die Variable eine geringere Breite w festgelegt ist. Im Dateneditor werden die Werte dann gegebenenfalls in Exponentialschreibweise wiedergegeben. Ferner unterdrückt SPSS mitunter die Darstellung von Formatierungszeichen wie Tausendertrennzeichen, wenn der Wert sonst nicht vollständig angezeigt werden kann. In statistischen Prozeduren wird stets der vollständige Wert verwendet, allerdings richtet sich die Genauigkeit, mit der die Ergebnisse der Prozeduren wiedergegeben werden, zum Teil nach der festgelegten Variablenbreite.

- Die Darstellungsbreite w bezeichnet die Anzahl aller Zeichen inklusive Dezimalstellen und Dezimaltrennzeichen sowie gegebenenfalls Tausendertrennzeichen etc. So nimmt der Wert *1.234,56* acht Zeichen in Anspruch. Daher muss w mindestens um zwei größer sein als d. Bei den meisten Formaten darf w maximal 40 betragen.

- Beim Eingeben oder Einlesen von Werten in eine numerische Variable werden spezielle Formatierungszeichen des jeweiligen Formats wie etwa Tausendertrennzeichen oder das Zeichen $ des dollar-Formats ignoriert. Es ist daher

Kapitel 8
Variablen definieren

irrelevant, ob und gegebenenfalls an welcher Position diese Zeichen mit eingegeben werden.

- Eine Besonderheit stellt das Format CC *(Custom Currency)* dar. Mit diesem Format können benutzerdefinierte Formatierungen wie etwa Währungsangaben in Euro definiert werden, siehe hierzu Seite 169.

Format	w Min	w Max	Beispiel	Darstellung
Fw[.d]	1 [d+2]	40	F8.2 F8	1234,56 1235
COMMAw[.d]	1 [d+2]	40	COMMA8.2	1,234.56
DOTw[.d]	1 [d+2]	40	DOT8	1.235
DOLLARw[.d]	2 [d+3]	40	DOLLAR10.2	$1,234.56
CCAw[.d]	2 [d+3]	40	*siehe Seite 169*	1.234,56
PCTw[.d]	1 [d+2]	40	PCT8.2	1234,56%
PIBHEXw	2 (Vielfaches von 2)	16	PIBHEX6	0004D3
Nw[.d]	1	40	N8.2 N8.1	00123456 012346
Ew[.d]	6	40	E11	1,23456E+03

Tabelle 8.1: Zahlenformate für eine numerische Variable

Format	Allgemeine Form	Beispiel
DATE9	dd-mm-yy	19-03-06
DATE11	dd-mm-yyyy	19-03-2006
ADATE8	mm/dd/yy	03/19/06
ADATE10	mm/dd/yyyy	03/19/2006
EDATE8	dd/mm/yy	19/03/06
EDATE10	dd/mm/yyyy	19/03/2006
JDATE5	yy/ddd	06/078
JDATE7	yyyy/ddd	2006/078
SDATE8	yy/mm/dd	06/03/19
SDATE10	yyyy/mm/dd	2006/03/19
QYR6	q Q yy	1 Q 06
QYR8	q Q yyyy	1 Q 2006
MOYR6	mmm yy	MAR 06
MOYR8	mmm yyyy	MAR 2006

Tabelle 8.2: Datumsformate für eine numerische Variable

Format	Allgemeine Form	Beispiel
WKYR8	ww WK yy	12 WK 06
WKYR10	ww WK yyyy	12 WK 2006
WKDAYw	Erste w Zeichen des Wochentages	SUNDAY (bei w>5)
MONTHw	Erste w Zeichen des Monats	MARCH (bei w>4)
TIME5	hh:mm	15:23
TIME8	hh:mm:ss	15:23:34
TIME10.d	hh:mm:ss.s	15:23:34,9
DTIME8	dd hh:mm	19 15:23
DTIME11	dd hh:mm:ss	19 15:23:34
DTIME13.d	dd hh:mm:ss.s	54 15:23:34,9
DATETIME17	dd-mmm-yyyy hh:mm	19-MAR-2006 15:23
DATETIME20	dd-mmm-yyyy hh:mm:ss	19-MAR-2006 15:23:34
DATETIME22.d	dd-mmm-yyyy hh:mm:ss.s	19-MAR-2006 15:23:34,9

Tabelle 8.2: Datumsformate für eine numerische Variable (Forts.)

Benutzerdefinierte numerische Formate

In begrenztem Umfang besteht die Möglichkeit, benutzerdefinierte Formate für numerische Variablen zu erstellen. Insgesamt können bis zu fünf unterschiedliche Formate definiert werden. Bei der Definition eines numerischen Formates können Sie fünf Elemente für die Darstellung des Wertes festlegen:

1. Präfix für negative Werte (dies ist üblicherweise ein Minuszeichen)
2. Präfix für alle Werte
3. Suffix für negative Werte
4. Suffix für alle Werte
5. Dezimaltrennzeichen

Die benutzerdefinierten Formate haben bei SPSS die Bezeichnung CCA, CCB, ..., CCE und müssen zunächst explizit definiert werden, bevor sie einer Variablen zugewiesen werden können.

Zum Erstellen eines benutzerdefinierten Formats dient der Befehl `set` in der in Listing 8.4 dargestellten allgemeinen Form. Zwischen den Anführungszeichen werden die vier genannten Elemente aufgeführt. Als Trennzeichen zwischen den Elementen dient ein Punkt oder ein Komma; der Punkt als Trennzeichen legt fest, dass als Dezimaltrennzeichen des benutzerdefinierten Formats ein Komma gewählt wurde und umgekehrt. Soll eines der Elemente wie beispielsweise ein

Präfix nicht verwendet werden, lassen Sie die entsprechende Stelle leer, so dass zwei Punkte (bzw. Kommata) unmittelbar aufeinander folgen.

```
SET CCA='NegPräfix.Präfix.Suffix.NegSuffix' .
```
Listing 8.4: Allgemeine Syntax zum Erstellen eines benutzerdefinierten Formats

Die beiden Befehle in Listing 8.5 erstellen ein benutzerdefiniertes Format und weisen dies der Variablen `einkomm` zu. Für das Format werden folgende Eigenschaften festgelegt:

- Als Präfix für negative Werte wird ein Minuszeichen verwendet.
- Es wird kein allgemeines Präfix definiert.
- Für alle Werte wird das Euro-Symbol mit vorausgehendem Leerzeichen als Suffix festgelegt.
- Es wird kein spezielles Suffix für negative Werte definiert.
- Als Dezimaltrennzeichen wird ein Komma verwendet.
- Positive Werte werden in diesem Format damit in der Form 1.234,45 dargestellt, negative Werte in der Form -1.234,45 .

```
SET CCB='-.. €.' .
FORMATS einkomm (CCB8.2) .
```
Listing 8.5: Erstellen und Zuweisen eines benutzerdefinierten Euro-Währungsformates

Textvariablen definieren

Variablen des Typs `String` sind reine Textvariablen, deren Werte als Zeichenketten und nicht als Zahlen betrachtet werden. Textvariablen können Buchstaben, Sonderzeichen (!, $, %, & etc.) und Ziffern enthalten. Auch wenn ein Wert (oder sämtliche Werte) einer Textvariablen ausschließlich aus Ziffern besteht, wird dieser nicht als Zahl, sondern als Text interpretiert, so dass auch keine arithmetischen Operationen für diese Werte durchgeführt werden können. Dementsprechend stehen für Textvariablen nur solche statistischen Prozeduren zur Verfügung, die ohne derartige Berechnungen auskommen. Dies sind beispielsweise Häufigkeits- oder Kreuztabellen. Ferner können kurze Textvariablen häufig als gruppierende Variablen verwendet werden.

Textvariablen werden mit dem Befehl `string` definiert, vgl. die allgemeine Syntax in Listing 8.6. Neben dem Befehlsnamen sind ein Name für die neu zu erstellende Variable und das Format anzugeben (zu den Namenskonventionen siehe die Hinweise in Abschnitt 8.2.4, Seite 172). Das Format wird zwischen Klammern durch einen Ausdruck der Form Aw angegeben, wobei w die Anzahl der Zeichen für die

Werte der Textvariablen bezeichnet. So wird mit dem Format A8 eine Textvariable erstellt, deren Werte eine Breite von acht Zeichen haben.

```
STRING Variablenname (Format)
    [/Variablenname...] .
```

Listing 8.6: Allgemeine Syntax zum Definieren einer neuen Textvariablen

Listing 8.7 zeigt einen ausformulierten `string`-Befehl:

- Der Befehl erstellt eine Variable mit dem Namen `plz` und dem Format A5. Damit kann die Variable nur Werte mit einer Breite von fünf Zeichen aufnehmen.

- Enthält die Datendatei bereits Datensätze (Fälle), werden die Felder der neu erstellten Variablen automatisch in jedem bestehenden Fall mit Leerzeichen ausgefüllt. Die Variable `plz` erhält damit in jedem Fall fünf Leerzeichen. Um der Variablen »sinnvolle« Werte zuzuweisen, können unter anderem die Befehle `compute` oder `recode` verwendet werden.

- Wird in eine Textvariable ein Wert eingegeben, der weniger Zeichen als vorgesehen aufweist, wird dieser Wert von SPSS automatisch mit Leerzeichen aufgefüllt. Der Wert W9 würde damit in der Variablen `plz` in der Form »W9   « (mit drei Leerzeichen) gespeichert werden. .

> **Tipp**
>
> Beachten Sie, dass das Format einer Textvariablen erst seit SPSS 16 mithilfe der Syntax nachträglich geändert werden kann. (Eine manuelle Änderung im Dateneditor ist hingegen auch in älteren Programmversionen möglich.) Selbst eine Änderung der Variablenbreite beispielsweise von A5 auf A8 war früher über die Syntax nicht möglich. Wenn Sie mit einer älteren Programmversion als SPSS 16 arbeiten, können Sie den Effekt einer Formatänderung im Ergebnis dennoch erreichen: Erstellen Sie hierzu zunächst eine neue Variable mit dem gewünschten Format, und übertragen Sie anschließend mit einem `compute`-Befehl die Werte aus der bestehenden in die neue Variable.

```
STRING plz (A5) .
```

Listing 8.7: Definition einer Textvariablen mit `string`

Mit einem `string`-Befehl lassen sich auch mehrere Variablen gleichzeitig definieren. Alle Variablen, die das gleiche Format erhalten sollen, können als Variablenliste unmittelbar hintereinander aufgeführt werden. Um Variablen mit unterschiedlichen Formaten zu definieren, kann jede neue Variable(nliste) wie ein Unterbefehl durch einen Schrägstrich von der vorhergehenden Definition abgegrenzt werden. So erstellt der Befehl in Listing 8.8 die Variable `id` mit dem Format A5, die beiden Variablen `name` und `vorname` mit dem Format A20 und die Variable `gender` mit dem Format A1. Die Variablen werden auch genau in dieser Reihenfolge in das DatenSet eingefügt.

```
STRING id            (A5)
    /name vorname (A20)
    /gender       (A1) .
```

Listing 8.8: Definition mehrerer Textvariablen mit `string`

8.2.4 Namenskonventionen für Variablen

Für die Variablennamen gelten bei SPSS folgende Konventionen:

- Der Name muss eine Länge zwischen 1 und 64 Zeichen haben. In früheren Programmversionen (bis zu SPSS 11) war die Länge auf acht Zeichen begrenzt, und es empfiehlt sich auch in aktuellen Programmversionen, nicht allzu lange Variablennamen zu verwenden.

- Das erste Zeichen des Namens muss ein Buchstabe oder das Zeichen @ sein.

- Für alle weiteren Zeichen können Sie beliebige Buchstaben und Ziffern sowie Punkte und die Zeichen @, $, _, § und # verwenden; auch Sonderbuchstaben wie ä, ö, ü und ß sind in neueren Programmversionen von SPSS zulässig, sollten jedoch zumindest dann vermieden werden, wenn die Datendatei auch in älteren Programmversionen verwendet werden soll.

- Jeder Variablenname darf innerhalb derselben Datendatei (desselben Daten-Sets) nur einmal vergeben werden.

- SPSS lässt in den jüngeren Programmversionen zwar auch Großbuchstaben zu, unterscheidet aber nicht zwischen groß- und kleingeschriebenen Variablennamen. Die beiden Namen `abc` und `Abc` werden daher als identisch angesehen, so dass eine Datei nicht zwei Variablen mit diesen beiden Namen enthalten darf.

- Die folgenden Ausdrücke sind als Schlüsselwörter reserviert und dürfen daher nicht als Variablennamen verwendet werden:

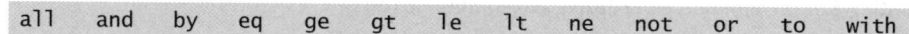

- Sie sollten es vermeiden, den Namen auf einen Unterstrich enden zu lassen, auch wenn dies im Rahmen der Konventionen zulässig ist. SPSS erstellt bei verschiedenen Prozeduren selbst Variablen, denen häufig Namen mit einem Unterstrich als letztem Zeichen zugewiesen werden. Insbesondere verwendet SPSS solche Namen, die sich auf Datums- und Zeitangaben beziehen, wie beispielsweise `date_`, `year_`, `quarter_`, `month_`, `week_`, `day_`, `hour_`, `minute_` und `second_`. Enthält Ihre Datei bereits eine Variable mit einem solchen Namen, wird diese gegebenenfalls ohne Vorwarnung überschrieben.

- Ebenso sollten Sie es vermeiden, einen Variablennamen auf einen Punkt enden zu lassen, da auch dies in Syntaxbefehlen leicht zu Uneindeutigkeiten führen könnte.

- Generell empfiehlt es sich, keine Schlüsselwörter aus der Befehlssyntax zu verwenden. Auch wenn dies formal zulässig ist, könnten dadurch in bestimmten Konstellationen leicht Widersprüche auftreten.

8.3 Eigenschaften bestehender Variablen ändern

Die zentralen Eigenschaften einer Variablen sind der Name und das Format. Beide Eigenschaften müssen bereits beim Erstellen einer Variablen festgelegt werden, lassen sich aber nachträglich wieder verändern. Daneben können Sie für eine bestehende Variable optional zusätzliche Eigenschaften festlegen, um den Variableninhalt näher zu beschreiben, fehlende Werte zu kennzeichnen oder die Darstellung im Dateneditor zu steuern. Für eine umfassende Beschreibung einer Variablen können daher die folgenden Angaben vorgenommen werden:

- Variablennamen ändern, siehe Abschnitt 8.3.1, Seite 173.
- Variablenformat ändern, siehe Abschnitt 8.3.2, Seite 175.
- Darstellungsformat numerischer Variablen ändern, siehe Abschnitt 8.3.3, S. 179.
- Fehlende Werte definieren, siehe Abschnitt 8.3.4, Seite 180.
- Variablenlabels zuweisen, siehe Abschnitt 8.3.5, Seite 183.
- Wertelabels zuweisen, siehe Abschnitt 8.3.6, Seite 185.
- Darstellungsformate für den Dateneditor ändern, siehe Abschnitt 8.3.7, Seite 188.
- Skalenniveau festlegen, siehe Abschnitt 8.3.8, Seite 190.

8.3.1 Variablen umbenennen

Allgemeine Syntax

Sie können den Namen einer bestehenden Variablen in einem DatenSet jederzeit ändern. Dabei bleiben alle übrigen Eigenschaften wie das Format, die Definition fehlender Werte und auch die Position der Variablen im DatenSet unverändert. Zum Umbenennen von Variablen dient der Befehl `rename variables` mit der in Listing 8.9 dargestellten allgemeinen Syntax.

```
RENAME VARIABLES (AlterName = NeuerName) . . .
```
Listing 8.9: Allgemeine Syntax von `rename variables` zum Umbenennen von Variablen

Einfaches Beispiel

Die einzige notwendige Angabe sind dabei der bisherige und der neue Variablenname mit Gleichheitszeichen dazwischen; so wird mit dem Befehl in Listing 8.10 die Variable `sozprod` in `bsp` umbenannt. Die Klammern sind dabei in diesem einfachen Befehl optional.

```
RENAME VARIABLES (sozprod = bsp) .
```
Listing 8.10: Umbenennung einer Variablen

Mehrere Variablen umbenennen

Es ist ohne Weiteres möglich, mit einem Befehl mehrere Variablen gleichzeitig umzubenennen. Der Befehl in Listing 8.11 benennt die Variable `sozprod` in `bsp` und die Variable `inprod` in `bip` um. Auch in diesem Fall sind die Klammern optional und könnten weggelassen werden.

```
RENAME VARIABLES (sozprod = bsp) (inprod = bip) .
```
Listing 8.11: Umbenennung mehrerer Variablen

Zu der Syntax aus Listing 8.11 gibt es eine Alternative, die in Listing 8.12 dargestellt ist. Hier wird auf der linken Seite des Gleichheitszeichens die Liste der umzubenennenden Variablen aufgeführt und auf der rechten Seite in entsprechender Reihenfolge die Liste der neuen Variablennamen. Die beiden Befehle aus Listing 8.11 und Listing 8.12 haben exakt die gleiche Wirkung. Bei der Verwendung von Variablenlisten sind die Klammern allerdings unverzichtbar.

```
RENAME VARIABLES (sozprod inprod = bsp bip) .
```
Listing 8.12: Alternative Syntax zur Umbenennung mehrerer Variablen

Wenn Sie Variablenlisten umbenennen, können Sie dazu auch das Schlüsselwort `to` verwenden. So legt der Befehl in Listing 8.13 fest, dass die zehn Variablen `test1`, `test2`, ..., `test10` umbenannt werden; die neuen Namen lauten `probe1`, `probe2`, ..., `probe10`. .

```
RENAME VARIABLES (test1 TO test10 = probe1 TO probe10) .
```
Listing 8.13: Umbenennung einer Variablenliste

> **Wichtig**
>
> Beachten Sie dabei, dass das Schlüsselwort to auf beiden Seiten des Gleichheitszeichens unterschiedlich wirkt: Bei der Bezeichnung der Quellvariablen werden alle Variablen angesprochen, die von test1 bis test10 nebeneinander im aktiven DatenSet stehen. Diese müssen nicht zwingend die Namen test1, test2 etc. haben, es müssen jedoch zehn Variablen sein, denn bei Angabe der neuen Variablennamen bezeichnet to eine Liste von zehn Variablen mit fortlaufenden Nummern wie hier probe1, probe2 etc. Zur Wirkung von to siehe allgemein Kapitel 2.

Bestehende Variablennamen austauschen

Wenn Sie mehrere Variablen in einem Befehl umbenennen, werden alle Namensänderungen »uno acto« ausgeführt. Damit ist es möglich, einer Variablen A den Namen der Variablen B zuzuweisen, wenn diese zugleich ebenfalls einen neuen Namen erhält. So werden mit dem Befehl in Listing 8.14 die bestehende Variable test1 in test2 und zugleich die bisherige Variable test2 in test1 umbenannt.

```
RENAME VARIABLES (test1=test2) (test2=test1) .
```

Listing 8.14: Austausch der Namen zweier Variablen

8.3.2 Variablenformat ändern

Basics

Auch das Format einer bereits bestehenden Variablen kann verändert werden. Hierzu gibt es seit SPSS 16 sogar gleich zwei Syntaxbefehle, mit denen Sie unterschiedlich weit reichende Änderungen vornehmen können:

- formats. Mit dem Befehl formats ändern Sie das Darstellungsformat numerischer Variablen. Da bei SPSS alle Variablen außer Textvariablen numerische Variablen sind, können Sie mit diesem Befehl auch die Formate von Datumsvariablen ändern und beispielsweise eine Datumsvariable in eine einfache numerische Variable (mit dem Format *Numerisch*) umwandeln, und auch umgekehrt jeder einfachen numerischen Variablen ein Datumsformat zuweisen. Der Befehl formats ermöglicht es jedoch weder, die Länge einer Textvariablen zu verändern, noch können Sie damit von einem numerischen zu einem Textformat oder umgekehrt wechseln. Zum formats-Befehl siehe im Einzelnen den folgenden Abschnitt 8.3.3.

- alter type. Mit alter type können Sie grundlegendere Formatänderungen vornehmen und auch die Länge von Textvariablen ändern sowie numerische und Textformate ineinander überführen. Dieser Befehl, der in diesem Abschnitt näher beschrieben wird, steht erst seit der Programmversion SPSS 16 zur Verfügung. Soweit Sie ausschließlich mit SPSS 16 arbeiten, ist der Befehl `formats` durch den neuen Befehl `alter type` weitgehend überflüssig, bei der Arbeit mit älteren Programmversionen ist `formats` jedoch weiterhin unverzichtbar.

> **Tipp**
>
> Wenn Sie mit einer älteren SPSS-Version arbeiten und das Format einer Textvariablen ändern möchten, können Sie zunächst mit dem Befehl `string` eine neue Textvariable mit dem gewünschten neuen Format erzeugen. Anschließend können Sie die Werte aus der bestehenden Textvariablen mit einem `compute`-Befehl in die neue Textvariable übertragen. Ist in Quell- und Zielvariable dabei eine unterschiedliche Breite für die Textwerte festgelegt, werden die Werte beim Übertragen automatisch gekürzt bzw. umgekehrt um Leerzeichen ergänzt. Nach dem gleichen Verfahren können Sie auch numerische Werte in Textwerte überführen, siehe hierzu ausführlich Kapitel 9.

Allgemeine Syntax von »alter type«

In Listing 8.15 sehen Sie die allgemeine Syntax des Befehls `alter type`. In der einfachsten Form benötigt dieser Befehl als zusätzliche Angaben neben dem Befehlsnamen nur den Namen der Variablen, dessen Format geändert werden soll, und das gewünschte neue Format für diese Variable. So genügen die Angaben in Listing 8.16, um der Variablen `region` unabhängig von ihrem bisherigen Format das neue Format A15 (Textvariable mit einer Breite von 15 Zeichen) zuzuweisen. Mit dem Befehl in Listing 8.17 wird zum einen der Variablen `region` das Format A15 und zugleich der Variablen `bewohner` des Format F6.0 (Typ *Numerisch* mit einer Breite von sechs Zeichen und ohne Dezimalstellen) zugewiesen.

```
ALTER TYPE Variable([Ausgangsformat =] {Zielformat})
                                       {AMIN       }
                                       {AMIN + n   }
                                       {AMIN + n%  }
       [Variable...] .
```

Listing 8.15: Allgemeine Syntax von `alter type` zum Umbenennen von Variablen

```
ALTER TYPE region (A15) .
```

Listing 8.16: Einfacher Befehl `alter type` ändert das Format der Variablen `region`

```
ALTER TYPE region (A15) bewohner (F6.0).
```

Listing 8.17: `alter type` zum Ändern der Formate von zwei Variablen

> **Tipp**
>
> Zu den verschiedenen Variablenformaten, die bei SPSS zur Verfügung stehen, und deren korrekte Bezeichnungen in der Syntax siehe Abschnitt 8.2.3 ,Seite 165.

Optionen für das Zielformat einer Textvariablen

Möchten Sie der Variablen als neues Format ein Textformat (also den Variablentyp *String*) zuweisen, können Sie die Variablenbreite (also die Anzahl der Zeichen für die Werte in der Variablen) nicht nur explizit vorgeben, sondern auch mithilfe der folgenden Schlüsselwörter von SPSS bestimmen lassen:

- AMIN. SPSS analysiert die in der Variablen enthaltenen Werte und wählt die Variablenbreite so, dass der längste in der Variablen enthaltene Wert gerade noch dargestellt werden kann, ohne dass Zeichen abgeschnitten werden müssen.
- AMIN+n. Die Variablenbreite entspricht der mindestens notwendigen Breite zur Darstellung aller Werte (wie bei `amin`) + n Zeichen.
- AMIN+n%. Die Variablenbreite entspricht der mindestens notwendigen Breite zur Darstellung aller Werte (wie bei `amin`), erhöht um n% (bzw. um ungefähr n%, so dass sich ein ganzzahliger Wert ergibt).

Enthält beispielsweise eine Variable `stadt` ausschließlich die Werte *Hamburg, Berlin, München, Frankfurt, Köln, Dresden*, dann bewirkt der Befehl in Listing 8.18, dass diese Variable das Format einer Textvariablen (Typ *String*) mit einer Breite von zwölf Zeichen erhält (denn der längste Wert in der Variablen ist *Frankfurt* mit einer Länge von neun Zeichen).

```
ALTER TYPE stadt (AMIN+3) .
```

Listing 8.18: Befehl `alter type` ermittelt das Textformat passend zum Inhalt der Variablen

Nur Variablen mit bestimmten Formaten umwandeln

Sie können in dem Befehl `alter type` festlegen, dass dieser nur auf solche Variablen angewandt werden soll, die bisher ein ganz bestimmtes Format aufweisen. Geben Sie hierzu einfach das gewünschte Ausgangsformat wie im Syntaxdiagramm aus Listing 8.15 beschrieben mit an. So bewirkt der Befehl in Listing 8.19, dass von den Variablen `datum1` bis `datum7` all jenen Variablen, die bisher ein Textformat mit einer Breite von elf Zeichen (A11) haben, in das Datumsformat `date11` (tt-mmm-jjjj) überführt werden. Alle übrigen Variablen bleiben vollkommen unverändert.

```
ALTER TYPE datum1 TO datum7 (A11 = DATE11) .
```

Listing 8.19: Befehl `alter type` weist nur Variablen mit bestimmten Ausgangsformat ein neues Format zu

Indem Sie bei der Beschreibung der Ausgangsformate die Detailangaben zur Variablenbreite weglassen, können Sie sich auch auf sämtliche Variablen eines bestimmten Typs beziehen. So bewirken die beiden Befehle in Listing 8.20, dass zum einen alle Variablen des Typs *Numerisch* (F) das neue Format F6.2 zugewiesen bekommen und zum anderen alle Textvariablen (A) auf die minimal notwendige Breite zur korrekten Darstellung sämtlicher Werte gekürzt werden.

```
ALTER TYPE ALL (F = F6.2) .
ALTER TYPE ALL (A = AMIN) .
```

Listing 8.20: Neue Formate für alle numerischen Variablen und für alle Textvariablen

Anpassung der Variablenwerte

Wird das Format einer Variablen geändert, versucht SPSS die bisherigen Variablenwerte im Sinne des neuen Formats zu interpretieren und entsprechend umzuwandeln. Dies ist häufig unproblematisch, insbesondere bei Datums- und Zeitformaten sowie beim Wechsel zwischen numerischen und Textformaten kann es jedoch in einigen Fällen zu Datenverlusten kommen:

- Wenn Sie einer Variablen, in der bisher numerische Werte ohne Datumsformat enthalten sind, nachträglich ein Datumsformat zuordnen, werden die in der Variablen enthaltenen Zahlen im Sinne des neuen Formats interpretiert und entsprechend dargestellt. Weisen Sie einer Variablen beispielsweise das Format Mon, Tue, Wed ... zu, wird in jedem Feld, das den Wert 3 enthält, der Eintrag TUE angezeigt (denn bei SPSS beginnt die Woche mit dem Sonntag).

- Ändern Sie ein Datumsformat in ein anderes Datumsformat, wird die für das neue Format relevante Information wie etwa der Wochentag oder die Kalenderwoche aus einem Datum extrahiert und entsprechend dargestellt. So wird etwa der 19.3.2005 in dem Format wkday9 als *THURSDAY* dargestellt und im Format month10 als *MARCH*.

- Bei einem Wechsel zwischen Datums-, Zeit- und gemischten Formaten kann es passieren, dass die Werte der Variablen nicht vollkommen unverändert bleiben, sondern nach einem Formatwechsel mit geringerer Genauigkeit gespeichert sind.

- Auch beim Wechsel zwischen numerischen und Textformaten versucht SPSS so weit wie möglich, die Werte der Variablen im Sinne des neuen Formates zu interpretieren und entsprechend darzustellen. Enthält beispielsweise eine Textvariable (Text-)Werte wie 1, 2, 3, die sich ohne Weiteres als Zahlen interpretieren lassen, werden diese nach der Umwandlung der Variablen in ein numerisches Format auch tatsächlich als Zahlen dargestellt. Werte, die sich nicht im Sinne des neuen Formates interpretieren lassen, können allerdings bei der Änderung des Formates unwiederbringlich verloren gehen.

8.3.3 Darstellungsformat einer numerischen Variablen ändern

Allgemeine Syntax

Um das Format einer numerischen Variablen (also einer Variablen des Typs *Numerisch, Datum, Punkt, Komma, Dollar, Wissenschaftliche Notation* oder *Spezielle Währung*) in ein anderes numerisches Format zu überführen, können Sie statt des Befehls alter type auch den Befehl formats verwenden. Wenn Sie mit SPSS 16 arbeiten, spricht allerdings nicht viel dafür, statt alter type den Befehl formats zu nutzen. Bei der Arbeit mit älteren Programmversionen ist formats dagegen unverzichtbar, da der Befehl alter type erst mit SPSS 16 eingeführt wurde.

Der Befehl formats zum Ändern des Formats einer numerischen Variablen hat die in Listing 8.21 dargestellte allgemeine Syntax. Zu den verfügbaren Formaten und deren Bezeichnungen in der Syntax siehe Abschnitt 8.2.3, Seite 165.

```
FORMATS Variable(Format) [/Variable(Format)...] .
```

Listing 8.21: Allgemeine Syntax von formats zum Umbenennen von Variablen

Wichtig

Beachten Sie, dass sich möglicherweise nicht alle in einer Variablen enthaltenen Werte in jedem formal zulässigen Variablenformat sinnvoll darstellen lassen. So kann es sein, dass durch das Ändern des Formates Werte verloren gehen, weil sie nicht in das neue Format überführt werden können, siehe hierzu auch die Hinweise in dem vorhergehenden Abschnitt.

Beispiel

Die einzigen notwendigen Angaben des Befehls sind der Name der Variablen, deren Format geändert werden soll, und das gewünschte neue Format, das in Klammern hinter den Variablennamen geschrieben wird. Wenn Sie in einem Befehl mehreren Variablen ein neues Format zuweisen, werden die einzelnen Variablenbeschreibungen wie Unterbefehle durch einen Schrägstrich getrennt. So weist der Befehl in Listing 8.22 den drei Variablen datum, umsatz und absatz ein neues Format zu. Die Variable datum erhält ein europäisches Datumsformat der Form dd/mm/yyyy, die Variable umsatz ein numerisches Format mit zwei Dezimalstellen und die Variable absatz ein numerisches Format ohne Dezimalstellen.

```
FORMATS datum (EDATE10) / umsatz (F8.2) / absatz (F6) .
```

Listing 8.22: Änderung des Formats einzelner numerischer Variablen

> **Tipp**
>
> SPSS unterscheidet grundsätzlich zwischen Eingabe- und Darstellungsformaten. In der praktischen Arbeit ist diese Unterscheidung häufig ohne Bedeutung, so dass man sie als Anwender meistens ignorieren kann. Auch der formats-Befehl tut dies und wendet das neue Format stets auf Eingabe- und Darstellungsformat an. Es ist jedoch auch möglich, gezielt nur eines der beiden Formate zu ändern. Um nur das Eingabeformat neu zu definieren, verwenden Sie den Befehl write formats; das Ausgabeformat ändern Sie mit dem Befehl print formats. Beide Befehle haben die gleiche Syntax wie der formats-Befehl.

Format für Variablenlisten ändern

Auch beim formats-Befehl können nicht nur einzelne Variablen, sondern auch Variablenlisten angeführt werden; auch das Schlüsselwort to steht zur Verfügung. So erhalten mit dem Befehl in Listing 8.23 die Variablen region1 bis region10 (gemäß der Anordnung der Variablen im aktiven DatenSet) das numerische Format F8.2 und die beiden Variablen max und min das numerische Format F6.

```
FORMATS region1 TO region10 (F8.2) / max min (F6) .
```
Listing 8.23: Änderung des Formats für Variablenlisten

8.3.4 Fehlende Werte definieren

Allgemeine Syntax

Mit dem Befehl missing values lassen sich fehlende Werte für eine Variable definieren (zur Bedeutung fehlender Werte siehe Seite 160). Der Befehl hat die in Listing 8.24 dargestellte allgemeine Syntax. Dabei gelten folgende Regeln:

- Für eine Variable können bis zu drei einzelne Werte als fehlende Werte definiert werden. Die Werte sind in Klammern hinter den Variablennamen zu schreiben und durch Leerzeichen oder Kommata zu trennen, vgl. Listing 8.25.

- Für numerische Werte kann auch ein Wertebereich als fehlend definiert werden. Es werden dann alle Werte innerhalb des Bereichs einschließlich der Ränder als fehlende Werte angesehen, siehe hierzu Seite 182. Neben einem Wertebereich kann jedoch nur noch ein Einzelwert zusätzlich als fehlend definiert werden.

- Bei Textvariablen werden die fehlenden Werte als Text und damit zwischen Anführungszeichen angegeben, siehe das Beispiel auf Seite 182.

- Für lange Textvariablen mit einer Breite von mehr als acht Zeichen lassen sich erst seit der Programmversion SPSS 16 fehlende Werte definieren. Allerdings dürfen die fehlenden Werte auch bei langen Textvariablen nicht mehr als acht

Zeichen umfassen. So können Sie für eine Textvariable mit einer Breite von 20 Zeichen zum Beispiel den Wert xxxxxxxx (wird in der Variablen automatisch mit zwölf Leerzeichen aufgefüllt) als fehlenden Wert definieren, nicht aber den Wert xxxxxxxxx. In älteren Programmversionen ist es überhaupt nicht möglich, für lange Textvariablen fehlende Werte festzulegen.

- Jede neue Festlegung fehlender Werte überschreibt die bisherige Definition für diese Variable.

```
MISSING VALUES Variable (Werte) [/Variable(Werte)...] .
```

Listing 8.24: Allgemeine Syntax von missing values zum Definieren fehlender Werte

Einzelne fehlende Werte

Listing 8.25 zeigt die Syntax zur Definition einzelner fehlender Werte für eine Variable. Der Befehl legt fest, dass in der Variablen alter die drei Werte -1, -2 und 999 als fehlende Werte zu behandeln sind.

```
MISSING VALUES alter (-1,-2,999) .
```

Listing 8.25: Definition einzelner fehlender Werte für eine Variable

Fehlende Werte für mehrere Variablen

Sie können auch mit einem missing values-Befehl für mehrere Variablen gleichzeitig fehlende Werte definieren. Soll für mehrere Variablen die gleiche Definition angewendet werden, schreiben Sie alle Variablen als Liste hintereinander, und geben Sie danach in Klammern die fehlenden Werte an. Zudem können Sie mehrere solcher Variablenlisten oder einzelner Variablen in den Befehl einfügen, um für verschiedene Variablen unterschiedliche Definitionen fehlender Werte vorzunehmen. So legt der Befehl in Listing 8.26 fest, dass für die Variablen alter und beruf die Werte -1 und -2 und für die Variable gender der Wert -1 als fehlend definiert werden.

```
MISSING VALUES alter beruf (-1,-2) gender (-1) .
```

Listing 8.26: Definition einzelner fehlender Werte für mehrere Variablen

Für die Angabe der Variablen stehen auch die Schlüsselwörter to und all zur Verfügung. So legt der Befehl in Listing 8.27 fest, dass in allen Variablen der Datendatei der Wert -1 als fehlender Wert definiert werden soll. Beachten Sie hierbei, dass damit alle bereits bestehenden Definitionen fehlender Werte überschrieben und nicht etwa ergänzt werden.

```
MISSING VALUES ALL (-1) .
```

Listing 8.27: Definition einzelner fehlender Werte für alle Variablen der Datendatei

Wertebereich als fehlend definieren

Für numerische Variablen lassen sich alle Werte innerhalb eines Wertebereichs als fehlend definieren. Zur Beschreibung des Wertebereichs stehen die Schlüsselwörter `thru`, `lowest` (abgekürzt `lo`) und `highest` (abgekürzt `hi`) zur Verfügung.

Der Befehl in Listing 8.29 nimmt folgende Definitionen fehlender Werte vor:

- Für die Variable `alter` werden alle Werte von -9 bis -1 als fehlende Werte definiert. Dies schließt die Ränder -9 und -1 mit ein und gilt nicht nur für ganzzahlige Werte, sondern auch für Werte mit Dezimalstellen innerhalb des Wertebereichs.

- Für die Variable `beruf` werden alle Werte von 999 bis zum höchsten in der Variablen enthaltenen Wert als fehlend definiert. Zusätzlich wird der Wert -1 als fehlender Wert deklariert.

- Für die Variable `einkomm` werden alle Werte von 0 bis zum niedrigsten in der Variablen enthaltenen Wert als fehlend definiert.

```
MISSING VALUES alter   (-9 THRU -1)
               beruf   (999 THRU HIGHEST,-1)
               einkomm (LO THRU 0) .
```

Listing 8.28: Definition eines Wertebereichs als fehlend

Fehlende Werte für Textvariablen

Für Textvariablen lassen sich nur fehlende Werte definieren, die maximal acht Zeichen umfassen. Bei der Angabe der Werte in dem Befehl `missing values` sind die Werte als Text zwischen Anführungszeichen zu schreiben.

> **Tipp**
>
> Anwender, die bereits seit längerem mit SPSS arbeiten, sollten Folgendes beachten: In älteren Programmversionen (bis SPSS 15) mussten bei der Definition fehlender Werte für Textvariablen auch die von SPSS automatisch ergänzten Leerzeichen mit aufgeführt werden. Hat eine Textvariable beispielsweise eine Breite von vier Zeichen (Format A4), so hat auch jeder in der Variablen enthaltene Wert exakt diese Breite; ein Wert mit weniger Zeichen wird von SPSS automatisch mit Leerzeichen aufgefüllt. Sollte für eine solche Variable der Wert NN als fehlender Wert definiert werden, musste dieser in der Form `'NN  '` (zwei N und zwei Leerzeichen) angegeben werden. Diese Notwendigkeit besteht seit SPSS 16 nicht mehr; die Werte `'NN  '` und `'NN'` werden von SPSS nun als identisch angesehen.

Der Befehl in Listing 8.29 definiert die beiden Textwerte `'NN'` und `'XXXX'` als fehlende Werte.

```
MISSING VALUES firma ('NN' 'XXXX') .
```
Listing 8.29: Definition fehlender Werte für Textvariablen

Definition fehlender Werte löschen

Sie heben eine bestehende Definition fehlender Werte auf, indem Sie der betreffenden Variablen eine leere Menge als fehlende Werte zuweisen. Hierzu bleibt die Klammer für die Angabe fehlender Werte einfach leer. So werden mit dem Befehl in Listing 8.30 alle Definitionen über fehlende Werte für die Variable `alter` gelöscht, so dass (mit Ausnahme von systemdefinierten fehlenden Werten) wieder sämtliche Werte als gültige Werte betrachtet werden.

```
MISSING VALUES alter () .
```
Listing 8.30: Definition fehlender Werte für einzelne Variablen löschen

Auch hierbei stehen für die Angabe der Variablen die Schlüsselwörter `to` und `all` zur Verfügung. Mit dem Befehl in Listing 8.31 werden sämtliche Definitionen über fehlende Werte im gesamten DatenSet aufgehoben.

```
MISSING VALUES ALL () .
```
Listing 8.31: Definition fehlender Werte für alle Variablen löschen

8.3.5 Variablenlabels definieren

Ein Variablenlabel dient der näheren Beschreibung des Variableninhalts. Die Verwendung von Variablenlabels ist sehr hilfreich, da es nur selten gelingt, den Inhalt einer Variablen bereits durch den Variablennamen vollständig zu beschreiben. Zwar dürfen Variablennamen in den neuen SPSS-Versionen inzwischen bis zu 64 Zeichen umfassen, jedoch empfiehlt es sich in aller Regel, kurze Variablennamen zu verwenden, da dies das Datenhandling, die Programmsyntax und auch die Ergebnisdarstellung erheblich vereinfacht.

Ein Variablenlabel kann bis zu 255 Zeichen umfassen und wird in den Ergebnissen der statistischen Prozeduren statt des Variablennamens ausgewiesen, sofern dies nicht über die Grundeinstellungen von SPSS abgewählt wurde (siehe hierzu Kapitel 20).

Allgemeine Syntax

Ein Variablenlabel wird mit dem Befehl `variable labels` definiert, dessen allgemeine Syntax in Listing 8.32 dargestellt ist. Bei der Anwendung des Befehls gelten folgende Regeln:

- Jeder Variablen kann genau ein Variablenlabel zugewiesen werden.

- Ein Variablenlabel kann bis zu 255 Zeichen umfassen. Dabei sind sämtliche Zeichen inklusive Leerzeichen, Kommata und Sonderzeichen zulässig.

- Das Variablenlabel wird im Befehl `variable labels` als Text zwischen Anführungszeichen oder Apostrophen geschrieben. Soll das Label selbst einen Apostroph enthalten, verwenden Sie die Anführungszeichen als Textmarkierung.

- Mit einem `variable labels`-Befehl können Sie beliebig vielen Variablen unterschiedliche Labels zuweisen. Es ist jedoch nicht möglich, einer Liste von Variablen dasselbe Label zuzuweisen.

```
VARIABLE LABELS Variable 'Label' [/Variable 'Label'...] .
```

Listing 8.32: Allgemeine Syntax von `variable labels` zur Definition von Variablenlabels

Beispiel

Der Befehl in Listing 8.33 weist der Variablen `alter` das Label `Alter der befragten Person` zu.

```
VARIABLE LABELS alter 'Alter der befragten Person' .
```

Listing 8.33: Definition eines Variablenlabels

Sollen mehrere Variablenlabels definiert werden, führen Sie die Definitionen durch einen Schrägstrich getrennt hintereinander auf. So definiert der Befehl in Listing 8.34 jeweils ein Label für die Variablen `alter`, `gender` und `hheiko`.

```
VARIABLE LABELS alter 'Alter der befragten Person'
  /gender 'Geschlecht'
  /hheiko 'Haushaltseinkommen' .
```

Listing 8.34: Definition mehrerer Variablenlabels in einem Befehl

Angabe eines Labels über mehrere Zeilen

Ein Variablenlabel kann sich in der Syntax über mehrere Zeilen erstrecken. Dabei ist der Text in jeder Zeile von Anführungszeichen einzuschließen. In der Fortsetzungszeile wird die Fortsetzung des Labeltextes durch ein Pluszeichen kenntlich gemacht, siehe das Beispiel in Listing 8.35. Beachten Sie dabei, dass hier auch das Leerzeichen zwischen den Wörtern `gewichtete` und `Summe` als Text mit aufgeführt werden muss.

```
VARIABLE LABELS gesamt 'Gesamtergebnis als gewichtete '
  + 'Summe der Einzelergebnisse' .
```

Listing 8.35: Definition eines langen Variablenlabels

Löschen eines Variablenlabels

Um ein bestehendes Variablenlabel zu löschen, überschreiben Sie es mit einem leeren Text. Mit dem Befehl in Listing 8.36 wird das bisherige Label der Variablen `alter` gelöscht.

```
VARIABLE LABELS alter '' .
```
Listing 8.36: Löschen eines Variablenlabels

8.3.6 Wertelabels definieren

Mithilfe von Wertelabels können Sie für jede Ausprägung einer Variablen eine inhaltliche Beschreibung vornehmen. Dies ist vor allem dann sehr hilfreich, wenn Werte in kodierter Form vorliegen. Sobald Sie für eine oder mehrere Variablen Wertelabels definiert haben, können Sie in der Datenansicht des Dateneditors wahlweise die Originalwerte oder die Labels anzeigen lassen (Menübefehl *Ansicht / Wertelabels*) und die Labels auch zur Dateneingabe verwenden. Insbesondere lassen sich die Wertelabels aber auch ebenso wie Variablenlabels in den Ergebnissen der statistischen Prozeduren ausweisen.

Allgemeine Syntax

Wertelabels werden mit dem Befehl `value labels` definiert, siehe die allgemeine Syntax in Listing 8.37. Bei der Anwendung des Befehls gelten folgende Regeln:

- Wertelabels können für Variablen jeden Typs definiert werden. Die Beschränkung, dass für lange Textvariablen (Variablen des Typs `String` mit einer Breite von mehr als acht Zeichen) keine Wertelabels definiert werden können, besteht seit der Programmversion SPSS 16 nicht mehr.

- Jedes Mal, wenn der Befehl `value labels` auf eine Variable angewandt wird, werden alle bisherigen Definitionen von Wertelabels für diese Variable überschrieben und nicht etwa ergänzt. Möchten Sie dies vermeiden und zu bereits bestehenden Labels neue hinzufügen, verwenden Sie den Befehl `add value labels`, siehe Seite 187.

- Jedes Wertelabel kann nach den Angaben von SPSS bis zu 120 Zeichen umfassen, tatsächlich können mit SPSS 16 aber auch längere Wertelabels definiert werden. Allerdings werden in den Ergebnissen der meisten Prozeduren nicht mehr als 20 Zeichen dargestellt. Längere Wertelabels erscheinen in den entsprechenden Tabellen und Grafiken dann abgeschnitten.

- Die Wertelabels werden in dem Befehl `value labels` als Text zwischen Anführungszeichen oder Apostrophen geschrieben. Soll das Label selbst einen Apostroph enthalten, verwenden Sie die Anführungszeichen als Textmarkierung.

Kapitel 8
Variablen definieren

- Mit einem `value labels`-Befehl können beliebig viele Wertelabels definiert werden. Dabei ist es sowohl möglich, mehreren Variablen dieselben Labels zuzuweisen, als auch für verschiedene Variablen unterschiedliche Labels zu definieren.

```
VALUE LABELS Variable Wert 'Label' [Wert 'Label'...]
[/Variable Wert 'Label' ...] .
```

Listing 8.37: Allgemeine Syntax von `value labels` zur Definition von Wertelabels

Beispiel

Der Befehl in Listing 8.38 definiert drei Wertelabels für die numerische Variable `alterkat`. Dem Wert 1 wird das Label `Jung (18-35)` zugewiesen etc. Sollten für die Variable `alterkat` bereits vorher Wertelabels definiert gewesen sein, werden diese hiermit überschrieben und gelten fortan nicht mehr.

```
VALUE LABELS alterkat 1 'Jung (18-35)'
                     2 'Mittel (36-50)'
                     3 'Alt (50-65)' .
```

Listing 8.38: Definition von Wertelabels für eine Variable

> **Tipp**
>
> Ist ein Wertelabel sehr lang, kann es sich in der Syntax über mehrere Zeilen erstrecken. Dabei ist der Text in jeder Zeile von Anführungszeichen einzuschließen. In der Fortsetzungszeile wird die Fortsetzung des Labeltextes durch ein Pluszeichen kenntlich gemacht, siehe hierzu auch die entsprechende Syntax für Variablenlabels auf Seite 184 .

Wertelabels für mehrere Variablen definieren

Wenn Sie für mehrere Variablen dieselben Wertelabels festlegen möchten, stehen für die Angabe der Variablen auch die Schlüsselwörter `to` und `all` zur Verfügung. So weist der Befehl in Listing 8.39 den Variablen `frage1` bis `frage10` (dies sind die Variablen, die in der Datendatei nebeneinanderstehen, beginnend mit der Variablen `frage1` bis zur Variablen `frage10`; das müssen nicht notwendigerweise die Variablen `frage1`, `frage2` etc. sein) vier Wertelabels für die Werte 1, 7, -1 und -2 zu. Zusätzlich wird für die Variable `alter` dem Wert -1 das Label `keine Angabe` zugewiesen.

```
VALUE LABELS
    frage1 TO frage10    1 'Stimme gar nicht zu'
                         7 'Stimme voll und ganz zu'
```

```
                    -1 'Weiß nicht'
                    -2 'Antwort verweigert'
    /alter          -1 'keine Angabe' .
```

Listing 8.39: Definition von Wertelabels für mehrere Variablen

Wertelabels für Textvariablen definieren

Bei der Festlegung von Wertelabels für Textvariablen sind zwei Punkte zu beachten:

- Die Werte, denen ein Label zugewiesen wird, werden in dem value labels-Befehl zwischen Anführungszeichen geschrieben.
- Die Werte sollten mit voller Zeichenzahl angegeben werden einschließlich der als Füllzeichen dienenden Leerzeichen. Geben Sie einen Wert mit weniger Zeichen an, als für die betreffende Variable vorgesehen sind, wird der Wert gegebenenfalls von SPSS mit Leerzeichen aufgefüllt. Wenn Sie mehr Zeichen angeben als vorgesehen, versucht SPSS den Wert abzuschneiden, es kommt aber nicht in jedem Fall eine Zuordnung von Wertelabels zustande.

Der Befehl in Listing 8.40 nimmt für zwei Textvariablen Wertelabel-Definitionen vor. Die Variable gender hat eine Breite von einem Zeichen, die Variable panel eine Breite von zwei Zeichen. Daher werden die Werte A und B für die Variable panel einschließlich des füllenden Leerzeichens angegeben.

> **Tipp**
>
> Beachten Sie auch, dass SPSS bei den Werten von Textvariablen zwischen Groß- und Kleinbuchstaben unterscheidet. Die Werte Ja und ja stellen daher zwei unterschiedliche Werte dar, für die auch unterschiedliche Wertelabel-Definitionen gelten können, während umgekehrt übereinstimmende Wertelabels explizit beiden Werten zugewiesen werden müssen.

```
VALUE LABELS
    gender          'm'  'männlich'
                    'w'  'weiblich'
    /panel          'A ' 'Befragung 1'
                    'B ' 'Befragung 2'
                    'AB' 'Beide Befragungen' .
```

Listing 8.40: Definition von Wertelabels für mehrere Variablen

Einzelne Wertelabels hinzufügen

Möchten Sie für eine Variable zusätzliche Wertelabels definieren oder gezielt einzelne Wertelabels ändern, ohne bereits vorhandene Wertelabels der betreffenden

Variablen zu überschreiben, verwenden Sie den Befehl `add value labels`. Der Befehl hat die gleiche Syntax wie `value labels` und unterscheidet sich von diesem lediglich darin, dass er alle bestehenden Wertelabels, die nicht explizit geändert werden, unverändert bestehen lässt.

Der Befehl in Listing 8.41 fügt den Variablen `frage1` bis `frage10` ein Wertelabel hinzu, indem für den Wert -3 das Label `Trifft nicht zu` definiert wird. Alle bereits bestehenden Labels, wie sie etwa mit dem Befehl aus Listing 8.39 erzeugt wurden, bleiben dabei unverändert erhalten. War in den Variablen auch für den Wert -3 bereits ein Label definiert, wird dieses überschrieben.

```
ADD VALUE LABELS frage1 TO frage10 -3 'Trifft nicht zu'.
```

Listing 8.41: `add value labels` ergänzt ein Wertelabel

Wertelabels löschen

Sollen sämtliche Wertelabel-Definitionen für eine Variable aufgehoben werden, führen Sie den Befehl `value labels` für die betreffende Variable aus, ohne Wertelabels festzulegen. So werden mit dem Befehl in Listing 8.42 alle Wertelabel-Definitionen für die Variable `alterkat` gelöscht.

```
VALUE LABELS alterkat .
```

Listing 8.42: Löschen aller Wertelabels einer Variablen

Analog können Sie mit dem Befehl `add value labels` gezielt einzelne Wertelabels löschen bzw. mit leeren Labels überschreiben. So bewirkt der Befehl in Listing 8.43, dass in der Variablen `frage7` das Label für den Wert -3 entfernt wird, während alle übrigen Wertelabels unverändert bestehen bleiben.

```
ADD VALUE LABELS frage7 -3 .
```

Listing 8.43: Löschen einzelner Wertelabels einer Variablen

8.3.7 Darstellungsoptionen für Variablen festlegen

Spaltenformate im Dateneditor

Für jede Variable lassen sich die Spaltenbreite und die Ausrichtung der Werte im Dateneditor festlegen. Beide Formatierungen beeinflussen lediglich die Darstellung im Dateneditor und haben keinen Einfluss auf die Werte oder die Darstellung von Prozedurergebnissen. Als Voreinstellung entspricht die Spaltenbreite der Zeichenzahl, die als maximale Länge für die Werte der Variablen eingestellt ist. Für numerische Werte ist eine rechtsbündige, für Textvariablen eine linksbündige Ausrichtung der Werte voreingestellt.

Spaltenbreite festlegen

Die Spaltenbreite einer Variablen wird mit dem Befehl `variable width` mit der allgemeinen Syntax aus Listing 8.44 geändert.

```
VARIABLE WIDTH Variable (Breite)
        [/Variable (Breite)...] .
```

Listing 8.44: Allgemeine Syntax von `variable width` zur Festlegung der Spaltenbreite

Die einzigen notwendigen Angaben sind die Variable und die Spaltenbreite, die als ganzzahliger Wert zwischen Klammern angegeben wird. Statt einer einzelnen Variablen ist auch eine Variablenliste zulässig. So weist der Befehl in Listing 8.45 der Variablen `alter` eine Breite von fünf Zeichen und den Variablen `frage1` bis `frage10` (gemäß der Variablenanordnung im aktiven DatenSet) eine Breite von sechs Zeichen zu.

```
VARIABLE WIDTH alter (5) /frage1 TO frage10 (6) .
```

Listing 8.45: Festlegung von Spaltenbreiten für die Darstellung im Dateneditor

Ausrichtung der Werte festlegen

Die Werte einer Variablen können im Dateneditor linksbündig (`left`), rechtsbündig (`right`) oder zentriert (`center`) ausgerichtet werden. Die gewünschte Ausrichtung lässt sich mit dem Befehl `variable alignment` festlegen, vgl. die allgemeine Syntax in Listing 8.46.

```
VARIABLE ALIGNMENT Variable ({LEFT  })
                            {CENTER}
                            {RIGHT }
        [/Variable ...] .
```

Listing 8.46: Allgemeine Syntax von `variable alignment` zum Festlegen der Variablenausrichtung

Das Beispiel in Listing 8.47 zeigt die Anwendung des Befehls: Für die Variable `gender` wird eine zentrierte und für die Variable `id` eine rechtsbündige Ausrichtung der Werte festgelegt. Statt einzelner Variablen könnten auch Variablenlisten angeführt werden; dabei stehen auch die Schlüsselworte `to` und `all` zur Verfügung.

```
VARIABLE ALIGNMENT gender (CENTER) / id (RIGHT) .
```

Listing 8.47: Ausrichtung der Variablenwerte im Dateneditor festlegen

8.3.8 Skalenniveau angeben

Für jede Variable kann die Information gespeichert werden, welches Skalenniveau die darin enthaltenen Werte aufweisen. SPSS unterscheidet dabei zwischen metrischer, ordinaler und nominaler Skala. Die Angabe des Skalenniveaus hat im Wesentlichen Informationscharakter und bildet insbesondere keine Beschränkung für die Daten, die die Variable aufnehmen kann. Nur wenige Prozeduren wie `igraph` (zum Erstellen interaktiver Grafiken) nutzen die Information über das Skalenniveau für eine Variablenzuordnung.

Per Voreinstellung geht SPSS für numerische Variablen von einem metrischen und für Textvariablen von einem nominalen Skalenniveau aus. Um für eine Variable ein anderes Skalenniveau anzugeben, verwenden Sie den Befehl `variable level` mit der allgemeinen Syntax aus Listing 8.48.

```
VARIABLE LEVEL Variable ({SCALE  })
                        {ORDINAL}
                        {NOMINAL}
               [/Variable ...] .
```

Listing 8.48: Allgemeine Syntax von `variable level` zum Angeben des Skalenniveaus

Die Anwendung des Befehls ist in Listing 8.49 dargestellt. Mit dem Befehl werden für die Variable `gender` ein nominales und für die Variablen `alterkat`, `status` und `bildung` ein ordinales Skalenniveau angegeben.

```
VARIABLE LEVEL gender (NOMINAL)
             / alterkat status bildung (ORDINAL) .
```

Listing 8.49: Festlegung des Skalenniveaus für einzelne Variablen

8.4 Variablen löschen, sortieren und kopieren

8.4.1 Variablen löschen

Syntaxbefehl zum Löschen von Variablen

Erstaunlicherweise kannte SPSS lange Zeit keinen Syntaxbefehl, der ausdrücklich eine Variable aus dem aktiven DatenSet löscht. Erst mit der Programmversion SPSS 12 wurde ein solcher Befehl eingeführt, siehe Listing 8.50.

```
DELETE VARIABLES Variable .
```

Listing 8.50: Allgemeine Syntax von `delete variables` zum Löschen von Variablen

Die einzige zusätzliche Angabe neben dem Befehlsnamen ist der Name der zu löschenden Variablen. So wird mit dem Befehl aus Listing 8.51 die Variable mit dem Namen dummy dauerhaft aus dem aktiven DatenSet gelöscht.

```
DELETE VARIABLES dummy .
```

Listing 8.51: Befehl zum Löschen einer Variablen

Der Befehl kann nicht nur auf eine einzelne Variable, sondern auch auf eine Variablenliste angewandt werden. So werden mit dem Befehl aus Listing 8.52 die vier Variablen summe1 bis summe4 aus der Datendatei gelöscht. Stehen diese vier Variablen in der Datendatei unmittelbar nebeneinander, ohne dass sich andere Variablen dazwischen befinden, könnten sie auch mit dem Ausdruck summe1 to summe4 bezeichnet werden.

```
DELETE VARIABLES summe1 summe2 summe3 summe4 .
```

Listing 8.52: Befehl zum Löschen mehrerer Variablen

Alternative Möglichkeiten zum Löschen von Variablen

Da der Befehl delete variables nur in jüngeren SPSS-Versionen zur Verfügung steht, ist es hilfreich, dass Variablen auch quasi als »Nebeneffekt« anderer Syntaxbefehle entfernt werden können. Sollen wie mit dem Befehl delete variables einzelne Variablen aus der bestehenden Datendatei entfernt werden, bietet sich hierzu ein Missbrauch des Befehls match files an.

Der Befehl match files dient eigentlich dazu, zwei Datendateien in einer Datei zusammenzuführen (siehe hierzu im Einzelnen Kapitel 13). Es ist jedoch auch zulässig, den Befehl auf nur eine Datei anzuwenden. Er erfüllt dann naturgemäß nicht mehr seinen originären Zweck, führt aber dennoch verschiedene Operationen aus, die eigentlich nur eine »Nebenwirkung« des Befehls darstellen und hier zum Hauptzweck werden. Die Syntax hierzu ist denkbar einfach und an einem Beispiel in Listing 8.53 dargestellt:

- Der Unterbefehl file=* legt fest, dass der Befehl auf das aktive DatenSet angewandt werden sollen.

- Mit dem Unterbefehl drop werden die zu löschenden Variablen angegeben. In dem Beispiel aus Listing 8.53 werden die beiden Variablen dummy und zufall gelöscht.

- Alternativ zum Unterbefehl drop können mit dem Unterbefehl keep die zu erhaltenden Variablen aufgeführt werden. Alle nicht hinter dem keep-Befehl aufgeführten Variablen werden dann gelöscht.

```
MATCH FILES FILE=* /DROP=dummy zufall .
```
Listing 8.53: Befehl `match files` zum Löschen ausgewählter Variablen

Zusätzlich ist es sowohl beim Öffnen als auch beim Speichern einer Datendatei im SPSS-Format möglich, eine Auswahl der in der Quell- bzw. Arbeitsdatei enthaltenen Variablen vorzunehmen:

- *Beim Öffnen einer Datendatei.* Wenn Sie eine bereits bestehende SPSS-Datendatei mit dem Befehl `get file` öffnen und damit als aktives DatenSet bereitstellen, können Sie mit den Unterbefehlen `keep` und `drop` festlegen, dass nur ausgewählte Variablen eingelesen werden sollen. Die übrigen Variablen werden damit gar nicht erst in das aktive DatenSet übernommen, siehe hierzu Kapitel 4.

- *Beim Speichern einer Datendatei.* Auch beim Speichern des aktiven DatenSets als SPSS-Datendatei mit dem Befehl `save` stehen die Unterbefehle `keep` und `drop` zur Verfügung. Damit ist es möglich, nur ausgewählte Variablen in der Zieldatei zu speichern, siehe hierzu Kapitel 4.

8.4.2 Variablen sortieren

Für einige Analysen ist es entscheidend, in welcher Reihenfolge die Variablen in der Datendatei aufgeführt werden. So setzt beispielsweise die multidimensionale Skalierung eine ganz bestimmte Anordnung der Variablen voraus, damit die Datentabelle als Distanzmatrix interpretiert werden kann. Aber auch beim laufenden Datenhandling ist häufig eine bestimmte Anordnung der Variablen hilfreich, zum Beispiel um eine Folge benachbarter Variablen bequem mit dem Schlüsselwort `to` ansprechen zu können oder auch nur um sich möglichst einfach im DatenSet sowie in den Variablenlisten der Dialogfelder von SPSS zurechtzufinden. Daher ist es hilfreich, dass SPSS seit der Programmversion 16 mit `sort variables` nun auch einen Befehl zum Sortieren von Variablen eingeführt hat. Allerdings ist dieser Befehl in seiner Leistungsfähigkeit recht beschränkt, denn er ermöglicht ausschließlich das Sortieren nach bestimmten, vorgegebenen Variableneigenschaften. Möchten Sie die Variablen dagegen nach einer von Ihnen individuell festgelegten Reihenfolge neu anordnen, kommen Sie auch weiterhin nicht an dem Trick vorbei, den SPSS-Anwender bereits seit vielen Programmversionen zum Sortieren der Variablen verwenden und der wieder einmal den Befehl `match files` zweckentfremdet, siehe unten.

»sort variables«: Sortieren nach einzelnen Eigenschaften

Der mit SPSS 16 neu eingeführte Befehl `sort variables` ermöglicht es, die Variablen des aktiven DatenSets in auf- oder absteigender Reihenfolge nach den Werten einer ausgewählten Variableneigenschaft wie dem Namen, dem Format, dem Label, dem Messniveau etc. zu sortieren. Listing 8.54 zeigt die allgemeine Syntax dieses Befehls.

8.4 Variablen löschen, sortieren und kopieren

```
SORT VARIABLES [BY]  {NAME       }  [({A})]
                     {TYPE       }  {D}
                     {FORMAT     }
                     {LABEL      }
                     {VALUES     }
                     {MISSING    }
                     {MEASURES   }
                     {COLUMNS    }
                     {ALIGNMENT  }
```

Listing 8.54: Befehl `sort variables` zum Sortieren der Variablen im DatenSet

Der Befehl erfordert neben dem Befehlsnamen lediglich die Angabe der Variableneigenschaft, nach der die Variablen sortiert werden sollen, und ggf. der Sortierreihenfolge. So bewirkt der Befehl in Listing 8.55, dass die Variablen des aktiven DatenSets in aufsteigender Reihenfolge ihrer Namen angeordnet werden.

```
SORT VARIABLES BY NAME (A) .
```

Listing 8.55: Sortiert die Variablen in aufsteigender Reihenfolge ihrer Namen

Für den Befehl `sort variables` gelten folgende Regeln:

- Das Schlüsselwort `by` ist optional, kann also ohne Weiteres weggelassen werden.

- Auch die Angabe der Sortierreihenfolge ist optional. Per Voreinstellung kommt eine aufsteigende Sortierung (A für ascending) zur Anwendung. Lediglich wenn Sie die Variablen in absteigender Folge nach den Werten der ausgewählten Eigenschaft sortieren möchten, müssen Sie dies explizit durch das D (für descending) angeben.

   Der Befehl aus Listing 8.55 könnte also auch noch einfacher in der folgenden Form geschrieben werden:

   `SORT VARIABLES NAME .`

- Die Sortierung kann nur nach einer einzigen Variableneigenschaft erfolgen. Es ist nicht zulässig, mehrere Eigenschaften aufzuführen, Sie können die Variablen also nicht zunächst nach einer Eigenschaft und anschließend alle Variablen mit identischen Werten in dieser Eigenschaft nach einer zweiten Eigenschaft sortieren lassen.

Die Sortierung nach den verschiedenen zur Verfügung stehenden Variableneigenschaften wirkt sich im Detail wie folgt aus:

- **name.** Die Variablen werden in alphabetischer Reihenfolge der Variablennamen sortiert. Enthält der Variablenname Zahlen, werden diese (bei aufsteigender Sortierreihenfolge) vor Buchstaben einsortiert. Dabei werden Zahlen, die am

Ende des Variablennamens stehen, als Zahlen ausgewertet (so dass die 9 vor der 10 kommt), während alle anderen Zahlen im Variablennamen Ziffer für Ziffer bewertet werden. Die drei Variablen `frageA`, `frage2` und `frage10` werden bei aufsteigender Sortierung damit in der Reihenfolge `frage2`, `frage10`, `frageA` angeordnet, die Variablen `frageAb`, `frage2b`, `frage10b` dagegen in der Reihenfolge `frage10b`, `frage2b`, `frageAb`.

- `type`. Hiermit werden die Variablen nach dem grundlegenden Variablentyp (Numerisch oder String) und die Textvariablen nach der Variablenbreite sortiert, so dass bei aufsteigender Reihenfolge numerische Variablen vor Textvariablen und kurze Textvariablen vor langen Textvariablen angeordnet werden.

- `format`. Die Variablen werden nach dem Variablenformat in der Reihenfolge *String, Komma, Dollar, Numerisch, Wissenschaftliche Notation, Datum, Punkt, Benutzerdefiniert (Spezielle Währung)* sortiert.

- `label`. Die Variablen werden in alphabetischer Reihenfolge der Variablenlabels sortiert, wobei Variablen ohne Variablenlabel (bei aufsteigender Sortierung) am Anfang eingeordnet werden.

- `values`. Die Sortierung richtet sich nach den Wertelabeln, die für die Variablen definiert wurden. Eine Variable, für die ein Wertelabel `abc` definiert wurde, wird vor einer Variablen angeordnet, für die das Label `xyz` definiert wurde. Variablen ohne Wertelabels werden an den Anfang gestellt.

- `missing`. Hier richtet sich die Sortierung nach den Werten, die für die einzelnen Variablen als fehlende Werte definiert wurden. Je mehr fehlende Werte für eine Variable festgelegt wurden, desto später erscheint diese Variable in der Sortierreihenfolge. Bei gleicher Anzahl an fehlenden Werten werden Variablen mit dem fehlenden Wert 1 vor Variablen mit dem fehlenden Wert 99 einsortiert. Variablen, für die keine fehlenden Werte definiert wurden, stehen ganz am Anfang der Sortierreihenfolge.

- `measure`. Die Variablen werden nach dem Messniveau angeordnet, bei aufsteigender Sortierung in der Reihenfolge *nominal, ordinal, metrisch*.

- `columns`. Die Variablen werden nach der Spaltenbreite (Anzahl der für die Variablenwerte vorgesehenen Zeichen) sortiert.

- `alignment`. Die Sortierung erfolgt nach der Ausrichtung in der Reihenfolge *linksbündig, rechtsbündig, zentriert*.

»match files«: Reihenfolge der Variablen frei bestimmen

SPSS verfügt über keinen spezifischen Befehl, der dazu dient, die Variablen im DatenSet in frei wählbarer Reihenfolge neu anzuordnen, allerdings lässt sich dies über einen »Trick« mithilfe des vielseitig verwendbaren Befehls `match files` dennoch erreichen, vgl. das Beispiel in Listing 8.56:

- Der Unterbefehl `file=*` legt fest, dass der Befehl `match files` hier nur auf das aktive DatenSet angewendet werden soll.

- Mit dem Unterbefehl `keep` werden explizit alle Variablen aufgeführt, die in der Datei verbleiben sollen. Sofern keine Variablen gelöscht werden sollen, müssen hier alle Variablen des DatenSets ausdrücklich genannt werden. Der Sinn dieses Unterbefehls besteht darin, dass die Variablen im DatenSet anschließend in der Reihenfolge angeordnet werden, in der sie hier hinter dem `keep`-Befehl genannt sind. Damit bewirkt der Befehl in Listing 8.56, dass die vier Variablen des aktiven DataSets in der Reihenfolge `var1`, `var2`, `var3`, `var4` angeordnet werden. Enthält das DatenSet weitere Variablen, die in dem Befehl nicht berücksichtigt sind, würden diese beim Ausführen des Befehls aus dem DatenSet gelöscht.

```
MATCH FILES FILE=* /KEEP=var1 var2 var3 var4 .
```

Listing 8.56: Befehl `match files` zum Umsortieren der Variablen im aktiven DatenSet

In einigen Fällen ist es nicht erforderlich, sämtliche Variablen aus dem DatenSet explizit aufzuführen: Ist lediglich die Reihenfolge einiger ausgewählter Variablen von Bedeutung, können Sie mit dem Schlüsselwort `all` festlegen, dass alle übrigen Variablen unverändert übernommen werden sollen. So nimmt der Befehl in Listing 8.57 folgende Anordnung der Variablen vor: An erster Stelle stehen die Variablen `var1`, `var2` und `var3` in genau dieser Reihenfolge. Danach folgen alle übrigen Variablen aus dem aktiven DatenSet in ihrer bisherigen Reihenfolge. Mit dem Schlüsselwort `all` werden dabei alle verbleibenden Variablen bezeichnet, die nicht schon vorher explizit genannt wurden.

```
MATCH FILES FILE=* /KEEP=var1 var2 var3 ALL .
```

Listing 8.57: Befehl `match files` zum Umsortieren einiger Variablen im aktiven DatenSet

> **Tipp**
>
> Der Unterbefehl `keep` steht auch beim Öffnen einer Datendatei (mit `get file`) sowie beim Speichern eines DatenSets im SPSS-Format (mit `save`) zur Verfügung und kann auch dort genutzt werden, um eine bestimmte Reihenfolge der Variablen herbeizuführen.

8.4.3 Variablen kopieren

Häufig soll eine Variable kopiert werden, beispielsweise um Änderungen an den Werten vornehmen zu können und dennoch die Ausgangswerte unverändert zu erhalten. Naheliegend wäre, dies mit einem Befehl der Art »copy variables« zu tun, ein solcher Befehl steht jedoch bei SPSS nicht zur Verfügung. Um dennoch die Werte einer bestehenden Variablen in eine neue Variable zu kopieren, verwenden

Sie den Befehl `compute` in der einfachen, in Listing 8.58 dargestellten Form. Dabei ist es allerdings nicht möglich, auch Werte- und Variablenlabels zu kopieren.

```
COMPUTE neuvar = altvar .
```

Listing 8.58: Befehl compute zum Kopieren einer Variablen

Der Befehl in Listing 8.58 erstellt eine neue Variable mit dem Namen `neuvar` und fügt dort die Werte der Variablen `altvar` ein. Die Variable `altvar` bleibt dabei unverändert erhalten. Sollte in dem DatenSet bereits zuvor eine Variable mit dem Namen `neuvar` vorhanden gewesen sein, würden deren Werte hierbei überschrieben.

Beachten Sie, dass die in Listing 8.58 dargestellte Vorgehensweise nur für numerische Variablen möglich ist. Um die Werte einer Textvariablen kopieren zu können, muss die Zielvariable zuvor explizit definiert werden. So wird in Listing 8.59 zunächst die Variable `neutext` als Textvariable mit einer Breite von acht Zeichen definiert; anschließend werden in diese Variable die Werte aus `alttext` geschrieben. Quell- und Zielvariable sollten dabei stets das gleiche Format (einschließlich übereinstimmender Breite bzw. Zeichenzahl) aufweisen, da SPSS andernfalls die Werte beim Kopieren kürzt oder um Leerzeichen ergänzt.

```
STRING neutext (A8) .
COMPUTE neutext=alttext .
```

Listing 8.59: Befehl compute zum Kopieren einer Textvariablen

8.5 Tipps zur automatischen Definition einer Folge von Variablen

Bei der Arbeit mit großen Datendateien, die viele Variablen enthalten, besteht häufig das Bedürfnis, nicht sämtliche Variablen einzeln definieren und mit den gewünschten Eigenschaften ausstatten zu müssen, sondern Automatisierungsroutinen einsetzen zu können. SPSS bietet dazu verschiedene Möglichkeiten, von denen einige im Folgenden skizziert werden. Die vorgestellten Verfahren nutzen jeweils spezifische Techniken oder Befehle, die an späterer Stelle detaillierter erläutert werden. Hier soll daher nur auf die Möglichkeiten und geeigneten Vorgehensweisen zur Automatisierung aufmerksam gemacht werden.

8.5.1 200 Variablen mit einem Befehl erstellen

Da die Befehle `numeric` und `string` nicht nur einzelne Variablen, sondern auch eine Folge von Variablen erstellen können und dabei das Schlüsselwort `to` zur Verfügung steht, ist es sehr einfach, mit einem Befehl beliebig viele Variablen zu definieren. So erzeugt der `numeric`-Befehl in Listing 8.60 200 numerische Variablen mit den Namen probe1, probe2 ... probe200 und dem Format F5.3. Für jede der 200 Variablen wird zudem das Wertelabel Kein Messergebnis für den Wert -1 festgelegt, der außerdem als fehlender Wert definiert wird.

```
NUMERIC probe1 TO probe200 (F5.3) .
VALUE LABELS probe1 TO probe200 -1 'Kein Messergebnis' .
MISSING VALUES probe1 TO probe200 (-1) .
```

Listing 8.60: Definition von 200 numerischen Variablen

8.5.2 Makro zur Definition von Variablen mit angepassten Labels

Listing 8.61 zeigt ein Makro, mit dem beliebig viele gleichartige Variablen erstellt und dabei zugleich in der Formulierung angepasste Variablen- und Wertelabels definiert werden können. Die Verwendung von Makros ist eine fortgeschrittenere Programmiertechnik, und die Syntax erschließt sich nicht in jedem Detail intuitiv. Die grundlegende Funktionsweise von Makros wird in Kapitel 17 beschrieben. Im Folgenden sei nur der Ablauf des Makros aus Listing 8.61 skizziert:

- Zwischen dem Befehlspaar define ... !enddefine wird ein Makro mit dem Namen !vardef definiert. Dabei wird festgelegt, dass beim Aufruf des Makros zwei Parameter mit den Namen start und ende übergeben werden müssen.

- In der untersten Zeile wird das zuvor definierte Makro aufgerufen; dabei werden die Parameter start=1 und ende=50 übergeben.

- Der Makroinhalt besteht aus einer Schleife, die mit dem Befehlspaar !do ... !doend definiert wird. Die Parameter start und ende legen fest, wie häufig die Schleife durchlaufen wird. Mit den Parametern start=1 und ende=50 wird die Schleife insgesamt 50 Mal durchlaufen. Dabei nimmt die Variable !var nacheinander die Werte 1, 2, ..., 50 an.

- Bei jedem Schleifendurchlauf werden vier Befehle ausgeführt:
  - Zunächst wird eine numerische Variable mit dem Format F5.3 definiert. Der Name der Variablen setzt sich aus der Zeichenfolge probe und dem jeweiligen Wert von !var zusammen. Damit wird im ersten Schleifendurchlauf die Variable probe1, im zweiten die Variable probe2 etc. erstellt.
  - Anschließend erhält die zuvor definierte Variable ein Variablenlabel der Form Ergebnis von Probe 1. So erhält beispielsweise im fünften Durchlauf der Schleife die Variable probe5 das Label Ergebnis von Probe 5.
  - Im nächsten Schritt wird für die zuvor definierte Variable ein Wertelabel festgelegt. Das Label wird stets dem Wert -1 zugewiesen und hat die Form Ergebnis von Probe 1 fehlt.
  - Abschließend wird für die zuvor erstellte Variable der Wert -1 als fehlender Wert definiert.

```
DEFINE !vardef (start=!TOKENS(1)
            /ende =!TOKENS(1) ).
 !DO !var = !start !TO !ende .
  NUMERIC !CONCAT('probe',!Var) (F5.3) .
  VARIABLE LABELS !CONCAT('probe',!var)
              !CONCAT('Ergebnis von Probe ',!var).
  VALUE LABELS !CONCAT('probe',!var)
        -1 !CONCAT('Ergebnis von Probe ',!var,' fehlt').
  MISSING VALUES !CONCAT('probe',!var) (-1) .
 !DOEND .
!ENDDEFINE .

!vardef start = 1 ende = 50 .
```

Listing 8.61: Definition von 50 numerischen Variablen mit Labels und fehlenden Werten

8.5.3 Variablennamen aus Variablenwerten übernehmen

Der Befehl `flip` dient dazu, ein DatenSet zu transponieren und damit die Anordnung von Variablen und Fällen zu vertauschen (siehe hierzu im Einzelnen Kapitel 13). Dabei sieht der Befehl die Möglichkeit vor, die Werte einer Variablen nach dem Transponieren als Variablennamen zu verwenden. Dies kann man sich zunutze machen, um eine Reihe von Variablen zu erstellen und dabei die Variablennamen aus den Werten einer (Text-)Variablen auszulesen. Die Werte dieser Variablen können zuvor gegebenenfalls mit einem `compute`-Befehl generiert werden, siehe hierzu Kapitel 9.

Ein Beispiel für das Erstellen von Variablen mit den Werten einer Textvariablen als Namen ist in Abbildung 8.5 skizziert. Der zugehörige `flip`-Befehl ist in Listing 8.62 wiedergegeben:

- Die Ausgangsdatei enthält lediglich zwei Variablen: Die Variable `name` ist eine Textvariable und enthält die Werte, die als Variablennamen verwendet werden sollen. Die zweite Variable `dummy` ist nur deshalb erforderlich, weil der `flip`-Befehl neben der Namensvariablen mindestens eine weitere Variable (mit den zu transponierenden Werten) verlangt. Diese Variable kann hier leer bleiben, da es nicht um das Transponieren von Werten, sondern nur um das Erstellen neuer Variablen geht.

- Der `flip`-Befehl gibt an, dass die Daten transponiert und dabei die Werte der Variablen `namen` als neue Variablennamen verwendet werden sollen.

- Im Ergebnis erstellt SPSS aus jedem Wert der Variablen `namen` eine Variable. Eine weitere Variable mit dem Namen `case_lbl` wird automatisch hinzugefügt und kann für diese Zwecke anschließend gelöscht werden.

- Das DatenSet enthält nach dem Transponieren genau einen Fall. Die Werte dieses Falles wurden hier aus der Variablen dummy entnommen. Sofern die Ausgangsdatei noch weitere Variablen enthält, wird auch das transponierte DatenSet entsprechend weitere Fälle aufweisen. Je nachdem, welchem Zweck die neuen Variablen dienen, können im nächsten Schritt die beim Transponieren erzeugten Fälle im DatenSet gelöscht und neue Fälle angelegt oder beispielsweise Daten eingelesen werden.

```
FLIP NEWNAMES=namen .
```

Listing 8.62: flip-Befehl erstellt neue Variablen und liest die Namen aus einer Textvariablen aus

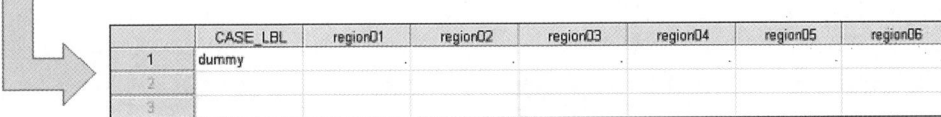

Abb. 8.5: Erstellen von Variablen mit den Namen aus Variablenwerten

Kapitel 9

Variablen berechnen – der Alleskönner »compute«

9.1 Überblick

SPSS bietet sehr umfangreiche Möglichkeiten zur Transformation bestehender sowie zur Berechnung neuer Variablen. Hierzu stehen mehrere Befehle zur Verfügung, die dazu dienen, die Werte vorhandener Variablen zu verändern oder neue Variablen in einem DatenSet zu erstellen. Auf diese Weise können nicht nur neue Werte aus bereits vorhandenen Daten abgeleitet und berechnet werden, sondern es lassen sich auch Zufallszahlen oder künstliche Wertefolgen wie eine fortlaufende Nummer als Identifikationsmerkmal zur Kennzeichnung der Fälle generieren. Derartige Berechnungen sind dabei nicht auf numerische Werte beschränkt; vielmehr können auch Textwerte in vielfältiger Weise bearbeitet und transformiert, zerlegt und neu zusammengesetzt werden, was insbesondere bei der Datenaufbereitung häufig unverzichtbar ist.

Die für die Berechnung von Variablen zur Verfügung stehenden Befehle sind in unterschiedlichem Maße spezialisiert und zum Teil gegeneinander austauschbar. Das mit Abstand größte Leistungsspektrum bietet der compute-Befehl, mit dem sich nahezu alle Berechnungen, die mit SPSS überhaupt realisiert werden können, umsetzen lassen. Dieser Befehl wird in diesem Kapitel ausführlich beschrieben. Zahlreiche weitere Befehle ergänzen zum Teil die Leistungen des compute-Befehls, bieten aber in erster Linie die Möglichkeit, sehr spezielle Berechnungen, die sich grundsätzlich auch mit compute durchführen ließen, auf einfachere Weise umzusetzen. Diese spezifischeren Befehle werden im nächsten Kapitel 10 näher beschrieben. Verwenden Sie die folgende Übersicht für eine schnelle Orientierung bei der Suche nach dem »richtigen« Befehl für eine bestimmte Fragestellung.

»compute«

Mit dem Befehl compute lassen sich sowohl für numerische als auch für Textvariablen Berechnungen durchführen. So können Sie beispielsweise die Werte mehrerer Variablen addieren und die Summe in eine neue Variable schreiben. Ebenso ist es mit diesem Befehl möglich, eine Variable mit Zufallszahlen zu erstellen, die einer vorgegebenen Verteilung folgen. Für die Berechnungen stehen neben einer Reihe arithmetischer, vergleichender und logischer Operatoren zahlreiche Funktionen für statistische und arithmetische Berechnungen sowie für den Umgang mit Datums- und Textwerten zur Verfügung. Auf diese Weise ermöglicht der compute-Befehl sehr weit gehende und komplexe Berechnungen, mit denen sich eine große Bandbreite unterschiedlicher Variablentransformationen realisieren lässt. Dieser Befehl wird in diesem Kapitel ausführlich beschrieben.

»if«

Der if-Befehl ermöglicht die gleichen Berechnungen wie der Befehl compute, bietet darüber hinaus aber die Möglichkeit, die Berechnung auf solche Fälle im DatenSet zu beschränken, die eine vorgegebene Bedingung erfüllen. Die notwendige Bedingung kann dabei sehr differenziert formuliert werden, siehe hierzu im nächsten Kapitel Abschnitt 10.2.

»leave«

Der Befehl leave unterdrückt die Initialisierung ausgewählter Variablen bei der Berechnung der einzelnen Fälle des DatenSets und ermöglicht so auf einfache Weise die Berechnung von kumulierten Werten, siehe hierzu Abschnitt 10.3.

»set seed« und »set rng«

Verschiedene Prozeduren bei SPSS verwenden oder erstellen Zufallszahlen. Wird eine solche Prozedur mehrfach wiederholt, führt sie naturgemäß zu unterschiedlichen Ergebnissen. Es besteht jedoch eine Möglichkeit, auf Zufallszahlen basierende Ergebnisse identisch zu reproduzieren, indem das Verfahren zur Ermittlung der Zufallszahlen festgelegt und ein Startwert für die Berechnung der Zufallszahlen vorgegeben wird. Dies geschieht mit dem Befehl set rng, der das Berechnungsverfahren bestimmt, und dem Befehl set seed, der den Startwert für die Zufallszahlen festlegt, siehe hierzu im Einzelnen Abschnitt 10.4.

»recode«

Der Befehl recode dient dazu, die Werte einer Variablen neu zu kodieren, also die bisherigen Variablenwerte nach einem vorgegebenen Schema in neue Werte zu übersetzen. Der Befehl kann sowohl auf numerische als auch auf Textvariablen angewandt werden und ist unter anderem hilfreich, wenn Textwerte in numerische Kodierungen übersetzt werden sollen. Zum recode-Befehl siehe Abschnitt 10.5.

»autorecode«

Auch mit autorecode werden die Werte einer numerischen oder Textvariablen in neue Kodierungen übersetzt. Dabei kommt ein fest vorgegebenes, einfaches Kodierungsschema zur Anwendung, das die Werte der Quellvariablen in auf- oder absteigender Reihenfolge in ganzzahlige, numerische Werte überführt, siehe hierzu Abschnitt 10.6.

»count«

Der Befehl count ermittelt für jeden Fall im DatenSet die Häufigkeit, mit der ausgewählte Werte in einer vorgegebenen Gruppe von Variablen vorkommen. Die so ermittelten Häufigkeiten werden in eine neue Variable im DatenSet geschrieben, siehe im Einzelnen Abschnitt 10.7.

»create«

Bei der Arbeit mit Zeitreihen werden häufig spezielle Transformationen benötigt, die sich nur auf Zeitreihendaten sinnvoll anwenden lassen. So besteht oftmals die Notwendigkeit, aus einer vorhandenen Zeitreihe zeitverzögerte Werte abzuleiten, saisonale Differenzen zu berechnen oder eine Zeitreihe mit geglätteten Werten zu erzeugen. Für derartige Zeitreihentransformationen gibt es bei SPSS den spezifischen Befehl create, siehe hierzu Abschnitt 10.8.

»rmv«

Enthält eine Variable fehlende Werte, kann es in einigen Fällen sinnvoll sein, diese durch plausibel erscheinende Schätzwerte zu ersetzen. Dies gilt insbesondere für Zeitreihendaten, wenn sich zum einen aus dem Verlauf der Zeitreihe plausible Annahmen über geeignete Werte für die Datenlücken ableiten lassen und zum anderen bestimmte Analysen, die vollständige Zeitreihen voraussetzen, erst durch das Füllen der Datenlücken möglich werden. Für diese Fälle hält der Befehl rmv unterschiedliche Funktionen bereit, mit denen sich fehlende Werte beispielsweise durch lineare Interpolation oder Trendwerte ersetzen lassen, siehe hierzu Abschnitt 10.9.

9.2 Basics des Befehls »compute«

Der Befehl compute dient dazu, mithilfe arithmetischer Ausdrücke und spezieller Funktionen die Werte für eine Variable im aktiven DatenSet zu berechnen. Die Zielvariable kann dabei sowohl eine neu zu erstellende als auch eine bereits bestehende Variable sein. Werden die Werte für eine bereits vorhandene Variable berechnet, werden deren bisherige Werte gegebenenfalls überschrieben.

9.2.1 Befehlssyntax

Der compute-Befehl ist zugleich sehr einfach und äußerst leistungsstark. Seine allgemeine Syntax lautet:

```
COMPUTE Zielvariable = Berechnungsformel .
```

Listing 9.1: Allgemeine Syntax von compute

Die Berechnungsformel kann dabei aus einem einfachen arithmetischen Ausdruck oder auch nur einer einzelnen Konstanten bestehen, Sie können aber auch mithilfe zahlreicher Funktionen und Verknüpfungen sehr komplexe Berechnungen durchführen.

> **Tipp**
>
> Der Befehl compute entspricht dem Menübefehl *Transformieren / Variable berechnen*. Das Dialogfeld dieses Menübefehls kann bei der Formulierung eines compute-Befehls hilfreich sein. So können Sie eine Berechnungsformel zunächst im Dialogfeld zusammenstellen und anschließend mit der Schaltfläche *Einfügen* in Befehlssyntax übersetzen lassen. Dies ist vor allem dann hilfreich, wenn Sie spezielle Funktionen verwenden möchten, da das Dialogfeld nicht nur sämtliche verfügbaren Funktionen aufführt, sondern zudem für jede Funktion eine kurze Erläuterung bereithält und die erwarteten Parameter nennt.

9.2.2 Anwendungsmöglichkeiten

Einfacher arithmetischer Ausdruck

Der folgende einfache Befehl berechnet die Differenz zwischen den Variablen **ende** und **anfang**; das Ergebnis wird in die Variable **laenge** geschrieben, die dabei automatisch neu erstellt oder, falls eine gleichnamige Variable bereits besteht, überschrieben wird, vgl. Abbildung 9.1. Für derartige arithmetische Operationen stehen die üblichen Operatoren zur Verfügung, siehe hierzu Abschnitt 9.3, Seite 206.

```
COMPUTE laenge = ende - anfang .
EXECUTE .
```

Listing 9.2: Berechnung der Differenz zwischen zwei Variablen

	anfang	ende	laenge
1	3	5	2,00
2	7	8	1,00
3	5	9	4,00
4	.	4	.
5	2	6	4,00

Abb. 9.1: Ergebnis des compute-Befehls aus Listing 9.2

Funktionen verwenden

Der folgende Befehl verwendet die Funktion mean, um den Mittelwert der drei Variablen test1, test2 und test3 zu berechnen.

```
COMPUTE mittel = MEAN(test1, test2, test3) .
EXECUTE .
```

Listing 9.3: Berechnung des arithmetischen Mittels dreier Variablen

Für den `compute`-Befehl stehen zahlreiche derartige Funktionen zur Verfügung, die sich miteinander kombinieren und ineinander verschachteln lassen. Dabei gibt es neben allgemeinen arithmetischen Funktionen auch solche zur Berechnung spezieller statistischer Kennzahlen oder bestimmter Verteilungen sowie Funktionen zum Umgang mit fehlenden Werten und zur Auswertung von Texten, siehe hierzu ausführlicher Abschnitt 9.4, Seite 209.

Textvariablen berechnen

Mit dem Befehl `compute` lassen sich nicht nur numerische, sondern auch Textvariablen »berechnen«. In diesem Fall muss die Zielvariable jedoch zuvor definiert worden sein, denn der `compute`-Befehl ist nicht in der Lage, selbst eine Textvariable automatisch zu erzeugen. Die drei folgenden Programmzeilen zeigen, wie mit diesem Problem umzugehen ist:

```
STRING wohnort (A20) .
COMPUTE wohnort = CONCAT(plz, " ", ort) .
EXECUTE .
```

Listing 9.4: Berechnung einer Textvariablen mit `compute`

Zunächst wird mit dem Befehl `string` eine Textvariable mit dem Namen `wohnort` und einer Länge von 20 Zeichen erzeugt. Der `compute`-Befehl generiert anschließend Textwerte, indem die Werte der Variablen `plz`, ein Leerzeichen und die Werte der Variablen `ort` mithilfe der Funktion `concat` zu einem Textwert verknüpft werden. Weitere Möglichkeiten und spezielle Funktionen zum Umgang mit Textwerten finden Sie in Abschnitt 9.6, Seite 217.

9.2.3 Hinweise zur Wirkung des Befehls

Beachten Sie bei der Verwendung des `compute`-Befehls die folgenden Hinweise:

- Wird durch den `compute`-Befehl eine neue Variable erstellt und nicht eine bereits vorhandene Variable überschrieben, wird diese neue Variable an das Ende des DatenSets angefügt.

- Fließen in die Berechnung fehlende Werte ein, ist das Ergebnis der Berechnung oftmals auch ein fehlender Wert, siehe zum Beispiel Abbildung 9.1. Es stehen jedoch verschiedene Funktionen zur Verfügung, die einen differenzierten Umgang mit fehlenden Werten erlauben, siehe hierzu Abschnitt 9.8.

- Der compute-Befehl kann nicht auf ein vollkommen leeres DatenSet angewandt werden. So ist zum Beispiel unmittelbar nach dem Start von SPSS per Voreinstellung ein leeres DatenSet geöffnet; auch mit dem Befehl `new file` wird ein leeres DatenSet angefordert. Wenn Sie für eine solche leere Datei, in der noch keine Variablen definiert wurden, neue Werte mit compute berechnen möchten, erhalten Sie eine Fehlermeldung.

- Der Befehl berechnet die Werte der Zielvariablen für alle Fälle, die in dem DatenSet bereits angelegt sind, nicht jedoch für bisher leere Fälle. Enthält ein DatenSet beispielsweise 50 Datensätze, wird die Berechnung der Werte für diese 50 Datensätze durchgeführt, während alle übrigen Zeilen (potenziellen Fälle) des DatenSets leer bleiben.

  Enthält das DatenSet noch keinen Datensatz, obwohl bereits Variablen definiert wurden, so ist die Datei nicht vollkommen leer, und der compute-Befehl wird ohne Fehlermeldung ausgeführt, berechnet aber im Ergebnis keine Werte, da noch keine Fälle existieren. Dennoch wird die Zielvariable gegebenenfalls neu erstellt, bleibt aber wie alle übrigen Variablen leer.

> **Tipp**
>
> Obwohl der compute-Befehl ein nicht leeres DatenSet voraussetzt und nur Werte für bereits bestehende Fälle berechnet, ist es mittels eines Tricks dennoch möglich, berechnete Werte in bisher leere Fälle zu schreiben und sogar ein DatenSet ausschließlich mit berechneten Werten neu anzulegen. Verwenden Sie hierzu den compute-Befehl in Verbindung mit dem Befehl `data list`. Dieser legt ein neues DatenSet an und ermöglicht es zugleich, Werte in das DatenSet einzufügen. Siehe hierzu Kapitel 5.

- Soll die Berechnung auf ausgewählte Fälle des DatenSets beschränkt werden, können Sie hierzu statt des compute-Befehls den Befehl `if` verwenden, siehe im folgenden Kapitel Abschnitt 10.2.

9.3 Arithmetische Ausdrücke formulieren

9.3.1 Mit »plus«, »minus« und »mal« rechnen

Operatoren

Zur Formulierung der Berechnungsformel stehen die folgenden arithmetischen Operatoren zur Verfügung:

- \+ Addition
- – Subtraktion

- * Multiplikation
- / Division
- ** Potenzieren

Mit diesen Operatoren können Sie in der üblichen Weise mathematische Ausdrücke formulieren. Vor und nach den Operatoren können Sie beliebig viele Leerzeichen einfügen, um die Lesbarkeit des Ausdrucks zu verbessern. Die folgenden Befehlszeilen zeigen einige Beispiele für die Verwendung der Operatoren, die selbsterklärend sein sollten.

```
COMPUTE diff = ende - anfang .
COMPUTE gesamt = teil1 + teil2 + teil3 .
COMPUTE anteil = teil / gesamt .
COMPUTE endwert = kapital * (1+zins)**dauer .
EXECUTE .
```

Listing 9.5: Arithmetische Ausdrücke im compute-Befehl

> **Tipp**
>
> Neben diesen Operatoren stehen auch zahlreiche Funktionen zur Verfügung, mit denen sich sehr viel weiter gehende Berechnungen durchführen lassen. So können Sie mithilfe von Funktionen unter anderem Werte runden, Logarithmen berechnen, Wurzeln ziehen oder Mittelwerte ausrechnen, siehe hierzu Abschnitt 9.4.

Auswertungsreihenfolge

Eine Berechnungsformel kann nicht nur mehrere Operatoren, sondern zugleich eine oder mehrere Funktionen beinhalten. In diesem Fall ist entscheidend, in welcher Reihenfolge ein solcher Ausdruck abgearbeitet wird. Es gilt: Zunächst werden Funktionen ausgewertet, anschließend Potenzierungen, dann Multiplikation und Division und abschließend Addition und Subtraktion. Sind mehrere Funktionen ineinander verschachtelt, werden diese von innen nach außen abgearbeitet.

Die Reihenfolge der Auswertung können Sie in der üblichen Weise durch Klammern verändern. Klammern haben höchste Priorität, werden also stets als Erstes abgearbeitet. Im Fall von verschachtelten Klammern werden diese wie Funktionen von innen nach außen ausgewertet.

Mit dem folgenden Befehl wird zunächst die Variable flaeche durch 3,14 dividiert. Von dem Ergebnis wird mithilfe der Funktion sqrt die Wurzel gezogen, und anschließend wird das Ergebnis der Wurzel mit 2 multipliziert. Mit dieser Formel kann aus der Fläche eines Kreises dessen Durchmesser berechnet werden.

```
COMPUTE d = SQRT(flaeche / 3.14) * 2 .
EXECUTE .
```

Listing 9.6: Verknüpfung von Funktionen und Operatoren

9.3.2 Dummy-Variablen berechnen

Oftmals benötigt man sogenannte Dummy-Variablen (0/1-Variablen), die lediglich angeben, ob ein bestimmtes Merkmal vorliegt oder nicht. Derartige Dummy-Variablen lassen sich bei SPSS sehr effizient mit einem `compute`-Befehl der folgenden allgemeinen Syntax berechnen:

```
COMPUTE dummy = (Bedingung) .
```

Listing 9.7: compute-Befehl zur Berechnung von Dummy-Variablen

Dieser Befehl weist der Zielvariablen in all jenen Fällen, in denen die vorgegebene *Bedingung* erfüllt ist, den Wert 1 und in allen übrigen Fällen den Wert 0 zu.

In Listing 9.8 wird diese Syntax genutzt, um zwei Dummy-Variablen zu berechnen, die eine Person unterschiedlichen Alterskategorien zuordnen, vgl. die Ergebnisse in Abbildung 9.2. Ist eine Person mindestens 14, aber noch keine 18 Jahre alt, erhält sie in der Variablen `youth` den Wert 1, während alle anderen Personen dort den Wert 0 zugewiesen bekommen. Analog werden volljährige Personen in der Variablen `adult` durch den Wert 1 markiert.

Derartige boolesche Ausdrücke, die als Bedingung formuliert entweder *wahr* sind und dann den Wert 1 ergeben oder *falsch* sind und dann den Wert 0 liefern, können auch in komplexere Berechnungsformeln integriert werden. Ein Beispiel dafür ist der dritte Befehl in Listing 9.8. Hier wird eine Punkteverteilung in eine Wertung überführt, wobei die Punkte bei Personen, die jünger als 16 Jahre sind, 10 % höher bewertet werden.

> **Tipp**
>
> Derartige Bedingungen lassen sich auf sehr unterschiedliche Arten formulieren, eine systematische Darstellung der Möglichkeiten finden Sie im folgenden Kapitel in Abschnitt 10.2.

```
COMPUTE youth = (alter >=14 AND alter < 18).
COMPUTE adult = (alter >= 18).
COMPUTE wertung = punkte + 0.1*punkte*(alter<16).
EXECUTE .
```

Listing 9.8: Dummy-Variablen für Alterskategorien berechnen

	alter	punkte	youth	adult	wertung
1	15	67	1,00	0,00	73,70
2	12	56	0,00	0,00	61,60
3	23	78	0,00	1,00	78,00
4	18	73	0,00	1,00	73,00
5	47	69	0,00	1,00	69,00

Abb. 9.2: Berechnete Dummy-Variablen

9.4 Funktionen

Bei SPSS stehen zahlreiche Funktionen zur Verfügung, die Sie in der Berechnungsformel des compute-Befehls verwenden können. Darunter finden Sie neben arithmetischen Funktionen auch vielfältige statistische und logische Funktionen sowie jeweils spezielle Funktionen für Textwerte, Datumswerte und fehlende Werte. Der folgende Überblick stellt lediglich ausgewählte Funktionen vor und skizziert deren Leistungsspektrum.

9.4.1 Funktionsargumente

Jede Funktion hat mindestens ein Argument

Jede Funktion erfordert die Angabe von mindestens einem Argument. Die Funktionsargumente werden direkt hinter dem Funktionsnamen innerhalb eines Klammerpaares angeführt. Erfordert die Funktion mehrere Argumente, müssen diese in einer fest vorgegebenen Reihenfolge aufgeführt und durch Kommata getrennt werden. In Listing 9.9 wird eine einfache Funktion verwendet: Die Funktion sqrt berechnet die Quadratwurzel eines Wertes. Sie erfordert daher die Angabe genau eines Argumentes, bei dem es sich um einen numerischen Wert handeln muss. So liefert der folgende Befehl stets den Wert 3.

```
COMPUTE wurzel9 = SQRT(9) .
EXECUTE .
```

Listing 9.9: compute-Befehl mit einfacher Wurzel-Funktion

Eine andere Funktion, sum, berechnet die Summe einer Folge von Werten. Die Summanden werden als Funktionsargumente angegeben. Die Funktion lässt beliebig viele Argumente zu, wobei mindestens ein Argument angegeben werden muss. Der Befehl in Listing 9.10 weist der Variablen summe in allen Fällen den Wert 6 zu.

```
COMPUTE summe = SUM(1, 2, 3) .
EXECUTE .
```

Listing 9.10: compute-Befehl mit einfacher Summen-Funktion

Kapitel 9
Variablen berechnen – der Alleskönner »compute«

Variablen als Argumente

In den meisten Fällen werden Sie als Funktionsargumente jedoch nicht wie in den beiden Beispielen Konstanten angeben, sondern typischerweise Variablen aus dem DatenSet, um deren Werte in den einzelnen Fällen (Datensätzen) auszuwerten. Dabei können Sie auch von dem Schlüsselwort to Gebrauch machen, um eine Folge benachbarter Variablen aus dem DatenSet zu bezeichnen. So sind die folgenden drei Befehle aus Listing 9.11 äquivalent und berechnen alle die Summe der drei Variablen teil1 bis teil3, vgl. Abbildung 9.3.

```
COMPUTE gesamt = teil1 + teil2 + teil3 .
COMPUTE gesamt = SUM(teil1, teil2, teil3) .
COMPUTE gesamt = SUM(teil1 to teil3) .
EXECUTE .
```

Listing 9.11: Arithmetische Ausdrücke im compute-Befehl

	teil1	teil2	teil3	gesamt
1	3	6	3	12,00
2	2	3	2	7,00
3	4	5	4	13,00
4	5	2	6	13,00
5	7	4	7	18,00

Abb. 9.3: Wirkung der compute-Befehle aus Listing 9.11

Tipp

Enthält eine Textvariable Werte, die sich als Zahlen interpretieren lassen, können diese dennoch nicht ohne Weiteres mit arithmetischen Funktionen ausgewertet oder in arithmetischen Operationen verwendet werden, da SPSS auch reine Ziffernfolgen in einer Textvariablen zunächst als Textwerte interpretiert. In diesem Fall können Sie die Funktion number(text,format) verwenden, die den Textwert in eine Zahl umwandelt, siehe das folgende Beispiel sowie ausführlicher Abschnitt 9.6, Seite 217.

```
COMPUTE summe = SUM(NUMBER(text,F8),zahl) .
EXECUTE .
```

Listing 9.12: Arithmetische Operationen mit Zahlen aus einer Textvariablen

	text	zahl	summe
1	1	1,0	2,00
2	1,3	2,0	3,30
3	,4	3,0	3,40
4	abc	4,0	4,00
5	5	5,0	10,00

Abb. 9.4: Auswertung der Zahlen einer Textvariablen, vgl. Listing 9.12

Verschachtelte Funktionen

Ein Funktionsargument muss nicht eine Konstante oder eine einzelne Variable sein, sondern kann auch aus einem arithmetischen Ausdruck (siehe Listing 9.6) oder einer anderen Funktion bestehen. Damit lassen sich Funktionen beliebig ineinander verschachteln. Der folgende Befehl berechnet zunächst zwei Summen und ermittelt anschließend daraus das arithmetische Mittel.

```
COMPUTE halbjahr = MEAN(SUM(q1, q2), SUM(q3, q4)) .
EXECUTE .
```

Listing 9.13: compute-Befehl mit verschachtelter Funktion

9.4.2 Die wichtigsten Funktionen im Überblick

Arithmetische Funktionen

Funktion	Ergebnis
abs(zahl)	Absoluter Wert von zahl
cos(zahl)	Kosinus von zahl
exp(zahl)	Potenziert den Wert e ($\approx 2{,}71828$) mit zahl
lg10(zahl)	Logarithmus von zahl zur Basis 10
ln(zahl)	Natürlicher Logarithmus von zahl
lngamma(zahl)	Logarithmus der vollständigen Gamma-Funktion für zahl
mod(zahl, nenner)	Rest der Division von zahl durch nenner
rnd(zahl)	Rundet zahl auf einen ganzzahligen Wert
sin(zahl)	Sinus von zahl
sqrt(zahl)	Quadratwurzel von zahl
trunc(zahl)	Schneidet die Dezimalstellen von zahl ab und gibt den verbleibenden ganzzahligen Wert aus

Tabelle 9.1: Arithmetische Funktionen

Als Argumente lassen die arithmetischen Funktionen ausschließlich numerische Werte zu. Dies werden in aller Regel nicht konstante Zahlen, sondern wie in Listing 9.11 Variablen mit numerischen Werten sein.

Statistische Funktionen

Funktion	Ergebnis
`cfvar(zahl, zahl [,zahl...])`	Variationskoeffizient; kann nur berechnet werden, wenn die Argumente mindestens zwei gültige Werte liefern
`max(wert[,wert...])`	Maximum; als Argumente sind entweder Texte oder numerische Werte zulässig, beide Wertetypen können aber nicht gleichzeitig verwendet werden
`mean(zahl [,zahl...])`	Mittelwert
`min(wert[,wert...])`	Minimum; als Argumente sind entweder Texte oder numerische Werte zulässig, beide Wertetypen können aber nicht gleichzeitig verwendet werden
`sd(zahl, zahl [,zahl...])`	Standardabweichung; kann nur berechnet werden, wenn die Argumente mindestens zwei gültige Werte liefern
`sum(zahl [,zahl...])`	Summe der angegebenen Parameter
`variance(zahl [,zahl...])`	Varianz; kann nur berechnet werden, wenn die Argumente mindestens zwei gültige Werte liefern

Tabelle 9.2: Statistische Funktionen

Wenn Sie als Argumente der Funktionen Variablen angeben, kann es sein, dass diese in einigen Fällen fehlende Werte aufweisen. Diese fehlenden Werte werden von SPSS bei der Auswertung der Funktion ignoriert, so dass die Funktion in den betreffenden Fällen ausschließlich anhand der verbleibenden gültigen Werte berechnet wird. Lediglich wenn nicht genügend gültige Werte zur Berechnung der Funktion verbleiben, liefert diese einen fehlenden Wert. Darüber hinaus können Sie aber auch manuell eine Mindestanzahl gültiger Werte festlegen; liegen in einem Fall weniger als die geforderte Mindestzahl gültiger Werte vor, ergibt die Funktion dann einen fehlenden Wert. Schreiben Sie hierzu die gewünschte Mindestzahl gültiger Werte durch einen Punkt getrennt direkt hinter den Funktionsnamen, vgl. das Beispiel in Listing 9.14.

```
COMPUTE min = MIN(teil1,teil2,teil3) .
COMPUTE min2 = MIN.2(teil1,teil2,teil3) .
EXECUTE .
```

Listing 9.14: Berechnung unter der Nebenbedingung einer Mindestzahl gültiger Werte

	teil1	teil2	teil3	min	min2
1	3	6	3	3,00	3,00
2	2	.	2	2,00	2,00
3	.	5	.	5,00	.
4	5	.	6	5,00	5,00
5	7	4	7	4,00	4,00

Abb. 9.5: Ergebnisse der beiden alternativen Berechnungen aus Listing 9.14

Logische Funktionen

Die beiden Funktionen any und range überprüfen, ob ein Testwert mit einem vorgegebenen Wert übereinstimmt, in einer vorgegebenen Werteliste enthalten ist oder in einem vorgegebenen Wertebereich liegt. Fällt die Prüfung positiv aus, geben die Funktionen den Wert 1 aus, andernfalls liefern sie den Wert 0. Mit den Funktionen missing und sysmis prüfen Sie, ob eine Variable einen fehlenden Wert bzw. speziell einen systemdefinierten fehlenden Wert enthält. Diese logischen Funktionen sind insbesondere bei der Formulierung von Bedingungen und der Berechnung von Dummy-Variablen hilfreich.

Funktion	Ergebnis
any(testwert,wert [,wert...])	Ergibt 1, wenn testwert mit einem der angegebenen Werte übereinstimmt, und 0, wenn dies nicht der Fall ist
missing(variable)	Ergibt 1, wenn die variable einen system- oder benutzerdefinierten fehlenden Wert enthält, und 0, wenn dies nicht der Fall ist
range(testwert,unten,oben [,unten,oben...])	Ergibt 1, wenn testwert innerhalb eines der durch unten und oben begrenzten Wertebereiche liegt, und 0, wenn dies nicht der Fall ist
sysmis(numvar)	Ergibt 1, wenn die numerische Variable numvar einen systemdefinierten fehlenden Wert enthält, und 0, wenn dies nicht der Fall ist

Tabelle 9.3: Logische Funktionen

Die Beispiele in Listing 9.15 zeigen eine Anwendung logischer Funktionen. Die Ergebnisse sind in Abbildung 9.6 zu sehen:

- Der erste Befehl erstellt eine Variable max, die anzeigt, ob in mindestens einer der Variablen frage1, frage2 und frage3 ein Wert von 10 vorliegt.

- Der zweite compute-Befehl prüft mit einer range-Funktion, ob in frage1 eine Punktzahl zwischen 8 und 10 erreicht wird. Der Testwert entstammt hier also der Variablen frage1, während die Grenzen des Wertebereichs fest vorgegeben werden. Dies ist auch im dritten compute-Befehl der Fall, der überprüft, ob in frage1 eine extrem hohe Punktzahl zwischen 8 und 10 oder eine extrem niedrige Punktzahl zwischen 0 und 2 vorliegt.

- In der Variablen f1_mitte sollen jene Fälle markiert werden, in denen die Punktzahl in frage1 zwischen den Werten von frage2 und frage3 liegt. Damit bildet frage1 den Testwert, während frage2 und frage3 die Unter- bzw. Obergrenze des abzuprüfenden Wertebereichs bilden. Allerdings ist nicht bekannt, welche der beiden Variablen die untere und welche die obere Grenze liefert; darüber hinaus kann dies auch von Fall zu Fall wechseln, da mal die eine und mal die andere Variable den jeweils höheren Wert enthalten kann. Die Syntax der range-Funktion sieht jedoch zwingend vor, dass nach dem Testwert als Erstes die Untergrenze und erst danach die Obergrenze des Wertebereichs genannt wird. Um dies sicherzustellen, werden mithilfe der Funktionen min und max jeweils der kleinere und der größere der beiden Werte ermittelt und als Unter- bzw. Obergrenze angeführt.

```
COMPUTE max = ANY(10,frage1,frage2,frage3).
COMPUTE f1_top3 = RANGE(frage1,8,10).
COMPUTE f1_ext3 = RANGE(frage1,8,10,0,2).
COMPUTE f1_mitte =
  RANGE(frage1,MIN(frage2,frage3),MAX(frage2,frage3)).
EXECUTE .
```

Listing 9.15: Logische Funktionen any und range

	frage1	frage2	frage3	max	f1_top3	f1_ext3	f1_mitte
1	5	0	10	1,00	0,00	0,00	1,00
2	2	6	3	0,00	0,00	1,00	0,00
3	7	8	5	0,00	0,00	0,00	1,00
4	10	9	7	1,00	1,00	1,00	0,00
5	8	2	4	0,00	1,00	1,00	0,00

Abb. 9.6: Werteprüfungen mit den Funktionen any und range

Tipp

In vielen Fällen lassen sich die Funktionen any und range auch durch einfache boolesche Ausdrücke der Art (frage1 >=8 and frage1 <= 10) ersetzen, vgl. hierzu die Erläuterungen zu Listing 9.8, Seite 208.

Verteilungsfunktionen

SPSS stellt eine Reihe von Funktionen bereit, mit deren Hilfe sich für statistische Zufallsverteilungen wie die Normal-, Chiquadrat- oder F-Verteilung Signifikanzwerte und Wahrscheinlichkeiten berechnen, Werte der Dichtefunktion bestimmen und Zufallszahlen ziehen lassen. Dabei deckt SPSS nahezu alle bedeutenden Zufallsverteilungen ab, siehe auch die Beispiele in Abschnitt 10.4.

9.5 Bezug auf Fallnummer und Werte früherer oder späterer Fälle

9.5.1 Bezug auf vorhergehende Fälle

Insbesondere wenn die Fälle der Datendatei eine bestimmte Ordnung aufweisen, wie es beispielsweise bei Zeitreihendaten der Fall ist, besteht oftmals das Bedürfnis, bei der Berechnung von Werten auch auf die Werte vorhergehender Fälle zurückzugreifen. Dies ist mit der Funktion

```
LAG(var[,n])
```

möglich. Diese Funktion liefert den Wert, den die Variable var in dem n Fälle vorhergehenden Fall aufweist. Der Wert n muss dabei ein positiver ganzzahliger Wert sein. Die Angabe von n ist optional. Wenn Sie keinen Wert festlegen, kommt der Wert 1 zur Anwendung, so dass der Wert aus dem jeweils vorhergehenden Fall ausgelesen wird.

Das folgende Beispiel demonstriert die Wirkung der lag-Funktion. Der erste compute-Befehl ermittelt die Werte der Variablen absatz in dem jeweils vorhergehenden Fall. In dem zweiten compute-Befehl wird die lag-Funktion verwendet, um einen gleitenden Durchschnitt zu berechnen. Das Ergebnis der compute-Funktion ist der Durchschnitt der fünf vorhergehenden Absatzwerte. Die Funktion mean.5 stellt sicher, dass nur dann ein gültiges Ergebnis ausgegeben wird, wenn tatsächlich fünf Vortage mit gültigen Werten zur Verfügung stehen; daher weist die Zielvariable mittel5 in den ersten fünf Fällen der Datendatei einen fehlenden Wert auf.

```
COMPUTE vortag = LAG(absatz) .
COMPUTE mittel5 = MEAN.5(lag(absatz,1), LAG(absatz,2),
  LAG(absatz,3), LAG(absatz,4), LAG(absatz,5)) .
EXECUTE .
```

Listing 9.16: compute-Befehl mit lag-Funktion für Bezug auf vorhergehende Fälle

	datum	absatz	vortag	mittel5
1	01.01.09	53	.	.
2	02.01.09	46	53,00	.
3	03.01.09	1065	46,00	.
4	04.01.09	2073	1065,00	.
5	05.01.09	1798	2073,00	.
6	06.01.09	1640	1798,00	1007,00
7	07.01.09	2121	1640,00	1324,40
8	08.01.09	1266	2121,00	1739,40
9	09.01.09	32	1266,00	1779,60

Abb. 9.7: Wirkung der lag-Funktion

Tipp

Ein typischer Anwendungsfall für die lag-Funktion ist auch die Berechnung kumulierter Werte. Dabei ist auch der Befehl leave äußerst hilfreich, mit dem Variablenwerte von einem Fall in den nächsten »mitgenommen« werden können, siehe hierzu Abschnitt 10.3.

9.5.2 Bezug auf nachfolgende Fälle

Leider steht für den compute-Befehl keine »lead-Funktion« zur Verfügung, mit der sich analog zur lag-Funktion ein Bezug auf die nachfolgenden Werte herstellen ließe. Ein solcher Effekt lässt sich daher nur über einen Umweg mit dem Befehl create erreichen. So erzeugt der Befehl

```
CREATE
 /folgetag = LEAD(absatz, 1).
```

eine neue Variable mit dem Namen folgetag, die in jedem Fall der Datendatei den Wert der Variablen absatz aus dem jeweils nachfolgenden Fall aufweist. Durch Ändern des Wertes 1 lassen sich entsprechend größere Verschiebungen erzeugen. Eine so generierte Variable können Sie anschließend mit einem compute-Befehl weiter verarbeiten, es ist jedoch nicht möglich, den create-Befehl analog zur lag-Funktion direkt in einen compute-Befehl zu integrieren.

Tipp

Der originäre Zweck des create-Befehls besteht darin, spezielle Zeitreihentransformationen durchzuführen, siehe hierzu im Einzelnen Abschnitt 10.8.

9.5.3 Bezug auf die Fallnummer

Die Systemvariable $casenum gibt für jeden Fall des DatenSets die jeweilige Fallnummer aus. Damit ist es unter anderem sehr einfach möglich, eine ID-Variable mit einer laufenden Nummer zu erzeugen, vgl. Listing 9.17.

```
COMPUTE lfdnr = $CASENUM .
EXECUTE .
```

Listing 9.17: Variable der Fallnummern erstellen mit $casenum

Sie können die Systemvariable $casenum aber auch wie jede andere Variable in Berechnungen einbeziehen. So erzeugt der Befehl in Listing 9.18 eine Gruppierungsvariable, mit der das DatenSet in gleich große Gruppen von jeweils 100 Fällen unterteilt wird:

- Die Variable $casenum gibt für jeden Fall dessen Fallnummer aus. Damit liefert der Ausdruck ($casenum-1)/100 für die ersten 100 Fälle die Werte 0,00 bis 0,99, für die folgenden 100 Fälle die Werte 1,00 bis 1,99 etc.

- Die Funktion trunc schneidet die Dezimalstellen des als Argument angegebenen Wertes ab. Daraus resultiert für die ersten 100 Fälle der Wert 0, für die nächsten 100 Fälle der Wert 1 etc. Im Ergebnis erhalten jeweils 100 aufeinanderfolgende Fälle den gleichen ganzzahligen Wert in der Variablen gruppe zugewiesen, die somit als eine Gruppierungsvariable zur Unterteilung das DatenSets fungieren könnte.

```
COMPUTE gruppe = TRUNC(($CASENUM-1)/100) .
EXECUTE .
```

Listing 9.18: Datendatei in gleich große Fallgruppen unterteilen

9.6 Textvariablen auswerten

9.6.1 Funktionen zur Auswertung von Textvariablen

Wer häufig Textwerte zu verarbeiten hat, wird die umfangreichen Textfunktionen von SPSS schnell zu schätzen wissen. Diese Textfunktionen ermöglichen es, Textwerte in Teilwerte zu zerlegen oder umgekehrt Einzelwerte zu einem Gesamtwert zu verbinden, bestimmte Elemente aus einem Textwert zu extrahieren, die Position einzelner Zeichen(folgen) innerhalb eines Textwertes sowie die Länge des gesamten Wertes zu bestimmen, Groß- und Kleinbuchstaben umzukehren und als Text vorliegende Zahlen in numerische Werte umzuwandeln. Die folgende Liste zeigt die wichtigsten Textfunktionen von SPSS.

Funktion	Ergebnis
concat(text,text[,text...])	Verknüpft die einzelnen Texte zu einem einzigen Textwert
char.index(text,suchtext)	Liefert die erste Position, an der sich suchtext in text befindet

Tabelle 9.4: Textfunktionen

Funktion	Ergebnis
char.index(text,suchtext,teillänge)	Zerlegt suchtext in Teilstücke der Länge teillänge und ermittelt die erste Position, an der eines der Teilstücke im text auftritt
length(text)	Ermittelt die Länge von text
lower(text)	Gibt text in Kleinbuchstaben aus
char.lpad(text,länge)	Fügt vor text so viele Leerzeichen ein, dass dieser die vorgegebene länge erreicht
char.lpad(text,länge,zeichen)	Fügt vor text so viele Zeichen des Typs zeichen ein, dass dieser die vorgegebene länge erreicht
ltrim(text)	Gibt text ohne führende Leerzeichen aus
ltrim(text,zeichen)	Gibt text ohne führende Zeichen des Typs zeichen aus
ntrim(textvar)	Gibt den Wert von textvar ohne Entfernung führender Leerzeichen aus. Als Argument muss eine Textvariable angegeben werden; ein anderer Ausdruck ist hier nicht zulässig
number(text,format)	Interpretiert text als numerischen Wert in dem festgelegten format
char.rindex(text,suchtext)	Liefert die letzte Position, an der sich suchtext in text befindet
char.rindex(text,suchtext,teillänge)	Zerlegt suchtext in Teilstücke der Länge teillänge und ermittelt die letzte Position, an der eines der Teilstücke im text auftritt
char.rpad(text,länge)	Hängt an text so viele Leerzeichen an, dass dieser die vorgegebene länge erreicht
char.rpad(text,länge,zeichen)	Hängt an text so viele Zeichen des Typs zeichen an, dass dieser die vorgegebene länge erreicht
rtrim(text)	Gibt text ohne abschließende Leerzeichen aus
rtrim(text,zeichen)	Gibt text ohne abschließende Zeichen des Typs zeichen aus
string(zahl,format)	Stellt die zahl in dem vorgegebenen format dar und gibt sie als Textwert aus

Tabelle 9.4: Textfunktionen (Forts.)

Funktion	Ergebnis
`strunc(text,länge)`	Gibt den auf die angegebene `länge` gekürzten `text` aus; abschließende Leerzeichen werden dabei unterdrückt
`char.substr(text,position)`	Gibt die letzten Zeichen von `text` ab der vorgegebenen `position` aus
`char.substr(text,position,länge)`	Gibt von `text` ab der vorgegebenen `position` so viele Zeichen aus, wie durch die `länge` vorgegeben
`upcase(text)`	Gibt `text` in Großbuchstaben aus

Tabelle 9.4: Textfunktionen (Forts.)

Tipp

Die mit »char.« beginnenden Funktionen wurden von SPSS in dieser Form erst vor kurzem in den Funktionskatalog aufgenommen. Zuvor gab es die Funktionen allerdings schon in ähnlicher Form, nämlich ohne die »Vorsilbe« char. So gab es in früheren Programmversionen statt der Funktion char.index() die Funktion index(), und beide Funktionen sind im Ergebnis nahezu identisch. Der einzige Unterschied ist, dass die neuen char.-Funktionen tatsächlich die Zeichen eines Textwertes auswerten, während die Vorgängerfunktionen auf Byte-Ebene gearbeitet haben. Im Standardzeichensatz der westlichen Sprachen gibt es zwischen beiden Vorgehensweisen praktisch keinen Unterschied, insbesondere bei der Arbeit mit asiatischen Sprachen oder speziellen Sonderzeichen wird der Unterschied allerdings relevant. Auch die aktuelle Programmversion von SPSS unterstützt noch die alten Funktionen ohne »char.«, so dass Sie bestehenden und gut funktionierenden Programmcode nicht sofort aktualisieren müssen, sondern sukzessive zu den neuen Funktionen übergehen können.

9.6.2 Beispiele zur Auswertung von Textvariablen

Verknüpfung zweier Textvariablen

In Listing 9.19 werden die beiden Textvariablen plz und ort zu einer neuen Textvariablen wohnort verknüpft. Damit die Postleitzahl und der Ortsname in dieser neuen Variablen wie in Abbildung 9.8 durch ein Leerzeichen getrennt werden, muss auch dieses Leerzeichen explizit in der Verknüpfungsfunktion berücksichtigt werden. Die concat-Funktion stellt damit für jede Zeile der Datendatei eine Verknüpfung aus dem jeweiligen Wert der Variablen plz, einem Leerzeichen und dem Wert der Variablen wohnort her. Da die Zielvariable des compute-Befehls eine Textvariable ist, muss diese zuvor explizit definiert werden; hierzu dient der Befehl string..

> **Wichtig**
>
> In diesem Beispiel hat die Variable plz eine Breite von fünf Zeichen, so dass die Postleitzahlen die Felder genau ausfüllen. Hätte die Variable hingegen eine größere Breite, würden die Werte automatisch rechts mit Leerzeichen aufgefüllt, die bei einer Verknüpfung auch in die Zielvariable übernommen würden. Um dies zu vermeiden, müssten die Leerzeichen explizit unterdrückt werden. Hierzu dienen die Funktionen rtrim bzw. ltrim, siehe auch das Beispiel auf Seite 221.

```
STRING wohnort (A20) .
COMPUTE wohnort = concat(plz," ",ort) .
EXECUTE .
```

Listing 9.19: Verknüpfung zweier Textvariablen mit concat

	plz	ort	wohnort
1	10117	Berlin	10117 Berlin
2	22765	Hamburg	22765 Hamburg
3	80469	München	80469 München
4	30175	Hannover	30175 Hannover
5	44137	Dortmund	44137 Dortmund

Abb. 9.8: Verknüpfung von zwei Variablen zu einer Textvariablen

Verknüpfung von numerischer und Textvariable

Sollen eine numerische und eine Textvariable miteinander verknüpft werden, müssen die Werte zuvor in ein einheitliches Format (beides Text- oder beides numerische Werte) transformiert werden. Da sich die Werte von Textvariablen inhaltlich zumeist nicht in numerische Werte überführen lassen, müssen die Werte der numerischen Variablen als Textwerte verknüpft werden.

So könnten die Postleitzahlen in der Variable plz aus Abbildung 9.8 auch als Zahlen und damit als numerische Werte gespeichert sein. Um diese dennoch mit dem Ortsnamen in einer Variablen zu verknüpfen, muss SPSS mitgeteilt werden, dass die Postleitzahlen dabei als Textwerte zu interpretieren sind. Dies geschieht mit der Funktion string in der Form

```
STRING(Variable,Format)
```

Die Variable heißt in diesem Fall plz. Als Format ist ein Zahlenformat anzugeben; die Werte der Variablen plz werden dann in der Form als Textwerte ausgelesen, in der sie in dem betreffenden Zahlenformat dargestellt würden. Für die Postleitzahlen dieses Beispiels bietet sich damit das Zahlenformat F5 (Zahl mit insgesamt fünf Zeichen und ohne Dezimalstellen) an. Die Funktion

```
STRING(plz,F5)
```

liefert daher die Postleitzahlenwerte in der gewünschten Form als Textwerte, so dass eine numerische plz-Variable wie in Listing 9.20 beschrieben mit der Textvariablen ort zu einer gemeinsamen Wohnortangabe verknüpft werden kann.

```
STRING wohnort (A20) .
COMPUTE wohnort = CONCAT(STRING(plz,F5)," ",ort) .
EXECUTE .
```

Listing 9.20: Verknüpfung von numerischer und Textvariable mit concat

Würde dagegen beispielsweise das Zahlenformat F8.2 (Zahl mit insgesamt acht Zeichen und zwei Dezimalstellen) verwendet werden, so würde etwa die Postleitzahl *10117* in der Form *10117,00* dargestellt, und die Verknüpfung mit der Variablen würde für die erste Zeile den Wert *10117,00 Berlin* liefern.

Verknüpfung von Textvariablen mit Leerzeichenausgleich

Alle Werte derselben Textvariablen umfassen bei SPSS stets die gleiche Anzahl an Zeichen, die genau der definierten Breite der jeweiligen Variablen entspricht. Geben Sie beispielsweise in eine Textvariable mit einer Breite von acht einen Wert ein, der aus lediglich fünf Zeichen besteht, werden an diesen Wert automatisch drei Leerzeichen angehängt, so dass der Wert im Ergebnis genau acht Zeichen umfasst. Diese Logik kommt sogar für vollkommen leere Felder einer Textvariablen zur Anwendung, die bei SPSS eben nicht vollkommen leer bleiben, sondern automatisch mit Leerzeichen ausgefüllt sind. Diese Eigenart im Umgang mit Textvariablen ist im Dateneditor nicht erkennbar, führt aber spätestens dann zu Überraschungen, wenn Textvariablen miteinander verknüpft werden, denn auch hierbei werden die Leerzeichen aus den einzelnen Werten mit übernommen. Werden diese Leerzeichen nicht ausdrücklich entfernt, liefert eine Verknüpfung der Variablen vorname und nachname aus Abbildung 9.9 beispielsweise für die erste Zeile das Resultat »Karin   Kaufmann« statt des eigentlich gewünschten Ergebnisses »Karin Kaufmann«.

Mit den Funktionen rtrim und ltrim lassen sich derartige unerwünschte Leerzeichen am rechten bzw. linken Rand eines Textwertes entfernen. rtrim entfernt sämtliche Leerzeichen am Ende eines Textwertes, ltrim entsprechend alle Leerzeichen am Anfang des Wertes.

In Listing 9.21 wird die Funktion rtrim verwendet, um die Variablen vorname und nachname zu einem Namenswert zu verknüpfen. Die Funktion rtrim(vorname) bewirkt, dass die Vornamen ohne abschließende Leerzeichen ausgelesen werden, und liefert damit beispielsweise für die erste Zeile den Wert »Karin« statt des in der Variablen vorname eigentlich enthaltenen Wertes »Karin   «. Damit

Vor- und Nachname in der Zielvariablen dennoch durch genau ein Leerzeichen getrennt sind, muss dieses explizit eingefügt werden, so dass die Funktion concat in diesem Fall insgesamt drei Werte miteinander verknüpft: den Vornamen ohne Leerzeichen, anschließend genau ein Leerzeichen und abschließend den Nachnamen. Das Ergebnis ist in Abbildung 9.9 wiedergegeben.

```
STRING name (a20) .
COMPUTE name = CONCAT(RTRIM(vorname)," ",nachname) .
EXECUTE .
```

Listing 9.21: Verknüpfung von Textvariablen mit Leerzeichenausgleich

	vorname	nachname	name
1	Karin	Kaufmann	Karin Kaufmann
2	Karl	Klawitter	Karl Klawitter
3	Karla	Klein	Karla Klein
4	Karoline	Kaiser	Karoline Kaiser
5	Kasimir	Koch	Kasimir Koch

Abb. 9.9: Verknüpfung von Textwerten mit unterschiedlicher Länge

Zahlen im US-Format aus einer Textvariablen auslesen

Oftmals sind in einer Textvariablen Werte enthalten, die sich nicht nur als numerische Werte interpretieren lassen, sondern auch inhaltlich solche darstellen. Dies ist insbesondere dann häufig der Fall, wenn Daten aus externen Datenquellen wie beispielsweise einer einfachen Textdatei eingelesen wurden. Damit solche Werte von SPSS auch als Zahlen erkannt und mit entsprechenden statistischen Verfahren ausgewertet werden können, müssen sie auch formal als Zahlenwerte in einer numerischen Variablen gespeichert sein. Um dies zu erreichen, können die Werte mithilfe der Funktion

```
NUMBER(variable, format)
```

aus der Textvariablen ausgelesen werden. Mit der Format-Angabe teilen Sie mit, in welchem Zahlenformat die Werte in der Textvariablen gespeichert sind. So liegen die Werte in der Variablen umsatz aus Abbildung 9.10 in dem in den USA üblichen Kommaformat vor, bei dem der Punkt als Dezimaltrennzeichen und das Komma als Tausendertrennzeichen fungieren. Dementsprechend lassen sich die Werte wie in Listing 9.22 mit der Funktion number(umsatz,comma8.2) auslesen. Wie die so ausgelesenen Werte anschließend in der Zielvariablen dargestellt werden, hängt dabei ausschließlich von deren Formatierung ab; in diesem Beispiel ist die Zielvariable ums_eu mit dem voreingestellten europäischen Zahlenformat mit zwei Dezimalstellen (F8.2) formatiert.

```
COMPUTE ums_eu = NUMBER(umsatz,comma8.2) .
EXECUTE .
```

Listing 9.22: Textvariable mit Zahlen im US-Format in numerische Variable umwandeln

	umsatz	ums_eu
1	1,234.56	1234,56
2	56.76	56,76
3	1.23	1,23
4	2,500.21	2500,21
5	3215.20	3215,20

Abb. 9.10: Zahlen im US-Format aus einer Textvariablen ausgelesen

Teile aus einer Textvariablen auslesen

Die Funktion `char.substr` dient dazu, nur bestimmte Teile aus einem Textwert auszulesen. Die Funktion hat die allgemeine Form

```
CHAR.SUBSTR(text,position,länge)
```

und bewirkt, dass von dem angegebenen Text beginnend an der vorgegebenen Position eine Zeichenfolge in der festgelegten Länge ausgelesen wird. So liefert die Funktion

```
CHAR.SUBSTR("dinosaurier",5,3)
```

den Wert »sau«. Die Angabe der Länge ist dabei optional; wird kein Wert für die Länge angegeben, werden alle Zeichen von der vorgegebenen Position an bis zum Ende des Wertes ausgelesen. Die Funktion

```
CHAR.SUBSTR("dinosaurier",5)
```

liefert somit den Wert »saurier«. In der praktischen Anwendung wird der Text dabei auch hier zumeist nicht starr vorgegeben, sondern durch einen Bezug auf eine Textvariable ersetzt.

In Listing 9.23 wird die Funktion `char.substr` verwendet, um aus einer E-Mail-Adresse die Domain auszulesen. Dabei ist die Position, an der die Domain innerhalb der Adresse beginnt, unbekannt und variiert zwischen den unterschiedlichen Werten der Variablen `email`. Bekannt und für alle Werte gültig ist dagegen die Tatsache, dass der Domain stets das Zeichen @ vorausgeht, das in jeder E-Mail-Adresse genau einmal enthalten ist. Dieser Umstand wird in Listing 9.23 wie folgt genutzt:

- Die Funktion `char.rindex(email,"@")` ermittelt zunächst die Position des @-Zeichens innerhalb des jeweiligen Wertes und damit innerhalb der jeweiligen E-Mail-Adresse.

- Die Domain beginnt ein Zeichen hinter dem @-Zeichen. Daher bildet die Position `char.rindex(email,"@")+1` die Startposition zum Auslesen der Zeichenfolge mit der `char.substr`-Funktion.

- Die `char.substr`-Funktion wird ohne Vorgabe einer Länge verwendet, so dass sämtliche Zeichen hinter dem @ bis zum Ende des jeweiligen Textwertes ausgelesen und in die Zielvariable `domain` geschrieben werden, siehe Abbildung 9.11.

```
STRING domain (A25) .
COMPUTE domain =
    CHAR.SUBSTR(email,CHAR.RINDEX(email,"@")+1) .
EXECUTE .
```

Listing 9.23: Domain aus einer E-Mail-Adresse auslesen mit `rindex`

	email	domain
1	mail@felixbrosius.de	felixbrosius.de
2	m_mayer2@yahoo.de	yahoo.de
3	a.betzmann@lycos.de	lycos.de
4	postmaster@idex.de	idex.de
5	abc.de@web.de	web.de

Abb. 9.11: E-Mail-Adresse und Domain, ausgelesen mit `rindex`, siehe Listing 9.23

Kundennummer mit führenden Nullen

In Abbildung 9.12 sind in der Variablen `kundennr` als Text gespeicherte Ziffernfolgen zu sehen, die sich als Kundennummern interpretieren lassen. Die Nummern unterscheiden sich zum einen in der Anzahl der Ziffern und weisen zum anderen sowohl vor als auch nach der Ziffernfolge unterschiedlich viele Leerzeichen auf. Mit dem `compute`-Befehl aus Listing 9.24 lassen sich diese Nummern in ein einheitliches Format überführen, bei dem jede Kundennummer genau acht Ziffern aufweist und dazu ggf. mit führenden Nullen aufgefüllt wird:

- Die innerste Funktion `ltrim(kundennr)` liest die Textwerte aus der Variablen `kundennr` und entfernt dabei führende Leerzeichen.

- Die zweite Funktion `rtrim(...)` verarbeitet die um führende Leerzeichen bereinigten Textwerte und entfernt alle abschließenden Leerzeichen. Das Ergebnis ist die reine Ziffernfolge ohne Leerzeichen.

- Die Funktion `char.lpad(..., 8, "0")` bewirkt, dass die um Leerzeichen bereinigten Ziffernfolgen links mit so vielen Nullen aufgefüllt werden, dass die resultierenden Textwerte genau acht Zeichen umfassen.

```
STRING kunde (A8) .
COMPUTE kunde = CHAR.LPAD(RTRIM(LTRIM(kundennr)),8,"0").
EXECUTE .
```

Listing 9.24: Auffüllen einer Kundennummer im Textformat mit führenden Nullen

	kundennr	kunde
1	54326472	54326472
2	542765	00542765
3	28754	00028754
4	428746	00428746
5	501264	00501264

Abb. 9.12: 2 x Kundennummer im Textformat mit und ohne führende Nullen

> **Tipp**
>
> Analog zu `char.lpad` bewirkt die Funktion `char.rpad(Text,Länge,Zeichen)`, dass ein Textwert rechts so lange mit dem vorgegebenen Zeichen aufgefüllt wird, dass der Wert die vorgegebene Länge erreicht.

Teile einer Textvariablen ersetzen und auslesen

In Abbildung 9.13 enthält die Variable `person` Namensangaben in dem Format Nachname.Vorname. Diese sollen überführt werden in das Format Nachname,Vorname, wozu lediglich der Punkt durch ein Komma zu ersetzen ist. Dies ist jedoch weniger trivial, als es zunächst erscheint, da es bei SPSS keine »replace-Funktion« gibt, mit der sich Textelemente direkt ersetzen ließen. Stattdessen kann hier folgender »Trick« angewandt werden: Als Ziel des `compute`-Befehls kann auf der linken Seite des Gleichheitszeichens nicht nur ein Variablenname angegeben werden, sondern auch eine Funktion, die einen Variablenwert oder auch nur einen Teil eines Variablenwertes bezeichnet. Dieser Trick kommt auch in Listing 9.25 zur Anwendung:

- Die beiden ersten Programmzeilen dienen lediglich der Vorbereitung: Der `string`-Befehl definiert eine neue Textvariable mit dem Namen `name` und einer Länge von 20. Anschließend werden mit dem ersten `compute`-Befehl die Werte der Variablen `person` in die Variable `name` kopiert; so können sie dort anschließend verändert werden, während gleichzeitig die Ursprungswerte erhalten bleiben.

- Der zweite `compute`-Befehl ersetzt in der Variablen `name` in jedem Wert jeweils den Punkt durch ein Komma. Hierzu wird statt einer Zielvariablen links vom Gleichheitszeichen eine Funktion angeführt, die im Ergebnis den Punkt innerhalb des jeweiligen Textwertes der Variablen `name` bezeichnet: Die innerste Funktion `char.index(...)` ermittelt die Position des Punktes innerhalb des jeweiligen Wertes von `name`, und die Funktion `char.substr(...)` wählt anschließend beginnend ab dieser Position genau ein Zeichen und damit gerade den Punkt aus. Dieser Punkt wird durch den `compute`-Befehl ersetzt, und zwar durch ein Komma, das rechts vom Gleichheitszeichen angegeben ist.

```
STRING name(A20) .
COMPUTE name = person .
COMPUTE CHAR.SUBSTR(name,CHAR.INDEX(name,"."), 1) = "," .
EXECUTE .
```

Listing 9.25: Ersetzen von Punkten durch Kommata

	person	name	name2	vorname	nachname
1	Kaufmann.Karin	Kaufmann,Karin	Karin, Kaufmann	Karin	Kaufmann
2	Klawitter.Karl	Klawitter,Karl	Karl, Klawitter	Karl	Klawitter
3	Klein.Karla	Klein,Karla	Karla, Klein	Karla	Klein
4	Kaiser.Karolin	Kaiser,Karolin	Karolin, Kaiser	Karolin	Kaiser
5	Koch.Kasimir	Koch,Kasimir	Kasimir, Koch	Kasimir	Koch

Abb. 9.13: Ergebnisse der Auswertungen eines zusammengesetzten Namens

Eine Einschränkung der in Listing 9.25 dargestellten Lösung besteht darin, dass der neue Text nicht länger sein darf als der ersetzte Text. Da hier jeweils ein Punkt durch ein Komma ersetzt wurde, war diese Einschränkung unproblematisch. Soll dagegen beispielsweise der Punkt durch ein Komma mit anschließendem Leerzeichen ersetzt werden, so dass sich die Werte aus `name2` in Abbildung 9.13 ergeben, lässt sich dies nicht mehr über den Weg aus Listing 9.25 erreichen. In diesem Fall steht jedoch der in Listing 9.26 beschriebene Weg zur Verfügung:

- Der `string`-Befehl definiert lediglich die im Folgenden benötigten Variablen. Die beiden ersten `compute`-Befehle demonstrieren, wie sich aus dem zusammengesetzten Namenswert in der Variablen `person` der Vor- und der Nachname extrahieren lassen. Diese Befehle verdeutlichen hier lediglich die Technik und sind keine Voraussetzung für den dritten `compute`-Befehl, der schließlich die Variable `name2` mit der Namensangabe in dem gewünschten Format erzeugt.

- Zum Auslesen des Vornamens wird zunächst mit der `char.index`-Funktion die Position des Punktes innerhalb des jeweiligen Textwertes aus der Variablen `person` ermittelt. Die Funktion `char.substr` liest anschließend jenen Teil des Textwertes aus, der ein Zeichen hinter dem durch die `char.index`-Funktion ermittelten Position des Punktes beginnt. Da keine Länge für den auszulesenden Text angegeben ist, werden alle Zeichen bis zum Ende des Textwertes ausgelesen; dies ist im Ergebnis gerade der Vorname, ggf. einschließlich nachfolgender Leerzeichen.

- Ähnlich ist die Vorgehensweise zum Auslesen des Nachnamens. Auch hierzu wird zunächst mithilfe der char.index-Funktion die Position des Punktes ermittelt. Anschließend wird mit der char.substr-Funktion die Zeichenfolge ausgelesen, die an der Position 1 beginnt und ein Zeichen vor dem Punkt endet. Dies ist gerade der Nachname.

- Die beiden Techniken zum Auslesen von Vor- und Nachname kommen auch in dem dritten compute-Befehl zur Anwendung. Dieser komponiert den Namen in dem Format »Nachname, Vorname«, indem mithilfe der concat-Funktion die drei Elemente Nachname, Komma mit Leerzeichen und Vorname zu einem Wert zusammengesetzt und in die Zielvariable name2 geschrieben werden. Dabei werden Nachname und Vorname genau so ermittelt wie in den beiden vorhergehenden Aufzählungspunkten beschrieben.

```
STRING name2(A20) vorname(A15) nachname(A15).
COMPUTE vorname =
   CHAR.SUBSTR(person,CHAR.INDEX(person,".")+1) .
COMPUTE nachname =
   CHAR.SUBSTR(person,1,CHAR.INDEX(person,".")-1).
COMPUTE name2 =
   CONCAT(RTRIM(CHAR.SUBSTR(person,CHAR.INDEX(person,".")+1)),
   ", ",CHAR.SUBSTR(person,1,CHAR.INDEX(person,".")-1)).
EXECUTE .
```

Listing 9.26: Zerlegen eines zusammengesetzten Textes in einzelne Bestandteile

9.7 Mit Datums- und Zeitvariablen rechnen

9.7.1 Datums- und Zeitformate bei SPSS

Für Variablen mit Datums- und Zeitangaben steht bei SPSS der spezielle Variablentyp date zur Verfügung. Mithilfe zahlreicher Anzeigeformate lässt sich zudem näher beschreiben, in welcher Form die Variablenwerte dargestellt werden sollen. So stehen jeweils eigene Formate für Uhrzeiten, Tagesdaten, Wochen- und Quartalswerte, Monatsangaben oder Wochentage zur Verfügung. Unabhängig von dem Anzeigeformat gilt jedoch stets, dass auch Datums- und Zeitangaben bei SPSS »im Hintergrund« als numerische Werte gespeichert werden. So gibt eine Variable mit einem Format zur Darstellung von Wochentagen im Dateneditor zwar die Werte Sunday, Monday, Tuesday, ... wieder, im Hintergrund sind diese Werte jedoch als Zahlen von 1 bis 7 gespeichert, wobei der Sonntag dem Wert 1, der Montag dem Wert 2 etc. entspricht. Ebenso entspricht jeder Uhrzeit wie auch jedem Datum unabhängig vom Darstellungsformat genau ein serieller numerischer Wert, vgl. die Beispiele in Tabelle 9.5. Dadurch ist es möglich, mit Datums- und

Uhrzeitangaben genauso wie mit numerischen Werten zu rechnen und beispielsweise die Differenz zwischen Donnerstag und Montag (ergibt 3) zu berechnen oder zu einem Datum eine Zeitspanne hinzuzuaddieren.

Format	Darstellung	Numerischer Wert
dd-mmm-yyyy	19-MAR-2006	13362105600
mm/dd/yy	03/19/06	13362105600
yyyyddd	2006078	13362105600
q Q yyyy	4 Q 2005	13347504000
ww WK yy	32 WK 06	13374201600
dd-mm-yyyy hh:mm:ss,ss	19-MAR-2006 18:42:17,03	13362172937,03
hh:mm:ss	18:42:17	67337
Monday, Tuesday, ...	SUNDAY	1
Jan, Feb, Mar, ...	MARCH	3

Tabelle 9.5: Formate und numerische Werte von Datums- und Uhrzeitangaben

9.7.2 Numerischer Wert von Datums- und Zeitangaben

Der Nullpunkt: 15. Oktober 1582

Der numerische Wert einer Uhrzeit entspricht der in Sekunden ausgedrückten Zeit seit null Uhr. So hat die Uhrzeit 18:42:17 den numerischen Wert 67.337, der sich errechnet als 18 · 60 · 60 + 42 · 60 + 17.

Auf die gleiche Weise errechnet sich der numerische Wert von Datumsangaben, wobei der 15. Oktober 1582 als »Nullpunkt« fungiert. (Am 15. Oktober 1582 wurde von Papst Gregor XIII. der Gregorianische Kalender eingeführt, nachdem zuvor die Tage vom 5. bis 14. Oktober 1582 gestrichen worden waren.) Der numerische Wert einer Datumsangabe ergibt sich also aus der Anzahl der Sekunden, die seit dem 15. Oktober 1582 vergangen sind. Der Zeitpunkt 15. Oktober 1582 00:00:00,00 hat dabei nicht etwa den numerischen Wert 0, sondern den Wert 86.400,00 (dies ist die Anzahl der Sekunden eines ganzen Tages), der Zeitpunkt 15. Oktober 1582 00:01:00,00 den Wert 86.460,00. Ein Datum, das vor dem 15. Oktober 1582 liegt, kann bei SPSS nicht in eine Variable mit Datumsformat eingegeben werden.

Der numerische Wert eines Zeitpunktes

Auf diese Weise lässt sich jeder Zeitpunkt, der nach dem 15. Oktober 1582 liegt, in einen numerischen Wert überführen. Wie in Tabelle 9.5 abzulesen, hat beispielsweise der Zeitpunkt 19-MAR-2006 18:42:17,03 den numerischen Wert 13362172937,03. Wird ein Zeitpunkt weniger präzise beschrieben, weil beispielsweise nur das Tagesdatum vorliegt, das genau genommen einen ganzen Tag und damit einen Zeitraum bezeichnet, ordnet SPSS dieser Angabe stets den kleinstmöglichen numerischen Wert zu. Das Datum 19. März 2006 erhält damit den numerischen Wert des Zeitpunktes *19. März 2006 00:00:00,00*, was in diesem Fall den Wert 13362105600 ergibt. Das Datum 4 Q 2005, mit dem das vierte Quartal des Jahres 2005 bezeichnet wird, hat nach der gleichen Logik den numerischen Wert des Zeitpunktes *1. Oktober 2005 00:00:00,00*.

Der Wert einer Zeitspanne

Sehr hilfreich beim Rechnen mit Datums- und Zeitwerten ist die Tatsache, dass sich die Logik zur Berechnung der zugehörigen numerischen Werte nicht nur auf Zeitpunkte, sondern vollständig konsistent auch auf Zeitspannen anwenden lässt. So entspricht einem Zeitraum von *3 Stunden* der numerische Wert 3 · 60 · 60 = 10.800, und ein Zeitraum von *5 Tagen* hat den Wert 5 · 24 · 60 · 60 = 432.000. Dadurch lassen sich bei SPSS mit der geeigneten Syntax ohne Weiteres Berechnungen der Art *19. März 2006 plus 5 Wochen ergibt den 7. Mai 2006* nachvollziehen.

Sonderformate

Eine Ausnahme von dieser Regel bilden die Formate zur Darstellung von Wochentagen und Monaten. Hier werden die Wochentage bzw. Monate lediglich von 1 bis 7 bzw. von 1 bis 12 durchnummeriert. Für die Wochentage ist dabei zu beachten, dass SPSS die Woche am Sonntag beginnt, so dass ein Sonntag den Wert 1, ein Montag den Wert 2 etc. erhält.

> **Wichtig**
>
> Wenn Sie einer Variablen, in der bereits numerische Werte enthalten sind, nachträglich ein Datumsformat zuordnen, werden die in der Variablen enthaltenen Werte im Sinne des neuen Variablenformats interpretiert und entsprechend dargestellt. Weisen Sie einer Variablen beispielsweise das Format Mon, Tue, Wed ... zu, wird in jedem Feld, das den Wert 3 enthält, der Eintrag TUE angezeigt. Enthielt die Variable zuvor Datumswerte, entspricht der nach der Änderung des Variablentyps angezeigte Tag dem Wochentag des jeweiligen Datums. Bei dem Wechsel des Variablentyps bleiben die bisherigen numerischen Werte jedoch unverändert erhalten. Lediglich die Darstellung des Wertes im Dateneditor ändert sich. Dies kann dazu führen, dass zwei Werte, die im Dateneditor in einem bestimmten Datumsformat identisch erscheinen, tatsächlich unterschiedliche numerische Werte aufweisen, weil sie »im Hintergrund« bei größerer Genauigkeit tatsächlich unterschiedliche Zeitpunkte bezeichnen.

9.7.3 Funktionen zum Auswerten von Datums- und Zeitangaben

Obwohl sich Datums- und Zeitwerte bei SPSS nach einer einfachen Logik auf numerische Werte zurückführen lassen, ist das Rechnen mit derartigen Werten in der Praxis häufig sehr vertrackt, nicht zuletzt weil sich die typischen Fragestellungen in der Praxis nur schwer in eine mathematische Formel überführen lassen und der Kalender mit Schaltjahren, unterschiedlich langen Monaten und dem Auseinanderfallen von Wochenanfängen auf der einen und Jahres- sowie Monatsanfängen auf der anderen Seite die Aufgabenstellung nicht gerade erleichtern. Nahezu unverzichtbar sind daher die spezifischen Funktionen, die SPSS zum Auswerten von Datums- und Zeitangaben bereithält. Tabelle 9.6 gibt einen Überblick über diese Funktionen. Die Anwendungsmöglichkeiten und die Vorgehensweise zur Lösung konkreter Fragestellungen werden in den nachfolgenden Beispielen verdeutlicht.

> **Tipp**
>
> Häufig benötigt man beim Umgang mit Datums- und Zeitwerten einen Bezug auf das aktuelle Datum bzw. die aktuelle Uhrzeit. Hierzu stehen bei SPSS die vier Systemvariablen $date, $date11, $jdate und $time zur Verfügung, die diese Informationen im SPSS-Datums- bzw. Zeitformat ausgeben und in Berechnungen einbezogen werden können, siehe hierzu im Detail Seite 236.

Funktion	Ergebnis
`ctime.days(zahl)`	Rechnet den numerischen Wert `zahl` in die entsprechende Anzahl von Tagen um
`ctime.hours(zahl)`	Rechnet den numerischen Wert `zahl` in die entsprechende Anzahl von Stunden um
`ctime.minutes(zahl)`	Rechnet den numerischen Wert `zahl` in die entsprechende Anzahl von Minuten um
`ctime.seconds(zahl)`	Rechnet den numerischen Wert `zahl` in die entsprechende Anzahl von Sekunden um

`date.dmy(tag,monat,jahr)`
`date.mdy(monat,tag,jahr)`
`date.moyr(monat,jahr)`
`date.qyr(quartal,jahr)`
`date.wkyr(wochenzahl,jahr)`
`date.yrday(jahr,tageszahl)`
	Alle sechs `date.xxx`-Funktionen ermitteln für ein vorgegebenes Datum den jeweiligen numerischen Wert. Die Funktionen unterscheiden sich lediglich in der Art der Datumsangabe

Tabelle 9.6: Datumsfunktionen

9.7 Mit Datums- und Zeitvariablen rechnen

Funktion	Ergebnis
`datediff(datum1,datum2,einheit)`	Berechnet die Differenz zwischen zwei Datums- oder Uhrzeitwerten. Das Ergebnis wird in der angegebenen `einheit` als ganzzahliger Wert ausgegeben (Nachkommastellen werden abgeschnitten). Für `einheit` muss einer der folgenden Werte zwischen Anführungszeichen angegeben werden: `years`, `quarters`, `months`, `weeks`, `days`, `hours`, `minutes`, `seconds`
`datesum(datum,anzahl,einheit,methode)`	Addiert die vorgegebene `anzahl` an `einheiten` zum `datum` hinzu. Das `datum` kann auch eine Uhrzeit bzw. eine Datums- Uhrzeit-Kombination sein. Für `einheit` muss einer der folgenden Werte zwischen Anführungszeichen angegeben werden: `years`, `quarters`, `months`, `weeks`, `days`, `hours`, `minutes`, `seconds`. Als `methode` kann zwischen Anführungszeichen der Wert `rollover` oder `closest` angegeben werden. Mit `rollover` werden überschüssige Tage in den Folgemonat verschoben, mit `closest` (ist die Voreinstellung) wird jeweils das nächstmögliche gültige Datum innerhalb des jeweiligen Monats verwendet
`time.days(tage)`	Ermittelt für den in Tagen angegebenen Zeitraum den numerischen Wert
`time.hms(std[,min[,sek]])`	Ermittelt für den in Stunden, Minuten und Sekunden angegebenen Zeitraum den numerischen Wert. Dabei ist die Angabe von Sekunden und Minuten optional
`xdate.xxx(datum)`	Die `xdate.xxx`-Funktionen filtern aus einer Datums- bzw. Zeitpunktangabe bestimmte Elemente des Zeitpunktes wie das Tagesdatum, die Uhrzeit, den Wochentag etc. heraus. Als Argument `datum` erwartet die Funktion den numerischen Wert des Datums. Zulässig ist damit auch der Bezug auf eine Datumsvariable, deren Werte im Hintergrund wie beschrieben ebenfalls als numerische Werte gespeichert werden
`xdate.date(datum)`	Tagesdatum

Tabelle 9.6: Datumsfunktionen (Forts.)

Funktion	Ergebnis
xdate.hour(datum)	Stunde der Uhrzeit (0 bis 23)
xdate.jday(datum)	Tag im Jahr (1 bis 366)
xdate.mday(datum)	Tag im Monat (1 bis 31)
xdate.minute(datum)	Minute der Uhrzeit (0 bis 59)
xdate.month(datum)	Monat (1 bis 12)
xdate.quarter(datum)	Quartal (1 bis 4)
xdate.second(datum)	Sekunde der Uhrzeit (0 bis 59)
xdate.tday(zeitspanne)	Hier wird das Argument nicht als Datum, sondern als Zeitspanne interpretiert; die Funktion liefert die Anzahl voller Tage, die der Zeitraum umfasst
xdate.time(datum)	Uhrzeit (als numerische Zahl und damit in Sekunden; 0 bis unter 86.400)
xdate.week(datum)	Woche im Jahr (1 bis 53); dies ist nicht die Kalenderwoche nach der in Deutschland üblichen Definition, siehe unten
xdate.wkday(datum)	Wochentag (1 bis 7, mit Sonntag = 1, Montag = 2, ..., Samstag = 7)
xdate.year(datum)	Jahr
yrmoda(jahr,monat,tag)	Liefert für das mit jahr, monat und tag beschriebene Datum die Anzahl an Tagen, die seit dem 15. Oktober 1582 vergangen sind

Tabelle 9.6: Datumsfunktionen (Forts.)

9.7.4 Beispiele zum Rechnen mit Datums- und Zeitvariablen

Datum als Textwert (de-)komponieren

Insbesondere wenn Datumswerte aus externen Datenquellen wie etwa aus einer einfachen Textdatei eingelesen wurden, liegen sie häufig in einer für SPSS nicht als Datum interpretierbaren Form vor. Ein Beispiel dafür findet sich in Abbildung 9.14. Dort enthält die Textvariable datetxt Datumsangaben als Textwerte in der Form yyyymmtt, so dass der erste Wert 19750419 den 19. April 1975 bezeichnet. Um diesen Wert nun in einen für SPSS verständlichen Datumswert zu überführen, können zunächst die einzelnen Komponenten des Datums aus dem Textwert ausgelesen werden. Dies geschieht in Listing 9.27:

- Der oberste compute-Befehl ermittelt aus dem Textwert die Jahresangabe. Hierzu werden zunächst mit der char.substr-Funktion die ersten vier Zeichen des Textwertes ausgelesen (zur char.substr-Funktion siehe Seite 223). Für den ersten Fall aus Abbildung 9.14 liefert die Funktion damit die Zeichenfolge 1975, die jedoch von SPSS zunächst als Text interpretiert wird. Daher ist die Funktion `number` erforderlich, die SPSS anweist, das Ergebnis der `char.substr`-Funktion als numerischen Wert im Format F4 (vierstellige Zahl ohne Dezimalstellen) zu interpretieren, so dass im Ergebnis die Zahl 1975 in die Variable `jahr` geschrieben wird.

- Vollkommen analog werden im zweiten und dritten Schritt der Monat und der Tag aus dem Textwert ausgelesen. Anschließend liegen die drei Variablen `jahr`, `monat` und `tag` vor, die sich im nächsten Schritt wieder zu einem Datum zusammenfügen lassen.

- Die Funktion `date.dmy` ermittelt zu dem durch `tag`, `monat` und `jahr` beschriebenen Datum den für SPSS relevanten numerischen Wert. Dieser Wert wird in eine Variable `datum` geschrieben. Für den ersten Fall aus Abbildung 9.14 erhält diese Variable so beispielsweise den Wert 12.386.476.800. Weil im Ergebnis aber nicht dieser numerische Wert, sondern das zugehörige Datum von Interesse ist, wird der Variablen `datum` mit dem Befehl `formats` das Format `edate8` zugewiesen, mit dem das Datum in der in Abbildung 9.14 dargestellten Form angezeigt wird.

```
COMPUTE jahr = NUMBER(CHAR.SUBSTR(datetxt,1,4),F4) .
COMPUTE monat = NUMBER(CHAR.SUBSTR(datetxt,5,2),F2) .
COMPUTE tag = NUMBER(CHAR.SUBSTR(datetxt,7,2),F2) .
COMPUTE datum = DATE.DMY(tag,monat,jahr) .
FORMATS datum(EDATE8) .
EXECUTE .
```

Listing 9.27: Datum aus einer Textvariablen auslesen

	datetxt	datenum	jahr	monat	tag	datum
1	19750319	19750319	1975,00	3,00	19,00	19.03.75
2	19891003	19891003	1989,00	10,00	3,00	03.10.89
3	19540214	19540214	1954,00	2,00	14,00	14.02.54
4	19630615	19630615	1963,00	6,00	15,00	15.06.63
5	19950707	19950707	1995,00	7,00	7,00	07.07.95

Abb. 9.14: Datumsangaben in unterschiedlichen Darstellungen

Möchten Sie umgekehrt aus den Datumswerten der Variablen `datum` die Textwerte der Variablen `datetxt` erzeugen, können Sie die Syntax aus Listing 9.28 verwenden:

- Sofern die Zielvariable noch nicht existiert, muss sie ausdrücklich als Textvariable definiert werden. Der `string`-Befehl erzeugt hier eine Textvariable mit einer Länge von acht Zeichen.

- Anschließend werden die Werte für die Variable `datetxt` berechnet. Hierzu genügt ein einziger `compute`-Befehl, der nur auf den ersten Blick etwas komplizierter aussieht: Die Funktion `concat` verknüpft einzelne Textwerte zu einem Gesamtwert. Sie hat hier drei Argumente:

    - *jahr*. Die Funktion `xdate.year(datum)` ermittelt die Jahresangabe des jeweiligen Wertes aus der Variable `datum`. Das Ergebnis der Funktion ist eine Zahl, die mit der `string`-Funktion im Format F4 (als vierstellige Zahl ohne Dezimalstellen) dargestellt und in einen Textwert umgewandelt wird.

    - *monat*. Ähnlich wie für die Jahreszahl ermittelt die Funktion `xdate.month(datum)` die Monatsangabe des jeweiligen Datums, und die `string`-Funktion weist SPSS an, diesen Wert in dem Format F2 (als zweistellige Zahl ohne Dezimalstellen) darzustellen und in dieser Form als Textwert zu interpretieren. Dies führt bei einstelligen Monatszahlen dazu, dass SPSS der einzelnen Ziffer automatisch ein Leerzeichen voranstellt, so dass sich die geforderten zwei Zeichen ergeben. Für den Monat April liefert die `string`-Funktion daher den Wert » 4« und nicht den Wert »4«. Die Funktion `ltrim` bewirkt nun, dass alle führenden Leerzeichen entfernt werden, so dass der Wert » 4« in den Wert »4« umgewandelt wird. Dieser Wert wird anschließend mit der Funktion `char.lpad` mit so vielen führenden Nullen aufgefüllt, bis der Wert insgesamt wieder zwei Zeichen umfasst. Dies wäre im Beispiel des Monats April genau eine Null, so dass als zweites Argument der `concat`-Funktion ein Textwert der Form 04 resultiert.

    - *tag*. Die Ermittlung der Tagesangabe erfolgt vollkommen analog zur Bestimmung des Monatswertes. Als drittes Argument der `concat`-Funktion resultieren damit Tageswerte in der Form 01, 02, ..., 31.

```
STRING datetxt (A8) .
COMPUTE datetxt = CONCAT(STRING(XDATE.YEAR(datum),F4),
  CHAR.LPAD(LTRIM(STRING(XDATE.MONTH(datum),F2)),2,"0"),
  CHAR.LPAD(LTRIM(STRING(XDATE.MDAY(datum),F2)),2,"0")).
EXECUTE .
```

Listing 9.28: Datumswert in Textwert umwandeln

> **Tipp**
>
> Der Umgang mit Textwerten ist bei SPSS oftmals etwas umständlich, was sich auch in dem bandwurmartigen `compute`-Befehl aus Listing 9.28 widerspiegelt. Im vorliegenden Beispiel kann die aufwendige Textmanipulation vermieden werden, indem zunächst wie in Listing 9.30 beschrieben die numerische Variable `datenum` erzeugt und diese anschließend mit dem Befehl `compute datetxt = string(datenum,F8)` in eine Textvariable überführt wird.

Datum als fortlaufende Zahl (de-)komponieren

Liegt ein Datumswert wie in Abbildung 9.14 zwar in der Form 19750419 vor, dies allerdings nicht in einer Textvariablen, sondern in einer numerischen Variablen wie der Variablen `datenum`, lässt sich dieser Wert wie in Listing 9.29 beschrieben in einen Datumswert überführen:

- Zur Berechnung der Jahreszahl wird der Ausgangswert durch 10.000 dividiert. Es resultiert ein Wert in der Form 1975,0419; von diesem Wert werden mit der Funktion `trunc` die Dezimalstellen abgeschnitten, so dass lediglich die Jahreszahl als ganzzahliger Wert verbleibt.

- Die Funktion `mod(datenum,100)` ermittelt den Rest, der sich bei einer Division des Wertes aus `datenum` durch 100 ergibt. Dies sind stets die beiden letzten Stellen des Ausgangswertes, die gerade der Tagesangabe entsprechen.

- Zur Ermittlung des Monatswertes werden die Funktionen mod und `trunc` kombiniert. Zunächst schneidet die Funktion `trunc(datenum/100)` die beiden letzten Stellen und damit die Tagesangaben ab. Aus dem Wert 19750419 wird so der Wert 197504. Anschließend werden hiervon mit der Funktion mod wie zuvor für das Tagesdatum im Ergebnis die beiden letzten Stellen ausgelesen, die gerade den Monat des jeweiligen Datums bezeichnen.

- Mit der Funktion `date.dmy` wird aus den Angaben über Tag, Monat und Jahr ein Datumswert berechnet und in die Variable `datum` geschrieben. Damit der Wert dort nicht als serielle Zahl, sondern als Datum angezeigt wird, erhält diese Variable mit dem Befehl `formats` ein entsprechendes Datumsformat.

```
COMPUTE jahr = TRUNC(datenum/10000) .
COMPUTE tag = MOD(datenum,100) .
COMPUTE monat = MOD(trunc(datenum/100),100) .
COMPUTE datum = DATE.DMY(tag,monat,jahr) .
FORMATS datum(EDATE8) .
EXECUTE .
```

Listing 9.29: Datum aus einer numerischen Variablen auslesen

Die »Umkehrfunktion«, die aus der Variablen `datum` die Variable `datenum` erzeugt, ist in Listing 9.30 beschrieben: Die drei `xdate.xxx`-Funktionen ermitteln die drei Datumskomponenten Tag, Monat und Jahr. Um die Darstellung aus der Variablen `datenum` zu erhalten, müssen nun lediglich die Monatswerte mit 100 und die Jahreszahlen mit 10.000 multipliziert und die Ergebnisse addiert werden.

Kapitel 9
Variablen berechnen – der Alleskönner »compute«

```
COMPUTE datenum = XDATE.MDAY(datum) +
    XDATE.MONTH(datum)*100 + XDATE.YEAR(datum)*10000 .
EXECUTE .
```

Listing 9.30: Datum zu einem numerischen Wert komponieren

Alter berechnen

Enthält eine Variable `gebdat` die Geburtsdaten von Personen, lässt sich daraus auch deren aktuelles Alter ermitteln. Hilfreich dabei sind die drei folgenden Systemvariablen von SPSS, die Informationen über das aktuelle Datum liefern:

- `$date` liefert das aktuelle Datum in dem Format A9, also in der Form `tt-mmm-jj`.

- `$date11` liefert das aktuelle Datum in dem Format A11, also in der Form `tt-mm-jjjj`.

- `$jdate` liefert die Anzahl der Tage, die seit dem 14. Oktober 1582 vergangen sind. Für den 15. Oktober 1582 ergibt sich damit die Zahl 1. Das Ergebnis dieser Funktion ist tatsächlich die Anzahl der Tage und nicht der numerische Wert, der dieser Anzahl an Tagen entspricht. Multipliziert man diesen Wert mit 86.400 (= 24 · 60 · 60), so erhält man den numerischen Wert, der dem aktuellen Tagesdatum entspricht.

- `$time` liefert die Anzahl der Sekunden, die seit dem 14. Oktober 1582, null Uhr, vergangen sind. Dies ist gleich dem numerischen Wert des aktuellen Zeitpunktes (aktuelle Uhrzeit am aktuellen Datum).

Funktion »datediff« in aktuellen SPSS-Programmversionen

Damit stehen alle notwendigen Informationen zur Berechnung des Alters zur Verfügung: das Geburtsdatum in der Variablen `gebdat` und das aktuelle Datum wahlweise in einer der vier Systemvariablen. Und das Beste ist: In den jüngeren Programmversionen von SPSS gibt es mit `datediff` nun auch eine spezielle Funktion, mit der sich ganz einfach die Zeitspanne zwischen zwei Datumswerten berechnen lässt. Diese Funktion hat die allgemeine Syntax

```
datediff(zeitpunkt2,zeitpunkt1,"Einheit")
```

Die Funktion berechnet die Zeitspanne als `zeitpunkt2 - zeitpunkt1`, und gibt das Ergebnis in der gewünschten Einheit aus, wobei Sie die Einheit durch eines der Schlüsselwörter `years`, `quarters`, `months`, `weeks`, `days`, `hours`, `minutes`, `seconds` festlegen können. Für die beiden Zeitpunkte können Sie jeweils eine Datumsvariable, eine numerische Variable mit dem seriellen Wert eines Datums oder einen Ausdruck, der den seriellen Wert eines Datums ergibt, angeben. Die durch `datediff` berechnete Zeitspanne wird immer als ganzzahliger Wert ausgegeben; eventuelle Dezimalstellen werden dabei abgeschnitten, nicht gerundet!

Listing 9.31 zeigt die Syntax, mit der sich das Alter für Personen, deren Geburtsdatum in der Variablen `gebdat` festgehalten ist, berechnen lässt:

- Die Systemvariable `$date` gibt das aktuelle Datum in dem Format A9 (tt-mmm-jj) aus. Die Funktion `number` weist SPSS an, diesen Datumswert auch als solchen im A9-Format (`edate9`) zu interpretieren und in die zugehörige serielle Zahl zu übersetzen.

- Die Funktion `datediff` berechnet damit die Differenz zwischen dem aktuellen Datum (`$date`) und dem Geburtsdatum (`gebdat`). Das Ergebnis wird als ganzzahliger Wert in Jahren ausgegeben, beschreibt also die Anzahl der ganzen Jahre, die zwischen dem jeweiligen Geburtstag und dem aktuellen Datum vergangen sind.

```
COMPUTE alter =
    datediff(NUMBER($DATE,EDATE9),gebdat,"years") .
EXECUTE .
```

Listing 9.31: Berechnung des Alters mithilfe der Funktion `datediff`

Old School: Selber rechnen

In älteren Programmversionen von SPSS gibt es bei der Berechnung von Alterswerten und anderen Zeitspannen eine starke Einschränkung: Hier steht keine Funktion zur Verfügung, mit der sich die Zeitspanne zwischen zwei Datumswerten in Jahren direkt ermitteln lässt. Alles, was alte Programmversionen von SPSS in diesem Zusammenhang können, ist, die Länge eines Zeitraumes in Tagen, Minuten, Stunden oder Sekunden zu bestimmen. So lässt sich das aktuelle Alter einer Person in Tagen mit dem Befehl aus Listing 9.32 bestimmen, vgl. auch Abbildung 9.15:

- Die Funktion `time.days($jdate)` rechnet die Anzahl der Tage, die seit dem 14. Oktober 1582 vergangen sind, in den numerischen Wert dieses Zeitraumes um und liefert damit im Ergebnis den numerischen Wert des aktuellen Tagesdatums.

- Das Ergebnis der Differenz `time.days($jdate)-gebdat` ist der numerische Wert des Zeitraums zwischen dem Geburtsdatum und dem aktuellen Datum. Dieser Wert ist gleich der Anzahl der Sekunden, die seit dem Geburtsdatum vergangen sind. Mit der Funktion `ctime.days` wird dieser Wert in eine Tageszahl umgerechnet.

```
COMPUTE tage = CTIME.DAYS(TIME.DAYS($JDATE)-gebdat) .
EXECUTE .
```

Listing 9.32: Berechnung des aktuellen Alters in Tagen

Kapitel 9
Variablen berechnen – der Alleskönner »compute«

Üblicherweise ist man jedoch an einer Altersangabe in Jahren interessiert. Genügt hier eine etwas unzuverlässige Aussage, lässt sich die Tagesangabe wie in Listing 9.33 in einen Jahreswert umrechnen, indem das Alter in Tagen durch 365,25, die durchschnittliche Anzahl an Tagen in einem Jahr, geteilt wird. Behält man von dem Ergebnis nur den ganzzahligen Teil, schneidet also die Dezimalstellen ab, erhält man die übliche Altersangabe in Jahren:

```
COMPUTE jahre = TRUNC(tage/365.25) .
EXECUTE .
```

Listing 9.33: Grobe Umrechnung von Tagen in Jahre

Dieses grobe Vorgehen kann das Alter allerdings ein Jahr zu niedrig ausweisen, wenn der Geburtstag nahe am aktuellen Datum liegt. Die Ursache dieser Ungenauigkeit ist die Tatsache, dass die Anzahl von 365,25 Tagen pro Jahr nur ein Durchschnittswert ist (der auch über lange Zeiträume noch nicht einmal exakt stimmt) und damit im Einzelfall nicht korrekt sein muss.

Sollen derartige Unzuverlässigkeiten vermieden werden, bleibt bei der Arbeit mit älteren Programmversionen von SPSS nur ein etwas umständlicher Weg für die vermeintlich einfache Aufgabe, das Alter einer Person zu berechnen. Dieser ist in Listing 9.34 beschrieben:

- Der erste `compute`-Befehl schreibt das aktuelle Datum in eine Variable mit dem Namen `heute`. Hierzu wird die Systemvariable `$date` verwendet, die das Datum in der Form `tt-mm-jjj` als Textwert ausgibt. Die Funktion `number` weist SPSS jedoch an, diesen Wert so zu interpretieren, als handele es sich um einen numerischen Wert im Format `edate9` (`tt-mm-jjj`). Dadurch erkennt SPSS den Wert als Datum und schreibt den zugehörigen numerischen Wert in die Variable `heute`. Der nachfolgende Befehl `formats` weist dieser Variablen ein geeignetes Datumsformat zu; dieser Schritt ist zur Berechnung des Alters eigentlich überflüssig und dient hier nur der besseren Lesbarkeit der Ergebnisse.

- Im zweiten Schritt wird ermittelt, ob das aktuelle Datum im Jahresverlauf vor oder nach dem Datum des jeweiligen Geburtstages liegt: Die Funktion `xdate.month` filtert aus einem Datum die Monatsangabe heraus, die Funktion `xdate.mday` entsprechend die Tagesangabe. Hatte nun eine Person im aktuellen Jahr noch nicht Geburtstag, ist entweder die Monatsangabe des aktuellen Datums größer als die des Geburtsdatums, oder beide Monatsangaben sind identisch und gleichzeitig hat das aktuelle Datum einen höheren Tageswert. Im ersten Fall ist die Aussage

    `XDATE.MONTH(heute)<XDATE.MONTH(gebdat)`

    wahr, im zweiten Fall die Aussage

    `XDATE.MONTH(heute)=XDATE.MONTH(gebdat)`
    `& XDATE.MDAY(heute)<XDATE.MDAY(gebdat)`

Damit liefert der boolesche Ausdruck auf der rechten Seite des `compute`-Befehls genau dann den Wert 1 (*wahr*), wenn eine Person ihre Geburtstagsparty im aktuellen Jahr noch vor sich hat; ist die Party bereits vorbei, erhält die Zielvariable `party` dagegen den Wert 0.

- Analog zu `xdate.jday` ermittelt die Funktion `xdate.year` die Jahreszahl eines Datums. Die Differenz `xdate.year(heute)-xdate.year(gebdat)` liefert damit die Anzahl der Jahre, die seit dem jeweiligen Geburtsjahr bis zum aktuellen Jahr vergangen sind. Sofern eine Person im aktuellen Jahr bereits Geburtstag hatte (sie weist dann in der Variablen `party` den Wert 0 auf), ist diese Differenz gleich dem Alter der Person. Kann sie sich dagegen noch in diesem Jahr auf Geschenke freuen (in der Variablen `party` hat sie dann den Wert 1), ist sie zurzeit noch ein Jahr jünger; das Alter der Person ergibt sich damit, indem von der einfachen Jahresdifferenz der Wert der Variablen `party` abgezogen wird.

```
COMPUTE heute = NUMBER($DATE,EDATE9) .
FORMATS heute (EDATE9) .
COMPUTE party =(XDATE.MONTH(heute)<XDATE.MONTH(gebdat)
           / (XDATE.MONTH(heute)=XDATE.MONTH(gebdat)
           & XDATE.MDAY(heute)<XDATE.MDAY(gebdat))) .
COMPUTE alter =
   XDATE.YEAR(heute)-XDATE.YEAR(gebdat)-party .
FORMATS alter(F3) .
EXECUTE .
```

Listing 9.34: Berechnung des aktuellen Alters in Jahren

	gebdat	tage	jahre	heute	party	alter
1	19.03.1975	12144,00	33,00	17.06.08	0,00	33
2	02.02.1941	24607,00	67,00	17.06.08	0,00	67
3	15.06.1971	13517,00	37,00	17.06.08	0,00	37
4	02.11.1943	23604,00	64,00	17.06.08	1,00	64
5	22.06.1973	12779,00	34,00	17.06.08	1,00	34
6	26.10.1992	5713,00	15,00	17.06.08	1,00	15

Abb. 9.15: Geburtsdatum und Alter

Sonntagskinder

Ist das Geburtsdatum einer Person bekannt, lässt sich sehr einfach ermitteln, an welchem Wochentag sie geboren wurde. Hierbei hilft die Funktion `xdate.wkday (datum)`, die den Wochentag des angegebenen Datums ermittelt. Das Ergebnis der Funktion ist eine Zahl zwischen 1 und 7, wobei die 1 einen Sonntag, die 2 einen Montag etc. kennzeichnet.

In Listing 9.35 wird diese Funktion verwendet, um alle Sonntagskinder zu markieren. Der boolesche Ausdruck (xdate.wkday(gebdat)=1) ist genau dann wahr, wenn das Geburtsdatum `gebdat` auf einen Sonntag fällt und damit die Funktion `xdate.wkday` den Wert 1 liefert. Alle Sonntagskinder werden daher in der Variablen `sonntag` durch den Wert 1 markiert, während alle anderen Personen dort den Wert 0 erhalten.

```
COMPUTE sonntag = (XDATE.WKDAY(gebdat)=1) .
EXECUTE .
```

Listing 9.35: Sonntagskinder kennzeichnen

Mahnung: Am ersten Montag nach drei Wochen

In der Praxis steht man häufig vor Fragestellungen der folgenden Art: Wenn ein Kunde am Datum x eine Rechnung erhalten hat, dann soll er, sofern bis dahin keine Zahlung eingegangen ist, nach drei Wochen eine Mahnung bekommen. Um jedoch nicht täglich einzelne Mahnungen zu versenden, werden die Mahnungen einer Woche gesammelt und immer montags verschickt. Um nun den zu einem Rechnungsdatum gehörenden Mahntermin zu bestimmen, muss daher der erste Montag nach Ablauf von drei Wochen ermittelt werden. Dies geschieht mit dem Programm aus Listing 9.36 wie folgt:

- Zunächst wird das Datum ermittelt, das genau 21 Tage nach dem Rechnungsdatum liegt. Dies ist in diesem Beispiel der frühestmögliche Termin für den Versand einer Mahnung. Die Funktion `time.days(21)` ermittelt dabei den numerischen Wert der Zeitspanne von 21 Tagen. Statt mithilfe dieser Funktion könnte der numerische Wert auch »mit der Hand« ausgerechnet werden, indem die Funktion durch den Ausdruck 21 · 24 · 60 · 60 ersetzt wird.

- Um nun den erstmöglichen Montag nach 21 Tagen zu ermitteln, muss Folgendes geschehen:
    - Fällt das frühestmögliche Mahndatum auf einen Sonntag, erhält man das Wunschdatum durch Addition von einem Tag.
    - Ist das frühestmögliche Mahndatum bereits ein Montag, dann ist die Welt schon in Ordnung und nichts muss verändert werden.
    - Ist das frühestmögliche Mahndatum ein Dienstag, Mittwoch, ..., Samstag, errechnet sich der darauf folgende Montag durch Addition von 6, 5, ..., 2 Tagen.

Bei der Durchführung dieser Rechnung hilft uns die Funktion `xdate.wkday`, die den Wochentag eines Datums ermittelt. Für einen Sonntag liefert diese Funktion den Wert 1, für einen Montag den Wert 2 etc. Indem nun zu jedem frühestmöglichen Mahndatum zwei Tage hinzuaddiert und das Ergebnis der `xdate.wkday`-Funktion in Tagen abgezogen werden, wird zunächst der Montag der jeweiligen Woche ermittelt. Dies ist bereits das gesuchte Zieldatum, wenn das frühestmögliche Mahndatum ein Sonntag oder ein Montag ist. In allen anderen Fällen, wenn also der boolesche Ausdruck (`xdate.wkday(mahndat)>2`) wahr ist und damit den Wert 1 liefert, liegt das gesuchte Mahndatum genau eine Woche später.

```
COMPUTE mahndat = rechdat + TIME.DAYS(21) .
COMPUTE mahndat = mahndat
  + TIME.DAYS(2-XDATE.WKDAY(mahndat))
  + TIME.DAYS(7)*(XDATE.WKDAY(mahndat)>2) .
FORMATS mahndat(EDATE10) .
EXECUTE .
```

Listing 9.36: Berechnung des Mahndatums: erster Montag nach drei Wochen

Kalenderwoche berechnen

Häufig ist die Zuordnung eines Datums zu einer Kalenderwoche erforderlich. Dies scheint bei SPSS sehr einfach, da es eine spezielle Funktion gibt, die ermittelt, in welcher Woche des Jahres ein Datum liegt. Die Ergebnisse dieser Funktion `xdate.week` entsprechen jedoch nicht der in Deutschland üblichen Definition von Kalenderwochen. Für die Funktion `xdate.week` beginnt die erste Woche des Jahres stets mit dem 1. Januar und dauert dann sieben Tage. Ist der 1. Januar ein Donnerstag, so ergeben sich daraus Kalenderwochen, die immer an einem Donnerstag beginnen und an einem Mittwoch enden. In Deutschland ist dagegen eine Kalenderwochendefinition üblich (und als DIN-Norm fixiert), die sich an folgenden Eckwerten orientiert:

- Eine Woche fängt stets mit einem Montag an und endet an einem Sonntag.
- Fällt der Jahreswechsel nicht exakt mit einem Wochenanfang zusammen, so wird die Woche, die sich über beide Jahre erstreckt, jenem Jahr zugeordnet, in dem mindestens vier der sieben Wochentage liegen.
- Aus der vorhergehenden Regel folgen drei Zusammenhänge, die bei der Berechnung der Kalenderwochen mit SPSS sehr hilfreich sind:
  - Der 4. Januar eines Jahres liegt stets in der ersten Kalenderwoche des Jahres.
  - Der 28. Dezember eines Jahres liegt stets in der letzten Kalenderwoche des Jahres.
  - Eine Woche, die sich über zwei Jahre erstreckt, wird stets dem Jahr zugeordnet, in dem der Donnerstag dieser Woche liegt.

Ausgehend von diesen Regeln lässt sich die Kalenderwoche für ein Datum wie in Listing 9.37 beschrieben ermitteln, vgl. auch Abbildung 9.16:

- Der erste `compute`-Befehl ermittelt den Wochentag eines Datums. Die Funktion `xdate.wkday` liefert die Werte 1 bis 7, wobei ein Sonntag den Wert 1, ein Montag den Wert 2 etc. erhält.

- Da in der Kalenderwochendefinition eine Woche stets mit einem Montag beginnt, ist es für die weiteren Berechnungen hilfreich, wenn auch die Nummerierung der Kalendertage am Montag beginnt. Daher werden die von SPSS ermittelten Wochentage neu normiert, indem die Nummern um eins verringert und im Fall eines Sonntags anschließend um sieben erhöht werden. Dadurch ergibt sich in der Variablen `eu_tag` eine Zuordnung, die einen Montag mit 1, einen Dienstag mit 2 etc. kennzeichnet.

- Da eine Woche stets dem Jahr zugerechnet wird, in dem der Donnerstag der jeweiligen Woche liegt, wird im nächsten Schritt für jedes Datum zusätzlich das Datum des Donnerstags aus der jeweiligen Woche ermittelt. Dieses Datum erhält man, indem zu dem Ausgangsdatum vier Tage hinzuaddiert und die Nummer des Wochentags in Tagen abgezogen wird. Ist das Ausgangsdatum beispielsweise ein Dienstag, werden auf diese Weise vier Tage hinzugezählt und zwei Tage wieder abgezogen; das Ergebnis ist der zwei Tage später liegende Donnerstag. Dieses Datum wird in die Variable `womitte` geschrieben. Der `formats`-Befehl weist dieser Variablen ein geeignetes Anzeigeformat zu.

- Ausgehend von der Wochenmitte kann nun das Jahr bestimmt werden, dem die Kalenderwoche des Ursprungsdatums angehört. Dies geschieht hier mit der Funktion `xdate.year`, die aus einem Datumswert die Jahreszahl herausliest.

- Wir wissen, dass der 28. Dezember eines Jahres stets in die letzte Kalenderwoche des jeweiligen Jahres fällt. Zwischen diesem Datum und der Wochenmitte der ersten Kalenderwoche des Folgejahres liegen daher mindestens vier und höchstens zehn Tage. Entsprechend vergehen bis zur Wochenmitte der zweiten Kalenderwoche des Folgejahres mindestens 11 und höchstens 17 Tage. Berechnet man daher umgekehrt die Anzahl der Tage, die zwischen einer Wochenmitte (dem Donnerstag der Woche) und dem 28. Dezember des Vorjahres liegen, teilt das Ergebnis durch sieben und rundet den resultierenden Wert zu einem ganzzahligen Wert, so erhält man als Ergebnis die Nummer der jeweiligen Kalenderwoche. Dies geschieht in dem letzten `compute`-Befehl, der sich dazu dreier Funktionen bedient: Die Funktion `date.dmy` komponiert aus den drei Angaben Tag, Monat und Jahr den zugehörigen Datumswert; hier wird mit dieser Funktion der 28. Dezember des jeweiligen Vorjahres bestimmt. Die Funktion `xdate.tday` rechnet einen als numerischen Wert vorliegenden Zeitraum in Tage um und dient hier dazu, die Differenz zwischen der Wochenmitte und dem 28. Dezember des Vorjahres in Tagen auszudrücken. Dieser Zeitraum in Tagen wird durch sieben dividiert und schließlich mit der Funktion `rnd` zu einem ganzzahligen Wert gerundet. Das Ergebnis ist die Kalenderwoche, die in die Variable `kw` geschrieben wird.

```
COMPUTE spss_tag = XDATE.WKDAY(datum) .
COMPUTE eu_tag = spss_tag-1 + 7*(spss_tag = 1) .
COMPUTE womitte = datum + TIME.DAYS(4-eu_tag) .
COMPUTE jahr = XDATE.YEAR(womitte) .
FORMATS womitte(EDATE8).
COMPUTE kw = RND(XDATE.TDAY(womitte -
  DATE.DMY(28,12,jahr-1))/7) .
EXECUTE .
```

Listing 9.37: Kalenderwoche berechnen

	datum	spss_tag	eu_tag	womitte	jahr	kw
1	28.12.2009	2,00	1,00	31.12.09	2009,00	53,00
2	31.12.2009	5,00	4,00	31.12.09	2009,00	53,00
3	01.01.2010	6,00	5,00	31.12.09	2009,00	53,00
4	04.01.2010	2,00	1,00	07.01.10	2010,00	1,00
5	19.03.2010	6,00	5,00	18.03.10	2010,00	11,00
6	31.12.2010	6,00	5,00	30.12.10	2010,00	52,00

Abb. 9.16: Datum mit Kalenderwoche

Tipp

Die zahlreichen Zwischenschritte, die in Listing 9.37 schließlich zur Kalenderwoche hinführen, werden hier als eigene Variablen gespeichert, damit der Programmcode möglichst übersichtlich bleibt und die einzelnen Schritte nachvollziehbar sind. Zur Berechnung der Kalenderwoche wäre dies jedoch nicht erforderlich; vielmehr könnten die Formeln zur Berechnung der Zwischenergebnisse direkt in den abschließenden compute-Befehl eingefügt werden. Die Kalenderwoche kann so auch mit einem einzigen compute-Befehl berechnet werden, der dann jedoch deutlich komplexer aussieht.

9.8 Fehlende Werte

9.8.1 Fehlende Werte in Formeln und Funktionen

Fehlende Werte als Ergebnis des »compute«-Befehls

Der compute-Befehl liefert unter verschiedenen Voraussetzungen als Ergebnis einen systemdefinierten fehlenden Wert. Dies ist immer dann der Fall, wenn die Berechnungsformel keinen gültigen Wert ergibt, zum Beispiel weil in die Formel bereits fehlende Werte einfließen oder mathematisch nicht zulässige bzw. nicht definierte Operationen durchgeführt werden sollen. So gibt der Befehl

```
COMPUTE var3 = var1/var2 .
```

in den beiden folgenden Fällen einen systemdefinierten fehlenden Wert aus:

- Eine oder beide der Quellvariablen `var1` und `var2` enthalten einen fehlenden Wert. In diesem Fall kann die Berechnung nicht durchgeführt werden, und `var3` bekommt einen systemdefinierten fehlenden Wert zugewiesen. Dies gilt sowohl für system- als auch für benutzerdefinierte fehlende Werte in den Quellvariablen.
- `var2` hat den Wert 0. In diesem Fall ist die Operation `var1/var2` mathematisch nicht definiert, und SPSS gibt einen systemdefinierten fehlenden Wert aus.

Fehlende Werte in arithmetischen Funktionen

Arithmetische Operationen werden wie beschrieben nicht durchgeführt, wenn eine der Quellvariablen einen fehlenden Wert enthält. So würde der Befehl

```
COMPUTE mittel = (var1+var2+var3+var4)/4 .
```

immer dann einen systemdefinierten fehlenden Wert ausgeben, wenn mindestens eine der vier Variablen `var1`, `var2`, `var3` und `var4` einen system- oder benutzerdefinierten fehlenden Wert aufweist. Anders verhält es sich dagegen mit arithmetischen Funktionen. Diese ignorieren per Voreinstellungen fehlende Werte und führen die Operation ausschließlich anhand der verfügbaren gültigen Werte aus. Lediglich wenn die verfügbare Anzahl gültiger Werte nicht ausreicht, um die Operation zulässig auszuführen, liefern auch arithmetische Funktionen fehlende Werte. So berechnet der Befehl

```
COMPUTE mittel = MEAN(var1,var2,var3,var4) .
```

das arithmetische Mittel über die vier angegebenen Variablen. Enthält nun beispielsweise `var3` einen fehlenden Wert, gibt die Funktion das arithmetische Mittel der drei gültigen Werte aus `var1`, `var2` und `var4` aus. Am Ergebnis wird anschließend nicht zu erkennen sein, dass die Berechnung in einigen Fällen auf vier und in anderen auf nur drei oder noch weniger gültigen Werten basiert.

Wenn Sie jedoch sicherstellen möchten, dass eine arithmetische Funktion die errechnete Kennzahl wie den Mittelwert oder die Standardabweichung nur dann ausgibt, wenn eine Mindestanzahl gültiger Werte vorliegt, können Sie dies bei vielen Funktionen durch eine Erweiterung des Funktionsnamens erzwingen. Geben Sie hierzu die Funktion in der Form

```
MEAN.3(var1,var2,var3,var4)
```

an. Damit wird der Mittelwert nur für solche Fälle berechnet, in denen die vier Variablen `var1` bis `var4` insgesamt mindestens drei gültige Werte aufweisen. In allen anderen Fällen wird der Zielvariablen ein systemdefinierter fehlender Wert zugewiesen. Vergleiche hierzu auch die Beispiele in Listing 9.38.

Systemdefinierte fehlende Werte heißen »$sysmis«

Manchmal besteht die Notwendigkeit, einer Variablen explizit systemdefinierte fehlende Werte zuzuweisen. Auch wenn diese in numerischen Variablen durch einen Punkt oder ein Komma dargestellt werden, ist eine Syntax der Art `compute fehlend = .` nicht zulässig. Vielmehr werden systemdefinierte fehlende Werte in diesen Fällen mit dem Namen `$sysmis` angesprochen. So bewirkt der Befehl

```
COMPUTE fehlend = $SYSMIS .
```

dass in die Zielvariable `fehlend` lauter systemdefinierte fehlende Werte geschrieben werden.

> **Tipp**
>
> Möchten Sie fehlende Werte auswerten und beispielsweise prüfen, ob eine Variable aktuell einen fehlenden Wert enthält, verwenden Sie dazu die im folgenden Abschnitt beschriebenen Funktionen. So würde etwa ein Befehl der Form `compute auswahl = (antwort <> $sysmis)` nicht eine Dummy-Variable zur Kennzeichnung von Fällen mit gültigen Werten erzeugen, wie man es möglicherweise erwarten würde.

9.8.2 Funktionen zur Auswertung fehlender Werte

SPSS hält einige Funktionen bereit, die der Auswertung von fehlenden Werten dienen. Diese Funktionen sind vor allem dazu geeignet, das Vorliegen von fehlenden Werten zu prüfen, die Anzahl fehlender oder gültiger Werte in einer Auswahl von Variablen zu zählen und Benutzerdefinitionen über fehlende Werte vorübergehend zu ignorieren. Tabelle 9.7 gibt einen Überblick über die verfügbaren Funktionen zur Auswertung fehlender Werte.

Funktion	Ergebnis
`missing(var)`	Gibt den Wert 1 aus, wenn die Variable `var` einen system- oder benutzerdefinierten fehlenden Wert enthält, und 0 bei einem gültigen Wert
`nmiss(var1[,var2...])`	Zählt die Anzahl system- und benutzerdefinierter fehlender Werte in den angegebenen Variablen

Tabelle 9.7: Funktionen zur Auswertung fehlender Werte

Funktion	Ergebnis
`nvalid(var1[,var2...])`	Zählt die Anzahl der gültigen Werte in den angegebenen Variablen
`sysmis(var)`	Gibt den Wert 1 aus, wenn die Variable `var` einen systemdefinierten fehlenden Wert enthält, und 0 in allen anderen Fällen
`value(var)`	Gibt den Wert der angegebenen Variablen aus, wobei Benutzerdefinitionen über fehlende Werte ignoriert werden; auch benutzerdefinierte fehlende Werte werden damit als gültige Werte ausgegeben

Tabelle 9.7: Funktionen zur Auswertung fehlender Werte (Forts.)

Die Anwendung der Funktionen wird in Listing 9.38 demonstriert. Abbildung 9.17 zeigt die Resultate; dabei ist zu beachten, dass in den Ausgangsvariablen `var1` bis `var4` der Wert -1 als benutzerdefinierter fehlender Wert deklariert ist.

- *missing, sysmis.* Die Variable `v1_miss` kennzeichnet alle Fälle, in denen die Variable `var1` einen system- oder benutzerdefinierten fehlenden Wert enthält. `v1_sysm` kennzeichnet nur jene Fälle, in denen `var1` einen systemdefinierten fehlenden Wert aufweist. Durch die Differenz `missing(var1)-sysmis(var1)` lassen sich die Fälle mit benutzerdefinierten fehlenden Werten herausfiltern; eine entsprechende Markierung wird hier in `v1_userm` geschrieben.

- *value.* In die Variable `v1_wert` werden die Werte der Variablen `var1` übertragen, wobei Benutzerdefinitionen über fehlende Werte ignoriert werden. Daher wird auch der Wert -1 als gültiger Wert in die Zielvariable geschrieben. Beachten Sie jedoch Folgendes: Wird die Zielvariable durch den `compute`-Befehl nicht neu erstellt, sondern bestand bereits vorher, bleiben deren bisherige Definitionen über fehlende Werte erhalten. Sollte dort etwa der Wert -1 bereits zuvor als fehlender Wert definiert worden sein, bleibt diese Definition auch weiterhin bestehen.

- *nmiss, nvalid.* Die Anzahl fehlender Werte in den vier Variablen `var1` bis `var4` wird mit der Funktion `nmiss` ausgezählt und in die Variable `fehlend` geschrieben. So ergibt sich zum Beispiel für den ersten Fall der Datendatei der Wert 2, da `var1` einen benutzer- und `var4` einen systemdefinierten fehlenden Wert enthält. Folglich beträgt die in der Variablen `gueltig` ausgewiesene Anzahl gültiger Werte ebenfalls 2.

- *mean, mean.3.* Die Funktion `mean` berechnet für jeden Fall der Datendatei das arithmetische Mittel über die vier Variablen `var1` bis `var4`. Dabei werden nur die gültigen Werte berücksichtigt, wobei die Berechnung durchgeführt wird, sofern mindestens ein gültiger Wert vorliegt. So errechnet sich der Wert von 6,50 für den ersten Fall als Mittelwert von 8,00 und 5,00. Die Funktion `mean.3` hingegen berechnet zwar ebenfalls das arithmetische Mittel über die

9.8 Fehlende Werte

vier Variablen `var1` bis `var4`, führt diese Berechnung jedoch nur aus, wenn mindestens drei gültige Werte vorliegen; in allen anderen Fällen erhält die Zielvariable `mean3` einen systemdefinierten fehlenden Wert, wie hier im ersten und vierten Fall der Datendatei.

```
COMPUTE v1_miss  = MISSING(var1) .
COMPUTE v1_sysm  = SYSMIS(var1) .
COMPUTE v1_userm = MISSING(var1)-SYSMIS(var1) .
COMPUTE v1_wert  = VALUE(var1) .
COMPUTE fehlend  = NMISS(var1,var2,var3,var4) .
COMPUTE gueltig  = NVALID(var1,var2,var3,var4) .
COMPUTE mittel   = MEAN(var1,var2,var3,var4) .
COMPUTE mittel3  = MEAN.3(var1,var2,var3,var4) .
EXECUTE .
```

Listing 9.38: Funktionen zur Auswertung fehlender Werte

	var1	var2	var3	var4	v1_miss	v1_sysm	v1_userm	v1_wert	fehlend	gueltig	mittel	mittel3
1	-1,00	8,00	5,00	.	1,00	0,00	1,00	-1,00	2,00	2,00	6,50	.
2	8,00	4,00	.	2,00	0,00	0,00	0,00	8,00	1,00	3,00	4,67	4,67
3	4,00	6,00	7,00	7,00	0,00	0,00	0,00	4,00	0,00	4,00	6,00	6,00
4	.	7,00	.	8,00	1,00	1,00	0,00	.	2,00	2,00	7,50	.
5	6,00	5,00	7,00	-1,00	0,00	0,00	0,00	6,00	1,00	3,00	6,00	6,00

Abb. 9.17: Auswertung fehlender Werte

Kapitel 10

Variablen berechnen – Bedingte Berechnungen und andere spezielle Verfahren

10.1 Überblick

SPSS bietet sehr vielfältige Möglichkeiten zur Berechnung von neuen Variablen sowie zur Transformation bestehender Variablen. Hierzu stehen mehrere Befehle zur Verfügung, von denen der leistungsfähigste, compute, bereits im vorhergehenden Kapitel beschrieben wurde. Neben diesem recht allgemeinen und universell verwendbaren Befehl hält SPSS aber auch eine Reihe sehr viel spezialisierterer Befehle zur Transformation von Variablen bereit. Diese bieten in den seltensten Fällen vollkommen neue Möglichkeiten, die sich nicht auch mit compute realisieren ließen, sind aber für ihre jeweiligen speziellen Anwendungsfälle zumeist sehr viel einfacher und effizienter zu verwenden. Für einen ausführlichen Überblick über die verschiedenen Befehle zur Berechnung und Transformation von Variablen siehe Abschnitt 9.1 im vorhergehenden Kapitel. Die folgende Liste führt noch einmal die speziellen Transformationsbefehle auf, die in diesem Kapitel im Detail erläutert werden:

- if. Der if-Befehl ermöglicht die gleichen Berechnungen wie der Befehl compute, bietet darüber hinaus aber die Möglichkeit, die Berechnung mithilfe einer Bedingung auf bestimmte Fälle im DatenSet zu beschränken. Siehe hierzu den folgenden Abschnitt 10.2.

- leave. Der Befehl leave unterdrückt die Initialisierung ausgewählter Variablen bei der Berechnung der einzelnen Fälle des DatenSets und ermöglicht so auf einfache Weise die Berechnung von kumulierten Werten, siehe hierzu Abschnitt 10.3, Seite 256.

- set seed, set mtindex und set rng. Wenn Sie mit Zufallszahlen arbeiten, können Sie mit dem Befehl set rng zwischen zwei alternativen Zufallszahlengeneratoren wählen. Mit den Befehlen set seed und set mtindex legen Sie den Startwert für die Berechnung von Zufallszahlen fest und können so Zufallszahlenfolgen identisch reproduzieren. Siehe zu diesen drei Befehlen Abschnitt 10.4, Seite 262.

- **recode.** Der Befehl `recode` dient dazu, die Werte einer Variablen neu zu kodieren und somit die bisherigen Variablenwerte nach einem vorgegebenen Schema in neue Werte zu übersetzen, siehe hierzu Abschnitt 10.5, Seite 265.

- **autorecode.** Auch mit `autorecode` werden die Werte einer Variablen in neue Kodierungen übersetzt, allerdings kommt hier ein fest vorgegebenes, einfaches Übersetzungsschema zur Anwendung, das die Werte der Quellvariablen in auf- oder absteigender Reihenfolge in ganzzahlige, numerische Werte überführt. Siehe hierzu Abschnitt 10.6, Seite 274.

- **count.** Der Befehl `count` ermittelt für jeden Fall im DatenSet die Häufigkeit, mit der ausgewählte Werte in einer vorgegebenen Gruppe von Variablen vorkommen, siehe Abschnitt 10.7, Seite 278.

- **create.** Mit `create` lassen sich bestimmte Zeitreihentransformationen wie die Berechnung von einfachen oder saisonalen Differenzen oder gleitenden Mittelwerten durchführen, siehe Abschnitt 10.8, Seite 280.

- **rmv.** Der Befehl `rmv` dient dazu, fehlende Werte in einer Variablen durch möglichst plausibel erscheinende Schätzwerte zu ersetzen. Dazu stehen verschiedene Verfahren für die Berechnung der Schätzwerte zur Verfügung, siehe im Einzelnen Abschnitt 10.9, Seite 283.

10.2 Bedingte Berechnungen mit »if«

10.2.1 Syntax des »if«-Befehls

Der `if`-Befehl dient ebenso wie der `compute`-Befehl der Berechnung von Variablen und ermöglicht dabei auch die gleichen Rechenoperationen wie dieser. Der einzige Unterschied zwischen den beiden Befehlen besteht darin, dass die Berechnung mit dem `if`-Befehl zusätzlich von einer Bedingung abhängig gemacht werden kann. Die Berechnung wird dadurch nur für solche Fälle ausgeführt, in denen die vorgegebene Bedingung erfüllt ist. Alle Fälle, die die jeweilige Bedingung nicht erfüllen, bleiben von der Operation unberührt. Werte einer bereits bestehenden Zielvariablen bleiben in diesen Fällen damit unverändert erhalten; wird die Zielvariable dagegen bei der Berechnung neu erstellt, werden ihr in den betreffenden Fällen keine Werte und damit im Ergebnis systemdefinierte fehlende Werte zugewiesen.

Befehlssyntax

Die allgemeine Syntax des `if`-Befehls lautet:

```
IF (Bedingung) Zielvariable = Berechnungsformel .
```

Listing 10.1: Allgemeine Syntax eines `if`-Befehls

10.2 Bedingte Berechnungen mit »if«

Die Berechnungsformel wird dabei in der gleichen Weise formuliert wie bei einem `compute`-Befehl; hierzu stehen auch dieselben Operatoren sowie sämtliche Funktionen des `compute`-Befehls zur Verfügung. Die Bedingung muss ein logischer Ausdruck sein, der wahr oder falsch sein kann. Für eine bessere Lesbarkeit des Befehls ist es hilfreich und weitgehend üblich, die Bedingung mit zwei runden Klammern zu umschließen, diese Klammern sind jedoch nicht notwendig. Eine Bedingung könnte beispielsweise lauten:

```
(alter >= 18)
```

Diese Bedingung ist genau dann erfüllt, wenn die Variable `alter` einen Wert größer oder gleich 18 aufweist; in allen anderen Fällen ist die Bedingung nicht erfüllt.

Einfache bedingte Berechnung

In Listing 10.2 wird zunächst mit dem `compute`-Befehl eine Variable mit dem Namen `zielgrp` erstellt, die in jedem Fall den Wert –1 aufweist. Anschließend wird dieser Variablen mit dem `if`-Befehl in genau den Fällen, in denen die Variable `alter` einen Wert von 18 oder größer enthält, der Wert 1 zugewiesen, so dass `zielgrp` anschließend alle volljährigen Personen markiert, vgl. Abbildung 10.1.

```
COMPUTE zielgrp = -1 .
IF (alter >= 18) zielgrp = 1 .
EXECUTE .
```

Listing 10.2: Bedingte Berechnung zur Markierung volljähriger Personen

	alter	zielgrup
1	23	1,00
2	37	1,00
3	44	1,00
4	12	-1,00
5	18	1,00

Abb. 10.1: Markierung der volljährigen Personen

> **Tipp**
>
> Möchten Sie komplexere oder gestaffelte Bedingungen formulieren und in Abhängigkeit davon entsprechend differenziert unterschiedliche Berechnungen oder andere Transformationen durchführen, verwenden Sie hierzu die Befehlsstruktur `do if ... else ...`, siehe im Einzelnen Kapitel 14.

10.2.2 Bedingungen formulieren

Operatoren

Die Bedingung wird in Form einer Aussage formuliert, die entweder *wahr* oder *falsch* sein kann. Ist die Aussage wahr, so gilt die Bedingung als erfüllt, und die Berechnung des Wertes für die Zielvariable wird durchgeführt. Zur Formulierung der Bedingung stehen neben den bekannten arithmetischen Operatoren wie + und / auch die in Tabelle 10.1 aufgeführten Vergleichs- und Verknüpfungsoperatoren zur Verfügung. Damit lassen sich bereits sehr komplexe Bedingungen erstellen. Darüber hinaus können auch in der Bedingung sämtliche Funktionen verwendet werden, die für den compute-Befehl zur Verfügung stehen. Besonders hilfreich sind dabei jene Funktionen, die selbst ähnlich wie eine Bedingung eine logische Prüfung vornehmen und als Ergebnis einen Wahrheitswert ausgeben, wie etwa die Funktionen missing und sysmis, die prüfen, ob eine Variable einen fehlenden Wert bzw. einen systemdefinierten fehlenden Wert enthält, siehe hierzu auch die nachfolgenden Beispiele.

Symbol	Alternative Schreibweise	Bedeutung
=	eq	gleich
<	lt	kleiner als
>	gt	größer als
<>	ne	ungleich
<=	le	kleiner als oder gleich
>=	ge	größer als oder gleich
&	and	und
|	or	oder
~	not	nicht

Tabelle 10.1: Logische und Vergleichsoperatoren zur Formulierung von Bedingungen

Eine einfache Bedingung

Enthält die Datendatei eine Variable alter, in der das Alter von Testpersonen in Jahren angegeben ist, können Sie die Berechnung der Variablenwerte wie im folgenden Befehl auf jene Fälle beschränken, in denen die Testpersonen mindestens 25 Jahre alt sind.

```
IF (alter >= 25) alterkat=3 .
```

Eine doppelte Bedingung mit »Und«-Verknüpfung

Soll das Alter der Testpersonen mindestens 25 und zugleich höchstens 50 Jahre betragen, können Sie die Bedingung wie folgt formulieren:

10.2 Bedingte Berechnungen mit »if«

```
IF (alter >= 25 & alter <= 50) zielgrp=1 .
```

Hier besteht die Bedingung aus zwei Einzelbedingungen, die durch den Operator & (and) miteinander verknüpft sind. Die Gesamtbedingung ist nur erfüllt, wenn jede der beiden Teilaussagen wahr ist.

> **Wichtig**
>
> Es liegt nahe, die Bedingung (alter >= 25 & alter <= 50) in der Form (25 <= alter <= 50) zu formulieren; in dieser Form würde sie jedoch von SPSS nicht richtig interpretiert werden. Zusammengesetzte Bedingungen müssen daher stets als Einzelbedingungen formuliert und mit den Operatoren & (and) bzw. | (or) verknüpft werden.

Beachten Sie, dass eine zusammengesetzte Bedingung, die aus zwei mit *Und* verknüpften Teilbedingungen besteht, nur dann wahr ist, wenn jede der beiden Teilbedingungen erfüllt ist. Umgekehrt ist die Gesamtbedingung damit nicht erfüllt, sobald eine der Teilbedingungen falsch ist oder einen fehlenden Wert ergibt, vgl. die Übersicht in Tabelle 10.2.

Teilergebnis 1		Teilergebnis 2	Gesamtergebnis
wahr	and	wahr	wahr
wahr	and	falsch	falsch
falsch	and	falsch	falsch
wahr	and	fehlend	fehlend
falsch	and	fehlend	falsch
fehlend	and	fehlend	fehlend

Tabelle 10.2: Ergebnisse logischer Und-Verknüpfungen

Doppelte Bedingung mit »Oder«-Verknüpfung

Sollen genau jene Fälle einbezogen werden, die durch die Bedingung im vorhergehenden Beispiel ausgeschlossen wurden, können Sie eine zusammengesetzte Bedingung mit dem Operator | (or) formulieren:

```
IF (alter < 25 | alter > 50) zielgrp=2 .
```

Hier ist die Bedingung bereits erfüllt, wenn mindestens eine der beiden Teilaussagen wahr ist. Umgekehrt ist sie nicht erfüllt, wenn beide Aussagen falsch sind oder einen fehlenden Wert liefern, vgl. Tabelle 10.3.

Teilergebnis 1		Teilergebnis 2	Gesamtergebnis
wahr	or	wahr	wahr
wahr	or	falsch	wahr
falsch	or	falsch	falsch
wahr	or	fehlend	wahr
falsch	or	fehlend	fehlend
fehlend	or	fehlend	fehlend

Tabelle 10.3: Ergebnisse logischer Oder-Verknüpfungen

Eine Bedingung mit logischer Funktion

Die Funktion range hat die allgemeine Form

```
RANGE(Testwert, Unten, Oben)
```

Sie liefert den Wert 1 (wahr), wenn `testwert` innerhalb des Wertebereichs zwischen den vorgegebenen Grenzen `unten` und `oben` liegt. Daher werden durch die Bedingung

```
(RANGE(alter, 25, 50) = 1)
```

die gleichen Fälle ausgewählt wie mit der oben formulierten Bedingung

```
(alter >= 25 & alter <= 50)
```

Da die range-Funktion selbst bereits einen Wahrheitswert (entweder *wahr* oder *falsch*) liefert, kann in diesem Fall sogar darauf verzichtet werden, explizit den Wert der range-Funktion mit einer Gleichung zu überprüfen. Vielmehr stellt die range-Funktion selbst bereits eine zulässige Bedingung dar, da es sich um eine logische Aussage handelt, die *wahr* oder *falsch* sein kann. Daher sind die beiden folgenden Befehle äquivalent:

```
IF (RANGE(alter, 25, 50) = 1) zielgrp=1 .
IF RANGE(alter, 25, 50) zielgrp=1 .
```

Sehr hilfreich sind insbesondere bei der Datenaufbereitung jene Funktionen, die überprüfen, ob eine Variable fehlende Werte enthält, siehe hierzu auch im vorhergehenden Kapitel Abschnitt 9.4. So bewirkt der folgende Befehl, dass die Werte der Variablen `wertung` in allen Fällen, in denen die Variable `alter` einen fehlenden Wert enthält, um 10 % verringert werden:

```
IF MISSING(alter) wertung=0.9*wertung .
```

Eine Bedingung mit »Nicht«

Mithilfe des Operators & (and) lässt sich eine Bedingung formulieren, die nur erfüllt ist, wenn beide durch den Operator verknüpften Teilaussagen wahr sind. Werden die Teilaussagen dagegen mit dem Operator | (or) verknüpft, ist die Bedingung bereits erfüllt, wenn mindestens eine der Teilaussagen zutrifft. Im Folgenden soll eine Bedingung formuliert werden, die nur dann erfüllt ist, wenn genau eine der Teilaussagen wahr und die andere Teilaussage falsch ist. Dies leistet folgende Bedingung, die jene Fälle auswählt, in denen genau eine der Variablen test1 und test2 einen Wert über 100 Punkten aufweist:

```
(test1 >100 | test2 >100)&(~(test1 >100 & test2 >100 ))
```

Die erste Teilbedingung (test1 > 100 | test2 > 100) ist erfüllt, wenn eine oder beide Variablen einen Wert über 100 haben; die zweite Teilbedingung (test1 > 100 & test2 > 100) ist dagegen wahr, wenn beide Variablen einen Wert über 100 besitzen. Diese Bedingung wird jedoch durch den Operator ~ (not) invertiert. Die Bedingung (~ (test1 > 100 & test2 > 100)) ist daher erfüllt, wenn nicht beide Variablen einen Wert über 100 aufweisen, wenn also in genau einer oder in keiner der beiden Variablen ein Wert über 100 vorliegt. Da diese und die erste Teilbedingung gleichzeitig wahr sein müssen, ist die Gesamtbedingung nur erfüllt, wenn genau eine der Variablen test1 und test2 einen Wert über 100 hat.

10.2.3 Auswertungsreihenfolge bei logischen Ausdrücken

Wenn Sie eine Bedingung mit mehreren logischen Verknüpfungen formulieren, ist die Auswertungsreihenfolge häufig von entscheidender Bedeutung. Es gilt folgende Reihenfolge: Als Erstes werden Funktionen ausgewertet, anschließend arithmetische Ausdrücke (Berechnung mit +, / etc.), dann Vergleiche (=, <>, > etc.) und abschließend logische Verknüpfungen (not, and, or). Enthält eine Bedingung mehrere logische Operatoren, kommt zunächst not, dann and und abschließend or zur Ausführung.

Die Bedingung in dem folgenden Befehl ist somit wahr, wenn entweder var3 einen Wert kleiner als 0 hat oder sowohl var1 als auch var2 einen Wert über 100 aufweisen.

```
IF (var1>100 & var2>100 | var3<0) punkte1=100 .
EXECUTE .
```

Listing 10.3: Zusammengesetzte Bedingung mit Und und Oder

Soll abweichend von dieser Reihenfolge zunächst die Oder-Bedingung ausgewertet werden, können Sie dies durch entsprechende Klammersetzung erreichen. So ist die Bedingung im folgenden Befehl erfüllt, wenn var1 größer als 100 ist und zugleich entweder `var2` größer 100 oder `var3` kleiner als 0 ist, vgl. die Wirkung in Abbildung 10.2.

```
IF (var1>100 & (var2>100 | var3<0)) punkte2=100 .
EXECUTE .
```

Listing 10.4: Bedingung mit »Und« und »Oder« mit veränderter Auswertungsreihenfolge

	var1	var2	var3	punkte1	punkte2
1	95	47	-3	100,00	.
2	99	55	5	.	.
3	103	102	5	100,00	100,00
4	105	86	-8	100,00	100,00
5	107	86	5	.	.

Abb. 10.2: Bedingte Berechnungen

10.3 Kumulierte Werte berechnen

Die meisten Befehle zur Berechnung von Variablen sind bei SPSS auf eine »horizontale Kalkulationen« ausgelegt; diese Befehle ermöglichen Berechnungen, bei denen sich der Wert einer Variablen in einem bestimmten Fall aus den Werten anderer Variablen desselben Falles ableiten lässt wie etwa bei einer einfachen Addition zweier Variablen oder bei der Division einer Variablen durch eine andere Variable. Dagegen gibt es nur wenige Befehle und Funktionen, die »vertikale Kalkulationen«, also Berechnungen über verschiedene Fälle hinweg ermöglichen; einige wenige Funktionen wurden im vorhergehenden Kapitel in Abschnitt 9.4 skizziert. Im Folgenden werden die verschiedenen Möglichkeiten zur Berechnung kumulierter Werte über verschiedene Fälle hinweg detaillierter erläutert.

Einfache Berechnung einer kumulierten Summe

Ein sehr häufiger Anwendungsfall für eine »vertikale Kalkulation«, bei der sich der Wert einer Variablen in einem bestimmten Fall aus den Werten derselben und gegebenenfalls weiterer Variablen aus vorhergehenden Fällen ergibt, ist die Berechnung einer kumulierten Summe. Eine solche kumulierte Summe wird mit den beiden Befehlen in Listing 10.5 berechnet. Die Befehle erstellen eine neue Variable `kumums`, in der die Monatsumsätze sukzessive aufsummiert werden, vgl. das Ergebnis in Abbildung 10.3:

- Listing 10.5 besteht aus zwei bedingten Anweisungen zur Berechnung der Variablen `kumums`. Die erste Berechnung wird nur für den obersten Fall der Datendatei ausgeführt (`$casenum eq 1`), die zweite Berechnung ausschließlich für alle anderen Fälle (`$casenum ne 1`).

- Damit erhält die Variable kumums im ersten Fall den Wert der Variablen umsatz zugewiesen. Im zweiten Fall erhält kumums den Wert der Variablen umsatz plus den Wert von kumums aus dem vorhergehenden Fall. Auf diese Weise werden sukzessive die Umsätze über alle Fälle summiert.

```
IF ($CASENUM EQ 1) kumums = umsatz .
IF ($CASENUM NE 1) kumums = umsatz + LAG(kumums,1) .
EXECUTE .
```

Listing 10.5: Einfache Berechnung einer kumulierten Summe

	monat	umsatz	kumums
1	Jan 2008	110	110,00
2	Feb 2008	90	200,00
3	Mar 2008	120	320,00
4	Apr 2008	100	420,00
5	May 2008	120	540,00
6	Jun 2008	85	625,00
7	Jul 2008	110	735,00

Abb. 10.3: Monatliche Umsatzzahlen und kumulierte Summe

Alternative Berechnung einer kumulierten Summe mit »leave«

Alternativ zu der sehr intuitiven Vorgehensweise aus Listing 10.5 steht mit dem Befehl leave ein gerade bei komplexen Aufgaben sehr effizienter Weg zur Verfügung. Dieser ist in Listing 10.6 dargestellt; die beiden Befehle dort haben exakt die gleiche Wirkung wie die beiden Befehle aus Listing 10.5: Der Befehl leave bewirkt, dass die Variable kumums nicht für jeden Fall neu initialisiert wird, sondern stets den jeweils zuletzt angenommenen Wert behält. Wird beispielsweise die Rechnung umsatz + kumums für den dritten Fall ausgeführt, so wird für kumums dabei der Wert 200 eingesetzt, da dies der Wert ist, den kumums bei der letzten Berechnung (die für den zweiten Fall durchgeführt wurde) angenommen hat. Die Summe umsatz + kumums ergibt damit im dritten Fall 320. Dieser Wert wird wieder der Variablen kumums zugewiesen. Damit ist dies auch der Wert, der bei der Addition von umsatz + kumums im vierten Fall für kumums angesetzt wird etc.

```
COMPUTE kumums = umsatz + kumums .
LEAVE kumums .
EXECUTE .
```

Listing 10.6: Berechnung einer kumulierten Summe mit leave

Kapitel 10
Variablen berechnen – Bedingte Berechnungen und andere spezielle Verfahren

> **Wichtig**
>
> Es mag irritierend sein, dass der Befehl `leave` erst nach dem `compute`-Befehl aufgeführt wird, dies ist jedoch unbedingt erforderlich; bei umgekehrter Reihenfolge hätte der Befehl keinen Effekt, denn `leave` setzt voraus, dass die betreffende Variable (hier `kumums`) bereits erstellt wurde. Würde `leave` vor dem `compute`-Befehl stehen, gäbe es bei Ausführung von `leave` noch keine Variable `kumums`, und SPSS würde eine Fehlermeldung ausgeben.

Hintergrund: Vorgehensweise von SPSS ohne »leave«

Um den Befehl `leave` richtig zu verstehen, muss man sich zunächst verdeutlichen, wie SPSS normalerweise bei der Verarbeitung der Syntax vorgeht. Wird SPSS veranlasst, eine Variable zu berechnen, so wird diese Berechnung sukzessive für einen Fall nach dem anderen durchgeführt: Angenommen, Sie haben ein DatenSet mit einer Variablen `nummer`, die fortlaufende Nummern enthält, vgl. Abbildung 10.4. Wenn Sie nun den Befehl

```
COMPUTE zaehler = nummer + 10 .
```

ausführen, verfährt SPSS zur Berechnung der Variablen `zaehler` wie folgt (die einzelnen im Folgenden dargestellten Schritte mögen trivial erscheinen, für die Wirkung des Befehls `leave` sind sie jedoch von zentraler Bedeutung):

- *Erster Fall*. Zunächst wird der `compute`-Befehl für den ersten Fall im DatenSet ausgeführt. SPSS soll zum Wert der Variablen `nummer` den Wert 10 hinzuaddieren und das Ergebnis in die Variable `zaehler` schreiben. Hierzu bestimmt SPSS zunächst die Werte aller Variablen, die in die Berechnung einbezogen werden. Im vorliegenden Beispiel sind dies die Variablen `zaehler` und `nummer`. Die Variable `nummer` hat im ersten Fall den Wert 1, die Variable `zaehler` ist noch nicht vorhanden; für diese Variable legt SPSS daher als Ausgangswert einen systemdefinierten fehlenden Wert zugrunde. Zu dem Wert 1 aus der Variablen `nummer` wird nun der Wert 10 hinzuaddiert; das Ergebnis wird der Variablen `zaehler` zugewiesen. Im ersten Fall des DatenSets wird für die Variable `zaehler` also der Wert 11 eingetragen.

- *Nachfolgende Fälle*. Im zweiten Fall verfährt SPSS vollkommen analog und beginnt zunächst damit, die Ausgangswerte der Variablen `nummer` und `zaehler` für den zweiten Fall zu bestimmen. Dabei spielen die Ergebnisse aus der Berechnung für den ersten Fall keine Rolle mehr. Daher nimmt `nummer` zu Beginn der Berechnung den Wert 2 an, während für `zaehler` wieder ein fehlender Wert zugrunde gelegt wird, denn im zweiten Fall hat die Variable `zaehler` noch keinen Wert. Es wird nun der neue Wert für `zaehler` als 2 + 10 = 12 berechnet und in die Variable eingetragen. Nach dem gleichen Schema werden auch alle nachfolgenden Werte Fall für Fall berechnet. Entscheidend ist dabei, dass SPSS die Berechnung für jeden Fall damit beginnt, die jeweiligen Werte der in die Berechnung eingehenden Variablen zu bestimmen; alle einbezogenen Variablen werden also für jeden Fall neu initialisiert.

Wirkung des Befehls »leave«

Mit dem Befehl leave kann SPSS entgegen dem üblichen Vorgehen dazu veranlasst werden, die für jeden Fall im DatenSet durchgeführte Initialisierung für ausgewählte Variablen zu unterdrücken. Das Schlüsselwort hat zwei Effekte:

1. *Keine Initialisierung.* Wenn SPSS mit der Berechnung der Werte für einen Fall beginnt, wird die mit leave gekennzeichnete Variable nicht initialisiert. Sie behält daher ihren aktuellen Wert, den sie bei der letzten Berechnung angenommen hat.

2. *Keine fehlenden Werte.* Hat die betreffende Variable bisher keinen Wert, wird ihr Wert (sofern es sich um eine numerische Variable handelt) auf 0 gesetzt und nicht als fehlend angenommen. Dies ist insbesondere beim ersten Fall der Datendatei von Bedeutung.

Die Syntax aus Listing 10.7 wird damit wie folgt von SPSS abgearbeitet:

- *Erster Fall.* Wenn SPSS mit der Berechnung für den ersten Fall beginnt, ist der Variablen zehner noch kein Wert zugewiesen. Durch den leave-Befehl verzichtet SPSS auch auf die reguläre Initialisierung und weist der Variablen den Wert 0 zu. Zu diesem Wert wird der Wert 10 hinzuaddiert, so dass 10 auch das Ergebnis der gesamten Berechnung ist und für den ersten Fall im DatenSet in die Variable zehner eingetragen wird.

- *Nachfolgende Fälle.* Wenn SPSS mit der Berechnung für den zweiten Fall beginnt, hat die Variable zehner noch den Laufzeitwert 10, den sie bei der Berechnung des ersten Falles angenommen hat. Der Befehl leave unterdrückt eine Initialisierung der Variablen, so dass zum Laufzeitwert 10 noch einmal 10 hinzuaddiert wird. Das Ergebnis von 20 wird in die Variable zehner geschrieben. Analog ergeben sich für die nachfolgenden Fälle die Werte 30, 40, 50 etc., vgl. Abbildung 10.4.

```
COMPUTE zehner = zehner + 10 .
LEAVE zehner .
EXECUTE .
```

Listing 10.7: Unterdrückung der Initialisierung von Variablen mit leave

Tipp

Der Befehl leave kann auch auf mehrere Variablen gleichzeitig angewandt werden. Dabei ist es auch möglich, numerische und Textvariablen in einem leave-Befehl gemeinsam aufzuführen. Die Syntax hat dann die Form leave var1 var2 var3.

Kapitel 10
Variablen berechnen – Bedingte Berechnungen und andere spezielle Verfahren

	nummer	zaehler	zehner
1	1	11,00	10,00
2	2	12,00	20,00
3	3	13,00	30,00
4	4	14,00	40,00
5	5	15,00	50,00
6	6	16,00	60,00
7	7	17,00	70,00
8	8	18,00	80,00
9	9	19,00	90,00
10	10	20,00	100,00

Abb. 10.4: Berechnung von Variablen durch Addition von 10 mit und ohne `leave`

Berechnung einer Zahlenfolge

Der Befehl `leave` kann nicht nur verwendet werden, um kumulierte Summen einer bereits bestehenden Variablen zu bilden, auch wenn dies sicherlich der häufigste Anwendungsfall ist. Listing 10.8 zeigt dagegen eine Anwendung von `leave`, mit der die Folge der 2er-Potenzen gebildet wird:

- *Erster Fall*. Der `leave`-Befehl unterdrückt die reguläre Initialisierung der Variablen `pot2` und weist ihr damit zu Beginn der Berechnungen für den ersten Fall statt eines fehlenden Wertes den Laufzeitwert 0 zu. Anschließend kommt der `if`-Befehl zur Ausführung, der nur für den ersten Fall im DatenSet eine Berechnung vornimmt und der Variablen `pot2` hier den Wert 1 zuweist.

  Der `compute`-Befehl bewirkt anschließend, dass der Wert von `pot2` mit dem Wert 2 multipliziert wird. Die Variable `pot2` hat gerade zuvor den Wert 1 erhalten; dieser Wert wird daher mit 2 multipliziert, so dass auch das Ergebnis 2 ist. Dieser Wert wird im ersten Fall des DatenSets für die Variable `pot2` eingetragen.

- *Nachfolgende Fälle*. Wenn SPSS mit der Berechnung des zweiten Falles beginnt, hat die Variable `pot2` noch den Laufzeitwert 2, da der `leave`-Befehl eine Initialisierung unterdrückt. Der `if`-Befehl kommt nicht zur Ausführung, da die Bedingung (`$casenum=1`) nicht erfüllt ist, so dass der `compute`-Befehl nun die Rechnung 2*2 durchführt und das Ergebnis von 4 in die Variable `pot2` schreibt. Analog erhält die Variable im dritten Fall den Wert 8, im vierten den Wert 16 etc.

```
IF ($CASENUM = 1) pot2 = 1 .
COMPUTE pot2 = pot2*2 .
LEAVE pot2 .
EXECUTE .
```

Listing 10.8: Berechnung der Zweier-Potenzen

Kumulierte Summe innerhalb von Fallgruppen

Die Datendatei *einkommen.sav* enthält fiktive Einkommensdaten für 100 Personen. Dabei entstammen regelmäßig mehrere Personen demselben Haushalt, so dass den 100 Personen nur insgesamt 43 Haushalte zugrunde liegen. Jeder Fall beschreibt in dieser Datei eine Person, für die folgende Informationen vorliegen:

1. Haushalts-ID (Variable hh)
2. Personen-ID (Variable person)
3. Persönliches Einkommen der betreffenden Person (Variable einkomm)

Mit der Befehlsfolge aus Listing 10.9 soll nun für jeden Haushalt, beginnend mit der Person mit dem höchsten Einkommen, das kumulierte Einkommen über alle Haushaltsangehörige berechnet werden, vgl. auch das Ergebnis in Abbildung 10.5:

- Zunächst werden die Fälle in aufsteigender Reihenfolge nach der Haushalts-ID und in absteigender Reihenfolge nach dem Einkommen sortiert. Damit stehen alle Personen eines Haushalts unmittelbar untereinander, wobei jeweils die Person mit dem höchsten Einkommen an erster Stelle, die Person mit dem zweithöchsten Einkommen an zweiter Stelle etc. aufgeführt wird. Zum Befehl sort siehe im Einzelnen Kapitel 11.

- Das kumulierte Einkommen je Haushalt wird in die neu zu erstellende Variable KumEiko geschrieben. Der leave-Befehl stellt sicher, dass diese Variable nicht für jeden Fall neu initialisiert wird. Wenn SPSS nun mit der Berechnung für einen Fall startet, wird zunächst mit der if-Bedingung geprüft, ob es sich um den jeweils ersten Fall eines Haushalts handelt; diese Fälle sind dadurch gekennzeichnet, dass die Haushalts-ID nicht mit der Haushalts-ID des vorhergehenden Falles übereinstimmt. Ist diese Bedingung erfüllt, wird der Variablen KumEiko der Wert 0 zugewiesen, so dass die Variable quasi manuell je Haushalt (und nicht je Fall) initialisiert wird; bei allen anderen Fällen wird keine Aktion ausgeführt.

- Der compute-Befehl bildet anschließend die Summe der Variablen KumEiko und einkomm. Sofern es sich um den jeweils ersten Fall eines Haushalts handelt, wurde der Variablen KumEiko gerade zuvor der Wert 0 zugewiesen, so dass der neue Wert für KumEiko schlicht das Einkommen der jeweiligen Person ist. Handelt es sich hingegen um den zweiten, dritten etc. Fall innerhalb eines Haushalts, hat die Variable KumEiko vor Ausführung des compute-Befehls noch den Laufzeitwert, der ihr im vorhergehenden Fall als Ergebnis zugewiesen wurde. Der neue Wert für KumEiko ist damit das kumulierte Haushaltseinkommen des vorhergehenden Falls plus das Personeneinkommen des aktuellen Falls. Damit wird im Ergebnis jeweils die laufende kumulierte Summe innerhalb eines Haushalts berechnet, vgl. auch das Ergebnis in Abbildung 10.5.

Kapitel 10
Variablen berechnen – Bedingte Berechnungen und andere spezielle Verfahren

```
SORT CASES hh (A) einkomm (D) .
IF (hh NE lag(hh,1)) KumEiko = 0 .
COMPUTE KumEiko = KumEiko + einkomm .
LEAVE KumEiko .
EXECUTE .
```

Listing 10.9: Berechnung des kumulierten Einkommens innerhalb eines Haushalts

	hh	person	einkomm	KumEiko
1	h001	0044	1725	1725,00
2	h001	0043	1100	2825,00
3	h001	0076	0	2825,00
4	h002	0097	1530	1530,00
5	h002	0082	1290	2820,00
6	h003	0045	2550	2550,00
7	h003	0077	1275	3825,00
8	h003	0072	1185	5010,00
9	h004	0083	2300	2300,00
10	h005	0093	2600	2600,00
11	h005	0010	1000	3600,00
12	h006	0078	2275	2275,00
13	h006	0046	0	2275,00
14	h007	0024	1462	1462,50

Abb. 10.5: Haushaltseinkommen als kumulierte Summe innerhalb von Fallgruppen

10.4 Zufallszahlen berechnen

SPSS verfügt über einen Zufallszahlengenerator, der bei verschiedenen Prozeduren und Funktionen zur Anwendung kommt. Berechnen Sie beispielsweise mit dem im vorhergehenden Kapitel beschriebenen Befehl `compute` eine Folge von Zufallszahlen, die einer bestimmten Verteilung wie etwa einer Standardnormalverteilung folgt, so werden diese Zahlen durch den Zufallszahlengenerator von SPSS generiert. Ebenso kommt der Zufallszahlengenerator zum Einsatz, wenn Sie mit dem Befehl `sample` eine Zufallsstichprobe aus den Fällen eines DatenSets ziehen.

Zufallszahlengenerator auswählen

Genau genommen verfügt SPSS nicht über *einen*, sondern sogar über zwei verschiedene Zufallszahlengeneratoren – dies gilt zumindest in den jüngeren Programmversionen (seit SPSS 13). Das neuere Verfahren zur Berechnung von Zufallszahlen ist der sogenannte *Mersenne Twister*, und es spricht generell nichts dafür, den anderen Zufallszahlengenerator (dem SPSS nie einen eigenen Namen gegeben hat) zu nutzen – allerdings gilt dies nur mit einer Ausnahme: Wenn Sie eine Folge von Zufallszahlen erstellen möchten, die identisch ist mit einer Zufallszahlenfolge, die mit SPSS 12 oder einer noch älteren Programmversion erstellt wurde, müssen Sie dazu den alten Zufallszahlengenerator verwenden.

Um festzulegen, welcher Zufallszahlengenerator zur Anwendung kommen soll, führen Sie einen der beiden Befehle aus Listing 10.10 und Listing 10.11 aus. Wenn Sie mit einem dieser Befehle den Zufallszahlengenerator festgelegt haben, bleibt diese Einstellung so lange gültig, bis sie explizit über den set-Befehl oder die Dialogfelder von SPSS (Befehl *Transformieren, Zufallszahlengeneratoren*) wieder geändert wird.

```
SET RNG = MT .
```

Listing 10.10: Legt den »Mersenne Twister« als aktiven Zufallszahlengenerator fest

```
SET RNG = MC .
```

Listing 10.11: Legt den mit SPSS 12 kompatiblen Generator als aktiven Zufallszahlengenerator fest

Startwert festlegen für reproduzierbare Zufallszahlen

Bei der Generierung der Zufallszahlen wird nicht wirklich jede einzelne Zahl nach einem Zufallsverfahren aus einer Grundgesamtheit »gezogen«. Vielmehr wird die Folge von Zufallszahlen nach einem fest vorgegebenen Algorithmus von SPSS berechnet. Lediglich der Anfangswert, mit dem die Berechnung der Zufallszahlen startet, ist nicht eindeutig vorgegeben, sondern wird jedes Mal neu ermittelt, wenn der Zufallszahlengenerator zum Einsatz kommt. Ausschließlich diese unterschiedlichen Anfangswerte bewirken, dass eine auf Zufallszahlen basierende Funktion bei wiederholter Anwendung unterschiedliche Ergebnisse liefert. Bei gegebenem Anfangswert ist das Ergebnis einer »zufälligen Zahlenfolge« bei SPSS vollkommen determiniert. Diesen Umstand kann man ausnutzen, um eine Folge von Zufallszahlen mehrfach in identischer Form zu reproduzieren. Hierzu genügt es, vor dem Befehl, der die Zufallszahlen produziert, auch stets den Startwert festzulegen, mit dem die Berechnung der Zufallszahlen beginnen soll.

Je nachdem, welchen Zufallszahlengenerator Sie verwenden, führen Sie einen der beiden Befehle aus Listing 10.12 und Listing 10.13 aus, um den Startwert für die Berechnung der Zufallszahlen festzulegen.

```
SET MTINDEX = Startwert .
```

Listing 10.12: set mtindex legt den Startwert für den »Mersenne Twister« fest

```
SET SEED = Startwert .
```

Listing 10.13: set seed legt den Startwert für den mit SPSS 12 kompatiblen Zufallszahlengenerator fest

Als Startwert können Sie bei beiden Zufallszahlengeneratoren einen beliebigen ganzzahligen Wert zwischen 1 und 2.000.000.000 wählen. Dieser Startwert gilt dann ausschließlich für die nächste Nutzung des Zufallszahlengenerators während derselben SPSS-Sitzung. Bei jeder nachfolgenden Berechnung von Zufallszahlen wird der Startwert wieder von SPSS »zufällig« ausgewählt, sofern Sie den Startwert nicht erneut explizit vorgeben.

Beispiel

In dem Beispiel aus Listing 10.14 wird zunächst explizit festgelegt, dass der Mersenne Twister als Zufallszahlengenerator zum Einsatz kommen soll. Anschließend wird dafür der Startwert für die Zufallszahlenberechnung vorgegeben. Dieser Startwert kommt bei der nachfolgenden Berechnung der Variablen gleich und normal zur Anwendung. In die Variable gleich werden gleichverteilte Zufallswerte aus dem Wertebereich zwischen 1 und 100 geschrieben, in die Variable normal normalverteilte Zufallswerte mit einem Mittelwert von 1 und einer Standardabweichung von 10. Da diese beiden Berechnungen von SPSS simultan abgearbeitet werden, wirkt sich der festgelegte Startwert für die Berechnung der Zufallszahlen im Ergebnis auf beide compute-Befehle aus. Eine wiederholte Ausführung der drei Programmzeilen aus Listing 10.14 liefert daher stets identische Folgen von Zufallszahlen.

> **Tipp**
>
> Möchten Sie erreichen, dass bei wiederholter Ausführung der drei Befehlzeilen aus Listing 10.14 nur die Variable gleich identisch reproduziert wird, während in die Variable normal bei jeder Wiederholung andere Zufallszahlen geschrieben werden, fügen Sie hinter den ersten compute-Befehl einen execute-Befehl ein, und fordern Sie anschließend explizit einen zufälligen Startwert an (siehe unten).

```
SET RNG = MT .
SET MTINDEX = 1234567890 .
COMPUTE gleich = RV.UNIFORM(1,100) .
COMPUTE normal = RV.NORMAL(1,10) .
EXECUTE .
```

Listing 10.14: Berechnung von Zufallszahlen mit fixem Startwert

> **Tipp**
>
> Die beiden set-Befehle zum Auswählen des Zufallszahlengenerators und Festlegen des Startwertes können Sie auch in einem Befehl zusammenfassen, der dann die Form set rng = mt mtindex = 1234567890 hat.

Explizit zufälligen Startwert anfordern

In einigen Fällen kann es erforderlich sein, explizit festzulegen, dass bei der nächsten Berechnung von Zufallszahlen ein zufälliger Startwert zur Anwendung kommen soll. Dies kann etwa dann der Fall sein, wenn in einer Programmfolge zunächst mit `set mtindex` bzw. `set seed` ein fester Startwert definiert wird, im weiteren Programmverlauf aber durch bedingte Anweisungen nicht sichergestellt ist, dass tatsächlich eine Berechnung von Zufallszahlen vorgenommen und der festgelegte Startwert damit genutzt wird. Erfolgt anschließend eine Berechnung von Zufallszahlen, die in jedem Fall auf einem zufälligem Startwert basieren soll, können Sie dies mit einem der beiden folgenden Befehle sicherstellen:

```
SET MTINDEX = RANDOM .
```

Listing 10.15: Zufälliger Startwert für die Berechnung von Zufallszahlen mit dem Mersenne Twister

```
SET SEED = RANDOM .
```

Listing 10.16: Zufälliger Startwert für die Berechnung von Zufallszahlen mit dem alten, mit SPSS 12 kompatiblen Zufallszahlengenerator

10.5 Variablen umkodieren mit »recode«

10.5.1 Allgemeine Vorgehensweise

Befehlssyntax

Der Befehl `recode` dient dazu, die Werte einer Variablen neu zu kodieren, also die bisherigen Variablenwerte nach einem vorgegebenen Schema in neue Werte zu übersetzen. Dabei können die neuen Kodierungen wahlweise die bisherigen Werte in der Ursprungsvariablen überschreiben oder in eine neue Variable geschrieben werden, so dass die Ursprungswerte unverändert erhalten bleiben. Werden die Werte in eine neue Variable geschrieben, ist es auch möglich, Textwerte in numerische Kodierungen oder numerische Werte in Textwerte zu übersetzen.

Der `recode`-Befehl hat folgende allgemeine Syntax:

```
RECODE Quellvariable (AlteWerte = NeuerWert) ...
                    (AlteWerte = NeuerWert)
       [INTO Zielvariable]
       [/Quellvariable2...] .
```

Listing 10.17: Allgemeine Syntax von `recode`

Einfaches Beispiel

Der `recode`-Befehl in Listing 10.18 enthält alle notwendigen Angaben für eine einfache Umkodierung innerhalb derselben Variablen. Der Befehl bewirkt, dass in der Variablen `gender` der Wert -1 in den Wert 1 und der Wert 0 in den Wert 2 umkodiert wird.

Kapitel 10
Variablen berechnen – Bedingte Berechnungen und andere spezielle Verfahren

```
RECODE gender (-1=1) (0=2) .
EXECUTE .
```

Listing 10.18: Einfacher recode-Befehl zum Ändern der Kodierungen in einer Variablen

Sollen die neuen Kodierungen hingegen in eine neue Variable `geschl` geschrieben werden, so dass die Ursprungswerte in der Quellvariablen unverändert erhalten bleiben, verwenden Sie den Befehl aus Listing 10.19.

```
RECODE gender (-1=1) (0=2) INTO geschl .
EXECUTE .
```

Listing 10.19: Einfacher recode-Befehl, der die Werte einer Variablen neu kodiert in eine andere Variable schreibt

> **Tipp**
>
> Der Befehl **recode** entspricht den beiden Menübefehlen TRANSFORMIEREN|UMKODIEREN IN DIESELBEN VARIABLEN und TRANSFORMIEREN|UMKODIEREN IN ANDERE VARIABLEN. Bei der Verwendung des Menübefehls besteht auch die Möglichkeit, das Umkodieren auf ausgewählte Fälle im DatenSet zu beschränken. Diese Möglichkeit sieht der Syntaxbefehl **recode** nicht vor, aber natürlich können Sie den gleichen Effekt auch mit der Befehlssprache erreichen. Verwenden Sie hierzu den **recode**-Befehl in Verbindung mit dem Befehl **do if ... end if**, siehe dazu im Einzelnen Kapitel 14.

Mehrere Variablen umkodieren

Es ist möglich, mit einem `recode`-Befehl mehrere Variablen umzukodieren:

- Sollen mehrere Variablen in der gleichen Weise umkodiert und die neuen Kodierungen in die jeweilige Quellvariable geschrieben werden, führen Sie alle neu zu kodierenden Variablen unmittelbar hinter dem `recode`-Befehl an:
  `RECODE var1 var2 var3 (-1=1) (0=2) .`

- Verfahren Sie analog, um mehrere Variablen in der gleichen Weise umzukodieren und die neuen Kodierungen jeweils in neue Variablen zu schreiben. Die Namen der Zielvariablen werden gemeinsam hinter den Kodierungsregeln aufgeführt, wobei die Reihenfolge der Zielvariablen mit der Reihenfolge der Quellvariablen korrespondieren muss:
  `RECODE quel1 quel2 quel3 (-1=1) (0=2) INTO ziel1 ziel2 ziel3 .`

- Sollen mehrere Variablen nach unterschiedlichen Regeln umkodiert werden, führen Sie die Anweisungen mit Quellvariable, Umkodierungsregeln und ggf. Zielvariable für jede der Variablen getrennt auf, und beginnen Sie jede neue Anweisung wie einen Unterbefehl mit einem Schrägstrich:

```
RECODE quel1 (-1=1) (0=2) INTO ziel1
   /quel2 (-1=0) (0=-1) INTO ziel2
   /quel3 quel4 (0 1 = 1) (2 3 = 2) INTO ziel3 ziel4 .
```

10.5.2 Umkodierungsregeln festlegen

Syntax

Jede Umkodierungsregel innerhalb des recode-Befehls hat den allgemeinen Aufbau

```
(Quellwert[e] = Zielwert)
```

Die Umkodierungsregel nennt links vom Gleichheitszeichen die Ausgangswerte, die neu kodiert werden sollen, und rechts vom Gleichheitszeichen den Zielwert, in den die Ausgangswerte umzuwandeln sind. Ein recode-Befehl kann nahezu beliebig viele solcher Umkodierungsregeln enthalten. Diese werden einfach hintereinander geschrieben und jeweils von runden Klammern eingeschlossen, vgl. den recode-Befehl in Listing 10.19, der zwei Umkodierungsregeln enthält. Es können allerdings Probleme auftreten, wenn Sie mehr als ungefähr 400 solcher Regeln verwenden.

Mehrere Ausgangswerte in einer Regel

Sollen mehrere Werte in den gleichen Zielwert überführt werden, lassen sich diese gemeinsam in einer Regel zusammenfassen. Hierzu werden die gewünschten Werte alle links vom Gleichheitszeichen aufgeführt und wahlweise durch Leerzeichen oder Kommata getrennt:

```
RECODE var17 (1 2 3=-1) (4,5,6=0) (7,8 9=1) INTO urteil .
```

Für den Zielwert ist dagegen stets genau ein einzelner Wert anzugeben, da die Umkodierungsregel andernfalls nicht eindeutig wäre.

Schlüsselwörter für effiziente Umkodierungsregeln

Mithilfe spezieller Schlüsselwörter können nicht nur einzelne Werte oder Wertelisten, sondern auch zusammenhängende Wertebereiche mit einer einzigen Regel umkodiert werden. Zudem lassen sich damit auch fehlende Werte umkodieren und ausgewählte Werte der Quellvariablen auf einfache Weise unverändert in die Zielvariable übernehmen. Folgende Schlüsselwörter stehen zur Formulierung der Umkodierungsregeln zur Verfügung:

- thru. Dient der Bezeichnung eines Wertebereichs. 3 thru 6 bezeichnet alle Werte zwischen 3 und 6 einschließlich der oberen und unteren Grenzen. Die

Regel (3 thru 6 = 1) legt damit fest, dass alle Werte zwischen 3 und 6 (einschließlich der Werte 3 und 6 selbst) in den Wert 1 umkodiert werden.

- *lo* oder *lowest*. Bezeichnet den niedrigsten in einer Variablen vorkommenden Wert. Dies kann auch ein benutzerdefinierter fehlender Wert sein. Die Regel (lowest thru 0 = 0) bewirkt damit, dass alle Werte kleiner oder gleich 0 in den Wert 0 umkodiert werden.

- *hi* oder *highest*. Bezeichnet den höchsten in einer Variablen vorkommenden Wert. Dies kann auch ein benutzerdefinierter fehlender Wert sein. Die Regel (65 thru highest = 9) bestimmt, dass der Wert 65 sowie alle höheren Werte in die Kodierung 9 überführt werden.

- *missing*. Bezeichnet alle fehlenden Werte, also sowohl benutzer- als auch systemdefinierte fehlende Werte. Die Regel (missing = -1) legt fest, dass alle system- und benutzerdefinierten fehlenden Werte in den Wert -1 umkodiert werden.

- *sysmis*. Bezeichnet systemdefinierte fehlende Werte. sysmis können Sie auch als Zielwert angeben, um als neue Kodierung einen systemdefinierten fehlenden Wert zu erzeugen. So legt die Regel (missing = sysmis) fest, dass alle system- und benutzerdefinierten fehlenden Werte in einen systemdefinierten fehlenden Wert umkodiert werden.

- *else*. Bezieht sich auf alle Werte der Quellvariablen, die noch nicht in einer vorhergehenden Umkodierungsregel berücksichtigt wurden. else sollte daher ausschließlich in der letzten Umkodierungsregel verwendet werden. Für ein Beispiel siehe etwa Listing 10.20.

- *copy*. Verwenden Sie das Schlüsselwort copy zur Bezeichnung der neuen Kodierung, um die links vom Gleichheitszeichen aufgeführten Ursprungswerte unverändert beizubehalten bzw. eins zu eins in die Zielvariable zu übernehmen. Die Regel (1 thru 10 = copy) legt fest, dass die Werte 1 bis 10 unverändert bleiben bzw. ohne Änderungen in die Zielvariable übernommen werden. Eine solche Anweisung ist insbesondere dann sinnvoll, wenn die neuen Kodierungen nicht in die Quellvariable, sondern in eine neue Variable geschrieben werden.

Doppelt berücksichtigte Ausgangswerte

Es ist formal zulässig, dieselben Ausgangswerte in mehreren Umkodierungsregeln zu berücksichtigen. Der Befehl

```
RECODE punkte (0=-1) (-10 THRU 10 = 1) .
```

ist also formal fehlerfrei und würde von SPSS ausgeführt, obwohl der Ausgangswert 0 in beiden Umkodierungsregeln berücksichtigt und damit nicht eindeutig zugeordnet wird. Dabei würde der Wert 0 in diesem Fall in den Wert -1 umkodiert, denn SPSS arbeitet die Regeln von links nach rechts ab und verwendet bei widersprüchlichen Zuordnungen desselben Ausgangswertes stets die erste Regel, die den Wert berücksichtigt. Dies kann man sich durch geschickte Anordnung der Regeln zunutze machen, wenn wie im obigen Beispiel ein zusammenhängender Wertebereich in denselben Zielwert umkodiert werden soll, einzelne Werte aus diesem Bereich aber eine abweichende Kodierung erhalten sollen.

Unberücksichtigte Ausgangswerte

Enthält die Quellvariable Werte, die in keiner Umkodierungsregel berücksichtigt werden, bleiben diese unverändert erhalten. Werden die neuen Kodierungen mit dem Schlüsselwort `into` in eine andere Zielvariable geschrieben, bleiben auch dort die betreffenden Felder unverändert bzw. erhalten einen systemdefinierten fehlenden Wert, wenn die Zielvariable durch den `recode`-Befehl neu erstellt wird.

Beispiel: Erstellen einer kategorialen Altersvariablen

Das Programm in Listing 10.20 dient dazu, aus einer stetigen Altersvariablen eine neue, kategoriale Variable mit insgesamt sechs Altersklassen zu erzeugen. Dabei werden zudem eventuelle fehlende Werte berücksichtigt, unerwünschte Werte (Altersangaben unter 18) ausgeschlossen und in der Zielvariablen beschreibende Labels und fehlende Werte definiert. Hierzu besteht das Programm aus insgesamt fünf Befehlen mit folgender Wirkung:

- Der `recode`-Befehl legt fest, dass die Werte aus der Variablen `alter` umkodiert und die neuen Kodierungen in die Variable `alterkat` geschrieben werden. Die Werte der Variablen `alter` bleiben damit unverändert erhalten.

- Die Umkodierungsregeln unterteilen die Jahresangaben der Altersvariablen in Klassen. So werden die Werte von 18 bis 25 in der Klasse 1, die Werte von 26 bis 35 in der Klasse 2 etc. zusammengefasst. Die sechste Regel legt fest, dass alle Werte von 66 und höher (bis zum höchsten in der Variablen `alter` enthaltenen Wert) gemeinsam in den Wert 6 umkodiert werden.

  Sowohl benutzer- als auch systemdefinierte fehlende Werte werden in den Wert –1 umkodiert, der in der Zielvariablen wiederum als fehlender Wert definiert werden soll, siehe unten. Alle verbleibenden Werte, die bisher von keiner Umkodierungsregel erfasst wurden, werden in den Wert –2 umkodiert. Dies können in diesem Beispiel vor allem Altersangaben unter 18 sein.

- Der `formats`-Befehl weist der Variablen `alterkat` das Format F8 zu und deklariert sie damit als numerische Variable, für die acht Ziffern ohne Dezimalstellen angezeigt werden. Mit dem Befehl `variable labels` wird zusätzlich ein Variablenlabel definiert, das den Inhalt der Variablen beschreibt.

- Die Werte –1 und –2 kennzeichnen fehlende Werte oder Altersangaben unter 18 und sollen von der weiteren Analyse ausgeschlossen werden. Hierzu werden diese beiden Werte mit dem Befehl `missing values` als fehlende Werte definiert.

- Abschließend werden für die acht Kategorien in der Variablen `alterkat` mit dem Befehl `value labels` Wertelabels definiert, aus denen die Bedeutung der Kodierungen hervorgeht. Abbildung 10.6 zeigt das Ergebnis der neuen Kodierungen einmal in Wertedarstellung (links) und mit Anzeige der Wertelabels (rechts).

```
RECODE alter (18 THRU 25=1) (26 THRU 35=2)
             (36 THRU 45=3) (46 THRU 55=4)
             (56 THRU 65=5) (66 THRU hi=6)
             (MISSING = -1) (ELSE=-2)
     INTO alterkat .
FORMATS alterkat (F8) .
VARIABLE LABELS alterkat 'Alter, Kategorisiert' .
MISSING VALUES alterkat (-1,-2) .
VALUE LABELS alterkat  1 '18 bis 25'  2 '26 bis 35'
                       3 '36 bis 45'  4 '46 bis 55'
                       5 '56 bis 65'  6 '65+'
                      -1 'unbekannt'
                      -2 'ausgeschlossen' .
EXECUTE .
```

Listing 10.20: Umkodierung zur Bildung kategorialer Altersgruppen

	alter	alterkat
1	21	1
2	47	4
3	86	6
4	.	-1
5	23	1
6	65	5
7	12	-2

	alter	alterkat
1	21	18 bis 25
2	47	46 bis 55
3	86	65+
4	.	unbekannt
5	23	18 bis 25
6	65	56 bis 65
7	12	ausgeschlossen

Abb. 10.6: Alter als stetige und kategoriale Variable in Werte- und Label-Darstellung

Umgang mit angrenzenden Wertebereichen

Der `recode`-Befehl in Listing 10.20 kodiert mehrere Wertebereiche um und deckt damit alle Werte von 18 bis zum höchsten in der Variablen `alter` enthaltenen Wert ab. Dabei werden jedoch nur dann tatsächlich sämtliche Werte erfasst, wenn die Quellvariable ausschließlich ganzzahlige Werte enthält. Liegt dagegen eine »echte« stetige Variable zugrunde, würde beispielsweise der Wert 25,3 von keiner der Umkodierungsregeln erfasst, ebenso wie auch alle Werte zwischen 35 und 36 etc. unberücksichtigt blieben.

Um derartige Lücken zu vermeiden, müssten die Wertebereiche in den Umkodierungsregeln entsprechend angepasst werden, dies ist allerdings kaum möglich, ohne Überschneidungen zwischen den Wertebereichen in Kauf zu nehmen. Das Problem ist dabei, dass sich zwar ein Wertebereich »von 18 bis 25«, nicht aber ein Bereich »von 18 bis unter 25« bezeichnen lässt. Hilfsweise könnte man die Wertebereiche in der Form (18 thru 24.99999999999999) angeben, auch das ist aber nur sicher, wenn die Werte mit bekannter und endlicher Genauigkeit vorliegen; in jedem Fall wäre diese Lösung aber »unschön« und wenig elegant.

Nun ist es aber durchaus zulässig, sich überschneidende Wertebereiche zu verwenden. SPSS arbeitet diese dann von links nach rechts ab. Kommt ein Wert in mehreren Regeln vor, ist die erste der fraglichen Regeln relevant. Dies führt dazu, dass in dem Befehl

```
RECODE alter (18 THRU 25=1)(25 THRU 35=2) INTO alterkat.
```

der Wert 25 in 1 umkodiert wird, denn dies entspricht der ersten Regel, die den Wert 25 berücksichtigt. Möchten Sie dagegen sicherstellen, dass der Wert 25 der höheren Kategorie zugeordnet und entsprechend in den Wert 2 umkodiert wird, genügt es, die Umkodierungsregeln zu vertauschen und den Befehl in der folgenden Form zu schreiben:

```
RECODE alter (25 THRU 35=2)(18 THRU 25=1) INTO alterkat.
```

Tipp

Möchten Sie eine noch feiner differenzierte Umkodierung vornehmen, lässt sich diese häufig nur mit großem Aufwand über den recode-Befehl herbeiführen. In einem solchen Fall bietet es sich oft an, statt eines recode-Befehls eine Folge bedingter Berechnungen mit if-Befehlen durchzuführen. So entsprechen die acht if-Befehle aus Listing 10.21 in ihrer Wirkung dem recode-Befehl aus Listing 10.20.

```
IF (18 <= alter & alter < 25) alterkat = 1 .
IF (25 <= alter & alter < 35) alterkat = 2 .
IF (35 <= alter & alter < 45) alterkat = 3 .
IF (45 <= alter & alter < 55) alterkat = 4 .
IF (55 <= alter & alter < 65) alterkat = 5 .
IF (65 <= alter) alterkat = 6 .
IF MISSING(alter) alterkat = -1 .
IF SYSMIS(alterkat) alterkat = -2 .
EXECUTE .
```

Listing 10.21: Umkodierungen über eine Folge von if-Befehlen

10.5.3 Umkodieren von Textwerten

Besonderheiten beim Umkodieren von Textwerten

Wenn Sie mit dem `recode`-Befehl eine Textvariable umkodieren oder als neue Kodierungen Textwerte erzeugen, sind folgende Besonderheiten zu beachten:

- *Lange und kurze Variablen.* Es können sowohl kurze als auch lange Textvariablen (Textvariablen mit mehr als acht Zeichen) umkodiert werden.
- *Zielvariable vorher definieren.* Sollen als neue Kodierungen Textwerte ausgegeben und damit als Zielvariable eine Textvariable verwendet werden, muss diese wie beim `compute`-Befehl zuvor explizit definiert werden.
- *Anführungszeichen.* Textwerte müssen wie immer zwischen Anführungszeichen oder Apostrophe geschrieben werden.
- *Länge des Wertes.* Die Länge eines Textwertes entspricht stets der Länge der jeweiligen Variablen. Wird ein Wert angegeben, der kürzer ist als die Quell- oder Zielvariable, wird dieser von SPSS automatisch rechts mit Leerzeichen aufgefüllt. Ist der Textwert in einer Umkodierungsregel länger, als die Quell- oder Zielvariable es zulässt, erzeugt SPSS eine Fehlermeldung und führt den Befehl nicht aus.
- *Schlüsselwörter.* Enthält die Quellvariable Textwerte, steht zur Beschreibung der Ausgangswerte nur das Schlüsselwort `else` zur Verfügung. Die Schlüsselwörter `thru`, `hi`, `lo` sowie `missing` und `sysmis` können nicht verwendet werden. Sind sowohl Quell- als auch Zielvariable Textvariablen, können Sie auch das Schlüsselwort `copy` verwenden.

Beispiele

Listing 10.22 zeigt zwei `recode`-Befehle, in denen Textvariablen umkodiert werden. Im ersten `recode`-Befehl sind sowohl die Quell- als auch die Zielvariable Textvariablen. Hierzu muss die Zielvariable `stadt` zuvor explizit mit einem `string`-Befehl definiert werden. Der `recode`-Befehl legt fest, dass der Textwert HAM in den neuen Wert HH umkodiert wird, während alle übrigen Werte unverändert von der Quell- in die Zielvariable zu übernehmen sind.

Der zweite `recode`-Befehl überführt die Textkodierungen aus der Variablen `sex` in numerische Kodierungen, die in eine Variable `gender` geschrieben werden. Eine solche Übersetzung von Textwerten in numerische Kodierungen ist häufig sinnvoll, da numerische Werte nicht nur sehr viel einfacher und effizienter zu verarbeiten sind, sondern einige statistische Prozeduren bei SPSS numerische Werte voraussetzen, selbst wenn es sich um kategoriale Daten handelt.

```
STRING stadt (A3) .
RECODE ort ('HAM'='HH')(ELSO=COPY) INTO stadt .
```

```
RECODE sex ('m'=1)('w'=2) INTO gender .
EXECUTE .
```

Listing 10.22: Umkodieren von Textvariablen mit recode

Umwandlung von Zahlen in numerische Werte mit »convert«

Insbesondere beim Einlesen aus einer externen Datenquelle wie einer einfachen Textdatei kommt es häufiger vor, dass Werte, die ausschließlich aus Zahlen bestehen und als numerische Werte interpretiert werden können, zunächst als Textwerte eingelesen und in einer Textvariablen gespeichert werden. Dies ist unter anderem dann erforderlich, wenn eine Variable zwar überwiegend Zahlen enthält, in einigen Fällen aber Textkodierungen aufweist, zum Beispiel zur Kennzeichnung von fehlenden Werten. Soll eine solche Textvariable in eine numerische Variable umkodiert werden, hilft das Schlüsselwort convert, vgl. das Beispiel in Listing 10.23:

- convert wandelt Textwerte, die ausschließlich aus Zahlen bestehen, in die entsprechenden numerischen Werte um.

- Werte, die von SPSS nicht als Zahl interpretiert werden können, werden in systemdefinierte fehlende Werte überführt. Hierzu zählen auch leere Felder, also Textwerte, die ausschließlich aus Leerzeichen bestehen.

- Möchten Sie vermeiden, dass leere Felder oder Textwerte, die nicht als Zahlen interpretierbar sind, in einen systemdefinierten fehlenden Wert umkodiert werden, müssen Sie für diese Werte explizit Umkodierungsregeln festlegen. Dabei gilt für leere Felder die Besonderheit, dass die Umkodierungsregel vor dem Schlüsselwort convert aufgeführt werden muss, während die Umkodierung anderer Textwerte auch nach dem Schlüsselwort convert erfolgen kann.

Der recode-Befehl in Listing 10.23 überführt die Textvariable index in eine numerische Variable branche, vgl. zur Wirkung Abbildung 10.7. Die Werte aus index lassen sich überwiegend als Zahlen interpretieren und werden daher mit dem Schlüsselwort convert in numerische Werte überführt. Allerdings sollen leere Felder nicht in systemdefinierte fehlende Werte, sondern in den numerischen Wert -1 umkodiert werden. Dies wird durch die Regel (' '=-1) sichergestellt, die vor dem Schlüsselwort convert aufgeführt werden muss. Ferner soll der Textwert #nv in den numerischen Wert -2 umkodiert werden; auch hierfür ist eine eigene Umkodierungsregel erforderlich, diese kann jedoch auch nach dem Schlüsselwort convert folgen. Kann der Wert #nv sowohl in Groß- als auch in Kleinbuchstaben vorkommen, müssen Sie wie in diesem Beispiel beide Fälle explizit berücksichtigen.

```
RECODE index (' '=-1) (CONVERT) ('#nv'=-2) ('#NV'=-2)
  INTO branche .
EXECUTE .
```

Listing 10.23: Umkodierung einer Textvariablen in numerische Werte mit convert

Kapitel 10
Variablen berechnen – Bedingte Berechnungen und andere spezielle Verfahren

	index	branche
1	231	231,00
2	012	12,00
3		-1,00
4	542	542,00
5	#nv	-2,00
6	030	30,00
7		-1,00

Abb. 10.7: Konvertierung einer Textvariablen mit Zahlenwerten in numerische Variablen

> **Tipp**
>
> Wird das Schlüsselwort **convert** gemeinsam mit weiteren Umkodierungsregeln verwendet, empfiehlt es sich generell, zunächst die **convert**-Anweisung und erst danach die weiteren Umkodierungsregeln aufzuführen. Dies hat bei großen Datendateien erhebliche Performancevorteile, da auf diese Weise die Umwandlung der »Zahlen-Textwerte« in numerische Werte mit einem effizienten Algorithmus von SPSS vorweggenommen wird und für die nachfolgende Umkodierung weiterer Textwerte weniger verbleibende Werte gescannt werden müssen. Einzige Ausnahme ist dabei die Umkodierung leerer Felder, die stets vor der **convert**-Anweisung erfolgen muss.

10.6 Variablen automatisch umkodieren mit »autorecode«

Allgemeine Wirkung

Der Befehl **autorecode** dient dazu, die Werte einer Variablen nach einem einfachen Schema in ganzzahlige Werte umzukodieren. Dazu werden die Werte der Quellvariablen von SPSS wahlweise in auf- oder absteigender Reihenfolge geordnet und in ganzzahlige Werte übersetzt, vgl. Abbildung 10.11. Sie können mit diesem Befehl sowohl Text- als auch numerische Variablen umkodieren. Der Befehl hat die in Listing 10.24 wiedergegebene allgemeine Syntax.

```
AUTORECODE VARIABLES = Quellvariable(n)
  /INTO Zielvariable(n)
  [/BLANK = {VALID}  ]
           {MISSING} ]
  [/GROUP]
  [/DESCENDING]
  [/PRINT]
```

Listing 10.24: Allgemeine Syntax von autorecode

Einfaches Beispiel

In der einfachsten Form geben Sie wie in Listing 10.25 zur Beschreibung des Befehls lediglich eine Quell- und eine Zielvariable an. Die Werte der Zielvariablen werden dann in aufsteigender Reihenfolge in ganzzahlige Werte umkodiert, wobei die neuen Kodierungen in die Zielvariable geschrieben werden und die Ursprungswerte unverändert erhalten bleiben, vgl. Abbildung 10.8.

```
AUTORECODE VARIABLES = quellvar /INTO zielvar .
EXECUTE .
```

Listing 10.25: Einfaches Beispiel von autorecode

	quellvar	zielvar
1	1,40	3
2	3,20	4
3	5,00	5
4	-3,00	1
5	1,20	2

Abb. 10.8: Quell- und Zielvariable einer automatischen Umkodierung

Mehrere Variablen in absteigender Reihenfolge umkodieren

Listing 10.26 zeigt, wie Sie mit einem `autorecode`-Befehl mehrere Variablen gleichzeitig umkodieren können. Führen Sie hierzu hinter dem Schlüsselwort `variables` alle umzukodierenden Quellvariablen hintereinander auf, und nennen Sie nach dem Unterbefehl `into` in korrespondierender Reihenfolge die Namen der Zielvariablen. Zusätzlich wird in Listing 10.27 mit dem Unterbefehl `descending` festgelegt, dass die Werte der Quellvariablen in absteigender Reihenfolge umkodiert werden sollen, so dass jeweils der größte in einer Quellvariablen vorkommende Wert die Kodierung 1, der zweitgrößte Wert die Kodierung 2 etc. erhält, vgl. Abbildung 10.9.

Mit dem ebenfalls optionalen Unterbefehl `print` wird in die Ausgabedatei eine Zuordnungstabelle geschrieben, die jeden Wert der Quellvariablen mit dem zugehörigen Wert der neuen Kodierung aufführt.

```
AUTORECODE VARIABLES = quelle1 quelle2 quelle3
  /INTO ziel1 ziel2 ziel3
  /DESCENDING
  /PRINT .
```

Listing 10.26: Befehl autorecode mit mehreren Variablen und Zusatzoptionen

Kapitel 10
Variablen berechnen – Bedingte Berechnungen und andere spezielle Verfahren

	quelle1	quelle2	quelle3	ziel1	ziel2	ziel3
1	1,40	Ja	1,00	3	2	5
2	3,20	Nein	2,00	2	1	4
3	5,00		3,00	1	5	3
4	.	Ja	3,00	.	2	3
5	-3,00	Evtl	4,00	5	4	2
6	1,20	ja	5,00	4	3	1

Abb. 10.9: Automatisches Umkodieren mehrerer Quellvariablen

Alle Variablen einheitlich umkodieren mit »group«

Wenn Sie mehrere Variablen gleichzeitig umkodieren, erfolgt die Übersetzung der Ausgangswerte in die neuen Kodierungen per Voreinstellung für jede Variable separat. Das bedeutet, dass für jede Variable jeweils der kleinste Wert in die neue Kodierung 1, der zweitkleinste Wert in die Kodierung 2 etc. überführt wird, und hat zur Folge, dass sich die »Übersetzungsregeln« von einer Variablen zur anderen unterscheiden können. Es kann also sein, dass der Ausgangswert 2 aus einer Quellvariablen in die neue Kodierung 1 überführt wird (weil die 2 der kleinste Wert dieser Quellvariablen ist), während er für eine andere Quellvariable in die neue Kodierung 2 übersetzt wird (weil es in dieser Quellvariablen auch noch einen kleineren Wert gibt), vgl. die Umkodierung von `quelle1` bis `quelle3` in `z1` bis `z3` aus Abbildung 10.10.

Möchten Sie dagegen sicherstellen, dass alle Quellvariablen nach einem einheitlichen Schema neu kodiert werden, so dass identische Ausgangswerte aus allen drei Quellvariablen auch einheitliche neue Kodierungen erhalten, fügen Sie den Unterbefehl `group` ein. Listing 10.27 zeigt zwei `autorecode`-Befehle, die sich ausschließlich darin unterscheiden, dass einer den Unterbefehl `group` enthält und der andere nicht. Die unterschiedliche Wirkung dieser beiden Befehle ist in Abbildung 10.10 dargestellt. Sie sehen dort, dass ohne den Unterbefehl `group` jede Quellvariable einzeln in die Kodierungen 1, 2, 3 etc. übersetzt wird. Der Unterbefehl `group` bewirkt dagegen, dass alle Quellvariablen gemeinsam neu kodiert werden, so dass der kleinste Wert, der in einer der drei Quellvariablen enthalten ist (hier der Wert -1), einheitlich die neue Kodierung 1 erhält, der zweitkleinste Wert (hier 1) die Kodierung 2 etc.

```
AUTORECODE VARIABLES = quelle1 quelle2 quelle3
  /INTO z1 z2 z3 .

AUTORECODE VARIABLES = quelle1 quelle2 quelle3
  /INTO g1 g2 g3
  /GROUP .

EXECUTE .
```

Listing 10.27: Befehl autorecode für mehrere Variablen ohne und mit group

	quelle1	quelle2	quelle3	z1	z2	z3	g1	g2	g3
1	1	-1	2	1	1	1	2	1	3
2	2	1	4	2	2	2	3	2	5
3	3	3	6	3	3	3	4	4	7
4	4	5	8	4	4	4	5	6	9
5	5	7	10	5	5	5	6	8	11
6	6	9	12	6	6	6	7	10	12

Abb. 10.10: Automatisches Umkodieren mehrerer Variablen ohne und mit Unterbefehl group

Allgemeines Kodierungsschema

Das automatische Umkodieren mit `autorecode` erfolgt nach folgenden Regeln:

- *Neue Kodierungen.* Als neue Kodierungen werden ausschließlich ganzzahlige numerische Werte verwendet. Dies gilt sowohl für numerische Quellvariablen als auch für Ursprungsvariablen des Typs `String`.

- *Kodierungsschema.* Die Werte der Ausgangsvariablen werden wahlweise in auf- oder absteigender Folge geordnet und anschließend ihrer Position in der Rangfolge entsprechend in die ganzzahligen neuen Kodierungen übersetzt.

> **Tipp**
>
> Hierbei wird in Textvariablen zwischen Groß- und Kleinschreibung unterschieden. Großbuchstaben werden hinter Kleinbuchstaben eingeordnet, haben also einen »höheren Wert«. Des Weiteren haben Sonderzeichen (!, §, $, % etc.) einen niedrigeren Wert als Ziffern und diese wiederum einen geringeren als Buchstaben.

- *Zielvariablen.* Die neuen Kodierungen werden stets in eine neue Variable geschrieben, die von der Prozedur automatisch erstellt wird. Die Originalwerte der Ausgangsvariablen bleiben damit unverändert erhalten.

- *Systemdefinierte fehlende Werte* werden nicht in neue Kodierungen übersetzt, sondern unverändert in die Zielvariable übernommen. Damit weist die Zielvariable anschließend in denselben Fällen systemdefinierte fehlende Werte auf wie die Quellvariable, vgl. Abbildung 10.11.

- *Leere Felder in Textvariablen* stellen bei SPSS keine fehlenden Werte dar und werden damit per Voreinstellung in gültige Kodierungen übersetzt. Beim Ordnen der Werte einer Textvariablen bilden leere Felder den kleinsten in der Variablen enthaltenen Wert. Von dieser Voreinstellung können Sie jedoch abweichen, indem Sie den Unterbefehl `blank = missing` wie in dem folgenden Beispiel mit aufnehmen; damit legen Sie fest, dass leere Felder aus Textvariablen wie benutzerdefinierte fehlende Werte behandelt und damit auch wieder in benutzerdefinierte fehlende Werte überführt werden. Der Unterbefehl wirkt sich ausschließlich auf Textvariablen aus und steht erst seit der Programmversion von SPSS 13 zur Verfügung.

```
AUTORECODE VARIABLES = text1
  /INTO ziel1
  /BLANK = MISSING .
```

- *Benutzerdefinierte fehlende Werte* werden ebenfalls in neue Kodierungen übersetzt, wobei folgende Besonderheiten gelten:
  - Die neuen Kodierungen für benutzerdefinierte fehlende Werte werden in der Zielvariablen ebenfalls als fehlende Werte definiert.
  - Beim Ordnen der Werte in der Quellvariablen werden benutzerdefinierte fehlende Werte nicht in die übliche Sortierreihenfolge einbezogen, sondern unabhängig von ihrem Wert an das Ende der Reihenfolge gestellt, und erhalten damit stets die höchsten neuen Kodierungen. Dies gilt unabhängig davon, ob Sie die Werte der Quellvariablen in auf- oder absteigender Folge ordnen lassen.

- *Variablenlabels.* Das Variablenlabel der Quellvariablen wird automatisch auf die Zielvariable übertragen. Ist für die Quellvariable kein Label definiert, erhält auch die Zielvariable keines.

- *Wertelabels.* Für alle Kodierungen werden in der Zielvariablen automatisch Labels definiert. Hierzu werden Wertelabels aus der Quellvariablen auf die entsprechenden Kodierungen der Zielvariablen übertragen. Kodierungen, für deren Ausgangswerte in der Quellvariablen keine Labels definiert waren, erhalten die Ausgangswerte selbst als Wertelabels.

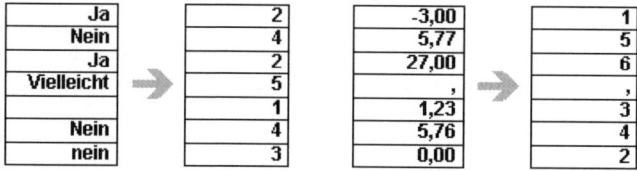

Abb. 10.11: Kodierungsschema beim automatischen Umkodieren von Variablen

10.7 Häufigkeiten zählen mit »count«

Allgemeine Wirkung

Der Befehl count zählt für jeden Fall des DatenSets über ausgewählte Variablen hinweg, mit welcher Häufigkeit ein Wert oder eine Gruppe von Werten in den Variablen vorkommt. Das Ergebnis der Auszählung wird wiederum in das aktive DatenSet geschrieben, wobei Sie als Zielvariable wahlweise eine bestehende Variable überschreiben oder eine neue Variable erstellen lassen können. In die Zielvariable wird für jeden Fall des DatenSets die Häufigkeit eingetragen, mit der die gezählten Werte in dem jeweiligen Fall in den ausgewählten Variablen enthalten sind. Der Befehl hat die folgende allgemeine Syntax:

```
COUNT Zielvariable = Quellvariablen(Werteliste)
   [/Zielvariable= Quellvariablen(Werteliste)] .
```

Listing 10.28: Allgemeine Syntax von count

Beispiel

Abbildung 10.12 beschreibt einen Ausschnitt aus einem DatenSet mit verschiedenen Testergebnissen. Ausgewiesen werden die Ergebnisse dreier Tests, die an unterschiedlichen Personen durchgeführt wurden. Für jede Person enthält das DatenSet einen Fall, in dem neben einer ID das Geschlecht, das Alter und die in drei Tests erzielte Punktzahl ausgewiesen werden. Mithilfe des count-Befehls soll nun für jede Person die Anzahl der Tests ermittelt werden, in denen sie mindestens 75 Punkte erreicht hat. Hierzu dient die Syntax aus Listing 10.29. Der count-Befehl zählt für jeden Fall im DatenSet, wie häufig in den drei Variablen test1, test2 und test3 ein Wert von 75 oder höher vorkommt. Die ermittelte Häufigkeit wird in die Variable punkte75 geschrieben.

```
COUNT punkte75 = test1 test2 test3 (75 THRU Highest) .
EXECUTE .
```

Listing 10.29: Einfaches Beispiel von count

	id	gender	alter	test1	test2	test3	punkte75
1	10001	0	43	65	76	52	1,00
2	10002	0	27	73	88	83	2,00
3	10003	1	58	86	56	68	1,00
4	10004	1	67	78	90	84	3,00
5	10005	0	19	54	88	74	1,00
6	10006	1	32	97	77	87	3,00
7	10007	1	44	82	70	91	2,00

Abb. 10.12: Zählen von Häufigkeiten über mehrere Variablen

Werte angeben

Zur Beschreibung der zu zählenden Werte stehen Ihnen die in Tabelle 10.4 aufgeführten Schlüsselwörter zur Verfügung. Mithilfe dieser Schlüsselwörter erstellt der folgende count-Befehl drei Variablen, von denen die erste die Häufigkeit der Werte 1, 2 und 3, die zweite die Anzahl der fehlenden Werte und die dritte die Anzahl aller Werte angibt, die kleiner oder gleich 0 oder größer oder gleich 100 sind.

```
COUNT  wert123 = test1 test2 test3 (1 2 3)
     /fehlend = test1 test2 test3 (MISSING)
     /extrem  = test1 test2 test3
              (LOWEST THRU 0 100 THRU HIGHEST) .
```
Listing 10.30: count-Befehl mit mehreren Zählungen unterschiedlicher Werte

Zu zählende Werte	Beschreibung
Einzelwerte	1 2 3 4
Systemdefinierte fehlende Werte	sysmis
Alle fehlenden Werte	missing
Wertebereich: ... bis ...	5 thru 10
Wertebereich: kleinster Wert bis ...	lowest thru 0
Wertebereich: ... bis größter Wert	100 thru highest

Tabelle 10.4: Möglichkeiten zur Beschreibung der zu zählenden Werte

10.8 Zeitreihen transformieren

Es gibt einige spezielle Transformationen, die bei der Arbeit mit Zeitreihendaten unverzichtbar sind, bei anderen Daten aber praktisch keine Anwendung finden. Hierzu zählen beispielsweise die Bildung von Differenzen (gemeint sind Differenzen zwischen den zeitlich aufeinanderfolgenden Werten derselben Zeitreihe, nicht Differenzen zwischen verschiedenen Variablen) oder die Berechnung zeitlich verzögerter Werte (Lags). Transformationen dieser Art lassen sich mit dem Befehl create durchführen, der aus einer bestehenden Zeitreihe mithilfe unterschiedlicher Transformationen neue Zeitreihen erstellt. Der Befehl hat folgende allgemeine Syntax:

```
CREATE Zielvar= Funktion(Quellvar) .
```
Allgemeine Syntax von create

Für den Befehl stehen elf unterschiedliche Transformationsfunktionen zur Verfügung, die in Tabelle 10.5 beschrieben sind. So erstellt der Befehl in Listing 10.31 eine Variable mit dem Namen bip_diff und schreibt dort die Differenzen erster Ordnung für die Variable bip hinein. Der Zielvariablen bip_diff wird automatisch ein Variablenlabel zugewiesen, aus dem Transformationsfunktion und Quellvariable hervorgehen. Ferner wird in die Ausgabedatei eine Übersicht mit kurzer Beschreibung der neu erstellten Variablen geschrieben. Die Quellvariable bip bleibt dabei unverändert erhalten.

```
CREATE bip_diff = DIFF(bip,1) .
EXECUTE .
```

Listing 10.31: Zeitreihen transformieren mit `create`

Sie können mit `create` sowohl mehrere Variablen in einer Funktion als auch mehrere Funktionen innerhalb desselben Befehls anführen. So nimmt der Befehl in Listing 10.32 drei Transformationen vor: Für die Variablen `bip` und `preise` werden jeweils die Differenzen erster Ordnung berechnet und für die Variable `alq` die um zwei Perioden verzögerten Werte.

```
CREATE zuwachs preisdif = DIFF(bip preise, 1)
     /alq_vj          = LAG(alq, 2) .
EXECUTE .
```

Listing 10.32: Mehrere Zeitreihen transformieren mit einem `create`-Befehl

Kumulierte Summe	`csum(quellvar)`
Berechnet die kumulierte Summe der Quellvariablen. Enthält die Quellvariable fehlende Werte, blieben die betreffenden Fälle unberücksichtigt und erhalten in der Zielvariablen einen systemdefinierten fehlenden Wert.	
Differenzen	`diff(quellvar,ordnung)`
Berechnet die Differenzen der vorgegebenen Ordnung. Wenn Sie für `ordnung` den Wert 1 angeben, werden die Differenzen erster Ordnung berechnet; dies sind die Differenzen der jeweils aufeinanderfolgenden Werte der Quellvariablen. Die Differenzen zweiter Ordnung sind die »Differenzen der Differenzen« etc. Bei einer Ordnung von n können für die ersten n Fälle keine Differenzen berechnet werden, und die Zielvariable erhält dort einen systemdefinierten fehlenden Wert. Ebenso erhält sie immer dann einen systemdefinierten fehlenden Wert, wenn mindestens einer der für die Berechnung des Zielwertes erforderlichen Fälle einen fehlenden Wert aufweist.	
Fast Fourier Transformation	`fft(quellvar)`
Erstellt neue Zeitreihen auf Basis der Fast Fourier Transformation. Mit dieser Funktion werden stets zwei neue Zeitreihen erstellt, so dass für jede Quellvariable zwei Zielvariablen anzugeben sind. In die erste Zielvariable wird die reale und in die zweite die imaginäre Zeitreihe geschrieben. Der Befehl hat damit die Form `create real imag = fft(quellvar) .` Die Quellvariable darf keine fehlenden Werte enthalten und muss eine gerade Anzahl an Werten umfassen. Bei einer ungeraden Anzahl an Werten fügt SPSS »gedanklich« einen weiteren Fall mit dem Wert 0 an das Ende der Zeitreihe an.	
Inverse Fast Fourier Transformation	`ifft(real imag)`
Erstellt eine neue Zeitreihe mittels der inversen Fourier Transformation. Die Funktion basiert damit auf zwei Quellvariablen: Die erste Quellvariable beschreibt den realen und die zweite den imaginären Teil einer Fourier Transformation.	

Tabelle 10.5: Funktionen für die Transformation von Zeitreihen

Lag	`lag(quellvar,ordnung [,ordnung])`

Die Werte der Quellvariablen werden zeitverzögert in die neue Zeitreihenvariable übertragen. Das Ausmaß der Zeitverzögerung wird als **ordnung** festgelegt. Verwenden Sie beispielsweise für **ordnung** den Wert 2, um in die Zielvariable jeweils den zwei Fälle vorausgehenden Wert der Quellvariablen zu schreiben.
Sie können zwei Ordnungswerte angeben, um einen Bereich unterschiedlicher Ordnungen zu definieren. Für jede Ordnung aus diesem Bereich wird eine eigene Zielvariable erstellt. So erzeugt der Befehl
`create bip_lg = lag(bip,2,4)`.
drei Variablen für Verzögerungen um zwei, drei bzw. vier Fälle. Die Namen der neuen Variablen werden von SPSS automatisch um fortlaufende Nummern ergänzt; bei älteren SPSS-Versionen sollte der im Befehl festgelegte Name daher nicht mehr als sechs Zeichen umfassen.

Lead	`lead(quellvar,ordnung [,ordnung])`

Dies ist die Umkehrfunktion zu `lag`. Die Werte der Zielvariablen entsprechen den um eine bestimmte Anzahl an Fällen weiter unten liegenden Werten der Quellvariablen. Die Erläuterungen zu `lag` gelten analog.

Zentrierter gleitender Durchschnitt	`ma(quellvar,spanne [,MinSpanne])`

Ein Wert der Zielvariablen ergibt sich, indem der Durchschnitt aus dem Wert desselben Falles sowie einer bestimmten Anzahl vorausgehender und nachfolgender Werte der Quellvariablen berechnet wird. Die Anzahl der dabei insgesamt einzubeziehenden Werte wird als **spanne** vorgegeben. Wenn Sie für **spanne** einen geraden Wert angeben, gehen der mögliche erste und der mögliche letzte zu berücksichtigende Wert der Quellvariablen nur mit halbem Gewicht in die Berechnung ein. (Dies ist gleichbedeutend damit, dass das arithmetische Mittel der beiden möglichen unzentrierten Mittelwerte gebildet wird.)
Am Anfang und am Ende der Zeitreihe stehen nicht genügend Werte zur Berechnung des gleitenden Durchschnitts zur Verfügung, und die Zielvariable erhält dort fehlende Werte. Sie können die Anzahl fehlender Werte verringern, wenn Sie auch eine minimale Spanne vorgeben. Verwenden Sie beispielsweise eine Spanne von 5 und eine minimale Spanne von 3, um grundsätzlich fünf Werte in die Berechnung des gleitenden Durchschnitts einzubeziehen, am Anfang und am Ende der Zeitreihe aber auch gleitende Durchschnitte auf der Basis von mindestens drei gültigen Werten zuzulassen.

Nachlaufender gleitender Durchschnitt	`pma(quellvar,spanne)`

Die Werte der Zielvariablen ergeben sich als Durchschnitt einer bestimmten Anzahl von Werten der Quellvariablen, die dem jeweiligen Fall vorausgehen. Die Anzahl der dabei einzubeziehenden Werte wird als **spanne** vorgegeben.

Laufender Median	`rmed(quellvar,spanne [,MinSpanne])`

Die Werte der Zielvariablen ergeben sich als Median aus dem Wert des jeweils selben Falles sowie einer bestimmten Anzahl vorausgehender und nachfolgender Werte der Originalzeitreihe. Die Anzahl der dabei insgesamt einzubeziehenden Werte wird als **spanne** vorgegeben. Optional können Sie eine minimale Spanne festlegen, um am Anfang und am Ende der Zeitreihe zu viele fehlende Werte zu vermeiden. Die Erläuterungen zur Funktion **ma** gelten analog.

Tabelle 10.5: Funktionen für die Transformation von Zeitreihen (Forts.)

Saisonale Differenz	`sdiff(quellvar,ordnung [,periodizität])`
Saisonale Differenzen lassen sich streng genommen nur berechnen, wenn die Datendatei eine Datumsvariable mit periodischer Komponente enthält und diese auch formal mit einem der Befehle `tset period` oder `date` (bzw. dem Menübefehl *Daten / Datum definieren*) definiert wurde. In diesem Fall werden analog zur Funktion `diff` die Differenzen zwischen zwei Werten der Ausgangsvariablen gebildet, jedoch werden nicht die Unterschiede zwischen zwei unmittelbar aufeinanderfolgenden Werten berechnet, sondern die Differenzen zwischen den Werten zweier einander entsprechender Perioden. Die Angabe der Ordnung für die Differenzen ist notwendig, die Angabe einer Periodizität optional. Wenn Sie keine Periodizität nennen, wird die mit `tset period` definierte Periodizität zugrunde gelegt; ist eine solche Periodizität nicht definiert, wird die mit `date` festgelegte Periodizität herangezogen. Wurde weder mit `tset period` noch mit `date` eine Periodizität definiert, muss diese in dem `create`-Befehl zwingend mit vorgegeben werden. *Beispiel*. Mit dem Befehl `CREATE bsp_qdif = SDIFF(bsp,1,4).` berechnen Sie die saisonalen Differenzen erster Ordnung für eine Periodizität von vier; dies ist zum Beispiel bei Quartalsdaten häufig sinnvoll. Damit ergeben sich die Werte der Zielvariablen für jeden Fall als Differenz zwischen dem jeweiligen Wert der Quellvariablen und dem jeweils vier Fälle vorausgehenden Wert. Für die ersten vier Fälle im DatenSet lassen sich diese Werte nicht berechnen, so dass die Zielvariable dort einen fehlenden Wert erhält.	
Glättungsverfahren	`T4253H(quellvar)`
In die Zielvariable werden geglättete Werte der Originalzeitreihe geschrieben. Die Glättung der Werte erfolgt dabei in mehreren Stufen, indem sukzessive unterschiedliche gleitende Mediane und Mittelwerte berechnet werden.	

Tabelle 10.5: Funktionen für die Transformation von Zeitreihen (Forts.)

10.9 Fehlende Werte ersetzen

Der Befehl rmv dient dazu, system- und benutzerdefinierte fehlende Werte einer Variablen durch gültige Werte zu ersetzen (rmv steht für *replace missing values*). Er ist nur auf numerische Variablen anwendbar. Zur Ermittlung geeigneter gültiger Werte stehen unterschiedliche Funktionen wie eine lineare Interpolation oder der Mittelwert aus den benachbarten gültigen Werten zur Verfügung. Der Befehl erzeugt stets eine neue Variable, indem er die Werte der Quellvariablen kopiert und dabei die system- und benutzerdefinierten fehlenden Werte gemäß der ausgewählten Funktion ersetzt. Der Befehl hat folgende einfache Syntax:

```
RMV Zielvar = Funktion(Quellvar).
```

Listing 10.33: Allgemeine Syntax von rmv

Für die Berechnung der gültigen Werte, mit denen die fehlenden Werte zu ersetzen sind, stehen die in Tabelle 10.6 aufgeführten Funktionen zur Verfügung. So bewirkt zum Beispiel der Befehl in Listing 10.34, dass die fehlenden Werte in der Variablen absatz durch den Mittelwert der jeweils vier vorausgehenden und nachfolgenden

Werte ersetzt werden. Die neue Wertefolge wird in die Zielvariable `absatz_1` geschrieben, während die Quellvariable `absatz` unverändert erhalten bleibt.

```
RMV absatz_1 = MEAN(absatz,4) .
EXECUTE .
```

Listing 10.34: Fehlende Werte ersetzen durch Mittelwert der Nachbarn

Es ist auch möglich, mehrere Variablen in einem Befehl zu verarbeiten. Der folgende Befehl erstellt drei neue Variablen: Für die Quellvariablen `absatz` und `umsatz` werden die fehlenden Werte jeweils durch den Mittelwert der insgesamt acht benachbarten gültigen Werte ersetzt und für die Variable `preis` durch den Wert, der dem linearen Trend entspricht.

```
RMV absatz_1 umsatz_1 = MEAN(absatz umsatz,4)
    /preis_1 = TREND(preis) .
EXECUTE .
```

Listing 10.35: Fehlende Werte ersetzen in mehreren Variablen mit verschiedenen Methoden

Funktion	Bedeutung
lint(quellvar)	Ersetzt fehlende Werte durch lineare Interpolation auf Basis des letzten vorhergehenden und des nächsten folgenden gültigen Wertes. Enthält eine Variable am Anfang oder am Ende des DatenSets fehlende Werte, werden diese nicht ersetzt.
mean(quellvar,n)	Ersetzt fehlende Werte durch den Mittelwert der benachbarten gültigen Werte. Mit n legen Sie die Anzahl der vorausgehenden und nachfolgenden gültigen Werte fest, die in die Mittelwertberechnung einbezogen werden. Mit einem Wert von 3 basiert der Mittelwert so auf insgesamt sechs gültigen Werten. n muss ein ganzzahliger positiver Wert sein. Die Angabe von n ist optional, voreingestellt ist ein Wert von 2. Ein fehlender Wert wird nicht ersetzt, wenn ihm nicht hinreichend viele gültige Werte vorausgehen oder nachfolgen.
median(quellvar,n)	Ersetzt fehlende Werte durch den Median der benachbarten Werte. Es gelten die Regeln der Funktion mean analog.
smean(quellvar)	Ersetzt fehlende Werte durch den Mittelwert sämtlicher gültigen Werte der Variablen.
trend(quellvar)	Ersetzt fehlende Werte durch den Wert des linearen Trends der gesamten Variablen an dem jeweiligen Punkt. Der lineare Trend wird durch die Trendgerade einer linearen Regression der betreffenden Variablen mit einer Indexvariablen (mit den Werten 1 bis n für die n Fälle im DatenSet) als erklärende Variable beschrieben.

Tabelle 10.6: Funktionen zum Ersetzen fehlender Werte

Kapitel 11

Fälle sortieren, filtern und gewichten

11.1 Überblick

In diesem Kapitel werden mehrere Verfahren und Techniken vorgestellt, mit denen sich die Fälle in einem DatenSet in verschiedener Weise aufbereiten lassen. So kann es mitunter erforderlich sein, die Fälle eines DatenSets in einer bestimmten Reihenfolge anzuordnen, insbesondere wenn Zeitreihendaten betrachtet werden. Ferner besteht oftmals das Bedürfnis, nicht sämtliche Fälle des aktiven DatenSets gleichberechtigt in eine Untersuchung einzubeziehen, sondern eine differenzierte Gewichtung vorzunehmen oder nur eine bestimmte Teilmenge oder Zufallsstichprobe zu betrachten. Um dies zu erreichen, stehen die folgenden Verfahren zur Verfügung:

- *Fälle sortieren*. Mit dem Befehl `sort cases` lassen sich die Fälle eines DatenSets anhand einer oder mehrerer Variablen sortieren, siehe hierzu Abschnitt 11.2, Seite 286.

- *Fälle auswählen und filtern*. Es gibt verschiedene Befehle, um eine vorübergehende oder permanente Auswahl aus den Fällen eines DatenSets zu treffen. Eine solche Fallauswahl kann sowohl festen Kriterien folgen als auch auf einer Zufallsstichprobe basieren, siehe hierzu Abschnitt 11.3, Seite 288.

- *Fälle gewichten*. Mit dem Befehl `weight` ist es möglich, die Fälle eines DatenSets unterschiedlich stark zu gewichten; dies ist insbesondere dann von Bedeutung, wenn einzelne Fälle tatsächlich mehrere Beobachtungseinheiten repräsentieren oder wenn dem DatenSet eine gewichtete Stichprobe zugrunde liegt, was in der statistischen Analyse dann entsprechend zu berücksichtigen ist, siehe hierzu Abschnitt 11.4, Seite 299.

- *Dubletten identifizieren*. Zahlreiche Fragestellungen erfordern die Identifizierung von Falldubletten in einem DatenSet. Als Dublette können dabei sowohl Fälle angesehen werden, die in einer oder mehreren Schlüsselvariablen den gleichen Wert aufweisen, als auch Fälle mit vollständiger Übereinstimmung der Werte sämtlicher Variablen. Solche Fälle lassen sich mit verschiedenen Methoden zunächst aufspüren und markieren, um sie anschließend je nach Aufgabenstellung zu löschen, zu filtern oder manuell zu überprüfen, siehe hierzu Abschnitt 11.5, Seite 301.

11.2 Fälle sortieren

Basics

Mit dem Befehl `sort cases` können die Fälle des aktiven DatenSets in auf- oder absteigender Reihenfolge nach den Werten einer oder mehrerer Variablen sortiert werden. Listing 11.1 zeigt die allgemeine Syntax des Befehls.

```
SORT CASES Variable[{(A)}] [Variable...]
                  {(D)}
```

Listing 11.1: Allgemeine Syntax von `sort cases`

Neben dem Befehlsnamen ist damit mindestens die Variable anzugeben, nach der die Fälle sortiert werden sollen. Im einfachsten Fall hat der Befehl damit die Form aus Listing 11.2, mit dem die Fälle des DatenSets in aufsteigender Reihenfolge nach den Werten der Variablen `nachname` sortiert werden.

```
SORT CASES nachname .
```

Listing 11.2: Sortieren der Fälle nach einer Variablen

Sortierreihenfolge

Die Sortierung in aufsteigender Reihenfolge ist voreingestellt, Sie können die Reihenfolge jedoch auch explizit festlegen. Schreiben Sie hinter den Variablennamen in Klammern den Buchstaben A, um die Sortierung in aufsteigender Folge explizit festzulegen (dies kann insbesondere bei der Sortierung nach mehreren Variablen notwendig sein), und den Buchstaben D, um eine Sortierung in absteigender Reihenfolge vorzunehmen. Mit dem Befehl aus Listing 11.3 werden die Fälle in absteigender Ordnung nach den Nachnamen sortiert.

```
SORT CASES nachname (D) .
```

Listing 11.3: Sortieren der Fälle in absteigender Reihenfolge

Für die Sortierreihenfolge gelten dabei folgende Regeln:

- *Systemdefinierte fehlende Werte.* In numerischen Variablen haben systemdefinierte fehlende Werte einen geringeren Wert als alle übrigen Werte. Daher erscheinen sie bei aufsteigender Sortierung an oberster Stelle.

- *Benutzerdefinierte fehlende Werte.* Diese erfahren bei der Sortierung keine gesonderte Behandlung. Sie werden so eingeordnet, als wären sie nicht als fehlende Werte definiert.

- *Textvariablen.* Bei Textvariablen wird zwischen Groß- und Kleinbuchstaben unterschieden. Ein Kleinbuchstabe hat einen niedrigeren Wert als der entsprechende Großbuchstabe und wird daher bei aufsteigender Sortierreihenfolge vor diesem eingeordnet. Sonderzeichen haben einen geringeren Wert als Buchstaben. Den geringsten Wert haben Leerzeichen. Beachten Sie allerdings, dass die exakte Sortierreihenfolge in Abhängigkeit von dem im Betriebssystem eingestellten Zeichensatz leicht variieren kann.

Nach mehreren Variablen sortieren

Die Fälle des DatenSets lassen sich auch nach mehreren Variablen gleichzeitig sortieren. Dabei werden die Fälle zunächst nach den Werten der als Erstes aufgeführten Variablen geordnet; alle Fälle, die in dieser Variablen den gleichen Wert aufweisen, werden anschließend nach den Werten der an zweiter Stelle genannten Variablen sortiert etc.

Listing 11.4 zeigt ein Syntaxbeispiel für die Sortierung nach mehreren Variablen: Mit diesem Befehl werden die Fälle zunächst in aufsteigender Reihenfolge nach der Postleitzahl (Variable `plz`) sortiert. Alle Fälle mit jeweils übereinstimmender Postleitzahl werden anschließend in absteigender Reihenfolge nach dem Nachnamen und bei identischen Nachnamen in absteigender Reihenfolge des Vornamens sortiert. Die Anweisung (D) für eine absteigende Reihenfolge bezieht sich damit auf alle vorausgehenden Variablen bis zur vorhergehenden Sortieranweisung und damit in diesem Fall auf die beiden Variablen `vorname` und `nachname`.

```
SORT CASES plz (A) nachname vorname (D) .
```

Listing 11.4: Sortieren der Fälle nach mehreren Variablen

> **Tipp**
>
> Möchten Sie die Fälle eines DatenSets in einer Weise anordnen, die sich nicht durch eine Kombination auf- und absteigender Werte vorhandener Variablen herstellen lässt, können Sie mit den Befehlen `compute` oder `recode` zunächst eine Variable erzeugen, deren Werte die von Ihnen gewünschte Reihenfolge repräsentieren, und anschließend die Fälle nach dieser Variablen sortieren lassen.

Zufällige Reihenfolge herbeiführen

Für manche statistische Verfahren wie etwa für eine Two-Step-Clusteranalyse ist es notwendig, dass die Fälle in dem DatenSet in ihrer Anordnung keiner inhaltlichen Struktur folgen, sondern in zufälliger Reihenfolge angeordnet sind. Eine solche Zufallssortierung lässt sich mit dem Programmcode aus Listing 11.5 herbeiführen:

- Der erste `compute`-Befehl erzeugt eine Variable mit den Fallnummern gemäß der aktuellen Sortierreihenfolge. Eine solche Variable ist hilfreich, wenn später die ursprüngliche Anordnung der Fälle wiederhergestellt werden soll.

- Der zweite `compute`-Befehl generiert eine Variable mit Zufallszahlen. In diesem Fall folgen die Zufallszahlen einer Standardnormalverteilung, was für diesen Zweck jedoch nachrangig ist.

- Abschließend werden die Fälle nach den Werten der Zufallsvariablen sortiert, so dass sie anschließend in zufälliger Reihenfolge angeordnet sind. Um später wieder die ursprüngliche Anordnung herbeizuführen, genügt es, die Fälle nach der Variablen `ordnung` zu sortieren.

```
COMPUTE ordnung = $CASENUM .
COMPUTE zufall = RV.NORMAL(0,1) .
SORT CASES zufall .
```

Listing 11.5: Sortierung der Fälle in zufälliger Reihenfolge

Abweichende Syntax

Seien Sie nicht irritiert, wenn Sie in einem Programm auf den Befehl `sort cases` mit leicht abweichender Syntax stoßen; folgende Varianten lässt der Befehl zu:

- Sie können den Befehl um das Wort `by` ergänzen: `sort cases by nachname`.

- Eine aufsteigende Reihenfolge können Sie statt mit A auch mit `up` anfordern, eine absteigende Reihenfolge statt mit D auch mit `down`:
`sort cases plz (up) nachname vorname (down) .`

11.3 Fälle auswählen und filtern

Häufig soll nicht das gesamte DatenSet, sondern nur ein Teil der darin enthaltenen Fälle bei den anstehenden Analysen betrachtet werden. Bei SPSS stehen Ihnen verschiedene Befehle zur Verfügung, um eine entsprechende Auswahl nach fest vorgegebenen Kriterien oder als Zufallsauswahl vorzunehmen, wobei die nicht berücksichtigten Fälle je nach verwendetem Befehl entweder vollständig aus dem aktiven DatenSet entfernt oder lediglich vorübergehend deaktiviert werden:

- *Filtern.* Der Befehl `filter` ermöglicht es, die Analyse auf ausgewählte Fälle zu beschränken und alle übrigen Fälle des DatenSets vorübergehend zu deaktivieren. Dabei verbleiben die ausgeschlossenen Fälle im DatenSet, so dass ein Filter jederzeit geändert oder vollständig aufgehoben werden kann. Siehe hierzu den folgenden Abschnitt 11.3.1.

- *Fälle auswählen.* Mit dem Befehl `select if` wird eine dauerhafte Auswahl aus den Fällen vorgenommen. Die Kriterien für die Auswahl der Fälle können frei formuliert werden; alle Fälle, die diese Kriterien nicht erfüllen, werden aus dem DatenSet entfernt, siehe Abschnitt 11.3.2, Seite 292.

- *Zufallsstichprobe.* Mit dem Befehl `sample` ziehen Sie eine Zufallsstichprobe aus den Fällen des DatenSets. Dabei können Sie die Größe der Stichprobe entweder als prozentualen Anteil an dem gesamten DatenSet oder in Form einer absoluten Fallzahl vorgeben. Die nicht in die Stichprobe aufgenommenen Fälle werden wie beim Befehl `select if` vollständig aus dem DatenSet entfernt. Möchten Sie nur vorübergehend mit einer Stichprobe arbeiten und später wieder sämtliche Fälle einbeziehen, können Sie hierzu den Befehl `filter` verwenden. Zum Befehl `sample` siehe Abschnitt 11.3.3, Seite 294.

- *Beschränkung auf n Fälle.* Insbesondere für das Testen von Programmcode ist es häufig hilfreich, sämtliche Analysen auf einige wenige Fälle zu beschränken, um so das Datenvolumen und damit den Rechenaufwand gering zu halten. Hierzu kann der Befehl `n of cases` verwendet werden, der nur die ersten n Fälle in dem DatenSet belässt und alle übrigen Fälle aus dem DatenSet entfernt, siehe hierzu Abschnitt 11.3.4, Seite 296.

11.3.1 Fälle filtern mit »filter«

Basics

Außerordentlich hilfreich in der praktischen Datenanalyse ist der Befehl `filter`, der es ermöglicht, ausgewählte Fälle in einem DatenSet von nachfolgenden Analysen auszuschließen, ohne sie vollständig aus dem DatenSet zu entfernen. Die betreffenden Fälle werden damit quasi vorübergehend deaktiviert, können aber jederzeit wieder aktiviert und somit wieder in die Analysen einbezogen werden.

Um einen Filter anwenden zu können, muss das DatenSet eine Variable enthalten, in der die auszuschließenden Fälle gekennzeichnet sind. Diese Variable wird in dem `filter`-Befehl in der in Listing 11.6 dargestellten Form angegeben. Es werden alle Fälle deaktiviert, die in der Filtervariablen den Wert 0 oder einen systemdefinierten fehlenden Wert aufweisen.

```
FILTER BY Variable .
```

Listing 11.6: Allgemeine Syntax von `filter`

Die Filtervariable muss eine numerische Variable sein. Darüber hinaus gibt es keine weiteren formalen Anforderungen an die Variable, so dass Sie jede inhaltlich geeignete Variable aus dem DatenSet verwenden können. Enthält beispielsweise eine Variable `gender` die Kodierungen 0 für *weiblich* und 1 für *männlich,* dann erreichen Sie mit dem Befehl aus Listing 11.7, dass anschließend nur die Fälle mit dem Merkmal *männlich* aktiv bleiben, während Frauen und Personen mit fehlenden Angaben zum Geschlecht (systemdefinierter fehlender Wert in der Variablen `gender`) aus den weiteren Analysen ausgeschlossen werden.

```
FILTER BY gender .
```

Listing 11.7: Filtern der Fälle nach der Variablen gender

> **Wichtig**
>
> Solange ein Filter aktiviert ist, bleibt dieser dynamisch mit der Filtervariablen verknüpft. Spätere Änderungen an den Werten der Filtervariablen wirken sich damit auch auf die Zusammensetzung der aktiven Fälle aus. Wenn Sie also bei eingeschaltetem Filter den Wert der Filtervariablen in einem Fall von 1 auf 0 ändern, wird dieser Fall damit automatisch deaktiviert.

Geeignete Filtervariablen erzeugen

In den meisten Fällen wird das DatenSet keine Variable enthalten, die exakt die gewünschten Filterkriterien abbildet. In diesen Fällen kann zunächst eine geeignete Filtervariable erstellt und diese anschließend zum Filtern verwendet werden. Zum Erstellen der Filtervariablen bietet sich in aller Regel der Befehl compute an, siehe hierzu Kapitel 9. So wird mit dem compute-Befehl aus Listing 11.8 zunächst eine Filtervariable mit dem Namen filter erzeugt, die genau jene Fälle mit dem Wert 1 markiert, die in der Variablen alter einen Wert von mindestens 18 und in der Textvariablen gender den Wert m aufweisen. Alle übrigen Fälle erhalten in der Variablen filter den Wert 0. Damit bewirkt die nachfolgende Anwendung des Filters, dass nur volljährige männliche Personen in die weiteren Analysen einbezogen und alle übrigen Fälle vorübergehend deaktiviert werden.

```
COMPUTE filter = (alter>=18 & gender="m") .
FILTER BY filter .
```

Listing 11.8: Berechnung einer Filtervariablen und Anwendung des Filters

Filter für eine Zufallsstichprobe

Mit dem zweistufigen Vorgehen, zunächst eine Filtervariable zu berechnen und anschließend darauf einen Filter anzuwenden, lässt sich im Ergebnis jeder gewünschte Filter formulieren. Recht häufig besteht das Bedürfnis, einen Filter auf eine Zufallsauswahl der Fälle anzuwenden. Listing 11.9 zeigt ein Beispiel für ein mögliches Vorgehen, um dies zu erreichen:

- Der erste Befehl set rng wählt den zu verwendenden Zufallszahlengenerator aus; in diesem Fall wird das neue Verfahren des sogenannten Mersenne Twisters gewählt. Anschließend legt der Befehl set mtindex einen Startwert für die Berechnung der Zufallszahlen fest; nur mit einem derart definierten Startwert lässt sich die nachfolgend durchgeführte Zufallsauswahl identisch reproduzieren, siehe hierzu Kapitel 10.

- Mit dem `compute`-Befehl wird die Filtervariable erstellt. Der Befehl nutzt die Funktion `rv.uniform()`, die gleichverteilte Zufallszahlen generiert. Mit den Parametern der Funktion wird festgelegt, dass in diesem Fall gleichverteilte Zufallszahlen aus dem Wertebereich von 0 bis 100 erzeugt werden sollen. Damit werden (abgesehen von zufälligen Schwankungen) 10 % der Zufallszahlen im Wertebereich zwischen 0 und 10 liegen, 20 % der Zufallszahlen im Bereich von 0 bis 20 etc.

  Die gesamte Berechnungsformel (`rv.uniform(0,100)<30`) bewirkt nun, dass die Variable `filter` als Dummy-Variable (0/1-Variable) erzeugt wird, die genau dann den Wert 1 erhält, wenn die Funktion `rv.uniform(0,100)` einen Wert unter 30 liefert; in allen anderen Fällen erhält die Variable `filter` den Wert 0. Damit hat die Filtervariable anschließend in ca. 30 % aller Fälle den Wert 1 und in 70 % den Wert 0, wobei die Verteilung der Werte über die Fälle zufällig zustande kommt.

- Der abschließende Befehl `filter` wendet den Filter an und bewirkt damit, dass eine Zufallsstichprobe von 30 % der Fälle aktiv bleibt.

```
SET RNG = MT .
SET MTINDEX = 1069800000 .
COMPUTE filter = (RV.UNIFORM(0,100)<30) .
FILTER BY filter .
```

Listing 11.9: Filter mit einer Zufallsstichprobe von 30 % der Fälle

> **Tipp**
>
> Der Befehl `filter` entspricht dem Menübefehl *Daten / Fälle auswählen*. Dieser Menübefehl öffnet ein Dialogfeld, in dem einige Standardauswahlkriterien wie eine Zufallsstichprobe oder die Auswahl bestimmter Zeitbereiche bei Zeitreihendaten als vorbereitete Lösungen angeboten werden. Es kann daher unter Umständen hilfreich sein, das gewünschte Auswahlkriterium in diesem Dialogfeld zusammenzustellen und anschließend mit der Schaltfläche *Einfügen* den zugehörigen Programmcode zu generieren.

Filter ausschalten

Ein Filter bleibt so lange aktiv, bis Sie ihn durch einen neuen Filter überschreiben oder explizit aufheben. Um einen bestehenden Filter aufzuheben und damit wieder sämtliche Fälle des DatenSets in die nachfolgenden Analysen und Berechnungen einzubeziehen, verwenden Sie das Schlüsselwort `off` wie in Listing 11.10 wiedergegeben.

```
FILTER OFF .
```
Listing 11.10: Filter ausschalten

> **Tipp**
>
> Ob aktuell ein Filter eingeschaltet ist und auf welcher Filtervariablen dieser ggf. basiert, können Sie mit dem Befehl `show filter` überprüfen. Ferner sind bei eingeschaltetem Filter die deaktivierten Fälle im Dateneditor zu erkennen, da deren Fallnummern am linken Tabellenrand durchgestrichen dargestellt werden.

11.3.2 Fälle selektieren mit »select if«

Basics

Der Befehl `select if` dient dazu, gezielt solche Fälle aus dem DatenSet auszuwählen, die eine bestimmte Bedingung erfüllen. Liegen beispielsweise Personendaten vor, so dass jeder Fall eine Person beschreibt, könnten mit `select if` alle Männer selektiert werden oder alle Frauen mit einem Alter über 25. Alle Fälle, die die vorgegebenen Kriterien nicht erfüllen, werden dabei dauerhaft aus dem DatenSet entfernt und können anschließend auch nicht wieder in die Analyse einbezogen werden.

Der Befehl `select if` hat die in Listing 11.11 beschriebene allgemeine Syntax. Als Bedingung ist ein logischer Ausdruck zu formulieren, der für die einzelnen Fälle entweder *wahr* oder *unwahr* ist. So wäre beispielsweise der logische Ausdruck `alter >= 25` in all jenen Fällen wahr, in denen die Variable `alter` einen Wert von mindestens 25 aufweist. Damit würden genau diese Fälle ausgewählt und alle übrigen Fälle aus dem DatenSet entfernt.

```
SELECT IF (Bedingung) .
```
Listing 11.11: Allgemeine Syntax von `select if`

Für die Formulierung der Bedingung stehen die gleichen Operatoren und Verknüpfungen zur Verfügung wie beim `if`-Befehl. Zu den Gestaltungsmöglichkeiten siehe daher Abschnitt 10.2. So lässt sich zum Beispiel die in Listing 11.12 dargestellte Bedingung formulieren, um alle Männer mit einem Alter von mindestens 25 auszuwählen.

```
SELECT IF (gender="m" & alter>=25) .
EXECUTE .
```
Listing 11.12: Fälle auswählen mit `select if`

> **Tipp**
>
> Vermeiden Sie bei der Formulierung der Bedingung die Verwendung der Systemvariablen `$casenum`, die einen Bezug auf die jeweilige Fallnummer herstellt. Die Variable ist zwar formal zulässig, Sie werden jedoch von den Ergebnissen der Fallauswahl möglicherweise überrascht sein. Der Hintergrund ist, dass SPSS bei der Ausführung des Befehls das DatenSet sukzessive von oben nach unten abarbeitet und sich die Fallnummern der jeweils verbliebenen Fälle während dieses Vorgangs ändern können. Erzeugen Sie daher gegebenenfalls zuvor mit einem Befehl der Art `compute fallnum=$casenum` eine eigene Variable mit den aktuellen Fallnummern, und verwenden Sie diese als Basis für den `select if`-Befehl.

Fälle dauerhaft entfernen oder vorübergehend ausschließen?

Der Befehl `select if` hat insofern recht weit reichende Konsequenzen, als er die ausgeschlossenen Fälle dauerhaft aus dem DatenSet entfernt. Beachten Sie daher die folgenden Hinweise:

- Da die ausgeschlossenen Fälle aus dem aktiven DatenSet gelöscht werden, kann es zu dauerhaftem Datenverlust kommen, wenn Sie die Daten bisher nicht gespeichert hatten oder das DatenSet später als Datei unter ihrem bisherigen Namen speichern, so dass die Ursprungsdatei überschrieben wird. Es kann daher ggf. sinnvoll sein, die Datei vor dem `select if`-Befehl noch einmal unter ihrem bisherigen Namen und später unter einem anderen Namen zu speichern.

- Sollen die ausgeschlossenen Fälle nur vorübergehend deaktiviert und später wieder in die Analyse einbezogen werden, ist zumeist der Befehl `filter` vorzuziehen, siehe hierzu Abschnitt 11.2, Seite 286.

- Gegenüber der Anwendung eines Filters kann der dauerhafte Ausschluss der Fälle mit `select if` Effizienzvorteile haben, da damit das DatenSet effektiv verkleinert wird. Wenn Sie den Fallausschluss in Verbindung mit weiteren umfangreichen Berechnungen oder Operationen vornehmen, empfiehlt es sich daher, den Fallausschluss zu Beginn der Operationen durchzuführen, um anschließend mit dem verkleinerten DatenSet effizienter zu arbeiten.

- Auch dem Befehl `select if` können Sie einen `temporary`-Befehl voranstellen, um den Ausschluss der Fälle nur für die erste nachfolgende Prozedur vorzunehmen und anschließend wieder mit allen Fällen des DatenSets zu arbeiten, siehe hierzu Kapitel 3.

> **Wichtig**
>
> Beachten Sie auch, dass mehrere `select if`-Befehle nacheinander kumulativ wirken und das DatenSet sukzessive verkleinern. Am Ende verbleiben damit nur jene Fälle, die alle Bedingungen der einzelnen `select if`-Befehle erfüllen. Anders als etwa bei den Befehlen `split file` oder `filter` setzt ein `select if`-Befehl damit nicht einen vorhergehenden außer Kraft, sondern ergänzt ihn und verschärft damit das Selektionskriterium.

11.3.3 Zufallsstichprobe ziehen mit »sample«

Basics

Der Befehl `sample` dient dazu, eine Zufallsstichprobe aus den Fällen eines DatenSets zu ziehen; die nicht berücksichtigten Fälle werden dauerhaft aus dem DatenSet entfernt. Die Größe der Stichprobe legen Sie fest, indem Sie wahlweise den Anteil der Stichprobe an dem gesamten DatenSet oder die absolute Anzahl an Fällen vorgeben:

- *Prozentualer Anteil.* Geben Sie den gewünschten prozentualen Anteil als Dezimalzahl und damit als Wert zwischen 0 und 1 an, vgl. Listing 11.13. Beachten Sie, dass die resultierende Stichprobe aufgrund der Zufallseinflüsse bei der Auswahl nicht exakt dem vorgegebenen Anteil entsprechen muss. Die Ziehung einer 25%-Stichprobe aus einem 1.000 Fälle umfassenden DatenSet wird daher nicht immer exakt 250 Fälle liefern, sondern ggf. auch 245 oder 253.

```
SAMPLE 0.25 .
EXECUTE .
```

Listing 11.13: Zufallsstichprobe aus dem DatenSet mit 25 % aller Fälle

- *Feste Anzahl an Fällen.* Eine feste Anzahl an Fällen geben Sie in der Form `n from m` an, vgl. Listing 11.14. Dabei bezeichnet `n` die Anzahl der zu ziehenden Fälle und `m` die Größe der Grundgesamtheit und damit im einfachsten Fall die Anzahl aller Fälle in dem DatenSet. Bei einem 1.000 Fälle umfassenden DatenSet liefert die Auswahl `250 from 1.000` exakt 250 zufällig ausgewählte Fälle.

```
SAMPLE 250 FROM 1000 .
EXECUTE .
```

Listing 11.14: Zufallsstichprobe aus dem DatenSet mit 250 der insgesamt 1.000 Fälle

Stimmt der Wert `m` nicht mit der Anzahl aller Fälle überein, ergeben sich folgende Effekte:

- Ist `m` kleiner als die Anzahl aller Fälle, wird die Stichprobe lediglich aus den ersten `m` Fällen gezogen. Umfasst das DatenSet beispielsweise 1.000 Fälle, so liefert der Befehl `sample 250 from 500` eine 50%-Stichprobe aus den ersten 500 Fällen, während die Fälle 501 bis 1.000 vollständig ausgeschlossen werden.

- Ist m größer als die Anzahl aller Fälle, wird die Stichprobe dennoch aus insgesamt m Zeilen des DatenSets gezogen und liefert damit im Ergebnis weniger als n gültige Fälle. Bei einem DatenSet mit 1.000 Fällen liefert der Befehl `sample 250 from 2.000` nur ungefähr 125 gültige Fälle, da die übrigen 125 Fälle aus dem leeren Zeilenbereich von 1.000 bis 2.000 gezogen werden.

Tipp

Möchten Sie eine Stichprobe aus den Fällen des DatenSets ziehen, ohne die nicht ausgewählten Fälle dauerhaft aus dem DatenSet zu entfernen, können Sie hierzu den Befehl `filter` verwenden. Damit können Sie eine vorübergehende Auswahl vornehmen, wobei die nicht berücksichtigten Fälle lediglich deaktiviert werden und jederzeit wieder in die Analyse einbezogen werden können, siehe hierzu Abschnitt 11.3.1, Seite 289, insbesondere das Beispiel in Listing 11.9, Seite 291.

Disproportionale Stichproben

Manchmal ist es erforderlich, nur aus einer Teilgruppe der Fälle in einem DatenSet eine Stichprobe zu ziehen, während die übrigen Fälle vollständig in dem DatenSet verbleiben sollen. Nehmen wir an, das DatenSet enthalte die Ergebnisse einer deutschlandweiten Personenbefragung, so dass jeder Fall die Antworten einer Person wiedergebe. Dabei seien Personen aus den neuen Bundesländern doppelt so häufig in der Stichprobe vertreten, als es ihrem Anteil in der Grundgesamtheit entspräche. Ein solches »Oversample« wird manchmal bewusst herbeigeführt, um sicherzustellen, dass auch kleine Teilpopulationen mit einer bestimmten Mindestanzahl in der Stichprobe vorkommen. Soll nun eine für Gesamtdeutschland repräsentative Stichprobe erstellt werden, ist es hierfür erforderlich, 50 % der Befragten aus den neuen Bundesländern aus der Stichprobe zu entfernen. In dem DatenSet verbleiben sollen also alle Befragten aus den alten Bundesländern sowie eine 50%-Stichprobe der Befragten aus den neuen Ländern. Genau dies wird mit den Befehlszeilen in Listing 11.15 erreicht:

- Die Variable `gebiet` kennzeichne das Erhebungsgebiet, wobei die Kodierung 1 einen Befragten aus den neuen Bundesländern markiere.
- Die erste und die dritte Zeile aus Listing 11.15 bilden eine Einheit und legen fest, dass die zwischen der »Klammer« aus `do if ... end if` angeführten Befehle nur für jene Fälle ausgeführt werden, die die Bedingung `gebiet = 1` erfüllen. Zum Befehl `do if ... end if` siehe im Einzelnen Kapitel 14.

- Indem der `sample`-Befehle nun innerhalb der `do if ... end if`-Klammer angeführt wird, wendet SPSS die Stichprobenziehung nur auf die Personen aus den neuen Bundesländern (`gebiet = 1`) an, während alle übrigen Fälle davon unberührt bleiben. In dem DatenSet verbleiben damit 50 % der Befragten aus den neuen Ländern sowie sämtliche Befragten aus dem alten Bundesgebiet.

```
DO IF gebiet = 1 .
  SAMPLE 0.5 .
END IF .
EXECUTE .
```

Listing 11.15: Disproportionale Zufallsstichprobe

11.3.4 Analyse auf die ersten n Fälle beschränken

Basics

Der Befehl `n of cases` beschränkt alle nachfolgenden Prozeduren auf die ersten n Fälle des DatenSets; die übrigen Fälle werden aus dem DatenSet gelöscht. Dieser Befehl kann insbesondere beim Erarbeiten neuer Syntaxprogramme äußerst hilfreich sein, um den neuen Programmcode zu testen, ohne ihn bei jedem Testlauf auf das gesamte DatenSet anzuwenden.

> **Vorsicht**
>
> Die Beschränkung der Fälle wirkt auf alle nachfolgenden Prozeduren und entfernt die übrigen Fälle vollständig aus dem DatenSet. Es ist daher nach einem `n of cases`-Befehl nicht möglich, durch einen erneuten `n of cases`-Befehl mit größerem n wieder mehr Fälle in die Analyse einzubeziehen. Mit einem vorangestellten `temporary`-Befehl können Sie die Wirkung jedoch auf die erste nachfolgende Prozedur beschränken, siehe unten.

Die allgemeine Syntax des Befehls ist in Listing 11.16 wiedergegeben. Dabei kann der Befehl auch auf den ersten Buchstaben abgekürzt werden, so dass der vollständige Befehl für eine Beschränkung auf 100 Fälle schlicht `n 100` lautet.

```
N OF CASES Fallzahl .
```

Listing 11.16: Allgemeine Syntax von `n of cases`

Beispiel

Das Programm in Listing 11.17 wendet den Befehl `n of cases` (in der verkürzten Schreibweise `n`) an:

- Der erste Befehl `get file` öffnet eine Datendatei mit dem Namen *Befragung.sav*, so dass diese anschließend als aktives DatenSet bereitsteht.
- In der zweiten Zeile beschränkt der Befehl `n 100` die weitere Analyse auf die ersten 100 Fälle und entfernt alle weiteren Fälle aus dem DatenSet.
- Anschließend wird mit dem `compute`-Befehl eine Variable berechnet und mit dem Befehl `frequencies` die Häufigkeitsverteilung der neu berechneten Variablen ausgegeben. Da das DatenSet inzwischen auf 100 Fälle reduziert ist, werden beide Prozeduren nur auf diese 100 Fälle angewandt.

Risiko

Wenn Sie die Datendatei nun unter ihrem bisherigen Namen speichern, würde damit die bisherige Datei durch die neue, nur noch 100 Fälle umfassende Datei überschrieben, was irreversiblen Datenverlust bedeuten kann.

```
GET FILE ="C:\Daten\Befragung.sav" .
N 100 .
COMPUTE urteil = MEAN(frage1,frage2,frage3) .
FREQUENCIES VAR=urteil .
EXECUTE .
```

Listing 11.17: Beschränkung der Analyse auf die ersten 100 Fälle mit n of cases

Temporäre Beschränkung der Fallzahl mit »temporary«

Auch der Befehl `n of cases` kann in Verbindung mit einem unmittelbar vorausgehenden `temporary`-Befehl in seiner Wirkung auf die nachfolgende Prozedur beschränkt werden, siehe Listing 11.18:

- Der Befehl `get file` öffnet die Datendatei *Befragung.sav* und stellt sie als aktives DatenSet bereit. Der nachfolgende `compute`-Befehl berechnet eine neue Variable `urteil`; diese Berechnung wirkt sich auf das gesamte DatenSet aus, da keine Beschränkung vorgenommen wurde.
- Der Befehl `temporary` beschränkt die Wirkung des unmittelbar nachfolgenden Befehls auf genau eine darauf folgende Prozedur. In diesem Fall wird also die Wirkung des Befehls `n 100` auf die erste darauf folgende `frequencies`-Prozedur beschränkt.
- Im Ergebnis werden zwei Häufigkeitsverteilungen der Variablen `urteil` ausgegeben, eine für die ersten 100 Fälle und eine für das gesamte DatenSet.

```
GET FILE ="C:\Daten\Befragung.sav" .
COMPUTE urteil = MEAN(frage1,frage2,frage3) .
```

```
TEMPORARY .
N 100 .
FREQUENCIES VAR=urteil .
FREQUENCIES VAR=urteil .
EXECUTE .
```

Listing 11.18: Temporäre Beschränkung der Analyse auf die ersten 100 Fälle für eine Prozedur

Auswahl der ersten n Fälle mit bestimmten Merkmalen

Möchten Sie das DatenSet auf eine bestimmte Anzahl an Fällen reduzieren, dabei aber sicherstellen, dass die verbleibenden Fälle bestimmte Eigenschaften aufweisen, können Sie den Befehl n of cases mit einem select if-Befehl kombinieren. Die gemeinsame Verwendung beider Befehle bewirkt, dass die mit n of cases festgelegte Anzahl an Fällen mit den durch select if beschriebenen Eigenschaften ausgewählt wird. Dabei ist es sowohl in der inhaltlichen Wirkung als auch in der Performanz unerheblich, welcher der beiden Befehle zuerst angeführt wird.

In Listing 11.19 werden beide Befehle kombiniert angewandt. Damit wird erreicht, dass aus der Datei *Befragung.sav* die ersten 100 Fälle ausgewählt werden, die in der Variablen gender den Wert w aufweisen. Es verbleiben damit die ersten 100 Frauen aus der Datei im DatenSet.

```
GET FILE ="C:\Daten\Befragung.sav" .
N 100 .
SELECT IF(gender="w") .
FREQUENCIES VAR=gender .
EXECUTE .
```

Listing 11.19: Auswahl von 100 Fällen mit bestimmten Eigenschaften

> **Tipp**
>
> Möchten Sie erreichen, dass zunächst die ersten 100 Fälle aus der Datei ausgewählt werden und anschließend aus diesen 100 Fällen nur die Frauen (gender="w") im DatenSet verbleiben, fügen Sie hinter den Befehl n 100 einen execute-Befehl ein.

Die ersten n Fälle einer Zufallsstichprobe

Die Verbindung von n of cases mit einem sample-Befehl wirkt analog. Auch dabei wird die im sample-Befehl beschriebene Stichprobe gezogen, wobei oben in dem DatenSet beginnend so viele Fälle zufällig ausgewählt werden, bis eine Anzahl von n Fällen erreicht ist. Die Befehlsfolge in Listing 11.20 bewirkt damit, dass genau 100 Fälle ausgewählt werden, die eine 25%-Zufallsstichprobe der ca. 400 ersten Fälle des DatenSets bilden.

```
N 100. SAMPLE 0.25 .
```

Listing 11.20: 25%-Stichprobe im Umfang von 100 Fällen aus den ersten Fällen des DatenSets

11.4 Fälle gewichten

Basics

Mit dem Befehl `weight` können die verschiedenen Fälle in einem DatenSet unterschiedlich stark gewichtet werden. Die Gewichtung wird dann in allen nachfolgenden statistischen Analysen berücksichtigt, bis sie explizit wieder aufgehoben oder durch eine neue Gewichtung überschrieben wird. Weisen Sie zum Beispiel einzelnen Fällen ein Gewicht von 2 zu, wird jeder einzelne dieser Fälle so behandelt, als wäre er zweimal mit identischen Werten in dem DatenSet enthalten.

Fallgewichtungen kommen typischerweise in folgenden Fällen zur Anwendung:

- In den Daten sind Beobachtungen enthalten, die in identischer Form wiederholt auftreten. Um den Aufwand bei der Dateneingabe und den Umfang der Datendatei zu verringern, kann man sich darauf beschränken, nur jeweils eine der identischen Beobachtungen in die Datendatei aufzunehmen und dem betreffenden Fall ein entsprechend hohes Gewicht zuzuweisen.

- Eine bestimmte Gruppe von Objekten aus einer zu untersuchenden Grundgesamtheit ist in der vorliegenden Stichprobe unter- oder überrepräsentiert. So kann es sinnvoll sein, in einer Stichprobe überproportional viele Personen mit bestimmten Merkmalen zu berücksichtigen, die in der Grundgesamtheit sehr selten vertreten sind, da bei einer reinen Zufallsstichprobe nur sehr wenige dieser Personen ausgewählt würden, so dass kaum zuverlässige Rückschlüsse über Personen mit dem betreffenden Merkmal möglich wären. Um die dadurch entstehende Verzerrung in der Zusammensetzung der Stichprobe zu korrigieren, können die Personen der überrepräsentierten Gruppe entsprechend niedriger gewichtet werden als die übrigen Personen.

Um die Fälle gewichten zu können, muss das DatenSet eine geeignete numerische Gewichtungsvariable enthalten, die für jeden einzelnen Fall das diesem Fall beizumessende Gewicht angibt. Als Gewichte sind sowohl ganzzahlige Werte als auch rationale Zahlen zulässig. Ist eine solche Variable vorhanden, kann die Gewichtung mit dem Befehl `weight` mit der allgemeinen Syntax aus Listing 11.21 eingeschaltet werden, siehe auch die Anwendung in Listing 11.23.

```
WEIGHT BY Gewichtungsvariable .
```

Listing 11.21: Allgemeine Syntax von `weight`

Eine Gewichtung der Fälle bleibt so lange bestehen, bis diese durch einen neuen `weight`-Befehl überschrieben oder explizit ausgeschaltet wird. Um eine bestehende Gewichtung auszuschalten, verwenden Sie das Schlüsselwort `off` wie in Listing 11.22.

```
WEIGHT OFF .
```
Listing 11.22: Fallgewichtung ausschalten

Wirkung einer Gewichtung

Bei einer Gewichtung der Fälle in dem DatenSet gelten folgende Regeln:

- Fälle, in denen die Gewichtungsvariable den Wert 0, einen negativen Wert oder einen (system- oder benutzerdefinierten) fehlenden Wert aufweist, erhalten ein Gewicht von null und werden damit von weiteren Analysen ausgeschlossen.

- Im Dateneditor können Sie ablesen, ob derzeit eine Gewichtung vorgenommen wird; in der Statuszeile erscheint dann der Hinweis `Gewichtung aktiv`. Ebenso können Sie mit dem Befehl `show weight` den Status der Gewichtung sowie ggf. den Namen der Gewichtungsvariablen abfragen.

- Wenn Sie ein DatenSet mit eingeschalteter Gewichtung als Datendatei speichern, wird auch die Information über die Gewichtung gespeichert und bleibt somit erhalten. Wenn Sie die Datei das nächste Mal öffnen, sind die Fälle damit von vornherein gewichtet.

> **Tipp**
>
> In Streudiagrammen und Histogrammen konnte eine Gewichtung in früheren Programmversionen von SPSS nachträglich ausgeschaltet werden. Diese Möglichkeit besteht seit der Version 12 von SPSS nicht mehr. Gleichzeitig wurde seit der Version 12 für Kreuztabellen die Möglichkeit eingeführt, bei der Verwendung nichtganzzahliger Gewichte entweder die Gewichte oder die resultierenden Häufigkeiten zu runden oder abzuschneiden, so dass in der Tabelle nur ganzzahlige Häufigkeiten ausgewiesen werden.

Beispiel

Listing 11.23 zeigt ein Beispiel für die Anwendung einer Fallgewichtung:

- Der Befehl `get file` öffnet eine Datendatei mit dem Namen *Befragung.sav*.
- In der zweiten Zeile legt der `weight`-Befehl fest, dass die Fälle mit der Variablen `gewicht` gewichtet werden sollen. Anschließend werden mit der Prozedur `frequencies` Kennzahlen für die Variable `alter` angefordert; diese Kennzahlen basieren auf den gewichteten Fällen.
- Der Befehl `weight off` schaltet die Gewichtung wieder aus, so dass in den nachfolgenden Analysen alle Fälle wieder mit dem gleichen Gewicht von 1

berücksichtigt werden. Der `frequencies`-Befehl in der letzten Zeile fordert daher erneut Kennzahlen für die Variable `alter` an, die nun jedoch auf Basis ungewichteter Fälle ermittelt werden.

```
GET FILE ="C:\Daten\Befragung.sav" .
WEIGHT BY gewicht .
FREQUENCIES VAR=alter .
WEIGHT OFF .
FREQUENCIES VAR=alter .
EXECUTE .
```

Listing 11.23: Ein- und Ausschalten einer Gewichtung der Fälle

11.5 Dubletten identifizieren

11.5.1 Überblick

Häufig besteht in der statistischen Datenanalyse die Notwendigkeit, Dubletten unter den Fällen eines DatenSets zu ermitteln. Dabei wird nicht nur nach Fällen gesucht, die vollständig übereinstimmen und damit in sämtlichen Variablen identische Werte aufweisen, sondern oftmals gilt es, solche Fälle zu identifizieren, die in nur einer oder wenigen ausgewählten Schlüsselvariablen übereinstimmen. Werden beispielsweise Personendaten betrachtet und ist jeder Person eine eindeutige ID zugeordnet, so kann überprüft werden, ob einzelne Personen zwei- oder mehrfach in der Datei enthalten sind, indem lediglich anhand der ID-Variablen nach Falldubletten gesucht wird.

Zur Identifizierung von Dubletten in einem DatenSet werden im Folgenden zwei alternative Wege vorgestellt:

- *match files*. Der Befehl `match files` dient von seiner Bestimmung her dazu, unterschiedliche DatenSets in einem DatenSet zusammenzuführen, er kann jedoch mit einem Trick auch für das Aufspüren von Falldubletten zweckentfremdet werden. Dieser Befehl bietet den Vorteil, dass er sehr effizient arbeitet und mit wenig Programmcode auskommt, er lässt sich jedoch nur begrenzt an individuelle Fragestellungen anpassen. Die Verwendung von `match files` bietet sich daher insbesondere dann an, wenn es lediglich darum geht, alle Fälle zu identifizieren, die in einer oder mehreren Schlüsselvariablen übereinstimmende Werte enthalten. Die Vorgehensweise hierzu wird im folgenden Abschnitt 11.5.2 dargestellt.

- *Eigener Algorithmus*. Es ist sehr einfach, mit wenigen `sort`- und `compute`-Befehlen einen eigenen Algorithmus zum Aufspüren von Falldubletten zu programmieren. Die generelle Vorgehensweise ist dabei stets die gleiche und intuitiv verständlich: Zunächst werden die Fälle nach den relevanten Merkmalen sortiert, so dass Dubletten unmittelbar untereinander stehen. Anschließend können alle benachbarten Fälle mit einem `compute`-Befehl daraufhin abgeglichen werden, ob sie in den entscheidenden Variablen übereinstimmende Werte aufweisen. Diese Vorgehensweise lässt sich je nach Fragestellung unterschiedlich ausgestalten und bietet damit einen erheblichen Vorteil gegenüber der »Standardlösung« `match files`. So lassen sich auf diesem Wege Falldubletten wahlweise einheitlich oder differenziert markieren oder auch durchnummerieren, siehe hierzu Abschnitt 11.5.3, Seite 305.

Weitere Behandlung von Dubletten

Die Identifizierung und Kennzeichnung von Dubletten ist häufig nur der erste Schritt einer Datenaufbereitung. Im nächsten Schritt sollen die Dubletten häufig entfernt, vorübergehend herausgefiltert oder manuell überprüft werden. Hierzu bieten sich im Anschluss an die Kennzeichnung der Dubletten insbesondere die folgenden Befehle an:

- *Filtern.* Mit dem Befehl `filter` lassen sich ausgewählte Fälle wie zum Beispiel Dubletten vorübergehend deaktivieren, ohne dass sie dauerhaft gelöscht werden, siehe hierzu Abschnitt 11.3.1, Seite 289.

- *Löschen.* Um Dubletten dauerhaft zu löschen, können Sie den Befehl `select if` verwenden, siehe hierzu Abschnitt 11.3.2, Seite 292.

- *Manuell überprüfen.* Mit dem `list`-Befehl können Sie gezielt die Variablenwerte der als Dubletten identifizierten Fälle in die Ausgabedatei schreiben, um dort eine manuelle Prüfung vorzunehmen, siehe hierzu auch das Beispiel auf Seite 308.

Vollständige Dubletten in verdichteter Form speichern

Insbesondere bei der Arbeit mit experimentellen Daten und Messergebnissen kommt es häufig vor, dass in umfangreichen DatenSets mehrere Messungen in allen Parametern übereinstimmen, so dass entsprechend viele Fälle in sämtlichen Variablen identische Werte aufweisen. Solche Dateien können auch in verdichteter Form gespeichert werden: Dazu werden die Fälle dedupliziert, so dass von allen identischen Datensätzen nur jeweils ein Fall in der Datei verbleibt. Zugleich wird eine zusätzliche Häufigkeitsvariable in die Datei eingefügt, die für jeden Fall angibt, wie viele identische Fälle dieser repräsentiert. Zum Zweck der Analyse kann die Datei anschließend mit dieser Häufigkeitsvariablen gewichtet werden, so dass SPSS den einzelnen Fall so behandelt, als wäre er n-mal in der Datei enthalten. Um eine solche Deduplizierung vorzunehmen und dabei zugleich die Häufigkeitsvariable zu erstellen, ist der im Folgenden beschriebene Weg zur Identifizierung von Dubletten recht umständlich. Hierfür bietet sich vielmehr der Befehl `aggregate` an, der in einem Schritt eine Deduplizierung und die gleichzeitige Erstellung der Häufigkeitsvariablen ermöglicht, siehe hierzu im folgenden Kapitel Abschnitt 12.3.

11.5.2 Komfortabel Deduplizieren mit »match files«

Ein auf den ersten Blick überraschender, aber tatsächlich sehr effizienter Weg zum Aufspüren von Dubletten in einem DatenSet ist der Befehl `match files`. Dieser Befehl dient eigentlich dazu, zwei DatenSets zusammenzuführen und in einem DatenSet zusammenzufassen (siehe hierzu im Einzelnen Kapitel 13). Es ist jedoch auch zulässig, den Befehl auf nur ein DatenSet anzuwenden. Er kann dann natürlich nicht mehr seinen originären Zweck erfüllen, führt aber dennoch verschiedene Operationen aus, die eigentlich dazu dienen, das betreffende DatenSet für eine Zusammenführung mit einem zweiten DatenSet vorzubereiten.

Beispiel mit einer Schlüsselvariablen

In Listing 11.24 wird der Befehl `match files` verwendet, um Falldubletten zu kennzeichnen. Als Dubletten werden dabei zwei Fälle angesehen, die in einer Schlüsselvariablen (hier `id`) übereinstimmende Werte aufweisen. Die Wirkung des Befehls ist in Abbildung 11.1 skizziert:

- Der Befehl `sort cases` stellt zunächst sicher, dass die Fälle im aktiven DatenSet nach den Werten der Variablen `id` sortiert werden. Damit stehen anschließend alle Fälle mit übereinstimmendem ID-Wert unmittelbar untereinander.
- Der Befehl `match files` nimmt nun die Markierung der Dubletten vor. Dies wird durch folgende Spezifizierungen erreicht:
    - Mit dem Unterbefehl `file=*` wird zunächst angegeben, dass der Befehl auf das aktive DatenSet angewendet werden soll.
    - Der Unterbefehl `by id` legt fest, dass der Variablen `id` die Funktion einer Schlüsselvariablen zukommt. Dadurch werden die Falldubletten anhand der Werte von `id` identifiziert.
    - Der Unterbefehl `first=master` fügt eine neue Variable mit den Namen `master` in das DatenSet ein. Diese Variable wird als Dummy-Variable (0/1-Variable) erstellt und kennzeichnet die Dubletten in dem DatenSet, vgl. das Ergebnis in Abbildung 11.1: Jeweils der erste Fall in einer Gruppe von Fällen mit identischen Werten in der Schlüsselvariablen `id` erhält in der Variablen `master` den Wert 1, alle übrigen Fälle erhalten den Wert 0.

Wichtig

Die mit `sort cases` vorgenommene Sortierung der Fälle nach der Schlüsselvariablen ist nicht nur inhaltlich notwendig, damit der Befehl `match files` die gewünschten Ergebnisse liefert, sondern stellt auch eine formale Voraussetzung dar. Wird `match files` ohne korrekte Sortierung der Daten ausgeführt, produziert SPSS eine Fehlermeldung.

Kapitel 11
Fälle sortieren, filtern und gewichten

```
SORT CASES id .
MATCH FILES FILE = * /BY id /FIRST = master .
EXECUTE .
```

Listing 11.24: Kennzeichnung von Falldubletten mit `match files`

	id
1	0001
2	0003
3	0001
4	0002
5	0005
6	0005
7	0002
8	0004
9	0002
10	0004

	id	master
1	0001	1
2	0001	0
3	0002	1
4	0002	0
5	0002	0
6	0003	1
7	0004	1
8	0004	0
9	0005	1
10	0005	0

Abb. 11.1: Ergebnis der Kennzeichnung von Falldubletten mit `match files`

Mehrere Schlüsselvariablen

Der Befehl `match files` kann auch mit mehr als einer Schlüsselvariablen umgehen. In Listing 11.25 werden Falldubletten anhand von zwei Schlüsselvariablen identifiziert. Zusätzlich wird sichergestellt, dass aus jeder Gruppe von Fällen mit übereinstimmenden Werten in den Schlüsselvariablen jeweils der Fall als »Master« gekennzeichnet wird, der das jüngste Aktualisierungsdatum (festgehalten in einer Variablen `datum`) aufweist, vgl. auch Abbildung 11.2:

- Der Befehl `sort cases` sortiert die Fälle zunächst in aufsteigender Reihenfolge nach den Variablen `hh` und `person`, die im Weiteren die Schlüsselvariablen zur Identifizierung von Falldubletten bilden. Zusätzlich werden die Fälle absteigend nach der Variablen `datum` sortiert, so dass innerhalb einer Dubletten-Gruppe jeweils der Fall mit dem jüngsten Datum als Erstes aufgeführt wird.

- Der Befehl `match files` wird wieder auf das aktive DatenSet angewandt. Dabei werden die beiden Variablen `hh` und `person` als Schlüsselvariablen angegeben, so dass solche Fälle als Dubletten identifiziert werden, die in diesen beiden Variablen übereinstimmende Werte aufweisen. Von diesen Fällen wird jeweils der erste und damit der Fall mit dem jüngsten Aktualisierungsdatum in der Datumsvariablen mit dem Wert 1 markiert, während alle übrigen Fälle den Wert 0 erhalten.

```
SORT CASES hh person (A) datum (D) .
MATCH FILES FILE = * /BY hh person /FIRST = master .
EXECUTE .
```

Listing 11.25: Kennzeichnung von Falldubletten über mehrere Schlüsselvariablen mit `match files`

	hh	person	datum
1	0001	1003	31.03.08
2	0003	1017	05.06.07
3	0003	1023	18.09.07
4	0001	1007	01.06.08
5	0002	1054	19.03.07
6	0001	1003	05.02.08
7	0002	1055	31.10.07
8	0002	1054	22.08.07
9	0003	1024	27.03.05
10	0002	1054	04.05.07

	hh	person	datum	master
1	0001	1003	31.03.08	1
2	0001	1003	05.02.08	0
3	0001	1007	01.06.08	1
4	0002	1054	22.08.07	1
5	0002	1054	04.05.07	0
6	0002	1054	19.03.07	0
7	0002	1055	31.10.07	1
8	0003	1017	05.06.07	1
9	0003	1023	18.09.07	1
10	0003	1024	27.03.05	1

Abb. 11.2: Ergebnis einer Kennzeichnung von Falldubletten über zwei Schlüsselvariablen

11.5.3 Differenziertes Deduplizieren »mit der Hand«

Durch eine einfache Kombination von `sort`- und `compute`-Befehlen kann nicht nur der Befehl `match files` zum Aufspüren von Falldubletten vollständig ersetzt werden, sondern es lassen sich darüber hinaus weitere Differenzierungen vornehmen:

- »Doppelte ID finden« auf Seite 305
- »Unterscheidung zwischen »Master-Fall« und Dublette« auf Seite 306
- »Alle Fälle mit ID-Dubletten markieren« auf Seite 307
- »Master und Dubletten differenziert markieren« auf Seite 308
- »Fälle mit identischer ID nummerieren« auf Seite 309
- »Fälle mit Übereinstimmungen in mehreren Variablen markieren« auf Seite 309

Doppelte ID finden

Listing 11.26 zeigt einen Zweizeiler zur Identifizierung von Dubletten. Als Dubletten gelten dabei Fälle mit identischer ID-Nummer. Weisen zwei oder mehr Fälle den gleichen Wert in der Variablen `id` auf, werden alle bis auf einen dieser Fälle als Dublette gekennzeichnet:

- Der `sort`-Befehl sortiert die Fälle in dem aktiven DatenSet in aufsteigender Reihenfolge nach den Werten der Variablen `id`, so dass alle Fälle mit identischer ID unmittelbar untereinander stehen.

- Der `compute`-Befehl erstellt eine Dummy-Variable (0/1-Variable), die genau in jenen Fällen den Wert 1 zugewiesen bekommt, in denen der ID-Wert mit der ID des vorhergehenden Falles übereinstimmt. Damit werden alle Fälle, in denen eine ID wiederholt auftritt, mit dem Wert 1 in der Variablen `dublette` markiert.

Kapitel 11
Fälle sortieren, filtern und gewichten

```
SORT CASES id .
COMPUTE dublette = (id = lag(id,1)) .
EXECUTE .
```

Listing 11.26: Identifizierung von Fällen mit doppelter ID

	id
1	0001
2	0003
3	0001
4	0002
5	0005
6	0005
7	0002
8	0004
9	0002
10	0004

	id	dublette
1	0001	0,00
2	0001	1,00
3	0002	0,00
4	0002	1,00
5	0002	1,00
6	0003	0,00
7	0004	0,00
8	0004	1,00
9	0005	0,00
10	0005	1,00

Abb. 11.3: Markierung von Fällen mit wiederholten ID-Nummern

Tipp

Um im nächsten Schritt die Dubletten dauerhaft zu löschen, können Sie den Befehl `select if` in der Form `select if (dublette = 0)` verwenden, siehe hierzu Abschnitt 11.3.2 auf Seite 292. Um Fälle vorübergehend herauszufiltern, verwenden Sie den Befehl `filter` (zum Beispiel mit den Befehlen `compute master=-1*(dublette-1). filter by master.`), siehe hierzu Abschnitt 11.3.1 auf Seite 289. Mit dem `list`-Befehl können Sie gezielt die Variablenwerte der identifizierten Fälle in die Ausgabedatei schreiben, um dort eine manuelle Prüfung der Fälle vorzunehmen, siehe hierzu das Beispiel auf Seite 308.

Unterscheidung zwischen »Master-Fall« und Dublette

Bei dem Vorgehen aus Listing 11.26 hängt es unter anderem vom Zufall ab, welcher von zwei Fällen mit identischer ID als Dublette gekennzeichnet wird; die Markierung erhält der Fall, der zufällig an zweiter Stelle in dem DatenSet steht. Möchten Sie dagegen anhand bestimmter Kriterien auswählen, welche Fälle als Dubletten markiert werden und welcher Fall als eine Art »Master-Fall« keine Markierung erhält, können Sie dies durch eine entsprechende Sortierung der Fälle erreichen. So werden die Fälle in Listing 11.27 zunächst wieder nach ihrem ID-Wert sortiert, alle Fälle mit identischer ID werden aber zusätzlich in absteigender Reihenfolge nach ihrem Aktualisierungsdatum (Variable `datum`) geordnet. Damit steht jeweils der Fall mit dem jüngsten Aktualisierungsdatum an erster Stelle und erhält keine Dubletten-Markierung.

```
SORT CASES id (A) datum (D) .
COMPUTE dublette = (id = LAG(id,1)) .
EXECUTE .
```

Listing 11.27: Identifizierung von Fällen mit doppelter ID und Auswahl des »Master-Falles«

Alle Fälle mit ID-Dubletten markieren

Mit den Befehlen in Listing 11.26 und Listing 11.27 wurden Fälle mit einer ID, die bereits in einem früheren Fall enthalten war, markiert. Weisen n Fälle die gleiche ID auf, erhalten damit n-1 Fälle eine Markierung als Dublette, während einer der Fälle als Master ohne Markierung bleibt. Gerade für eine Überprüfung der Daten ist es jedoch oftmals hilfreich, alle n Fälle mit nicht-eindeutiger ID zu markieren. Dies geschieht in Listing 11.28:

- Zunächst wird eine Variable nummer erstellt, die für jeden Fall die aktuelle Fallnummer festhält. Diese Information wird später als Ordnungskriterium benötigt.

- Die zweite und dritte Programmzeile sind fast identisch mit Listing 11.26 und markieren damit jeweils alle bis auf einen der Fälle, deren ID-Werte übereinstimmen. Die zusätzliche Sortierung nach der Variablen nummer bestimmt die Reihenfolge der Fälle mit übereinstimmender ID; jeweils der Fall mit der niedrigsten nummer wird in diesem Schritt nicht als Dublette markiert.

- Im nächsten Schritt werden die Fälle so umsortiert, dass sich die Reihenfolge der Fälle mit übereinstimmender ID umkehrt. Nach der erneuten Sortierung steht innerhalb jeder Gruppe von Fällen mit gleicher ID genau der Fall an letzter Position, der bisher nicht als Dublette markiert wurde.

- Der if-Befehl kommt nur für jene Fälle zur Anwendung, die bisher nicht als Dublette markiert wurden. Für diese Fälle wird erneut überprüft, ob ihre ID mit der des jeweils vorhergehenden Falls übereinstimmt. Trifft dies zu, wird die Dubletten-Markierung (Wert 1) gesetzt, andernfalls wird erneut der Wert 0 zugewiesen. Damit sind alle Fälle mit nicht-eindeutiger ID markiert.

- Die drei folgenden Befehle schreiben die Werte der Falldubletten in die Ausgabedatei; eine solche Übersicht kann hilfreich sein, um die Dubletten zu überprüfen und über den weiteren Umgang mit ihnen zu entscheiden. Zunächst wird ein Filter eingeschaltet, der alle Fälle mit eindeutiger ID vorübergehend deaktiviert. Der nachfolgende Befehl list schreibt die Variablenwerte der verbliebenen Fälle in die Ausgabedatei, so dass die Dubletten inhaltlich abgeglichen werden können. Anschließend wird der Filter wieder ausgeschaltet, so dass wieder alle Fälle zur Verfügung stehen.

Kapitel 11
Fälle sortieren, filtern und gewichten

```
COMPUTE nummer = $CASENUM .
SORT CASES id nummer .
COMPUTE dublette = (id=LAG(id,1)) .
SORT CASES id (A) nummer (D) .
IF (dublette=0) dublette = (id=LAG(id,1)) .
FILTER BY dublette .
LIST .
FILTER OFF .
EXECUTE .
```

Listing 11.28: Markierung aller Fälle mit nicht-eindeutiger ID

Master und Dubletten differenziert markieren

Die Syntax aus Listing 11.28 kann mit einer geringfügigen Anpassung auch für eine differenziertere Markierung der Dubletten genutzt werden. So bewirkt die Befehlsfolge in Listing 11.29, dass alle Fälle mit nicht-eindeutiger ID gekennzeichnet werden, wobei jeweils der Fall mit dem ältesten Aktualisierungsdatum (Variable datum) den Wert 2 erhält, während alle übrigen Dubletten den Wert 1 als Markierung erhalten. Dies wird einfach dadurch erreicht, dass die Variable datum als zusätzliches Sortierkriterium aufgenommen wurde. Dadurch ist sichergestellt, dass jeweils die Dubletten mit dem ältesten Datum erst im zweiten Schritt markiert werden und dort den Wert 2 zugewiesen bekommen. Die zusätzliche Sortierung nach der Variablen nummer ist notwendig, falls zwei Dubletten auch in der Variablen datum übereinstimmende Werte enthalten.

```
COMPUTE nummer = $CASENUM .
SORT CASES id datum nummer .
COMPUTE dublette = (id = LAG(id,1)) .
SORT CASES id (A) datum nummer (D) .
IF (dublette = 0) dublette = 2*(id = LAG(id,1)) .
EXECUTE .
```

Listing 11.29: Markierung aller Dubletten und Kennzeichnung des »Master-Falles«

	id	datum
1	0001	31.03.2008
2	0003	05.06.2007
3	0001	18.09.2007
4	0002	01.06.2008
5	0005	19.03.2007
6	0005	05.02.2008
7	0002	31.10.2007
8	0004	22.08.2007
9	0002	27.03.2008
10	0004	04.05.2007

	id	datum	nummer	dublette
1	0001	31.03.2008	1,00	1,00
2	0001	18.09.2007	3,00	2,00
3	0002	01.06.2008	4,00	1,00
4	0002	27.03.2008	9,00	1,00
5	0002	31.10.2007	7,00	2,00
6	0003	05.06.2007	2,00	0,00
7	0004	22.08.2007	8,00	1,00
8	0004	04.05.2007	10,00	2,00
9	0005	05.02.2008	6,00	1,00
10	0005	19.03.2007	5,00	2,00

Abb. 11.4: Differenzierte Markierung von Falldubletten

Fälle mit identischer ID nummerieren

Für einige Fragestellungen ist es hilfreich, Fälle mit identischer ID zu nummerieren und damit zugleich die Gesamtzahl der Fälle mit der entsprechenden ID zu ermitteln. Genau dies leistet die Befehlsfolge aus Listing 11.30. Die Fälle werden nach der ID und bei identischer ID absteigend nach der Variablen datum sortiert. Anschließend werden die Fälle unter Nutzung des leave-Befehls durchnummeriert, wobei die Nummerierung bei jeder neuen ID wieder mit 1 beginnt, vgl. das Ergebnis in Abbildung 11.5. Zur Mechanik des leave-Befehls siehe im Einzelnen Abschnitt 10.3.

```
SORT CASES id (A) datum (D) .
IF (id NE LAG(id,1)) idnr = 0 .
COMPUTE idnr = idnr + 1 .
LEAVE idnr .
EXECUTE .
```

Listing 11.30: Nummerieren aller Fälle innerhalb einer Fallgruppe mit leave

	id	datum
1	0001	31.03.2008
2	0003	05.06.2007
3	0001	18.09.2007
4	0002	01.06.2008
5	0005	19.03.2007
6	0005	05.02.2008
7	0002	31.10.2007
8	0004	22.08.2007
9	0002	27.03.2008
10	0004	04.05.2007

	id	datum	idnr
1	0001	31.03.2008	1,00
2	0001	18.09.2007	2,00
3	0002	01.06.2008	1,00
4	0002	27.03.2008	2,00
5	0002	31.10.2007	3,00
6	0003	05.06.2007	1,00
7	0004	22.08.2007	1,00
8	0004	04.05.2007	2,00
9	0005	05.02.2008	1,00
10	0005	19.03.2007	2,00

Abb. 11.5: Fälle mit identischer ID absteigend nach Aktualisierungsdatum nummeriert

Fälle mit Übereinstimmungen in mehreren Variablen markieren

Die Logik zur Identifizierung von Falldubletten lässt sich vollkommen analog auf solche Dubletten übertragen, die durch übereinstimmende Werte in mehreren Variablen gekennzeichnet sind, vgl. das Beispiel in Listing 11.31. Dort werden genau solche Fälle als Dubletten gekennzeichnet, die (nach entsprechender Sortierung) in den vier Variablen vorname, nachname, plz und alter mit dem jeweils vorhergehenden Fall übereinstimmen. Mit der gleichen Mechanik könnten auch hier wieder wie oben dargestellt sämtliche Dubletten markiert oder Master-Fälle mit einer gesonderten Kennzeichnung versehen werden.

```
SORT CASES vorname nachname plz alter .
COMPUTE dublette = (vorname  = LAG(vorname,1))
        * (nachname = LAG(nachname,1))
```

```
             *  (plz    = LAG(plz,1))
             *  (alter  = LAG(alter,1)) .
EXECUTE .
```

Listing 11.31: Markierung von Falldubletten mit Übereinstimmung in mehreren Variablen

Kapitel 12

Fälle gruppieren und aggregieren

12.1 Überblick

SPSS bietet verschiedene Möglichkeiten, die Fälle eines DatenSets zu gruppieren und zu aggregieren. Diese Verfahren sind auf solche Anwendungsfälle ausgelegt, in denen sich die einzelnen Beobachtungen (Fälle) eines DatenSets inhaltlich in verschiedene Fallgruppen unterteilen lassen. So könnten beispielsweise die Ergebnisse einer für Deutschland repräsentativen Personenbefragung vorliegen, in denen unter anderem für jeden Befragten das Bundesland seines Wohnortes gespeichert ist. Es kann dann eine der zu untersuchenden Fragestellungen darin bestehen, die Antworten der Befragten für die einzelnen Bundesländer getrennt auszuwerten oder für jedes Bundesland aggregierte Werte wie die Mittelwerte der Antworten auf bestimmte Fragen zu berechnen. Für beide Arten von Fragestellungen stehen bei SPSS spezielle Verfahren zur Verfügung, die in diesem Kapitel vorgestellt werden:

- *Fälle in Gruppen aufteilen.* Sie können die Fälle eines DatenSets in Gruppen unterteilen, um in nachfolgenden statistischen Verfahren jede Gruppe getrennt zu analysieren. Hierzu dient der Befehl `split file`, siehe Abschnitt 12.2, Seite 311.

- *Fälle aggregieren.* Enthält ein DatenSet verschiedene Fallgruppen wie etwa regionale Daten mit mehreren Beobachtungen je Region oder Personendaten, von denen jeweils mehrere Personen demselben Haushalt oder demselben Unternehmen zuzuordnen sind, können mit dem Befehl `aggregate` sehr einfach verdichtete Werte für die Gruppen zusammengehörender Fälle berechnet werden. Dabei erstellt SPSS ein neues DatenSet, in dem für jede Fallgruppe nur noch ein Datensatz enthalten ist. Dieser Datensatz enthält aggregierte Werte wie Summen, Mittelwerte oder Verteilungsangaben, die aus den Einzelfällen der Fallgruppe berechnet werden. Siehe hierzu Abschnitt 12.3, Seite 315.

12.2 Fälle in Gruppen unterteilen

Mit dem Befehl `split file` lässt sich die Gesamtheit der in einem DatenSet enthaltenen Fälle in Gruppen unterteilen. Zur Bildung der Fallgruppen dienen dabei die Werte einer oder mehrerer Variablen. Wurde eine solche Gruppenbildung vorgenommen, werden alle nachfolgenden statistischen Analysen für jede Fallgruppe getrennt durchgeführt.

Beispiel

Enthält ein DatenSet die Ergebnisse einer Personenbefragung, wobei unter anderem in einer Variablen mit dem Namen `gender` das Geschlecht der Befragten durch die Kodierungen `w` (weiblich) und `m` (männlich) vermerkt ist, kann diese Variable verwendet werden, um die Fälle im DatenSet in die Gruppe der männlichen Befragten einerseits und die Gruppe der weiblichen Befragten andererseits zu unterteilen. Enthält das DatenSet zusätzlich eine Variable `raucher` mit den Eintragungen 1 (ja) und 0 (nein), können Sie die Variablen `gender` und `raucher` kombiniert verwenden, um die vier Fallgruppen *männliche Raucher, männliche Nichtraucher, weibliche Raucher* und *weibliche Nichtraucher* zu bilden. Wenn Sie anschließend deskriptive Statistiken wie eine Häufigkeitstabelle anfordern oder ein statistisches Verfahren wie einen T-Test durchführen, werden die Resultate für jede der vier Gruppen getrennt berechnet und ausgegeben.

Syntax

Die Syntax des Befehls `split file` ist denkbar einfach: Neben dem Befehlsnamen ist lediglich das Schlüsselwort `by` anzugeben, gefolgt von der oder den Variablen, nach deren Werten die Gruppenbildung erfolgen soll. So führt der Befehl aus Listing 12.2 eine Gruppenbildung nach den Werten der Variablen `gender` herbei.

```
SPLIT FILE BY gender .
```
Listing 12.1: Einfache Syntax von `split file`

Wichtig

Der Befehl `split file` setzt voraus, dass die Fälle in dem DatenSet nach der bzw. den Gruppierungsvariablen sortiert sind. Ist dies nicht der Fall, schlägt die Gruppenbildung fehl. Konkret geht SPSS so vor, dass nur jeweils solche Fälle zu einer Gruppe zusammengefasst werden, die in den Gruppierungsvariablen übereinstimmende Werte aufweisen und zusätzlich in dem DatenSet unmittelbar aufeinander folgen. Daher empfiehlt es sich in aller Regel, vor Ausführung des Befehls `split file` eine entsprechende Sortierung des DatenSets sicherzustellen. So wird in Listing 12.2 die im obigen Beispiel beschriebene Unterteilung in die vier Fallgruppen *männliche Nichtraucher, männliche Raucher, weibliche Nichtraucher* und *weibliche Raucher* vorgenommen, wobei zuvor eine entsprechende Sortierung der Fälle veranlasst wird.

```
SORT CASES BY gender raucher .
SPLIT FILE BY gender raucher .
```
Listing 12.2: Gruppenbildung mit vorheriger Sortierung der Fälle

> **Tipp**
>
> Der Befehl `split file` bewirkt nicht, dass die einzelnen Fälle des DatenSets starr den unterschiedlichen Gruppen zugeordnet werden; vielmehr merkt sich SPSS im Hintergrund die Regeln, nach denen die Gruppenbildung erfolgt, und wendet diese bei jeder nachfolgenden Ausführung einer statistischen Prozedur entsprechend an. Dies hat zur Folge, dass sich auch Änderungen an den Werten der Gruppierungsvariablen, die erst nach Ausführung des Befehls `split file` vorgenommen werden, auf die Gruppenbildung für nachfolgende statistische Prozeduren auswirken. Führen derartige Änderungen an den Werten dazu, dass die Fälle nicht mehr nach den Gruppierungsvariablen sortiert sind, wird auch die Gruppenbildung nicht mehr korrekt vorgenommen; hierzu muss dann explizit eine neue Sortierung der Fälle veranlasst werden.

Ausgabeformat festlegen

Die Unterteilung des DatenSets in Fallgruppen bewirkt, dass alle nachfolgenden Analysen für jede der Fallgruppen getrennt durchgeführt werden. Wenn Sie beispielsweise einen T-Test anfordern, während das DatenSet in vier Fallgruppen unterteilt ist, werden entsprechend vier T-Tests ausgeführt und damit auch vier Testergebnisse in die Ausgabedatei geschrieben. Für die Darstellung dieser Ergebnisse stehen zwei unterschiedliche Formate zur Verfügung, die Sie bereits bei der Bildung der Fallgruppen für alle nachfolgenden Prozeduren festlegen:

- *Gruppen vergleichen* (`layered`). Bei dieser Darstellung werden die statistischen Ergebnisse für die verschiedenen Fallgruppen gemeinsam dargestellt. Werden die Ergebnisse in einer Pivot-Tabelle wiedergegeben, bilden die Fallgruppen eine Dimension dieser Tabelle. Diagramme werden bei dieser Option genauso wie bei der folgenden Option für jede Gruppe getrennt erstellt, erscheinen jedoch in der Ausgabedatei unmittelbar hintereinander.

- *Getrennte Darstellung* (`separate`). Die Analyseergebnisse werden für jede Gruppe getrennt ausgegeben.

Um das Ausgabeformat festzulegen, fügen Sie das entsprechende Schlüsselwort `layered` oder `separate` in der in Listing 12.3 dargestellten Form in den Befehl ein. Wenn Sie das Format nicht explizit festlegen, kommt der Gruppenvergleich (`layered`) zur Anwendung.

```
SORT CASES BY gender raucher .
SPLIT FILE SEPARATE BY gender raucher .
```

Listing 12.3: Bildung von Fallgruppen mit getrennter Darstellung späterer Analyseergebnisse

Bestehende Gruppenbildung aufheben

Wenn Sie eine Gruppenbildung in einem DatenSet vorgenommen haben, kommt diese bei allen nachfolgenden Prozeduren der laufenden Sitzung zur Anwendung. Soll die Gruppenbildung beendet werden, müssen Sie sie durch eine neue Gruppenbildung überschreiben oder explizit aufheben. Um eine bestehende Gruppenbildung aufzuheben, verwenden Sie das Schlüsselwort off in der in Listing 12.4 dargestellten Form.

In Listing 12.4 wird nach entsprechender Sortierung der Fälle zunächst eine Gruppenbildung vorgenommen, die bei der nachfolgenden frequencies-Prozedur zur Erstellung von Häufigkeitstabellen und Statistiken zur Anwendung kommt. Anschließend wird die Gruppenbildung wieder aufgehoben und der identische frequencies-Befehl noch einmal ausgeführt, so dass die damit angeforderten Daten nun für das gesamte DatenSet ohne Unterscheidung zwischen verschiedenen Fallgruppen ermittelt werden.

```
SORT CASES BY gender raucher .
SPLIT FILE SEPARATE BY gender raucher .
FREQUENCIES VARS=alter /STATISTICS=MEAN .
SPLIT FILE OFF .
FREQUENCIES VARS=alter /STATISTICS=MEAN .
EXECUTE .
```

Listing 12.4: Fallgruppen bilden und aufheben

Tipp

Möchten Sie eine Gruppenbildung vornehmen, die nur bei einer einzigen Prozedur zur Anwendung kommt, und danach die Gruppenbildung sofort wieder aufheben, können Sie die Gültigkeit der Gruppenbildung von vornherein mit dem Befehl temporary auf die nachfolgende Prozedur beschränken. Listing 12.5 ist damit in diesem Fall äquivalent zu Listing 12.4. Zum Befehl temporary siehe im Einzelnen Kapitel 3.

```
SORT CASES BY gender raucher .
TEMPORARY .
SPLIT FILE SEPARATE BY gender raucher .
FREQUENCIES VARS=alter /STATISTICS=MEAN .
FREQUENCIES VARS=alter /STATISTICS=MEAN .
EXECUTE .
```

Listing 12.5: Fallgruppen bilden und aufheben

Beschränkungen des Befehls

Beachten Sie bei der Anwendung des Befehls `split file` die folgenden Restriktionen:

- Der Befehl kann nur bis zu acht Variablen als Gruppierungsvariablen verarbeiten.

- Sowohl numerische als auch Textvariablen können als Gruppierungsvariablen fungieren, System- und Scratch-Variablen sind hingegen nicht zulässig.

- Der Befehl `aggregate` ignoriert eine vorhandene Gruppenbildung, da dieser Befehl selbst eine Gruppierung des DatenSets vornimmt.

12.3 Fälle aggregieren

Der Befehl `aggregate` dient dazu, Fallgruppen aus einem DatenSet zusammenzufassen und dabei für jede Fallgruppe aggregierte Werte wie den Mittelwert oder die Summe einzelner Variablen zu berechnen. Die Ergebnisse der Aggregation werden wahlweise als Datendatei gespeichert oder in ein DatenSet geschrieben. In dieser neuen Datei bzw. dem DatenSet bildet jede Fallgruppe aus der Ursprungsdatei nur noch einen einzigen Fall, in dem die für die Ausgangsvariablen berechneten aggregierten Werte ausgewiesen werden. Das Berechnen aggregierter Werte ist dabei nur für numerische Variablen möglich.

Beispiel

Listing 12.6 zeigt eine Anwendung des `aggregate`-Befehls; die Wirkung ist Abbildung 12.1 skizziert. Die Ursprungsdatei *kunden.sav* enthält Kundendaten eines fiktiven Unternehmens, wobei jeder Kunde einen Fall darstellt. Die 100 in der Datei beschriebenen Kunden entstammen 43 unterschiedlichen Haushalten. Für jeden Kunden liegen folgende Informationen vor:

- ID-Nummer des Haushalts, dem die Person angehört (Variable `hh`)

- Personen-ID (Variable `person`)

- Alter (Variable `alter`)

- Anzahl der von dem Kunden gekauften Produkte (Variable `absatz`)

- Höhe des von dem Kunden realisierten Umsatzes (Variable `umsatz`)

- Betrag der aktuellen Nettoforderung gegen den Kunden (Variable `konto`)

Auf Basis dieser Datei nimmt der `aggregate`-Befehl nun folgende Verdichtung der Daten vor, siehe auch das Ergebnis in Abbildung 12.1:

Kapitel 12
Fälle gruppieren und aggregieren

- Alle Fälle, die demselben Haushalt angehören und damit in der Variablen hh den gleichen Wert haben, werden zu einer Fallgruppe zusammengefasst. Dies legt der Unterbefehl /break=hh fest.

- Die aggregierten Werte werden in eine neue Datendatei mit dem Namen *Haushalte.sav* im Verzeichnis *c:\daten* geschrieben. In dieser Datei wird jede Fallgruppe und damit jeder Haushalt aus der Quelldatei eine Zeile bilden.

- Für jede Fallgruppe werden sechs Werte ermittelt, so dass die Zieldatei entsprechend sechs Variablen aufweisen wird:

    - *hh*. Die Gruppierungsvariable hh mit der Haushalts-ID wird automatisch in die Zieldatei übernommen.
    - *perszahl*. Anzahl der Fälle je Fallgruppe (je Haushalt).
    - *hhkonto*. Summe aller offenen Nettoforderungen gegen Personen aus dem Haushalt.
    - *pka*. Durchschnittliche Anzahl der je Haushaltsmitglied gekauften Produkte.
    - *pku*. Durchschnittlicher Umsatz je Haushaltsmitglied.
    - *unter18*. Anteil der Personen im Haushalt, die jünger als 18 Jahre sind; für diese Variable wird zugleich das Label `Personen juenger als 18` definiert.

	hh	person	alter	absatz	umsatz	konto
1	h001	0076	12	1	9,00	0,00
2	h001	0043	54	2	105,00	0,00
3	h001	0044		5	253,68	0,00
4	h002	0082	64	2	125,00	0,00
5	h002	0097	45	3	132,00	0,00
6	h003	0072	23	5	257,61	-19,70
7	h003	0077		5	277,17	0,00
8	h003	0045	63	4	249,00	0,00
9	h004	0083	36	6	383,33	0,00
10	h005	0010	36	2	69,00	-3,10
11	h005	0093	52	5	257,00	0,00
12	h006	0046		2	83,00	0,00
13	h006	0078	45	5	252,78	-12,20

	hh	perszahl	hhkonto	pka	pku	unter18
1	h001	3	0,00	2,67	122,56	0,500
2	h002	2	0,00	2,50	128,50	0,000
3	h003	3	-19,70	4,67	261,26	0,000
4	h004	1	0,00	6,00	383,33	0,000
5	h005	2	-3,10	3,50	163,00	0,000
6	h006	2	-12,20	3,50	167,89	0,000

Abb. 12.1: Quelldatei mit Personendaten (o.) und aggregierte Datei mit Haushaltsdaten (u.)

```
AGGREGATE OUTFILE="C:\Daten\Haushalte.sav"
  /BREAK = hh
  /perszahl = N
  /hhkonto = SUM(konto)
  /pka pku = MEAN(absatz umsatz)
  /unter18 'Personen juenger als 18' = FLT(alter,18) .
```

Listing 12.6: aggregate berechnet aggregierte Werte für alle Personen eines Haushalts

Optionen

Listing 12.7 zeigt ein etwas vereinfachtes Syntaxdiagramm des `aggregate`-Befehls mit den wichtigsten Unterbefehlen. Die notwendigen Angaben sind eine Zieldatei, die Gruppierungsvariable(n) und die Beschreibung der zu berechnenden aggregierten Werte.

```
AGGREGATE OUTFILE = {'Zieldatei'}
                    {*          }
[/MISSING = COLUMNWISE]
  /BREAK = Gruppierungsvariable(n)
  /Zielvar ['Label'] = Funktion(Quellvariable)
  [/Zielvar...] .
```

Listing 12.7: Allgemeine Syntax von `aggregate` mit den wichtigsten Unterbefehlen

- *Zieldatei.* Mit dem notwendigen Unterbefehl `outfile` wird die Zieldatei angegeben, in die die aggregierten Werte geschrieben werden sollen, vgl. auch Listing 12.6. Alternativ besteht die Möglichkeit, die aggregierten Werte in das aktive oder ein anderes, neues DatenSet zu schreiben. Möchten Sie die aggregierten Werte in das aktive DatenSet schreiben, ersetzen Sie hierzu den Namen der Zieldatei durch einen Stern: `outfile = *`. Beachten Sie dabei, dass damit der bisherige Inhalt des DatenSets überschrieben wird, ohne zuvor gespeichert zu werden; eine Sicherung der Daten müssen Sie gegebenenfalls vor dem `aggregate`-Befehl manuell veranlassen.

  Sollen die aggregierten Werte als DatenSet bereitgestellt, aber nicht in das aktive DatenSet eingefügt werden, können Sie die Ergebnisse des `aggregate`-Befehls auch in ein neues DatenSet schreiben. Dieses muss hierzu bereits definiert sein; geben Sie dann einfach den Namen dieses DatenSets als Zieldatei an. So wird in Listing 12.8 zunächst ein neues DatenSet mit dem Namen `AggregierteWerte` angelegt, in das anschließend die Ergebnisse der `aggregate`-Prozedur geschrieben werden.

```
DATASET DECLARE AggregierteWerte .
AGGREGATE OUTFILE='AggregierteWerte'
  /BREAK = hh
  /perszahl = N
  /hhkonto = SUM(konto)
  /pka pku = MEAN(absatz umsatz)
  /unter18 'Personen juenger als 18' = FLT(alter,18) .
```
Listing 12.8: Aggregierte Werte in ein neues DatenSet schreiben

- *Gruppierungsvariablen.* Mit dem notwendigen Unterbefehl /break werden die Gruppierungsvariablen festgelegt. Es können eine oder mehrere Variablen angegeben werden, wobei sowohl numerische als auch Textvariablen zulässig sind.

  Alle Fälle, die in der oder den Gruppierungsvariablen den gleichen Wert bzw. die gleiche Wertekombination aufweisen, werden beim Aggregieren zu einer Gruppe zusammengefasst. Geben Sie zum Beispiel die Gruppierungsvariablen gender (mit den Werten 0 für *weiblich* und 1 für *männlich*) und raucher (mit den Werten 0 für *nein* und 1 für *ja*) an, werden insgesamt vier Fallgruppen gebildet: weibliche Nichtraucher, weibliche Raucher, männliche Nichtraucher und männliche Raucher.

- *Zielvariablen und Aggregierungsfunktionen.* Die Beschreibung der zu berechnenden Zielvariablen mit den aggregierten Daten erfolgt in Form einer Berechnungsformel, die wie ein Unterbefehl durch Schrägstrich getrennt in den Befehl eingefügt wird, vgl. auch die Beispiele in Listing 12.6. Dort sind auch zwei Besonderheiten zu erkennen:
  - Sie können mit der aggregate-Prozedur auch Labels für die Zielvariablen definieren. Schreiben Sie hierzu einfach das Label als Text und damit zwischen Anführungszeichen hinter den Namen der Zielvariablen.
  - Soll auf mehrere Quellvariablen die gleiche Aggregierungsfunktion angewendet werden, können Sie die Berechnung für die einzelnen Variablen wie folgt in einer Anweisung zusammenfassen, vgl. auch die Berechnung von pka und pku in Listing 12.6:
    aggvar1 aggvar2 aggvar3 = Funktion(var1 var2 var3)
  Zu den verfügbaren Aggregierungsfunktionen siehe unten, Tabelle 12.1.

- *Umgang mit fehlenden Werten.* Enthält eine Variable, für die Sie aggregierte Werte berechnen, in einem Fall einen fehlenden Wert, wird der aggregierte Wert für die betroffene Fallgruppe dennoch auf Basis der verbleibenden gültigen Werte berechnet. Dadurch ist es möglich, dass die verschiedenen aggregierten Werte einer Fallgruppe auf einer unterschiedlichen Anzahl gültiger Werte basieren. Wenn Sie dies vermeiden möchten, können Sie den Unterbefehl /mis-

`sing=columnwise` einfügen. Dieser Unterbefehl bewirkt, dass nur dann aggregierte Werte berechnet werden, wenn die jeweilige Quellvariable in allen Fällen der Fallgruppe einen gültigen Wert aufweist; sobald die Quellvariable einen fehlenden Wert enthält, wird auch als aggregierter Wert für die betroffene Fallgruppe ein fehlender Wert ausgegeben. Der Unterbefehl hat keinen Einfluss auf die Funktionen `n()`, `nu()`, `nmiss()` und `numiss()`, siehe unten.

Per Voreinstellung werden nicht nur systemdefinierte, sondern auch benutzerdefinierte fehlende Werte bei der Berechnung der aggregierten Werte ausgeschlossen. Sie können jedoch bei jeder einzelnen Funktion erreichen, dass benutzerdefinierte fehlende Werte wie gültige Werte einbezogen werden. Schreiben Sie hierzu unmittelbar hinter den Funktionsnamen einen Punkt in der Form: `hhkonto = SUM.(konto)`.

Funktionen

Für die Berechnung aggregierter Werte stehen die folgenden Aggregierungsfunktionen zur Verfügung. Die Funktionen `sum()`, `mean()` und `sd()` können dabei nur auf numerische Variablen angewendet werden, alle übrigen Funktionen sind auch auf Textvariablen anwendbar.

Funktion	Bedeutung
`sum(Variable)`	Summe aller gültigen Werte der Variablen in der Fallgruppe
`mean(Variable)`	Arithmetisches Mittel
`median(Variable)`	Median (50%-Perzentil)
`sd(Variable)`	Standardabweichung. Dieser Wert kann nur für Fallgruppen berechnet werden, in denen die Variable mindestens zwei gültige Werte enthält
`max(Variable)`	Ergibt den größten gültigen Wert der Variablen in der Fallgruppe
`min(Variable)`	Kleinster gültiger Wert der Variablen in der Fallgruppe
`pgt(Variable,Wert)`	Prozentualer Anteil der gültigen Werte in der Fallgruppe, die über dem angegebenen `Wert` liegen
`plt(Variable,Wert)`	Prozentualer Anteil der gültigen Werte in der Fallgruppe, die unter dem angegebenen `Wert` liegen
`pin(Variable,Wert1,Wert2)`	Prozentualer Anteil der gültigen Werte in der Fallgruppe, die in dem Wertebereich zwischen `Wert1` und `Wert2` (einschließlich) liegen
`pout(Variable,Wert1,Wert2)`	Prozentualer Anteil der gültigen Werte in der Fallgruppe, die außerhalb des Wertebereichs zwischen `Wert1` und `Wert2` (einschließlich) liegen

Tabelle 12.1: Aggregierungsfunktionen für die Prozedur `aggregate`

Funktion	Bedeutung
fgt(Variable,Wert)	Wie PGT(), aber als Anteils- statt Prozentwert
flt(Variable,Wert)	Wie PLT(), aber als Anteils- statt Prozentwert
fin(Variable,Wert1,Wert2)	Wie PIN(), aber als Anteils- statt Prozentwert
fout(Variable,Wert1,Wert2)	Wie POUT(), aber als Anteils- statt Prozentwert
n(Variable)	Anzahl der Fälle in einer Fallgruppe. Bei der Ermittlung der Fallzahl werden eventuelle Fallgewichtungen berücksichtigt. Sie können die Funktion auch ohne Angabe einer Variablen verwenden; wenn Sie jedoch eine Variable angeben, werden nur die Fälle mit gültigen Werten in dieser Variablen gezählt
nu(Variable)	Wie n(), jedoch ohne Berücksichtigung von Fallgewichtungen
nmiss(Variable)	Anzahl der fehlenden Werte der Variablen in der Fallgruppe; dabei werden Fallgewichtungen berücksichtigt
numiss(Variable)	Wie nmiss(), jedoch ohne Berücksichtigung von Fallgewichtungen
first(Variable)	Erster gültiger Wert einer Fallgruppe
last(Variable)	Letzter gültiger Wert einer Fallgruppe

Tabelle 12.1: Aggregierungsfunktionen für die Prozedur aggregate (Forts.)

Kapitel 13

Datendateien zusammenführen und umstrukturieren

SPSS stellt recht strenge Anforderungen an die Anordnung der Daten innerhalb eines DatenSets. Zu diesen Anforderungen gehört unter anderem, dass eine Variable jeweils einer Spalte entspricht, während jede Zeile einen Fall repräsentiert. Sind die Daten nicht in dieser Weise angeordnet, ist es nicht möglich, sinnvolle statistische Analysen durchzuführen. Da es jedoch in manchen Fällen von der konkreten Fragestellung abhängt, welche Dimension der Daten die Variablen bilden soll und welche Dimension die Fälle definiert, ist die »richtige« Anordnung der Daten nicht immer eindeutig festgelegt. Es kann daher sein, dass dieselben Daten für verschiedene Fragestellungen in unterschiedlicher Weise strukturiert sein müssen. Zudem ist es bei SPSS so, dass sich immer nur solche Daten gemeinsam analysieren lassen, die sich zusammen in demselben DatenSet befinden. Sind die Daten dagegen auf mehrere DatenSets verteilt, müssen sie daher zunächst in einem DatenSet zusammengeführt werden.

Um diesen Anforderungen von SPSS gerecht zu werden und die Daten in der erforderlichen Weise für eine Analyse aufzubereiten, bietet die Syntax folgende Möglichkeiten zum Zusammenführen und Umstrukturieren von DatenSets:

- *Transponieren.* Mit dem Befehl `flip` können Sie ein DatenSet »kippen«, so dass jede bisherige Variable in einen Fall und umgekehrt jeder Fall in eine Variable umgewandelt wird; siehe hierzu den folgenden Abschnitt 13.1.

- *Dateien zusammenführen.* Wenn Daten, die auf mehrere Datendateien verteilt sind, gemeinsam analysiert werden sollen, müssen diese zunächst in einem DatenSet zusammengeführt werden. Hierzu stehen die beiden Befehle `add files` (führt die Fälle zweier Datendateien zusammen, siehe Abschnitt 13.2, Seite 324) und `match files` (führt die Variablen zweier Datendateien zusammen, siehe Abschnitt 13.3, Seite 329) zur Verfügung.

- *Daten aktualisieren.* Der Befehl `update` ermöglicht es, zwei oder mehr in ihrer Struktur ähnliche Dateien miteinander zu vergleichen. Eine der Dateien wird als Masterdatei deklariert; die Daten dieser Datei werden dann auf Basis der Daten aus den übrigen Dateien aktualisiert, siehe hierzu Abschnitt 13.4, Seite 335.

- *Daten umstrukturieren.* Eine Kombination unterschiedlicher Syntaxbefehle ermöglicht eine recht differenzierte Umstrukturierung eines DatenSets. So lassen sich mehrere Variablen in einer Variablen zusammenfassen, indem jeder

Kapitel 13
Datendateien zusammenführen und umstrukturieren

einzelne Fall auf mehrere Fälle aufgeteilt wird. Ebenso kann eine Umstrukturierung in umgekehrter Weise erfolgen: Es können mehrere Fälle in einem Fall zusammengefasst werden, so dass jede Variable auf mehrere Variablen aufgeteilt wird; siehe hierzu im Einzelnen Abschnitt 13.5, Seite 340.

13.1 Datendateien transponieren

Allgemeine Syntax

Mit dem Befehl flip können Sie das aktive DatenSet »kippen«, so dass jede bisherige Variable in einen Fall und umgekehrt jeder Fall in eine Variable umgewandelt wird. Der Befehl hat die sehr übersichtliche, in Listing 13.1 dargestellte allgemeine Syntax.

```
FLIP [VARIABLES = {ALL      }]
                  {Variablen}
     [/NEWNAMES = Variable] .
```

Listing 13.1: Allgemeine Syntax von flip zum Transponieren des aktiven DatenSets

Beispiel

Die Wirkung des Befehls ist in Abbildung 13.1 dargestellt. Wenn die linke Tabelle der Abbildung als aktives DatenSet geöffnet ist und der Befehl

```
FLIP .
```

ohne weitere Spezifikationen ausgeführt wird, vertauscht SPSS Variablen und Fälle, so dass die rechte Tabelle aus Abbildung 13.1 resultiert. Die Variable case_lbl wurde dabei automatisch erstellt und weist als Werte die Variablennamen der Ausgangstabelle auf.

	var1	var2	var3
1	1	4	7
2	2	5	8
3	3	6	9

	CASE_LBL	var001	var002	var003
1	var1	1,00	2,00	3,00
2	var2	4,00	5,00	6,00
3	var3	7,00	8,00	9,00

Abb. 13.1: Transponieren eines DatenSets

Wirkung und Optionen

Beim Transponieren eines DatenSets kommen folgende Regeln und Optionen zur Anwendung:

- *Erstellen eines neuen DatenSets.* Der Befehl flip schreibt die transponierten Daten in ein neues DatenSet, das dabei automatisch von SPSS angelegt wird. Dieses neue DatenSet hat zunächst noch keinen Namen, Sie sollten ihm also unmittelbar im Anschluss an den `flip`-Befehl mit dem Befehl `dataset name` einen Namen zuweisen.

> **Wichtig**
>
> In früheren SPSS-Versionen (bis zur Programmversion SPSS 13) fügt der `flip`-Befehl die transponierten Daten direkt in die Arbeitsdatei ein, so dass deren bisheriger Inhalt überschrieben wird. Enthält die Ausgangsdatei dabei Änderungen, die noch nicht gespeichert wurden, gehen diese unwiederbringlich verloren.

- *Nur ausgewählte Variablen transponieren.* Es ist nicht notwendig, stets das gesamte DatenSet zu transponieren. Vielmehr können Sie auch einzelne Variablen auswählen, um nur diese als Fälle in das transponierte DatenSet zu übertragen. Verwenden Sie hierzu den Unterbefehl `variables` und führen Sie anschließend die zu transponierenden Variablen auf, vgl. das Beispiel in Listing 13.2.

- *Textvariablen nicht transponierbar.* Beim Transponieren werden ausschließlich die Werte numerischer Variablen in das neue DatenSet übernommen. Für jede Textvariable, die Sie zum Transponieren ausgewählt haben, wird in dem transponierten DatenSet zwar auch ein Fall gebildet, dieser enthält jedoch in sämtlichen Feldern systemdefinierte fehlende Werte. Dies gilt auch dann, wenn Sie ausschließlich Textvariablen zum Transponieren auswählen.

- *Variablennamen aus einer Variablen auslesen.* Per Voreinstellung weist SPSS den Variablen in dem transponierten DatenSet Namen der Art `var001`, `var002` etc. zu. Sie können jedoch auch eine Variable aus dem Ausgangs-DatenSet benennen, damit SPSS deren Werte als Variablennamen für das transponierte DatenSet verwendet. Diese Variable muss eine Textvariable sein. Für ein Beispiel siehe Listing 13.2.

- *Fehlende Werte.* Alle benutzerdefinierten fehlenden Werte werden in systemdefinierte fehlende Werte umgewandelt. Damit geht die Differenzierung zwischen verschiedenen Arten fehlender Werte verloren. Dies lässt sich nur vermeiden, indem vor dem Transponieren die Definitionen fehlender Werte in den betreffenden Variablen aufgehoben werden.

- *Bericht in der Ausgabedatei.* Beim Ausführen des `flip`-Befehls schreibt SPSS eine Übersicht über die in dem transponierten DatenSet enthaltenen Variablen in die Ausgabedatei.

Transponieren ausgewählter Variablen mit Namensvariable

Listing 13.2 zeigt einen `flip`-Befehl, mit dem nur ausgewählte Variablen transponiert und zugleich die Variablennamen für das neue DatenSet aus einer Variablen des Ausgangs-DatenSets ausgelesen werden. Die Wirkung des Befehls ist Abbildung 13.2 dargestellt. Die Werte der Variablen produkt aus dem ursprünglichen DatenSet bilden die Variablennamen im transponierten DatenSet, in das nur die Werte der drei Variablen region1, region2 und region3 übernommen wurden. Die Variablennamen des Ausgangs-DatenSets hat SPSS wieder in die automatisch hinzugefügte Variable case_lbl geschrieben.

> **Tipp**
>
> Soll das transponierte DatenSet wieder in die ursprüngliche Anordnung der Daten überführt werden, können Sie hierfür den Befehl flip /newnames= case_lbl verwenden; dabei werden dann natürlich die Werte der ursprünglichen Variablen gesamt und anteil nicht wiederhergestellt.

```
FLIP VARIABLES = region1 region2 region3
    /NEWNAMES = produkt .
```

Listing 13.2: Transponieren ausgewählter Variablen mit Namensvariable

	produkt	region1	region2	region3	gesamt	anteil
1	Produkt1	1	4	7	12,00	0,27
2	Produkt2	2	5	8	15,00	0,33
3	Produkt3	3	6	9	18,00	0,40

	CASE_LBL	Produkt1	Produkt2	Produkt3
1	region1	1,00	2,00	3,00
2	region2	4,00	5,00	6,00
3	region3	7,00	8,00	9,00

Abb. 13.2: Transponieren ausgewählter Variablen mit Namensvariable

13.2 Dateien verschmelzen: Fälle zusammenführen

Basics

Mit dem Befehl add files können Sie die Fälle zweier SPSS-Datendateien in einem gemeinsamen DatenSet zusammenfassen. Dabei werden die Fälle der einen Datei gewissermaßen an die Fälle der anderen Datei angefügt. Üblicherweise kommt der Befehl add files zur Anwendung, wenn zwei Dateien mit identischen Variablen vorliegen, die jedoch unterschiedliche Fälle enthalten. Wurden zum Beispiel in zwei Städten Befragungen mit dem gleichen Fragebogen durchgeführt und die erhobenen Daten für die beiden Städte getrennt in zwei Dateien gespeichert, kann der Befehl add files verwendet werden, um sämtliche Daten in einem DatenSet zu vereinen. Dabei ist es nicht erforderlich, dass beide Dateien ausschließlich die gleichen Variablen mit identischem Namen und übereinstimmender

Anordnung aufweisen. Auch die Anzahl der Variablen in den beiden Quelldateien muss nicht identisch sein. Allerdings ist das Zusammenfassen von Fällen im Allgemeinen nur dann sinnvoll, wenn die beiden Dateien zumindest unter anderem Variablen enthalten, die in ihrer Bedeutung übereinstimmen, so dass deren Werte nach dem Zusammenfassen der Fälle eine gemeinsame Variable bilden.

Als Quelldateien für den Befehl add files können sowohl SPSS-Datendateien als auch aktuelle geöffnete DatenSets verwendet werden. Dabei lassen sich mit einem Befehl nicht nur zwei, sondern bis zu 50 Dateien und DatenSets zusammenfassen. Das Ergebnis wird in ein neues DatenSet geschrieben, das SPSS dazu automatisch anlegt. Dieses DatenSet hat unmittelbar danach noch keinen Namen, Sie sollten ihm also unmittelbar im Anschluss an den add files-Befehl mit dem Befehl dataset name einen Namen zuweisen.

Vorsicht

Frühere SPSS-Versionen (bis zur Programmversion SPSS 13) schreiben das Ergebnis des add files-Befehls stets in die aktive Arbeitsdatei, so dass deren bisheriger Inhalt überschrieben wird. Enthält die Arbeitsdatei dabei Änderungen, die noch nicht gespeichert wurden, gehen diese unwiederbringlich verloren.

Allgemeine Syntax

Die allgemeine Syntax von add files mit den wichtigsten Unterbefehlen ist in Listing 13.3 wiedergegeben. Für jede Quelldatei wird ein Unterbefehl file zur Angabe des Dateinamens eingefügt. Mit einem add files-Befehl können mindestens zwei und maximal 50 Dateien zusammengeführt werden. Soll das aktive DatenSet als eine der Quelldateien fungieren, können Sie bei dem betreffenden file-Unterbefehl ein Sternchen als Platzhalter für die Quelldatei verwenden: /file=*. Um ein anderes geöffnetes DatenSet zu verwenden, geben Sie einfach dessen Namen statt des Dateibezugs an.

Mit der Angabe von zwei Quelldateien sind die Mindestanforderungen zur Spezifikation des Befehls erfüllt. Wenn Sie keine weiteren Angaben vornehmen, übernimmt SPSS alle Variablen der beiden Quelldateien in das gemeinsame DatenSet. Dabei werden jeweils solche Variablen, die sowohl das gleiche Variablenformat als auch den gleichen Namen aufweisen, in einer Variablen zusammengefasst, siehe auch das nachfolgende Beispiel.

```
ADD FILES
  /FILE='Dateiname'
    [/RENAME=(AlteVariablennamen=NeueVariablennamen)]
    [/IN=Variablenname]
```

```
/FILE='Dateiname'
    [/RENAME=(AlteVariablennamen=NeueVariablennamen)]
    [/IN=Variablenname]
[/FILE...]
[/MAP]
[/KEEP=Variablen]
[/DROP=Variablen]
```

Listing 13.3: Allgemeine Syntax von add files zum Zusammenführen der Fälle aus zwei Dateien

Beispiel

Der Befehl in Listing 13.4 führt die Fälle aus zwei Datendateien zusammen und ist auf die Mindestspezifikationen reduziert. Der Befehl gibt lediglich an, dass die Fälle aus den beiden SPSS-Datendateien *Quelldatei1.sav* und *Quelldatei2.sav* in einem gemeinsamen DatenSet verschmolzen werden sollen. Diese Anweisung setzt SPSS wie folgt um, vgl. auch die Darstellung in Abbildung 13.3:

- *Variablen mit Übereinstimmung in Namen und Format.* Variablen, die in beiden Dateien den gleichen Namen und das gleiche Format (Datentyp) aufweisen, werden in der Zieldatei in einer Variablen vereint. In Abbildung 13.3 trifft dies auf die Variable `alter` zu.

  Beachten Sie hierbei, dass zwei Variablen in diesem Sinne genau dann das gleiche Format besitzen, wenn es sich entweder in beiden Fällen um numerische Variablen handelt (unabhängig von dem jeweiligen numerischen Format) oder beide Variablen vom Typ `String` mit identischer Breite (Zeichenzahl der Werte) sind. Enthalten die Quelldateien Variablen mit übereinstimmendem Namen, deren Formate jedoch nicht kompatibel sind, gibt SPSS gegebenenfalls eine Fehlermeldung aus und führt den Befehl nicht aus.

- *Variablen ohne Übereinstimmung.* Alle Variablen, die nicht in Name und Format übereinstimmen, werden von SPSS ebenfalls in die Zieldatei übernommen und erhalten dort in allen Fällen, die der jeweils anderen Quelldatei entstammen, einen systemdefinierten fehlenden Wert bzw. in Textvariablen leere Felder. In Abbildung 13.3 gilt dies für die Variablen `gender` und `raucher`.

- *Auswahlmöglichkeiten.* Mithilfe der in Listing 13.4 nicht verwendeten optionalen Unterbefehle können Sie die Überführung der Variablen in das neue DatenSet differenzierter steuern:

  - *Variablen umbenennen.* Sie können innerhalb des `add files`-Befehls gezielt Variablen einzelner Quelldateien umbenennen, um so eine Übereinstimmung von Variablennamen herbeizuführen oder zu vermeiden. SPSS fasst dann genau jene Variablen aus den verschiedenen Quelldateien zusammen, deren Namen nach der Umbenennung übereinstimmen.

- *Variablen ausschließen.* Es ist nicht erforderlich, sämtliche Variablen aus beiden (bzw. allen) Quelldateien in das zusammengefasste DatenSet zu übernehmen. Vielmehr lässt sich mit den Unterbefehlen keep und drop genau festlegen, welche Variablen in das gemeinsame DatenSet übernommen werden sollen.

- *Ziel ist ein neues DatenSet.* Die Angabe einer Zieldatei ist weder notwendig noch möglich, denn das Ergebnis von add files wird stets in ein neues DatenSet geschrieben (bei älteren SPSS-Versionen bis SPSS 13 in die aktuelle Arbeitsdatei, deren bisheriger Inhalt dabei überschrieben wird).

```
ADD FILES
  /FILE = 'C:\Daten\Quelldatei1.sav'
  /FILE = 'C:\Daten\Quelldatei2.sav' .
EXECUTE .
```

Listing 13.4: Einfacher add files-Befehl zum Zusammenführen der Fälle zweier Dateien

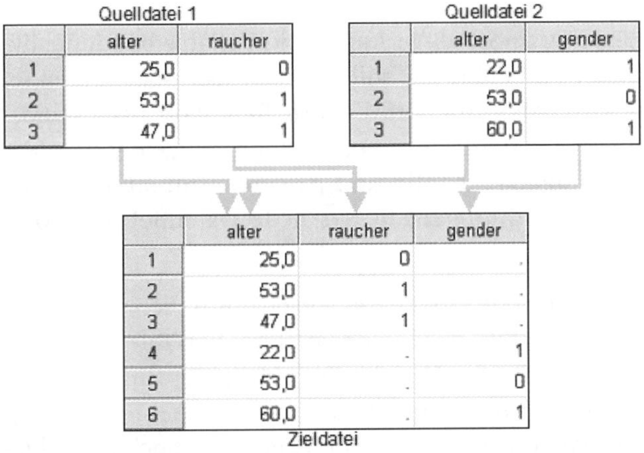

Abb. 13.3: Zusammenführen der Fälle zweier Datendateien mit add files

Zusammenführung der Variablen steuern

Beim Zusammenführen der Fälle zweier oder mehrerer Dateien können Sie abweichend von den Voreinstellungen differenziert festlegen, welche Variablen in dem zusammengefassten DatenSet jeweils eine gemeinsame Variable bilden sollen. Ferner lassen sich einzelne Variablen der Quelldateien vollkommen ausschließen, so dass diese gar nicht in das neue DatenSet übernommen werden. Die Syntax hierzu wird in dem Beispiel in Listing 13.5 deutlich; mit dem dort dargestellten Befehl werden zwei Dateien zusammengefasst, die unterschiedlich viele und zudem uneinheitlich benannte Variablen aufweisen, vgl. auch die Darstellung in Abbildung 13.4:

- *alter: Gleicher Name und gleiches Format.* Beide Quelldateien weisen eine Variable alter mit numerischem Format auf. Diese Variablen werden automatisch von SPSS zusammengefasst, und es sind keine besonderen Anweisungen erforderlich.

- *gender, sex: Unterschiedliche Namen bei gleicher Bedeutung.* Beide Quelldateien weisen eine Variable auf, die das Geschlecht der Personen in 0/1-Form kodiert. In Quelle1 heißt diese Variable jedoch gender und in Quelle2 sex. SPSS würde die Variablen daher nicht automatisch in einer Variablen zusammenfassen; daher wird die Variable sex in gender umbenannt, so dass SPSS die Zusammengehörigkeit der Variablen erkennt und eine gemeinsame Variable bildet.

- *wohnort: Gleicher Name bei unterschiedlicher Bedeutung.* Beide Quelldateien enthalten eine Variable wohnort, jedoch haben die beiden Variablen eine unterschiedliche inhaltliche Bedeutung. Um das Zusammenfassen der Variablen durch SPSS zu vermeiden (es würde übrigens auch an unterschiedlichen Spaltenbreiten der Textvariablen scheitern und eine Fehlermeldung auslösen), wird die Variable wohnort in der ersten Datei in stadt und in der zweiten Datei in plz umbenannt.

- *bildung: Variable nicht in neues DatenSet übernehmen.* Die Variable bildung, die nur in der zweiten Quelldatei enthalten ist, soll nicht in das neue DatenSet übernommen werden und wird daher mit dem Unterbefehl drop ausgeschlossen. Umgekehrt könnte auch mit dem Unterbefehl keep festgelegt werden, dass nur die Variablen alter, gender, stadt und plz (relevant sind hier die Namen nach eventuellen Umbenennungen) in das neue DatenSet übernommen werden sollen.

- *quelle1: Indikatorvariable.* Für die erste Quelldatei wurde zusätzlich der Unterbefehl in=quelle1 eingefügt. Damit wird eine weitere Variable mit dem Namen quelle1 erstellt, die als Dummy-Variable (0/1-Variable) für jeden Fall ausweist, ob dieser Fall der ersten Quelldatei entstammt, vgl. Abbildung 13.4. Analog kann auch für jede weitere Quelldatei eine entsprechende Markierungsvariable erstellt werden.

```
ADD FILES
  /FILE='C:\Daten\Quelle1.sav'
    /RENAME (wohnort = stadt)
    /IN=quelle1
  /FILE='C:\Daten\Quelle2.sav'
    /RENAME (wohnort sex = plz gender)
    /DROP = bildung .
EXECUTE .
```

Listing 13.5: Zusammenführen der Fälle zweier Dateien mit differenzierter Variablenauswahl

	alter	gender	wohnort
1	38	1	Hamburg
2	27	0	München
3	54	1	Stuttgart

	alter	sex	wohnort	bildung
1	51	0	22965	Abitur
2	22	0	80331	Studium
3	39	1	19057	Klasse10

	alter	gender	stadt	plz	quelle1
1	38	1	Hamburg		1
2	27	0	München		1
3	54	1	Stuttgart		1
4	51	0		22965	0
5	22	0		80331	0
6	39	1		19057	0

Abb. 13.4: Zusammenführen der Fälle zweier Dateien mit differenzierter Variablenauswahl

Variablenübersicht in die Ausgabedatei schreiben

Fügen Sie in den add files-Befehl den Unterbefehl map ein, um eine Übersicht über die Variablen in dem neu erstellten DatenSet mit Angabe der zugehörigen Quellvariablen zu erstellen. Die Übersicht wird in die Ausgabedatei geschrieben. Wird in den Befehl aus Listing 13.5 der Unterbefehl map eingefügt, erzeugt dieser die in Listing 13.6 wiedergegebene Übersicht, die für jede Variable des neuen DatenSets die eingehenden Variablen aus den beiden Quelldateien aufführt.

```
Map of the result file

Result    Input1    Input2
------    ------    ------
alter     alter     alter
gender    gender    sex
stadt     wohnort
plz                 wohnort
```

Listing 13.6: Mit map erstellte Übersicht der Variablen des neuen DatenSets aus Listing 13.5

13.3 Dateien verschmelzen: Variablen zusammenführen

Basics

Mit dem Befehl match files werden die Variablen aus zwei Datendateien in einem gemeinsamen DatenSet zusammengefasst. Dies kann insbesondere dann sinnvoll sein, wenn sich die einzelnen Fälle der beiden Dateien auf dieselben Beobachtungseinheiten wie etwa auf dieselben befragten Personen beziehen. So sei beispielsweise angenommen, ein Unternehmen habe eine Kundenbefragung durchgeführt und die Antworten in einer Datendatei gespeichert, wobei für jede befragte Person ein Fall angelegt wurde. Zusätzlich verfüge dieses Unternehmen bereits über eine Kundendatei, in der für jeden Kunden verschiedene Angaben wie die bisher erworbenen Produkte oder die in Anspruch genommenen Garantieleistungen erfasst sind. Auch in dieser Datei beziehe sich jeder Fall auf jeweils einen Kunden. Um die Antworten aus der Befragung nun gemeinsam mit den Daten aus der Kundendatei auswerten zu können, müssen alle Informationen in einem DatenSet zusammengefasst werden. Da sich die Fälle der beiden Dateien auf dieselben Beobachtungseinheiten beziehen und die Variablen, die grundsätzlich in einer Datei nebeneinanderstehen könnten, auf zwei Dateien verteilt sind, kann dies mit dem Befehl `match files` geschehen.

Als Quelldateien für den Befehl `match files` können sowohl SPSS-Datendateien als auch aktuell geöffnete DatenSets verwendet werden. Dabei lassen sich mit einem Befehl nicht nur zwei, sondern bis zu 50 Dateien und DatenSets zusammenfassen. Das Ergebnis wird stets in ein neues DatenSet geschrieben; dieses neue DatenSet hat zunächst noch keinen Namen, Sie sollten ihm also unmittelbar nach dem `match files`-Befehl mit dem Befehl `dataset name` einen Namen zuweisen.

> **Vorsicht**
>
> In früheren SPSS-Versionen (bis zur Programmversion SPSS 13) wird das Ergebnis des `match files`-Befehls in die aktive Arbeitsdatei eingefügt, so dass deren bisheriger Inhalt überschrieben wird. Enthält die Arbeitsdatei dabei Änderungen, die noch nicht gespeichert wurden, gehen diese unwiederbringlich verloren.

Allgemeine Syntax

Die allgemeine Syntax von `match files` mit den wichtigsten Unterbefehlen ist in Listing 13.7 wiedergegeben. Für jede Quelldatei wird ein Unterbefehl `file` zur Angabe des Dateinamens eingefügt. Mit einem `match files`-Befehl können mindestens zwei und maximal 50 Dateien zusammengeführt werden. Soll das aktive DatenSet als eine der Quelldateien fungieren, können Sie bei dem betreffenden `file`-Unterbefehl ein Sternchen als Platzhalter für die Quelldatei verwenden: `/file=*`. Um ein anderes geöffnetes DatenSet zu verwenden, geben Sie einfach dessen Namen statt des Dateibezugs an.

Der Befehl `match files` bietet folgende Optionen, mit denen sich die Art des Matchings steuern lässt:

- *Paralleles oder nichtparalleles Matching.* Beim parallelen (sequenziellen) Matching werden die Fälle der beiden Dateien in der Reihenfolge, in der sie in den Quelldateien enthalten sind, aneinandergefügt. Alternativ können Sie mit dem Befehl `match files` auch ein nichtparalleles Matching durchführen. Dabei werden die Fälle der beiden Quelldateien einander mittels einer oder mehrerer Schlüsselvariablen zugeordnet.

13.3 Dateien verschmelzen: Variablen zusammenführen

Die Wahl zwischen den beiden Methoden erfolgt mit dem Unterbefehl by. Mit diesem optionalen Unterbefehl können Sie die Schlüsselvariable(n) für ein nichtparalleles Matching angeben. Es werden dann jeweils jene Fälle aus den beiden Quelldateien zu einem Fall zusammengeführt, die in der oder den Schlüsselvariablen übereinstimmende Werte aufweisen. Wenn Sie den Unterbefehl by nicht verwenden, führt SPSS automatisch ein paralleles Matching durch.

Wichtig
Wenn Sie eine oder mehrere Schlüsselvariablen angeben und damit ein nichtparalleles Matching durchführen, müssen alle Quelldateien in aufsteigender Reihenfolge nach den Schlüsselvariablen sortiert sein; ist dies nicht der Fall, kann SPSS die Fälle der verschiedenen Dateien einander nicht korrekt zuordnen.

- *Hierarchie der Quelldateien.* Beim parallelen Matching sind alle Quelldateien stets gleichberechtigt. Damit werden sämtliche Fälle aus allen Quelldateien in das gemeinsame DatenSet übernommen. Enthält eine Datei mehr Fälle als die jeweils andere Datei, werden die »überschüssigen« Fälle dennoch in das neue DatenSet übernommen, und die Variablen der anderen Datei erhalten in den betreffenden Fällen fehlende Werte.

  Beim nichtparallelen Matching können Sie hingegen zwischen »Master«- und »Slave«-Dateien unterscheiden: Fungiert eine Datei als Masterdatei, werden sämtliche Fälle dieser Datei in das gemeinsame DatenSet übernommen. Aus einer Slavedatei übernimmt SPSS hingegen nur solche Fälle in das neue DatenSet, zu denen auch ein Pendant in der anderen Quelldatei (der Masterdatei) existiert. Per Voreinstellung betrachtet SPSS jede Quelldatei als Masterdatei. Um eine Datei als Slave zu kennzeichnen, verwenden Sie statt des Unterbefehls `file` den Unterbefehl `table` (mit ansonsten identischer Syntax). Dabei muss jeder `match files`-Befehl mindestens eine Masterdatei enthalten.

- *Variablen auswählen und umbenennen.* Mit dem Unterbefehl `rename` können Sie einzelne Variablen einer Quelldatei umbenennen. Dies ist insbesondere hilfreich, um Namenskonflikte zu vermeiden, wenn ein Variablenname in beiden Quelldateien vertreten ist. Zudem können Sie mit den Unterbefehlen `keep` und `drop` eine Auswahl der Variablen treffen, um nur bestimmte Variablen in die Zieldatei zu übernehmen.

```
MATCH FILES
  /FILE='Dateiname'
    [/RENAME=(AlteVariablennamen=NeueVariablennamen)]
    [/IN=Variablenname]
```

```
  /{FILE }='Dateiname'
   {TABLE}
     [/RENAME=(AlteVariablennamen=NeueVariablennamen)]
     [/IN=Variablenname]
  [/FILE...]
  [/BY Variablen]
  [/MAP]
  [/KEEP=Variablen]
  [/DROP=Variablen]
```

Listing 13.7: Allgemeine Syntax von add files zum Zusammenführen der Fälle aus zwei Dateien

Beispiel: Unterschiedliche Arten des Matchings

Die Wirkung der unterschiedlichen Arten des Matchings lässt sich am anschaulichsten anhand eines Beispiels verdeutlichen. In Abbildung 13.5 sind vier Arten des Matchings dargestellt, die alle mit dem Befehl match files durchgeführt werden können:

- *Paralleles Matching.* Der Befehl im ersten Beispiel beschränkt sich auf die notwendigen Mindestangaben von match files, indem er lediglich die beiden Quelldateien benennt. Durch den Verzicht auf eine Schlüsselvariable wird implizit festgelegt, dass ein paralleles Matching durchzuführen ist. Die Fälle der beiden Quelldateien werden somit in der Reihenfolge, in der sie in den Ursprungsdateien enthalten sind, aneinandergefügt. Bei dieser Vorgehensweise ist es daher von zentraler Bedeutung, dass die Fälle in beiden Quelldateien in gleicher Reihenfolge sortiert sind und einander ohne Lücken eins zu eins entsprechen. Die in beiden Quelldateien enthaltene Variable id wird nur einmal in das gemeinsame DatenSet übernommen; dabei wird die Variable aus der als Erstes angeführten Quelldatei verwendet.

- *1:1-Matching mit Schlüsselvariable.* Im zweiten Beispiel wird die Variable id als Schlüsselvariable angegeben. Damit werden jeweils jene Fälle aus den beiden Quelldateien aneinandergefügt, die in der Schlüsselvariablen identische Werte aufweisen. Da beide Quelldateien als Masterdateien angegeben sind, übernimmt SPSS sämtliche Fälle aus den beiden Dateien in das gemeinsame DatenSet. Enthält eine Datei einen Fall, zu dem es kein Pendant in der anderen Datei gibt, bleiben die entsprechenden Variablen der anderen Datei im neuen DatenSet leer. Dies trifft hier auf den Fall mit dem ID-Wert 3 aus der ersten und für den Fall mit der ID 4 aus der zweiten Quelldatei zu.

- *Master-Slave-Matching.* Auch im dritten Beispiel fungiert die Variable id als Schlüsselvariable, allerdings sind nun nicht mehr beide Quelldateien gleichberechtigt. Vielmehr ist nur die erste Quelldatei eine Masterdatei; die zweite Quelldatei wird hingegen als Slave gekennzeichnet, indem sie nicht mit einem `file`-, sondern mit einem `table`-Unterbefehl angegeben wird. Dies hat zur Folge, dass aus der ersten Quelldatei weiterhin sämtliche Fälle in die Zieldatei übernommen werden, während SPSS aus der zweiten Quelldatei nur jene Fälle ausliest, zu denen es ein Pendant in der Masterdatei gibt. Der dritte Fall mit dem ID-Wert 4 bleibt damit ausgeschlossen, da dieser ID-Wert in der Masterdatei nicht vertreten ist.

- *Master-Slave-Matching mit 1:n-Beziehung.* Das vierte Beispiel verwendet den gleichen Befehl wie das dritte Beispiel. Allerdings enthält die Masterdatei nun zwei Fälle mit identischem ID-Wert. Da es sich um eine Masterdatei handelt, werden auch diese Fälle vollständig in das neue DatenSet übernommen. Die Werte aus der Slavedatei werden weiterhin über die Schlüsselvariable zugespielt, so dass die Werte des ersten Falles mit der ID-Nummer 1 den beiden Fällen mit der gleichen ID-Nummer aus der Masterdatei angehängt werden.

Tipp

Der umgekehrte Fall, dass eine Slavedatei Dubletten in der oder den Schlüsselvariablen aufweist, ist nicht zulässig. Vielmehr muss stets sichergestellt sein, dass jedem Fall aus der Masterdatei maximal ein Fall aus der Slavedatei zugeordnet werden kann.

Abb. 13.5: Berücksichtigung der Beziehung zwischen den Dateien im `match files`-Befehl

Kapitel 13
Datendateien zusammenführen und umstrukturieren

Variablen auswählen und umbenennen

Beim Zusammenführen der Variablen zweier oder mehrerer Dateien können einzelne Variablen umbenannt oder auch aus dem gemeinsamen DatenSet ausgeschlossen werden. Ferner können Sie Indikatorvariablen erstellen, die für jeden Fall im neuen DatenSet angeben, ob dieser auch Daten aus einer bestimmten Quelldatei enthält. Listing 13.8 zeigt ein Beispiel, in dem alle diese Optionen genutzt werden; zur Wirkung des Befehls siehe auch Abbildung 13.6:

- *Variablen umbenennen.* Beide Quelldateien enthalten eine Variable mit dem Namen fell. Damit beide Variablen in das gemeinsame DatenSet übernommen werden können, muss mindestens eine von ihnen umbenannt werden. In dem Befehl in Listing 13.8 erhalten beide Variablen einen neuen Namen: Die Variable fell aus der ersten Datei *Tier.sav* erhält den Namen muster, die Variable fell aus der zweiten Quelldatei *Farbe.sav* den Namen farbe.

  Würde keine der beiden gleichnamigen Variablen umbenannt, würde SPSS nur die Variable aus der zuerst aufgeführten Quelldatei (hier *Tier.sav*) in das gemeinsame DatenSet übernehmen.

- *Variable löschen.* Die Variable alter aus der zweiten Quelldatei *Farbe.sav* soll nicht in das neue DatenSet übernommen werden und wird daher mit dem Unterbefehl drop gelöscht. Dies hat keinen Einfluss auf die Quelldatei *Farbe.sav*; dort bleibt die Variable alter unverändert erhalten.

  Statt des Unterbefehls drop hätte auch der Unterbefehl keep verwendet werden können, um umgekehrt festzulegen, dass nur die Variablen id, tier, muster und farbe (relevant sind hier die Namen nach eventuellen Umbenennungen) in das neue DatenSet übernommen werden sollen.

- *Indikatorvariable einfügen.* Für die zweite Quelldatei wurde zusätzlich der Unterbefehl in=q2 eingefügt. Damit wird eine zusätzliche Variable mit dem Namen q2 erstellt, die als Dummy-Variable (0/1-Variable) für jeden Fall ausweist, ob dieser Fall auch Daten der zweiten Quelldatei enthält, vgl. Abbildung 13.6. Analog kann auch für jede weitere Quelldatei eine entsprechende Markierungsvariable erstellt werden.

```
MATCH FILES
  /FILE='C:\Daten\Tier.sav'
    /RENAME (fell=muster)
  /TABLE='C:\Daten\Farbe.sav'
    /RENAME(fell=farbe)
    /IN=q2
  /BY id
```

```
    /DROP=alter .
EXECUTE .
```

Listing 13.8: Befehl `match files` mit Auswahl und Umbenennung von Variablen

id	tier	fell
1	1 Hund	Punkte
2	2 Katze	Streifen
3	3 Maus	

id	tier	muster	farbe	q2
1	1 Hund	Punkte	Weiß	1
2	2 Katze	Streifen	Schwarz	1
3	3 Maus			0

id	fell	alter
1	1 Weiß	7
2	2 Schwarz	11
3	4 Grau	2

Abb. 13.6: Zusammenführen der Variablen zweier Dateien mit differenzierter Variablenauswahl

Variablenübersicht in die Ausgabedatei schreiben

Fügen Sie in den `match files`-Befehl den Unterbefehl `map` ein, um eine Übersicht über die Variablen in dem neuen DatenSet mit Angabe der zugehörigen Quellvariablen zu erstellen. Die Übersicht wird in die Ausgabedatei geschrieben. Wird in den Befehl aus Listing 13.8 der Unterbefehl `map` eingefügt, erzeugt dieser die in Listing 13.9 wiedergegebene Übersicht, die jede Variable des neuen DatenSets mit den jeweiligen Quellvariablen auflistet.

```
Map of the result file

Result    Input1    Input2
------    ------    ------
id        id        id
tier      tier
muster    fell
farbe               fell
```

Listing 13.9: Mit `map` erstellte Übersicht der Variablen in dem gemeinsamen DatenSet aus Listing 13.8

13.4 Dateien aktualisieren

Basics

Mit dem Befehl `update` können Sie die Daten einer Masterdatei auf Basis aktuellerer Daten, die in einer zweiten Datei (der Transaktionsdatei) vorliegen, aktualisieren. Bei beiden Dateien muss es sich um Datendateien im SPSS-Format bzw. um ein aktuell geöffnetes DatenSet handeln. Die aktualisierten Daten werden nicht wieder in die Masterdatei geschrieben (diese bleibt unverändert erhalten), sondern in ein neues DatenSet, das SPSS dazu automatisch anlegt. Dieses DatenSet hat anschließend noch keinen Namen, Sie sollten ihm also unmittelbar im Anschluss an den `update`-Befehl mit dem Befehl `dataset name` einen Namen zuweisen.

Vorsicht

In früheren SPSS-Versionen (bis zur Programmversion SPSS 13) wird das Ergebnis des update-Befehls in die aktive Arbeitsdatei eingefügt, so dass deren bisheriger Inhalt überschrieben wird. Enthält die Arbeitsdatei dabei Änderungen, die noch nicht gespeichert wurden, gehen diese unwiederbringlich verloren.

Für die Aktualisierung der Masterdatei gleicht SPSS diese mit der Transaktionsdatei ab; dazu müssen die Fälle in den Dateien durch eine oder mehrere Schlüsselvariablen gekennzeichnet sein. Zwei Fälle aus Master- und Transaktionsdatei werden als derselbe Datensatz angesehen, wenn sie in den Schlüsselvariablen übereinstimmende Werte aufweisen. Gleichzeitig werden zwei Variablen als identisch betrachtet, wenn die Namen der Variablen übereinstimmen. Als Ergebnis des Abgleichs wird die Masterdatei wie folgt aktualisiert, vgl. auch die schematische Darstellung in Abbildung 13.7:

- Enthält die Masterdatei einen Fall, der nicht in der Transaktionsdatei enthalten ist, bleibt dieser Fall in der Masterdatei unverändert.

- Enthält die Masterdatei einen Fall, der auch in der Transaktionsdatei enthalten ist, werden alle verfügbaren Werte dieses Falles aus der Transaktionsdatei in die Masterdatei übertragen. Ist ein Wert nicht verfügbar, weil die entsprechende Variable in dem betreffenden Fall der Transaktionsdatei einen fehlenden oder leeren Wert aufweist, bleibt der entsprechende Wert in der Masterdatei unverändert. Das Gleiche gilt, wenn eine Variable aus der Masterdatei in der Transaktionsdatei überhaupt nicht enthalten ist.

- Enthält die Transaktionsdatei einen Fall, der nicht in der Masterdatei enthalten ist, wird dieser Fall der Masterdatei hinzugefügt.

- Enthält die Transaktionsdatei eine Variable, die nicht in der Masterdatei enthalten ist, wird die betreffende Variable der Masterdatei hinzugefügt. Dabei erhält die Variable in der Masterdatei in allen Fällen, die in der Transaktionsdatei nicht enthalten sind, einen fehlenden Wert.

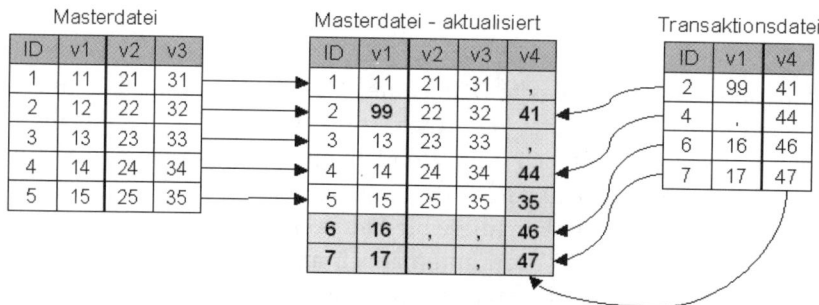

Abb. 13.7: Vorgehensweise beim Aktualisieren einer Datendatei mit update

Allgemeine Syntax

Listing 13.10 gibt die allgemeine Syntax des Befehls update mit den wichtigsten Unterbefehlen wieder. Als notwendige Spezifikationen des Befehls müssen eine Master- und mindestens eine Transaktionsdatei sowie eine Schlüsselvariable angegeben werden:

- *Quelldateien.* Master- und Transaktionsdateien werden mit jeweils einem file-Unterbefehl angegeben. Die als Erstes angeführte Datei fungiert als Masterdatei. Statt eines Dateinamens können Sie hier auch den Namen eines geöffneten DatenSets oder ein Sternchen (*) als Platzhalter für das jeweils aktive DatenSet angeben. Für jede Quelldatei stehen zusätzlich folgende Optionen zur Verfügung:
    - Der Unterbefehl rename ermöglicht es, Variablen einer Quelldatei umzubenennen. Dies wirkt sich nur auf das neue DatenSet und nicht auf die Quelldateien aus. Das Umbenennen einer Variablen kann notwendig sein, um eine Namensgleichheit zweier Variablen aus Master- und Transaktionsdatei herzustellen oder umgekehrt zu vermeiden.
    - Mit dem Unterbefehl in können Sie für jede Quelldatei eine Dummy-Variable (0/1-Variable) erstellen, die für jeden Fall ausweist, ob dieser in der betreffenden Quelldatei enthalten war.

- *Schlüsselvariable(n).* Der Unterbefehl by ist notwendig und legt die Schlüsselvariablen fest. Mindestens eine Schlüsselvariable muss angegeben werden; wenn Sie mehrere Schlüsselvariablen verwenden, betrachtet SPSS zwei Datensätze genau dann als identisch, wenn sie in allen Schlüsselvariablen übereinstimmende Werte aufweisen. Beachten Sie auch, dass die Quelldateien in aufsteigender Reihenfolge nach den Werten der Schlüsselvariablen sortiert sein müssen.

- *Variablen auswählen.* Sollen einzelne Variablen aus der Master- oder einer Transaktionsdatei nicht in das aktualisierte DatenSet übernommen werden, können Sie mit den Unterbefehlen keep und drop eine entsprechende Variablenauswahl vornehmen.

```
UPDATE
  /FILE = 'Masterdatei'
    [/RENAME (AlteVariablennamen = NeueVariablennamen)]
    [/IN = Variablenname]
  /FILE = 'Transaktionsdatei'
    [/RENAME (AlteVariablennamen = NeueVariablennamen)]
    [/IN = Variablenname]
  [/FILE = 'Transaktionsdatei2' ...]
```

Kapitel 13
Datendateien zusammenführen und umstrukturieren

```
/BY Schlüsselvariable
[KEEP=Variablen]
[DROP=Variablen] .
```

Listing 13.10: Allgemeine Syntax von update zum Aktualisieren einer Datendatei

Einfaches Update einer Datendatei

Listing 13.11 zeigt einen einfachen update-Befehl, der lediglich die obligatorischen Spezifikationen aufweist. Der Befehl legt fest, dass die Daten der Masterdatei *Kundendaten.sav* mit den Daten aus der Transaktionsdatei *DatenKW23.sav* aktualisiert werden sollen. Die Zuordnung der Fälle erfolgt dabei über die Schlüsselvariable id. Die Wirkung des Befehls ist in Abbildung 13.8 skizziert:

- Die Transaktionsdatei enthält einen Datensatz, der überhaupt nicht in der Masterdatei enthalten ist; dieser Datensatz mit der ID-Nummer p006 wird der Masterdatei (bzw. der aktualisierten Version der Masterdatei in dem von SPSS automatisch neu erstellten DatenSet) als neuer Fall hinzugefügt.

- Ferner enthält die Transaktionsdatei zwei Datensätze, die auch in der Masterdatei enthalten sind. Für diese beiden Datensätze liegen veränderte Werte in den Variablen kaufdat und lfzumsatz vor. Diese Werte werden in die Masterdatei übernommen, während die Werte der Variablen gebdat unverändert bleiben, da diese Variable in der Transaktionsdatei keine gültigen Werte enthält.

- Alle Fälle der Masterdatei, die in der Transaktionsdatei nicht aufgeführt werden, bleiben in der Masterdatei unverändert bestehen.

Masterdatei

	id	gebdat	kaufdat	lfzumstz
1	p001	15.06.1971	17.10.2004	542,12
2	p002	02.02.1941	02.02.2005	101,50
3	p003	19.03.1975	05.06.2005	27,58
4	p004	02.01.1943	19.05.2005	200,00
5	p005	22.06.1973	21.12.2003	56,23

Transaktionsdatei

	id	gebdat	kaufdat	lfzumstz
1	p003		11.06.2005	38,48
2	p005		11.06.2005	102,23
3	p006	21.05.1979	10.06.2005	24,90

Aktualisierte Masterdatei

	id	gebdat	kaufdat	lfzumstz
1	p001	15.06.1971	17.10.2004	542,12
2	p002	02.02.1941	02.02.2005	101,50
3	p003	19.03.1975	11.06.2005	38,48
4	p004	02.01.1943	19.05.2005	200,00
5	p005	22.06.1973	11.06.2005	102,23
6	p006	21.05.1979	10.06.2005	24,90

Abb. 13.8: Aktualisierung ausgewählter Daten einer Masterdatei mit aktuellen Transaktionsdaten

```
UPDATE
  /FILE='C:\Daten\Kundendaten.sav'
  /FILE='C:\Daten\DatenKW23.sav'
  /BY id .
EXECUTE .
```

Listing 13.11: Einfacher update-Befehl zur Aktualisierung einer Datendatei

Update einer Masterdatei mit Variablenauswahl

Der update-Befehl in Listing 13.12 enthält einige optionale Unterbefehle, die den Umgang mit den Variablen aus den Quelldateien steuern:

- *Markierungsvariablen.* Sowohl für die Master- als auch für die Transaktionsdatei wird eine Markierungsvariable erstellt, die für jeden Fall in der aktualisierten Masterdatei anzeigen, ob dieser bereits vor der Aktualisierung in der Masterdatei enthalten war (Variable alt) und ob er durch die Transaktionsdatei verändert oder neu hinzugefügt wurde (Variable neu). So ist in Abbildung 13.9 in der aktualisierten Masterdatei beispielsweise zu erkennen, dass der erste Fall unverändert aus der vorhergehenden Version der Masterdatei übernommen wurde (alt=1 und neu=0), der dritte Fall aktualisiert wurde (alt=1 und neu=1) und der sechste Fall vollkommen neu hinzugekommen ist (alt=0 und neu=1).

- *Variable umbenennen.* Die Transaktionsdatei *DatenKW24.sav* enthält eine Variable kdat, die in der Masterdatei den Namen kaufdat hat. Damit SPSS erkennt, dass es sich dabei inhaltlich um dieselbe Variable handelt, wird die Variable kdat mit dem Unterbefehl rename in kaufdat umbenannt. Dieser Vorgang wirkt sich nicht auf die Quelldatei *DatenKW24.sav* aus.

- *Variable löschen.* Die Transaktionsdatei enthält zusätzlich eine Variable produkt, die nicht in der Masterdatei enthalten ist. Damit diese auch beim Aktualisieren nicht der Masterdatei (bzw. ihrer aktualisierten Version) hinzugefügt wird, muss sie mit dem Unterbefehl drop gelöscht werden. Auch dies wirkt sich nicht auf die Quelldatei *DatenKW24.sav* aus.

```
UPDATE
  /FILE='C:\Daten\Kundendaten.sav'
    /IN=alt
  /FILE='C:\Daten\DatenKW24.sav'
    /IN=neu
    /RENAME (kdat=kaufdat)
  /BY id
  /DROP=produkt .
```

Listing 13.12: update-Befehl zur Aktualisierung einer Masterdatei mit Unterbefehlen zur Variablensteuerung

Kapitel 13
Datendateien zusammenführen und umstrukturieren

Masterdatei

	id	gebdat	kaufdat	lfzumstz
1	p001	15.06.1971	17.10.2004	542,12
2	p002	02.02.1941	02.02.2005	101,50
3	p003	19.03.1975	05.06.2005	27,58
4	p004	02.01.1943	19.05.2005	200,00
5	p005	22.06.1973	21.12.2003	56,23

Transaktionsdatei

	id	gebdat	kdat	lfzumstz	produkt
1	p003		7.06.2005	38,48	10002568
2	p005		7.06.2005	102,23	10001175
3	p006	21.05.1979	6.06.2005	24,90	10002555

Aktualisierte Masterdatei

	id	gebdat	kaufdat	lfzumstz	alt	neu
1	p001	15.06.1971	17.10.2004	542,12	1	0
2	p002	02.02.1941	02.02.2005	101,50	1	0
3	p003	19.03.1975	17.06.2005	38,48	1	1
4	p004	02.01.1943	19.05.2005	200,00	1	0
5	p005	22.06.1973	17.06.2005	102,23	1	1
6	p006	21.05.1979	16.06.2005	24,90	0	1

Abb. 13.9: Aktualisierung ausgewählter Daten einer Masterdatei mit Variablenauswahl

13.5 Umstrukturieren von Datendateien

13.5.1 Überblick

Die Datendateien in SPSS folgen in ihrem Aufbau zwingend einer klaren Struktur, in der die Werte stets nach Fällen und Variablen angeordnet sind. Eine zweckmäßige Anordnung der Daten gemäß dieser Struktur ist Voraussetzung dafür, dass die Daten mit den von SPSS bereitgestellten Analyseprozeduren sinnvoll ausgewertet werden können. Zum Teil kommt dabei nur eine sinnvolle Untergliederung der Daten in Fälle und Variablen in Betracht, oftmals lassen sich die Daten jedoch auf verschiedene Weise sinnvoll strukturieren, und es hängt von der konkreten Fragestellung ab, welcher Aufbau der Datendatei zweckmäßig ist. Dabei ist mitunter nicht nur offen, welche Dimension die Fälle bildet und welche Dimension als Variable dargestellt wird, sondern es kann beispielsweise auch unbestimmt sein, ob eine Folge von Werten in einer Variablen erfasst oder auf mehrere Variablen aufgeteilt werden sollte.

Beispiel: Anordnung der Daten bei Messwiederholungen

Es sei angenommen, es solle eine veränderte Methode zur Messung der Körpertemperatur getestet werden. Hierzu werden an verschiedenen Personen sowohl mit der modifizierten als auch mit einer bewährten Methode jeweils drei Temperaturmessungen zu unterschiedlichen Zeitpunkten vorgenommen. Abbildung 13.10 zeigt zwei Varianten, in denen die so gewonnenen Daten in einer

Datendatei gespeichert werden können. In der ersten, im Hintergrund liegenden Tabelle bildet jede der untersuchten Personen einen Fall; für jede Person sind neben einer Identifikationsnummer und dem Geschlecht die insgesamt sechs Messwerte in jeweils einer Variablen erfasst. Dementsprechend sind die Messergebnisse nach der neuen und der alten Methode in jeweils drei Variablen für die drei unterschiedlichen Messzeitpunkte abgelegt. Diese Datenhaltung eignet sich dazu, die mit den beiden unterschiedlichen Methoden zum selben Zeitpunkt erzielten Messergebnisse direkt miteinander zu vergleichen. So könnten etwa mithilfe eines gepaarten T-Tests die Variablen ante1 und post1 miteinander verglichen werden, um zu untersuchen, ob die beiden Messmethoden zum Zeitpunkt 1 im Durchschnitt signifikant verschiedene Ergebnisse geliefert haben. Für andere Fragestellungen wäre es hingegen hilfreich, sämtliche Ergebnisse einer Messmethode in einer Variablen zusammenzufassen. Hierzu würden nur zwei Variablen ante und post für die Messergebnisse benötigt, und in einer dritten Variablen könnte jeweils der Messzeitpunkt festgehalten werden. Diese Form der Datenorganisation kommt in der zweiten, vorderen Tabelle aus Abbildung 13.10 zur Anwendung. Auf Basis dieser Tabelle lassen sich zum Beispiel sehr einfach für die beiden Messmethoden die Durchschnittswerte aller Messungen berechnen oder ein T-Test über sämtliche Messungen durchführen.

Daten umstrukturieren mit der Befehlssyntax

Um ausgehend von der ersten, hinteren Tabelle die zweite, vordere Tabelle zu erhalten, müssen die Variablen ante1 bis ante3 sowie die Variablen post1 bis post3 jeweils in einer Variablen zusammengefasst werden. Dabei muss zugleich sichergestellt sein, dass die Informationen aus den beiden Variablen personid und gender in die neu entstehenden Fälle übertragen werden; ferner ist eine neue Variable messung anzulegen, die für jeden Fall den Messzeitpunkt ausweist, der bisher implizit in den Namen der sechs Messvariablen enthalten ist.

Eine solche Umstrukturierung der Datendatei lässt sich mithilfe der Syntax von SPSS durchführen. Allerdings steht dafür nicht ein spezifischer Befehl zur Verfügung, sondern man muss sich selbst eine entsprechende Befehlsfolge zusammenstellen. Wie fast immer gibt es auch hier verschiedene Wege, um zum Ziel zu kommen. Ein Weg, der von der hinteren zur vorderen Tabelle in Abbildung 13.10 führt, ist im folgenden Abschnitt 13.5.2 beschrieben. Der umgekehrte Weg von der vorderen zur hinteren Tabelle ist natürlich auch möglich und wird in Abschnitt 13.5.3, Seite 345, erläutert. In beiden Fällen ist ein kleines Programm erforderlich, das sich aus mehreren Einzelbefehlen zusammensetzt. Der Programmcode mag auf den ersten Blick etwas kompliziert erscheinen, ist aber tatsächlich sehr einfach und lässt sich mit geringem Aufwand so anpassen, dass sich auch abweichende Umstrukturierungen einer Datendatei vornehmen lassen.

Kapitel 13
Datendateien zusammenführen und umstrukturieren

> **Tipp**
>
> Die Umstrukturierung einer Datendatei lässt sich auch mithilfe von Dialogfeldern durchführen. Der Menübefehl *Daten / Umstrukturieren* startet einen Assistenten, mit dem die gewünschte Umstrukturierung beschrieben und abschließend wahlweise direkt ausgeführt oder in Syntax übersetzt werden kann.

	personid	gender	ante1	ante2	ante3	post1	post2	post3
1	P001	1	36,2	37,2	36,5	36,3	37,0	36,6
2	P002	0	36,8	37,3	37,2	36,8	37,1	37,0
3	P003	0	37,1	36,8	37,0	37,2	37,1	37,1
4	P004	1	36,9					
5	P005	1	36,3					
6	P006	1	37,3					
7	P007	0	36,5					
8	P008	1	36,4					
9	P009	0	37,0					
10	P010	0	36,6					

	personid	gender	ante	post	messung
1	P001	1	36,2	36,3	1
2	P001	1	37,2	37,0	2
3	P001	1	36,5	36,6	3
4	P002	0	36,8	36,8	1
5	P002	0	37,3	37,1	2
6	P002	0	37,2	37,0	3
7	P003	0	37,1	37,2	1
8	P003	0	36,8	37,1	2
9	P003	0	37,0	37,1	3
10	P004	1	36,9	36,8	1
11	P004	1	37,1	37,0	2
12	P004	1	36,7	36,7	3
13	P005	1	36,3	36,4	1
14	P005	1	36,5	36,8	2
15	P005	1	36,6	36,8	3
		1	37,3	37,3	1

Abb. 13.10: Zwei Varianten zur Anordnung der Daten von Messwiederholungen

13.5.2 Variablen zusammenfassen – Fälle aufteilen

Das Programm in Listing 13.13 überführt die hintere Tabelle (zur besseren Übersichtlichkeit ohne die Variable `gender`, die jedoch in der gleichen Form wie die Variable `id` berücksichtigt werden könnte) aus Abbildung 13.10 in die vordere Tabelle. Das Programm setzt voraus, dass die hintere Tabelle aktuell als aktives DatenSet zur Verfügung steht; sollte dies nicht der Fall sein, kann ein entsprechender `get file`-Befehl vorangestellt werden. (Die hintere Tabelle entspricht der Datei *testmatrix01.sav* auf der beiliegenden CD-ROM, die vordere Tabelle der Datei *testliste01.sav*.) Das Ablaufschema des Programms ist in Abbildung 13.11 skizziert:

- *Variablengruppen in getrennten Dateien speichern.* Im ersten Schritt werden die Variablen der Quelldatei in drei getrennte Dateien aufgeteilt. Die Aufteilung erfolgt so, dass jede der drei Dateien nur solche Variablen enthält, die auch in der angestrebten neuen Dateistruktur nebeneinanderstehen sollen. Damit werden umgekehrt alle Spalten (Variablen), die jetzt nebeneinanderstehen und in der neuen Struktur untereinanderstehen sollen, getrennten Dateien zugeordnet, vgl. die Darstellung in Abbildung 13.11. Die Variable id, die nicht neu angeordnet werden soll, wird dabei in jede der drei Dateien aufgenommen.

Syntax: Die drei Dateien werden jeweils mit einem eigenen save-Befehl erstellt; der Unterbefehl keep legt dabei fest, welche Variablen in die betreffende Datei übernommen werden sollen.

- *Fälle der drei Teildateien zusammenfügen.* Im zweiten Schritt werden die drei zuvor erstellten Teildateien wieder in einer Datei zusammengeführt. Dabei werden die Daten allerdings nicht »nebeneinander«, sondern »untereinander« geschrieben, so dass im Ergebnis Daten, die ursprünglich in getrennten Variablen standen, nun in einer Variablen untereinanderstehen.

  Syntax: Die Zusammenführung der Teildateien erfolgt mit dem Befehl add files, siehe hierzu im Einzelnen Abschnitt 13.2, Seite 324. Um zu erreichen, dass die Variablen ante1, ante2 und ante3 aus den drei Teildateien nun in einer Variablen zusammengefasst werden, müssen sie einen einheitlichen Namen erhalten. Dies erfolgt mit dem Unterbefehl rename, mit dem jeder ante-Variablen der Name ante und analog jeder post-Variablen der Name post zugewiesen wird.

  Zusätzlich wird für jede Quelldatei mit dem Unterbefehl in eine Markierungsvariable erstellt, um die Herkunft des Falles zu kennzeichnen. So weist die Variable messung1 in jedem Fall, der der ersten Teildatei entstammt, den Wert 1 und in allen übrigen Fällen den Wert 0 auf, vgl. Abbildung 13.11.

- *»Kosmetik«.* Mit dem add files-Befehl wurde die gewünschte Dateistruktur hergestellt. Alle weiteren Befehle nehmen nur noch »kosmetische Veränderungen« vor:

  - *Markierungsvariable.* Der compute-Befehl fasst die drei Markierungsvariablen messung1 bis messung3 in einer Variablen zusammen; die damit erstellte Variable messung kennzeichnet alle Fälle mit Daten aus den Ursprungsvariablen ante1 und post1 mit dem Wert 1, Fälle die aus den Variablen ante2 und post2 hervorgegangen sind, mit dem Wert 2 etc. Der anschließende formats-Befehl weist der Variablen ein numerisches Format ohne Dezimalstellen zu.
  - *Sortieren.* Mit sort cases werden die Fälle nach der ID-Nummer und der Markierungsvariablen sortiert.
  - *Datei speichern.* Der Befehl save speichert das neue DatenSet als Datendatei im SPSS-Format. Dabei werden die nun überflüssigen Dummy-Variablen messung1 bis messung3 nicht mit gespeichert. Das Unterdrücken dieser drei Variablen beim Speichern wirkt sich jedoch nicht auf das aktive DatenSet aus. Daher wird mit get file die gerade erstellte Datei *testliste.sav* als aktives DatenSet geöffnet, so dass auch dieses anschließend nicht mehr

die Dummy-Variablen enthält. Diesem DatenSet wird der DatenSet-Name `testliste` gegeben.

- *Teildateien löschen.* Die als Zwischenschritt erstellten Teildateien werden nicht mehr benötigt und daher mit jeweils einem `erase`-Befehl gelöscht.

```
SAVE OUTFILE='C:\Daten\dummy1.sav'
 /KEEP=personid ante1 post1 .
SAVE OUTFILE='C:\Daten\dummy2.sav'
 /KEEP=personid ante2 post2 .
SAVE OUTFILE='C:\Daten\dummy3.sav'
 /KEEP=personid ante3 post3.

ADD FILES
 /FILE = 'C:\Daten\dummy1.sav'
   /RENAME (ante1 post1 = ante post)
   /IN = messung1
 /FILE = 'C:\Daten\dummy2.sav'
   /RENAME (ante2 post2 = ante post)
   /IN = messung2
 /FILE = 'C:\Daten\dummy3.sav'
   /RENAME (ante3 post3 = ante post)
   /IN = messung3 .

COMPUTE messung = messung1 + 2*messung2 + 3*messung3 .
FORMATS messung (F2) .
SORT CASES personid messung .

SAVE OUTFILE='C:\Daten\testliste.sav'
 /DROP=messung1 TO messung3 .
GET FILE ='C:\Daten\testliste.sav' .
DATASET NAME testliste .

ERASE FILE = 'C:\Daten\dummy1.sav' .
ERASE FILE = 'C:\Daten\dummy2.sav' .
ERASE FILE = 'C:\Daten\dummy3.sav' .
```

Listing 13.13: Umstrukturieren einer Datendatei durch Zusammenfassen von Variablen

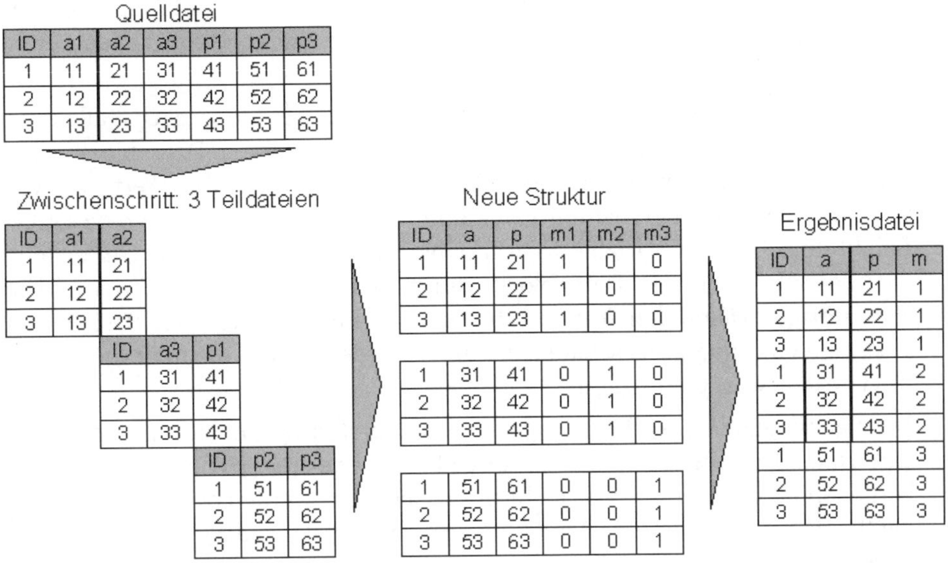

Abb. 13.11: Ablaufschema für das Programm aus Listing 13.13

> **Tipp**
>
> Wenn die Ausgangsdatei keine Schlüsselvariable wie `id` enthält, können Sie eine solche mit dem Befehl `compute id=$casenum` erstellen. Eine derartige ID-Nummer ist erforderlich, um auch in der neuen Dateistruktur die aus einem Fall hervorgegangenen Fälle einander zuordnen zu können.

13.5.3 Fälle zusammenfassen – Variablen aufteilen

Mit dem Programm in Listing 13.14 wird die Umkehrung des Programms aus Listing 13.13 vorgenommen. Das Programm überführt damit die vordere Tabelle aus Abbildung 13.10, Seite 342, in die hintere Tabelle. Das Programm setzt voraus, dass die vordere Tabelle aktuell als aktives DatenSet geöffnet ist. (Die vordere Tabelle entspricht der Datei *testliste01.sav* auf der beiliegenden CD-ROM, die hintere Tabelle der Datei *testmatrix01.sav*.) Abbildung 13.12 skizziert das Ablaufschema des Programms:

- *Fallgruppen in getrennten Dateien speichern.* Im ersten Schritt werden die Fälle der Quelldatei in drei Dateien aufgeteilt. Die Aufteilung erfolgt so, dass die Datenblöcke, die jetzt in Fällen untereinanderstehen und in der angestrebten neuen Dateistruktur nebeneinanderstehen sollen, jeweils in getrennten Dateien gespeichert werden, vgl. Abbildung 13.12.

    Syntax: Zunächst werden die Fälle in aufsteigender Reihenfolge nach den Werten der Variablen `personid` sortiert. Dies stellt sicher, dass auch die Fälle in den drei zu erstellenden Teildateien entsprechend sortiert sind, was eine Voraussetzung dafür ist, dass die Dateien später mit einem `match files`-Befehl wieder zusammengeführt werden können.

Um nur die Fälle eines Datenblocks zu speichern, werden zunächst alle übrigen Fälle vorübergehend deaktiviert. Die Fälle des ersten Datenblocks sind dadurch gekennzeichnet, dass sie in der Variablen `messung` den Wert 1 aufweisen. Um diese Fälle herausfiltern zu können, wird zunächst mit dem `compute`-Befehl eine Dummy-Variable (0/1-Variable) mit dem Namen `filter` erstellt, die alle Fälle des ersten Datenblocks durch den Wert 1 kennzeichnet und in allen übrigen Fällen den Wert 0 aufweist. Anschließend wird auf Basis dieser Variablen ein Filter eingeschaltet, der alle Fälle deaktiviert, die in der Variablen `filter` den Wert 0 enthalten.

Der nachfolgende `save`-Befehl speichert den ersten Datenblock als eigenständige Datei. Der Unterbefehl `unselected = delete` stellt sicher, dass die vorübergehend deaktivierten Fälle nicht mit gespeichert werden. Zusätzlich nimmt der Unterbefehl `keep` eine Variablenauswahl vor, da weder die Filtervariable noch die Variable `messung` im weiteren Verlauf benötigt werden.

Nach dem Speichern des ersten Datenblocks stellt der Befehl `use = all` sicher, dass wieder alle Fälle der Datendatei aktiviert werden, so dass der Filter wieder aufgehoben ist. Damit können nun die weiteren Datenblöcke vollkommen analog als eigenständige Dateien gespeichert werden.

- *Variablen der drei Teildateien zusammenführen.* Im zweiten Schritt werden die zuvor erstellten Teildateien wieder in einer Datei zusammengeführt. Dabei werden die Daten allerdings nicht »untereinander«, sondern »nebeneinander« geschrieben, so dass im Ergebnis Daten, die ursprünglich in einer Variablen untereinanderstanden, nun in mehreren Variablen nebeneinanderstehen.

    Syntax. Das Zusammenführen der Teildateien erfolgt mit dem Befehl `match files`, siehe hierzu im Einzelnen Abschnitt 13.3, Seite 329. Jede der Teildateien enthält eine Variable mit dem Namen `ante`. Damit alle drei Variablen mit diesem Namen in die gemeinsame Datei übernommen werden können, müssen diese beim Einlesen der Daten umbenannt werden, so dass sie drei unterschiedliche Namen erhalten. Das Gleiche gilt für die Variable `post`. Die Zuordnung der Fälle aus den drei Dateien erfolgt über die Schlüsselvariable `id`.

- *»Kosmetik«.* Nach dem Befehl `match files` liegen die Daten in der gewünschten Struktur in der Arbeitsdatei vor. Die weiteren Befehle dienen im Wesentlichen der Datenbereinigung:

    - *Datei speichern.* Der `save`-Befehl speichert das aktive DatenSet als Datendatei im SPSS-Format. Mit dem `keep`-Befehl werden alle in der Arbeitsdatei enthaltenen Variablen aufgeführt. Der Befehl nimmt damit keine Variablenauswahl vor, sondern dient hier lediglich dazu, die Reihenfolge der Variablen zu verändern. Indem die so gespeicherte Datei anschließend mit `get` file wieder eingelesen wird, übernimmt SPSS die geänderte Reihenfolge der Variablen auch in das aktive DatenSet, dem mit dem Befehl `dataset name` der Name `testmatrix` zugewiesen wird.

- *Teildateien löschen.* Die als Zwischenschritt erstellten Teildateien werden nicht mehr benötigt und können daher mit jeweils einem `erase`-Befehl gelöscht werden.

```
SORT CASES personid .
COMPUTE filter = (messung=1) .
FILTER BY filter .
SAVE OUTFILE='C:\Daten\dummy1.sav'
  /KEEP=personid ante post
  /UNSELECTED = DELETE .
USE ALL .
COMPUTE filter = (messung=2) .
FILTER BY filter .
SAVE OUTFILE='C:\Daten\dummy2.sav'
  /KEEP=personid ante post
  /UNSELECTED = DELETE .
USE ALL .
COMPUTE filter = (messung=3) .
FILTER BY filter .
SAVE OUTFILE='C:\Daten\dummy3.sav'
  /KEEP=personid ante post
  /UNSELECTED = DELETE .

MATCH FILES
  /FILE='C:\Daten\dummy1.sav'
    /RENAME (ante post = ante1 post1)
  /FILE='C:\Daten\dummy2.sav'
    /RENAME (ante post = ante2 post2)
  /FILE='C:\Daten\dummy3.sav'
    /RENAME (ante post = ante3 post3)
  /BY personid .

SAVE OUTFILE='C:\Daten\testmatrix.sav'
  /KEEP = personid
```

Kapitel 13
Datendateien zusammenführen und umstrukturieren

```
                ante1 ante2 ante3 post1 post2 post3 .
GET FILE ='C:\Daten\testmatrix.sav' .
DATASET NAME testmatrix .

ERASE FILE = 'C:\Daten\dummy1.sav' .
ERASE FILE = 'C:\Daten\dummy2.sav' .
ERASE FILE = 'C:\Daten\dummy3.sav' .
```

Listing 13.14: Umstrukturieren einer Datendatei durch Zusammenfassen von Fällen

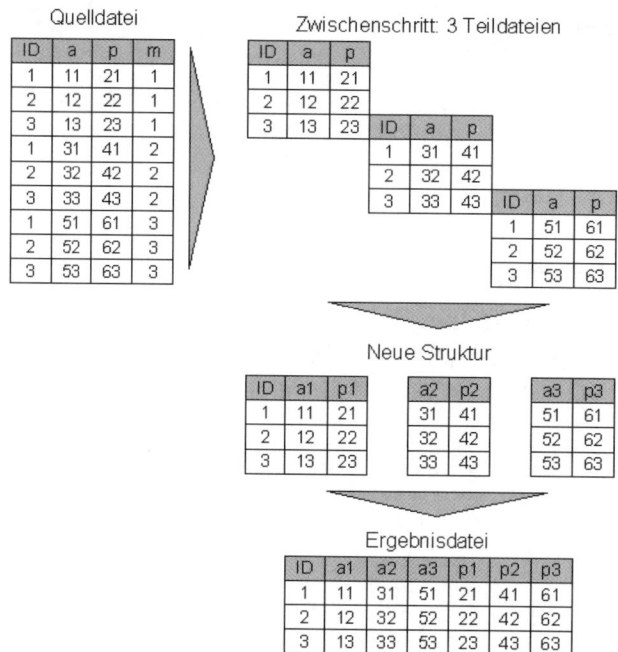

Abb. 13.12: Ablaufschema für das Programm aus Listing 13.14

Kapitel 14

Bedingungen, Wiederholungen und Schleifen

In diesem Kapitel werden einige fortgeschrittene Programmiertechniken beschrieben, mit deren Hilfe sich Berechnungen differenziert steuern lassen und die Syntax zum Teil erheblich vereinfacht werden kann:

- *Bedingte Berechnungen.* Sollen in Abhängigkeit von bestimmten Bedingungen unterschiedliche Transformationen auf die verschiedenen Fälle der Datendatei angewandt werden, lässt sich dies mit einer Befehlsstruktur der Form do if ... else if ... else erreichen. Dabei können mehrere Bedingungen beliebig ineinander verschachtelt werden, so dass eine differenzierte Steuerung der Berechnungen möglich ist. Siehe hierzu Abschnitt 14.1.

- *Vektoren.* Ein Vektor ist in der SPSS-Syntax eine Folge von Variablen, denen ein gemeinsamer Vektorname zugeordnet wird. Dadurch können die Variablen in nachfolgenden Befehlen nicht nur über ihren »richtigen« Namen, sondern auch über den Namen des Vektors angesprochen werden. Dies ist mitunter bei der Automatisierung von Programmen sehr hilfreich, insbesondere wenn auf alle Variablen des Vektors gleichartige Transformationen angewandt werden sollen. Eine Voraussetzung dazu ist allerdings, dass die betreffenden Variablen im DatenSet unmittelbar nebeneinander stehen. Siehe hierzu Abschnitt 14.2, Seite 355.

- *Gleichartige Berechnungen für mehrere Variablen.* Der Befehl do repeat ermöglicht es, eine Folge von Transformationsbefehlen nacheinander auf mehrere Variablen anzuwenden. Dabei ist es nicht erforderlich, dass die Variablen im DatenSet nebeneinander stehen. Siehe hierzu Abschnitt 14.3, Seite 360.

- *Schleifen.* Mit einem loop ... end loop-Befehl lassen sich Schleifen konstruieren, mit deren Hilfe ein Befehl oder eine Folge von Befehlen mehrmals wiederholt ausgeführt wird. Derartige Schleifen können Sie zum Beispiel einsetzen, um nacheinander alle Variablen eines Vektors zu bearbeiten, iterative Berechnungen und Simulationen auszuführen oder auch synthetische Werte für eine neue Datendatei zu berechnen. Siehe hierzu Abschnitt 14.4, Seite 363.

14.1 »do if«: Bedingte Berechnungen

14.1.1 Basics

Unterschied zwischen »if« und »do if«

In den Kapiteln 9 und 10 wurden die Befehle `compute` und `if` beschrieben. Der `compute`-Befehl dient dazu, die Werte einer oder mehrerer Variablen zu transformieren und auf diese Weise neue Variablenwerte zu berechnen. Genau die gleichen Transformationen können auch mit einem `if`-Befehl ausgeführt werden, dieser ermöglicht es jedoch zusätzlich, die Berechnungen auf ausgewählte Fälle in der Datendatei zu beschränken, die eine vorgegebene Bedingung erfüllen. So multipliziert der folgende Befehl alle Werte der Variablen `preis` mit dem früheren Euro-DM-Umrechnungskurs und schreibt das Ergebnis in die Variable `euro`:

```
COMPUTE euro = preis * 1,95583 .
```

Im Gegensatz hierzu führt der folgende Befehl die gleiche Berechnung aus, beschränkt diese jedoch auf jene Fälle, die in der Variablen `waehrung` den Eintrag DEM aufweisen, während alle übrigen Fälle vollkommen unberührt bleiben:

```
IF (waehrung = 'DEM') euro = preis * 1,95583 .
```

Ebenso wie ein solcher `if`-Befehl ermöglicht auch die Befehlsstruktur `do if ... end if` bedingte Transformationen, allerdings mit folgenden Erweiterungen:

- Es können nicht nur Berechnungen, wie sie mit einem `compute`-Befehl durchgeführt werden, sondern auch andere Transformationen wie `recode`- oder `count`-Befehle von einer Bedingung abhängig gemacht werden.

- Es können nicht nur einzelne Befehle, sondern ganze Befehlsgruppen an eine Bedingung geknüpft werden.

- Die Befehlsstruktur ermöglicht es, mehrere alternative Bedingungen in der Form `do if ... else if ... else ... end if` zu formulieren.

- Es lassen sich mehrere `do if ... end if`-Befehlsstrukturen ineinander verschachteln, so dass auch komplexe Bedingungsgeflechte mit mehreren Entscheidungsebenen formuliert werden können.

Allgemeine Syntax

Die allgemeine Syntax einer `do if ... end if`-Befehlsstruktur ist in Listing 14.1 dargestellt:

- Es können beliebig viele `else if`-Befehle eingefügt werden.
- Weder ein `else if`- noch der `else`-Befehl ist notwendig.
- Ein `else if`- bzw. ein `else`-Befehl kommt nur dann zur Ausführung, wenn alle vorausgehenden `if`-Bedingungen *falsch* waren. Die Befehle für den Fall, dass Bedingung_2 *wahr* ist, werden also nur dann ausgeführt, wenn nicht nur Bedingung_2 *wahr*, sondern auch Bedingung_1 *falsch* ist.
- Zur Formulierung der Bedingungen stehen die gleichen Möglichkeiten wie bei einem einfachen `if`-Befehl zur Verfügung, siehe hierzu Abschnitt 10.2.
- Als Befehle innerhalb einer `do if ... end if`-Struktur, die in Abhängigkeit von den formulierten Bedingungen ausgeführt werden sollen, sind im Wesentlichen Transformationsbefehle wie `compute`, `if` oder `recode` zulässig. Zudem können hier weitere `do if ... end if`-Befehlsstrukturen erstellt werden; dabei sind beliebig tiefe Verschachtelungen zulässig, siehe hierzu auch das Beispiel auf Seite 353.

Ebenfalls zulässig sind Befehle zum manuellen Aufbau einer Datendatei wie `data list`, `end case`, `end file` und `reread`. Damit lassen sich `do if ... end if`-Strukturen innerhalb eines `input`-Programms nutzen, um Datendateien zu erstellen, siehe hierzu Kapitel 3.

Wenn Sie einen `weight`-Befehl zum Gewichten der Fälle innerhalb einer `do if ... end if`-Befehlsstruktur verwenden, stellt dies zwar keinen formalen Fehler dar, der Befehl wird aber unkonditional für sämtliche Fälle der Datendatei ausgeführt.

Tipp

Nicht zulässig ist es, innerhalb einer `do if ... end if`-Struktur Prozeduren zur Berechnung statistischer Kennzahlen aufzurufen. Möchten Sie in einer solchen Prozedur nur bestimmte Fälle berücksichtigen, die eine vorgegebene Bedingung erfüllen, können Sie das DatenSet zunächst filtern, so dass nur die gewünschten Fälle aktiv bleiben, und anschließend die statistische Prozedur ausführen, siehe hierzu Kapitel 11.

```
DO IF (Bedingung_1) .
  Befehle für den Fall, dass Bedingung_1 wahr ist.
ELSE IF (Bedingung_2) .
  Befehle für den Fall, dass Bedingung_2 wahr ist.
.
.
.
```

```
ELSE IF (Bedingung_n) .
  Befehle für den Fall, dass Bedingung_n wahr ist.
ELSE .
  Befehle für den Fall, dass alle vorhergehenden
  Bedingungen falsch sind.
END IF .
```

Listing 14.1: Allgemeine Form einer do if ... end if-Befehlsstruktur

14.1.2 Anwendung

Typische »do if ... end if«-Befehlsstruktur

Eine typische do if ... end if-Befehlsstruktur ist in Listing 14.2 dargestellt, die Wirkung ist in Abbildung 14.1 skizziert. Mit dieser Befehlsfolge wird für jeden Fall im DatenSet folgende Prüfung vorgenommen:

- Für jeden einzelnen Fall im DatenSet wird zunächst geprüft, ob die Textvariable waehrung den Eintrag USD enthält. Ist dies der Fall, wird der Wert der Variablen preis durch 1,489 geteilt und zusätzlich der Wert USD in der Variablen waehrung in EUR umkodiert. Damit ist die gesamte do if ... end if-Befehlsstruktur für den betreffenden Fall vollständig abgeschlossen. Die nachfolgenden else if- und else-Befehle werden für diesen Fall gar nicht mehr abgeprüft, und das Programm wird mit dem ersten Befehl nach end if fortgesetzt.

- Enthält die Variable waehrung nicht den Eintrag USD, wird als Nächstes geprüft, ob sie den Eintrag CHF enthält. Ist dies der Fall, werden die beiden nachfolgenden Befehle compute und recode ausgeführt, und die do if ... end if-Befehlsstruktur ist für den betreffenden Fall abgeschlossen. Enthält die Variable waehrung auch nicht den Eintrag CHF, wird im nächsten Schritt geprüft, ob sie den Eintrag GBP enthält etc.

- Ist keine der Bedingungen erfüllt, enthält die Variable waehrung also keinen der Werte USD, CHF oder GBP, so kommt der else-Befehl zur Ausführung. In diesen Fällen wird der Variablen preis der Wert -1 und der Variablen waehrung der Textwert #NA zugewiesen. Damit ist die do if ... end if-Befehlsstruktur abgeschlossen.

- Der Befehl missing values steht bereits außerhalb der do if ... end if-Befehlsstruktur und wird damit unabhängig von den if-Bedingungen ausgeführt. Er definiert für die Variable preis den Wert -1 und für die Variable waehrung den Wert #NA als fehlende Werte.

```
DO IF (waehrung = 'USD') .
  COMPUTE preis = preis/1.489 .
```

14.1 »do if«: Bedingte Berechnungen

```
    RECODE waehrung ('USD'='EUR') .
ELSE IF (waehrung = 'CHF') .
    COMPUTE preis = preis/1.615 .
    RECODE waehrung ('CHF'='EUR') .
ELSE IF (waehrung = 'GBP') .
    COMPUTE preis = preis/0.754 .
    RECODE waehrung ('G'='EUR') .
ELSE .
    COMPUTE preis = -1 .
    COMPUTE waehrung = '#NA' .
END IF .
MISSING VALUES preis    (-1)
                waehrung ('#NA') .
EXECUTE .
```

Listing 14.2: Umrechnung verschiedener Währungen in Euro mit do if ... end if

	waehrung	preis
1	USD	9,95
2	GBP	29,90
3	CHF	34,50
4	GBP	99,00
5	JPY	4,95

	waehrung	preis
1	EUR	6,68
2	EUR	39,66
3	EUR	21,36
4	EUR	131,30
5	#NA	-1,00

Abb. 14.1: Differenzierte Wechselkursumrechnungen mit do if ... end if aus Listing 14.2

Verschachtelte »do if ... end if«-Befehlsstrukturen

Listing 14.3 zeigt eine do if ... end if-Befehlsstruktur, in die zwei weitere do if ... end if-Befehlsstrukturen eingebettet sind. Auf diese Weise werden mehrere Bedingungen kumulativ geprüft und je nach Ergebnis der Prüfung unterschiedliche Berechnungen ausgeführt, vgl. zur Wirkung die Skizze Abbildung 14.2.

- Zunächst wird mit dem string-Befehl eine Textvariable mit dem Namen testgrp definiert. Dieser Variablen werden im Weiteren Textwerte zugewiesen, wofür sie bereits vor der do if ... end if-Befehlsstruktur explizit definiert worden sein muss.

- In der do if ... end if-Befehlsstruktur wird zunächst geprüft, ob die Variable gender den Wert m aufweist. Ist dies der Fall, wird die nachfolgende do if ... end if-Befehlsstruktur in der üblichen Weise abgearbeitet. Hat gender nicht den Wert m, wird geprüft, ob sie den Wert w hat; in diesem Fall wird die zweite eingefügte do if ... end if-Befehlsstruktur durchgeprüft. Hat gender weder den Wert m noch den Wert w, kommt der unterste else-Befehl zur Ausführung.

Kapitel 14
Bedingungen, Wiederholungen und Schleifen

Die aus diesen insgesamt drei verschachtelten do if ... end if-Befehlsstrukturen resultierenden Berechnungen sind in Abbildung 14.2 dargestellt.

```
STRING testgrp (A3) .
DO IF (gender = 'm') .
  DO IF (alter > 18 AND alter <= 35) .
    COMPUTE testgrp = 'M01' .
    COMPUTE faktor = 100 .
  ELSE IF (alter > 35 AND alter <= 65) .
    COMPUTE testgrp = 'M02' .
    COMPUTE faktor = 120 .
  ELSE .
    COMPUTE testgrp = 'MMM' .
  END IF .
ELSE IF (gender = 'w') .
  DO IF (alter > 18 AND alter <= 35) .
    COMPUTE testgrp = 'W01' .
    COMPUTE faktor = 110 .
  ELSE IF (alter > 35 AND alter <= 65) .
    COMPUTE testgrp = 'W02' .
    COMPUTE faktor = 125 .
  ELSE .
    COMPUTE testgrp = 'WWW' .
  END IF .
ELSE .
  COMPUTE testgrp = 'NOG' .
END IF .
EXECUTE .
```

Listing 14.3: Verschachtelte do if ... end if-Befehlsstrukturen

gender	alter		testgrp	faktor
	18-34		M01	100
m	35-64		M02	120
	sonst		MMM	,
	18-34		W01	110
w	35-64		W02	125
	sonst		WWW	,
sonst	beliebig		NOG	,

Abb. 14.2: Differenzierte Werteberechnung in Abhängigkeit von mehreren Bedingungen

14.2 »vector«: Variablen-Sets definieren

14.2.1 Basics

Funktionsweise von Vektoren

Der Befehl `vector` ermöglicht es, eine Gruppe von Variablen zu einem Vektor (einem Set von Variablen) zusammenzufassen. Der Vektor erhält dabei einen Namen, und die dem Vektor zugeordneten Variablen können anschließend durch Angabe des Vektornamens sowie der Position der betreffenden Variablen innerhalb des Vektors angesprochen werden.

So wird in Listing 14.4 zunächst ein Vektor mit dem Namen `f` definiert, dem die Variablen `frage1` bis `frage5` (gemäß der Variablenanordnung im aktiven DatenSet) zugeordnet werden. In dem nachfolgenden `if`-Befehl wird mit dem Ausdruck `f(3)` die dritte Variable des Vektors `f` angesprochen. Enthält das aktive DatenSet die Variablen `frage1`, `frage2`, `frage3`, `frage4` und `frage5` in dieser Reihenfolge, bezeichnet der Ausdruck `f(3)` damit die Variable `frage3`, so dass der `if`-Befehl gleichbedeutend ist mit dem Befehl `if (frage3<0) frage3=-1`.

```
VECTOR f = frage1 TO frage5 .
IF (f(3)<0) f(3)=-1 .
EXECUTE .
```

Listing 14.4: Einfache Anwendung des Befehls `vector`

Hilfreich sind Vektoren insbesondere in Verbindung mit Schleifenkonstruktionen, wie sie durch den Befehl `loop` erzeugt werden, denn Vektoren ermöglichen es, über eine fortlaufende Nummer eine Folge von Variablen nacheinander anzusprechen, ohne dass die Variablennamen explizit aufgeführt werden müssen, siehe hierzu auch die Beispiele unten.

Liste bestehender Variablen als Vektor definieren

Listing 14.5 zeigt die allgemeine Syntax, mit der einem Vektor eine Liste bereits bestehender Variablen zugewiesen wird; diese Syntax wurde bereits Listing 14.4 verwendet. Die Variablenliste muss stets in der Form `startvar to endvar` angegeben werden; sollen alle Variablen aus dem aktiven DatenSet dem Vektor zugewiesen werden, können Sie das Schlüsselwort `all` verwenden. Nicht zulässig ist es hingegen, als Variablenliste mehrere einzelne Variablennamen nacheinander aufzuführen.

```
VECTOR Name = var_1 TO var_n .
```

Listing 14.5: Allgemeine Syntax von `vector` zum Definieren eines Vektors für bestehende Variablen

Variablenfolge beim Definieren eines Vektors neu erstellen

Ein Vektor lässt sich nicht nur für eine Liste bereits bestehender Variablen definieren, sondern es ist auch möglich, durch das Definieren eines Vektors eine Folge von Variablen neu zu erstellen. Hierzu wird ein Basisname für die Variablen und in Klammern die Anzahl der zu erstellenden Variablen angegeben; optional kann zusätzlich das Format festgelegt werden, vgl. die allgemeine Syntax in Listing 14.6.

```
VECTOR Name(n[,Format]) .
```

Listing 14.6: Allgemeine Syntax von vector zum Definieren eines Vektors aus neu zu erstellenden Variablen

Der vector-Befehl in Listing 14.7 erstellt die zehn Variablen punkte1 bis punkte10 und definiert zugleich einen Vektor mit dem Namen punkte. Dabei darf keiner der zehn Variablennamen punkte1 bis punkte10 bereits im aktiven DatenSet vergeben sein; dies würde nicht dazu führen, dass die betreffende Variable überschrieben wird, sondern SPSS würde eine Fehlermeldung ausgeben und den vector-Befehl nicht ausführen. Da das Format für die Variablen in Listing 14.7 nicht explizit angegeben wurde, werden die Variablen der Voreinstellung entsprechend als numerische Variablen erstellt.

```
VECTOR punkte(10) .
EXECUTE .
```

Listing 14.7: Erstellt zehn Variablen punkte1 bis punkte10 und definiert diese als Vektor

Es lassen sich auch mit einem vector-Befehl mehrere Vektoren gleichzeitig definieren. So erstellt der Befehl in Listing 14.8 zum einen zehn Textvariablen mit einer Breite von einem Zeichen mit den Namen dummy1 bis dummy10, die dem Vektor dummy zugeordnet werden, und erzeugt zugleich fünf numerische Variablen mit den Namen zufall1 bis zufall5, die in dem Vektor zufall zusammengefasst werden.

```
VECTOR dummy(10,A1)
    /zufall(5) .
EXECUTE .
```

Listing 14.8: Erstellt zehn Variablen dummy1 bis dummy10 im Textformat A1 und fünf Variablen zufall1 bis zufall5 mit dem numerischen Standardformat

Auch Scratch-Variablen (temporäre Variablen) können mit dem vector-Befehl erstellt und einem Vektor zugeordnet werden. So erzeugt der Befehl in Listing 14.8 zehn numerische Scratch-Variablen mit den Namen #zwsp1 bis #zwsp10 und ordnet diese zugleich dem Vektor #zwsp zu.

```
VECTOR #zwsp(10) .
EXECUTE .
```

Listing 14.9: Erstellt zehn temporäre Variablen #zwsp1 bis #zwsp10

14.2.2 Anwendung von Vektoren

Bezug auf einen Vektor

Überall dort, wo in der Syntax ein Variablenname angegeben werden kann, lässt sich auch ein Bezug auf ein Element eines Vektors (und damit auf eine dem Vektor zugeordnete Variable) anführen. Dies geschieht in der Form v(n), wobei v den Namen des Vektors und n die Position der betreffenden Variablen innerhalb des Vektors bezeichnet.

Verwendung eines Vektors in einer Schleife

Vektoren sind insbesondere in Verbindung mit dem loop-Befehl hilfreich, um in einer Schleife sukzessive eine Folge von Variablen nacheinander mit gleichartigen Befehlen zu verarbeiten. Dies wird in Listing 14.10 ausgenutzt, um in zehn Variablen systemdefinierte fehlende Werte umzukodieren:

- Der vector-Befehl erstellt den Vektor fragen und weist ihm die in der Arbeitsdatei enthaltenen Variablen frage1 bis frage10 zu.
- Der loop-Befehl erzeugt eine Schleife, die hier zehn Mal wiederholt wird; dabei nimmt der Zähler #i nacheinander die Werte 1 bis 10 an. Zur Konstruktion von Schleifen siehe im Einzelnen Abschnitt 14.4, Seite 363.
- Beim ersten Durchlauf der Schleife hat #i den Wert 1. Der if-Befehl prüft damit, ob die erste Variable des Vektors fragen (dies ist die Variable frage1) einen systemdefinierten fehlenden Wert aufweist. Ist dies der Fall, wird dieser Variablen der Wert -9 zugewiesen.
- In der gleichen Weise werden in den nachfolgenden Wiederholungen der Schleife die systemdefinierten fehlenden Werte in den Variablen frage2 bis frage10 umkodiert.

```
VECTOR fragen = frage1 TO frage10 .
LOOP #i = 1 TO 10 .
  IF SYSMIS(fragen(#i)) fragen(#i)=-9 .
END LOOP .
EXECUTE .
```

Listing 14.10: Verwendung eines Vektors in einer Schleife, um fehlende Werte in zehn Variablen aufzuspüren und neu zu kodieren

1.000 Zufallsvariablen erstellen und Durchschnitt berechnen

Die Befehle in Listing 14.11 nutzen einen Vektor in Verbindung mit einer Schleife, um 1.000 standardnormalverteilte Zufallsvariablen zu erzeugen und den Durchschnitt über alle Variablen zu berechnen:

- Der erste `compute`-Befehl erzeugt eine Variable `mittel` und stellt sicher, dass diese in jedem Fall der Datendatei den Wert 0 aufweist. Diese Variable wird im weiteren Verlauf benötigt.

- Der `vector`-Befehl erzeugt 1.000 numerische Variablen mit den Namen z1 bis z1000, die zugleich dem Vektor z zugeordnet werden.

- Der `loop`-Befehl generiert eine Schleife, die 1.000 Mal wiederholt wird; dabei nimmt der Zähler #i die Werte 1 bis 1.000 an.

- Bei jeder Wiederholung der Schleife wird jeweils eine der 1.000 z-Variablen mit standardnormalverteilten Zufallswerten gefüllt. Zusätzlich werden diese Werte den Werten der Variablen `mittel` hinzuaddiert.

- Nachdem die Schleife 1.000 Mal wiederholt wurde, weisen damit alle 1.000 z-Variablen standardnormalverteilte Zufallswerte auf, und die Variable `mittel` enthält in jedem Fall des DatenSets die Summe über alle 1.000 Zufallswerte des betreffenden Falles.

- Der abschließende `compute`-Befehl steht bereits außerhalb der Schleife und wird daher nur ein Mal im Anschluss an die 1.000 Wiederholungen der Schleife ausgeführt. Er dividiert die Variable `mittel` durch den Wert 1.000 und errechnet damit den Durchschnittswert aller Zufallswerte eines Falles.

```
COMPUTE mittel = 0 .
VECTOR z(1000) .
LOOP #i = 1 TO 1000 .
   COMPUTE z(#i) = NORMAL(1) .
   COMPUTE mittel = mittel + z(#i) .
END LOOP .
COMPUTE mittel = mittel/1000 .
EXECUTE .
```

Listing 14.11: Verwendung eines Vektors in einer Schleife zur Berechnung von 1.000 Zufallsvariablen

Jede zweite Variable eines Vektors ansprechen

Einem Vektor kann immer nur eine Folge von Variablen, die in der Datendatei unmittelbar nebeneinanderstehen, zugewiesen werden. Listing 14.12 zeigt eine

Syntax, mit der dennoch nicht sämtliche Variablen, sondern in diesem Fall nur jede zweite der Variablen des Vektors berücksichtigt werden (für eine alternative Formulierung siehe auch Listing 14.21, Seite 366):

- Der erste compute-Befehl erzeugt eine Variable mittel und stellt sicher, dass diese in jedem Fall den Wert 0 aufweist.
- Der vector-Befehl definiert den Vektor messung, dem die 100 Variablen m1 bis m100 (die bereits in dieser Reihenfolge in der Arbeitsdatei enthalten sind) zugeordnet werden.
- Der loop-Befehl erzeugt eine Schleife mit 50 Wiederholungen, bei denen der Zähler #i die Werte 1 bis 50 annimmt. Innerhalb der Schleife werden die Variablen aus dem Vektor messung verwendet, wobei der Bezug auf die einzelnen Variablen innerhalb des Vektors über den mit zwei multiplizierten Zähler erfolgt. Im ersten Durchlauf der Schleife wird damit die Variable m2, im zweiten Durchlauf die Variable m4 etc. verwendet. Damit werden im Ergebnis die Werte der 50 Variablen m2, m4, ..., m100 addiert.

```
COMPUTE summe = 0 .
VECTOR messung = m1 TO m100 .
LOOP #i = 1 TO 50 .
   COMPUTE summe = summe + messung(#i*2) .
END LOOP .
EXECUTE .
```

Listing 14.12: Vektor mit Schleife: Addieren der Werte aus jeder zweiten Variablen eines Vektors

Ausgewählte Variablen eines Vektors mit »do repeat« ansprechen

Möchten Sie nur einzelne, ausgewählte Variablen eines Vektors ansprechen, können Sie den Vektor in Verbindung mit einem do repeat-Befehl (siehe unten) verwenden. So wird in Listing 14.13 die Summe der Werte aus den Variablen m1, m5, m9, m11 und m19 berechnet und in die Variable summe geschrieben.

```
COMPUTE summe = 0 .
VECTOR messung = m1 TO m100 .
DO REPEAT nr = 1 5 9 11 19 .
   COMPUTE summe = summe + messung(nr) .
END REPEAT .
EXECUTE .
```

Listing 14.13: Vektor mit do repeat: Addieren der Werte ausgewählter Variablen eines Vektors

14.3 »do repeat«: Gleichartige Transformationen für mehrere Variablen

Basics

Soll die gleiche Transformation oder die gleiche Folge von Transformationen auf mehrere Variablen angewandt werden, lässt sich der Programmcode mithilfe der do repeat-Befehlsstruktur zum Teil erheblich vereinfachen und reduzieren. Der Befehl hat die allgemeine Syntax aus Listing 14.14, die Anwendung wird in dem Beispiel aus Listing 14.15 deutlich:

- Der do repeat-Befehl in Listing 14.15 weist SPSS an, alle nachfolgenden Transformationsbefehle bis zum Befehl end repeat für jede der drei Variablen var1, var2 und var3 auszuführen.

- Der Befehl in Listing 14.15 ist damit gleichbedeutend mit den folgenden drei Einzelbefehlen:
  COMPUTE var1 = 0 .
  COMPUTE var2 = 0 .
  COMPUTE var3 = 0 .

- Zu beachten ist, dass ein do repeat-Befehl ausschließlich den Programmcode vereinfacht und möglicherweise die Anzahl der zu schreibenden Programmzeilen reduziert, in keinem Fall aber den erforderlichen Rechenaufwand von SPSS verringert.

```
DO REPEAT Platzhalter = Variablenliste
     [/Platzhalter = Variablenliste ...] .
  Transformationsbefehle
END REPEAT .
```

Listing 14.14: Allgemeine Syntax von do repeat zum wiederholten Ausführen von Transformationen für unterschiedliche Variablen

```
DO REPEAT v = var1, var2, var3 .
  COMPUTE v = 0 .
END REPEAT .
EXECUTE .
```

Listing 14.15: Einfache Anwendung eines do repeat-Befehls

Regeln

Bei der Verwendung einer do repeat-Befehlsstruktur sind die folgenden Regeln zu beachten:

- Die notwendigen Angaben des do repeat-Befehls beschränken sich auf einen Platzhalter mit nachfolgender Variablenliste wie in Listing 14.15 umgesetzt. Alle Befehle, die zwischen dem als Klammer wirkenden Befehlspaar do repeat ... end repeat stehen, werden dann für jede einzelne Variable aus der mit dem do repeat-Befehl definierten Variablenliste ausgeführt.

- Innerhalb der do repeat ... end repeat-Befehlsstruktur sind ausschließlich die folgenden Befehle zulässig:
  - Transformationsbefehle: compute, if, recode, count, select if
  - Variablendefinition: numeric, string, leave, vector
  - Datendefinition: data list, missing values
  - Schleifen: loop ... end loop, break
  - do if-Befehle: do if, else if, else, end if
  - print- und write-Befehle: print, print eject, print space, write
  - Formatbefehle: formats, print formats, write formats

- Es ist nicht zulässig, do repeat-Befehle ineinander zu verschachteln.

- Mit einem do repeat-Befehl können mehrere Platzhalter mit Variablenlisten definiert werden. Jede Variablenliste muss dabei die gleiche Anzahl an Variablen aufweisen, siehe auch das Beispiel unten.

- Bei der Angabe der Variablenliste können auch die Schlüsselwörter to und all verwendet werden.

- Einem Platzhalter können nicht nur Variablen, sondern auch beliebige Wertefolgen zugewiesen werden, siehe das Beispiel unten.

Beispiel: 100 Zufallsvariablen erstellen

Das Beispiel in Listing 14.16 zeigt eine einfache Anwendung von do repeat. Dem Platzhalter z wird die 100 Variablen umfassende Liste von zn1 bis zn100 zugewiesen. Dabei ist es nicht erforderlich, dass diese Variablen bereits definiert wurden. Der zwischen do repeat und end repeat angeführte compute-Befehl wird dadurch 100 Mal ausgeführt. Im Ergebnis werden alle 100 Variablen von zn1 bis zn100 mit standardnormalverteilten Zufallsvariablen gefüllt; wenn die Variablen zuvor noch nicht bestanden, werden sie dabei neu in das aktive DatenSet eingefügt.

```
DO REPEAT z = zn1 TO zn100 .
  COMPUTE z = NORMAL(1) .
END REPEAT .
EXECUTE .
```

Listing 14.16: Anwendung von do repeat zum Erstellen von 100 Zufallsvariablen

Beispiel: Mehrere Variablen- und Wertelisten

Der do repeat-Befehl in Listing 14.17 verwendet drei Variablen- bzw. Wertelisten:

- Dem Platzhalter quelle werden die drei Variablennamen probe1, probe2 und probe3 zugewiesen.

- Dem Platzhalter ziel werden die drei Variablennamen positiv1, positiv2 und positiv3 zugewiesen.

- Dem Platzhalter wert werden die drei Textwerte A, B und C zugewiesen.

Im Inneren der do repeat ... end repeat-Klammer werden diese drei Listen parallel abgearbeitet, es wird also nicht jede denkbare Wertekombination aus den drei Listen gebildet. Der compute-Befehl wird somit einmal mit den drei Werten quelle=probe1, ziel=positiv1 und Wert='A' ausgeführt, anschließend für die drei Werte quelle=probe2, ziel=positiv2 und Wert='B' etc.

```
DO REPEAT quelle=probe1 probe2 probe3
      /ziel  =positiv1 positiv2 positiv3
      /wert  ='A' 'B' 'C' .
  COMPUTE ziel = (quelle = wert) .
END REPEAT .
EXECUTE .
```

Listing 14.17: do repeat mit drei Variablen- bzw. Wertelisten

Der do repeat-Befehl aus Listing 14.17 entspricht im Ergebnis den drei folgenden compute-Befehlen, zur Wirkung siehe auch Abbildung 14.3.

```
COMPUTE positiv1=(probe1='A') .
COMPUTE positiv2=(probe2='B') .
COMPUTE positiv3=(probe3='C') .
```

	id	probe1	probe2	probe3
1	1	A	0	C
2	2	0	B	0
3	3	0	0	0
4	4	B	B	C
5	5	0	B	B
6	6	A	B	C
7	7	A	0	B
8	8	0	A	C

	id	probe1	probe2	probe3	positiv1	positiv2	positiv3
1	1	A	0	C	1,00	0,00	1,00
2	2	0	B	0	0,00	1,00	0,00
3	3	0	0	0	0,00	0,00	0,00
4	4	B	B	C	0,00	1,00	1,00
5	5	0	B	B	0,00	1,00	0,00
6	6	A	B	C	1,00	1,00	1,00
7	7	A	0	B	1,00	0,00	0,00
8	8	0	A	C	0,00	0,00	1,00

Abb. 14.3: Wirkung des do repeat-Befehls aus Listing 14.17

14.4 »loop«: Schleifen konstruieren

14.4.1 Basics

Das Befehlspaar loop ... end loop ermöglicht es, Schleifen zu erzeugen, mit deren Hilfe ein Befehl oder eine Befehlsfolge mehrmals ausgeführt wird, wobei die Anzahl der Wiederholungen entweder fest vorgegeben oder von Bedingungen abhängig gemacht werden kann. So lässt sich beispielsweise vorgeben, dass die Befehle in einer Schleife genau zehnmal hintereinander ausgeführt oder so oft wiederholt werden sollen, bis eine Variable einen bestimmten Wert überschritten hat. Schleifen sind insbesondere bei folgenden Aufgabenstellungen hilfreich:

- *Iterative Berechnungen.* Mithilfe von Schleifen lassen sich iterative Berechnungen durchführen. Damit können Sie zum Beispiel auf einfache Weise die Fälle eines DatenSets oder auch die einzelnen Komponenten eines Wertes sukzessive auswerten, wobei jede Berechnung bereits die Ergebnisse der vorhergehenden Berechnungen nutzen kann.

- *Wiederholung einer Befehlsfolge für mehrere Variablen.* Sollen dieselben Befehle auf mehrere Variablen angewandt werden, kann eine Schleife in Verbindung mit einem Vektor erstellt werden, die bei jeder Wiederholung eine andere Variable des Vektors bearbeitet.

- *Simulationen.* Sollen künstliche Wertefolgen generiert oder Modelle simuliert werden, müssen oftmals die gleichen Berechnungen wiederholt ausgeführt werden, zum Teil aufbauend auf den Ergebnissen der jeweils vorhergehenden Berechnungen. Derartige Simulationen lassen sich mithilfe von Schleifen durchführen. In Verbindung mit einem input program kann eine Schleife auch dazu genutzt werden, eine neue Datendatei anzulegen und vollständig auf Basis berechneter Werte aufzubauen.

Beispiel

Listing 14.18 enthält eine sehr einfache (und inhaltlich sinnlose) Schleife, die eine Zählvariable verwendet, um die Anzahl der Wiederholungen festzulegen. Die Schleife wird genau zehnmal wiederholt, indem die Zählvariable #i von 1 auf 10 hochgezählt wird. Bei jeder Wiederholung wird der compute-Befehl ausgeführt, so dass nach den zehn Wiederholungen zu den Werten der Variablen x zehnmal der Wert 1 hinzuaddiert wurde.

```
LOOP #i = 1 TO 10 .
  COMPUTE x = x + 1 .
END LOOP .
EXECUTE .
```

Listing 14.18: Einfache Schleife mit loop

Allgemeine Syntax

Die allgemeine Syntax einer Schleifenkonstruktion ist in Listing 14.19 dargestellt:

- Die Befehlsstruktur einer Schleife besteht aus dem Befehlspaar `loop ... end loop`, der zwischen diesen beiden Befehlen angeführten Befehlsfolge, die wiederholt ausgeführt werden soll, und einer Bedingung zur Begrenzung der Anzahl an Wiederholungen.

- Als Befehle innerhalb einer Schleife sind ausschließlich Transformationsbefehle wie `compute`, `if` oder `recode` zulässig. Ferner können innerhalb einer Schleife `do if`-Bedingungen formuliert oder auch neue Schleifen erzeugt werden. Dadurch lassen sich beliebig viele Schleifen ineinander verschachteln.

- Es gibt fünf Möglichkeiten, die Anzahl der Wiederholungen festzulegen (siehe auch die Beispiele unten):
  - *Zählvariable.* Mit dem `loop`-Befehl kann ein Zähler definiert werden, für den ein Startwert m und ein Endwert n sowie optional eine Schrittweite i festgelegt werden. Dies wurde oben in dem Beispiel aus Listing 14.18 genutzt.
  - *Austrittsbedingung.* Der `end loop`-Befehl kann mit einer `if`-Bedingung ausgestattet werden, die angibt, unter welchen Bedingungen die Schleife beendet werden soll.
  - *Eintrittsbedingung.* Auch der `loop`-Befehl kann mit einer `if`-Bedingung ausgestattet werden, diese kann jedoch zwei unterschiedliche Funktionen wahrnehmen: Zum einen kann die Bedingung genutzt werden, um die Anzahl der Wiederholungen zu begrenzen; in diesem Fall legt sie analog zu einer Bedingung hinter `end loop` die Kriterien fest, unter denen eine Schleife noch einmal ausgeführt werden soll. Zum anderen kann die Bedingung auch dazu dienen, die Schleife von vornherein nur auf bestimmte Fälle im DatenSet anzuwenden. In diesem Fall wirkt die Bedingung so, als befände sich die Schleife innerhalb eines `do if`-Befehls. Welche der beiden Funktionen die Bedingung erfüllt, hängt ausschließlich von der inhaltlichen Ausgestaltung der Bedingung ab, siehe unten.
  - *Absolute Anzahl.* Der Schleife (dem `loop`-Befehl) kann der Befehl `set mxloops` vorangestellt werden, der die absolute Anzahl der maximalen Wiederholungen festlegt.
  - *Abbruchbedingung.* Innerhalb der Schleife kann ein `break`-Befehl eingefügt werden. Sobald der `break`-Befehl zur Ausführung kommt, wird die Schleife beendet. Der `break`-Befehl ist daher vor allem innerhalb eines `do if`-Befehls sinnvoll; wird ein `break`-Befehl eingefügt und nicht an eine Bedingung geknüpft, wird die Schleife maximal einmal ausgeführt.

```
LOOP [Zähler = m TO n [BY i]] [IF (Bedingung)] .
    Transformationsbefehle
END LOOP [IF (Bedingung)] .
```

Listing 14.19: Allgemeine Syntax von loop zum Erstellen einer Schleife

14.4.2 Anzahl der Iterationen festlegen

Die folgenden Beispiele zeigen die Anwendung der verschiedenen Möglichkeiten, mit denen sich die Anzahl der Iterationen festlegen lässt. Dabei können Sie auch mehrere Vorgaben und Bedingungen miteinander kombinieren:

- Zählvariable mit frei wählbarem Anfangs- und Endwert, siehe Seite 365.
- Zählvariable mit einer Schrittlänge ungleich eins, siehe Seite 365.
- Zählvariable, deren Start- und Endwert aus Variablen des aktiven DatenSets übernommen werden, siehe Seite 366.
- if-Bedingung als Austrittskriterium am Ende der Schleife, siehe Seite 366.
- if-Bedingung als Eintrittskriterium zu Beginn der Schleife, siehe Seite 367.
- Feste Vorgabe der maximalen Anzahl an Iterationen, siehe Seite 368.
- Bedingte Abbruchanweisung innerhalb der Schleife, siehe Seite 368.

Zählvariable: »#i = 1 to 5«

Die Anzahl der Iterationen kann mithilfe einer Zählvariablen bestimmt werden. In Listing 14.20 wird die Schleife fünfmal durchlaufen, wobei #i die Werte von 1 bis 5 annimmt. Innerhalb der Schleife kann man sich auf diese Zählvariable beziehen. So wird hier der Variablen x bei jeder Iteration der Wert von #i hinzuaddiert, so dass sich die Werte von x am Ende um 1 + 2 + 3 + 4 + 5 = 15 erhöht haben.

```
LOOP #i=1 TO 5 .
    COMPUTE x=x+#i .
END LOOP .
EXECUTE .
```

Listing 14.20: Schleife mit einer Zählvariablen

Zählvariable mit Schrittlänge: »#i = 2 to 100 by 2«

Bei der Verwendung einer Zählvariablen können Sie auch eine Schrittweite ungleich 1 festlegen. In Listing 14.21 wird eine Zählvariable mit einer Schrittweite von 2 verwendet; der Zähler #i nimmt damit die Werte 2, 4, 6, ... 100 an, und die Schleife wird insgesamt 50 Mal wiederholt. Dadurch wird in diesem Fall jede zweite Variable des Vektors zufall mit standardnormalverteilten Zufallswerten gefüllt. Die Variablen z1, z3, z5, ... z99 bleiben dagegen von dieser Schleife unberührt.

```
VECTOR zufall = z1 TO z100 .
LOOP #i = 2 TO 100 BY 2 .
  COMPUTE zufall(#i) = NORMAL(1) .
END LOOP .
EXECUTE .
```

Listing 14.21: Schleife mit einer Zählvariablen und einer Schrittweite von 2

Zählvariable mit Bezug auf Variablen aus dem DataSet

Die Werte der Zählvariablen können auch unter Bezugnahme auf Variablen aus dem aktiven DataSet festgelegt werden. In Listing 14.22 erhält #i im ersten Schleifendurchlauf den Wert der Variablen y aus dem DataSet und wird anschließend bei jeder Iteration um 1 erhöht, bis #i den Wert der Variablen z aus dem DataSet erreicht hat. Da sowohl y als auch z in den verschiedenen Fällen des DataSets unterschiedliche Werte aufweisen können, kann damit auch die Anzahl der Iterationen von Fall zu Fall variieren. Es muss jedoch sichergestellt sein, dass z in jedem Fall einen höheren Wert hat als y.

```
LOOP #i=y TO z .
  COMPUTE x=x+#i .
END LOOP .
EXECUTE .
```

Listing 14.22: Schleife mit einer Zählvariablen unter Bezug auf Variablen aus dem aktiven DataSet

Austrittsbedingung: »end loop if (...)«

Durch eine if-Bedingung im end loop-Befehl können Sie bestimmen, unter welcher Voraussetzung die Schleife beendet werden soll. So wird die Schleife in Listing 14.23 so lange wiederholt, bis die Variable x den Wert 5 überschreitet, wobei die Schleife in jedem Fall mindestens einmal durchlaufen wird, denn die Prüfung der Bedingung erfolgt erst nach jedem Schleifendurchlauf. Je nach Ausgangswert der Variablen x in dem DataSet ist es damit möglich, dass die Schleife in verschiedenen Fällen unterschiedlich häufig wiederholt wird.

```
LOOP .
  COMPUTE x=x+1 .
END LOOP IF (x>5).
EXECUTE .
```

Listing 14.23: Schleife mit einer Austrittsbedingung

> **Vorsicht**
>
> Beachten Sie, dass sich mit einer solchen Austrittsbedingung sehr einfach eine Endlosschleife konstruieren lässt. Formulieren Sie beispielsweise die Bedingung if (x = 5) und x erreicht niemals den Wert 5 (weil der Startwert von x beispielsweise 2,3 war), so tritt auch nie die Voraussetzung zum Beenden der Schleife ein, und sie läuft prinzipiell ewig weiter, würde allerdings (in den meisten Fällen) von SPSS automatisch gestoppt.

Eintrittsbedingung: »loop if (...)«

Ebenso lässt sich der loop-Befehl zu Beginn der Schleife mit einer if-Bedingung ausstatten. Diese wird vor jedem Schleifendurchlauf geprüft und legt damit fest, unter welcher Voraussetzung ein Schleifendurchlauf überhaupt gestartet wird. In Listing 14.24 wird die Schleife so lange wiederholt, wie x einen Wert kleiner als 6 hat. Ist x bereits vor dem ersten Durchlauf größer oder gleich 6, so kommt es kein einziges Mal zur Ausführung der Schleife. Umgekehrt würde die Schleife endlos laufen, wenn x niemals den Wert 6 erreicht oder überschreitet.

```
LOOP IF (x<6) .
  COMPUTE x=x+1 .
END LOOP .
EXECUTE .
```

Listing 14.24: Schleife mit einer Eintrittsbedingung

Eintrittsbedingung zum Auswählen der Fälle

Da die if-Bedingung des loop-Befehls bereits vor Ausführung jeder Iteration geprüft wird, kann sie auch dazu verwendet werden, die gesamte Schleife nur auf bestimmte Fälle aus dem DatenSet anzuwenden. So kommt die Schleife in Listing 14.25 nur für jene Fälle zur Anwendung, in denen die Variable gender den Wert m aufweist. In diesen Fällen wird die Schleife so lange wiederholt, bis die Variable x den Wert 5 überschreitet.

```
LOOP IF (gender='m') .
  COMPUTE x=x+1 .
END LOOP IF (x>5).
EXECUTE .
```

Listing 14.25: Schleife mit einer Eintrittsbedingung zum Auswählen der Fälle

Eine Eingangsbedingung zum Auswählen der Fälle, auf die eine Schleife angewandt werden soll, entspricht einer Schleife innerhalb einer do if-Bedingung. So entspricht die Befehlsfolge aus Listing 14.26 in ihrer Wirkung der Schleife aus Listing 14.25, ist dabei aber nicht nur komplizierter, sondern auch weniger effizient.

```
DO IF (gender='m') .
  LOOP .
    COMPUTE x=x+1 .
  END LOOP IF (x>5).
END IF .
EXECUTE .
```

Listing 14.26: Schleife mit einer Austrittsbedingung innerhalb einer do if-Konstruktion

Maximale Anzahl an Iterationen vorgeben: »set mxloops«

Mit dem Befehl set mxloops kann eine maximale Anzahl an Iterationen festgelegt werden. Der Befehl wird dem loop-Befehl vorangestellt. Wird der Befehl wie in Listing 14.27 ohne weitere Begrenzung der Iterationen verwendet, wird genau die vorgegebene Höchstzahl an Iterationen ausgeführt. So wird die Schleife in Listing 14.27 fünfmal wiederholt. In Listing 14.28 wird der compute-Befehl hingegen so häufig ausgeführt, bis x den Wert 5 überschreitet, höchstens jedoch 100 Mal.

```
SET MXLOOPS=5 .
LOOP .
  COMPUTE x=x+1 .
END LOOP .
EXECUTE .
```

Listing 14.27: Schleife mit Höchstzahl an Iterationen durch set mxloops

```
SET MXLOOPS=100 .
LOOP .
  COMPUTE x=x+1 .
END LOOP IF (x>5) .
EXECUTE .
```

Listing 14.28: Schleife mit einer Austrittsbedingung und Höchstzahl an Iterationen

Abbruchbedingung innerhalb der Schleife: »break«

In den Inhalt einer Schleife kann ein break-Befehl eingefügt werden. Sobald SPSS bei der Ausführung der Befehle im Schleifeninhalt den break-Befehl erreicht, wird die Schleife verlassen. Ein break-Befehl ist daher nur sinnvoll, wenn er in eine Bedingung eingebunden ist und somit lediglich unter bestimmten Voraussetzungen zur Ausführung kommt.

Die Schleife in Listing 14.29 enthält einen break-Befehl, der in eine do if-Bedingung eingebettet ist. Damit wird der break-Befehl nur dann ausgeführt, wenn die Variable x den Wert 5 überschreitet. In diesem Fall wird die Schleife sofort verlassen, so dass der zweite compute-Befehl nicht mehr zur Ausführung kommt. Im Ergebnis wird die Schleife also so lange wiederholt, bis x den Wert 5 überschreitet, wobei der zweite compute-Befehl einmal weniger ausgeführt wird als der erste. Hat x bereits vor Eintritt in die Schleife einen Wert über 4, wird der erste compute-Befehl genau einmal und der zweite gar nicht ausgeführt.

```
LOOP .
  COMPUTE x=x+1 .
  DO IF (x > 5) .
    BREAK .
  END IF .
  COMPUTE y=y+1 .
END LOOP .
EXECUTE .
```

Listing 14.29: Schleife mit Abbruchbedingung break

14.4.3 Beispiele

Die folgenden Beispiele zeigen typische Anwendungen und Ausgestaltungen von Schleifen in der SPSS-Syntax:

- *Haushaltsdubletten aufbereiten.* Durch wiederholten Vergleich der jeweils aufeinanderfolgenden Fälle in einem DatenSet werden Dubletten markiert und aufbereitet, siehe das folgende Beispiel.

- *Quersumme berechnen.* Hier werden die einzelnen Ziffern einer Zahl ausgelesen und addiert, so dass sich die Quersumme der Zahl ergibt, siehe Seite 371.

- *Verschachtelte Schleifen.* Es lassen sich beliebig viele Schleifen ineinander verschachteln; hier werden zwei Schleifen verwendet, um alle Variablen eines Vektors zu bearbeiten und dabei zugleich für jede der Variablen wiederholte Berechnungen auszuführen, siehe Seite 372.

- *Schleife in einem Eingabeprogramm zum Erstellen eines DatenSets.* Mit einem Eingabeprogramm können neue DatenSets erstellt und mit berechneten Werten gefüllt werden. In diesem Beispiel werden drei ineinander verschachtelte Schleifen verwendet, um alle Wertekombinationen dreier Wertefolgen zu bilden, siehe Seite 374.

Haushaltsdubletten aufbereiten

Listing 14.30 enthält eine Schleife, mit der Haushaltsdubletten in einer Kundendatei aufbereitet werden können. Unterstellt ist ein DatenSet mit Kundendaten, das für jeden Kunden einen Fall enthält. Dabei liegen für jeden Kunden unter anderem die Dauer der Kundenbeziehung und eine Haushalts-ID vor. Ziel der Schleife ist es, alle Kunden, die demselben Haushalt angehören, in absteigender Reihenfolge der Dauer ihrer Kundenbeziehung zu nummerieren und zusätzlich eine Variable zu erstellen, die für jeden Kunden die Dauer der Kundenbeziehung seines Haushalts angibt:

- Der Befehl `sort cases` stellt sicher, dass die Fälle im aktiven DatenSet zunächst nach der Haushaltsnummer (`hhnr`) und innerhalb jedes Haushalts in absteigender Reihenfolge nach der Dauer der Kundenbeziehung (`lifetime`) sortiert sind. Damit stehen alle demselben Haushalt angehörenden Personen untereinander, wobei zuerst jeweils die Person mit der längsten Kundenbeziehung aufgeführt wird.

- Der erste Befehl `compute` erstellt eine Variable mit dem Namen `marker`, die zunächst in jedem Fall den Wert 1 zugewiesen bekommt. Der zweite `compute`-Befehl erzeugt eine Variable `famtime` als Kopie der Variablen `lifetime`. Die Variable `famtime` soll im Weiteren so verändert werden, dass sie für jeden Kunden anzeigt, wie lange seine Familie bereits Kunde des Unternehmens ist.

- Die Schleife wird insgesamt neunmal durchlaufen, wobei die Zählvariable `#x` im ersten Durchlauf den Wert 2 hat, im zweiten den Wert 3 etc.

- In jedem Durchlauf der Schleife wird für jeden Fall des DatenSets geprüft, ob die Variable `hhnr` in dem vorhergehenden Fall den gleichen Wert aufweist wie im aktuellen Fall (ob also der vorhergehende und der aktuelle Fall demselben Haushalt angehören) und ob zusätzlich der Wert der Variablen `marker` im vorhergehenden Fall um eins kleiner ist als der Zähler `#x`. Ist diese Bedingung erfüllt, wird der Variablen `marker` im aktuellen Fall der Wert von `#x` zugewiesen. Auf diese Weise erhalten im ersten Schleifendurchlauf alle Fälle, die ein Haushaltsmitglied mit der zweitlängsten Kundenbeziehung repräsentieren, in der Variablen `marker` den Wert 2 zugewiesen. Im dritten Schleifendurchlauf werden entsprechend alle Haushaltsmitglieder mit der drittlängsten Kundenbeziehung mit dem Wert 3 markiert etc.

- Der zweite `compute`-Befehl innerhalb der `do if`-Bedingung gibt den in die Variable `famtime` kopierten `lifetime`-Wert des Haushaltsmitglieds mit der längsten Kundenbeziehung an die übrigen Mitglieder desselben Haushalts weiter, so dass die Variable `famtime` anschließend für jeden Kunden anzeigt, wie lange bereits eine Kundenbeziehung zwischen dem Unternehmen und der Familie (nicht der einzelnen Person) besteht.

```
SORT CASES BY hhnr (A)
            lifetime (D) .
COMPUTE marker = 1 .
COMPUTE famtime = lifetime .
LOOP #x = 2 to 10 .
  DO IF (LAG(hhnr,1)=hhnr AND LAG(marker,1)= #x-1 ) .
    COMPUTE marker = #x .
    COMPUTE famtime = LAG(famtime, 1) .
  END IF .
END LOOP .
EXECUTE .
```

Listing 14.30: Schleife zur Aufbereiten von Haushaltsdubletten in einem DatenSet

	hhnr	lifetime
1	H0234	17
2	H1027	2
3	H0234	5
4	H0234	3
5	H0095	6
6	H1027	5

	hhnr	lifetime	marker	famtime
1	H0095	6	1,00	6,00
2	H0234	17	1,00	17,00
3	H0234	5	2,00	17,00
4	H0234	3	3,00	17,00
5	H1027	5	1,00	5,00
6	H1027	2	2,00	5,00

Abb. 14.4: Markierung der Datensätze desselben Haushalts mit der Schleife aus Listing 14.30

Quersumme berechnen

Die Schleife in Listing 14.31 dient dazu, die Quersumme eines Wertes zu berechnen. Hierzu werden die einzelnen Ziffern des Wertes sukzessive aufaddiert, zur Wirkung siehe auch Abbildung 14.5:

- *Vorbereitung.* Die Werte, deren Quersummen berechnet werden sollen, stehen in der numerischen Variablen `zahl`. Auch wenn es überraschend sein mag, ist die Berechnung der Quersumme jedoch einfacher, wenn die Werte als Textwerte vorliegen. Daher wird zunächst eine Textvariable mit dem Namen `textzahl` erstellt. Anschließend werden die numerischen Werte aus `zahl` mit der Funktion `string()` in Textwerte übersetzt und in die Variable `textzahl` geschrieben. Dabei werden mit der Funktion `ltrim()` zugleich führende Leerzeichen aus dem Textwert entfernt, während die Funktion `lpad()` den derart gekürzten Textwert mit so vielen Nullen auffüllt, dass sich wieder ein Wert mit einer Länge von acht Zeichen ergibt, vgl. auch Abbildung 14.5.

  Zusätzlich wird die numerische Variable `quer` erstellt und mit dem Wert 0 gefüllt; in diese Variable wird anschließend die Quersumme geschrieben.

- *Schleife.* Die Anzahl der Iterationen wird so festgelegt, dass sie der Länge der Werte (der Anzahl der Zeichen) in der Variablen `textzahl` entspricht. Daraus ergeben sich hier acht Wiederholungen, da `textzahl` das Format A8 hat. Im Verlauf der Iterationen nimmt der Zähler `#i` die Werte 1 bis 8 an. Innerhalb der Schleife werden nun mit der Funktion `substr()` sukzessive die einzelnen Zeichen aus der Variablen `textzahl` ausgelesen; bei jeder Iteration wird das Zeichen gelesen, dessen Position dem aktuellen Wert von `#i` entspricht. Dieses Zeichen wird mit der Funktion `number()` als Zahl interpretiert und zum Wert der Variablen `quer` hinzuaddiert. Auf diese Weise wird sukzessive die Summe über alle Ziffern des Wertes aus `textzahl` gebildet.

```
STRING textzahl (A8) .
COMPUTE textzahl = LPAD(LTRIM(STRING(zahl,F8)),8,'0') .
COMPUTE quer = 0 .
LOOP #i = 1 TO LENGTH(textzahl) .
  COMPUTE quer=quer + NUMBER(substr(textzahl,#i,1),F1).
END LOOP .
EXECUTE .
```

Listing 14.31: Schleife zur Berechnung der Quersumme eines Wertes

	zahl
1	10110010
2	12345678
3	.
4	54
5	10000001

	zahl	textzahl	quer
1	10110010	10110010	4,00
2	12345678	12345678	36,00
3	.	0000000	.
4	54	00000054	9,00
5	10000001	10000001	2,00

Abb. 14.5: Berechnung der Quersumme eines Wertes mit der Schleife aus Listing 14.31

Verschachtelte Schleifen

Listing 14.32 enthält zwei ineinander verschachtelte Schleifen. Die äußere Schleife dient dazu, alle Variablen eines Vektors nacheinander abzuarbeiten, während die innere Schleife sicherstellt, dass der `compute`-Befehl für jede der Variablen mehrfach ausgeführt wird:

- Der `vector`-Befehl erstellt die zehn Variablen z1 bis z10 und weist sie dem Vektor z zu.

- Die äußere Schleife wird zehnmal wiederholt, wobei die Zählvariable `#i` im Verlauf der Iterationen die Werte 1 bis 10 annimmt.

- Bei jeder Wiederholung der äußeren Schleife wird die innere Schleife bis zu dreimal wiederholt. Dabei wird jeweils mit dem `compute`-Befehl eine Zufallszahl aus einer Standardnormalverteilung »gezogen« und in die z-Variable geschrieben, deren Position im Vektor z der Iterationsnummer `#i` der äußeren Schleife entspricht.

Nachdem die Zufallszahl gezogen wurde, prüft die do if-Bedingung, ob die Zahl positiv ist. Wenn dies der Fall ist, wird die innere Schleife sofort beendet, andernfalls wird erneut eine Zufallszahl gezogen und wieder geprüft, ob sie positiv ist. Dies wird bis zu dreimal wiederholt. Anschließend startet die nächste Iteration der äußeren Schleife, so dass #i um eins erhöht wird und die innere Schleife für die nächste Variable des Vektors z wieder bis zu dreimal ausgeführt wird.

Im Ergebnis wird für jede Variable des Vektors z eine Zufallszahl aus einer Standardnormalverteilung gezogen, wobei jedoch positive Werte mit einer siebenmal so hohen Wahrscheinlichkeit zugelassen werden wie negative Zahlen. Hieraus resultiert eine Verteilung, wie sie in Abbildung 14.6 dargestellt ist.

```
VECTOR z(10) .
LOOP #i = 1 TO 10 .
  LOOP #j = 1 TO 3 .
    COMPUTE z(#i) = NORMAL(1) .
    DO IF (z(#i)>0) .
      BREAK .
    END IF .
  END LOOP .
END LOOP .
EXECUTE .
```

Listing 14.32: Verschachtelte Schleifen mit wiederholten Berechnungen für jede Variable eines Vektors

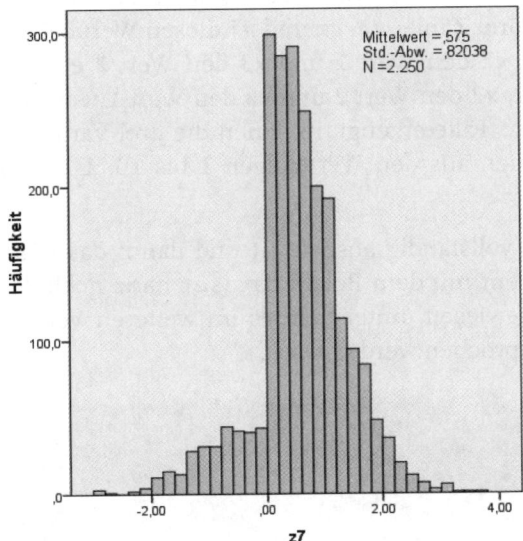

Abb. 14.6: Verteilung einer der zehn mit den Schleifen aus Listing 14.32 erstellten Variablen

Schleife in einem Eingabeprogramm zum Erstellen eines DatenSets

In Listing 14.33 werden drei verschachtelte Schleifen innerhalb eines Eingabeprogramms verwendet, um ein neues DatenSet zu erstellen. (Zu Aufbau und Wirkung des Befehls `input program` siehe im Einzelnen Kapitel 5; dort finden sich auch weitere Beispiele mit Schleifen zum Erstellen neuer DatenSets.) Das DatenSet erhält drei Variablen x1, x2 und x3 und insgesamt 750 Fälle mit unterschiedlichen Wertekombinationen in den drei Variablen:

- *Eingabeprogramm.* Zunächst wird mit dem Befehl `new file` sichergestellt, dass ein neues DatenSet als aktives DatenSet bereitgestellt wird. Dabei verliert das bisher aktive DatenSet den Status als aktives DatenSet; Sie sollten daher ggf. zuvor sicherstellen, dass dieses DatenSet einen DatenSet-Namen hat, andernfalls werden Sie es nicht mehr ohne Weiteres über die Syntax ansprechen können, und es besteht die Gefahr, dass der Inhalt des bisher aktiven DatenSets verloren geht. Die Befehle `input program`, `end file` und `end input program` definieren den Rahmen für die Dateneingabe.

- *Schleifen.* Innerhalb des Eingabeprogramms werden drei ineinander verschachtelte Schleifen ausgeführt. Die äußerste Schleife wird zehnmal wiederholt, wobei die Zählvariable #n die Werte 1 bis 10 annimmt. Bei jeder Wiederholung dieser äußersten Schleife wird die mittlere Schleife 15 Mal wiederholt, und bei jeder Wiederholung der mittleren Schleife durchläuft die innere Schleife fünf Wiederholungen. Damit werden die drei `compute`-Befehle, die den Inhalt der inneren Schleife bilden, insgesamt 10×15×5 = 750 Mal ausgeführt.

  Jedes Mal, wenn alle drei `compute`-Befehle ausgeführt wurden, wird SPSS mit dem Befehl `end case` mitgeteilt, dass damit ein neuer Fall des DatenSets abgeschlossen wurde. Bei jeder Iteration der inneren Schleife wird damit ein weiterer Fall des DatenSets erzeugt. In dem ersten Fall erhalten alle drei Variablen x1, x2 und x3 den Wert 1, da alle drei Zähler #n, #m und #i diesen Wert haben. Im zweiten Fall erhalten x1 und x2 den Wert 1 und x3 den Wert 2 etc. Im sechsten Fall erhält x1 den Wert 1, x2 den Wert 2 und x3 den Wert 1 usw. Auf diese Weise werden insgesamt 750 Fälle erzeugt, in denen die drei Variablen alle möglichen Wertekombinationen aus den Wertefolgen 1 bis 10, 1 bis 15 und 1 bis 5 aufweisen.

- Nachdem das Eingabeprogramm vollständig ausgeführt und damit das neue DatenSet befüllt wurde, wird diesem mit dem Befehl `dataset name` noch der Name `wertekobminationen` zugewiesen, unter dem es im weiteren Verlauf der aktuellen SPSS-Sitzung angesprochen werden kann.

```
NEW FILE .
INPUT PROGRAM .
 LOOP #n = 1 TO 10 .
```

```
    LOOP #m = 1 TO 15 .
     LOOP #i = 1 TO 5 .
       COMPUTE x1 = #n .
       COMPUTE x2 = #m .
       COMPUTE x3 = #i .
       END CASE .
      END LOOP .
     END LOOP .
   END LOOP .
END FILE .
END INPUT PROGRAM .
DATASET NAME wertekombinationen .
EXECUTE .
```

Listing 14.33: Schleifen in einem input program erzeugen alle Kombinationen dreier Wertefolgen

Kapitel 15

Daten exportieren

Häufig sollen die mit SPSS bearbeiteten Daten in anderen Anwendungen wie Excel oder einer Access-Datenbank weiterverwendet werden. Hierzu bietet SPSS die Möglichkeit, Daten aus dem aktiven DatenSet in einem Fremdformat wie einer Excel-Tabelle, einer SAS-Datei oder einer einfachen Textdatei zu speichern. Ferner lassen sich die Daten über die ODBC-Schnittstelle direkt in jede ODBC-fähige Datenbank schreiben. In diesem Kapitel werden die folgenden Möglichkeiten zum Speichern von Daten im Fremdformat erläutert:

- Daten aus dem aktiven DatenSet als Excel-Datei speichern, siehe Abschnitt 15.1 auf Seite 378.

- Daten aus dem aktiven DatenSet im SAS-Format speichern, siehe Abschnitt 15.2 auf Seite 379.

- Daten aus dem aktiven DatenSet im Format von Stata-Dateien speichern, siehe Abschnitt 15.3 auf Seite 380.

- Daten aus dem aktiven DatenSet über ODBC exportieren, siehe Abschnitt 15.4 auf Seite 382.

- Daten aus dem aktiven DatenSet als Tabulator-getrennte Textdatei speichern, siehe Abschnitt 15.5 auf Seite 384.

- Daten aus dem aktiven DatenSet in eine Textdatei mit fester Spaltenbreite schreiben, siehe Abschnitt 15.6 auf Seite 385.

Tipp

Wenn Sie Daten als Textdatei speichern, haben Sie auch die Möglichkeit, Werte aus dem aktiven DatenSet mit frei formuliertem Text zu kombinieren. Auf diese Weise lassen sich Dateien erzeugen, die anschließend über einen insert-Befehl wieder in ein Syntaxprogramm eingebunden werden können. Dies ist ein sehr hilfreicher Trick, um Werte aus einem DatenSet in die Programmsyntax zu übernehmen.

15.1 Excel-Dateien erstellen

Sie können sowohl den gesamten aktuellen Inhalt als auch selektiv einzelne Variablen oder Fälle aus einem DatenSet in einer Excel-Datei speichern. Diese Datei muss zuvor noch nicht existieren, sondern wird bei Bedarf von SPSS erstellt. Verwenden Sie hierzu den Befehl save translate wie in Listing 15.1 dargestellt. Dort wird mit dem Befehl get file zunächst eine SPSS-Datendatei als aktives DatenSet bereitgestellt, um die Daten anschließend in einer Excel-Datei mit dem Namen *Europa.xls* zu speichern. Der Unterbefehl fieldnames legt fest, dass auch die Variablennamen in die Zieldatei geschrieben werden sollen.

```
GET FILE = 'C:\Daten\Europa.sav' .
SAVE TRANSLATE OUTFILE='C:\Daten\Europa.xls'
  /TYPE=XLS
  /FIELDNAMES .
```

Listing 15.1: Befehl save translate speichert die Daten des aktiven DatenSets in einer Excel-Datei

- *Notwendige Angaben.* Die notwendigen Angaben beschränken sich auf den Unterbefehl outfile zur Angabe der Zieldatei und den Unterbefehl type=xls, der festlegt, dass die Daten im Excel-Format (per Voreinstellung im Format von Excel 2003) gespeichert werden sollen.

- *Formatversion festlegen.* Per Voreinstellung speichert SPSS die Daten im Format von Excel 2003. Um die Daten im ganz aktuellen Format von Excel 2007 (XLSX-Format) zu speichern, fügen Sie den Unterbefehl version=12 in der folgenden Form ein (dieser Unterbefehl steht erst seit der Programmversion von SPSS 16 zur Verfügung):
  ```
  SAVE TRANSLATE OUTFILE='C:\Daten\Europa.xlsx'
    /TYPE=XLS
    /VERSION=12
    /FIELDNAMES .
  ```

- *Variablennamen.* Der Unterbefehl fieldnames ist optional; er bewirkt, dass auch die Variablennamen aus dem aktiven DatenSet in die Excel-Datei geschrieben werden. Sie bilden dort dann die erste Zeile der Tabelle.

- *Bestehende Datei ersetzen?* Wenn Sie als Zieldatei eine bereits bestehende Excel-Datei angeben und diese überschreiben möchten, müssen Sie den Unterbefehl replace einfügen. Ohne diesen Unterbefehl wird SPSS eine vorhandene Datei nicht überschreiben, so dass der Speicherbefehl gegebenenfalls nicht ausgeführt würde.

- *Variablen auswählen und umbenennen.* Auch für den Befehl save translate stehen wie beim Befehl save, mit dem Datendateien im SPSS-Format gespeichert werden, die Unterbefehle `keep` und `drop` zum Auswählen der zu speichernden Variablen zur Verfügung. Ferner können Sie einzelne Variablen mit dem Befehl `rename` umbenennen, siehe hierzu die Erläuterungen zum Befehl `save` in Kapitel 4.

- *Variablenübersicht erstellen.* Fügen Sie den optionalen Unterbefehl `map` ein, um eine Liste der exportierten Variablen mit deren Namen und Formaten in die Ausgabedatei zu schreiben.

- *Gefilterte Fälle ausschließen.* Ist in dem aktiven DatenSet aktuell ein Filter eingeschaltet, so dass einige Fälle aus dem DatenSet vorübergehend deaktiviert sind, werden diese Fälle dennoch mit in die Excel-Datei exportiert. Um dies zu vermeiden und nur die derzeit aktiven Fälle in die Zieldatei zu schreiben, fügen Sie den Unterbefehl `unselected = delete` ein. Mit `unselected = retain` können Sie die Voreinstellung, nach der sämtliche Fälle exportiert werden, explizit bestätigen.

- *Benutzerdefinierte fehlende Werte umwandeln.* Benutzerdefinierte fehlende Werte werden beim Exportieren der Daten per Voreinstellung wie gültige Werte behandelt. Die Benutzerdefinitionen von fehlenden Werten werden also komplett ignoriert. Um dies zu vermeiden, können Sie den Unterbefehl `missing = recode` einfügen; damit veranlassen Sie, dass alle benutzerdefinierten fehlenden Werte beim Exportieren wie systemdefinierte fehlende Werte (bzw. in Textvariablen wie komplett leere Felder) behandelt werden. Mit dem Unterbefehl `missing = ignore` würden Sie dagegen die Voreinstellung, nach der benutzerdefinierte fehlende Werte wie gültige Werte behandelt werden, explizit bestätigen.

15.2 SAS-Dateien erstellen

Seit der Version 12 von SPSS besteht die Möglichkeit, die Daten aus einem DatenSet direkt als SAS-Datei zu speichern. Auch hierzu dient wie beim Speichern im Excel-Format der Befehl `save translate`, siehe Listing 15.2:

- *Beschreibung des Dateiformats.* Der Unterbefehl `type=sas` gibt an, dass die Daten im Format einer SAS-Datei gespeichert werden sollen. Mit dem Unterbefehl `version` legen Sie die jeweilige Version (als ganzzahligen Wert) fest.

  Je nachdem, ob Sie die Datei für SAS unter Windows oder für SAS unter UNIX erstellen möchten, fügen Sie den Unterbefehl `platform = windows` bzw. `platform = unix` ein. Um eine systemunabhängige SAS-Transportdatei zu erstellen, verwenden Sie den Unterbefehl `platform = x`.

- *Wertelabels exportieren.* Auch Wertelabels können in das SAS-Format exportiert werden. Derartige Meta-Informationen werden bei SAS jedoch nicht mit in der Datendatei, sondern in einer gesonderten, zweiten Datei gespeichert. Legen Sie mit dem Unterbefehl `valfile` Ort und Namen dieser Datei fest, um die Labels zu exportieren.

- *Variablen auswählen und Filter steuern.* Wie beim Schreiben in eine Excel-Datei können Sie mit den Unterbefehlen `keep`, `drop` und `rename` die zu speichernden Variablen auswählen und umbenennen. Mit dem Unterbefehl `unselected` legen Sie fest, ob herausgefilterte Fälle mit gespeichert werden sollen, siehe oben. Der Unterbefehl `map` schreibt eine Übersicht der exportierten Variablen in die Ausgabedatei.

- *Bestehende Datei ersetzen?* Wenn Sie als Zieldatei eine bereits bestehende SAS-Datei angeben und diese überschreiben möchten, müssen Sie auch hier den Unterbefehl `replace` einfügen, andernfalls würde SPSS eine vorhandene Datei nicht überschreiben und damit den Speicherbefehl ggf. nicht ausführen.

```
GET FILE = 'C:\Daten\Europa.sav' .
SAVE TRANSLATE OUTFILE='C:\Daten\Europa.sas7bdat'
    /TYPE=SAS
    /VERSION = 7
    /PLATFORM = WINDOWS
    /VALFILE = 'C:\Daten\Europa_meta.sas' .
```

Listing 15.2: Befehl `save translate` speichert die Daten des aktiven DatenSets als SAS-Datei

Da für SPSS- und SAS-Dateien unterschiedliche Konventionen und Restriktionen bestehen, können nicht immer sämtliche Informationen aus einer SPSS-Datendatei in eine SAS-Datei übertragen werden:

- *Variablennamen.* SAS lässt in den Variablennamen keine Sonderzeichen wie $ oder @ zu. Derartige Zeichen werden beim Datenexport von SPSS in das Unterstreichungszeichen umgewandelt.

- *Fehlende Werte.* Bei SAS ist es nicht möglich, zwischen verschiedenen benutzerdefinierten fehlenden Werten zu unterscheiden. Enthält das DatenSet bei SPSS mehrere unterschiedliche benutzerdefinierte fehlende Werte, werden diese alle in den gleichen Wert umgewandelt, der dann für die SAS-Datei als fehlender Wert deklariert wird.

- *Variablenlabels.* Variablenlabels werden mit in die SAS-Datei exportiert. SPSS-Variablenlabels, die mehr als 40 Zeichen umfassen, werden in der SAS-Datei auf 40 Zeichen gekürzt.

15.3 Stata-Dateien erstellen

Seit der Version 14 von SPSS können die Daten aus einem DatenSet auch direkt als Stata-Datei gespeichert werden. Zur Verfügung stehen dabei die Formate von Stata 5 bis 8 und für die Versionen 7 und 8 sowohl das Format »Intercooled« als auch das Format »SE«. Zum Speichern von Daten im Stata-Format verwenden Sie

15.3 Stata-Dateien erstellen

wie beim Speichern im SAS- oder Excel-Format den Befehl `save translate`, siehe Listing 15.3.

```
GET FILE = 'C:\Daten\Europa.sav' .
SAVE TRANSLATE OUTFILE='C:\Daten\Europa.dta'
  /TYPE=STATA
  /VERSION=6 .
```

Listing 15.3: Befehl save translate speichert die Daten des aktiven DatenSets als Stata-Datei

Beim Erstellen einer Stata-Datei haben Sie folgende Optionen:

- *Beschreibung des Dateiformats.* Der Unterbefehl `type=stata` gibt an, dass die Daten im Format einer Stata-Datei gespeichert werden sollen. Mit dem Unterbefehl `version` legen Sie die jeweilige Version fest:

  version = 5: Datei im Format von Stata 4–5;

  version = 6: Datei im Format von Stata 6;

  version = 7: Datei im Format von Stata 7 in der Version »Intercooled«

  version = 8: Datei im Format von Stata 8 in der Version »Intercooled«

  Wenn Sie für die Formate von Stata 7 und 8 keine weiteren Angaben vornehmen, wird die Datei im sogenannten »Intercooled«-Format erstellt. Alternativ können Sie auch eine Datei im »SE«-Format erzeugen; fügen Sie hierzu zusätzlich den Unterbefehl `edition = se` ein. Mit dem Unterbefehl `edition = intercooled` können Sie das ohnehin voreingestellte »Intercooled«-Format explizit bestätigen. So erstellt der folgende Befehl eine Stata-Datei im Format »Stata 8 SE«.

```
GET FILE = 'C:\Daten\Europa.sav' .
SAVE TRANSLATE OUTFILE='C:\Daten\Europa.dta'
  /TYPE=STATA
  /VERSION=8
  /EDITION=SE .
```

- *Variablen auswählen und Filter steuern.* Wie auch sonst beim Schreiben von Daten aus dem aktiven DatenSet in eine Datei können Sie mit den Unterbefehlen `keep`, `drop` und `rename` die zu speichernden Variablen auswählen und umbenennen. Mit dem Unterbefehl `unselected` legen Sie fest, ob herausgefilterte Fälle mit gespeichert werden sollen, siehe oben. Der Unterbefehl `map` schreibt eine Übersicht der exportierten Variablen in die Ausgabedatei.

- *Bestehende Datei ersetzen?* Wenn Sie als Zieldatei eine bereits bestehende Stata-Datei angeben und diese überschreiben möchten, müssen Sie auch hier den Unterbefehl `replace` einfügen, andernfalls würde SPSS eine vorhandene Datei nicht überschreiben und damit den Speicherbefehl ggf. nicht ausführen.

15.4 Daten über ODBC exportieren

Da SPSS ODBC unterstützt, können Sie über diese Schnittstelle die Daten aus dem aktiven DatenSet direkt in jede ODBC-fähige Datenbank schreiben. Wie beim Lesen von Daten aus ODBC-Quellen müssen hierfür zwei Voraussetzungen erfüllt sein:

1. Der für das gewünschte Format der Zieldatei erforderliche ODBC-Treiber muss auf Ihrem PC installiert sein. Zur Installation fehlender ODBC-Treiber siehe die Hinweise in Kapitel 7.

2. Sie müssen für die Formulierung des Syntaxbefehls die genaue Bezeichnung der Zieldatenbank aus DSN (Data Source Name) und DBQ (Database Qualifier) kennen.

> **Tipp**
>
> Da die genaue Bezeichnung der Datenbank häufig nicht bekannt und auch schwer herzuleiten ist, empfiehlt sich folgender Trick: Verwenden Sie den SPSS-Assistenten zum Importieren von Daten aus einer ODBC-Datenquelle, und wenden Sie diesen Assistenten auf das gewünschte Dateiformat an. Wenn Sie beispielsweise die Daten aus dem aktiven DatenSet in eine Access-Datenbank schreiben möchten, verwenden Sie zunächst den Import-Assistenten zum Einlesen von Daten aus einer Access-Datenbank. Beim Abschluss des Assistenten führen Sie die Abfrage jedoch nicht aus, sondern lassen den entsprechenden Syntax-Code generieren. Die darin enthaltenen Angaben des Unterbefehls `connect` stellen die vollständige Beschreibung der ODBC-Datenquelle dar. Diese Beschreibung können Sie in den Befehl zum Exportieren von Daten via ODBC übernehmen und ggf. die Dateiangaben anpassen, siehe hierzu auch die Erläuterungen in Kapitel 7.

Beachten Sie auch, dass die Zieldatenbank bereits existieren muss. Anders als beim Speichern von Daten im SAS-, Stata- oder Excel-Format ist SPSS bei der Verwendung der ODBC-Schnittstelle nicht in der Lage, eine entsprechende Datenbank neu zu erstellen. Vielmehr werden die Daten in eine Tabelle innerhalb einer bereits bestehenden Datenbank geschrieben. Für die Zieltabelle innerhalb der Datenbank gibt es drei Möglichkeiten:

1. *Tabelle neu erstellen.* Die Zieltabelle innerhalb der Datenbank muss noch nicht existieren. Sie können also eine neue Tabelle in der Datenbank erzeugen, in die die Daten aus dem aktiven DatenSet geschrieben werden. Geben Sie hierzu einfach als Zieltabelle den Namen einer noch nicht bestehenden Tabelle an.

2. *Tabelle überschreiben.* Enthält die Zieldatenbank bereits eine entsprechende Tabelle, die jedoch mit den zu exportierenden Daten überschrieben werden soll, geben Sie den Namen der zu überschreibenden Tabelle als Zieltabelle an,

und fügen Sie in den `save translate`-Befehl zusätzlich den Unterbefehl `replace` ein.

3. *Tabelle ergänzen.* Zusätzlich besteht die Möglichkeit, die Daten in eine bereits bestehende Tabelle zu schreiben und dort an die darin bereits enthaltenen Fälle anzuhängen. Geben Sie hierzu als Zieltabelle den Namen der zu ergänzenden Tabelle an, und fügen Sie in den `save translate`-Befehl zusätzlich den Unterbefehl `append` ein, vgl. Listing 15.4. Voraussetzung hierfür ist, dass der Aufbau der Zieltabelle der Struktur der zu exportierenden Daten entspricht.

Sind die beiden Voraussetzungen erfüllt, können Sie den Befehl `save translate` verwenden, um Daten über die ODBC-Schnittstelle zu exportieren, vgl. das Beispiel in Listing 15.4:

- *Zieldatenbank.* Der Unterbefehl `type=odbc` gibt an, dass die Daten über die ODBC-Schnittstelle exportiert werden sollen. Die Zieldatenbank wird mit dem Unterbefehl `connect` festgelegt. Zur genauen Syntax dieses Unterbefehls siehe auch die Ausführungen in Kapitel 7.

  Beachten Sie hier folgende Besonderheit: Erstrecken sich die Angaben des `connect`-Unterbefehls über mehrere Zeilen, fügen Sie wie in Listing 15.4 an das Ende einer fortgesetzten Zeile ein Pluszeichen ein; dies zeigt SPSS an, dass die Angaben in der nächsten Zeile weitergehen. Anders als beim `get file`-Befehl zum Lesen von Daten aus ODBC-Quellen ist das Fortsetzungszeichen hier zwingend erforderlich.

- *Zieltabelle.* Mit dem Unterbefehl `table` legen Sie den Namen der Zieltabelle innerhalb der Zieldatenbank fest. Anders als die Datenbank selbst muss diese Zieltabelle noch nicht existieren, siehe die Erläuterungen oben.

- *Tabelle ergänzen oder überschreiben.* Je nachdem, ob Sie eine bereits vorhandene Zieltabelle ergänzen oder überschreiben möchten, fügen Sie den Unterbefehl `append` oder `replace` ein.

- *Variablen auswählen und Filter steuern.* Wie beim Schreiben in eine Excel-, Stata- oder SAS-Datei können Sie mit den Unterbefehlen `keep`, `drop` und `rename` die zu speichernden Variablen auswählen und umbenennen. Mit dem Unterbefehl `unselected` legen Sie fest, ob herausgefilterte Fälle mit gespeichert werden sollen, siehe oben. Der Unterbefehl `map` schreibt eine Übersicht der exportierten Variablen in die Ausgabedatei.

```
GET FILE = 'C:\Daten\Europa.sav' .
SAVE TRANSLATE
  /TYPE=ODBC
  /CONNECT= 'DSN=Microsoft Access-Datenbank;'+
           'DBQ=C:\Daten\Europa.mdb;'
```

```
/TABLE = 'WiDat'
/APPEND .
```

Listing 15.4: Befehl `save translate` zum Speichern von Daten in einer ODBC-Datenbank

15.5 Tab-getrennte Textdatei erstellen

Mit dem Befehl `save translate` können Sie die Daten aus dem aktiven DatenSet auch im einfachen Textformat speichern. In der damit erzeugten Datei bildet jeder Fall genau eine Zeile, und die einzelnen Spalten werden durch Tabulatoren getrennt. Die Syntax zum Erstellen derartiger Dateien ist denkbar einfach, vgl. das Beispiel in Listing 15.5:

- *Notwendige Angaben.* Die notwendigen Angaben beschränken sich auf den Unterbefehl `outfile` zur Angabe der Zieldatei und den Unterbefehl `type=tab`, der festlegt, dass die Daten als einfache, Tabulator-getrennte Textdatei gespeichert werden sollen.

- *Bestehende Datei ersetzen?* Wenn Sie als Zieldatei eine bereits bestehende Textdatei angeben und diese überschreiben möchten, müssen Sie den Unterbefehl `replace` einfügen. Ohne diesen Unterbefehl wird SPSS eine vorhandene Datei nicht überschreiben, so dass der Speicherbefehl gegebenenfalls nicht ausgeführt würde.

- *Variablen auswählen und Filter steuern.* Wie beim Schreiben in eine Excel-, Stata- oder SAS-Datei können Sie mit den Unterbefehlen `keep`, `drop` und `rename` die zu speichernden Variablen auswählen und umbenennen. Mit dem Unterbefehl `unselected` legen Sie fest, ob herausgefilterte Fälle mit gespeichert werden sollen, siehe oben. Der Unterbefehl `map` schreibt eine Übersicht der exportierten Variablen in die Ausgabedatei.

- *Benutzerdefinierte fehlende Werte umwandeln.* Benutzerdefinierte fehlende Werte werden beim Exportieren der Daten per Voreinstellung wie gültige Werte behandelt. Die Benutzerdefinitionen von fehlenden Werten werden somit komplett ignoriert. Um dies zu vermeiden, können Sie den Unterbefehl `missing = recode` einfügen; damit veranlassen Sie, dass alle benutzerdefinierten fehlenden Werte beim Exportieren wie systemdefinierte fehlende Werte (bzw. in Textvariablen wie komplett leere Felder) behandelt werden. Mit dem Unterbefehl `missing = ignore` würden Sie dagegen die Voreinstellung, nach der benutzerdefinierte fehlende Werte wie gültige Werte behandelt werden, explizit bestätigen.

```
GET FILE = 'C:\Daten\Europa.sav' .
SAVE TRANSLATE OUTFILE='C:\Daten\Europa.txt'
  /TYPE=TAB .
```

Listing 15.5: Befehl `save translate` zum Erstellen einer Tabulator-getrennten Textdatei

15.6 Freie Textdatei erstellen

Auch mit dem Befehl `write` können die Daten aus dem aktiven DatenSet in eine Textdatei geschrieben werden. Anders als der Befehl `save translate` erzeugt `write` aber Textdateien mit fester Spaltenbreite. Jede Variable beansprucht in dieser Datei also stets die gleiche Anzahl an Zeichen, wobei ungenutzter Platz gegebenenfalls durch Leerzeichen aufgefüllt wird.

> **Tipp**
>
> Besondere Bedeutung kommt dem `write`-Befehl deshalb zu, weil neben den Werten aus dem aktiven DatenSet auch freier Text in die Zieldatei geschrieben werden kann. Auf diese Weise lassen sich ausgewählte Daten aus einem DatenSet in eine Textdatei schreiben und dabei zugleich in beliebiger Weise mit ergänzendem Text kombinieren. Dieser ergänzende Text lässt sich dabei natürlich auch so formulieren, dass in der Zieldatei gültige Syntaxbefehle entstehen. Der `write`-Befehl kann also genutzt werden, um durch SPSS-Syntax neue Syntax zu generieren, in die dann Werte aus einem DatenSet eingebettet sind. Die so erzeugte Syntax lässt sich anschließend wieder in ein SPSS-Programm einbinden, so dass im Ergebnis Werte aus einem DatenSet in die Syntax übernommen werden, siehe hierzu die Beispiele in Kapitel 18, insbesondere Abschnitt 18.4.

Die allgemeine Syntax des `write`-Befehls ist in Listing 15.6 dargestellt:

- *Zieldatei*. Notwendig ist zunächst die Angabe der Zieldatei mit dem Unterbefehl `outfile`, vgl. auch das Beispiel in Listing 15.7.

- *Anzahl der Zeilen je Fall*. Mit dem Unterbefehl `records` können Sie festlegen, wie viele Zeilen für jeden Fall aus dem aktiven DatenSet erstellt werden sollen. Per Voreinstellung wird für jeden Fall eine Zeile generiert. Diese Voreinstellung kommt zur Anwendung, wenn Sie den `records`-Befehl nicht verwenden. Um die Werte jedes Falles aus dem aktiven DatenSet in der Textdatei auf jeweils zwei Zeilen zu verteilen, fügen Sie den Unterbefehl `records = 2` ein etc. Beachten Sie, dass vor dem Unterbefehl hier kein Schrägstrich stehen darf!

- *Übersicht in die Ausgabedatei*. Mit dem Unterbefehl `table` fordern Sie eine Übersicht über den Inhalt der Textdatei an. Diese Übersicht wird in die Ausgabedatei geschrieben. Auch der Unterbefehl `table` muss ohne vorausgehenden Schrägstrich angeführt werden, vgl. auch Listing 15.9.

- *Beschreibung der Zeilen*. Von zentraler Bedeutung in jedem `write`-Befehl ist die Beschreibung der Zeilen in der Textdatei. Hier beschreiben Sie im Detail, wie die Zeile(n), die für jeden Fall aus dem aktiven DatenSet erzeugt werden, aufgebaut sind. Typischerweise werden hier die zu exportierenden Variablen aufgeführt, zusätzlich ist es aber auch möglich, selbst formulierten Text in die Zeilen einzufügen, siehe die Beispiele unten.

- *Execute zum Ausführen.* Anders als die Befehle `save` oder `save translate`, mit denen Datendateien im SPSS- oder einem Fremdformat wie Excel oder SAS erstellt werden, wird der `write`-Befehl nicht sofort ausgeführt, sondern erst dann, wenn die Daten durch einen anderen Befehl gelesen werden oder die Ausführung durch `execute` explizit veranlasst wird.

Auch in einem anderen Punkt verhält sich der `write`-Befehl anders als der Befehl `save translate`: Wenn Sie als Zieldatei des `write`-Befehls den Namen einer bereits bestehenden Textdatei angeben, wird diese gegebenenfalls ohne Warnung überschrieben.

```
WRITE OUTFILE = 'Zieldatei'
 [RECORDS = n]
 [TABLE]
 /1 Beschreibung der ersten Zeile je Fall
 [/2 Beschreibung der zweiten Zeile je Fall...]
```

Listing 15.6: Allgemeine Syntax des `write`-Befehls zum Erstellen einer freien Textdatei

Ausgewählte Variablen in Textdatei schreiben

In Listing 15.7 wird zunächst mit dem Befehl `get file` die SPSS-Datendatei *europa.sav* als aktives DatenSet bereitgestellt, um anschließend ausgewählte Variablen daraus in eine Textdatei zu schreiben. Der `write`-Befehl erzeugt diese Textdatei mit dem Namen *europa.txt*. Da der Befehl nichts anderes festlegt, wird für jeden Fall des aktiven DatenSets eine Zeile in der Textdatei erzeugt. Diese eine Zeile wird nach dem Schrägstrich im `write`-Befehl beschrieben und enthält damit die Werte der Variablen `land`, `bip`, `lebenerw` und `analphab`, vgl. das Ergebnis in Abbildung 15.1. Die in der allgemeinen Syntax aus Listing 15.6 aufgeführte Nummer 1 hinter dem Schrägstrich kann weggelassen werden, wenn nur eine Zeile je Fall erzeugt wird.

Die Spaltenbreite in der Zieldatei ergibt sich aus den Variablenformaten im aktiven DatenSet. So hat die Variable `land` das Format A4 (Textvariable mit einer Breite von vier Zeichen) und nimmt damit vier Zeichen in Anspruch; nicht genutzte Zeichen werden bei der Textvariablen am rechten Rand mit Leerzeichen aufgefüllt. Die Variable `bip` hat das Format F8.1 (numerische Variable mit einer Dezimalstelle und einer Gesamtbreite von acht Zeichen) und beansprucht damit acht Zeichen. Bei der numerischen Variablen werden nicht genutzte Zeichen am linken Rand mit Leerzeichen aufgefüllt.

```
GET FILE = 'C:\Daten\Europa.sav' .
WRITE OUTFILE = 'C:\Daten\Europa.txt'
```

```
  /land bip lebenerw analphab .
EXECUTE .
```

Listing 15.7: write-Befehl zum Erstellen einer Textdatei mit ausgewählten Variablen

```
Europa.txt - Editor
Datei  Bearbeiten  Format  Ansicht  ?
B      21765,0     73,0       1,0
DK     28245,0     72,5       1,0
D      25179,0     72,7        ,0
FIN    19048,0     71,7        ,0
F      24608,0     73,0       1,0
EL      7465,0     75,0       4,8
UK     17471,0     73,6       1,0
IRL    14735,0     72,6       1,0
I      17921,0     74,2       3,5
L      27611,0     71,9        ,0
NL     21536,0     74,4        ,0
A      24823,0     73,0       1,0
P       8822,0     71,1      20,6
S      22499,0     75,4        ,0
E      12201,0     74,6       4,2
```

Abb. 15.1: Ergebnis des write-Befehls aus Listing 15.7

Alle Variablen in Textdatei schreiben

In Listing 15.8 werden wie in Listing 15.7 Daten aus der Datei *europa.sav* in eine Textdatei mit dem Namen *europa.txt* geschrieben, wobei wiederum jeder Fall der Quelldatei eine Zeile in der Textdatei bildet. Zur Beschreibung des Zeilenaufbaus werden hier jedoch nicht die einzelnen Variablen aufgeführt, sondern es wird das Schlüsselwort all verwendet, so dass die Werte aller Variablen aus dem aktiven DatenSet in die Textdatei geschrieben werden.

```
GET FILE = 'C:\Daten\Europa.sav' .
WRITE OUTFILE = 'C:\Daten\Europa.txt' /ALL .
EXECUTE .
```

Listing 15.8: write-Befehl zum Erstellen einer Textdatei mit allen Variablen des aktiven DatenSets

Zwei Zeilen je Fall

Der write-Befehl in Listing 15.9 legt mit dem Unterbefehl records = 2 fest, dass für jeden Fall aus dem aktiven DatenSet zwei Zeilen in der Textdatei erzeugt werden. In die jeweils erste Zeile werden die Werte der Variablen land und bip geschrieben, in die jeweils zweite Zeile die Werte aus den Variablen lebenerw und analphab, vgl. das Ergebnis in Abbildung 15.2. Der Unterbefehl table fordert hier zusätzlich eine Beschreibung der Textdatei an, die von SPSS in die Ausgabedatei geschrieben wird.

Kapitel 15
Daten exportieren

```
GET FILE = 'C:\Daten\Europa.sav' .
WRITE OUTFILE = 'C:\Daten\Europa.txt'
  RECORDS = 2
  TABLE
  /1 land bip
  /2 lebenerw analphab .
EXECUTE .
```

Listing 15.9: write-Befehl zum Erstellen einer Textdatei mit zwei Zeilen je Fall

```
Europa.txt - Editor
Datei Bearbeiten Format Ansicht ?
B     21765,0
      73,0       1,0
DK    28245,0
      72,5       1,0
D     25179,0
      72,7        ,0
FIN   19048,0
      71,7        ,0
F     24608,0
      73,0       1,0
EL     7465,0
```

Abb. 15.2: Ergebnis des write-Befehls aus Listing 15.9: Textdatei mit zwei Zeilen je Fall

Kombination von Variablen und freiem Text

Der write-Befehl in Listing 15.10 erzeugt wieder nur eine Zeile je Fall aus dem aktiven DatenSet. In dieser Zeile werden die Werte ausgewählter Variablen mit frei formuliertem Text kombiniert. So wird für jeden Fall aus dem aktiven DatenSet eine Zeile mit folgenden Angaben erzeugt, vgl. das Ergebnis in Abbildung 15.3:

- An erster Stelle steht der jeweilige Wert aus der Variablen land. Diese Variable wird im Format A2 in die Textdatei geschrieben; enthält ein Wert der Variablen mehr als zwei Zeichen, werden diese entsprechend abgeschnitten.

- Es folgt der Wert aus der Variablen bip und anschließend der Text $ pro Kopf (mit abschließendem Leerzeichen).

- Darauf folgt der Wert aus der Variablen lebenerw und anschließend der Text Jahre (mit vorausgehendem und nachfolgendem Leerzeichen).

- Im Anschluss an den Text Jahre werden der Wert aus der Variablen analphab und abschließend ein Leerzeichen und ein Prozentzeichen als Text eingefügt.

```
GET FILE = 'C:\Daten\Europa.sav'.
WRITE OUTFILE = 'C:\Daten\Europa.txt'
  /land (A2) bip '$ pro Kopf ' lebenerw ' Jahre '
```

```
    analphab ' %' .
EXECUTE .
```

Listing 15.10: write-Befehl kombiniert die Werte von Variablen mit freiem Text

```
Europa.txt - Editor
Datei Bearbeiten Format Ansicht ?
B   21765,0$ pro Kopf    73,0 Jahre    1,0 %
DK  28245,0$ pro Kopf    72,5 Jahre    1,0 %
D   25179,0$ pro Kopf    72,7 Jahre     ,0 %
FI  19048,0$ pro Kopf    71,7 Jahre     ,0 %
F   24608,0$ pro Kopf    73,0 Jahre    1,0 %
EL   7465,0$ pro Kopf    75,0 Jahre    4,8 %
UK  17471,0$ pro Kopf    73,6 Jahre    1,0 %
IR  14735,0$ pro Kopf    72,6 Jahre    1,0 %
I   17921,0$ pro Kopf    74,2 Jahre    3,5 %
L   27611,0$ pro Kopf    71,9 Jahre     ,0 %
NL  21536,0$ pro Kopf    74,4 Jahre     ,0 %
A   24823,0$ pro Kopf    73,0 Jahre    1,0 %
P    8822,0$ pro Kopf    71,1 Jahre   20,6 %
S   22499,0$ pro Kopf    75,4 Jahre     ,0 %
E   12201,0$ pro Kopf    74,6 Jahre    4,2 %
```

Abb. 15.3: Ergebnis des write-Befehls aus Listing 15.10 mit Variablenwerten und freiem Text

Selektive Werte aus einzelnen Fällen

Der write-Befehl kann auch in eine do if-Konstruktion eingebunden und dadurch selektiv nur auf einzelne Fälle des aktiven DatenSets angewandt werden. So werden mit der Syntax aus Listing 15.11 nur für jene Fälle, in denen der BIP-Wert größer als 10.000 ist, die Werte der Variablen land und bip in die Textdatei übernommen. In allen übrigen Fällen werden hingegen nur der Wert der Variablen land und nachfolgend der Text : Pro-Kopf-BIP < 10000$ in die entsprechende Zeile der Textdatei geschrieben. Dieses selektive Vorgehen ist sehr hilfreich, wenn nur einzelne Werte aus der Textdatei ausgelesen werden sollen, um anschließend als Parameter in die Syntax eingebunden zu werden, siehe hierzu auch die Beispiele in Kapitel 18, Abschnitt 18.4.

```
GET FILE = 'C:\Daten\Europa.sav' .
DO IF (bip > 10000) .
  WRITE OUTFILE = 'C:\Daten\Europa.txt'
    /land bip .
ELSE .
  WRITE OUTFILE = 'C:\Daten\Europa.txt'
    /land ': Pro-Kopf-BIP < 10000$' .
END IF .
EXECUTE .
```

Listing 15.11: write-Befehl innerhalb einer do if-Konstruktion schreibt für verschiedene Fallgruppen unterschiedliche Werte in die Textdatei

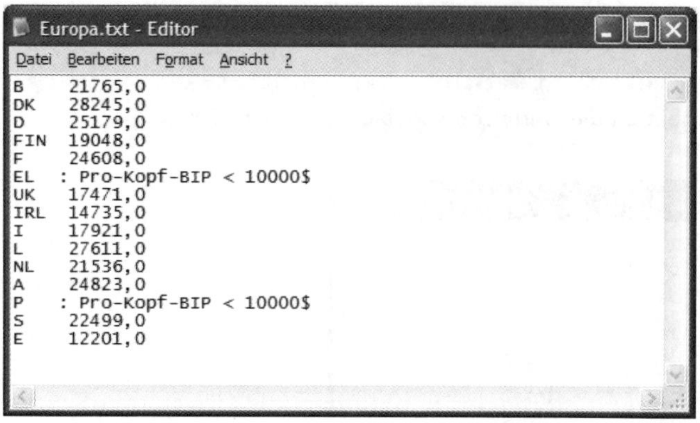

Kapitel 15
Daten exportieren

```
Europa.txt - Editor
Datei  Bearbeiten  Format  Ansicht  ?
B      21765,0
DK     28245,0
D      25179,0
FIN    19048,0
F      24608,0
EL    : Pro-Kopf-BIP < 10000$
UK     17471,0
IRL    14735,0
I      17921,0
L      27611,0
NL     21536,0
A      24823,0
P     : Pro-Kopf-BIP < 10000$
S      22499,0
E      12201,0
```

Abb. 15.4: Ergebnis des selektiven write-Befehls aus Listing 15.11

Kapitel 16

Statistische Prozeduren

In diesem Kapitel wird der Umgang mit den statistischen Prozeduren von SPSS grob skizziert. Fast jede einzelne statistische Prozedur bei SPSS bietet einen sehr breiten Funktionsumfang, der hier nicht einmal annäherungsweise dargestellt werden kann. Ferner ist zum Verständnis der Funktionen, die sich in den Syntaxbefehlen als optionale Unterbefehle wiederfinden, oftmals eine genaue Kenntnis des jeweiligen statistischen Verfahrens erforderlich. Daher werden im Folgenden in einer groben Übersicht die Syntaxbefehle der wichtigsten Prozeduren in ihrer einfachsten Form und mit jeweils ausgewählten optionalen Spezifikationen vorgestellt; die Erläuterungen werden zum Teil nur bei Kenntnis des jeweiligen Analyseverfahrens verständlich sein.

Um sich darüber hinaus einen schnellen Überblick über (fast) alle Optionen und deren mögliche Ausprägungen einer Prozedur zu verschaffen, bietet SPSS selbst eine hervorragende Hilfe an: Der prädestinierte Weg zur Ausformulierung eines Prozedurbefehls besteht oftmals darin, diese mithilfe der Dialogfelder zu spezifizieren und die Einstellungen anschließend in einen Syntaxbefehl übersetzen zu lassen. Auf Basis des so generierten Befehls lassen sich dann in Verbindung mit den folgenden Erläuterungen sehr einfach Anpassungen vornehmen und eine effiziente Syntax formulieren.

> **Tipp**
>
> Die meisten statistischen Prozeduren generieren Output, der in Form von Pivot-Tabellen und Grafiken in eine Ausgabedatei im Viewer-Format von SPSS geschrieben wird. Möchten Sie diese Ergebnisse in ein anderes Dateiformat umlenken, können Sie hierzu das Output Management System von SPSS verwenden. Dieses ermöglicht es insbesondere auch, die Daten, die per Voreinstellung als Pivot-Tabelle präsentiert werden, in eine SPSS-Datendatei zu schreiben und damit auf einfache Weise in weiteren Analysen zu verwenden, siehe hierzu im Einzelnen Kapitel 19.

Kapitel 16
Statistische Prozeduren

16.1 Deskriptive Statistiken

16.1.1 Häufigkeitstabellen

Eine Häufigkeitstabelle gibt in tabellarischer Form die absoluten Häufigkeiten an, mit denen die einzelnen Werte einer Variablen in einem DatenSet vorkommen. Zusätzlich werden bei SPSS relative sowie kumulierte Häufigkeiten ausgewiesen. Fehlende Werte lassen sich zum Teil gesondert berücksichtigen.

Zum Erstellen einer Häufigkeitstabelle dient die Prozedur `frequencies`. Die einzige notwendige Angabe ist der Name der Variablen, für die eine Häufigkeitstabelle erstellt werden soll. So erstellt der Befehl in Listing 16.1 eine Häufigkeitstabelle für die Variable `gender`. Dabei ist der Name des Unterbefehls `variables` optional, der gesamte Befehl könnte daher auch in der Form `frequencies gender` geschrieben werden.

```
FREQUENCIES VARIABLES = gender .
```

Listing 16.1: Einfacher `frequencies`-Befehl erstellt eine Häufigkeitstabelle für die Variable `gender`

Mit optionalen Unterbefehlen kann zum einen zusätzlicher Output und zum anderen eine getrennte Berechnung für unterschiedliche Fallgruppen angefordert werden. So generiert der Befehl in Listing 16.2 folgende Ergebnisse:

- Es wird jeweils eine Häufigkeitstabelle für die Variablen `alterkat` und `eikoklas` erstellt.

- Zusätzlich wird für jede der Variablen ein Kreisdiagramm (`piechart`) erzeugt, in dem die prozentuale Häufigkeit der einzelnen Werte ausgewiesen wird.

- Mit dem Unterbefehl `barchart` wird außerdem ein Säulendiagramm angefordert, das die Werteverteilung mit den absoluten Häufigkeiten wiedergibt. Auch dieses Balkendiagramm wird einmal für die Variable `alterkat` und einmal für die Variable `eikoklas` erstellt.

- Für die beiden Variablen werden jeweils der kleinste und der größte Wert als statistische Kennzahlen ausgewiesen.

```
FREQUENCIES VARIABLES = alterkat eikoklas
  /PIECHART = PERCENT
  /BARCHART = FREQ
  /STATISTICS = MINIMUM MAXIMUM .
```

Listing 16.2: Prozedur `frequencies` erzeugt Häufigkeitstabelle, Grafiken und statistische Kennzahlen

16.1.2 Deskriptive Maßzahlen

Mit dem Befehl `descriptives` berechnen Sie deskriptive Maßzahlen für eine oder mehrere Variablen. Die einzige notwendige Angabe ist der Name der jeweiligen Variablen. So fordert der Befehl in Listing 16.3 die »Standardkennzahlen« für die Variable `alter` an; dies sind die Anzahl gültiger und fehlender Werte, der Mittelwert, die Standardabweichung, das Minimum und das Maximum.

```
DESCRIPTIVES VARIABLES = alter .
```

Listing 16.3: Einfacher descriptives-Befehl berechnet Maßzahlen für die Variable `alter`

Möchten Sie andere Kennzahlen berechnen, geben Sie die gewünschten Größen mit dem Unterbefehl `statistics` explizit an. Die verfügbaren Kennzahlen sind in Tabelle 16.1 aufgeführt; mit dem Unterbefehl `statistics = all` fordern Sie alle in der Tabelle aufgeführten Maßzahlen an.

Der Befehl in Listing 16.4 berechnet den Mittelwert und die Standardabweichung für die beiden Variablen `alter` und `einkomm`. Der Unterbefehl `missing = listwise` legt fest, dass Fälle, die in einer der beiden Variablen einen fehlenden Wert aufweisen, aus der gesamten Berechnung (auch für die jeweils andere Variable) ausgeschlossen werden sollen. Ohne diesen Unterbefehl bleiben die Fälle nur jeweils bei der Variablen unberücksichtigt, in der ein fehlender Wert aufgetreten ist.

```
DESCRIPTIVES VARIABLES = alter einkomm
  /MISSING = LISTWISE
  /STATISTICS = MEAN STDDEV .
```

Listing 16.4: Befehl `descriptives` zur Berechnung von Mittelwert und Standardabweichung

Schlüsselwort	Kennzahl	Schlüsselwort	Kennzahl
mean	Mittelwert	stddev	Standardabweichung
min	Minimum	variance	Varianz
max	Maximum	semean	Standardfehler
range	Spannweite	skewness	Schiefe
sum	Summe	kurtosis	Kurtosis

Tabelle 16.1: Kennzahlen, die mit dem Befehl `descriptives` berechnet werden können

16.1.3 Kreuztabellen und Chi-Quadrat-Test

Kreuztabellen stellen die gemeinsame Verteilung zweier (kategorialer) Variablen dar und können mit der Prozedur `crosstabs` erzeugt werden. Zusätzlich können Sie mit dieser Prozedur Signifikanztests durchführen, um zu überprüfen, ob zwischen den beiden kreuztabellierten Variablen ein signifikanter Zusammenhang besteht. Listing 16.5 zeigt den `crosstabs`-Befehl in seiner einfachsten Form. Mit diesem Befehl wird eine Kreuztabelle für die Variablen `alterkat` und `religion` erstellt, wobei in den einzelnen Feldern der Kreuztabelle die absoluten Häufigkeiten der Wertekombinationen ausgewiesen werden.

```
CROSSTABS TABLES = alterkat BY religion .
```

Listing 16.5: Befehl `crosstabs` erzeugt eine Kreuztabelle für die Variablen `alterkat` und `religion`

Der Befehl in Listing 16.6 fordert darüber hinaus weiteren Output an. So werden in den Feldern der Kreuztabelle nun neben den absoluten Häufigkeiten (`count`) auch die erwarteten Häufigkeiten (`expected`) und die Anteile des jeweiligen Wertes an der gesamten Spalte ausgewiesen (`column`). Zusätzlich oder alternativ könnten auch die Anteile an der jeweiligen Zeile (`row`) oder an der gesamten Tabelle (`total`) angefordert werden. Der Unterbefehl `statistics = chisq` fordert einen Chiquadrat-Test an, mit dem geprüft wird, ob ein signifikanter Zusammenhang zwischen den beiden kreuztabellierten Variablen vorliegt.

```
CROSSTABS TABLES = alterkat BY religion
  /CELLS = COUNT EXPECTED COLUMN
  /STATISTICS = CHISQ .
```

Listing 16.6: Kreuztabelle mit absoluten und erwarteten Häufigkeiten sowie »Spaltenprozenten« und Chi-Quadrat-Test

16.2 Mittelwertvergleiche

16.2.1 T-Test

Mit einem T-Test überprüfen Sie, ob sich aus den in einer Stichprobe beobachteten Werten einer Variablen bestimmte Aussagen über den Mittelwert dieser Variablen in der Grundgesamtheit ableiten lassen. Hierzu muss die betrachtete Variable Intervallskalenniveau besitzen. Je nach Fragestellung lassen sich drei Arten von Tests unterscheiden:

Vergleich des Mittelwertes mit einem Prüfwert. Sie können testen, ob der Mittelwert einer Variablen signifikant von einem vorgegebenen Testwert abweicht. So prüft der T-Test in Listing 16.7, ob der Mittelwert der Variablen `alter` signifikant von dem Wert 18 abweicht. Im Testergebnis wird auch ein Konfidenzintervall für den Mittelwert ausgewiesen, für das hier ein Signifikanzniveau von $0,975$ gefordert wird.

```
T-TEST TESTVAL 18
  /VARIABLES = alter
  /CRITERIA = CI(0.975) .
```

Listing 16.7: T-Test für eine Stichprobe

Vergleich zweier unabhängiger Stichproben. Mit einem T-Test für unabhängige Stichproben können Sie überprüfen, ob eine Variable in zwei getrennten Fallgruppen einen signifikant unterschiedlichen Mittelwert aufweist. Ein solcher Test wird in Listing 16.8 angefordert. Der Test unterteilt die Fälle im DatenSet gedanklich in zwei Gruppen; die erste Fallgruppe weist in der Variablen gender den Wert 0 auf, die zweite den Wert 1. Fälle, die keinen der beiden Werte aufweisen, werden aus dem Test ausgeschlossen. Für diese beiden Fallgruppen wird geprüft, ob signifikante Unterschiede im Durchschnittsalter vorliegen. Dabei wird ein Signifikanzniveau von 0,95 zugrunde gelegt.

```
T-TEST GROUPS = gender(0,1)
  /VARIABLES = alter
  /CRITERIA = CI(0.95) .
```

Listing 16.8: T-Test für zwei unabhängige Stichproben

Vergleich zweier gepaarter Stichproben. Ein T-Test für gepaarte Stichproben vergleicht die Mittelwerte zweier Variablen miteinander. In diesem Fall wird von zwei »gepaarten« Stichproben gesprochen, weil die miteinander zu vergleichenden Beobachtungen (die einzelnen Werte der beiden Variablen) jeweils an denselben Objekten (denselben Fällen) vorgenommen wurden. Der Test in Listing 16.9 überprüft, ob die beiden Variablen preis_D und preis_F signifikant unterschiedliche Mittelwerte aufweisen. Für das Konfidenzintervall wird ein Signifikanzniveau von 0,95 zugrunde gelegt.

```
T-TEST PAIRS = preis_D preis_F
  /CRITERIA = CI(0.95) .
```

Listing 16.9: T-Test für gepaarte Stichproben

Möchten Sie einen gepaarten T-Test für mehr als ein Variablenpaar durchführen, haben Sie verschiedene Möglichkeiten, dies innerhalb eines Befehls anzufordern:

- Der erste Befehl in Listing 16.10 führt drei T-Tests durch, jeweils einen für jedes Variablenpaar, das sich aus den drei Variablen bilden lässt: preis_D vs. preis_F, preis_D vs. preis_I und preis_F vs. preis_I.
- Der zweite Befehl testet die beiden Variablenpaare preis_D vs. preis_I und preis_F vs. preis_I.

- Mit dem dritten Befehl werden vier Variablenpaare untersucht: `preis_D` vs. `preis_I`, `preis_D` vs. `preis_E`, `preis_F` vs. `preis_I` und `preis_F` vs. `preis_E`.

```
T-TEST PAIRS = preis_D preis_F preis_I .
T-TEST PAIRS = preis_D preis_F WITH preis_I .
T-TEST PAIRS = preis_D preis_F WITH preis_I preis_E .
```

Listing 16.10: T-Tests für gepaarte Stichproben für mehrere Variablen

16.2.2 Varianzanalyse

Eine gruppierende Variable

Die Prozedur oneway führt eine einfaktorielle Varianzanalyse durch, die ähnlich wie ein T-Test bei unabhängigen Stichproben eine Hypothese prüft, nach der eine Variable in unterschiedlichen Teilgruppen der Grundgesamtheit einen gleich hohen Mittelwert aufweist. Ein wesentlicher Unterschied der einfaktoriellen Varianzanalyse gegenüber dem T-Test bei unabhängigen Stichproben besteht jedoch darin, dass sich mit der Varianzanalyse mehrere Mittelwerte (mehrere Teilgruppen der Grundgesamtheit) miteinander vergleichen lassen, während der T-Test nur den Vergleich zweier Mittelwerte ermöglicht. Die mit der Prozedur oneway untersuchte Nullhypothese unterstellt, alle miteinander verglichenen Gruppenmittelwerte der betrachteten Variablen seien in der Grundgesamtheit identisch. Neben diesem simultanen Vergleich aller Mittelwerte führt die Prozedur zudem multiple Vergleichstests durch, mit denen identifiziert werden kann, zwischen welchen der betrachteten Gruppen signifikante Mittelwertunterschiede bestehen.

Der Befehl oneway hat in der einfachsten Spezifikation die Form aus Listing 16.11. Der Befehl vergleicht das durchschnittliche Einkommen in den Fallgruppen, die durch die Variable alterkat definiert werden.

```
ONEWAY einkomm BY alterkat .
```

Listing 16.11: Einfacher oneway-Befehl vergleicht das durchschnittliche Einkommen in verschiedenen Altersgruppen

Mehrere gruppierende Variablen

Wenn Sie den Mittelwert einer Variablen in mehreren Fallgruppen betrachten möchten und die Fallgruppen dabei durch mehr als eine gruppierende Variable gebildet werden, verwenden Sie hierzu die Prozedur anova. Diese führt eine Varianzanalyse für ein faktorielles Design durch, wobei per Voreinstellung sämtliche Interaktionseffekte (bis zum fünften Grad) zwischen den erklärenden (gruppierenden) Variablen berücksichtigt werden.

Der Befehl anova hat in der einfachsten Spezifikation die Form aus Listing 16.12. Der Befehl unterteilt die Fälle des DatenSets in insgesamt zwölf Fallgruppen, die sich aus der Wertekombination der Variablen gender, region und familie ergeben. Für die Variablen gender und region werden dabei nur die Werteausprägungen 1 und 2 berücksichtigt, für die Variable familie die Ausprägungen 1, 2 und 3. Für die auf diese Weise gebildeten 2 × 2 × 3 = 12 Fallgruppen wird untersucht, ob die Variable einkommen in allen Gruppen einen gleich hohen Mittelwert aufweist oder ob zwischen mindestens zwei Fallgruppen signifikante Mittelwertunterschiede bestehen.

```
ANOVA VARIABLES = einkomm
    BY gender region(1,2) familie(1,3) .
```

Listing 16.12: Einfacher anova-Befehl mit drei gruppierenden Variablen

Der Befehl in Listing 16.13 weist eine Erweiterung auf: Durch den Unterbefehl maxorders = 2 wird festgelegt, dass nur die Interaktionsbeziehungen bis zum zweiten Grad berücksichtigt werden sollen; damit wird der gemeinsame Einfluss der Variablen gender und region, der Variablen gender und familie sowie der Variablen region und familie berücksichtigt, nicht aber der Effekt, der sich aus dem Zusammenwirken aller drei gruppierenden Variablen ergibt.

```
ANOVA VARIABLES = einkomm
    BY gender region(1,2) familie(1,3)
    /MAXORDERS = 2 .
```

Listing 16.13: Einfacher anova-Befehl mit drei gruppierenden Variablen

> **Tipp**
>
> Sowohl bei der Prozedur oneway als auch bei der Prozedur anova ist nur die abhängige Variable intervallskaliert, während die erklärenden Variablen kategoriale Daten enthalten müssen. Sollen als erklärende Variablen auch intervallskalierte Variablen berücksichtigt werden, verwenden Sie die Prozedur glm (general linear model).

16.3 Korrelation und Regression

16.3.1 Korrelationen

Mit der Prozedur correlations können Sie für zwei oder mehr Variablenpaare Korrelationskoeffizienten (nach Pearson) berechnen. Listing 16.14 zeigt den Befehl in seiner einfachsten Form; der Befehl erzeugt eine Tabelle, in der für alle drei möglichen Kombinationen der Variablen `analphab`, `bip` und `lebenerw` der Korrelationskoeffizient ausgewiesen wird. Für jeden Koeffizienten wird zusätzlich das Signifikanzniveau (für einen zweiseitigen Test) berechnet.

```
CORRELATIONS VARIABLES = analphab bip lebenerw .
```

Listing 16.14: `correlations` berechnet Korrelationskoeffizienten für alle Variablenpaare

Der Befehl in Listing 16.15 nimmt drei Änderungen vor:

- Die veränderte Angabe der Variablen bewirkt, dass nur die Korrelationen für die beiden Variablenpaare `bip` mit `analphab` und `bip` mit `lebenerw` berechnet werden. Es wird also nur jede Variable, die links von dem Schlüsselwort `with` steht, mit jeder Variablen auf der rechten Seite von `with` kombiniert.

- Der Unterbefehl `print = onetail` legt fest, dass in der Tabelle nicht die zweiseitigen, sondern die einseitigen Signifikanzwerte ausgewiesen werden sollen.

- Durch den Unterbefehl `statistics = xprod` werden zusätzlich die Kovarianzen und die Kreuzproduktabweichungen für jedes Variablenpaar ausgewiesen.

```
CORRELATIONS VARIABLES = bip WITH analphab lebenerw
  /PRINT = ONETAIL
  /STATISTICS = XPROD .
```

Listing 16.15: `correlations` mit zusätzlichen Spezifikationen

16.3.2 Regression

Die Prozedur `regression` führt eine lineare Regression zwischen einer abhängigen und einer oder mehreren erklärenden Variablen durch. Dabei müssen grundsätzlich alle Variablen intervallskaliert sein.

Der Befehl in Listing 16.16 fordert eine lineare Regression mit der abhängigen Variablen `lebenerw` und den drei erklärenden Variablen `bip`, `zeitung` und `analphab` an. Das Schlüsselwort `enter` gibt an, dass alle erklärenden Variablen auch tatsächlich in der Regressionsgleichung berücksichtigt werden sollen. Alternativ kann auch festgelegt werden, dass SPSS nach einem vorgegebenen Algorithmus nur die signifikanten erklärenden Variablen auswählt; hierzu stehen verschiedene Auswahlmethoden zur Verfügung.

Sofern keine weiteren Angaben vorgenommen werden, berücksichtigt SPSS automatisch eine Konstante, die Regressionsgerade wird also nicht durch den Ursprung gezwungen. Zum Output der Prozedur gehören eine Zusammenfassung des Regressionsmodells mit geschätzten Koeffizienten und R^2, eine ANOVA-Tabelle und statistische Kennzahlen über die berücksichtigten Variablen.

```
REGRESSION
  /DEPENDENT = lebenerw
  /METHOD = ENTER bip zeitung analphab .
```
Listing 16.16: regression-Befehl für eine einfache lineare Regression

Mit dem Befehl in Listing 16.17 werden zusätzlich die folgenden Spezifikationen vorgenommen:

- Der Unterbefehl statistics fordert zusätzlichen Output an. Ohne diesen Unterbefehl werden nur die oben beschriebenen Ergebnisse ausgewiesen (R^2, ANOVA, Koeffizienten und Statistiken für Variablen (outs)). Hier werden zusätzlich die Veränderungen von R^2 durch die einzelnen Variablen (cha), 95%-Konfidenzintervalle für die Regressionskoeffizienten (ci), die Toleranz-Kennzahlen (tol) und eine Kollinearitätsdiagnose (collin) angefordert.

- Mit dem Unterbefehl origin wird festgelegt, dass die Regressionsgerade durch den Ursprung verlaufen muss, so dass die Schätzgleichung keine Konstante enthält.

```
REGRESSION
  /STATISTICS = R ANOVA COEFF OUTS CHA CI TOL COLLIN
  /ORIGIN
  /DEPENDENT = lebenerw
  /METHOD = ENTER bip zeitung analphab .
```
Listing 16.17: Lineare Regression ohne Konstante mit zusätzlichen statistischen Kennzahlen

16.4 Clusteranalyse

Die Clusteranalyse dient dazu, eine Menge von Objekten derart in Gruppen (Cluster) zu unterteilen, dass die derselben Gruppe zugeordneten Objekte eine möglichst hohe Ähnlichkeit aufweisen, während gleichzeitig die Objekte unterschiedlicher Gruppen sich deutlich unterscheiden. Eine solche Clusteranalyse lässt sich bei SPSS mit der Prozedur cluster durchführen. Diese Prozedur unterteilt die Fälle eines DatenSets in möglichst homogene Fallgruppen.

Die einzige notwendige Spezifikation des Befehls ist die Angabe der Variablen, die als Kriterium für die Bildung der homogenen Fallgruppen verwendet werden sollen. So führt der Befehl in Listing 16.18 eine Clusteranalyse durch, um die Fälle des DatenSets so in Gruppen zu unterteilen, dass alle Fälle innerhalb derselben Gruppe in den Variablen preise, saldo, schulden, zins und wkm möglichst ähnliche Werte aufweisen, während sich die Fälle unterschiedlicher Gruppen in diesen Variablen möglichst deutlich voneinander unterscheiden sollen. Die

(Un-)Ähnlichkeit zweier Fälle wird dabei anhand der quadrierten Euklidischen Distanz gemessen. Der Output dieser einfachen Clusteranalyse umfasst Angaben zur Anzahl der verarbeiteten Fälle, eine Zuordnungsübersicht und ein vertikales Eiszapfendiagramm.

```
CLUSTER preise saldo schulden zins wkm .
```

Listing 16.18: Einfacher `cluster`-Befehl

Wenn Sie von den Voreinstellungen der Clusteranalyse abweichen möchten, können Sie verschiedene zusätzliche Spezifikationen vornehmen, wie in Listing 16.19 geschehen:

- Der Unterbefehl `measure = euclid` legt fest, dass statt der quadrierten Euklidischen Distanz die einfache Euklidische Distanz zur (Un-)Ähnlichkeitsmessung verwendet wird.

- Mit dem Unterbefehl `plot` werden hier ein Dendrogramm und ein horizontales Eiszapfendiagramm angefordert.

- Der `save`-Unterbefehl legt fest, dass die Zuordnung der einzelnen Fälle zu den verschiedenen Clustern (Fallgruppen) im DatenSet gespeichert wird. In Klammern ist angegeben, dass diese Zuordnung jeweils für eine Drei-, Vier- und Fünf-Cluster-Lösung gespeichert werden soll; für jede dieser drei Clusterlösungen erzeugt SPSS eine neue Variable im aktiven DatenSet.

```
CLUSTER preise saldo schulden zins wkm
   /MEASURE = EUCLID
   /PLOT = DENDROGRAMM HICICLE
   /SAVE = CLUSTERS (3,5) .
```

Listing 16.19: Clusteranalyse auf Basis der Euklidischen Distanz mit zusätzlichem Output

> **Tipp**
>
> Mit der Prozedur `cluster` wird eine hierarchische Clusteranalyse durchgeführt. Daneben kennt SPSS noch zwei weitere Clusterverfahren, die insbesondere bei sehr großen Datendateien überlegen sind. Dies sind die Prozeduren `quick cluster` und `twostepp cluster`.

16.5 Diskriminanzanalyse

Ziel der Diskriminanzanalyse ist es, die Werte einer kategorialen Variablen durch die Werte einer oder mehrerer unabhängiger Variablen zu erklären; dabei müssen die unabhängigen Variablen intervallskaliert oder dichotom sein. Notwendige

Angaben zur Spezifikation der Diskriminanzanalyse sind die abhängige Variable und die erklärenden Variablen. Zusätzlich muss für die abhängige Variable der zu berücksichtigende Wertebereich festgelegt werden. In der einfachsten Form hat der Befehl discriminant damit die Ausprägung aus Listing 16.20. Die dort spezifizierte Analyse versucht eine Gleichung zu finden, mit der sich die Fälle des DatenSets den vier Ausprägungen 1, 2, 3 und 4 der Variablen partei zuordnen lassen, wobei zur Erklärung bzw. Schätzung dieser Werte die Variablen alter, eiko, religion, urban, region und abitur herangezogen werden.

```
DISCRIMINANT GROUPS = partei(1,4)
   /VARIABLES = alter eiko religion urban region abitur .
```

Listing 16.20: Einfacher discriminant-Befehl

Der Befehl in Listing 16.21 nimmt zwei zusätzliche Spezifikationen vor:

- Der Befehl select = test(1) bewirkt, dass zur Schätzung der Diskriminanzgleichung nur jene Fälle aus dem DatenSet berücksichtigt werden, die in der Variablen test den Wert 1 aufweisen. Die so geschätzte Gleichung wird dennoch auch auf alle übrigen Fälle des DatenSets angewandt. Auf diese Weise lässt sich überprüfen, ob die Gleichung geeignet ist, Fälle zu klassifizieren, die nicht in die Schätzung der Gleichung eingeflossen sind.

- Mit dem Befehl save wird veranlasst, dass zusätzliche Variablen in das DatenSet eingefügt werden, und zwar mit folgenden Informationen:
    - Die Variable gruppe gibt für jeden Fall im DatenSet an, welcher Gruppe dieser Fall durch die Diskriminanzanalyse zugeordnet wurde (d.h. also, welcher Wert der Variablen partei durch die Diskriminanzanalyse geschätzt wurde).
    - Die Anweisung scores = score erzeugt mehrere Variablen mit den Namen score1, score2, ... Dabei wird für jede Diskriminanzfunktion eine Variable erstellt, in die der Wert eingetragen wird, den die jeweilige Diskriminanzfunktion für diesen Fall liefert.
    - Auch die Anweisung probs = wkt erstellt mehrere Variablen mit den Namen wkt1, wkt2, ..., wobei hier für jede Fallgruppe (und damit jede Ausprägung der abhängigen Variablen) eine Variable erzeugt wird. In den Variablen wird dann für jeweils eine der Fallgruppen angegeben, mit welcher Wahrscheinlichkeit der Fall dieser Gruppe angehört.

```
DISCRIMINANT GROUPS = partei(1,4)
   /VARIABLES = alter eiko religion urban region abitur
   /SELECT = test(1)
   /SAVE CLASS = gruppe SCORES = score PROBS = wkt .
```

Listing 16.21: discriminant-Befehl mit zusätzlichen Spezifikationen

16.6 Faktorenanalyse

Mit der Prozedur `factor` fordern Sie eine Faktorenanalyse an. Mit der Faktorenanalyse lässt sich für eine Menge von Variablen untersuchen, ob darin Variablengruppen enthalten sind, deren Ausprägungen darauf schließen lassen, dass sie alle unterschiedliche Teilaspekte desselben übergeordneten Merkmals (Faktors) darstellen. So wäre es beispielsweise denkbar, dass eine Reihe von Variablen mit den Messergebnissen eines umfangreichen Intelligenztests letztlich zwei Teilaspekte von Intelligenz wie »kreative Intelligenz« auf der einen Seite und »analytische Intelligenz« auf der anderen Seite abbilden.

Notwendige Angaben zur Spezifizierung einer Faktorenanalyse sind im einfachsten Fall lediglich die Variablen, die in der Analyse berücksichtigt und entsprechend in Variablengruppen unterteilt werden sollen. So fordert der Befehl in Listing 16.22 eine Faktorenanalyse an, mit der die Variablen `test1` bis `test20` untersucht werden.

```
FACTOR VARIABLES = test1 TO test20 .
```

Listing 16.22: Einfache Faktorenanalyse für die Variablen `test1` bis `test20`

Durch zahlreiche optionale Unterbefehle lassen sich die Methoden und Kriterien der Faktorenanalyse steuern und zusätzlicher Output anfordern. So nimmt der Befehl in Listing 16.23 zusätzlich folgende Spezifikationen vor:

- Mit dem Unterbefehl `criteria` lässt sich die Anzahl der Faktoren steuern, die durch die Analyse identifiziert werden sollen. In diesem Fall wird explizit vorgegeben, dass drei Faktoren gesucht werden. Alternativ könnte ein minimaler Eigenwert oder ein Konvergenzwert vorgegeben werden.

- Der Unterbefehl `extraction` legt das Extraktionsverfahren und damit die Methode zur Identifizierung der Faktoren fest. Per Voreinstellung kommt bei SPSS die Hauptkomponentenmethode zur Anwendung, während hier mit `extraction = paf` die Hauptachsenmethode angefordert wird.

- Der Unterbefehl `rotation` fordert hier eine Varimax-Rotation an.

```
FACTOR VARIABLES = test1 TO test20
  /CRITERIA = FACTORS(3)
  /EXTRACTION = PAF
  /ROTATION = VARIMAX .
```

Listing 16.23: Einfache Faktorenanalyse für die Variablen `test1` bis `test20`

16.7 Grafiken

Bei SPSS gibt es im Wesentlichen drei Befehle zum Erzeugen von Grafiken: Mit dem Befehl graph lassen sich alle klassischen Grafiktypen wie Balken-, Linien-, Flächen- und Kreisdiagramme, Streudiagramme und Histogramme, Pareto-Diagramme und Fehlerbalken und Weiteres mehr erstellen. Der zweite Befehl igraph erzeugt grundsätzlich die gleiche Art von Grafiken, gibt diese aber in 3-D-Darstellungen und mit interaktiven Gestaltungsmöglichkeiten aus. Der Befehl ggraph ist der jüngste der drei Befehle zum Erstellen von Grafiken und vereint letztlich die Möglichkeiten von graph und igraph, ist dabei aber ungleich komplizierter und aufwendiger zu spezifizieren. Im Folgenden wird die Verwendung des »klassischen« Befehls graph skizziert, der – auch wenn er von SPSS selbst als veraltet bezeichnet wird – für einen Großteil der üblichen Fragestellungen überlegen erscheint.

Diagramm für einzelne Werte einer Variablen

Der graph-Befehl in Listing 16.24 erzeugt ein Balkendiagramm (bar), in dem nur eine Datenreihe, also nur eine Folge von Werten (simple) dargestellt wird. Jeder der Balken dieses Diagramms beschreibt einen Wert aus der Variablen bip (value(bip)). Die Kategorienachse der Grafik wird mit den Werten der Variablen land beschriftet.

Wenn Sie in Listing 16.24 den Ausdruck bar(simple) durch line(simple) ersetzen, erhalten Sie statt des Balkendiagramms ein Liniendiagramm. Mit dem Ausdruck line(area) fordern Sie ein Flächendiagramm und mit dem einfachen Schlüsselwort pie ein Kreisdiagramm an.

```
GRAPH
    /BAR(SIMPLE)=VALUE(bip) BY land .
```

Listing 16.24: Einfaches Balkendiagramm für die einzelnen Werte einer Variablen

Diagramm mit der Häufigkeitsverteilung einer Variablen

Der Befehl in Listing 16.25 erzeugt ebenfalls ein Balkendiagramm mit einer Datenreihe (bar(simple)). In diesem Diagramm wird für alle unterschiedlichen Werte der Variablen region jeweils ein Balken erstellt, dessen Höhe die Häufigkeit anzeigt, mit der der betreffende Wert in der Variablen vorkommt.

```
GRAPH
    /BAR(SIMPLE)=COUNT BY region .
```

Listing 16.25: Einfaches Balkendiagramm mit den Häufigkeiten der Werte der Variablen region

Diagramm für aggregierte Werte verschiedener Variablen

Mit dem `graph`-Befehl in Listing 16.26 wird wieder ein Balkendiagramm mit einer Datenreihe erzeugt. Dieses Diagramm wird vier Balken aufweisen, die jeweils einen aggregierten Wert für eine Variable darstellen. Die Höhe des ersten Balkens entspricht der Summe aller Werte der Variablen `totekdlo`, der zweite Balken stellt die Höhe der Summe aller Werte aus der Variablen `totekdhi` dar etc.

Statt der Summe können Sie hier auch andere Aggregierungsfunktionen verwenden, um beispielsweise den Mittelwert (`mean`), den Median (`med`) oder die Varianz (`var`) der einzelnen Variablen darzustellen.

```
GRAPH
    /BAR(SIMPLE)= SUM(totekdlo) SUM(totekdhi)
                  SUM(toteadlo) SUM(toteadhi) .
```
Listing 16.26: Einfaches Balkendiagramm mit aggregierten Werten verschiedener Variablen

Streudiagramm

Der `graph`-Befehl in Listing 16.27 erzeugt ein Streudiagramm für zwei Variablen (`scatterplot(bivar)`), in dem die gemeinsame Verteilung der beiden Variablen `lebenerw` und `bip` dargestellt wird.

```
GRAPH
    /SCATTERPLOT(BIVAR)=lebenerw WITH bip .
```
Listing 16.27: Streudiagramm für die beiden Variablen `lebenerw` und `bip`

Kapitel 17

Makros

17.1 Basics

17.1.1 Was ist ein Makro?

Ein Makro ist so etwas wie eine benutzerdefinierte Funktion, die als eine Art »intelligenter Textbaustein« fungiert. Mithilfe von Makros lassen sich Syntaxprogramme deutlich vereinfachen und übersichtlicher gestalten. Insbesondere wenn bestimmte Routinen häufig in identischer oder ähnlicher Form ausgeführt werden, können diese, nachdem sie einmal mithilfe von Makros in allgemeiner Form programmiert wurden, durch ein einfaches Schlüsselwort, den Namen des Makros, immer wieder aufgerufen werden. Dabei ist es auch möglich, bei dem Aufruf eines Makros Parameter (bei SPSS als Makrovariablen bezeichnet) zu übergeben, die von dem Makro verarbeitet werden, so dass sich die darin festgelegten Programmschritte an den jeweiligen Kontext anpassen lassen.

Das Erstellen eines Makros ist außerordentlich einfach. Um bestimmte Programmschritte als Makro zu definieren, wird lediglich dem entsprechenden Programmcode ein Name zugewiesen. Anschließend lässt sich das Makro an fast jeder beliebigen Stelle innerhalb eines Syntaxprogramms durch einfache Angabe des Makronamens aufrufen. Der Aufruf des Makros bewirkt nichts anderes, als dass sein Inhalt, also der dem Makronamen zugeordnete Programmcode, an der entsprechenden Stelle als Text in die Syntax eingefügt wird. Man bezeichnet diesen Vorgang auch als *Expansion des Makros*. Diese Funktionsweise von Makros macht deutlich, warum ein Makro in seiner einfachsten Form als Textbaustein verstanden werden kann. Durch verschiedene erweiterte Funktionen lassen sich aber auch differenziert gesteuerte, komplexe Programmstrukturen mithilfe von Makros abbilden:

- *Parameter.* Beim Aufruf eines Makros lassen sich Parameter definieren, die innerhalb des Makros verarbeitet werden. Damit ist der Makroinhalt nicht mehr starr vorgegeben, sondern lässt sich an den jeweiligen Kontext anpassen. Siehe hierzu Abschnitt 17.2 auf Seite 409. Zudem lassen sich Makrovariablen innerhalb eines Makros berechnen, definieren und wieder abrufen, siehe Abschnitt 17.3 auf Seite 415.

- *Funktionen.* Speziell für Makros stehen verschiedene Funktionen zur Verfügung, mit denen sich Textmanipulationen wie etwa die Verknüpfung einzelner Textelemente oder das Hinzufügen und Entfernen von Anführungszeichen durchführen lassen. Es mag zunächst so scheinen, dass derartige Textfunktionen auf wenige »esoterische« Anwendungsfälle beschränkt sind, tatsächlich sind sie jedoch außerordentlich hilfreich, beispielsweise um mehrere Parameter zu kombinieren oder einzelne Parameter aus vorhandenen Strukturen herauszulesen. Siehe hierzu Abschnitt 17.4 auf Seite 416.

- *Bedingungen.* Mithilfe von Bedingungen der Art `if ... then ... else ...` kann die Ausführung von Programmteilen von bestimmten Voraussetzungen abhängig gemacht und so der Makroinhalt kontextabhängig gesteuert werden. Auf diese Weise ist es möglich, ein Makro zunächst sehr allgemein zu formulieren, so dass es für verschiedene, leicht variierende Anwendungsfälle einsetzbar ist, und die jeweilige Ausführungsvariante beispielsweise über Parameter erst beim Makroaufruf festzulegen. Siehe hierzu Abschnitt 17.5 auf Seite 421.

- *Schleifen.* Mit einer Makro-Schleife lassen sich Befehlsfolgen mehrfach hintereinander in identischer oder ähnlicher Form erzeugen. Siehe hierzu Abschnitt 17.6 auf Seite 424.

- *Grundeinstellungen.* Einige Parameter in den Grundeinstellungen von SPSS steuern die Auswertung und Dokumentation von Makros durch SPSS, siehe hierzu Abschnitt 17.7 auf Seite 428.

Die Anwendung von Makros lässt sich am einfachsten anhand von praktischen Beispielen und Übungen erlernen. Im folgenden Kapitel 18 werden daher typische Anwendungsfälle für Makros anhand verschiedener Beispiele vorgestellt.

17.1.2 Einfaches Beispiel: Makro zum Einfügen einer Variablenliste

Das Beispiel in Listing 17.1 soll die Wirkung eines Makros als Textbaustein verdeutlichen. Mit dem Befehlspaar `define ... !enddefine` wird hier ein Makro mit dem Namen `!varlist` definiert. Der Name `!varlist` ist frei gewählt; zu den Namensregeln für Makros sowie zur genauen Syntax siehe unten. Der Inhalt des Makros besteht lediglich aus dem Text `bip energie telefone zeitung`.

```
DEFINE !varlist ()
  bip energie telefone zeitung
!ENDDEFINE .


GET FILE='C:\Daten\Europa.sav'.
DESCRIPTIVES VARIABLES = !varlist .
EXECUTE .
```

Listing 17.1: Einfaches Makro zum Einfügen einer Variablenliste

Sobald die drei Befehlszeilen `define ... !enddefine` ausgeführt wurden, ist das Makro definiert und steht während der gesamten laufenden SPSS-Sitzung zur Verfügung. Fortan kann es jederzeit aufgerufen werden, indem der Makroname an geeigneter Stelle in einen Syntaxbefehl eingefügt und dieser ausgeführt wird. Dies geschieht in Listing 17.1 in den beiden untersten Programmzeilen. Nachdem mit dem Befehl `get file` die Datendatei *Europa.sav* gelesen und als aktives Daten-Set bereitgestellt wurde, sollen anschließend mit dem Befehl `descriptives` statistische Kennzahlen für ausgewählte Variablen berechnet werden. Dieser Befehl erfordert als zusätzliche Angabe eine Liste der zu berücksichtigenden Variablen, die hier durch den Aufruf des Makros `!varlist` ersetzt wurde. Dieser Makroaufruf bewirkt, dass vor Ausführung des Befehls `descriptives` zunächst das Makro expandiert und damit der Name durch dessen Inhalt ersetzt wird. Nach der Expansion des Makros lautet die unterste Befehlszeile aus Listing 17.1 damit:

```
DESCRIPTIVES VARIABLES = bip energie telefone zeitung .
```

Dieser Befehl fordert statistische Maßzahlen für die vier Variablen `bip`, `energie`, `telefone` und `zeitung` an.

17.1.3 Allgemeine Regeln für Makros

Wie in dem obigen Beispiel wird ein Makro stets durch das Befehlspaar `define ... !enddefine` definiert und durch einfache Angabe des Makronamens aufgerufen. Die Syntax zur Definition eines Makros hat die in Listing 17.2 dargestellte allgemeine Form.

```
DEFINE Makroname ([Parameter])
    Makroinhalt
!ENDDEFINE .
```

Listing 17.2: Allgemeine Syntax eines Makros

- *Makroname.* Der Makroname kann im Rahmen der allgemeinen Namensregeln bei SPSS (siehe hierzu Abschnitt 8.2.4) frei gewählt werden. Eine Besonderheit von Makronamen ist, dass sie mit einem Ausrufezeichen beginnen dürfen. Es ist ratsam, von dieser Möglichkeit konsequent Gebrauch zu machen, weil sich Makronamen dadurch leicht als solche identifizieren lassen, wodurch das Lesen der Syntax erheblich vereinfacht wird und zudem Überschneidungen mit anderen Namen wie etwa Variablennamen ausgeschlossen werden.

- *Parameter.* Auf den Makronamen folgt stets ein Klammerpaar. Innerhalb des Klammerpaares lassen sich Parameter definieren, die dann beim Aufrufen des Makros mit übergeben und innerhalb des Makros verarbeitet werden; siehe hierzu im Einzelnen Abschnitt 17.2 auf Seite 409. Werden keine Parameter verwendet, bleibt das Klammerpaar leer.

- *!enddefine.* Die Makrodefinition wird durch den Befehl `!enddefine` abgeschlossen. Das Ausrufezeichen ist hier Bestandteil des Befehlsnamens und muss mit angegeben werden. Das Befehlspaar `define ... !enddefine` wird insgesamt durch einen Punkt abgeschlossen; auf den Befehl `!enddefine` muss also ein Punkt folgen, am Ende der Befehlszeile `define makroname (...)` steht kein Punkt.

- *Makroinhalt.* Zwischen dem Befehlspaar `define ... !enddefine` wird der Inhalt des Makros festgelegt. Dieser Inhalt besteht typischerweise aus einer Folge von Syntaxbefehlen oder Teilen von Syntaxbefehlen und Variablennamen. Daneben können im Makroinhalt spezielle Makroanweisungen verwendet werden, die beim Aufrufen des Makros verschiedene Operationen wie beispielsweise die Verknüpfung von Textteilen, Schleifen oder bedingte Anweisungen auslösen und nicht als Text an der Stelle des Makroaufrufs in die Syntax eingefügt werden, siehe unten.

- *Makroaufruf.* Nachdem ein Makro durch Ausführen des Befehls `define ... !enddefine` definiert wurde, steht es während der gesamten laufenden SPSS-Sitzung zur Verfügung und kann jederzeit über seinen Namen aufgerufen werden. Der Aufruf eines Makros erfolgt über den Makronamen, der hierzu an der gewünschten Stelle innerhalb einer Befehlsfolge eingefügt wird. Dabei ist es auch denkbar, dass eine Befehlsfolge ausschließlich aus einem Makroaufruf besteht, siehe hierzu das Beispiel in Listing 17.3. Wurden für ein Makro Parameter definiert, werden diese beim Aufruf des Makros im Anschluss an den Makronamen mit angegeben, siehe hierzu Listing 17.5, Seite 410.

  Der Aufruf eines Makros bewirkt, dass der Makroname in der Programmsyntax durch den Makroinhalt ersetzt wird. Anschließend wird der so in die Befehlsfolge eingefügte Makroinhalt als Bestandteil dieser Befehlsfolge ausgeführt. Soweit in dem Makro auch Makrooperationen festgelegt wurden, führt SPSS diese zuerst aus, bevor anschließend das Ergebnis dieser Operationen den Makronamen in der Befehlsfolge ersetzt.

- *Keine Makrodefinition im Makroinhalt.* Für den Inhalt eines Makros gibt es eine Einschränkung: Es ist nicht möglich, im Inhalt eines Makros ein weiteres Makro mit `define ... !enddefine` zu definieren.

Wichtig

Nachdem ein Makro durch Ausführen des Programmcodes `define ... !enddefine` definiert wurde, steht es während der gesamten weiteren SPSS-Sitzung zur Verfügung. Es gibt auch keine Möglichkeit, eine bestehende Makrodefinition während einer SPSS-Sitzung zu löschen; es lässt sich damit nicht erreichen, dass der Name des Makros von SPSS nicht mehr als Makroname interpretiert wird. Wird ein Makro mit einem Namen definiert, unter dem bereits zuvor ein Makro definiert wurde, wird die bisherige Makrodefinition überschrieben; SPSS weist darauf in einer Warnung in der Ausgabedatei hin.

17.1.4 Beispiel: Makroinhalt mit vollständiger Befehlsfolge

Makros können nicht nur einzelne Elemente eines Syntaxbefehls wie in Listing 17.1 eine Liste von Variablennamen enthalten, sondern auch vollständige, beliebig umfangreiche Befehlsfolgen. So lässt sich zum Beispiel die Befehlsfolge zum Öffnen einer Datei und anschließendem Berechnen statistischer Kennzahlen vollständig einem Makro zuweisen, siehe Listing 17.3.

```
DEFINE !kennzif ()
  GET FILE='C:\Daten\Europa.sav' .
DATASET NAME europa .
  DESCRIPTIVES VAR = bip energie telefone zeitung .
!ENDDEFINE .
```

Listing 17.3: Makro mit einer vollständigen Befehlsfolge als Inhalt

Um das Makro aus Listing 17.3 aufzurufen, genügt es, folgende einfache Befehlszeile auszuführen:

```
!kennzif .
```

Dieser Aufruf des Makros hat den gleichen Effekt, als würde statt des Makroaufrufs `!kennzif` direkt der Makroinhalt ausgeführt werden. Er bewirkt damit zunächst das Öffnen der Datendatei *Europa.sav*, weist dem damit neu angelegten DatenSet den Namen `europa` zu und veranlasst anschließend die Berechnung statistischer Kennzahlen für die vier Variablen `bip`, `energie`, `telefone` und `zeitung`.

17.2 Parameter zur Steuerung des Makroinhalts

17.2.1 Basics

In den bisherigen Beispielen waren die Inhalte der Makros starr, so dass ein Makroaufruf jeweils einen fest vorgegebenen Text in die Syntax eingefügt hat. Die große Leistungsfähigkeit von Makros resultiert jedoch wesentlich aus der Möglichkeit, beim Makroaufruf Parameter zu übergeben, die im Makroinhalt verarbeitet werden, so dass sich der durch das Makro in die Syntax eingefügte Text kontextabhängig anpassen lässt.

In dem Beispiel in Listing 17.4 besteht der Inhalt des Makros ähnlich wie in Listing 17.3 aus dem Befehl `get file` zum Öffnen einer Datendatei und dem Befehl `descriptives`, mit dem statistische Kennzahlen für ausgewählte Variablen angefordert werden. Die dabei zu berücksichtigenden Variablen sind hier aber nicht explizit vorgegeben, sondern können beim Makroaufruf als Parameter an das Makro übergeben werden. Die zulässigen Parameter für ein Makro werden in dem

Klammerpaar hinter dem Makronamen definiert. Damit die Parameter im Makroinhalt verarbeitet werden können, werden sie jeweils einem Schlüsselwort zugeordnet, unter dem sie sich im Makroinhalt wieder abrufen lassen. Das Schlüsselwort kann im Rahmen der allgemeinen Namensregeln frei gewählt werden, darf aber nur sieben Zeichen umfassen und wird im Makroinhalt mit vorangestelltem Ausrufezeichen geschrieben.

```
DEFINE !kennzif (varlist = !CHAREND('/'))
  GET FILE='C:\Daten\Europa.sav'.
  DESCRIPTIVES VARIABLES = !varlist .
!ENDDEFINE .
```

Listing 17.4: Makro mit einer Variablenliste, die als Parameter übergeben wird

In Listing 17.4 legt der Ausdruck `varlist = !charend('/')` fest, dass beim Makroaufruf unter dem Schlüsselwort `varlist` Parameter übergeben werden können. Je nach Art der Parameter (einem Schlüsselwort kann ein einzelnes Wort, eine im Vorhinein bekannte Anzahl mehrerer Wörter oder eine beliebige Zeichenfolge zugeordnet werden) bestehen unterschiedliche syntaktische Möglichkeiten zur Übergabe der Parameter. In diesem Fall wird festgelegt, dass die Parameter beim Makroaufruf in der Form

```
varlist = Parameter /
```

anzugeben sind. Dem Schlüsselwort `varlist` lässt sich so eine beliebige Zeichenfolge zuordnen, wobei das Ende der Zeichenfolge durch einen Schrägstrich markiert wird. Der gesamte Makroaufruf erfolgt damit in der in Listing 17.5 dargestellten Form.

```
!kennzif varlist = bip energie telefone zeitung / .
```

Listing 17.5: Aufruf des Makros aus Listing 17.4 mit Übergabe einer Variablenliste als Parameter

Der Makroaufruf in Listing 17.5 fordert statistische Kennzahlen für die vier Variablen `bip`, `energie`, `telefone` und `zeitung` an. Sollen hingegen ausschließlich Kennzahlen für die Variable `bip` berechnet werden, lassen sich diese durch den Makroaufruf in Listing 17.6 anfordern:

```
!kennzif varlist = bip / .
```

Listing 17.6: Aufruf des Makros aus Listing 17.4 mit Übergabe einer einzelnen Variablen als Parameter

Damit fungiert das Makro nicht mehr als starrer Textbaustein, sondern vielmehr als eine Funktion, die sich über die Parameter steuern lässt. Es wird unmittelbar deutlich, dass sich mit derartigen Makros in allen Fällen, in denen routinemäßige Aufgaben regelmäßig in ähnlicher, aber nicht immer identischer Form anstehen, nicht nur die Programmierarbeit deutlich reduzieren, sondern auch die Syntax erheblich einfacher und übersichtlicher gestalten lässt. Auf diese Weise können Sie nicht nur Variablenlisten oder Ähnliches variabel gestalten, sondern auch längere Programmpassagen anpassen oder ad hoc unterdrücken, indem Sie etwa wie in den unten folgenden Beispielen Parameter zur Steuerung von Schleifen oder bedingten Anweisungen innerhalb des Makros verwenden.

17.2.2 Übergabe von Parametern beim Makroaufruf

Da einem Schlüsselwort nahezu jede beliebige Zeichenfolge als Parameter zugewiesen werden kann, ist beim Makroaufruf per se nicht klar erkennbar, wo ein Parameter aufhört und die nachfolgende Syntax anfängt. Dieses Problem wird in Programmiersprachen üblicherweise dadurch gelöst, dass bestimmte Markierungszeichen verwendet werden, beispielsweise indem Parameter stets zwischen Klammern anzuführen oder mit einem Semikolon abzuschließen sind. Dies ist auch bei SPSS nicht grundlegend anders, allerdings stehen hier verschiedene Möglichkeiten zur Auswahl, um die Parameterzuweisung eindeutig zu gestalten. Dem Programmierer gibt dies eine erfreulich hohe Flexibilität an die Hand, es erfordert aber auch zusätzlichen Aufwand, da bereits bei der Makrodefinition festgelegt werden muss, in welcher syntaktischen Form die Parameter beim Makroaufruf übergeben werden. Dabei ist es Aufgabe des Programmierers sicherzustellen, dass die gewählte Form zur Kennzeichnung der Parameter eindeutig ist und Verwechslungen von Parametern und übriger Syntax ausschließt.

Beispiel

Für das Makro in Listing 17.4 wurde mit der Definitionszeile

```
DEFINE !kennzif (varlist = !CHAREND('/'))
```

festgelegt, dass beim Aufruf des Makros `kennzif` unter dem Schlüsselwort `varlist` Parameter übergeben werden; durch den Ausdruck `!charend('/')` wird definiert, dass das Ende dieses Parameters durch einen Schrägstrich markiert wird. Daher hat ein gültiger Makroaufruf wie oben dargestellt folgende Form:

```
!KENNZIF varlist = bip energie telefone zeitung / .
```

Alternativ könnte festgelegt werden, dass die Parameter beim Makroaufruf nicht nur durch ein vorgegebenes Zeichen abgeschlossen, sondern von einem bestimmten Zeichenpaar wie beispielsweise einem Klammerpaar umschlossen werden. So legt die folgende Definitionszeile fest, dass der Parameter `varlist` in einem Paar runder Klammern anzugeben ist:

```
DEFINE !kennzif (varlist = !ENCLOSE('(',')'))
```

Beim Makroaufruf wären die Parameter dann wie folgt anzugeben:

```
!KENNZIF varlist = (bip energie telefone zeitung) .
```

Neben der Verwendung eines abschließenden sowie zweier umschließender Markierungszeichen stehen in SPSS noch zwei weitere Formen zur Kennzeichnung der Parameter zur Verfügung, so dass Sie je nach Anwendungsfall zwischen den im Folgenden aufgeführten Varianten wählen können.

Feste Anzahl an Parametern: »!tokens(n)«

Mit dem Schlüsselwort !tokens(n) werden beim Makroaufruf die nachfolgenden n Elemente dem entsprechenden Schlüsselwort als Parameter zugeordnet. Dabei gilt jedes Wort (Variablenname, Schlüsselwort der SPSS-Syntax etc.) und auch jedes Trennzeichen (Schrägstrich, Punkt etc.) als ein Element.

Die Makrodefinition in Listing 17.7 legt fest, dass beim Aufruf des Makros eine Liste mit genau drei Elementen (hier Variablennamen) als Parameter an das Makro zu übergeben sind. Beim Makroaufruf müssen dann auch genau die drei erwarteten Elemente angeführt werden, da es andernfalls zu Fehlern in der Interpretation der Syntax kommen kann.

```
DEFINE !kennzif (varlist = !TOKENS(3))
  DESCRIPTIVES VARIABLES = !varlist .
!ENDDEFINE .

!KENNZIF varlist = bip energie zeitung .
```

Listing 17.7: Makro mit Parametern – !tokens(n) definiert feste Parameteranzahl.

> **Wichtig**
>
> Weicht beim Makroaufruf die Anzahl der übergebenen Parameter von der vorgegebenen Anzahl ab, stellt dies einen Fehler dar, muss aber nicht zwingend eine formale Fehlermeldung auslösen. Vielmehr ist es in bestimmten Konstellationen durchaus möglich, dass sowohl eine größere als auch eine kleinere Anzahl an Elementen ohne Fehlermeldung dem jeweiligen Schlüsselwort zugewiesen und im Makro entsprechend verarbeitet wird, allerdings können sich auch ohne formalen Fehler unerwünschte Effekte ergeben. !tokens(n) sollten Sie daher nur verwenden, wenn die Anzahl der als Parameter zu übergebenden Elemente tatsächlich fest vorgegeben ist.

Markierung durch ein abschließendes Zeichen: »!charend('z')«

Mit !charend('z') wird ein beliebiges einzelnes Textzeichen z (keine Ziffer) festgelegt, das beim Makroaufruf das Ende des Parameters anzeigt. Dem jeweiligen Schlüsselwort wird dann die gesamte Zeichenfolge zwischen dem Gleichheitszeichen und dem ersten Auftreten von z zugewiesen. Verwenden Sie daher für z nur solche Zeichen, für die sichergestellt ist, dass sie nicht innerhalb des Parameters vorkommen. So wurde in dem Makro aus Listing 17.4 ein Schrägstrich als abschließendes Begrenzungszeichen definiert; in Listing 17.5 ist die Syntax zum Aufruf des Makros dargestellt.

Markierung durch umschließende Zeichen: »!enclose('z1','z2')«

Mit der Parameterdefinition !enclose('z1','z2') werden die beiden einzelnen Textzeichen z1 und z2 als Erkennungsmarken definiert, die den Parameter beim Makroaufruf umschließen (siehe auch das Beispiel auf Seite 411). Die beiden Textzeichen können frei gewählt werden und dürfen sowohl identisch als auch unterschiedlich sein. Da bei der Makrodefinition jedes der beiden Zeichen durch Hochkommata eingeschlossen wird und die beiden Zeichen durch ein Komma getrennt werden, sieht die Definition leicht etwas unübersichtlich aus, umso eindeutiger ist dafür aber die Parameterzuweisung, siehe die drei Beispiele in Listing 17.8, für die jeweils die Definitionszeile und ein Aufruf des Makros dargestellt sind.

```
DEFINE !kennzif (varlist = !ENCLOSE('(',')'))
!KENNZIF varlist = (bip energie telefone zeitung) .

DEFINE !kennzif (varlist = !ENCLOSE('/','/'))'
!KENNZIF varlist = /bip energie telefone zeitung/ .

DEFINE !kennzif (varlist = !ENCLOSE('%','%'))
!KENNZIF varlist = %bip energie telefone zeitung% .
```

Listing 17.8: Definition und Aufruf von Makros mit Parametern mit umschließenden Markierungszeichen

Alle Zeichen bis zum nächsten Syntaxbefehl: »!cmdend«

Mit der Anweisung !cmdend wird der gesamte im Makroaufruf folgende Text bis zum Beginn des nachfolgenden Befehls dem entsprechenden Parameter zugewiesen. Werden für ein Makro mehrere Parameter definiert, kann maximal eines davon mit !cmdend spezifiziert werden, und dies muss stets das letzte in der Parameterliste sein. Andernfalls ließe sich beim Makroaufruf der diesem Argument zuzuweisende Text nicht von den nachfolgenden Argumenten unterscheiden.

In Listing 17.9 werden für das Makro !kennzif zwei Parameter definiert. Beim Makroaufruf wird dem ersten Parameter desvar der nachfolgende Text bis zum definierten Trennzeichen $ zugewiesen und dem zweiten Parameter corvar der gesamte anschließende Text bis zum Ende des Makroaufrufs. Damit werden im Ergebnis deskriptive Kennzahlen für die Variablen bip und energie sowie Korrelationskoeffizienten für die Variablen bip und lebenerw berechnet.

```
DEFINE !kennzif (desvar=!CHAREND('$')
              /corvar=!CMDEND )
 DESCRIPTIVES VARIABLES = !desvar .
 CORRELATIONS VARIABLES = !corvar .
!ENDDEFINE .

!kennzif desvar = bip energie $ corvar = bip lebenerw .
```

Listing 17.9: Definition und Aufruf von Makros mit Parametern unter Verwendung von !cmdend

17.2.3 Positionsparameter

Positionsparameter ermöglichen es, auf Schlüsselwörter für die einzelnen Parameter eines Makros zu verzichten und die Syntax so noch kompakter zu gestalten. Zur Verwendung von Positionsparametern wird bei der Makrodefinition statt eines Schlüsselwortes der Ausdruck !positional bzw. in abgekürzter Form einfach !pos geschrieben. Beim Makroaufruf werden die Parameter dann angegeben, ohne dass sie einem Parameternamen zugewiesen werden, und innerhalb des Makros lassen sie sich über ihre Positionsnummer mit vorangestelltem Ausrufezeichen abrufen.

In dem folgenden Beispiel werden zwei Parameter ohne explizite Schlüsselwörter als Positionsparameter definiert. Beim Makroaufruf wird der Text bis zum ersten definierten Trennzeichen $ als erster Parameter und der gesamte weitere Text als zweiter Parameter übergeben. Innerhalb des Makros lässt sich dann der erste Parameter durch den Bezug !1 abrufen und der zweite Parameter über den Bezug !2.

```
DEFINE !kennzif (!POSITIONAL = !CHAREND('$')
              /!POSITIONAL = !CMDEND )
 DESCRIPTIVES VARIABLES = !1 .
 CORRELATIONS VARIABLES = !2 .
!ENDDEFINE .

!kennzif bip energie $ bip lebenerw .
```

Listing 17.10: Makro mit Positionsparametern

> **Tipp**
>
> Mit dem Ausdruck !* können Sie in einem Makro sämtliche Positionsparameter gemeinsam abrufen. Die Parameter werden dann hintereinander eingefügt, wobei sie automatisch jeweils durch ein Leerzeichen getrennt werden. !* wäre damit im vorhergehenden Beispiel gleichbedeutend mit den beiden aufeinander folgenden Parameterbezügen !1 !2.

17.2.4 Voreingestellte Werte für Parameter definieren

Sie können für die Parameter eines Makros voreingestellte Werte definieren, die dann zur Anwendung kommen, wenn beim Makroaufruf nicht explizit andere Parameterwerte übergeben werden. Voreingestellte Werte werden mit dem Schlüsselwort !default wie in Listing 17.11 dargestellt definiert.

```
DEFINE !kennzif (varlist = !DEFAULT (bip) !CHAREND('$'))
  DESCRIPTIVES VARIABLES = !varlist .
!ENDDEFINE .
```

Listing 17.11: Makro mit Parameter mit voreingestellten Werten

Wird nun das Makro einfach in der Form

```
!kennzif .
```

aufgerufen, berechnet es deskriptive Kennzahlen für die Variable bip. Ebenso lassen sich mit diesem Makro aber auch Kennzahlen für eine oder mehrere andere Variablen anfordern, indem beim Makroaufruf in der üblichen Form Parameterwerte für varlist übergeben werden:

```
!kennzif varlist = bip energie zeitung $ .
```

17.3 Makrovariablen innerhalb eines Makros definieren

Mit dem Makrobefehl !let können Makrovariablen innerhalb eines Makros definiert oder bereits bestehenden Variablen Werte zugewiesen werden. Der Befehl hat die einfache in Listing 17.12 dargestellte allgemeine Syntax. Als Ausdruck können Sie dabei sowohl einen einzelnen Wert als auch eine Funktion, die einen Wert ergibt, angeben.

```
!LET !Var = (Ausdruck) .
```

Listing 17.12: Allgemeine Syntax von !let zur Definition von Makrovariablen

In Listing 17.13 weist der erste Befehl der Variablen mit dem Namen !x den Wert 7 zu, der zweite Befehl der Variablen !y den Wert abcdef, der durch die Makrofunktion !concat() aus den beiden Textwerten abc und def zu einem Wert verknüpft wird.

```
!LET !x = 7 .
!LET !y = !CONCAT(abc, def) .
```

Listing 17.13: Beispiele für die Definition von Makrovariablen

17.4 Makrofunktionen zur Textbearbeitung

17.4.1 Basics

Spezielle Textfunktionen für Makros ermöglichen es, im Makroinhalt Veränderungen an Zeichenfolgen vorzunehmen und Informationen über Zeichenfolgen zu generieren. So lassen sich unter anderem Zeichenfolgen verketten, zwischen Anführungszeichen setzen oder umgekehrt von Anführungszeichen befreien und einzelne Elemente aus einer Zeichenfolge auslesen.

Beispiel

Die Funktion !quote(Text) setzt den als Argument angegebenen Text zwischen Anführungszeichen. So ergibt die Funktion !quote(abc) als Ergebnis die Zeichenfolge 'abc'. In Listing 17.14 wird diese Funktion verwendet, um einen beim Makroaufruf übergebenen Parameter vor der weiteren Verarbeitung zwischen Anführungszeichen zu setzen.

```
DEFINE !daten(datei = !ENCLOSE('(',')') )
   GET FILE=!QUOTE(!datei) .
!ENDDEFINE .

!daten datei=(C:\Daten\Europa.sav) .
```

Listing 17.14: Makro mit Textfunktion !quote()

Der Inhalt des Makros enthält den Befehl get file, der zum Öffnen einer Datendatei dient. Pfad und Name der zu öffnenden Datei sind dabei nicht starr festgelegt, sondern werden beim Makroaufruf als Parameter übergeben. In dem Beispiel lautet der Parameter C:\Daten\Europa.sav. Der Syntaxbefehl get file erfordert aber, dass die Pfadangabe der zu öffnenden Datei zwischen Anführungszeichen steht. Diese Anführungszeichen werden im Makroinhalt durch die Funktion !quote() hinzugefügt.

In dem Beispiel lautet die Funktion !quote(!datei) nach Auflösung des Parameternamens !datei

```
!QUOTE(C:\Daten\Europa.sav)
```

Diese Funktion liefert das Ergebnis 'C:\Daten\Europa.sav', so dass das gesamte Makro zu der folgenden einfachen Programmzeile aufgelöst wird:

```
GET FILE='C:\Daten\Europa.sav' .
```

17.4.2 Verschachtelte Funktionen

Wie üblich können Sie auch innerhalb von Makros Funktionen ineinander verschachteln. Die Funktionen werden dann beim Aufruf des Makros von innen nach außen sukzessive ausgeführt.

Beispiel

Das Makro in Listing 17.15 verwendet die Funktionen !quote() und !concat(). Die Funktion !concat() dient dazu, einzelne als Funktionsparameter angegebene Texte miteinander zu verknüpfen. Sie hat die allgemeine Form !concat (Text1, Text2, ...). So ergibt beispielsweise !concat(ab, cdef) als Ergebnis abcdef.

```
DEFINE !daten(datei = !ENCLOSE('(',')')
        /ordner = !ENCLOSE('(',')') )
  GET FILE=!QUOTE(!CONCAT(!ordner, !datei)) .
!ENDDEFINE .

!daten datei = (Europa.sav) ordner = (C:\Daten\) .
```

Listing 17.15: Makro mit verschachtelten Makrofunktionen

Wie das Makro in Listing 17.14 dient auch dieses Makro dazu, eine Datendatei zu öffnen. Im Unterschied zum vorhergehenden Beispiel werden hier nun aber der Speicherort und der Name der zu öffnenden Datei als zwei getrennte Parameter übergeben. Innerhalb des Makros bewirkt dann die Funktion !concat(!ordner, !datei), dass die beiden Parameter zu einem Text verknüpft werden. Das Ergebnis dieser Funktion (im Beispiel C:\Daten\Europa.sav) wird anschließend durch die Funktion !quote() zwischen Anführungszeichen gesetzt. Damit wird auch dieses Makro zu der folgenden Programmzeile aufgelöst:

```
GET FILE='C:\Daten\Europa.sav' .
```

17.4.3 Übersicht aller in Makros verfügbarer Textfunktionen

Zur Durchführung von Textmanipulationen in Makros stehen die folgenden Funktionen zur Verfügung:

- »Verknüpfung von Texten: »!concat(Text1, Text2 ...)« « auf Seite 418
- »Anführungszeichen ergänzen: »!quote(Text)«« auf Seite 418
- »Anführungszeichen entfernen: »!unquote(Text)«« auf Seite 419
- »Text in Großbuchstaben ausgeben: »!upcase(Text)«« auf Seite 419
- »Erstes Element aus einem Text auslesen: »!head(Text)«« auf Seite 419
- »Erstes Element aus einem Text entfernen: »!tail(Text)«« auf Seite 419
- »Zeichenfolge auslesen: »!substr(Text, Startpos [, Länge])«« auf Seite 420
- »Position eines Textes ermitteln: »!index(Heuhaufen, Nadel)«« auf Seite 420
- »Textlänge ermitteln: »!length(Text)«« auf Seite 420
- »n Leerzeichen erzeugen: »!blanks(n)«« auf Seite 420
- »Text der Länge 0: »!null«« auf Seite 420
- »Auslösen eines Makroaufrufs: »!eval(Text)«« auf Seite 421

Verknüpfung von Texten: »!concat(Text1, Text2 ...)«

Die Funktion !concat() verknüpft die als Parameter angeführten Texte zu einem Text. Die Parameter können sowohl mit als auch ohne Anführungszeichen angegeben werden; Anführungszeichen werden ggf. vor der Verknüpfung der Texte durch die Funktion entfernt:

```
!CONCAT(abc, de, f) = abcdef
!CONCAT('abc', de, 'f') = abcdef
!CONCAT('ab c', de, 'f') = ab cdef
```

Vorsicht

Die Funktion !concat('abc', d e, 'f') würde zu einer Fehlermeldung führen, weil d und e durch das Leerzeichen dazwischen als zwei Texte interpretiert werden, die durch ein Komma zu trennen sind.

Anführungszeichen ergänzen: »!quote(Text)«

Die Funktion !quote(Text) setzt den angeführten Text zwischen Anführungszeichen. Ist Text bereits zwischen Anführungszeichen angegeben, bleiben diese unverändert erhalten und werden nicht durch zusätzliche Anführungszeichen ergänzt:

```
!QUOTE(Hallo) = 'Hallo'
!QUOTE(C:\Daten\Europa.sav) = 'C:\Daten\Europa.sav'
!QUOTE('Hallo') = 'Hallo'
```

Anführungszeichen entfernen: »!unquote(Text)«

Die Funktion !unquote(Text) bereinigt den Text von vorhandenen Anführungszeichen:

```
!UNQUOTE('Hallo') = Hallo
!UNQUOTE(Hallo) = Hallo
```

Text in Großbuchstaben ausgeben: »!upcase(Text)«

!upcase(Text) wandelt alle Buchstaben des Textes in Großbuchstaben um. Dabei kann der Text mit oder ohne Anführungszeichen angegeben werden, die Funktion gibt den Text jedoch in jedem Fall ohne Anführungszeichen aus:

```
!UPCASE(Hallo) = HALLO
!UPCASE('Hallo') = HALLO
```

Erstes Element aus einem Text auslesen: »!head(Text)«

Die Funktion !head(Text) gibt das erste Element von Text aus. Dabei werden alle durch Leerzeichen getrennten Zeichenfolgen innerhalb von Text jeweils als einzelne Elemente interpretiert. !head(Text) gibt damit alle Zeichen bis zum ersten Leerzeichen von Text aus. Text muss hier zwischen Anführungszeichen stehen:

```
!HEAD('Hallo wie gehts?') = Hallo
```

!HEAD(Hallo wie gehts?) führt zu einer Fehlermeldung.

Erstes Element aus einem Text entfernen: »!tail(Text)«

Die Funktion !tail(Text) schneidet das erste Element von Text ab und gibt alle nachfolgenden Zeichen als Ergebnis aus. Dabei werden alle durch Leerzeichen getrennten Zeichenfolgen innerhalb von Text jeweils als einzelne Elemente interpretiert. !tail(Text) gibt damit alle Zeichen ab dem ersten Leerzeichen von Text aus. Text muss hier zwischen Anführungszeichen stehen:

```
!TAIL('Hallo wie gehts?') = wie gehts?
```

!TAIL(Hallo wie gehts?) führt zu einer Fehlermeldung.

Zeichenfolge auslesen: »!substr(Text, Startpos [, Länge])«

Die Funktion !substr(Text, Startpos [, Länge]) liefert aus Text alle Zeichen ab der angegebenen Startposition. Wird auch eine Länge angegeben, gibt die Funktion die entsprechende Zeichenzahl ab der Startposition aus, andernfalls alle Zeichen bis zum Ende von Text:

```
!SUBSTR(Hallo, 2, 3) = all
!SUBSTR(Hallo, 2) = allo
!SUBSTR('Hallo wie gehts?', 7) = wie gehts?
```

Position eines Textes ermitteln: »!index(Heuhaufen, Nadel)«

Mit der Funktion !index(Heuhaufen, Nadel) wird die Position der Nadel innerhalb des Heuhaufens bestimmt. Wird die Nadel in dem Heuhaufen nicht gefunden, liefert die Funktion den Wert 0:

```
!INDEX(Hallo, a) = 2
!INDEX(Hallo, lo) = 4
!INDEX(Hallo, alo) = 0
!INDEX('Hallo wie gehts?', wie) = 7
```

Textlänge ermitteln: »!length(Text)«

!length(Text) gibt die Anzahl der Zeichen von Text aus. Steht Text zwischen Anführungszeichen, werden diese nicht mitgezählt:

```
!LENGTH(Hallo) = 5
!LENGTH('Hallo') = 5
```

n Leerzeichen erzeugen: »!blanks(n)«

Die Funktion !blanks(n) gibt eine aus n Leerzeichen bestehende Zeichenfolge aus. n muss eine positive ganze Zahl sein. !blanks(3) gibt einen aus drei Leerzeichen bestehenden Text aus. Beachten Sie hierbei, dass bei der Makroexpansion wiederholte Leerzeichen entfernt werden, wenn diese nicht zwischen Anführungszeichen stehen.

Text der Länge 0: »!null«

!null erzeugt einen Text der Länge 0. Diese Funktion ist vor allem in Verbindung mit der Prüfung von Bedingungen in if-Statements (siehe unten) hilfreich, um beispielsweise zu prüfen, ob eine Variable einen Wert enthält oder leer ist.

Auslösen eines Makroaufrufs: »!eval(Text)«

Die Funktion !eval(Text) prüft, ob der angegebene Text einen Makroaufruf darstellt. Ist dies der Fall, löst die Funktion den Makroaufruf aus und liefert das Ergebnis des Makros. Andernfalls gibt die Funktion den Text unverändert wieder. Diese Funktion ist deshalb hilfreich, weil innerhalb eines Makros nicht sichergestellt ist, dass Funktionsargumente und Operatoren daraufhin geprüft werden, ob es sich um einen Makroaufruf handelt, so dass sie gegebenenfalls als gewöhnlicher Text behandelt werden. Soll daher innerhalb der Argumente einer Funktion ein Makroaufruf erfolgen, sollte dies nur mithilfe der Funktion !eval() geschehen.

So überprüft die Funktion !eval(makro1), ob ein Makro mit dem Namen makro1 definiert wurde. Ist dies der Fall, wird makro1 aufgerufen und das Ergebnis des Makros ausgegeben. Andernfalls gibt die Funktion den Text makro1 aus.

17.5 Bedingte Anweisungen innerhalb eines Makros

17.5.1 Basics

Innerhalb von Makros besteht die Möglichkeit, die Ausführung ausgewählter Inhalte von vorgegebenen Bedingungen abhängig zu machen. Hierzu dient die Makrofunktion !if mit der allgemeinen Syntax aus Listing 17.16.

> **Tipp**
>
> Beachten Sie, dass es einen grundlegenden Unterschied zwischen der Makrofunktion !if und dem Syntaxbefehl do if ... end if gibt. Mit dem Syntaxbefehl do if ... end if lassen sich Transformationsanweisungen wie compute- oder recode-Befehle auf ausgewählte Fälle im DatenSet beschränken. Die Makrofunktion !if ermöglicht es hingegen, die Ausführung eines beliebigen Abschnitts aus der Programmsyntax von bestimmten Bedingungen abhängig zu machen.

```
!IF (Bedingung)  !THEN Inhalt1
          [!ELSE Inhalt2]
!IFEND
```

Listing 17.16: Allgemeine Syntax der Makrofunktion !if für bedingte Anweisungen

Allgemeine Regeln

Für die Verwendung der Makrofunktion !if gelten die folgenden Regeln:

- Die Komponenten !if (Bedingung), !then Inhalt1 und !ifend sind notwendig, die !else-Anweisung ist hingegen optional.

- Nur wenn die `Bedingung` erfüllt ist, wird der hinter `!then` aufgeführte `Inhalt1` abgearbeitet. Ist die Bedingung nicht erfüllt, wird entweder der `Inhalt2` hinter der `!else`-Anweisung abgearbeitet oder, wenn keine `!else`-Anweisung vorhanden ist, das Programm hinter `!ifend` fortgesetzt.
- Es gibt keine Restriktionen hinsichtlich des Inhaltes.
- `!if`-Bedingungen können beliebig ineinander verschachtelt werden.
- Zur Formulierung der Bedingung stehen die in Tabelle 17.1 aufgeführten Vergleichsoperatoren zur Verfügung.

Vergleichsfunktion	Text	Symbol		
Ist gleich	!eq	=		
Ist nicht gleich	!ne	<>	oder	~=
Kleiner als	!lt	<		
Kleiner oder gleich	!le	<=		
Größer als	!gt	>		
Größer oder gleich	!ge	>=		
Oder	!or	|		
Und	!and	&		
Nicht	!not	~		

Tabelle 17.1: Vergleichsoperatoren für die Bedingung der Makrofunktion `!if`

17.5.2 Beispiele

Prüfung auf leeren Parameter

Das Makro in Listing 17.17 dient dazu, zunächst eine fest vorgegebene Datendatei zu öffnen und anschließend deskriptive Kennzahlen für eine Liste von Variablen zu berechnen, die beim Makroaufruf als Parameter übergeben wird. Vor der Ausführung des `descriptives`-Befehls zur Berechnung der Kennzahlen wird jedoch mithilfe einer `!if`-Funktion geprüft, ob dem Parameternamen `varlist` beim Makroaufruf tatsächlich ein Inhalt zugewiesen wurde. Nur wenn dies der Fall ist, `!varlist` also nicht gleich dem Nullwert ist, kommt die Prozedur `descriptives` zur Ausführung.

Ein Aufruf des Makros in der einfachen Form

```
!kennzif .
```

bewirkt im Ergebnis lediglich das Öffnen der Datendatei *C:\Daten\Europa.sav*. Wird das Makro hingegen mit Parametern in der Form

17.5 Bedingte Anweisungen innerhalb eines Makros

```
!kennzif varlist = bip energie / .
```

aufgerufen, fordert es nach dem Öffnen der Datendatei auch noch deskriptive Kennzahlen für die beiden Variablen bip und energie an.

```
DEFINE !kennzif (varlist = !CHAREND('/'))
  GET FILE='C:\Daten\Europa.sav'.
  !IF (!varlist !NE !NULL) !THEN
    DESCRIPTIVES VARIABLES = !varlist .
  !IFEND
!ENDDEFINE .
```

Listing 17.17: Makro mit !if-Funktion zur Überprüfung eines Parameters auf leeren Inhalt

Verschachtelte »!if«-Funktion mit »!else«

Das Makro in Listing 17.18 enthält eine !if-Bedingung mit !else-Anweisung, in die eine weitere !if-Bedingung eingefügt ist. Für das Makro sind drei Parameter definiert. Für den ersten Parameter varlist wird beim Makroaufruf eine Variablenliste erwartet, für die beiden anderen kenn und korr ist der Wert J als Voreinstellung definiert, der beim Makroaufruf geändert werden kann. Diese beiden Parameter fungieren als Ja-/Nein-Schalter, über die festgelegt wird, ob zum einen deskriptive Kennzahlen (kenn) und zum anderen Korrelationswerte (korr) berechnet werden sollen. Hierzu enthält das Makro die folgenden !if-Bedingungen:

- Zunächst wird geprüft, ob kenn den Wert J hat; nur wenn dies der Fall ist, werden deskriptive Kennzahlen berechnet.

- Anschließend wird geprüft, ob korr den Wert J hat. Ist dies der Fall, wird die Berechnung von Korrelationskoeffizienten veranlasst.

- Hat korr nicht den Wert J, kommt die !else-Bedingung zur Anwendung. Dadurch wird noch einmal geprüft, ob auch kenn ungleich J ist. Fällt diese Prüfung positiv aus, dann haben sowohl korr als auch kenn einen Wert ungleich J. Damit wurden bisher weder deskriptive Kennzahlen noch Korrelationskoeffizienten berechnet. Um nun zu vermeiden, dass gar kein Output erzeugt wird, werden für diesen Fall doch deskriptive Maßzahlen angefordert, obwohl kenn ungleich J ist.

```
DEFINE !kennzif  (varlist = !Charend('/')
            /kenn = !Default (J) !Tokens(1)
            /korr = !Default (J) !Tokens(1)  )
  GET FILE='C:\Daten\Europa.sav' .
  !IF (!kenn = 'J') !THEN
```

```
    DESCRIPTIVES VARIABLES = !varlist .
  !IFEND
  !IF (!korr = 'J') !THEN
    CORRELATIONS VARIABLES = !varlist .
  !ELSE
    !IF (!kenn !NE 'J') !THEN
      DESCRIPTIVES VARIABLES = !varlist .
    !IFEND
  !IFEND
!ENDDEFINE .
```

Listing 17.18: Makro mit verschachtelten !if-Funktionen und !else-Anweisung

In Abhängigkeit von den beim Makroaufruf übergebenen Parametern liefert das Makro aus Listing 17.18 damit folgende Ergebnisse:

- !kennzif varlist = bip / .

  Für kenn und korr kommen die Voreinstellungen zur Anwendung, so dass sowohl deskriptive Kennzahlen als auch Korrelationskoeffizienten berechnet werden.

- !kennzif varlist = bip / kenn = N .

  Es werden nur Korrelationskoeffizienten berechnet.

- !kennzif varlist = bip / korr = N .

  Es werden nur deskriptive Kennzahlen berechnet.

- !kennzif varlist = bip / kenn = N korr = N .

  Es werden nur deskriptive Kennzahlen berechnet.

17.6 Makroschleifen

Mithilfe von Makros lassen sich Schleifenkonstruktionen realisieren, die einen Befehl oder eine Befehlsfolge mehrfach hintereinander in identischer oder ähnlicher Form ausführen. Es gibt dabei zwei Arten von Makroschleifen: Indexschleifen werden so häufig wiederholt, bis ein vorgegebener Indexwert einen Zielwert erreicht, wobei der Indexwert bei jedem Schleifendurchlauf um einen festen Wert (per Voreinstellung um eins) hochgesetzt wird. Die zweite Form einer Makroschleife arbeitet eine vorgegebene Liste von Werten nacheinander ab. Dabei stehen diese Werte – ebenso wie der Indexwert im Fall einer Indexschleife – innerhalb der Schleife als Variable zur Verfügung und können somit zur Steuerung des Schleifeninhalts herangezogen werden.

> **Tipp**
>
> Auch außerhalb von Makros gibt es bei SPSS die Möglichkeit, eine Schleife zu erzeugen. Dies erfolgt mit dem Befehl loop, der sich jedoch grundlegend von Makroschleifen unterscheidet. Mit loop lassen sich Transformationsbefehle wie compute oder recode wiederholt ausführen, so dass die gleiche Art von Berechnung für jeden Fall im DatenSet mehrfach durchgeführt wird. Der Befehl loop ist dabei ausschließlich auf derartige Transformationsbefehle beschränkt. Makroschleifen ermöglichen es hingegen, eine beliebige Folge von Syntaxbefehlen wiederholt auszuführen.

17.6.1 Indexschleifen

Allgemeine Regeln

Indexschleifen in Makros haben die allgemeine Syntax aus Listing 17.19:

```
!DO !Var = Start !TO Ende [!BY Schrittweite] .
  Inhalt der Schleife
  [!BREAK .]
!DOEND .
```

Listing 17.19: Allgemeine Syntax einer Makro-Indexschleife

- In Listing 17.19 heißt die Indexvariable !var. Sie können für diesen Index einen beliebigen Namen verwenden, er muss jedoch mit einem Ausrufezeichen beginnen und darf insgesamt nicht mehr als acht Zeichen umfassen.

- Mit Start und Ende sowie der Schrittweite legen Sie fest, welche Werte die Indexvariable durchläuft. Alle drei Angaben müssen Zahlenwerte sein. Ebenso zulässig sind aber auch Makrovariablen, die sich zu Zahlenwerten auflösen. Die Angabe einer Schrittweite ist optional; wird keine Schrittweite angegeben, verwendet SPSS eine Schrittweite von eins.

  Mit den folgenden Angaben würde die Schleife fünfmal durchlaufen, wobei die Indexvariable nacheinander die Werte 1, 2, 3, 4, 5 annähme:
  !DO !i = 1 !TO 5 .

  Legt man hier zusätzlich eine Schrittweite von 2 fest, wird die Schleife nur dreimal mit den Indexwerten 1, 3, 5 durchlaufen:
  !DO !i = 1 !TO 5 !BY 2 .

- Im Inhalt der Schleife werden die Befehle oder Befehlsfolgen angeführt, die bei jeder Wiederholung der Schleife zur Ausführung kommen sollen. Dabei können Sie sich im Inhalt der Schleife ebenso wie auf jede andere Makrovariable auch auf die Indexvariable beziehen, indem Sie einfach ihren Namen inklusive des vorangestellten Ausrufezeichens angeben.

- Der abschließende Befehl !doend markiert das Ende der Schleife.

- Die Anweisung !break ist optional. Sobald SPSS bei der Ausführung der Befehle im Schleifeninhalt die !break-Anweisung erreicht, wird die Schleife verlassen und das Programm mit dem ersten Befehl nach !doend fortgesetzt. Eine !break-Anweisung ist daher nur als bedingte Anweisung sinnvoll, die lediglich unter bestimmten Voraussetzungen zur Ausführung kommt.

Beispiel: Berechnung einer Folge von Dummy-Variablen

Das Makro in Listing 17.20 erstellt aus einer Reihe bestehender Variablen mit Punktwerten eine gleich große Anzahl von Dummy-Variablen (0/1-Variablen), die angeben, ob ein Punktwert über 100 vorliegt. Diese Dummy-Variablen könnten ohne eine Schleifenkonstruktion durch eine Folge einzelner compute-Befehle der folgenden Form berechnet werden:

```
COMPUTE(top1) = (score1 > 100) .
...
COMPUTE(top20) = (score20 > 100) .
```

Durch die Schleifenkonstruktion kommt man jedoch mit einer einzigen compute-Anweisung aus. Die Schleife wird zwanzigmal durchlaufen, wobei die Variable !var nacheinander die Werte 1 bis 20 annimmt. Damit lautet der Inhalt der Schleife im ersten Durchlauf:

```
COMPUTE !CONCAT(top, 1) = (!CONCAT(score, 1) > 100) .
```

Dieser compute-Befehl erstellt eine Variable top1, die genau in jenen Fällen den Wert 1 annimmt, in denen die Variable score1 einen Wert über 100 hat, und in allen übrigen Fällen den Wert 0 bekommt. Analog werden entsprechende Dummy-Variablen für die übrigen Punktwerte berechnet.

> **Tipp**
>
> Die Funktion !concat() verknüpft die dahinter in Klammern angegebenen Parameter zu einem Textwert. !concat(top, 1) liefert damit als Ergebnis den Textwert top1; siehe hierzu Abschnitt 17.4.3 auf Seite 418.

```
DEFINE !dummies (start = !TOKENS(1)
              /ende = !TOKENS(1) ) .
 !DO !var = !start !TO !ende .
  COMPUTE !CONCAT(top, !var)=(!CONCAT(score,!var)>100).
 !DOEND .
```

```
EXECUTE .
!ENDDEFINE .

!DUMMIES start = 1 ende = 20 .
```

Listing 17.20: Makro mit Indexschleife zur Berechnung einer Folge von Variablen

> **Tipp**
>
> Um zu erreichen, dass die Schleife nicht für jeden Wert zwischen dem Start- und dem Endwert ausgeführt wird, sondern beispielsweise nur für jeden zweiten Wert, können Sie eine Schrittweite vorgeben. So würde die Schleife in Listing 17.21 nur insgesamt zehnmal durchlaufen, und zwar für die Werte 2, 4, ... , 20.

```
!DO !var = 2 !TO 20 !BY 2 .
    ...
!DOEND .
```

Listing 17.21: Makroschleife mit Indexvariable und Schrittweite 2

17.6.2 Schleife zum Abarbeiten einer Liste

Allgemeine Syntax

Eine Besonderheit von SPSS sind Makroschleifen, die nicht eine Wertefolge von einem Start- bis zu einem Endwert durchlaufen, sondern eine vorgegebene Liste von Werten abarbeiten. Eine solche Schleifenkonstruktion ist vor allem dann sehr hilfreich, wenn die zu bearbeitende Werteliste nicht mithilfe einer einfachen Wertefolge der Form 1, 2, 3, ... generiert werden kann. Die Werteliste geben Sie bei diesen Schleifen in der in Listing 17.22 dargestellten allgemeinen Form an:

```
!DO !i !IN (Werteliste) .
    Inhalt der Schleife
    [!BREAK]
!DOEND .
```

Listing 17.22: Allgemeine Syntax einer Makroschleife mit Werteliste statt Index

Beispiel: Gleichartige Berechnungen für mehrere Variablen

In dem Makro aus Listing 17.23 wird die Schleife für jeden Wert, der beim Makroaufruf an den Parameter varlist übergeben wird, einmal durchlaufen. Der Makroaufruf in dem Beispiel bewirkt somit, dass die Schleife dreimal zur Ausführung kommt, jeweils einmal für die Werte gewinn, ros und wrate. Für den ersten Wert lautet der Inhalt der Schleife

```
COMPUTE !CONCAT(gewinn, 01) = (gewinn >= 0) .
```

Damit wird eine Dummy-Variable mit dem Namen `gewinn01` erstellt, die alle Fälle, in denen die Variable `gewinn` einen nichtnegativen Wert aufweist, mit dem Wert 1 kennzeichnet und in allen übrigen Fällen den Wert 0 aufweist.

```
DEFINE !dummies (varlist = !CHAREND('/') ) .
  !DO !i !IN (!varlist) .
    COMPUTE !CONCAT(!i, 01) = (!i >= 0) .
  !DOEND .
EXECUTE .
!ENDDEFINE .

!DUMMIES varlist = gewinn ros wrate / .
```

Listing 17.23: Makro mit einer Makroschleife zum Abarbeiten einer Liste

17.7 SPSS-Makro-Umgebung steuern

17.7.1 Makroexpansion steuern

Allgemeine Vorgaben in den Grundeinstellungen

Wenn SPSS bei der Ausführung von Syntaxcode auf einen Makronamen trifft, wird dieser durch den zugehörigen Makroinhalt ersetzt, bevor anschließend der Programmcode ausgeführt wird. Dies ist die allgemeine Regel, die jedoch in den Grundeinstellungen von SPSS geändert werden kann. Nur wenn in den Grundeinstellungen der Parameter `mexpand` den Wert `on` hat (was per Voreinstellung der Fall ist), ersetzt SPSS einen Makronamen durch dessen Inhalt.

Um den aktuellen Wert von `mexpand` zu überprüfen, führen Sie den folgenden Befehl aus:

```
SHOW MEXPAND .
```

SPSS schreibt dann die aktuelle Einstellung für `mexpand` in der in Abbildung 17.1 gezeigten Form in die Ausgabedatei.

Systemeinstellungen

Schlüsselwort	Beschreibung	Einstellung
MEXPAND	Angabe, ob die Makro-Erweiterung zulässig ist	Ja

Abb. 17.1: Status der Systemeinstellungen, hier mit der aktuellen Einstellung für die Makroexpansion (mexpand)

Möchten Sie den Wert ändern, führen Sie den Befehl aus Listing 17.24 aus, um die Makroexpansion zu unterdrücken, bzw. den Befehl aus Listing 17.25, um die Expansion von Makronamen einzuschalten.

```
SET MEXPAND OFF .
```
Listing 17.24: Ändern der Grundeinstellung zum Unterdrücken der Expansion von Makronamen

```
SET MEXPAND ON .
```
Listing 17.25: Ändern der Grundeinstellung zum Einschalten der Expansion von Makronamen

Stößt SPSS bei der Ausführung von Programmcode auf einen Makronamen, während die Makroexpansion mit mexpand = off unterdrückt ist, bleibt der Makroname unverändert Bestandteil der Syntax. Wenn die Syntax in dieser Form formal korrekt ist, wird sie entsprechend ausgeführt, andernfalls gibt SPSS eine Fehlermeldung aus.

Makroexpansion innerhalb eines Makros steuern

Werden innerhalb eines Makros weitere Makros aufgerufen, lässt sich deren Expansion gezielt unterdrücken, ohne dass die Makroexpansion über die Grundeinstellungen generell ausgeschaltet wird. Mit dem Befehl

```
!OFFEXPAND
```

wird die Expansion sämtlicher nachfolgender Makronamen innerhalb des Makroinhalts unterdrückt; mit dem Befehl

```
!ONEXPAND
```

wird die Makroexpansion wieder eingeschaltet. Alle Makroinhalte zwischen !offexpand und !onexpand werden nicht daraufhin überprüft, ob es sich um Makronamen handelt, und damit nicht expandiert.

> **Tipp**
>
> Um umgekehrt sicherzustellen, dass ein Makroname im Makroinhalt als solcher erkannt und entsprechend expandiert wird, verwenden Sie die Makrofunktion !eval(), siehe hierzu Seite 421.

17.7.2 Höchstzahl an Iterationen und Verschachtelungen

Höchstzahl an Iterationen für Makroschleifen

Per Voreinstellung sind für Makroschleifen (!do ... !doend) maximal 1.000 Iterationen zulässig. Dieser Wert wird in den Grundeinstellungen mit dem Parameter `miterate` festgelegt. Um die aktuelle Einstellung zu überprüfen, führen Sie den Befehl

```
SHOW MITERATE .
```

aus; SPSS schreibt dann die aktuell eingestellte Maximalzahl an Iterationen in die Ausgabedatei. Um den Wert zu ändern, passen Sie wie in Listing 17.26 die Grundeinstellungen an.

```
SET MITERATE = 5000 .
```

Listing 17.26: Ändern der Grundeinstellung über die Höchstzahl der zulässigen Iterationen von Makroschleifen

Höchstzahl an Verschachtelungen von Makros

Innerhalb eines Makros können weitere Makros aufgerufen werden, die wieder weitere Makros aufrufen können etc. Per Voreinstellung lassen sich Makroaufrufe auf diese Weise über 50 Ebenen staffeln. Diese Höchstzahl an Verschachtelungen für Makroaufrufe innerhalb von Makros wird in den Grundeinstellungen in dem Parameter `mnest` festgelegt.

Um den aktuellen Wert von `mnest` abzufragen, führen Sie den Befehl

```
SHOW MNEST .
```

aus; SPSS schreibt dann den aktuell gültigen Höchstwert für Makroverschachtelungen in die Ausgabedatei. Um den Wert zu ändern, passen Sie den Parameterwert in den Grundeinstellungen wie in Listing 17.27 dargestellt an.

```
SET MNEST = 25 .
```

Listing 17.27: Ändern der Grundeinstellung über die Höchstzahl der zulässigen Ebenen für verschachtelte Makroaufrufe in Makroinhalten

17.7.3 Dokumentation in der Ausgabedatei steuern

Sie können SPSS veranlassen, das Resultat einer Makroexpansion (also den resultierenden Makroinhalt, der an der Stelle des Makronamens in den Programmcode eingefügt wird) in die Ausgabedatei zu schreiben. Dies ist vor allem hilfreich, um zu kontrollieren, ob ein Makro tatsächlich tut, was es tun soll.

Per Voreinstellung wird das Resultat einer Makroexpansion nicht in der Ausgabedatei dokumentiert. Um die Dokumentation einzuschalten, setzen Sie den Parameter `mprint` in den Grundeinstellungen von SPSS wie in Listing 17.28 auf den Wert on.

```
SET MPRINT = ON .
```
Listing 17.28: Ändern der Grundeinstellung zum Einschalten der Dokumentation von Makroexpansionen in der Ausgabedatei

Um die Dokumentation wieder auszuschalten, weisen Sie `mprint` den Wert off zu. Möchten Sie den aktuellen Wert von `mprint` abfragen, führen Sie folgenden Befehl aus:

```
SHOW MPRINT .
```

Tipp

Unabhängig von dem Wert des Parameters `mprint` werden die von SPSS ausgeführten Befehle nur dann in der Ausgabedatei dokumentiert, wenn dies über den Parameter `printpack` in den Grundeinstellungen angefordert wurde. Um die Dokumentation einzuschalten, aktivieren Sie diese mit dem Befehl `set printback = listing`; mit dem Befehl `set printback = none` wird die Dokumentation wieder ausgeschaltet, siehe hierzu im Einzelnen Kapitel 20. Damit die Expansion von Makros in der Ausgabedatei dokumentiert wird, muss also `printback` den Wert `listing` und `mprint` den Wert on haben.

Kapitel 18

Beispiele für Makrolösungen

18.1 Überblick

Der effiziente Einsatz von Makros und deren Leistungsspektrum lässt sich nur anhand von praktischen Beispielen und Übungen tatsächlich lernen. Die folgenden Beispiele zeigen typische Anwendungsfälle, in denen mithilfe von Makros zum einen Programmstrukturen effizienter und übersichtlicher gestaltet werden können und zum anderen Aufgaben gelöst werden, die ohne Makros kaum lösbar sind.

Klassische Aufgaben für Makros

- *Makro ohne Parameter mit Befehlen zur Datenaufbereitung*, Seite 434. Hier wird eine Befehlsfolge, die regelmäßig zu Beginn einer Datenanalyse ausgeführt werden soll, als Makro gespeichert. Dadurch lässt sich das Hauptprogramm schlanker und übersichtlicher gestalten, indem dort lediglich der Makroname statt der langen Befehlsfolge aufgeführt wird.

- *Makro mit Parametern zur Steuerung von Stichprobengröße und Fallauswahl*, Seite 435. Eine Folge von Befehlen, die zur Datenaufbereitung dienen, wird als Makro gespeichert, wobei beim Makroaufruf zwei Parameter übergeben werden, die zum einen den Umfang einer Stichprobe und zum anderen die Merkmale für eine Fallselektion festlegen.

- *Makro mit Parameter zum Ein- und Ausschalten von Programmabschnitten*, Seite 436. Es wird ein Makro mit einer Folge von Befehlen erstellt, wobei beim Makroaufruf über einen Parameter einzelne Elemente der Befehlsfolge ein- und ausgeschaltet werden können.

- *Makro mit der Funktion eines Parameters*, Seite 438. Hier werden mehrere Makros definiert, deren Inhalt jeweils aus nur einem einzelnen Parameter besteht. In nachfolgenden Programmen können diese Parameter dann durch Angabe des Makronamens abgerufen werden. Insbesondere wenn Parameter an mehreren Stellen in einem umfangreichen Programm verwendet werden, lassen sie sich auf diese Weise sehr einfach verwalten.

Makros zur Vereinfachung von Pfad- und Dateiangaben

- *Standardpfad als Makro ablegen*, Seite 439. Wenn bei der Arbeit häufig Dateien aus demselben Verzeichnis geöffnet und gespeichert werden, kann der entsprechende Pfad als Makro abgelegt werden, so dass er im Programmcode nicht jedes Mal explizit aufgeführt werden muss.

- *Standardpfad vorgeben, aber variabel halten*, Seite 440. Wird immer wieder ein bestimmtes Verzeichnis verwendet, das sich in einigen Fällen aber auch ändern kann, lässt sich der Standardpfad so als Makro ablegen, dass er optional fallweise geändert werden kann.

Werte aus dem DatenSet als Parameter übernehmen

- *Einen aggregierten Wert auslesen*, Seite 441. Hier wird gezeigt, wie aus einem DatenSet ein verdichteter Wert wie die Anzahl aller Fälle oder die Summe der Werte einer Variablen ausgelesen und in die Syntax übernommen werden kann.

- *Aggregierte Gruppenwerte in unbekannter Zahl auslesen*, Seite 444. Hier werden mehrere aggregierte Werte aus einem DatenSet ausgelesen und in die Syntax übernommen, wobei die Anzahl der Werte unbekannt ist. Das Einlesen der Werte in die Syntax erfolgt dabei mit einer Makroschleife (!do ... !doend).

18.2 Klassische Aufgaben für Makros

18.2.1 Makro ohne Parameter mit Befehlen zur Datenaufbereitung

In Listing 18.1 wird ein einfaches Makro mit dem Namen !prep ohne Parameter definiert. Wird das Makro anschließend über seinen Namen !prep aufgerufen, werden dadurch lediglich die im Makroinhalt aufgeführten Befehle an der betreffenden Stelle in die Syntax eingefügt und entsprechend ausgeführt. Damit bewirkt der Makroaufruf in diesem Fall den Ablauf folgender Befehle:

- Zunächst wird die Datendatei *rohdaten.sav* eingelesen und als aktives DatenSet bereitgestellt, wobei einige der darin enthaltenen Variablen nicht mit übernommen werden. Dem so erstellten DatenSet wird der Name rohdaten gegeben, unter dem es während der laufenden SPSS-Sitzung jederzeit angesprochen werden kann.

- Anschließend wird mit dem Befehl sample eine 10%-Zufallsstichprobe aus der Datendatei gezogen. Da zuvor mit set rng und set mtindex sowohl das Verfahren als auch ein Startwert für die Berechnung der Zufallszahlen festgelegt wurden, lässt sich die resultierende Stichprobe später identisch reproduzieren.

- Der compute-Befehl erzeugt eine normalverteilte Zufallsvariable, die anschließend zur Sortierung des DatenSets verwendet wird. Damit wird sichergestellt, dass die Fälle im DatenSet einer zufälligen Anordnung folgen. Da auch hier wieder zuvor das Verfahren und der Startwert für die Berechnung der Zufallszahlen festgelegt wurden, lässt sich auch diese Sortierung der Daten später reproduzieren.

```
DEFINE !prep () .
 GET FILE = 'c:\befragung\rohdaten.sav'
  /DROP = name vorname plz stadt strasse zusatz .
 DATASET NAME rohdaten .
 SET RNG = MT .
 SET MTINDEX = 1234567890 .
 SAMPLE 0.1 .
 SELECT IF (gender='m') .
 SET RNG = MT .
 SET MTINDEX = 1000000000 .
 COMPUTE zufall = RV.NORMAL(0,1) .
 SORT CASES zufall .
!ENDDEFINE .
```

Listing 18.1: Einfaches Makro ohne Parameter mit mehreren Syntaxbefehlen im Inhalt

18.2.2 Makro mit Parametern zur Steuerung von Stichprobengröße und Fallauswahl

Das Makro in Listing 18.2 enthält grundsätzlich die gleichen Befehle wie das Makro des vorhergehenden Beispiels aus Listing 18.1, ermöglicht es dabei aber über zwei Parameter, zum einen den Umfang der Stichprobengröße zu steuern und zum anderen die Merkmale der auszuwählenden Fälle vorzugeben:

- Beim Aufruf des Makros müssen zwei Parameter mit übergeben werden; der Parameter anteil legt die Größe der Stichprobe fest, die im Makroinhalt mit dem Befehl sample gezogen wird. Dieser Parameter muss beim Makroaufruf mit einem Schrägstrich als Begrenzung abgeschlossen werden.

- Der zweite Parameter gruppe steuert die Fallauswahl. Wird hier beispielsweise der Parameter m übergeben, wählt der Befehl select if im Makroinhalt nur jene Fälle aus der Datendatei aus, in denen die Variable gender den Wert m aufweist. Da dieser beim Befehl select if als Textwert zwischen Anführungszeichen angegeben werden muss, wird die Funktion !quote verwendet, um die Anführungszeichen entsprechend zu ergänzen.

Wird das Makro beispielsweise in der Form

```
!prep anteil=0.2/ gruppe=w
```

aufgerufen, lautet der `sample`-Befehl im Makroinhalt

```
SAMPLE 0.2 .
```

und zieht damit eine 20%-Stichprobe aus dem DatenSet. Der Befehl `select if` wird entsprechend zu

```
SELECT IF (gender='w') .
```

und wählt damit jene Fälle aus der Datendatei aus, die in der Variablen `gender` den Wert w aufweisen. Dabei muss `gender` eine Textvariable mit einer Breite von einem Zeichen sein, da sie andernfalls nicht ein Zeichen lange Werte enthalten könnte.

```
DEFINE !prep (anteil=!CHAREND('/'))
             gruppe=!TOKENS(1) ) .
 GET FILE = 'c:\befragung\rohdaten.sav'
   /DROP = name vorname plz stadt strasse zusatz .
 DATASET NAME rohdaten .
 SET RNG = MT .
 SET MTINDEX = 1234567890 .
 SAMPLE !anteil .
 SELECT IF (gender=!QUOTE(!gruppe)) .
 SET RNG = MT .
 SET MTINDEX = 1000000000 .
 COMPUTE zufall = RV.NORMAL(0,1) .
 SORT CASES zufall .
!ENDDEFINE .
```

Listing 18.2: Makro mit Parametern zur Steuerung der Datenaufbereitung

18.2.3 Makro mit Parameter zum Ein- und Ausschalten von Programmabschnitten

Auch das Makro in Listing 18.3 enthält die gleichen Befehlsfolgen wie die Makros der beiden vorhergehenden Abschnitte, allerdings bietet dieses Makro die Möglichkeit, über einen Parameter die Stichprobenziehung ein- und auszuschalten. Wird das Makro aufgerufen, prüft SPSS, noch bevor der Makroinhalt an die betreffende Stelle in die Syntax eingefügt wird, ob der Parameter `stich` den Wert 1 hat. Ist dies der Fall, werden auch die Befehle `set rng`, `set mtindex` und `sample` in die Syntax eingefügt, andernfalls werden diese drei Zeilen unterdrückt.

18.2 Klassische Aufgaben für Makros

```
DEFINE !prep (stich=!TOKENS(1) !DEFAULT(1)) .
  GET FILE = 'c:\befragung\rohdaten.sav'
    /DROP = name vorname plz stadt strasse zusatz .
  DATASET NAME rohdaten .
  !IF (!stich = 1) !THEN
    SET RNG = MT .
    SET MTINDEX = 1234567890 .
    SAMPLE 0.1 .
  !IFEND
  SELECT IF (gender='m') .
  SET RNG = MT .
  SET MTINDEX = 1000000000.
  COMPUTE zufall = RV.NORMAL(0,1) .
  SORT CASES zufall .
!ENDDEFINE .
```

Listing 18.3: Makro mit Parameter zum Ein- und Ausschalten von Programmelementen

Wird das Makro beispielsweise in der Form !prep stich=0 aufgerufen, wird an der betreffenden Stelle in die Syntax nur die folgende Befehlsfolge eingefügt:

```
GET FILE = 'c:\befragung\rohdaten.sav'
  /DROP = name vorname plz stadt strasse zusatz .
DATASET NAME rohdaten .
SELECT IF (gender='m') .
SET RNG = MT .
SET MTINDEX = 1000000000.
COMPUTE zufall = RV.NORMAL(0,1) .
SORT CASES zufall .
```

Lautet der Aufruf des Makros hingegen !prep stich=1, löst SPSS diesen Aufruf zu der folgenden Befehlsfolge auf. Das gleiche Ergebnis wird erzielt, wenn das Makro ohne Angabe von Parametern einfach über den Makronamen !prep aufgerufen wird, denn dann kommt für den Parameter stich der voreingestellte Wert von 1 zur Anwendung.

```
GET FILE = 'c:\befragung\rohdaten.sav'
  /DROP = name vorname plz stadt strasse zusatz .
DATASET NAME rohdaten .
```

```
    SET RNG = MT .
    SET MTINDEX = 1234567890 .
    SAMPLE 0.1 .
SELECT IF (gender='m') .
SET RNG = MT .
SET MTINDEX = 1000000000 .
COMPUTE zufall = RV.NORMAL(0,1) .
SORT CASES zufall .
```

18.2.4 Makro mit der Funktion eines Parameters

In Listing 18.4 werden drei Makros definiert, deren Inhalt jeweils ausschließlich aus einer einzelnen Zahl besteht. Das Makro !DEM enthält mit dem Wert 1.95583 den Wechselkurs zwischen Euro und früheren DM. Entsprechend besteht der Inhalt des Makros !FRF ausschließlich aus dem Wechselkurs zwischen Euro und den früheren französischen Franc etc. Dadurch können im weiteren Programmverlauf die Wechselkurse durch einfache Angabe der entsprechenden Makronamen eingefügt werden. So bewirkt der erste compute-Befehl, dass die Variable preis mit dem Wert 1,95583 multipliziert wird.

Jedes Makro wird hier also lediglich als Parameter verwendet, der dadurch im weiteren Programmverlauf über den Makronamen eingefügt werden kann. Eine derartige Verwendung von Makros ist sehr hilfreich, wenn die betreffenden Parameter, wie hier die Wechselkurse, an verschiedenen Stellen im Programm benötigt werden. Handelt es sich zudem um Parameter, die sich im Zeitablauf verändern können und dementsprechend in der Syntax immer mal wieder angepasst werden müssen, genügt es nun, wenn die Parameter in den entsprechenden Makros geändert werden. Es entfällt damit die Notwendigkeit, im Programmcode nach den betreffenden Parametern zu suchen und diese an jeder Stelle anzupassen.

```
DEFINE !DEM()1.95583!ENDDEFINE .
DEFINE !FRF()6.55957!ENDDEFINE .
DEFINE !ATS()13.760!ENDDEFINE .


DO IF (waehrung = 'DEM') .
  COMPUTE preis = preis/!DEM .
  RECODE waehrung ('DEM'='EUR') .
ELSE IF (waehrung = 'FRF') .
  COMPUTE preis = preis/!FRF .
  RECODE waehrung ('FRF'='EUR') .
```

```
ELSE IF (waehrung = 'ATS') .
  COMPUTE preis = preis/!ATS .
  RECODE waehrung ('ATS'='EUR') .
ELSE .
  COMPUTE preis = -1 .
  COMPUTE waehrung = '#NA' .
END IF .
MISSING VALUES preis    (-1)
          waehrung ('#NA') .
EXECUTE .
```
Listing 18.4: Makros, die wie Parameter verwendet werden

> **Tipp**
>
> Wenn Sie zahlreiche Parameter in der beschriebenen Weise als Makro definieren möchten, kann es auch sinnvoll sein, eine eigene Syntaxdatei zu erstellen, die ausschließlich die Makrodefinitionen enthält. Diese Datei können Sie dann über den insert-Befel in die Syntaxdatei des Hauptprogramms (oder auch in mehrere verschiedene Syntaxdateien) einbinden. Dadurch bleibt die Datei mit dem Hauptprogramm noch übersichtlicher. Ändern sich die in den Makros definierten Parameter, genügt es dann, diese an einer zentralen Stelle zu ändern, nämlich in der Datei mit den Makros, die damit quasi als Parametertabelle fungiert.

18.3 Makros zur Vereinfachung von Pfad- und Dateiangaben

18.3.1 Standardpfad als Makro ablegen

Wenn Sie viele Dateioperationen wie das Öffnen und Speichern von Datendateien durchführen und dabei regelmäßig mit einem Verzeichnis wie etwa einem bestimmten Projektordner arbeiten, das sich jedoch immer mal wieder ändert, zum Beispiel weil die Programme an unterschiedlichen Rechnern ausgeführt werden, kann es hilfreich sein, den Standardpfad in einem Makro abzulegen. In dem Programmcode können Sie dann den Makronamen verwenden, statt den Pfad explizit anzugeben. Ändert sich das Standardverzeichnis, genügt es, den Pfad einmal in dem Makro anzupassen, und Sie brauchen nicht alle Stellen im Code aufzuspüren, an denen ein Bezug auf das Verzeichnis enthalten ist.

Eine mögliche Vorgehensweise hierzu ist in Listing 18.5 dargestellt:

- Zunächst wird ein Makro mit dem Namen !pfad definiert. Im Inhalt des Makros ist der Pfad des Standardverzeichnisses fest vorgegeben. Der Name der jeweiligen Datei wird hingegen beim Aufruf des Makros als Parameter übergeben, siehe das Beispiel in der untersten Zeile in Listing 18.5.

- Die !concat()-Funktion im Inhalt des Makros verbindet den fest vorgegebenen Pfad und den Namen der Datei zu einem vollständigen Dateibezug. Zusätzlich stellt die Funktion !quote() sicher, dass dieser Bezug von Anführungszeichen umschlossen wird, da dies bei der Angabe von Dateibezügen in Befehlen wie get file, save oder erase erforderlich ist.

- Wird das Makro wie in der untersten Zeile in Listing 18.5 mit dem Dateinamen *testdaten.sav* als Parameter aufgerufen, wird dieser Parameter im Makroinhalt mit dem Pfad verbunden und in Anführungszeichen eingeschlossen, so dass sich der Makroaufruf zu dem Text 'C:\Projekt1\Analyse\Daten\testdaten.sav' auflöst.

```
DEFINE !pfad(datei=!ENCLOSE('(',')'))
!QUOTE(!CONCAT('C:\Projekt1\Analyse\Daten\', !datei))
!ENDDEFINE .

GET FILE = !pfad datei=(testdaten.sav) .
```
Listing 18.5: Standardpfad als Makro ablegen

18.3.2 Standardpfad vorgeben, aber variabel halten

Das Makro in Listing 18.6 erfüllt im Grunde den gleichen Zweck wie das Makro aus Listing 18.5, ist aber um zwei Funktionalitäten erweitert: Zum einen kann der vorgegebene Standardpfad beim Makroaufruf durch einen optionalen Parameter überschrieben werden, zum anderen ist nun die Dateiendung *.sav* fest vorgegeben. Dadurch kann das Makro nur für SPSS-Datendateien verwendet werden, und es genügt beim Makroaufruf, den Namen ohne Endung anzugeben.

- *Makroinhalt.* Im Inhalt des Makros werden mit der !concat()-Funktion die drei Komponenten Pfad, Dateiname und Namenserweiterung zu einem einheitlichen Text verknüpft. Dabei liegen der Pfad und der Dateiname als Parameter !ordner bzw. !datei vor, während die Namenserweiterung *.sav* im Makro fest vorgegeben ist. Der resultierende vollständige Dateibezug wird anschließend durch die !quote()-Funktion zwischen Anführungszeichen gesetzt.

- *Makroaufruf.* Beim Makroaufruf muss der Dateiname ohne Namenserweiterung als Parameter übergeben werden; die Angabe des Pfades ist hingegen optional. Wird das Makro wie in dem get file-Befehl nur mit dem Parameter datei aufgerufen, verwendet das Makro den voreingestellten Pfad *C:\Daten*, so dass der get file-Befehl im Beispiel die Datei *C:\Daten\rohdaten.sav* öffnet. Optional kann der Pfad aber auch wie in dem save-Befehl geändert werden; so speichert der save-Befehl das aktive DatenSet unter *C:\zwsp\dummy.sav*.

```
DEFINE !quelle(datei = !ENCLOSE('(',')')
        /ordner = !ENCLOSE('(',')')
                  !DEFAULT(C:\Daten\) )
!QUOTE(!CONCAT(!ordner, !datei, '.sav' )) .
!ENDDEFINE .


GET FILE = !quelle datei=(rohdaten) .
SAVE OUTFILE = !quelle datei=(dummy) ordner=(C:\zwsp\) .
```

Listing 18.6: Standardpfad als Makro abgelegen und dennoch variabel halten

18.4 Werte aus dem DatenSet als Parameter übernehmen

18.4.1 Einen aggregierten Wert auslesen

Häufig ist es bei der Datenaufbereitung erforderlich, in einem ersten Schritt aus den vorliegenden Daten aggregierte Werte zu ermitteln, um in einem zweiten Schritt bestimmte Berechnungen mit diesen Werten durchzuführen. Ein typisches Beispiel ist die Berechnung von Anteilswerten, wie sie in Abbildung 18.1 skizziert ist. Die Ausgangsdatei *bip.sav* enthält die BIP-Werte für sämtliche Staaten, die im Jahr 2003 Mitglied der EU waren, wobei jeder Staat einen Fall bildet und die BIP-Werte jeweils in der Variablen `bip` eingetragen sind. Es soll nun für jeden Staat berechnet werden, welchen Anteil das BIP dieses Staates an dem gesamten BIP aller EU-Staaten hatte. Hierzu muss zunächst die Summe über alle BIP-Werte gebildet und anschließend jeder einzelne BIP-Wert durch diese Summe dividiert werden. Die Schwierigkeit besteht dabei darin, die Summe aus der Datendatei auszulesen und so in die Syntax zu integrieren, dass eine Division der Variablen `bip` durch den aus der Datendatei ermittelten Wert möglich ist. Hierzu geht das Programm in Listing 18.7 wie folgt vor:

- *Vorbereitung.* Zunächst wird die Datei *bip.sav* geöffnet und als aktives DatenSet bereitgestellt. Diesem DatenSet wird anschließend der DatenSet-Name `bip` zugewiesen, unter dem es im weiteren Programmverlauf immer wieder angesprochen werden kann. Außerdem wird eine Variable `gruppe` erzeugt, die in jedem Fall des DatenSets den Wert 1 aufweist. Diese Variable wird für den nachfolgenden `aggregate`-Befehl benötigt.

  Der Befehl `dataset declare` definiert ein neues, bisher nicht existierendes DatenSet und weist diesem den Namen `eubip` zu. Dieses DatenSet wird im nächsten Schritt durch den `aggregate`-Befehl mit Werten befüllt.

- *Aggregierten Wert berechnen (Schritt 1).* Der `aggregate`-Befehl berechnet verdichtete Werte für das aktive DatenSet. Dabei unterteilt der Befehl das DatenSet in Fallgruppen und ermittelt für jede Gruppe die gewünschten Werte. In diesem Fall erfolgt die Gruppierung nach der Variablen `gruppe`, die in jedem Fall den gleichen Wert aufweist. Daher bilden sämtliche Fälle gemeinsam eine Gruppe, so dass der Befehl nur einen aggregierten Wert über alle Fälle errechnet. Als aggregierter Wert wird die Summe der Variablen `bip` berechnet und in die Variable `bipsum` geschrieben. Das aus diesem einen Wert bestehende Ergebnis wird in das zuvor angelegte DatenSet `eubip` geschrieben (`outfile='eubip'`), vgl. auch Schritt 1 in Abbildung 18.1. Der Befehl `dataset activate` stellt sicher, dass dieses neu befüllte DatenSet anschließend auch das aktive DatenSet bildet, so dass der Befehl `formats` auf dieses DatenSet angewandt wird und somit der Variablen `bipsum` ein einfaches numerisches Format ohne Dezimalstellen zuweist. Das bisher aktive DatenSet `bip` mit den Ursprungsdaten bleibt dabei weiterhin geöffnet.

- *Werte in Textdatei schreiben (Schritt 2).* Im nächsten Schritt wird die zuvor ermittelte Summe mit dem Befehl `write` aus dem derzeit aktiven DatenSet `eubip` in eine Textdatei mit dem Namen *eubip.txt* geschrieben. Allerdings wird dort nicht nur der einzelne Wert eingefügt, sondern es wird zusätzlich fest vorgegebener Text in die Datei geschrieben, so dass sich insgesamt der folgende Inhalt für die Datei *eubip.txt* ergibt (wobei 10219337 die Summe des BIP ist):

  `define !bipsum()10219337!enddefine .`

- *Einbinden der Textdatei in den Syntaxcode.* Der `execute`-Befehl stellt sicher, dass die Textdatei erstellt wurde, bevor sie im nächsten Schritt verwendet wird. Dieser nächste Schritt besteht darin, den Inhalt der Textdatei *eubip.txt* mit dem Befehl `insert` in die aktuelle Syntaxdatei einzubinden (zum Befehl `insert` siehe auch im folgenden Kapitel Abschnitt 19.1). Dadurch wird der Inhalt von *eubip.txt* so behandelt, als stünde er als Syntaxcode in der Datei an der Stelle des `insert`-Befehls. Im Ergebnis wird damit die Befehlszeile

  `define !bipsum()10219337!enddefine .`

  ausgeführt. Diese Befehlszeile definiert ein Makro mit dem Namen `!bipsum`, dem als einziger Inhalt der Wert 10219337 zugewiesen wird. Damit kann dieser Wert im Weiteren unter dem Makronamen `!bipsum` abgerufen werden.

- *Handling der DatenSets.* Das DatenSet `eubip`, das lediglich den als Zwischenergebnis berechneten aggregierten Wert enthält, wird nun nicht mehr benötigt. Stattdessen soll im Folgenden wieder mit dem DatenSet `bip` gearbeitet werden. Daher wird dieses DatenSet mit dem Befehl `dataset activate` zum aktiven DatenSet ernannt. Der nachfolgende Befehl `dataset close` schließt das DatenSet `eubip`, das bisher noch nicht gespeichert wurde und sich damit nun in Nichts auflöst. In dem DatenSet `bip` wird außerdem die Variable `gruppe` gelöscht, die nur vorübergehend als Hilfsvariable für den `aggregate`-Befehl benötigt wurde und nun überflüssig ist.

- *Anteilswerte berechnen (Schritt 3)*. Abschließend wird die Berechnung der Anteilswerte durchgeführt. Hierzu wird mit dem compute-Befehl in jedem Fall des DatenSets der Wert der Variablen bip durch die zuvor berechnete und inzwischen im Makro !bipsum abgelegte Summe des BIP in der Gesamtheit aller EU-Länder dividiert; das Ergebnis wird in die Variable bipshare geschrieben.

> **Tipp**
>
> Beachten Sie, dass die hier genutzte Möglichkeit, mit mehreren DatenSets gleichzeitig zu arbeiten, erst seit der Programmversion 14 von SPSS besteht. Wenn Sie mit älteren Programmversionen arbeiten, müssen Sie das Dateihandling so ändern, dass immer nur jeweils ein DatenSet geöffnet ist. Ein Beispiel für die Vorgehensweise hierzu finden Sie im nächsten Abschnitt 18.4.2 auf Seite 444.

```
GET FILE ='c:\daten\bip.sav' .
DATASET NAME bip .
COMPUTE gruppe = 1 .
DATASET DECLARE eubip .

AGGREGATE
  /OUTFILE = 'eubip'
  /BREAK=gruppe
  /bipsum = SUM(bip) .
DATASET ACTIVATE eubip .
FORMATS bipsum (F8) .

WRITE OUTFILE 'c:\daten\eubip.txt'
  /"define !bipsum()"bipsum"!enddefine." .
EXECUTE .

INSERT FILE = 'c:\daten\eubip.txt' .

DATASET ACTIVATE bip .
DATASET CLOSE eubip .
DELETE VARIABLES gruppe .
COMPUTE bipshare = bip/!bipsum .
EXECUTE .
```

Listing 18.7: Übernahme eines Wertes aus der Datendatei in die Syntax

Kapitel 18
Beispiele für Makrolösungen

Ausgangsdatei: *bip.sav*

	land	bip
1	BE	281764,0
2	DK	195513,9
3	DE	2178200,0
4	FI	148193,2
5	FR	1625172,9
6	GR	164561,0
7	UK	1715962,8
8	IE	146134,9
9	IT	1355278,9
10	LU	25472,9
11	NL	464790,0
12	AT	232968,6
13	PT	134730,8
14	SE	280303,3
15	ES	793085,1
16	EE	8842,2
17	LV	10901,4
18	LT	17721,6
19	MT	4429,2
20	PL	195874,0
21	SK	32590,1
22	SI	26020,4
23	CZ	86952,3
24	HU	81414,8
25	CY	12458,7

Schritt 1

Mit *aggregate* verdichtete Datei

	gruppe	bipsum
1	1,00	10219337
2		

Schritt 3

Schritt 2

Ergebnisdatei: *bip.sav* **erweitert**

	land	bip	bipshare
1	BE	281764,0	0,03
2	DK	195513,9	0,02
3	DE	2178200,0	0,21
4	FI	148193,2	0,01
5	FR	1625172,9	0,16
6	GR	164561,0	0,02
7	UK	1715962,8	0,17
8	IE	146134,9	0,01
9	IT	1355278,9	0,13
10	LU	25472,9	0,00
11	NL	464790,0	0,05
12	AT	232968,6	0,02
13	PT	134730,8	0,01
14	SE	280303,3	0,03
15	ES	793085,1	0,08
16	EE	8842,2	0,00
17	LV	10901,4	0,00
18	LT	17721,6	0,00
19	MT	4429,2	0,00
20	PL	195874,0	0,02
21	SK	32590,1	0,00
22	SI	26020,4	0,00
23	CZ	86952,3	0,01
24	HU	81414,8	0,01
25	CY	12458,7	0,00

Mit *write* erstellte Textdatei *eubip.txt*

```
eubip.txt - Editor
Datei Bearbeiten Format Ansicht ?
define !bipsum()10219337!enddefine.
```

Abb. 18.1: Ablauf zur Übernahme eines aggregierten Wertes aus der Datendatei in die Syntax

18.4.2 Aggregierte Gruppenwerte in unbekannter Zahl auslesen

Risiko

Das folgende Beispiel ist möglicherweise eher etwas für fortgeschrittene Programmierer und solche, die es werden möchten. Der Programmcode mag zunächst abschreckend wirken, es lohnt sich aber, ihn einmal durchzuarbeiten, da er verschiedene Techniken enthält, die unabhängig von der hier betrachteten Problemstellung zentral sind, um das Leistungsspektrum von Makros ausschöpfen zu können.

Ausgangspunkt des folgenden Problems bildet die Datei *Testpersonen.sav* aus Abbildung 18.2. Diese Datei enthält die Punktwerte eines fiktiven Tests, der an insgesamt 15 Personen durchgeführt wurde. Dabei kam der Test in drei unterschiedlichen Varianten (Variable modell) zur Anwendung, wobei jede Testvariante fünfmal eingesetzt wurde. Die Fälle der Datendatei bilden damit inhaltlich drei Gruppen, und es soll im Folgenden für jede Person der Anteil ermittelt werden, den die von ihr erzielten Punkte an den Gesamtpunkten der fünf Personen aus ihrer Gruppe bilden. Das Syntaxprogramm soll dabei aber so allgemein gehalten werden, dass es nicht nur für drei, sondern für eine beliebige Anzahl an Gruppen funktioniert, ohne dass diese Anzahl beim Start des Programms bekannt sein muss. Um dies zu erreichen, müssen beim Schreiben des Codes folgende Aufgaben gelöst werden:

- Die Information über die Anzahl der Fallgruppen muss aus der Datendatei ausgelesen und in den Syntaxcode übertragen werden.

- Für jede der in unbekannter Zahl vorliegenden Fallgruppen muss die Gesamtpunktzahl berechnet, aus der Datendatei ausgelesen und in den Syntaxcode übernommen werden.

- In der Syntax muss ein Mechanismus vorgesehen werden, der die Division der Einzelpunktwerte durch die Gruppenpunktzahl nach Gruppen differenziert vornimmt, und zwar erneut für eine bisher unbekannte und damit variable Anzahl an Gruppen.

> **Tipp**
>
> Speziell das hier vorliegende Problem lässt sich, wie nahezu alle Programmieraufgaben bei SPSS, auch auf anderen Wegen lösen. Der direkteste Weg wäre es, die Gesamtpunktzahl je Personengruppe mit dem `aggregate`-Befehl zu ermitteln, diese Informationen anschließend mit dem Befehl `match files` als neue Variable in der Ausgangsdatei *Testpersonen.sav* anzufügen und anschließend die Division der Variablen `punkte` durch die neue Variable mit den Gruppenpunktzahlen durchzuführen. Der hier dargestellte Weg unter Verwendung der Makros ist demgegenüber jedoch sehr viel universeller anwendbar, und die dabei genutzten Techniken lassen sich auf zahlreiche ähnlich gelagerte Fragestellungen übertragen.

Alle oben beschriebenen Anforderungen werden durch das Programm in Listing 18.8 wie folgt gelöst, siehe auch den in Abbildung 18.2 skizzierten Ablauf:

- *Vorbereitung.* Zunächst wird die Datendatei *Testpersonen.sav* geöffnet und als aktives DatenSet bereitgestellt. Anschließend werden mit dem Befehl `autorecode` die Werte der Variablen `modell` in ganzzahlige numerische Werte umcodiert; diese neuen Codierungen werden in die Variable `gruppe` geschrieben. Dieser Schritt wird nur deshalb durchgeführt, weil es im weiteren Programmverlauf wesentlich einfacher ist, mit einer numerischen Gruppenvariablen mit fortlaufenden Codierungen zu arbeiten als mit einer Textvariablen, deren Werte keiner formalen Ordnung folgen.

  Der `save`-Befehl stellt sicher, dass das DatenSet mit der neuen Gruppenvariablen als Datei gespeichert wird, bevor der nachfolgende Befehl den Inhalt des aktiven DatenSets überschreibt.

- *Aggregierte Werte berechnen (Schritt 1)*. Der Befehl `aggregate` berechnet die Gesamtpunktzahlen für die einzelnen Gruppen. Hierzu wird das DatenSet nach den Werten der neu gebildeten Variablen `gruppe` in Fallgruppen unterteilt (`break=gruppe`); für jede Fallgruppe wird die Summe aller Werte aus der Variablen `punkte` berechnet und in eine Variable `punktsum` geschrieben. Das Ergebnis des `aggregate`-Befehls wird in ein neues, automatisch aktives DatenSet eingefügt, das das bisher aktive DatenSet ersetzt (`outfile=*`). Das bisher aktive DatenSet steht nun nicht mehr zur Verfügung, da ihm zuvor kein DatenSet-Name zugewiesen wurde. Der `formats`-Befehl weist der Variablen `punktsum` noch ein numerisches Format ohne Dezimalstellen zu.

  Nach Ausführung des `aggregate`-Befehls enthält das neu gebildete DatenSet genau einen Fall je Fallgruppe aus der ursprünglichen Quelldatei. Mit `sort cases` werden diese Fälle nun in absteigender Reihenfolge nach den Werten der Variablen `gruppe` sortiert, so dass die Gruppe mit der höchsten Codierung (deren Wert unbekannt ist, da wir von einer unbekannten Anzahl an Fallgruppen ausgehen) an erster Stelle steht. Anschließend erzeugt der Befehl `compute` eine Variable `ordnung`, die die Fälle im DatenSet durchnummeriert. Diese Variable wird im nächsten Schritt verwendet, um den ersten Fall des DatenSets identifizieren zu können.

  Mit den bisherigen Programmschritten wurden die Informationen generiert, die wir aus der Datendatei *Testpersonen.sav* auszulesen hatten: Für jede Testgruppe liegt in der Variablen `punktsum` die Gesamtpunktzahl vor; zusätzlich lässt sich die Anzahl der Testgruppen ermitteln, denn wir wissen, dass dieser Wert in dem ersten Fall der Datendatei in der Variablen `gruppe` steht. Im nächsten Schritt werden diese Informationen nun in eine Textdatei geschrieben, aus der sie danach in den Syntaxcode übernommen werden können.

- *Textdatei mit Makrodefinitionen erstellen (Schritt 2)*. Der `write`-Befehl erstellt die Textdatei *gruppen.txt* und fügt dort ausgewählte Werte aus dem aktiven DatenSet ein. Durch die `do if ... else ... end if`-Konstruktion wird erreicht, dass aus dem ersten Fall des DatenSets (`ordnung = 1`) sowohl die Codierung der Testgruppe als auch die Punktsumme dieser Testgruppe in die Textdatei geschrieben werden, während aus allen übrigen Fällen nur die Punktsumme übernommen wird.

  Beim Erstellen der Textdatei werden dort jedoch nicht nur die Variablenwerte eingefügt, sondern auch zusätzlicher Text, der später als Syntaxcode fungiert. Besonders »trickreich« ist dabei die Konstruktion, mit der die Punktsummen ausgelesen werden. So erzeugt SPSS mit der `write`-Anweisung

  `/"define !punkte"gruppe"()"punktsum"!enddefine."`.

  für jeden Fall aus dem DatenSet eine Zeile in der Textdatei *gruppen.txt*, die sich aus fünf Elementen zusammensetzt: erstens dem Text `define !punkte`; zweitens der Codierung für die jeweilige Testgruppe; drittens dem Text `()`; viertens dem Wert aus der Variablen `punktsum`; fünftens dem Text `!enddefine.`. In dem vorliegenden Beispiel erzeugt der `write`-Befehl damit eine Textdatei mit folgendem Inhalt:

```
define !maxgrp()3!enddefine.
define !punkte3()     355!enddefine.
define !punkte2()     294!enddefine.
define !punkte1()     245!enddefine.
```

- *Textdatei in die Syntax einbinden.* Der `insert`-Befehl bindet die zuvor erstellte Textdatei in das Syntaxprogramm ein, so dass deren Inhalt so behandelt wird, als sei er Bestandteil des Programms. Im Ergebnis werden damit im vorliegenden Beispiel die vier Makros `!maxgrp` und `!punkte1` bis `!punkte3` definiert, so dass diese Makros, deren Inhalte die aus dem DatenSet ausgelesenen Werte sind, im weiteren Programmverlauf zur Verfügung stehen. Zuvor wurde mit dem `execute`-Befehl sichergestellt, dass die Textdatei auch tatsächlich bereits erstellt wurde, bevor der `insert`-Befehl zur Ausführung kommt.

- *Gruppenweise Anteilswerte berechnen (Schritt 3).* Im letzten Schritt werden die gesuchten Anteilswerte berechnet. Hierzu wird zunächst wieder die Ausgangsdatei *Testpersonen.sav* geöffnet, die damit wieder als aktives DatenSet zur Verfügung steht. Dabei geht der Inhalt des bisher aktiven DatenSets, das weder gespeichert wurde noch einen DatenSet-Namen zugewiesen bekommen hat, dauerhaft verloren.

Anschließend wird ein Makro definiert, um eine Schleife erzeugen zu können. Die Schleife wird n-mal wiederholt, wobei die Anzahl der Wiederholungen gerade der Anzahl der unterschiedlichen Testgruppen in der Datendatei entspricht; dieser Wert wird aus dem Makro `!maxgrp` übernommen. Die `!eval()`-Funktion stellt dabei sicher, dass SPSS an dieser Stelle erkennt, dass es sich bei dem Ausdruck `!maxgrp` um einen Makroaufruf handelt.

Bei jeder Wiederholung der Schleife kommt der `if`-Befehl zur Ausführung. Dieser prüft für jeden Fall im DatenSet, ob der Fall zur Testgruppe n gehört. Wenn dies zutrifft, wird die nachfolgende Berechnung der Variablen `index` ausgeführt, andernfalls nicht. Auf diese Weise werden alle n Testgruppen abgeprüft.

Zur Berechnung der Variablen `index` wird die Punktzahl der einzelnen Testperson (Variable `punkte`) durch die Gesamtpunktzahl der jeweiligen Gruppe geteilt, wobei die Gesamtpunktzahl aus dem jeweiligen Makro `!punkte1`, `!punkte2` etc. ausgelesen wird. Dabei wird der Name des jeweils relevanten Makros mit der Makrofunktion `!concat()` aus der festen Zeichenfolge `!punkte` und der Zählvariablen der Schleife `!n` zusammengesetzt, so dass beim ersten Durchlauf der Schleife (`!n=1`) das Makro `!punkte1`, beim zweiten Durchlauf das Makro `!punkte2` etc. verwendet wird.

Kapitel 18
Beispiele für Makrolösungen

Das so definierte Makro !anteil wird anschließend ohne Parameter aufgerufen; der abschließende execute-Befehl veranlasst die Ausführung der Berechnungen.

```
GET FILE = 'C:\Daten\Testpersonen.sav' .
AUTORECODE VARIABLES=modell  /INTO gruppe .
SAVE OUTFILE = 'C:\Daten\Testpersonen.sav' .
AGGREGATE
  /OUTFILE=*
  /BREAK=gruppe
  /punktsum = SUM(punkte) .
FORMATS punktsum (F8) .
SORT CASES BY gruppe (D) .
COMPUTE ordnung = $casenum .

DO IF ordnung = 1 .
  WRITE OUTFILE 'c:\daten\gruppen.txt'
   /"define !maxgrp()"gruppe"!enddefine."
   /"define !punkte"gruppe"()"punktsum"!enddefine." .
ELSE .
  WRITE OUTFILE 'c:\daten\gruppen.txt'
   /"define !punkte"gruppe"()"punktsum"!enddefine." .
END IF .
EXECUTE .

INSERT FILE = 'c:\daten\gruppen.txt' .
GET FILE = 'c:\daten\testpersonen.sav' .

DEFINE !anteil ()
  !DO !n = 1 !TO !EVAL(!maxgrp) .
    IF (gruppe=!n) index=punkte/!CONCAT(!punkte, !n) .
  !DOEND .
!ENDDEFINE .

!anteil
EXECUTE .
```

Listing 18.8: Unbekannte Anzahl aggregierter Werte auslesen und in die Syntax übernehmen

18.4 Werte aus dem DatenSet als Parameter übernehmen

Ausgangsdatei: *Testpersonen.sav*

	persid	modell	punkte
1	0001	Standard	56
2	0002	Serie1	45
3	0003	Serie1	67
4	0004	Serie2	87
5	0005	Serie2	56
6	0006	Standard	45
7	0007	Standard	98
8	0008	Standard	12
9	0009	Serie2	36
10	0010	Serie1	34
11	0011	Serie1	56
12	0012	Serie2	78
13	0013	Serie2	98
14	0014	Serie1	12
15	0015	Standard	34

Schritt 1

Mit *aggregate* verdichtete Datei

	gruppe	punktsum	ordnung
1	3	245	1,00
2	2	355	2,00
3	1	214	3,00

Schritt 2

Ergebnisdatei: *Testpersonen.sav* erweitert

	persid	modell	punkte	gruppe	index
1	0001	Standard	56	3	0,23
2	0002	Serie1	45	1	0,21
3	0003	Serie1	67	1	0,31
4	0004	Serie2	87	2	0,25
5	0005	Serie2	56	2	0,16
6	0006	Standard	45	3	0,18
7	0007	Standard	98	3	0,40
8	0008	Standard	12	3	0,05
9	0009	Serie2	36	2	0,10
10	0010	Serie1	34	1	0,16
11	0011	Serie1	56	1	0,26
12	0012	Serie2	78	2	0,22
13	0013	Serie2	98	2	0,28
14	0014	Serie1	12	1	0,06
15	0015	Standard	34	3	0,14

Schritt 3

Mit *write* erstellte Textdatei *gruppen.txt*

```
define !maxgrp()3!enddefine.
define !punkte3()    245!enddefine.
define !punkte2()    355!enddefine.
define !punkte1()    214!enddefine.
```

Abb. 18.2: Ablaufschema des Programms aus Listing 18.8

Kapitel 19

Automatisierung von Programmabläufen

SPSS bietet verschiedene Möglichkeiten, um Programmabläufe zu automatisieren und die Ausführung von Programmen so weit zu vereinfachen, dass auch Dritte ohne Kenntnisse von SPSS Syntaxprogramme einfach und effizient nutzen können:

- *Externe Syntaxdateien einbinden.* Der typische Ablauf zur Ausführung von Syntaxprogrammen sieht so aus, dass sämtliche auszuführenden Programmbefehle in eine Syntaxdatei untereinandergeschrieben und anschließend gemeinsam als einheitliche Befehlsfolge ausgeführt werden. Daneben ist es aber auch möglich, einzelne »Bausteine« eines Programms in eine zweite Syntaxdatei auszulagern und diese Datei über den Befehl insert (oder alternativ include) in den Programmablauf einzubinden. Bei der Ausführung des Programms wird dann der Inhalt der eingebundenen Syntaxdatei wie ein Bestandteil der Befehlsfolge mit ausgeführt. Siehe hierzu Abschnitt 19.1 auf Seite 452.

- *Programm mit einer Schaltfläche verknüpfen.* Werden bestimmte Befehlsfolgen häufig benötigt, können Sie in der SPSS-Symbolleiste eine zusätzliche Schaltfläche erzeugen, mit der die Ausführung dieser Befehlsfolge veranlasst wird. Dazu muss die entsprechende Syntaxdatei dann nicht mehr geöffnet werden, so dass das Ausführen der Befehle deutlich vereinfacht wird. Zur Vorgehensweise siehe Abschnitt 19.2 auf Seite 456.

- *Produktionsmodus.* Mithilfe des *Produktionsmodus* von SPSS können Programme automatisiert ablaufen, ohne dass SPSS explizit gestartet wird. Dabei ist es auch möglich, ein Syntaxprogramm mit einem Symbol auf dem Desktop von Windows zu verknüpfen, so dass sich das Programm durch einfaches Anklicken bzw. Doppelklicken auf dieses Symbol starten lässt. Dies ist besonders hilfreich, wenn Anwendungen für Dritte geschrieben werden, denn diese müssen dann zur Ausführung des Programms überhaupt nicht mit SPSS in Berührung kommen. Siehe hierzu im Einzelnen Abschnitt 19.3 auf Seite 458.

- *Prozedurergebnisse in Datendateien schreiben.* Die Ergebnisse statistischer Prozeduren werden üblicherweise in eine Ausgabedatei im Format des SPSS-Viewers geschrieben. In dieser Form lassen sich die Ergebnisse jedoch nicht automatisiert in weitere Berechnungen oder Syntaxprogramme einbinden. Hier hilft das Output Management System (OMS) von SPSS, mit dem es möglich ist, Prozedurergebnisse in Datendateien oder auch andere Dateiformate wie HTML- oder Textdateien umzulenken, siehe hierzu Abschnitt 19.4 auf Seite 467.

19.1 Feste Programmbausteine auslagern und einbinden mit »insert«

Werden bestimmte Befehlsfolgen oder Makros in verschiedenen Programmen und damit möglicherweise sogar in unterschiedlichen Syntaxdateien benötigt, so muss der wiederholt verwendete Programmcode nicht jedes Mal neu entwickelt und geschrieben werden, sondern lässt sich einfach mit »Copy & Paste« zwischen den Programmen und Dateien kopieren. Daneben gibt es aber auch eine sehr viel elegantere Möglichkeit, derartige »Programmbausteine« in verschiedene Programme einzubinden. Dazu wird ein Programmbaustein als eigenständige Datei gespeichert. Soll der Baustein dann in einem Programm verwendet werden, kann statt des entsprechenden Syntaxcodes ein Bezug auf die entsprechende Datei eingefügt werden; ein solcher Bezug wird mit dem Befehl `insert` formuliert. Beim Ausführen des Programms verhält SPSS sich dann so, als stünde der Inhalt der eingebundenen Datei an der Stelle des entsprechenden `insert`-Befehls.

> **Tipp**
>
> Statt des Befehls `insert` können Sie zum Einbinden externer Dateien in den Programmcode auch den Befehl `include` verwenden. Beide Befehle sind tatsächlich nahezu austauschbar, der Befehl `insert` ist allerdings die etwas »modernere« Variante und bietet einige zusätzliche Möglichkeiten. So können Sie mit dem `insert`-Befehl nicht nur solche Dateien einbinden, die dem SPSS-Format von Batch-Dateien entsprechen, sondern auch Dateien im Format des »Interactive«-Modus (das sind Dateien, die den allgemeinen Regeln im Syntaxeditor entsprechen). Zudem lässt sich der Umgang mit Fehlern in der eingebundenen Datei steuern, und Sie können mit dem `insert`-Befehl festlegen, dass das Verzeichnis der eingebundenen Datei automatisch zum aktuellen Arbeitsverzeichnis wird.

Beispiel

In Listing 19.1 ist eine Folge von insgesamt sieben Befehlen wiedergegeben, die zunächst eine Datendatei öffnen und als aktives DatenSet bereitstellen, anschließend aus den darin enthaltenen Daten eine Zufallsstichprobe ziehen und zusätzlich eine zufällige Anordnung der Fälle in dem DatenSet sicherstellen. Werden die hier beschriebenen Schritte zur Datenaufbereitung und damit alle Befehle nach dem Öffnen der Datendatei in dieser Form auch in anderen Kontexten regelmäßig wiederholt, kann es sinnvoll sein, die entsprechende Befehlsfolge als eigenständige Datei zu speichern und bei Bedarf über einen `insert`-Befehl einzubinden. Dies ist schematisch in Abbildung 19.1 dargestellt:

- Die sechs Befehle zur Datenaufbereitung werden in einer eigenen Syntaxdatei gespeichert. Diese Datei darf ausschließlich diese sechs Befehle enthalten. Ferner gelten für diese Datei unter Umständen einige besondere Syntaxregeln, die zu beachten sind (siehe unten).

- Das Hauptprogramm besteht jetzt nur noch aus dem Befehl `get file` und dem `insert`-Befehl, der die Datei *aufbereitung.sps* einbindet. Der `insert`-Befehl hat hier die einfache allgemeine Form

  INSERT FILE = '*Dateibezug*' .

- Wird nun das Hauptprogramm im linken Syntaxfenster aus Abbildung 19.1 ausgeführt, tritt dabei der Inhalt der Datei *aufbereitung.sps* an die Stelle des `insert`-Befehls. Die resultierende Befehlsfolge ist damit identisch mit der aus Listing 19.1. Dazu ist es nicht erforderlich, dass die Syntaxdatei *aufbereitung.sps* geöffnet ist.

```
GET FILE = 'C:\daten\rohdaten.sav' .
SET RNG = MT .
SET MTINDEX = 1234567890 .
SAMPLE 0.4 .
SELECT IF (perszahl > 1) .
SET MTINDEX = 1000000000 .
COMPUTE  zufall = RV.NORMAL(0,1) .
SORT CASES zufall .
```

Listing 19.1: Befehlsfolge zum Öffnen einer Datendatei und Aufbereiten der Daten

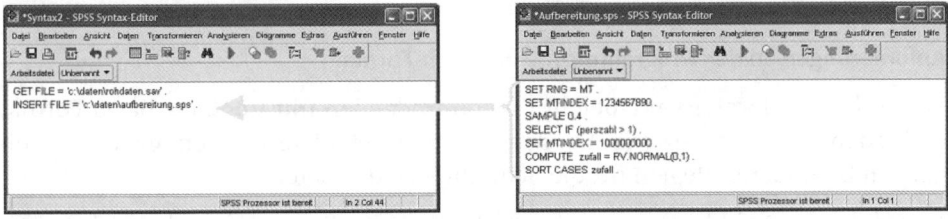

Abb. 19.1: `insert`-Befehl bindet externe Syntaxdatei in das Programm ein

> **Tipp**
>
> Die Einbindung feststehender Programmbausteine über `insert` ist unter anderem sehr hilfreich, wenn Sie sich bestimmte Makros erstellt haben, die Sie bei der Arbeit mit SPSS regelmäßig benötigen. Sie können die entsprechenden Makrodefinitionen dann alle gemeinsam in einer Syntaxdatei speichern, die Sie jeweils zu Beginn einer SPSS-Sitzung über einen `insert`-Befehl einbinden, so dass die Makros entsprechend definiert werden und bei der weiteren Arbeit zur Verfügung stehen.

Format des Programmcodes in der einzubindenden Datei festlegen

Sie können bei dem `insert`-Befehl zwischen zwei Formaten für die einzubindende Datei wählen: Dateien im Batch-Format müssen besondere Anforderungen hinsichtlich des Programmcodes erfüllen, Dateien im »Interactive«-Format müssen dagegen nur den Regeln folgen, die generell für Programmcode im Syntaxeditor gelten. Wenn Sie keine besonderen Angaben machen, erwartet der `insert`-Befehl eine Datei mit Programmcode im »Interactive«-Format. Um Dateien mit Programmcode im Batch-Format einzubinden, fügen Sie den Unterbefehl `syntax = batch` ein:

```
INSERT FILE = 'C:\daten\aufbereitung.sps'
  SYNTAX = BATCH .
```

Mit dem Unterbefehl `syntax = interactive` können Sie das ohnehin voreingestellte Format für Programmcode gemäß den allgemeinen Regeln des Syntaxeditors explizit bestätigen.

> **Tipp**
>
> In älteren Programmversionen von SPSS (vor der Version 13) steht der `insert`-Befehl nicht zur Verfügung. Dort müssen Sie auf den alternativen `include`-Befehl zurückgreifen. Beachten Sie dabei, dass mit dem `include`-Befehl ausschließlich solche Programmdateien eingebunden werden können, deren Programmcode dem Batch-Format entspricht.

Anforderungen an den Programmcode im Batch-Format

Wenn Sie mit dem `insert`-Befehl Programmdateien mit Code im Batch-Format einbinden oder statt des `insert`- den `include`-Befehl verwenden, gelten die folgenden besonderen Regeln für die Schreibweise der Befehle:

- Jeder neue Befehl muss am Anfang der Zeile beginnen. Es ist also nicht zulässig, Befehlsnamen mit Leerzeichen einzurücken. Um die Datei dennoch optisch zu strukturieren, können Sie eine Befehlszeile mit einem Pluszeichen beginnen; danach können beliebig viele Leerzeichen bis zum Befehlsnamen folgen.

- Erstreckt sich ein Befehl über mehrere Zeilen, so dürfen die Fortsetzungszeilen nicht in der ersten Zeile beginnen, sondern müssen mit mindestens einem Leerzeichen eingerückt werden.
- Die Punkte zum Abschluss eines Befehls sind optional.
- Verwenden Sie nur einzeilige Kommentare, die am Zeilenanfang mit dem Kommentarzeichen /* beginnen.

Zulässig ist damit die in Listing 19.2 dargestellte Schreibweise der Befehle; würden die Pluszeichen fehlen oder wäre die vorletzte Zeile nicht eingerückt, könnten die Befehle nicht im Batch-Format und damit auch nicht über den include-Befehl eingebunden werden.

```
SET SEED = 1234567890 .
+ SAMPLE 0.4 .
SELECT IF (perszahl > 1) .
SET SEED = 1000000000 .
+ COMPUTE
    zufall = RV.NORMAL(0,1) .
+ SORT CASES zufall .
```

Listing 19.2: Zulässige Schreibweise für die Befehle in einer einzubindenden Datei im Batch-Format

Quellverzeichnis der eingebundenen Datei zum Arbeitsverzeichnis machen

Sie können bei der Ausführung eines insert-Befehls festlegen, dass das Verzeichnis, in dem die eingebundene Programmdatei abgelegt ist, automatisch zum aktuellen Arbeitsverzeichnis von SPSS werden soll. Dies kann manchmal hilfreich sein, wenn die eingebundene Programmdatei selbst wiederum Bezüge auf andere Dateien enthält, die dort nicht in absoluter, sondern in relativer Form (also nicht mit voller Verzeichnisstruktur, sondern nur relativ zu dem Speicherort der Programmdatei selbst) angegeben sind.

Fügen Sie in den insert-Befehl den Unterbefehl cd = yes ein, um festzulegen, dass das Verzeichnis der eingebundenen Programmdatei zum aktuellen Arbeitsverzeichnis von SPSS werden soll:

```
INSERT FILE = 'C:\daten\aufbereitung.sps'
  CD = YES .
```

Ohne diesen Unterbefehl bleibt das Arbeitsverzeichnis unverändert. Diese Voreinstellung können Sie auch durch den Unterbefehl cd = no explizit bestätigen.

Kombination mehrerer »insert«-Befehle

Eine Befehlsfolge kann beliebig viele insert-Befehle enthalten. Dabei ist es auch zulässig, insert-Befehle zu verschachteln. Auch eine Programmdatei, die über einen insert-Befehl eingebunden wird, darf also selbst wieder insert-Befehle enthalten und damit weitere Dateien einbinden. Derartige Verschachtelungen sind über bis zu fünf Ebenen zulässig.

19.2 Programm mit Schaltfläche verknüpfen

Es ist bei SPSS möglich, den einzelnen Symbolleisten Schaltflächen hinzuzufügen und diese mit einem Syntaxbefehl bzw. einer Befehlsfolge zu verknüpfen. Wenn Sie anschließend auf die entsprechende Schaltfläche klicken, wird automatisch die damit verknüpfte Befehlsfolge aufgerufen. Gehen Sie hierzu folgendermaßen vor:

- Stellen Sie zunächst sicher, dass die Symbolleiste, der Sie die Schaltfläche hinzufügen möchten, aktuell angezeigt wird. Klicken Sie anschließend mit der rechten Maustaste auf eine beliebige Stelle dieser Symbolleiste und wählen Sie aus dem damit geöffneten Kontextmenü den Befehl *Anpassen*. Damit öffnen Sie das Dialogfeld aus Abbildung 19.2. Markieren Sie hier in der Liste *Symbolleisten* den Eintrag der Symbolleiste, der Sie eine Schaltfläche hinzufügen möchten, und klicken Sie anschließend auf *Bearbeiten*. Damit öffnen Sie ein neues Dialogfeld, in dem unter anderem die zu bearbeitende Symbolleiste dargestellt ist, vgl. das linke Dialogfeld in Abbildung 19.3.

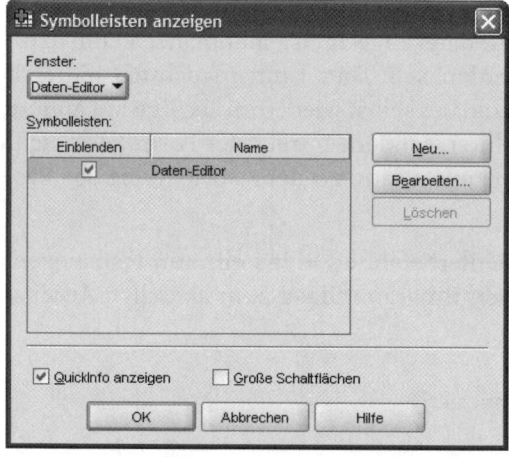

Abb. 19.2: Auswählen der zu bearbeitenden Symbolleiste

- Klicken Sie in dem nun geöffneten Dialogfeld auf die Schaltfläche *Neues Symbol*. Sie erhalten daraufhin das rechte Dialogfeld aus Abbildung 19.3 angezeigt. Nehmen Sie hier die folgenden Einstellungen vor:
  - *Beschreibung.* Geben Sie in dem Feld *Beschriftung* eine Kurzbeschreibung für die Schaltfläche ein. Dieser Text wird später als QuickInfo angezeigt, wenn Sie den Mauszeiger über die Schaltfläche bewegen.
  - *Aktion.* Wählen Sie als *Aktion* die Option *Syntax*.
  - *Dateiname.* Geben Sie hier den Speicherort und Namen der auszuführenden Syntaxdatei an. Wenn Sie später auf die Schaltfläche klicken, werden sämtliche in dieser Datei enthaltenen Befehle genau so ausgeführt, als befänden sich die Befehle in einer geöffneten Syntaxdatei und würden über den Befehl *Ausführen* aufgerufen.
- *Symbolleiste einfügen.* Wenn Sie die beschriebenen Angaben vorgenommen haben, schließen Sie das Dialogfeld mit der Schaltfläche *Weiter*. Sie kehren daraufhin zu dem linken Dialogfeld aus Abbildung 19.3 zurück. Hier sehen Sie nun die neu erstellte Schaltfläche in der Liste *Aktionen* angezeigt. Sollte die Schaltfläche hier nicht zu sehen sein, wählen Sie in der Liste *Kategorien* den Eintrag *Benutzerdefiniert*. Um die Schaltfläche nun noch in die Symbolleiste einzufügen, können Sie sie mit der Maus aus der Liste *Aktionen* an die gewünschte Stelle der unten im Dialogfeld abgebildeten Symbolleiste ziehen. Wenn Sie anschließend dieses Dialogfeld mit *Weiter* und das zweite Dialogfeld mit *OK* schließen, ist die neue Schaltfläche in die Symbolleiste integriert, und Sie können durch Klicken auf die Schaltfläche die Befehle aus der zugeordneten Syntaxdatei starten.

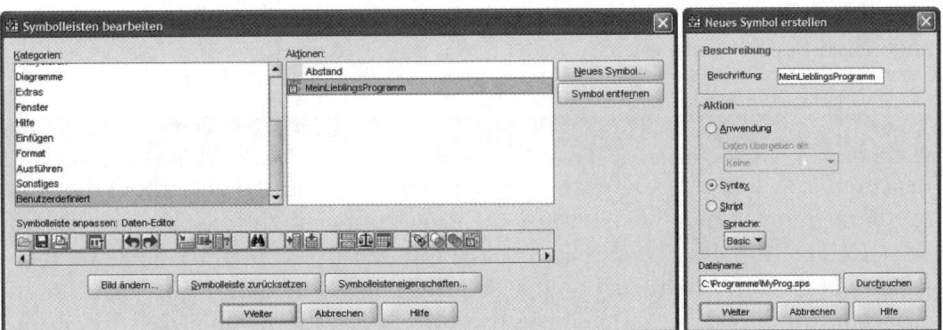

Abb. 19.3: Einfügen einer benutzerdefinierten Schaltfläche in eine Symbolleiste

19.3 Programme als Produktionsjobs automatisch ausführen lassen

Es gibt bei SPSS die Möglichkeit, Syntaxprogramme auszuführen, ohne dazu das Programm SPSS explizit zu starten. Hierzu muss das Syntaxprogramm zunächst als sogenannter »Produktionsjob« angelegt werden; dabei wird unter anderem definiert, wo die Ergebnisse eines solchen Programms (die bei der Arbeit mit SPSS in eine Ausgabedatei geschrieben werden) gespeichert werden sollen und ob beim Starten des Produktionsjobs Parameter zu übergeben sind.

Beim Anlegen eines Produktionsjobs werden diesem eine oder mehrere Programmdateien zugeordnet, die den Syntaxcode enthalten. Sobald Sie dann die Ausführung des Produktionsjobs veranlassen, werden die Befehle aus den Syntaxdateien abgearbeitet, ohne dass ein weiterer Eingriff erforderlich ist. Im Verlauf dieses Prozesses wird SPSS automatisch im Hintergrund geöffnet und, nachdem die Befehle ausgeführt wurden, wieder geschlossen.

Tipp

Syntaxdateien, die als Produktionsjob ausgeführt werden sollen, mussten früher in einigen wenigen Punkten besondere Syntaxregeln einhalten. Die wichtigste dabei ist, dass jeder Syntaxbefehl am Anfang einer Zeile beginnen muss und nicht mit Leerzeichen eingerückt werden darf, während umgekehrt jede Fortsetzungszeile eines Syntaxbefehls, der sich über zwei oder mehr Zeilen erstreckt, durch mindestens ein Leerzeichen eingerückt sein muss. Für eine genaue Beschreibung dieser Regeln, die mit denen für den `include`-Befehl übereinstimmen, siehe Seite 454. Seit der Programmversion 13 von SPSS ist es jedoch auch möglich, solche Syntaxdateien als Produktionsjob auszuführen, die diese speziellen Regeln nicht einhalten.

Wichtig

Beachten Sie, dass die Ausführung von Syntaxprogrammen als Produktionsjob nur dann sinnvoll möglich ist, wenn die Programme einen vollständigen Ablauf der jeweiligen Analyse beschreiben. Dazu müssen typischerweise die jeweiligen Daten als aktives DatenSet bereitgestellt, alle notwendigen Transformationen ausgeführt und Analysen angefordert werden. Auch hierbei gilt, dass Änderungen an den Daten in einem DatenSet, die nicht explizit gespeichert werden, verloren gehen.

19.3.1 Produktionsjob anlegen

Um eine oder mehrere Syntaxdateien als Produktionsjob anzulegen, wählen Sie in SPSS den Menübefehl *Extras / Produktionsjob*. Dieser Befehl öffnet das Dialogfeld aus Abbildung 19.4. Um nun Syntaxdateien als Produktionsjob anzulegen, gehen Sie folgendermaßen vor:

- *Syntaxdatei(en) auswählen.* Legen Sie zunächst fest, welche Syntaxdatei(en) dem Produktionsjob zugeordnet werden soll(en). Klicken Sie hierzu zunächst einmal auf die Schaltfläche *Neu*, um SPSS mitzuteilen, dass Sie einen neuen Produktionsjob anlegen wollen. Dadurch werden - im Dialogfeld kaum sichtbar - die relevanten Eingabefelder und Schaltflächen aktiv. Klicken Sie nun in der Gruppe *Syntax-Dateien* auf die Schaltfläche *Durchsuchen*, und wählen Sie in dem damit geöffneten Dialogfeld die gewünschte Datei aus. Diese Datei wird anschließend in der Liste unter der Überschrift *Datei* als zunächst einziger Eintrag angezeigt. So ist in Abbildung 19.4 die Datei *altersverteilung.sps* ausgewählt, deren Inhalt dem einführenden Beispiel aus Kapitel 1 entspricht.

  Um dem Produktionsjob eine weitere Syntaxdatei hinzuzufügen, markieren Sie zunächst in dieser Liste die leere Zeile unter dem Eintrag für die zuvor ausgewählte Syntaxdatei, und klicken Sie anschließend wieder auf die Schaltfläche *Durchsuchen*, um in dem damit geöffneten Dialogfeld die nächste Datei auszuwählen. Wenn Sie mehrere Dateien ausgewählt haben und deren Reihenfolge verändern möchten (die Dateien werden bei der Ausführung des Produktionsjobs in der Reihenfolge abgearbeitet, in der Sie in diesem Dialogfeld angezeigt werden), können Sie einzelne Einträge in der Liste *Datei* markieren und mit den Pfeil-Schaltflächen rechts neben dieser Liste nach oben und unten verschieben.

- *Format der Syntaxdatei angeben.* Mit den beiden Optionen in der Dropdown-Liste *Syntaxformat* geben Sie an, ob die Syntaxdatei(en) genau die Syntaxregeln einhalten, die auch im Syntaxeditor von SPSS gelten (Option *Interaktiv*), oder ob die Datei(en) den Anforderungen des Batch-Modus genügen (Option *Stapel*; die besonderen Regeln des Batch-Modus gelten zum Beispiel auch für solche Dateien, die über einen `include`-Befehl eingebunden werden können, siehe oben). In früheren SPSS-Versionen konnten im Produktionsmodus ausschließlich Dateien im Batch-Format ausgeführt werden; in den älteren Programmversionen stehen diese beiden Optionen daher nicht zur Verfügung.

- *Umgang mit Fehlern bei der Verarbeitung.* In der Dropdown-Liste *Fehler bei der Verarbeitung* können Sie festlegen, wie SPSS reagieren soll, wenn eine der in den Produktionsjob eingebundenen Syntaxdateien einen Fehler enthält. Mit der voreingestellten Option *Nach Fehlern weiter bearbeiten* führt nicht jeder Fehler in einer eingebundenen Datei automatisch zum Abbruch der Befehlsverarbeitung, sondern diese wird, genauso wie wenn ein Fehler an anderer Stelle in einer Befehlsfolge auftritt, so weit wie möglich fortgesetzt. Möchten Sie dagegen, dass die gesamte Befehlsverarbeitung gestoppt wird, sobald ein Fehler in einer Produktionsjobdatei auftritt, wählen Sie die Option *Verarbeitung sofort anhalten*.

- *Format und Ziel für die Ausgabedatei festlegen*. In der Gruppe *Ausgabe* legen Sie das Format sowie Name und Verzeichnis fest, in das die Ergebnisse eines Produktionsjobs geschrieben werden. Wählen Sie das gewünschte Dateiformat in der Dropdownliste *Format*; voreingestellt ist eine SPSS-Ausgabedatei im üblichen Viewer-Format, Sie können die Ergebnisse aber auch als einfache Textdatei oder im HTML-, Excel- oder PowerPoint-Format speichern. Geben Sie außerdem in dem Feld *Name* das Verzeichnis und den Namen an, unter dem die Ergebnisdatei gespeichert werden soll. Mit der Schaltfläche *Durchsuchen* öffnen Sie ein Dialogfeld, in dem Sie diese Angaben in der üblichen Verzeichnisstruktur auswählen können.

    Wenn Sie nach der Ausführung eines Produktionsjobs die Ergebnisse automatisch ausdrucken möchten, kreuzen Sie die Option *SPSS Viewer-Datei bei Beendigung drucken* an.

- *Produktionsjob speichern*. Wenn Sie alle Angaben für einen Produktionsjob vorgenommen haben, können Sie den Produktionsjob unmittelbar ausführen (s.u.) oder die Angaben speichern, um den Job später jederzeit aufrufen, bearbeiten und vor allem auch unabhängig von einer SPSS-Sitzung ausführen zu können. Wenn Sie die Beschreibung des Produktionsjobs speichern, legt SPSS hierzu eine eigene Produktionsjobdatei an. Produktionsjobdateien haben die Namenserweiterung *.spj* (in früheren SPSS-Versionen *.spp*).

    Um die Beschreibung eines Produktionsjobs zu speichern, klicken Sie auf die Schaltfläche *Speichern unter*. Diese öffnet das übliche Dialogfeld zum Speichern von Dateien; geben Sie hier das gewünschte Verzeichnis sowie einen Namen für die Produktionsjobdatei an, und schließen Sie das Dialogfeld mit *Speichern*.

    Beachten Sie, dass in der Produktionsjobdatei nicht die in den Job eingebundenen Syntaxbefehle gespeichert werden, sondern lediglich die Verweise auf die Syntaxdateien sowie die Einstellungen für die Ergebnisdateien und Exportoptionen. Um eine gespeicherte Produktionsjobdatei zu öffnen, klicken Sie in dem Dialogfeld aus Abbildung 19.4 auf die Schaltfläche *Öffnen* und wählen Sie in dem damit geöffneten Dialogfeld die gewünschte Jobdatei aus.

- *Produktionsjob starten*. Möchten Sie einen in dem Dialogfeld aus Abbildung 19.4 beschriebenen Produktionsjob unmittelbar starten, klicken Sie hierzu einfach auf die Schaltfläche *Job ausführen*. Daraufhin erscheint zunächst der Hinweis, dass der Job im Hintergrund in einer separaten SPSS-Sitzung ausgeführt wird. Bestätigen Sie diesen Hinweis, um die Ausführung endgültig zu starten; die aktuelle SPSS-Sitzung bleibt davon unberührt und das Dialogfeld aus Abbildung 19.4 unverändert geöffnet. Sobald der Job vollständig ausgeführt ist, erscheint ein neuer Hinweis mit entsprechender Erfolgsmeldung. Sie können nun zum Beispiel die Ergebnisdatei öffnen und die Resultate überprüfen.

19.3 Programme als Produktionsjobs automatisch ausführen lassen

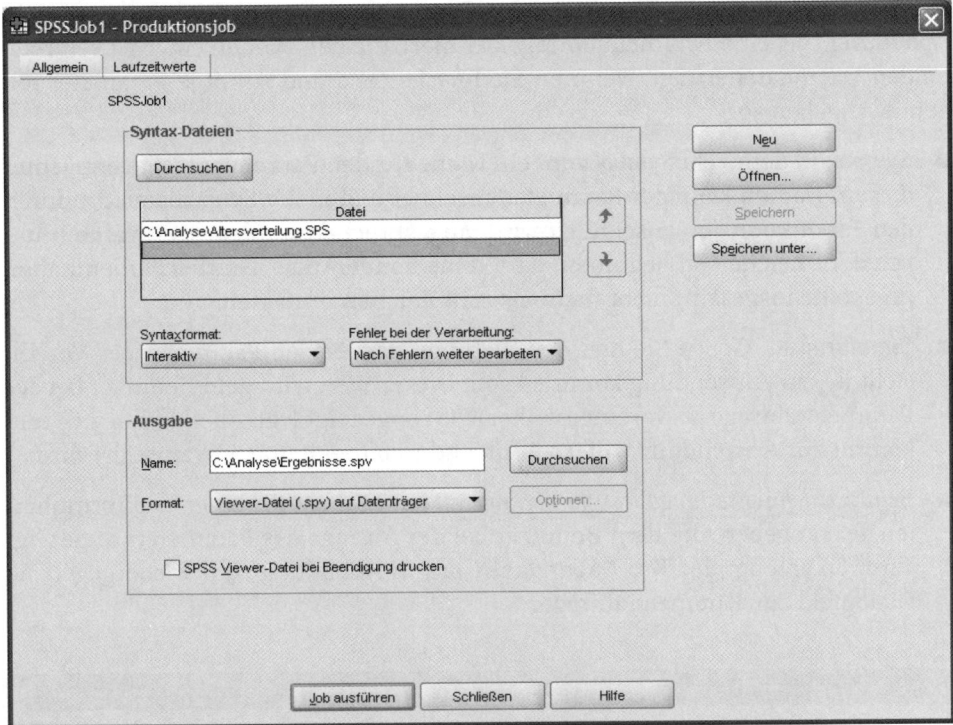

Abb. 19.4: Oberfläche des Produktionsmodus von SPSS

19.3.2 Eingabeaufforderung für Parameterabfrage

Sie können beim Erstellen eines Produktionsjobs festlegen, dass bei der Ausführung des Jobs zunächst bestimmte Parameter von dem Benutzer abgefragt werden. Die so abgefragten Parameter können dann in den Syntaxprogrammen verarbeitet werden, so dass sich über die Parameter der Inhalt des Programms steuern lässt. Auf diese Weise können Sie zum Beispiel abfragen, welche Datendatei ein Programm verarbeiten oder wie umfangreich eine Stichprobe sein soll. Ferner lassen sich über derartige Parameter auch vollständige Programmabschnitte ein- und ausschalten oder bedingte Befehle steuern. Im Folgenden wird beschrieben, wie Sie eine Parameterabfrage für einen Produktionsjob anfordern und die Parameter in die Syntaxdatei einbinden. Für verschiedene Beispiele zur Steuerung eines Programmablaufs über Parameter siehe auch Kapitel 17 und 18, in denen der Umgang mit Parametern in Makros erläutert wird.

Eingabeaufforderung erstellen

Um für einen Produktionsjob eine Eingabeaufforderung zur Parameterabfrage zu erzeugen, klicken Sie in dem Dialogfeld aus Abbildung 19.4 auf den Reiter *Laufzeitwerte*, um das Register aus Abbildung 19.5 anzuzeigen. In diesem Register kann in jeder Zeile ein abzufragender Parameter definiert werden; so wird in Abbildung 19.5 eine Parameterabfrage definiert, die den Namen einer zu verarbeitenden Datendatei erfragt. Nehmen Sie hier je Zeile und damit je Parameter folgende Angaben vor:

- *Symbol.* In dem Feld *Symbol* wird ein Name für den Parameter festgelegt. Unter diesem Namen kann der Parameter anschließend in der Syntaxdatei, die durch den Produktionsjob ausgeführt wird, angesprochen werden. Der Name muss mit dem Zeichen @ beginnen, darf keine Sonder- oder Leerzeichen enthalten und sollte insgesamt nicht mehr als acht Zeichen umfassen.

- *Standardwert.* Geben Sie hier den Wert ein, der für den Parameter per Voreinstellung zur Anwendung kommen soll. Dieser Wert wird dem Benutzer bei der Parameterabfrage als voreingestellter Wert angezeigt (vgl. Abbildung 19.6) und kommt zur Anwendung, sofern er nicht durch den Benutzer verändert wird.

- *Benutzerdefinierte Eingabeaufforderungen.* Hier können Sie einen frei formulierten Text angeben, der dem Benutzer bei der Abfrage des Parameters angezeigt wird. So erzeugt der Text `Datendatei` das in Abbildung 19.6 wiedergegebene Dialogfeld zur Parameterabfrage.

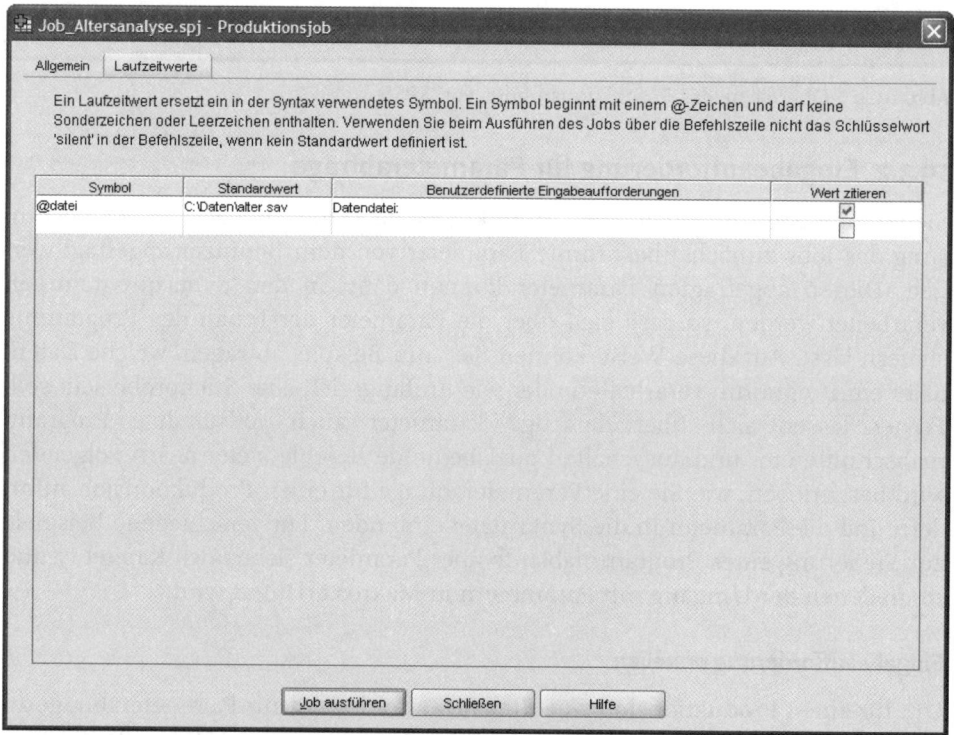

Abb. 19.5: Register zum Erstellen von Eingabeaufforderungen

- *Wert zitieren.* Wenn der Parameter in dem Syntaxprogramm als Textwert verarbeitet werden soll, muss er dort mit Anführungszeichen eingefügt werden. Um dies zu erreichen, kreuzen Sie die Option in der Spalte *Wert zitieren* an.

Mit den Angaben aus Abbildung 19.5 wird eine Eingabeaufforderung zur Abfrage von Speicherort und Name einer Datendatei erstellt. Wird anschließend der Produktionsjob ausgeführt, blendet dieser zunächst das Dialogfeld aus Abbildung 19.6 ein. Erst wenn der Anwender dieses entweder mit dem voreingestellten oder einem geänderten Parameterwert bestätigt, werden die in den Produktionsjob eingebundenen Syntaxdateien ausgeführt. In diesen Dateien kann die als Parameter abgefragte Adresse der Datendatei unter dem Namen @datei abgerufen werden. Der Dateibezug wird dann an der entsprechenden Stelle eingefügt und dabei automatisch zwischen Anführungszeichen gesetzt, siehe unten.

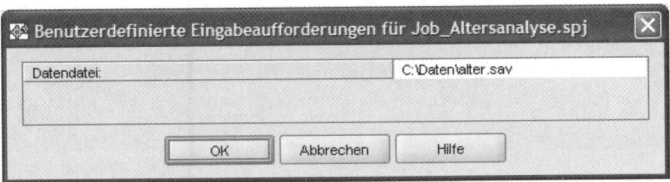

Abb. 19.6: Eingabeaufforderung beim Ausführen des Produktionsjobs

Parameter in Syntax einbinden

Abbildung 19.7 zeigt eine Syntaxdatei, in die in der Abbildung 19.5 definierte und mit dem Dialogfeld aus Abbildung 19.6 abgefragte Parameter eingebunden ist. Der Parameter wird gleich in dem ersten Befehl verwendet. Beim Ausführen des Programms ersetzt der Parameterwert automatisch den Parameternamen @datei und wird dabei gemäß den in Abbildung 19.5 vorgenommenen Einstellungen automatisch zwischen Anführungszeichen gesetzt. Damit lautet die erste Programmzeile mit dem Parameterwert aus Abbildung 19.6 im Ergebnis:

```
GET FILE = 'C:\Daten\alter.sav' .
```

Kapitel 19
Automatisierung von Programmabläufen

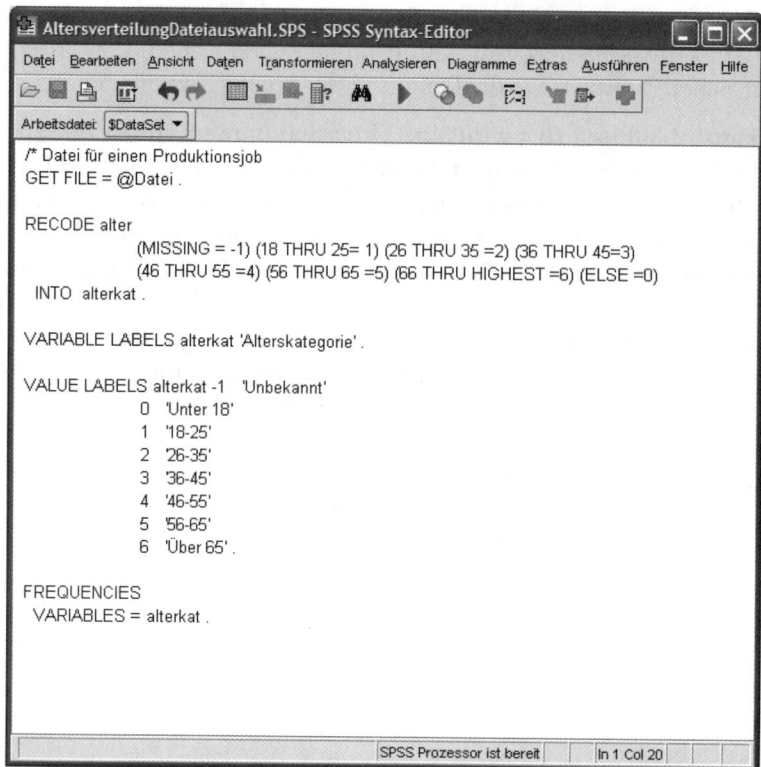

Abb. 19.7: Ausschnitt einer Syntaxdatei für den Produktionsmodus mit Übernahme des Parameters @datei aus einer benutzerdefinierten Eingabeaufforderung

19.3.3 Produktionsjob außerhalb von SPSS aufrufen

Wenn Sie einen Produktionsjob erstellt und als Produktionsjobdatei gespeichert haben, können Sie diesen sowohl aus SPSS heraus als auch unabhängig von SPSS starten:

- *Produktionsjob aus SPSS heraus starten.* Rufen Sie in SPSS das Dialogfeld aus Abbildung 19.4 zur Steuerung von Produktionsjobs auf (siehe oben, Abschnitt 19.3.1 auf Seite 459), öffnen Sie darin die gewünschte Produktionsjob-Datei (Schaltfläche *Öffnen*) und starten Sie den Job mit der Schaltfläche *Job ausführen.*

- *Produktionsjob unabhängig von SPSS starten.* Sie können eine Befehlszeile formulieren, die vom Betriebssystem ausgeführt wird und ohne vorherigen Start von SPSS den Produktionsjob aufruft. Dies ermöglicht wie im Folgenden beschrieben eine noch weiter gehende Automatisierung regelmäßig wiederkehrender Programmabläufe.

Formulierung der Befehlszeile

Die Befehlszeile zum Ausführen eines Produktionsjobs setzt sich aus drei Komponenten zusammen: Zu Beginn steht der Bezug auf die Programmdatei von SPSS, danach folgt der Bezug auf die auszuführende Produktionsdatei, und abschließend kann die Ausführung der Datei über spezifische Schalter gesteuert werden. Damit hat die Befehlszeile folgende Form:

```
C:\Programme\SPSS\spss.exe c:\Jobs\Job1.spj -production
```

Am Ende der Befehlszeile stehen »Schalter«, die festlegen, wie das Betriebssystem mit dem Produktionsjob verfahren soll. Die folgenden Schalter stehen zur Verfügung:

- *-production*. Der Schalter -production ist notwendig, damit der Produktionsjob auch tatsächlich im Hintergrund ohne Start von SPSS ausgeführt wird. Ohne diesen Schalter würde die Befehlszeile lediglich das Programm SPSS aufrufen.

- *-prompt*. Dieser Schalter ist ohnehin voreingestellt und muss daher nicht explizit mit angegeben werden. Er stellt sicher, dass bei der Ausführung eines Produktionsjobs eventuell notwendige Dialogfelder mit einer Eingabeaufforderung für benutzerdefinierte Parameter (siehe Abschnitt 19.3.2 auf Seite 461) angezeigt werden. Wenn Sie diesen Schalter mit aufführen möchten, muss er nach dem Schalter -production angeführt werden.

- *-silent*. Der Schalter -silent ist alternativ zum Schalter -prompt und legt fest, dass bei der Ausführung des Produktionsjobs mögliche Parameterabfragen unterdrückt werden. Für die Parameter kommen dann die Voreinstellungen zur Anwendung.

- *-symbol*. Mit diesem Schalter können Sie Parameterwerte übergeben; das ist insbesondere dann hilfreich, wenn Sie durch den Schalter -silent die Abfrage von Parametern unterdrücken. Die genaue Syntax geht aus dem folgenden Beispiel hervor: Mit dieser Programmzeile wird die Abfrage von Parametern unterdrückt und gleichzeitig für den Parameter @datei der Wert c:\daten\ alter.sav festgelegt.

```
C:\Programme\SPSS\spss.exe c:\Analyse\Job1.spj
-production -silent -symbol @datei c:\daten\alter.sav
```

Verwendung der Befehlszeile

Eine Befehlszeile zum Starten einer Produktionsjobdatei können Sie auf Ebene des Betriebssystems absetzen. Daraus ergeben sich insbesondere folgende Anwendungsmöglichkeiten:

- *Befehlszeile direkt ausführen.* Die einfachste Anwendung besteht darin, im Startmenü von Windows den Befehl Ausführen aufzurufen und in das Eingabefeld des damit geöffneten Dialogfeldes die Befehlszeile zum Start des Produktionsjobs einzugeben. Wenn Sie die Eingabe anschließend mit OK bestätigen, wird der Produktionsjob ausgeführt.

- *Verknüpfung auf dem Desktop.* Sie können auf dem Desktop von Windows eine Verknüpfung erstellen und in dessen Eigenschaften als Befehl *(Ziel)* die Befehlszeile zum Ausführen des Produktionsjobs angeben, vgl. Abbildung 19.8. Wenn Sie anschließend auf das Symbol der Verknüpfung doppelklicken, starten Sie automatisch den Produktionsjob.

- *Zeitgesteuerte Programmausführung.* Verschiedene Dienstprogramme wie die *Geplanten Tasks* von Windows ermöglichen es, Befehle zu zuvor festgelegten oder auch regelmäßig wiederkehrenden Zeitpunkten automatisch ausführen zu lassen. Wenn Sie einen solchen Task definieren und als Befehl zur inhaltlichen Beschreibung des Tasks eine Befehlszeile zum Start eines Produktionsjobs angeben, wird der Produktionsjob zum festgelegten Zeitpunkt bzw. regelmäßig wiederkehrend automatisch ausgeführt. Beachten Sie, dass dies nur dann ohne Eingriff eines Benutzers zum Zeitpunkt der Ausführung erfolgen kann, wenn entweder der Produktionsjob keine Parameter abfragt oder die Parameterabfrage mit dem Schalter -silent unterdrückt wird.

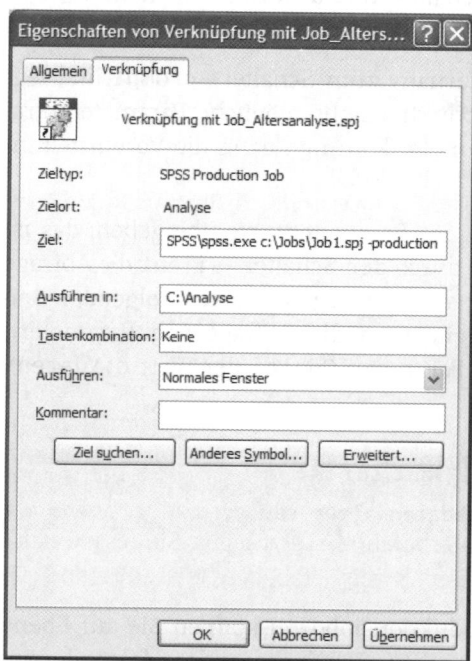

Abb. 19.8: Eigenschaften eines Symbols auf dem Desktop zum Starten eines Produktionsjobs

> **Tipp**
>
> Je nachdem, über welche weiteren Programme Sie die Befehlszeile zum Starten des Produktionsjobs ausführen, kann es in einigen Fällen erforderlich sein, dass sowohl der Bezug auf die Programmdatei von SPSS als auch der Bezug auf die Produktionsjobdatei zwischen Anführungszeichen stehen. In diesem Fall ist jeder der beiden Bezüge jeweils für sich zwischen Anführungszeichen zu setzen. Dies ist zum Beispiel dann erforderlich, wenn Sie die Befehlszeile über die MS-DOS-Eingabeaufforderung ausführen möchten.

19.4 Prozedurergebnisse in eine Datendatei schreiben

19.4.1 Basics

Mit dem Befehl oms (für Output Management System) ist es möglich, die Ergebnisse von Prozeduren, die per Voreinstellung in eine Ausgabedatei im Viewer-Format von SPSS geschrieben werden, in andere Dateiformate umzulenken. Die wichtigste Leistung dieses Befehls ist es dabei, dass mit ihm auch die Ergebnisse statistischer Prozeduren statt in Pivot-Tabellen in der Ausgabedatei in eine SPSS-Datendatei geschrieben werden können. Dadurch lassen sich die Ergebnisse anschließend mit den üblichen Techniken in weiteren Analysen oder Berechnungen verwenden. Beachten Sie bei der Arbeit mit älteren Programmversionen von SPSS, dass der Befehl oms erst seit SPSS 12 zur Verfügung steht.

Der Befehl oms benötigt gemäß den formalen Anforderungen nur den Unterbefehl destination, der das Format und den Namen der Datei festlegt, in die die Ergebnisse der nachfolgenden Prozeduren geschrieben werden sollen. Ein sinnvoller Einsatz des Befehls erfordert jedoch darüber hinaus in fast allen Fällen einige weitere Angaben, so dass der oms-Befehl typischerweise in der in Listing 19.2 dargestellten Form verwendet wird (zur Ausgestaltung des oms-Befehls siehe die Beispiele unten):

- *Ein- und Ausschalten des Output Management System.* Der oms-Befehl schaltet das Output Management System ein und bewirkt damit, dass die in den Unterbefehlen näher spezifizierten Ergebnisse aller nachfolgenden Prozeduren in eine andere Datei umgelenkt werden. Dieses Umlenken der Ergebnisse bleibt so lange in Kraft, bis das Output Management System mit dem Befehl omsend wieder ausgeschaltet wird.

- *Festlegen des Ergebnistyps.* Mit dem Unterbefehl select legen Sie fest, welche Art von Prozedurergebnissen wie beispielsweise Tabellen (select tables), Grafiken (charts), Texte (texts) oder auch alle Ergebnisse (all) exportiert werden sollen.

- *Format und Name der Zieldatei festlegen.* Der Unterbefehl `destination` ist auch formal notwendig und legt zum einen das Format und zum anderen Speicherort und Namen der Zieldatei fest:

  - Sollen die Ergebnisse in eine SPSS-Datendatei geschrieben werden, legen Sie dies durch die Angabe `format = sav` fest; um ein anderes Zielformat zu wählen, verwenden Sie statt des Schlüsselwortes `sav` je nach gewünschtem Dateiformat eines der Schlüsselwörter `spv`, `html`, `text` oder `tabtext`.
  - Die Zieldatei wird in der Form `outfile = 'C:\Daten\Ergebnisse.sav'` angegeben.

- *Prozeduren und Tabellen auswählen.* Mit dem Unterbefehl `if` können Sie die Anwendung des Output Management System auf ausgewählte Prozeduren und bestimmte Tabellen oder Ergebnisse dieser Prozeduren beschränken. Eine solche Beschränkung ist sehr häufig notwendig: Lenken Sie die Prozedurergebnisse beispielsweise in eine SPSS-Datendatei um, können die verschiedenen Ergebnistabellen einer oder mehrerer Prozeduren nur dann gemeinsam in eine Zieldatei geschrieben werden, wenn sie denselben Tabellenaufbau besitzen.

```
OMS SELECT Ausgabeart
   /DESTINATION FORMAT = Dateityp
            OUTFILE = 'Zieldatei'
   /IF COMMANDS = ['Prozedurbefehl']
      SUBTYPES = ['Tabellenbezeichnung']


Prozedurbefehle


OMSEND .
Allgemeine Struktur eines oms ... omsend-Befehlspaars
```

19.4.2 Deskriptive Statistiken in SPSS-Datendatei schreiben

In der Befehlsfolge aus Listing 19.3 werden mit dem Befehl `descriptives` deskriptive Maßzahlen berechnet, die mithilfe des oms-Befehls nicht nur in die Ausgabedatei, sondern auch in eine SPSS-Datendatei geschrieben werden. Das Ergebnis ist in Abbildung 19.9 wiedergegeben:

- Der Befehl `get file` öffnet zunächst die Datendatei *europa.sav* mit den Daten, für die deskriptive Maßzahlen berechnet werden sollen.

- Der oms-Befehl legt fest, dass von den nachfolgenden Prozeduren ausgewählte Ergebnisse nicht nur in die Ausgabedatei, sondern auch in eine externe Datei geschrieben werden sollen:

- Der Unterbefehl `select tables` gibt an, dass nur Tabellen (und nicht auch Grafiken, Überschriften oder Texte) in die externe Datei geschrieben werden sollen.
- Mit dem Unterbefehl `destination` wird hier angegeben, dass die Daten in eine Datei im *sav*-Format und damit in eine SPSS-Datendatei zu schreiben sind. Als Zieldatei wird die Datei *C:\Daten\Ergebnisse.sav* angegeben. Diese Datei sollte bisher noch nicht existieren, da sie andernfalls im weiteren Programmverlauf überschrieben würde.
- Durch den Unterbefehl `if` wird die Wirkung des oms-Befehls auf ausgewählte Prozedurergebnisse beschränkt. So wird festgelegt, dass nur die Ergebnistabellen einer `descriptives`-Prozedur in die Datei *Ergebnisse.sav* übernommen werden, und von diesen Ergebnistabellen auch ausschließlich die Tabelle `Descriptive Statistics`.

■ Der oms-Befehl bleibt nun so lange in Kraft, bis er durch den Befehl `omsend` wieder ausgeschaltet wird. In diesem Beispiel ist das Output Management System damit aktiv, während die Prozedur `descriptives` ausgeführt wird, so dass deren Ergebnisse aus der Tabelle `Descriptive Statistics` in die Datei *Ergebnisse.sav* geschrieben werden. Diese Datei wird anschließend mit dem Befehl `get file` geöffnet und als aktives DatenSet bereitgestellt; dem DatenSet wird der Name `ergebnisse` zugewiesen. Die so erstellte Datei hat den in Abbildung 19.9 wiedergegebenen Inhalt.

```
GET FILE = 'C:\Daten\Europa.sav' .

OMS SELECT TABLES
  /DESTINATION FORMAT = SAV
           OUTFILE = 'C:\Daten\Ergebnisse.sav'
  /IF COMMANDS = ['DESCRIPTIVES']
     SUBTYPES = ['DESCRIPTIVE STATISTICS'] .

DESCRIPTIVES
  VARIABLES=lebenerw ksterbl bip analphab
  /STATISTICS=MEAN STDDEV MIN MAX .

OMSEND .

GET FILE = 'C:\Daten\Ergebnisse.sav' .
DATASET NAME ergebnisse .
```

Listing 19.3: oms-Befehl schreibt die Ergebnistabelle in eine SPSS-Datendatei

	Command	Subtype	Label	Var1	N	Minimum	Maximum	Mittelwert	Standardabweichung
1	Descriptives	Descriptive Statistics	Deskriptive Statistik	Lebenserwartung der Männer bei der Geburt (in Jahren)	15	71,1	75,4	73,247	1,2586
2	Descriptives	Descriptive Statistics	Deskriptive Statistik	Kindersterblichkeit (pro 100.000 lebend Geborenen)	15	5,0	10,0	7,067	1,4376
3	Descriptives	Descriptive Statistics	Deskriptive Statistik	Bruttoinlandsprodukt pro Kopf der Bevölkerung (in $)	15	7465,0	28245,0	19595,267	6484,7606
4	Descriptives	Descriptive Statistics	Deskriptive Statistik	Anteil der Analphabeten an der Bevölkerung	15	0,0	20,6	2,607	5,2193
5	Descriptives	Descriptive Statistics	Deskriptive Statistik	Gültige Werte (Listenweise)	15				

Abb. 19.9: Ergebnistabelle des `descriptives`-Befehls aus Listing 19.3 als SPSS-Datendatei

19.4.3 Spezifikationen des »oms«-Befehls

Die meisten Unterbefehle von `oms` können ausschließlich über festgelegte Schlüsselwörter spezifiziert werden. Wählen Sie hierzu zwischen den folgenden Angaben.

Ergebnistyp auswählen mit »select«

Mit dem Unterbefehl `select` legen Sie fest, welche Art von Prozedurergebnissen in die externe Datei geschrieben werden soll. So gibt der Unterbefehl `select = tables` an, dass nur Tabellen und nicht etwa Grafiken und Texte zu exportieren sind. Wählen Sie zwischen den in Tabelle 19.1 aufgeführten Schlüsselwörtern.

Schlüsselwort	Ergebnisart	Schlüsselwort	Ergebnisart
`all`	Alle Ergebnisse	`texts`	Textergebnisse
`charts`	Grafiken (nicht interaktive Grafiken)	`trees`	Baumdiagramme der Prozedur `tree`
`logs`	Logs	`headings`	Titel
`tables`	Pivot-Tabellen	`warnings`	Warnmeldungen

Tabelle 19.1: Schlüsselwörter zur Spezifizierung des Unterbefehls `select`

Format der Zieldatei festlegen mit »destination«

Für die Zieldatei können Sie zwischen verschiedenen Dateiformaten wählen. So legen Sie mit dem Unterbefehl `destination format = sav` beispielsweise fest, dass die Ergebnisse in eine SPSS-Datendatei geschrieben werden sollen. Dieses Dateiformat ist natürlich nur für die Daten aus Tabellen und nicht für Grafiken oder Text geeignet. Es stehen unter anderem die Dateiformate aus Tabelle 19.2 zur Verfügung.

Schlüsselwort	Dateiformat
`html`	HTML-Datei. Dabei werden Pivot-Tabellen in einfache HTML-Tabellen umgewandelt
`oxml`	XML-Datei im Format des SPSS XML-Ausgabeschemas

Tabelle 19.2: Schlüsselwörter zur Spezifizierung des Formats der Zieldatei mit `destination`

Schlüsselwort	Dateiformat
sav	Datendatei im SPSS-Format. In diese Dateien können nur die Ergebnisse aus Tabellen geschrieben werden
spv	Ausgabedatei im Standard-Viewer-Format von SPSS (dieses Format steht erst seit SPSS 16 im OMS-Befehl zur Verfügung)
text	Einfache Textdateien, in denen die Inhalte durch Leerzeichen getrennt und ausgerichtet werden
tabtext	Einfache Textdateien, in denen die Inhalte durch Tabulatoren getrennt und ausgerichtet werden

Tabelle 19.2: Schlüsselwörter zur Spezifizierung des Formats der Zieldatei mit destination

Prozedurtyp und Ergebnisse auswählen mit »if«

Mit dem Unterbefehl if legen Sie fest, bei welchen Prozeduren das Output Management System zur Anwendung kommt und welche Ergebnisse dieser Prozeduren in die Zieldatei geschrieben werden sollen. Geben Sie hierzu die Prozedurart (commands) und die zu exportierenden Ergebnisse (subtypes) in der Form

```
/IF COMMANDS = ['DESCRIPTIVES']
    SUBTYPES = ['DESCRIPTIVE STATISTICS'] .
```

an. Beachten Sie dabei, dass auch die eckigen Klammern unbedingt mit angegeben werden müssen. Die korrekten Schlüsselwörter zur Bezeichnung der Prozedur sowie der Ergebnisse (hier descriptives und descriptive statistics) lassen sich kaum logisch herleiten, sondern müssen jeweils im Einzelfall ermittelt werden. Gehen Sie hierzu folgendermaßen vor:

- Erzeugen Sie zunächst die gewünschten Ergebnisse ohne oms-Befehl als Output in der Ausgabedatei.

- Klicken Sie anschließend im Navigationsbaum des Ausgabenavigators mit der rechten Maustaste auf das Ergebnis, für deren Bezeichnung Sie die Schlüsselwörter benötigen, vgl. Abbildung 19.10.

- Wählen Sie aus dem damit geöffneten Kontextmenü den Befehl *OMS-Befehls-ID kopieren,* um die OMS-Bezeichnung der Prozedur (commands) in die Zwischenablage zu kopieren. Mit dem Befehl *OMS-Tabellenuntertyp kopieren* fügen Sie entsprechend die OMS-Bezeichnung des jeweiligen Ergebniselements (subtypes) in die Zwischenablage ein.

- Anschließend können Sie die jeweilige Bezeichnung aus der Zwischenablage in eine Syntaxdatei einfügen (Befehl *Bearbeiten / Einfügen*).

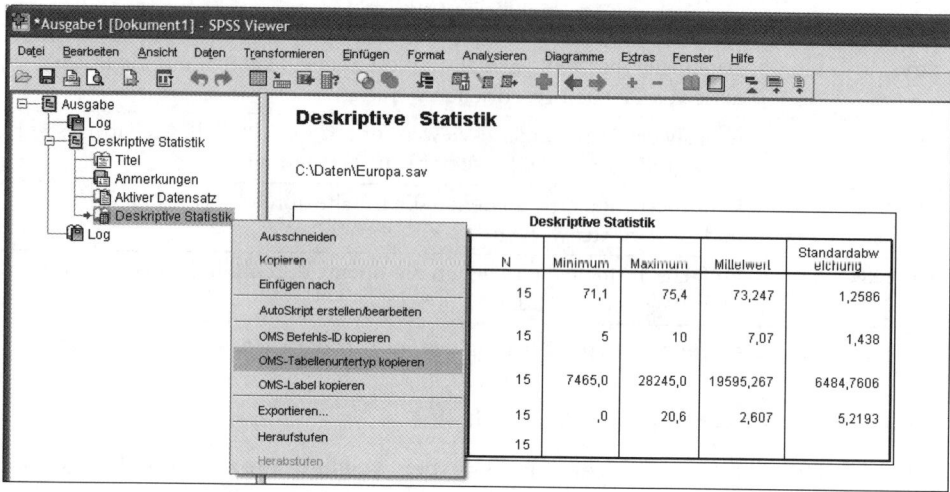

Abb. 19.10: Kopieren der OMS-Bezeichnungen einer Ergebnistabelle

19.4.4 Tabellen aus mehreren Prozeduren in verschiedene Zieldateien schreiben

Aufgrund der klar festgelegten Struktur einer SPSS-Datendatei ist es nicht sinnvoll möglich, die Daten mehrerer Ergebnistabellen mit unterschiedlichem Tabellenaufbau gemeinsam in eine Datendatei zu schreiben. Möchten Sie daher verschiedenartige Ergebnisse in getrennte Datendateien umlenken, könnten Sie grundsätzlich zunächst das Output Management System mit einer Zieldatei aktivieren, anschließend sämtliche Tabellen generieren, die in diese Zieldatei geschrieben werden sollen, und danach das Output Management System wieder beenden, um anschließend den gleichen Vorgang für die zweite Zieldatei durchzuführen. Dies funktioniert jedoch nur, wenn Sie alle Ergebnistabellen einer Zieldatei jeweils en bloc erzeugen und nicht zwischendurch Ergebnisse generieren, die in die zweite Zieldatei umgelenkt werden sollen. Liegen diese Voraussetzungen nicht vor, besteht die Lösung darin, zwei oder mehr OMS-Befehle parallel zu starten und die Ergebnisse über die Unterbefehle `destination` und `if` differenziert in die verschiedenen Zieldateien zu lenken. Dieser Weg wird in Listing 19.4 beschritten, in dem zwei OMS-Befehle parallel zum Einsatz kommen, um die Ergebnisse von insgesamt vier Prozeduren auf zwei Datendateien zu verteilen. Die erste der so erzeugten Dateien ist in Abbildung 19.11 wiedergegeben:

- *Quelldaten einlesen.* Der Befehl `get file` öffnet zunächst die Datendatei *europa.sav* und stellt diese als aktives DatenSet bereit. Für die Daten aus dieser Datei sollen im Folgenden Korrelations- und Regressionskoeffizienten berechnet werden.

- *OMS aktivieren.* Anschließend wird das Output Management System mit zwei oms-Befehlen aktiviert, wobei der zweite Befehl den ersten nicht etwa überschreibt, sondern ergänzt:
    - Der erste oms-Befehl legt fest, dass alle Tabellen, die mit einer correlations-Prozedur erzeugt werden und zusätzlich dem Tabellentyp correlations entsprechen, in die Datendatei *korr.sav* geschrieben werden. In dem Unterbefehl destination ist nun zusätzlich der Eintrag numbered = 'Tabelle' zu finden. Dadurch wird in der Zieldatei eine zusätzliche Variable mit dem Namen Tabelle erzeugt, die dazu dient, die verschiedenen Tabellen, die in diese Datei geschrieben werden, durchzunummerieren, vgl. das Ergebnis in Abbildung 19.11.
    - Entsprechend bestimmt der zweite oms-Befehl, dass sämtliche Tabellen, die mit einer regression-Prozedur generiert werden und dem Tabellentyp coefficients entsprechen, in die Datei *RegKoeff.sav* zu schreiben sind.

  Mit dem jeweils letzten Unterbefehl tag wird der mit dem jeweiligen oms-Befehl erzeugten Einstellung eine Art Name gegeben. Dieser Name dient später dazu, die beiden oms-Einstellungen einzeln beenden zu können, siehe unten.

- *Prozeduren ausführen.* Es werden insgesamt vier Prozeduren ausgeführt, zwei correlations- und zwei regression-Prozeduren. Obwohl diese Prozeduren mehrere Tabellen erzeugen, werden gemäß den oms-Einstellungen nur jeweils die Tabellen mit den Korrelations- bzw. Regressionskoeffizienten in die beiden Datendateien geschrieben. Die verschiedenen (hier zwei) Tabellen, die das Output Management System jeweils in dieselbe Zieldatei schreibt, werden dort untereinander eingefügt, vgl. Abbildung 19.11 mit den Korrelationskoeffizienten.

- *OMS beenden.* Nach Ausführung der Prozeduren wird das Output Management System wieder ausgeschaltet. Durch Angabe der zuvor festgelegten Namen ist es dabei möglich, die beiden oms-Einstellungen getrennt zu deaktivieren, so dass grundsätzlich eine Einstellung beendet und die zweite noch fortgesetzt werden könnte.

```
GET FILE = 'C:\Daten\Europa.sav' .

OMS SELECT TABLES
   /DESTINATION FORMAT = SAV
              NUMBERED ='Tabelle'
              OUTFILE = 'C:\Daten\Korr.sav'
   /IF COMMANDS = ['CORRELATIONS']
      SUBTYPES =['CORRELATIONS']
   /TAG = 'kor' .
```

Kapitel 19
Automatisierung von Programmabläufen

```
OMS SELECT TABLES
  /DESTINATION FORMAT = SAV
            NUMBERED ='Tabelle'
            OUTFILE = 'C:\Daten\RegKoeff.sav'
  /IF COMMANDS = ['REGRESSION']
     SUBTYPES = ['COEFFICIENTS']
  /TAG = 'reg' .

CORRELATIONS
  /VARIABLES=ksterbl bip .
REGRESSION
  /DEPENDENT ksterbl
  /METHOD=ENTER bip .
CORRELATIONS
  /VARIABLES=analphab bip .
REGRESSION
  /DEPENDENT analphab
  /METHOD=ENTER bip .

OMSEND TAG = ['kor'] .
OMSEND TAG = ['reg'] .

EXECUTE .
```

Listing 19.4: Zwei oms-Befehle lenken die Ergebnisse verschiedener Prozeduren in unterschiedliche Zieldateien

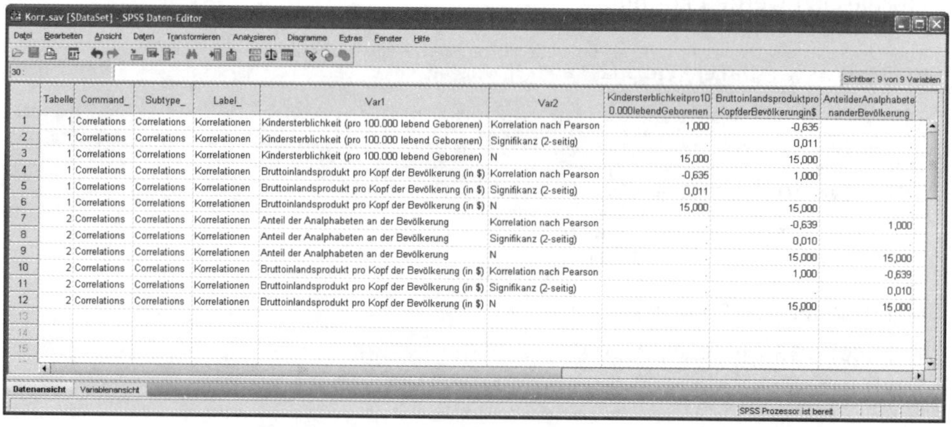

Abb. 19.11: Ergebnistabellen der correlations-Befehle aus Listing 19.4 als SPSS-Datendatei

Kapitel 20

Grundeinstellungen für die Arbeit mit SPSS festlegen

20.1 Überblick

Das Verhalten von SPSS bei der Ausführung von Befehlen lässt sich in vielerlei Hinsicht steuern. So können Sie beispielsweise festlegen, welches Zahlenformat per Voreinstellung für numerische Variablen zur Anwendung kommen soll, ob und wie die Ergebnisse statistischer Prozeduren in der Ausgabedatei darzustellen sind und wie viele Iterationen SPSS für Programmschleifen maximal zulassen darf. Alle diese Verhaltensweisen sind in den Grundeinstellungen von SPSS festgelegt und können dort mit dem Befehl set geändert werden. So legt beispielsweise der folgende Befehl fest, dass eine mit dem Befehl loop erzeugte Schleife höchstens 50 Iterationen durchlaufen darf:

```
SET MXLOOPS = 50 .
```

Bevor jedoch eine Eigenschaft aus den Grundeinstellungen geändert werden soll, ist es häufig hilfreich, zunächst die derzeitige Einstellung abzufragen. Hierzu dient der Befehl show. So fragen Sie mit dem Befehl in Listing 20.1 ab, welcher Wert derzeit für die Eigenschaft mxloops und damit für die Höchstzahl an Iterationen für Programmschleifen eingestellt ist.

```
SHOW MXLOOPS .
```
Listing 20.1: show-Befehl fragt die aktuellen Werte aus den Grundeinstellungen ab

Dabei ist es auch möglich, mit einem show-Befehl mehrere Eigenschaften aus den Grundeinstellungen gleichzeitig abzufragen, beispielsweise in der folgenden Form:

```
SHOW MXLOOPS FORMATS BLANKS EPOCH .
```

Dieses Kapitel gibt einen Überblick über die wichtigsten Eigenschaften aus den Grundeinstellungen, mit denen Sie die im folgenden aufgeführten Bereiche steuern können.

Daten- und Variablenformate

- Abschnitt 20.2.1 auf Seite 476,
- Abschnitt 20.2.2 auf Seite 476
- Abschnitt 20.2.3 auf Seite 477
- Abschnitt 20.2.4 auf Seite 477

Darstellung von Ergebnissen in der Ausgabedatei

- Abschnitt 20.3.1 auf Seite 478
- Abschnitt 20.3.2 auf Seite 479 für kleine Werte im Output
- Abschnitt 20.3.3 auf Seite 479
- Abschnitt 20.3.4 auf Seite 480
- Abschnitt 20.3.5 auf Seite 480

Berechnungen und Makros

- Abschnitt 20.4.1 auf Seite 481
- Abschnitt 20.4.2 auf Seite 482
- Abschnitt 20.4.3 auf Seite 482

20.2 Daten- und Variablenformate

20.2.1 Voreingestelltes Variablenformat

Sie können das Datenformat festlegen, das für neue Variablen per Voreinstellung zur Anwendung kommt. Die Standardeinstellung geht von einem einfachen numerischen Format mit einer Breite von insgesamt acht Zeichen und zwei Dezimalstellen (F8.2) aus. Mit dem Befehl aus Listing 20.2 würde das voreingestellte Format beispielsweise auf F6.0 geändert werden. Zu den verschiedenen Formaten, die bei SPSS zur Verfügung stehen, siehe Kapitel 8, Abschnitt 8.2.3.

```
SET FORMAT = F6.0 .
```

Listing 20.2: set-Befehl zum Ändern des voreingestellten Variablenformats

20.2.2 Benutzerdefinierte Variablenformate

Neben den bei SPSS vordefinierten Variablenformaten wie einem einfachen numerischen Format, den Währungsformaten oder den Datumsformaten lassen sich in sehr begrenztem Umfang auch benutzerdefinierte Variablenformate erstellen. Die Vorgehensweise hierzu ist in Kapitel 8 beschrieben.

20.2.3 Wert für leere Felder in numerischen Variablen

Enthält eine numerische Variable in einem DatenSet ein vollkommen leeres Feld, wird für dieses Feld per Voreinstellung angenommen, dass der korrekte Wert des Feldes fehlt. Dementsprechend wird dem Feld automatisch ein sogenannter systemdefinierter fehlender Wert zugewiesen, der im Dateneditor durch einen Punkt dargestellt wird. Speziell für das Einlesen von Daten aus Text- oder anderen Fremddateien können Sie jedoch von dieser Praxis abweichen und alternativ einen beliebigen numerischen Wert festlegen, der von SPSS in leere Felder numerischer Variablen eingetragen werden soll. So legt der Befehl in Listing 20.3 fest, dass diese Felder automatisch den Wert -1 zugewiesen bekommen; beachten Sie dabei, dass der Wert -1 dadurch nicht automatisch als fehlender Wert definiert wird. Um zu erreichen, dass wieder systemdefinierte fehlende Werte als Voreinstellung verwendet werden, führen Sie den Befehl in Listing 20.4 aus.

> **Tipp**
>
> Beachten Sie, dass diese Einstellungen nur für numerische Variablen relevant sind und erst beim nächsten Lesen von Daten aus Dateien in einem Fremdformat zur Anwendung kommen. In Textvariablen werden leere Felder stets mit Leerzeichen ausgefüllt; diese Einstellung lässt sich auch nicht ändern.

```
SET BLANKS = -1 .
```

Listing 20.3: set-Befehl definiert -1 als Standardwert für leere Felder numerischer Variablen

```
SET BLANKS = SYSMIS .
```

Listing 20.4: set-Befehl definiert den systemdefinierten fehlenden Wert als Standard für leere Felder numerischer Variablen

20.2.4 100-Jahres-Zeitspanne festlegen

In eine Variable mit einem Datumsformat können die Werte in unterschiedlichen Schreibweisen eingegeben werden. Insbesondere ist es grundsätzlich zulässig, eine Jahresangabe sowohl vier- als auch zweistellig vorzunehmen. Bei einer zweistelligen Jahresangabe wählt SPSS das zugehörige Jahrhundert selbst aus und unterstellt dabei, es sei jenes Jahr gemeint, das in den Zeitraum fällt, der 69 Jahre vor dem aktuellen Datum beginnt und 30 Jahre nach dem aktuellen Datum endet.

Diese Voreinstellung können Sie jedoch ändern. So legt der Befehl in Listing 20.5 fest, dass zweistellige Jahresangaben dem Zeitraum von 2000 bis 2099 zugeordnet werden sollen. Damit würde die Datumsangabe 19.3.75 anschließend als 19.3.2075 interpretiert werden. Geben Sie hinter **epoch** immer das erste Jahr des gewünschten 100-Jahres-Zeitraums an. Um zweistellige Jahresangaben beispielsweise immer dem Zeitraum von 1950 bis 2049 zuzuordnen, schreiben Sie also epoch = 1950. Um wieder zur Voreinstellung zurückzukehren, führen Sie den Befehl aus Listing 20.6 aus.

```
SET EPOCH = 2000 .
```

Listing 20.5: set-Befehl legt den Zeitraum für zweistellige Jahresangaben fest

```
SET EPOCH = AUTOMATIC .
```

Listing 20.6: set-Befehl wählt den voreingestellten Zeitraum für zweistellige Jahresangaben

20.3 Darstellung von Ergebnissen im Output

20.3.1 Anzeige von Werten oder Wertelabels in den Ergebnissen

Die Ergebnisse statistischer Prozeduren werden bei SPSS zumeist in Form von Pivot-Tabellen in eine Ausgabedatei geschrieben. Zur Beschriftung der gesamten Tabellen sowie der einzelnen Dimensionen innerhalb der Tabelle verwendet SPSS je nach Tabelleninhalt die Werte und Namen der in der Tabelle dargestellten Variablen bzw. deren Labels. Mit den folgenden Eigenschaften können Sie diese Beschriftung der Pivot-Tabellen selbst steuern:

- *onumbers*: *Variablenwerte zur Beschriftung von Tabellen.* Legt fest, ob zur Beschriftung von Ergebnistabellen wie beispielsweise einer Häufigkeitstabelle die Werte und/oder die Wertelabels der betreffenden Variablen dargestellt werden. Per Voreinstellung werden die Labels gezeigt.

- *ovars*: *Variablennamen zur Beschriftung von Tabellen.* Legt fest, ob zur Beschriftung von Ergebnistabellen die Variablennamen und/oder die Variablenlabels angezeigt werden sollen. Per Voreinstellung werden die Labels verwendet.

- *tnumbers*: *Variablenwerte innerhalb einer Tabelle.* Legt fest, ob innerhalb einer Ergebnistabelle die Werte oder die Wertelabels der betreffenden Variablen wiedergegeben werden sollen. Per Voreinstellung werden hier die Labels dargestellt (diese Voreinstellung gilt erst seit SPSS 15, in früheren Programmversionen wurden per Voreinstellung Werte dargestellt).

- *tvars*: *Variablennamen innerhalb einer Tabelle.* Legt fest, ob innerhalb einer Ergebnistabelle die Variablennamen oder die Variablenlabels zur Beschriftung der dargestellten Dimensionen etc. verwendet werden sollen. Per Voreinstellung werden die Labels dargestellt.

Den Eigenschaften onumbers und tnumbers können Sie die Werte labels, values und both zuweisen. Für die Eigenschaften ovars und tvars stehen die Werte labels, names und both zur Verfügung. So legt der Befehl in Listing 20.7 fest, dass zur Beschriftung von Pivot-Tabellen im Fall von Variablenwerten sowohl die Werte als auch die Labels und im Fall von Variablennamen nur die Labels dargestellt werden sollen.

```
SET ONUMBERS = BOTH / OVARS = LABELS .
```

Listing 20.7: set-Befehl legt die Einstellungen für die Beschriftung von Pivot-Tabellen fest

20.3.2 Exponentialschreibweise für kleine Werte im Output

Werden in den mit statistischen Prozeduren erzeugten Ergebnistabellen sehr kleine Werte mit vielen Dezimalstellen wie 0,00095 wiedergegeben, werden diese zum Zweck einer kompakten Darstellung häufig in Exponentialschreibweise (9,5E-04) angezeigt. In den Grundeinstellungen können Sie mit der Eigenschaft small festlegen, ab welchem Wert abwärts SPSS die Exponentialschreibweise verwenden soll. Mit dem Befehl in Listing 20.8 legen Sie fest, dass die Exponentialschreibweise nur für Werte kleiner 0,001 zur Anwendung kommt. Der Befehl in Listing 20.9 bewirkt, dass die Exponentialschreibweise in Ergebnistabellen überhaupt nicht verwendet wird. Für die betreffenden Werte, die sich in der Tabelle dadurch wegen einer zu geringen Spaltenbreite nicht darstellen lassen, werden dann Sternchen (***) als Platzhalter angezeigt.

```
SET SMALL = 0.001 .
```

Listing 20.8: set-Befehl beschränkt die Exponentialschreibweise auf Werte kleiner 0,001

```
SET SMALL = 0 .
```

Listing 20.9: set-Befehl legt fest, dass keine Exponentialschreibweise verwendet wird

20.3.3 Spaltenbreite der Ergebnistabellen

Die Spaltenbreiten der Tabellen, die SPSS zur Darstellung statistischer Ergebnisse generiert, werden von SPSS automatisch so gewählt, dass der Inhalt »möglichst gut« dargestellt werden kann. Per Voreinstellung wird die Breite einer Spalte an den längsten in der Spalte enthaltenen Eintrag angepasst. Dabei berücksichtigt SPSS sowohl die Spaltenüberschriften als auch die in den Spalten dargestellten Werte. Alternativ können Sie festlegen, dass sich SPSS nur an den Überschriften orientieren soll, die dabei häufig über mehrere Zeilen umbrochen werden und daher kompakter sind als die in den Tabellen dargestellten Werte.

```
SET TFIT = LABELS .
```

Listing 20.10: set-Befehl legt fest, dass Spaltenbreiten in Tabellen an den Überschriften ausgerichtet werden sollen

```
SET TFIT = BOTH .
```

Listing 20.11: set-Befehl legt fest, dass Spaltenbreiten in Tabellen sowohl an den Überschriften als auch an den Werten ausgerichtet werden sollen; dies ist die Voreinstellung

20.3.4 Keinen Output erzeugen

Ergebnisse von Prozeduren und Programmbefehlen schreibt SPSS per Voreinstellung in eine Ausgabedatei. Mit dem Befehl in Listing 20.12 können Sie die Ausgabe der Textergebnisse von Programmbefehlen unterdrücken. Die Befehle werden danach weiterhin unverändert ausgeführt, es wird jedoch kein Output in die Ausgabedatei geschrieben. Mit dem Befehl in Listing 20.13 schalten Sie die Ausgabe der Ergebnisse wieder ein.

```
SET RESULTS = OFF .
```

Listing 20.12: set-Befehl unterdrückt die Ausgabe von Ergebnissen in die Ausgabedatei

```
SET RESULTS = ON .
```

Listing 20.13: set-Befehl aktiviert die Ausgabe von Ergebnissen in die Ausgabedatei

20.3.5 Alle Befehle im Output dokumentieren

Sie können sich für alle Befehle, die mit SPSS ausgeführt werden, den entsprechenden Programmcode der SPSS-Syntax in die Ausgabedatei schreiben lassen. Ändern Sie hierzu mit dem Befehl aus Listing 20.14 die Grundeinstellungen entsprechend. Dadurch werden sämtliche Befehle unabhängig davon, ob sie über Programmsyntax oder die Menüs von SPSS aufgerufen wurden, in der Ausgabedatei dokumentiert. Mit dem Befehl aus Listing 20.15 schalten Sie die Dokumentation wieder aus.

> **Tipp**
>
> Wenn Sie im Programmcode Makros verwenden, können Sie wahlweise den Makroaufruf oder das Ergebnis der Makroexpansion dokumentieren lassen, siehe hierzu auch Kapitel 17.

```
SET PRINTBACK = ON .
```

Listing 20.14: set-Befehl schaltet die Dokumentation aller ausgeführten Befehle in der Ausgabedatei ein

```
SET PRINTBACK = OFF .
```

Listing 20.15: set-Befehl schaltet die Dokumentation aller ausgeführten Befehle in der Ausgabedatei aus

20.4 Berechnungen und Makros

20.4.1 Startwert für die Berechnung von Zufallszahlen

Verschiedene Transformationen und Prozeduren von SPSS ermöglichen die Berechnung von Zufallszahlen. Werden diese Befehle wiederholt ausgeführt, liefern sie naturgemäß unterschiedliche Ergebnisse, so dass sich eine bestimmte Analyse oder Berechnung nicht reproduzieren lässt. Mit einem Trick lassen sich aber auch bei Verwendung von Zufallszahlen reproduzierbare Ergebnisse erzeugen. Hierzu muss vor jeder Ausführung der betreffenden Transformationen oder Prozeduren derselbe Startwert für die Berechnung der Zufallszahlen festgelegt werden, siehe hierzu im Detail Kapitel 10, Abschnitt 10.4.

Seit SPSS 13 ist zudem zu beachten, dass zwei verschiedene Verfahren zur Berechnung von Zufallszahlen zur Verfügung stehen, der mit SPSS 13 neu eingeführte Mersenne Twister und der »klassische Zufallszahlengenerator« von SPSS, siehe hierzu im Detail Kapitel 10, Abschnitt 10.4. Mithilfe des set-Befehls können Sie daher zum einen wählen, welcher Zufallszahlengenerator verwendet werden soll, und zum anderen für den jeweiligen Zufallszahlengenerator einen Startwert festlegen.

Mit dem Befehl in Listing 20.17 wird festgelegt, dass für die Berechnung von Zufallszahlen das »klassische Verfahren« (bis zur Programmversion von SPSS 12 das einzige verfügbare Verfahren) verwendet werden soll. Für dieses Verfahren legt der Befehl in Listing 20.17 den Wert 3.500.000 als Startwert fest; dieser kommt nur für die erste nachfolgende Berechnung von Zufallszahlen zur Anwendung. Soll er auch für eine weitere Transformation oder Prozedur gelten, muss er erneut explizit festgelegt werden. Der Befehl in Listing 20.18 weist SPSS dagegen ausdrücklich an, einen zufälligen Startwert zu verwenden.

```
SET RNG = MC .
```

Listing 20.16: set-Befehl zum Festlegen des »klassischen Verfahrens« für die Berechnung von Zufallszahlen

```
SET SEED = 3500000 .
```

Listing 20.17: set-Befehl zum Festlegen des Startwertes für die Berechnung von Zufallszahlen nach dem »klassischen Verfahren«

```
SET SEED = RANDOM .
```

Listing 20.18: set-Befehl für einen zufälligen Startwert für die Berechnung von Zufallszahlen nach dem »klassischen Verfahren«

In Listing 20.19 wird der Mersenne Twister für die Berechnung von Zufallszahlen ausgewählt. Für dieses Verfahren legen Sie den Startwert zur Berechnung von

Zufallszahlen mit dem Befehl `set mtindex` fest, siehe Listing 20.20. Auch hier kommt der Startwert nur für die erste nachfolgende Berechnung von Zufallszahlen zur Anwendung und muss daher ggf. erneut festgesetzt werden, wenn er auch für weitere Prozeduren gelten soll. Um für den Mersenne Twister explizit die Verwendung eines zufälligen Startwertes anzufordern, führen Sie den Befehl in Listing 20.21 aus.

```
SET RNG = MT .
```

Listing 20.19: `set`-Befehl zum Auswählen des Mersenne Twister für die Berechnung von Zufallszahlen

```
SET MTINDEX = 3500000 .
```

Listing 20.20: `set`-Befehl zum Festlegen des Startwertes für die Berechnung von Zufallszahlen mit dem Mersenne Twister

```
SET MTINDEX = RANDOM .
```

Listing 20.21: `set`-Befehl für einen zufälligen Startwert für die Berechnung von Zufallszahlen mit dem Mersenne Twister

20.4.2 Höchstzahl an Iterationen in Schleifen

Wenn Sie in Ihrem Programm mit dem Befehl `loop` Schleifen generieren, können Sie die Anzahl der Wiederholungen begrenzen, indem Sie in den Grundeinstellungen einen Maximalwert für die zulässige Anzahl an Iterationen vorgeben, siehe hierzu die Erläuterungen in Kapitel 14, Abschnitt 14.4.

20.4.3 Steuerung der Umgebung für Makros

Sie können in den Grundeinstellungen festlegen, in welcher Form die Ergebnisse von Makros dokumentiert werden. Ferner lassen sich Obergrenzen für die Verschachtelung von Makros sowie für die Anzahl der Iterationen einer Makroschleife vorgeben. Die Bedeutung dieser Einstellung ist in Kapitel 17, Abschnitt 17.7.2 erläutert.

Stichwortverzeichnis

Symbole
!and (Makrooperator) 422
!blanks (Funktion) 420
!break (Befehl) 426
!charend (Schlüsselwort) 410, 413
!cmdend (Schlüsselwort) 413
!concat (Funktion) 417, 418
!default (Schlüsselwort) 415
!do (Befehl) 425
!enclose (Schlüsselwort) 413
!enddefine (Befehl) 406
!eq (Makrooperator) 422
!eval (Funktion) 421
!ge (Makrooperator) 422
!gt (Makrooperator) 422
!head (Funktion) 419
!if (Befehl) 421
!index (Funktion) 420
!le (Makrooperator) 422
!length (Funktion) 420
!let (Befehl) 415
!lt (Makrooperator) 422
!ne (Makrooperator) 422
!not (Makrooperator) 422
!null (Funktion) 420
!offexpand (Befehl) 429
!or (Makrooperator) 422
!positional (Schlüsselwort) 414
!quote (Funktion) 416, 418
!substring (Funktion) 420
!tail (Funktion) 419
!tokens (Schlüsselwort) 412
!unquote (Funktion) 419
!upcase (Funktion) 419
(Temporäre Variablen) 55
$casenum (Systemvariable) 216
$date (Systemvariable) 236, 245
$jdate (Systemvariable) 236
$sysmis (Systemvariable) 245
$time (Systemvariable) 236

* (Platzhalter) 134
/* (Kommentar) 40

Numerisch
0/1-Variablen 208
1:1-Matching 332
1:n-Beziehung 333

A
A (Variablenformat) 170
Abfrage
    erstellen 150
Abfrage in SQL 126
Abfrageassistent für ODBC 150
abs (Funktion) 211
ADATE (Variablenformat) 168
add files (Befehl) 324
    allgemeine Syntax 325
aggregate (Befehl) 315
    Funktionen 319
Aggregieren der Fälle 315
Aktivieren eines DatenSets 80
Aktualisieren von Datendateien 335
Aliasnamen in SQL 139
all (Schlüsselwort) 40, 70, 470
Alter berechnen 236
alter type (Befehl) 175
amin (Formatoption) 177
and (Operator) 252
anova (Prozedur) 396
Anpassen (Menübefehl) 456
Ansicht, Wertelabels (Menübefehl) 185
any (Funktion) 213
Arbeitsdatei 28
    einlesen 67
Arbeitsverzeichnis festlegen 68
Arithmetische Funktionen 211
arrangement (Unterbefehl) 107, 110
as (SQL-Anweisung) 139
Ausführen von Syntaxbefehlen 35
    Verknüpfung auf dem Desktop 465

Ausgabe
   in Datendatei schreiben 467
Ausgabedatei 30
Ausprägung 157
Ausrichtung im Dateneditor 189
Austrittsbedingung einer Schleife 366
Auswahldialogfeld beim Programmstart 26
Auswertungsreihenfolge 255
Auswertungsreihenfolge (Operatoren) 207
autorecode (Befehl) 274
avg (SQL-Funktion) 147

B

Balkendiagramm 403
barchart (Unterbefehl) 392
Batch-Format 454
Bedingte Befehle 421
Bedingte Berechnung 250, 350
   verschachteln 353
Bedingung formulieren 252
Beenden von SPSS 27
Befehlsname 37
Befehlsnamen
   Abkürzen 38
Befehlsreihenfolge 48
Befehlszeile für Produktionsjob 464
begin data (Befehl) 92
Benutzerdefinierter fehlender Wert 161, 180
Benutzerdefiniertes Variablenformat 169
Berechnen von Daten 97
Berechnen von Variablen 201, 249
blank (Unterbefehl) 277
blanks (Grundeinstellung) 477
break (Befehl) 368
   in einer Makroschleife 426
Btrieve 129

C

casenum 216
CCA (Variablenformat) 168, 170
cd (Befehl) 68
cellrange (Unterbefehl) 114
cfvar (Funktion) 212
char.index (Funktion) 217, 225
char.lpad (Funktion) 218, 224
char.rindex (Funktion) 218, 224
char.rpad (Funktion) 218
char.substr (Funktion) 219, 223, 226
char-Funktionen 219

charts (Schlüsselwort) 470
Chi-Quadrat-Test 393
cluster (Prozedur) 399
Clusteranalyse 399
COMMA (Variablenformat) 168
Command Syntax Reference 42
comment (Befehl) 41
compute (Befehl) 201
   Allgemeine Syntax 203
   Alter berechnen 236
   Datumswerte berechnen 227
   Dummies berechnen 208
   fehlende Werte 243
   Funktionen 209
   Funktionen verwenden 204
   Kalenderwoche berechnen 241
   Operatoren 206
   Sonntagskinder erkennen 239
   Textvariable berechnen 205
   Variablen kopieren 196
   Wirkungsweise 205
concat (Funktion) 217, 219
connect (Unterbefehl) 126, 383
convert (Schlüsselwort) 273
copy (Schlüsselwort) 268
correlations (Prozedur) 397
count (Befehl) 278
count (SQL-Funktion) 146
CPORT-Format 122
create (Befehl) 280
   allgemeine Syntax 280
   lead-Funktion 216
crosstabs (Prozedur) 393
csum (Funktion) 281
ctime (Funktion) 230

D

Data Access Pack 129
data list (Befehl) 92
Data Source Name 126, 382
Database Qualifier 126, 382
dataset (Befehle) 75
dataset activate (Befehl) 79
   Optionen 80
dataset close (Befehl) 80
dataset copy (Befehl) 81
dataset declare (Befehl) 83
dataset name (Befehl) 77
   Optionen 78

date (Funktion) 230, 233
DATE (Variablenformat) 168
datediff (Funktion) 231, 236
Datei
    Datenbank öffnen 150
    öffnen, Fremdformate 103
Datei, Textdaten lesen (Menübefehl) 106
Dateibezug 69
Dateitypen 29
Daten
    einlesen 103
Daten berechnen 97
Daten einlesen 67
Daten exportieren 377
Daten, Umstrukturieren (Menübefehl) 342
Datenbank
    öffnen 150
Datendatei 30
    aktualisieren 335
    Aufbau 156
    Daten eingeben 91
    Fallgruppen bilden 311
    Filter 288
    Handhabung 65
    Leere Felder 160
    Löschen 89
    Öffnen 67
    Speichern 84
    Struktur 161
    transponieren 322
    umstrukturieren 340
    Verschmelzen von Dateien 324, 329
    Werte in Syntax übernehmen 441
Dateneditor 27
    Spaltenformat 188
Dateneingabe 91, 157
Datenkodierung 157
Datenquellen-Administrator 129
Datensatz 157
DatenSet 27, 65, 74
    Aktivieren 79
    Arbeitsdatei auswählen 28
    Daten eingeben 91
    Daten einlesen 67
    Kopieren 81
    Leeres DatenSet anlegen 83
    Mit mehreren DatenSets gleichzeitig arbeiten 74
    Namen geben 77

    Namensregeln 78
    Nur ein geöffnetes DatenSet zulassen 28
    Schließen 80
    Speichern 84
datenum (Funktion) 235
datesum (Funktion) 231
DATETIME (Variablenformat) 169
Datumsformat 168, 227
Datumsvariablen 227
DB2 129
dBASE-Datei
    einlesen 118
DBQ 126, 382
Deduplizieren 301
define (Befehl) 406
Definieren von Variablen 163
delcase (Unterbefehl) 107
delete variables (Befehl) 190
delimiters (Unterbefehl) 108
descriptives (Prozedur) 393
Deskriptive Statistik 392
destination format (Unterbefehl) 470
Diagramm 403
diff (Funktion) 281
Differenzen 281
discriminant (Prozedur) 401
Diskriminanzanalyse 400
Disproportionale Stichproben 295
do if (Befehl) 350
    allgemeine Syntax 350
    Anwendung 352
    verschachteln 353
do repeat (Befehl) 360
do repeat (Befehl)
    im Eingabeprogramm 101
DOLLAR (Variablenformat) 168
DOT (Variablenformat) 168
drop (Unterbefehl) 69, 87
DSN 126, 382
DTIME (Variablenformat) 169
Dublette 306
Dubletten identifizieren 301
Dummy-Variablen 208

E

E (Variablenformat) 168
EDATE (Variablenformat) 168
edition (Unterbefehl) 381
Einbinden einer Syntaxdatei 452

Eingabeaufforderung für Parameter 461
Eingabeprogramm 97
    mit Schleife 374
    repeat 101
    Schleife 99
Einlesen
    Daten 103
Eintrittsbedingung einer Schleife 367
else (Befehl) 351
else (Schlüsselwort) 268
end if (Befehl) 350
end loop (Befehl) 363
end repeat (Befehl) 360
end data (Befehl) 92
epoch (Grundeinstellung) 477
eq (Operator) 252
erase (Befehl) 89
error 62
Ersetzen 35
Erstellen von Variablen 163
Excel-Datei
    altes Format einlesen 116
    einlesen 113
    erstellen 378
execute (Befehl) 51
exp (Funktion) 211
Exponentialschreibweise im Output 476, 479
Exportieren von Daten 377
Extras, Produktionsjob (Menübefehl) 459

F

F (Variablenformat) 168
F8.2 (Variablenformat) 166
factor (Prozedur) 402
Faktorenanalyse 402
Fall 157
Falldublette 301
Fälle aggregieren 315
Fälle aufteilen 342
Fälle filtern 288
Fälle gewichten 299
Fälle selektieren 292
Fälle sortieren 286
    zufällige Reihenfolge 287
Fälle zusammenfassen 345
Fallgruppen aufheben 314
Fallgruppen bilden 311
Fallnummer 216
Fast Fourier Transformation 281

Fehlender Wert 160
    $sysmis 245
    als Ergebnis von compute 243
    definieren 180
    Definition löschen 183
    ersetzen 283
    Funktionen 245
    in arithmetischen Funktionen 244
Fehler im Syntaxcode 60
Fehlermeldung 61
fft (Funktion) 281
fgt (Funktion) 320
fieldnames (Unterbefehl) 120, 378
file handle (Befehl) 69
Filter
    Speichern 88
filter (Befehl) 289
    Filter ausschalten 291
Filter ausschalten 291
Filtern der Fälle 288
Filtervariable 290
fin (Funktion) 320
first (Funktion)
    aggregate-Befehl 320
firstcase (Unterbefehl) 107
Flächendiagramm 403
flip (Befehl) 322
    Variablennamen übernehmen 198
flt (Funktion) 320
format (Grundeinstellung) 476
formats (Befehl) 175, 179
fout (Funktion) 320
Fragebogen
    Mehrfachantworten 159
Fragebogen in Datendatei überführen 156
free (Schlüsselwort) 95
Fremdformat
    Daten einlesen 103
frequencies (Prozedur) 392
from (SQL-Anweisung) 132
Funktion 209
    arithmetische 211
    Bezug auf frühere Fälle 215
    Bezug auf nachfolgende Fälle 216
    Datum und Zeit 230
    fehlende Werte 243
    fehlende Werte auswerten 245
    logische 213
    Makrofunktionen 416

statistische 212
Textfunktionen 217
verschachteln 211
Verteilung 215
Funktionen 204
Funktionsargument 209

G

ge (Operator) 252
get data (Befehl)
    Excel-Datei einlesen 113
    ODBC 126
    Textdatei einlesen 106
get file (Befehl) 67
    Allgemeine Syntax 68
get sas (Befehl) 122
get stata (Befehl) 123
get translate (Befehl) 115
    alte Excel-Datei einlesen 116
    dBASE-Datei einlesen 118
    Lotus 1-2-3-Datei einlesen 116
    SYLK-Datei einlesen 116
    Unterbefehle 119
Gewichtung der Fälle 299
Gewichtungsvariable 299
ggraph (Prozedur) 403
Glättungsverfahren 283
Gleitender Durchschnitt 282
Grafik 403
Grammatikregeln 38
graph (Prozedur) 403
Gregor XIII 228
group by (SQL-Anweisung) 132
Grundeinstellung
    blanks 477
    epoch 477
    für Makros 428
    Iterationszahl 368
    mexpand 428
    miterate 430
    mnest 430
    mprint 430
    mtindex 262, 481
    onumbers 478
    ovars 478
    printback 480
    results 480
    rng 262, 481
    seed 262, 481

    small 479
    tfit 479
    tnumbers 478
    tvars 478
    Variablenformat 476
Grundeinstellungen 475
Gruppieren der Fälle 311
Gruppieren in SQL 145
Gruppierung aufheben 314
Gruppierungsvariable
    aggregate-Befehl 318
gt (Operator) 252

H

Häufigkeiten zählen 278
Häufigkeitstabelle 392
Häufigkeitsverteilung 403
Hauptfenster 34
having (SQL-Anweisung) 149
headings (Schlüsselwort) 470
hi (Schlüsselwort) 268
highest (Schlüsselwort) 268
Hilfe 42
HTML 470

I

ID-Dublette 305, 307
if (Befehl) 250
    Bedingung formulieren 252
ifft (Funktion) 281
igraph (Prozedur) 403
importcase (Unterbefehl) 107
Importieren
    Daten 103
include (Befehl) 452
index (Funktion) 217, 225
Indexschleife 425
Indikatorvariable 334
Informix 129
inline data 91
Inner Join 140
input program (Befehl) 97
insert (Befehl)
    verschachteln 456
Interactive-Format 454
Intercooled (Stata-Format) 380
Inverse Fast Fourier Transformation 281
is null (SQL) 137
Iterative Berechnung 363

J

JDATE (Variablenformat) 168
Join in SQL 140

K

Kalenderwoche berechnen 241
Kartesisches Produkt in SQL 131, 137
keep (Unterbefehl) 69, 87
Kodierung
    Daten 157
    Mehrfachantworten 159
Kommentar 40
Komprimierung einer Datendatei 86
Kopieren eines DatenSets 81
Kopieren von Variablen 195
Korrelation 397
Kovarianzen 398
Kreisdiagramm 403
Kreuzproduktabweichungen 398
Kreuztabelle 393
Kumulierte Summe 256, 281
    In Fallgruppen 261
Kumulierte Werte berechnen 256
Kurtosis 393
kurtosis (Schlüsselwort) 393

L

lag (Funktion) 215
    Zeitreihen Transformieren 282
last (Funktion)
    aggregate-Befehl 320
Laufzeitwerte 461
layered (Unterbefehl) 313
le (Operator) 252
lead (Funktion) 282
leave (Befehl) 257
    Wirkungsweise 259
Leeres Feld in der Datendatei 160
Leerzeichenausgleich 221
Left Outer Join 142
length (Funktion) 218
Lernprogramm von SPSS 25
lg10 (Funktion) 211
like (SQL) 136
Lineare Regression 398
Liniendiagramm 403
lint (Funktion) 284
ln (Funktion) 211

lngamma (Funktion) 211
lo (Schlüsselwort) 268
Logische Funktionen 213
logs (Schlüsselwort) 470
loop (Befehl) 363
    allgemeine Syntax 364
    Austrittsbedingung 366
    break 368
    Eintrittsbedingung 367
    im Eingabeprogramm 99
    Iterationen steuern 365
    mit Vektoren 357
    mxloops 368
    verschachteln 372
Löschen einer Datei 89
Löschen von Variablen 190
Lotus-Datei
    einlesen 116
lower (Funktion) 218
lowest (Schlüsselwort) 268
lpad (Funktion) 218, 224
lt (Operator) 252
ltrim (Funktion) 218, 221, 224

M

ma (Funktion) 282
Makro 405
    Aufruf 408
    Aufruf mit !eval 421
    Bedingungen 421
    Beispiellösungen 433
    Dokumentation in Ausgabedatei 430
    Expansion steuern 428
    Funktionen 416
    Grundstruktur 406
    Inhalt 408
    Makrosymbol 462
    Name 407
    Parameter 409
    Positionsparameter 414
    Regeln 407
    Schleife 430
    Schleifen 424
    Variablen definieren 197
    verschachteln 430
Makrovariablen 415
map (Unterbefehl) 73, 122, 329, 335
Markierungsvariablen 339
Master-Fall 305, 306

Master-Slave-Matching 332
match files (Befehl) 329
    allgemeine Syntax 330
    Arten der Verknüpfung 332
    Falldubletten markieren 303
    Hierarchie der Dateien 331
    Variablen löschen 191
    Variablen sortieren 192, 194
max (Funktion) 212
    aggregate-Befehl 319
max (Schlüsselwort) 393
max (SQL-Funktion) 147
Maximum 393
mean (Funktion) 212
    aggregate-Befehl 319
    Fehlende Werte ersetzen 284
mean (Schlüsselwort) 393
measure (Unterbefehl) 400
median (Funktion)
    aggregate-Befehl 319
    Fehlende Werte ersetzen 284
Mehrfachantworten kodieren 159
Merkmal 158
Mersenne Twister 262, 481
mexpand (Grundeinstellung) 428
min (Funktion) 212
    aggregate-Befehl 319
min (Schlüsselwort) 393
min (SQL-Funktion) 147
Minimum 393
missing (Funktion) 213, 245
missing (Schlüsselwort) 268
missing values (Befehl) 180
miterate (Grundeinstellung) 430
Mittelwert 393
Mittelwertvergleich 394
mnest (Grundeinstellung) 430
mod (Funktion) 211
MONTH (Variablenformat) 169
MOYR (Variablenformat) 168
mprint (Grundeinstellung) 430
mtindex (Grundeinstellung) 262, 481
Mustervergleich in SQL 136
mxloops (Grundeinstellung) 368

N

n (Funktion)
    aggregate-Befehl 320
N (Variablenformat) 168

n of cases (Befehl) 296
Name
    Makroname 407
Namenskonventionen 172
Namensregeln
    Variablen 172
ne (Operator) 252
new file (Befehl) 99, 163
Nichtparalleles Matching 330
Nicht-Verknüpfung 255
nmiss (Funktion) 245
    aggregate-Befehl 320
not (Operator) 252
nu (Funktion)
    aggregate-Befehl 320
number (Funktion) 218, 222
numeric (Befehl) 165
Numerische Variablen 165
Numerisches Format 167
numiss (Funktion)
    aggregate-Befehl 320
nvalid (Funktion) 246

O

Oberfläche von SPSS 27
ODBC
    Abfrageassistent 128, 150
    Daten einlesen 125
    Daten exportieren 382
    Datenquelle angeben 128
    Datenquelle hinzufügen 129
    Datenquellen-Administrator 129
    SQL-Abfrage formulieren 131
Oder-Verknüpfung 253
Offene Transformationen 52
Öffnen einer Datendatei 67
Öffnen einer Syntaxdatei 33
oms
    aktivieren 473
    beenden 473
oms (Befehl) 467
    Spezifikationen 470
on (SQL-Anweisung) 141
oneway (Prozedur) 396
onumbers (Grundeinstellung) 478
Operator 206
    Makrooperatoren 421
or (Operator) 252
Oracle 129

origin (Unterbefehl) 399
Outer Join 141
Output
    in Datendatei schreiben 467
Output Management System 467
ovars (Grundeinstellung) 478
Oversample 295

P

Papst Gregor XIII 228
Paradox 129
Paralleles Matching 330, 332
Parameter 407, 409
    Eingabeaufforderung 461
    Makro als Parameter 438
    Positionsparameter 414
    voreingestellte 415
PCT (Variablenformat) 168
pgt (Funktion) 319
PIBHEX (Variablenformat) 168
piechart (Unterbefehl) 392
pin (Funktion) 319
Pivot-Tabelle
    Beschriftung steuern 478
platform (Unterbefehl) 379
plt (Funktion) 319
pma (Funktion) 282
Positionsparameter 414
pout (Funktion) 319
printback (Grundeinstellung) 43, 480
production (Option) 465
Produktionsjob 458
    anlegen 459
    Befehlszeile zum Starten 464
    Eingabeaufforderung 461
    speichern 460
    starten 460
    Symbol auf dem Desktop 465
Produktionsjob-Dateien 31
Produktionsmodus 459
    Eingabeaufforderung 461
    zeitgesteuert ausführen 465
Programm starten 25
Programmaufbau 48
Programmbaustein 452
prompt (Option) 465
Prozedur 391

Q

qualifier (Unterbefehl) 108
Quersumme 371
QYR (Variablenformat) 168

R

range (Funktion) 213, 254
range (Schlüsselwort) 393
range (Unterbefehl) 120
readnames (Unterbefehl) 114
recode (Befehl) 265
    allgemeine Syntax 265
    Textwerte umkodieren 272
Regression 398
regression (Prozedur) 398
rename (Unterbefehl) 72, 88
rename variables (Befehl) 173
repeat (Befehl)
    im Eingabeprogramm 101
replace (Unterbefehl) 378
results (Grundeinstellung) 480
Right Outer Join 143
rindex (Funktion) 218, 224
rmed (Funktion) 282
rmv (Befehl) 283
rnd (Funktion) 211
rng (Grundeinstellung) 262, 481
rpad (Funktion) 218
rtrim (Funktion) 218, 221, 224

S

Saisonale Differenz 283
sample (Befehl) 294
SAS-Datei
    Datendatei 122
    einlesen 122
    erstellen 379
    Transportdatei 122
sav (Datendatei) 30
save (Befehl) 84
    Optionen 85
save translate (Befehl) 378
    Excel-Datei erstellen 378
    ODBC 382
    SAS-Datei erstellen 379
    Stata-Datei erstellen 381
    Textdatei erstellen 384
sbs (Skriptdatei) 30

Scatterplot 404
Schaltfläche erstellen 456
Schiefe 393
Schleife 363
    Austrittsbedingung 366
    break 368
    Eintrittsbedingung 367
    Haushaltsdubletten aufbereiten 370
    im Eingabeprogramm 99, 101, 374
    Indexschleife in Makros 425
    Iterationen steuern 365
    Makroschleife 424, 430
    mit Vektor 357
    mxloops 368
    Quersumme berechnen 371
    verschachteln 372
Schließen einer Syntaxdatei 33
Schließen eines DatenSets 80
Schlüsselvariable 337
Scratch-Variable 55
sd (Funktion) 212
    aggregate-Befehl 319
SDATE (Variablenformat) 168
sdiff (Funktion) 283
SE (Stata-Format) 380
seed (Grundeinstellung) 262, 481
select (SQL-Anweisung) 132
select if (Befehl) 292
Selektieren von Fällen 292
semean (Schlüsselwort) 393
separate (Unterbefehl) 313
set (Befehl) 475
    blanks 477
    epoch 477
    format 476
    mexpand 428
    miterate 430
    mnest 430
    mprint 430
    mtindex 262, 481
    mxloops 368
    onumbers 478
    ovars 478
    printback 480
    results 480
    rng 262, 481
    seed 262, 481
    small 479
    tfit 479

tnumbers 478
tvars 478
sheet (Unterbefehl) 114
show (Befehl) 475
silent (Option) 465
sin (Funktion) 211
Skalenniveau 190
skewness (Schlüsselwort) 393
Skriptdatei 30
small (Grundeinstellung) 479
smean (Funktion) 284
Sonntagskinder 239
sort cases (Befehl) 286
sort variables (Befehl) 192
Sortieren der Fälle 286
    zufällige Reihenfolge 287
Spaltenbreite im Dateneditor 189
Spaltenbreite in Ergebnistabellen 479
Spaltenformat im Dateneditor 188
Spannweite 393
Speichern einer Datendatei 84
Speichern einer Syntaxdatei 33
spj (Produktionsjob-Datei) 460
spj (Produktionsjob-Dateien) 31
split file (Befehl) 311
    allgemeine Syntax 312
    Ergebnisdarstellung steuern 313
    Gruppierung aufheben 314
spo (Ausgabedatei) 30
spp (Produktionsjob-Dateien) 31
sps (Syntaxdatei) 30
SPSS
    Beenden 27
    Grundeinstellungen 475
    Lernprogramm 25
    Oberfläche 27
    Starten 25
spv (Ausgabedatei) 30
SQL
    Abfrageassistent 150
    Daten exportieren 382
sql (Unterbefehl) 127
SQL-Abfrage 126, 130
    Aliasnamen 139
    Allgemeine Form 131
    from 131
    group by 145
    having 149
    Join 140

select 131
Unterabfrage 147
where 135
SQL-Statement 130
sqrt (Funktion) 211
Standardabweichung 393
Standardfehler 393
Standardpfad 439
Startdialogfeld von SPSS 25
Starten von SPSS 25
Startwert für Zufallszahlen 262, 263
Stata-Datei
  einlesen 123
  erstellen 380
statistics (Unterbefehl) 392, 393, 399
Statistische Funktionen 212
Statistische Prozedur 391
stddev (Schlüsselwort) 393
Stichprobe 290
  disproportional 295
Streudiagramm 404
string (Befehl) 170
string (Funktion) 218, 220
String (Variablenformat) 170
Struktur einer Datendatei 161
strunc (Funktion) 219
substr (Funktion) 219, 223, 226
Suchen 35
sum (Funktion) 212
  aggregate-Befehl 319
sum (Schlüsselwort) 393
sum (SQL-Funktion) 147
Summe 393
SYLK-Datei
  einlesen 116
symbol (Option) 465
Syntaxbefehl
  Abkürzen 38
  Allgemeine Regeln 36
  an Schaltfläche knüpfen 456
  Aufbau 36
  Ausführen 35
  Befehlsname 37
  Einfügen aus Dialogfeldern 41
  Fehler aufspüren 60
  Grammatik 38
  Leerzeichen 38
  Reihenfolge 48
  Reihenfolge der Ausführung 49
  Text angeben 39

Transformationsbefehle 49
Unterbefehle 37
Variablen angeben 39
Verknüpfung auf dem Desktop 465
Syntaxdatei 30
  Anlegen 32
  einbinden 452
  Hauptfenster 34
  Öffnen 33
  Schließen 33
  Speichern 33
  Verwalten 32
Syntaxdiagramm
  Beispiel 43
  Interpretieren 43
  Nachschlagen 42
Syntaxeditor 32
  Befehle ausführen 35
  Funktionen 34
Syntaxregeln 36
sysmis (Funktion) 213, 246
sysmis (Schlüsselwort) 268
Systemdefinierter fehlender Wert 160
Systemvariable
  $casenum 216
  $date 236
  $jdate 236
  $sysmis 245
  $time 236

T

T4253H (Funktion) 283
tables (Schlüsselwort) 470
Temporäre Transformation 58
Temporäre Variablen 55
  Initialisierung 57
  Restriktionen 56
temporary (Befehl) 58, 297
  Regeln 60
Textdatei
  einlesen 105
  erstellen 384, 385
  Feste Spaltenbreite 110
  Trennzeichen 106
Textfunktion
  Makrofunktionen 416
Textmarkierung 39
texts (Schlüsselwort) 470
Textvariable 170
  Auswerten 217

berechnen 205
Teil ersetzen 225
Teile auslesen 223
umkodieren 272
verknüpfen 219
tfit (Grundeinstellung) 479
thru (Schlüsselwort) 267
time (Funktion) 231
TIME (Variablenformat) 169
tnumbers (Grundeinstellung) 478
to (Schlüsselwort) 40
Transaktionsdatei 336
Transformation
ausführen 51
temporär 58
Transformationsbefehl 49
Transformieren
Offene Transformationen ausführen 52
Transformieren von Zeitreihen 280
Transformieren, Variable berechnen 51
Transformieren, Variable berechnen (Menübefehl) 204
Transformieren, Zufallszahlengeneratoren (Menübefehl) 263
Transponieren einer Datendatei 322
Transportdatei (SAS-Format) 122
trees (Schlüsselwort) 470
trend (Funktion) 284
trunc (Funktion) 211
T-Test 394
einfach 394
gepaarte Stichproben 395
unabhängige Stichproben 395
t-test (Prozedur) 394
tvars (Grundeinstellung) 478
type (Unterbefehl) 107, 110, 113, 378

U

Umbenennen von Variablen 173
Umkodieren
automatisch 274
Textwerte 272
Umkodieren von Variablen 265
Umstrukturieren von Datendateien 340
Und-Verknüpfung 252
unselected (Unterbefehl) 379
Unterabfrage in SQL 131, 147
Unterbefehl 37
Optionale 37
Reihenfolge 37

upcase (Funktion) 219
update (Befehl) 335
allgemeine Syntax 337
einfache Anwendung 338
Variablenauswahl 339

V

valfile (Unterbefehl) 379
value (Funktion) 246
value labels (Befehl) 185
variable alignment (Befehl) 189
variable labels (Befehl) 183
variable level (Befehl) 190
variable width (Befehl) 189
Variablen 155, 157
aufteilen 345
Ausschließen 71
Auswählen mit keep und drop 69, 87
Benutzerdefiniertes Format 169
berechnen 201, 249
Datumsformate 168, 227
definieren einer Variablenfolge 196
Eigenschaften 162
Eigenschaften ändern 173
erstellen 162
Format 165
Format ändern 175
kopieren 195
Label 183
löschen 190
Makrovariablen 415
Namen 172
numeric 165
Numerische Formate 168
Reihenfolge ändern 70
sortieren 192
String 170
Temporäre 55
Übersicht erstellen 73
Umbenennen 72, 88, 173
umkodieren 265
Vektoren 355
zusammenfassen 342
Variablenlabel
definieren 183
löschen 185
Variablenliste 40
in SQL-Abfragen 133
variance (Funktion) 212
variance (Schlüsselwort) 393

Varianz 393
Varianzanalyse 396
varlist 45
varname 45
vector (Befehl) 355
　　in einer Schleife 372
Vektor 355
　　in Schleifen 357
Vergleichsoperator 252
Verknüpfen von Texten 219
Verknüpfung für Produktionsjob 466
Verschachtelte Bedingung 353
Verschachtelte Schleife 372
Verschmelzen von Dateien 324, 329
version (Unterbefehl) 378, 381
Verteilungsfunktionen 215

W

warning 62
warnings (Schlüsselwort) 470
Warnmeldung 62
weight (Befehl) 299
Wertelabel
　　definieren 185
　　definieren für Textvariablen 187
　　hinzufügen 187
　　löschen 188
where (SQL-Anweisung) 132
Wiederholen von Transformationen 360
WKDAY (Variablenformat) 169
WKYR (Variablenformat) 169
write (Befehl) 385
　　allgemeine Syntax 385
　　fallweise differenzieren 389
　　freien Text einfügen 388
　　Variablen auswählen 386

X

xdate (Funktion) 231, 234, 239
xls (Excel-Format) 378
xls, Excel-Dateiversion 113
xlsb, Excel-Dateiversion 114
xlsm, Excel-Dateiversion 113
xlsx (Excel-Format) 378
xlsx, Excel-Dateiversion 113
XPORT-Format 122
xsave (Befehl) 85

Y

yrmoday (Funktion) 232

Z

zahl (Funktion) 212
Zahlenformat 167
Zählvariable in Schleife 365
　　mit Schrittlänge 365
　　mit Variablenbezug 366
Zeitformat 227
Zeitgesteuerte Programmausführung 466
Zeitreihen transformieren 280
Zufallsstichprobe 290, 294
Zufallsverteilung 215
Zufallszahl
　　Berechnen 262
　　Startwert festlegen 262, 481
Zufallszahlengenerator 262

Stefan Heitsiek

Oracle Express Edition

- Der schnelle Einstieg
- Praktische Anwendungsbeispiele
- Auf CD: Oracle Database 10g Express Edition, SQL-Skripte, Beispielprogramme

In Zeiten zunehmender Globalisierung der Märkte spielt die Information als Ware eine immer wichtigere Rolle. Weltweit operierende Unternehmen können nur durch gezielte Informationsgewinnung und transparente Datenablage im eigenen Unternehmen einen Wettbewerbsvorteil erarbeiten. Die richtige Information an der richtigen Stelle – so aktuell wie möglich – ist oftmals eine erhebliche Geldsumme wert.

Wenn Informationen der Rohstoff der Zukunft sind, liefern Datenbanken die entsprechenden Rohstoffvorkommen. Ein aktuelles Beispiel für solche Datenbanken findet man im Internet. Die großen Suchmaschinen im Web basieren alle auf mächtigen, hochperformanten Datenbanksystemen. Nicht nur hier wird Oracle in umfangreichem Maße eingesetzt.

Das Buch zielt auf all die Leser und (Hobby-) Entwickler, die vielleicht auch beruflich mit Oracle-Datenbanken zu tun haben oder zu tun haben werden und sich privat autodidaktisch weiterbilden möchten. Besondere Aufmerksamkeit wird deshalb Themen wie externen Tabellen oder Syntaxelementen wie *merge* oder *insert all* gewidmet, Dingen also, die auch in den „Profi"-Versionen von Oracle zu finden sind. Dabei legt der Autor viel Wert auf Verständlichkeit und Praxisnähe: Alle Features der Software werden anhand gängiger Anwendungsbeispiele erklärt. Wer wissen will, wie Datenbanken, SQL und Oracle funktionieren, hält mit diesem Buch einen kompakten, nützlichen und wertvollen Ratgeber in der Hand.

Aus dem Inhalt:
- Datenbanken – eine Einführung
- Installation
- Technische Voraussetzungen
- Der XE-Client
- Der Instant-Client
- Administration und Tools
- SQL, SQL Advanced, PL/SQL
- Datenbankzugriff mit Java
- Objekte und Arrays
- Datentypen
- Abgeleitete Typen
- Mathematische Funktionen

Probekapitel und Infos erhalten Sie unter: **www.mitp.de**

ISBN 978-3-8266-1789-8